CHINESE YEARBOOK OF
CRIMINAL PROCEDURE LAW

中国刑事诉讼法学年刊

2023

中国刑事诉讼法学研究会　主办

法律出版社
LAW PRESS · CHINA
北京

图书在版编目(CIP)数据

中国刑事诉讼法学年刊 / 中国刑事诉讼法学研究会主办. -- 北京 : 法律出版社, 2023
ISBN 978-7-5197-8270-2

Ⅰ. ①中… Ⅱ. ①中… Ⅲ. ①刑事诉讼法-中国-年刊 Ⅳ. ①D925.2-54

中国国家版本馆 CIP 数据核字(2023)第 168453 号

中国刑事诉讼法学年刊
ZHONGGUO XINGSHI SUSONG FAXUE NIANKAN

中国刑事诉讼法学研究会 主办

责任编辑 李沂蔚
装帧设计 鲍龙卉

出版发行 法律出版社
编辑统筹 法律应用出版分社
责任校对 朱海波
责任印制 刘晓伟
经　　销 新华书店

开本 710 毫米×1000 毫米 1/16
印张 42.25 **字数** 646 千
版本 2023 年 9 月第 1 版
印次 2023 年 9 月第 1 次印刷
印刷 天津嘉恒印务有限公司

地址:北京市丰台区莲花池西里 7 号(100073)
网址:www.lawpress.com.cn
投稿邮箱:info@lawpress.com.cn
举报盗版邮箱:jbwq@lawpress.com.cn
销售电话:010-83938349
客服电话:010-83938350
咨询电话:010-63939796

书号:ISBN 978-7-5197-8270-2　**定价**:198.00 元

凡购买本社图书,如有印装错误,我社负责退换。电话:010-83938349

《中国刑事诉讼法学年刊》
编辑委员会名单

卷　首　语

刑事诉讼法乃一国关乎社会秩序长治久安与公民基本权利保障之部门法；刑事诉讼法学则是对刑事诉讼法加以阐释、评判、建构的知识体系和学科体系。党的十八大以来，我国刑事诉讼法治建设在习近平新时代中国特色社会主义思想指引下，以司法体制改革为契机，因应新时代法治建设需求对刑事诉讼制度进行调整与发展，取得了巨大的历史成就。刑事诉讼法学界围绕刑事诉讼法基础理论和制度改革展开了一系列重要的研究，形成一系列重要的理论成果。为了更好地呈现刑事诉讼法学界的理论成果，中国刑事诉讼法学研究会特编辑《中国刑事诉讼法学年刊》，每年定期编辑出版。除第一卷之外，年刊将从过去一年刊发的刑事诉讼法学论文中遴选汇集最具学术代表性的作品，以期最大限度地凝聚学术共识，建构具有中国特色的刑事诉讼法学自主知识体系和学科话语体系。

年刊第一卷主要对近年来在法学重要期刊发表的文章进行遴选，力求覆盖刑事诉讼法学的历史脉络和最新理论进展。在文章选题方面，年刊的编选兼顾基础理论和改革前沿。所遴选的论文既有认罪认罚从宽制度改革、以审判为中心的制度改革、轻罪治理、刑事司法的大数据与人工智能等前沿问题，也保持对刑事诉讼法历史发展、法典化、证据理论、刑事诉讼行为、刑事诉讼法学研究方法等基础理论的持续关注。在论文遴选标准上，对相关论文的遴选以文章引证率为基本参考，同时也兼顾作者在刑事诉讼法学的学术影响力。在学术年刊栏目设定方面，既考虑突出我国在过去四十年特别是近五年来刑事诉讼法学界学术贡献的呈现，也兼顾对世界刑事诉讼法学发展潮流的吸收和关注；既考虑具有原创性的学术贡献论文和实证研究，也兼顾学术争鸣、学术书评以及学术译文等评论性文章。

学术乃天下之公器。年刊虽小,却是涵养刑事诉讼法学学术、展示我国刑事诉讼法学学术水准之重要平台。作为一份初创的学术年刊,或力有不逮,但应汇集刑诉学界力量,勠力求之,为形成具有中国特色的刑事诉讼制度和刑事诉讼法学知识体系贡献一份力量。

《中国刑事诉讼法学年刊》编辑委员会

目　录

第一部分　特　稿

第二部分　论　文

第三部分 学术争鸣

第四部分 实证研究

第五部分 域外研究

第六部分 书 评

Contents

Part I Special Articles

Part II Articles

Part III Academic Debate

Part IV Empirical Research

第一部分　特　稿

中国刑事诉讼法立法四十年*

陈光中** 曾新华***

摘　要：为纪念改革开放四十周年，系统回顾了刑事诉讼法治发展历程，以刑事诉讼法1979年制定、1996年第一次修改、2012年第二次修改为主线，阐述了党的十八大以后刑事诉讼制度改革的新成就，对其中的曲折与不足亦不回避。最后对四十年刑事诉讼法治建设做了四点体会性的经验总结，强调刑事诉讼法治建设是改革开放背景下的产物；刑事诉讼制度改革要遵循司法规律，注意符合国情；刑事诉讼应坚持动态平衡理念；刑事诉讼法律的稳定性与变化性应相协调。

关键词：改革开放四十年　刑事诉讼法治　刑事诉讼法制定与修改　遵循刑事司法规律

1976年10月，中央粉碎"四人帮"，结束了十年"文革"浩劫。1978年12月，以十一届三中全会为标志，中国开启了改革开放的历史征程。全会作出了把工作重点转移到社会主义现代化建设上来的战略决策，社会主义法制建设也随之走进新的发展时期。从1979年7月第一部《刑事诉讼法》诞生，历经两次大的修改，再到2018年5月公布刑事诉讼法修正草案，其间尽管有曲折，但总体而言，展现了我国刑事程序法治的重大发展和完善，是中国特色社会主

---

* 本文原载于《法学》2018年第7期。

** 陈光中，中国政法大学诉讼法学研究院终身教授。

*** 曾新华，对外经济贸易大学法学院讲师。

义法治建设成就的重要组成部分。回顾与总结这段历史,展望未来,对于推动刑事诉讼进一步民主化、法治化和科学化具有重要价值和深远意义。

一、转折与发展:1978—1996年

(一)第一部《刑事诉讼法》的诞生

1979年2月23日召开的第五届全国人大常委会第六次会议决定设立全国人大常委会法制委员会,作为全国人大常委会专门负责立法的机构。该委员会由彭真担任主任,在全国人大常委会法制委员会的主持下,在1963年《刑事诉讼法草案(初稿)》的基础上先后拟出《刑事诉讼法修正一稿》和《刑事诉讼法修正二稿》。随后将《刑事诉讼法修正二稿》呈交党中央和全国人大常委会审议修订。1979年6月12日第五届全国人大常委会第八次会议通过了全国人大常委会工作报告和将提请第五届全国人民代表大会第二次会议审议的《中华人民共和国刑事诉讼法(草案)》。1979年7月1日,第五届全国人民代表大会第二次会议通过第一部《中华人民共和国刑事诉讼法》,并于1980年1月1日起施行。同时通过的还有刑法、人民法院组织法、人民检察院组织法等重要法律。该刑事诉讼法典共4编164条,主要内容包括:

1. 基本原则与基本制度

基本原则主要规定了:侦查权、检察权、审判权由专门机关依法行使;以事实为根据,以法律为准绳;对一切公民在适用法律上一律平等;分工负责,互相配合,互相制约;审判公开,被告人有辩护权;依照法定情形不予追究刑事责任①等。基本制度主要有两审终审制、人民陪审员制度等。

2. 管辖制度

包括立案管辖和审判管辖。告诉才处理和其他不需要进行侦查的轻微的刑事案件,由人民法院直接受理,并可以进行调解。贪污罪、侵犯公民民主权利罪、渎职罪以及人民检察院认为需要自己直接受理的其他案件,由人民检察

① 情节显著轻微、危害不大,不认为是犯罪的;犯罪已过追诉时效期限的;经特赦令免除刑罚的;依照刑法告诉才处理的犯罪、没有告诉或者撤回告诉的;被告人死亡的以及其他法律、法令规定免予追究刑事责任的。

院立案侦查和决定是否提起公诉。其他案件的侦查,都由公安机关进行。中级人民法院管辖下列第一审刑事案件:(1)反革命案件;(2)判处无期徒刑、死刑的普通刑事案件;(3)外国人犯罪或者我国公民侵犯外国人合法权利的刑事案件。高级人民法院管辖的第一审刑事案件,是全省(自治区、直辖市)性的重大刑事案件。最高人民法院管辖第一审刑事案件,是全国性的重大刑事案件。基层人民法院管辖第一审普通刑事案件。刑事案件由犯罪地的人民法院管辖。如果由被告人居住地的人民法院审判更为适宜的,可以由被告人居住地的人民法院管辖。

3. 辩护制度

辩护包括自行辩护、委托辩护和指定辩护三种。被告人可以委托律师,人民团体或者被告人所在单位推荐的或者经人民法院许可的公民,被告人的近亲属、监护人担任辩护人。被告人是聋、哑或者未成年人而没有委托辩护人的,人民法院应当为他指定辩护人。辩护律师的权利包括:查阅本案材料,了解案情,同在押的被告人会见和通信;其他辩护人经过人民法院许可,也可以了解案情,与被告人会见和通信。

4. 证据制度

证明案件真实情况的一切事实,都是证据。证据有下列六种:(1)物证、书证;(2)证人证言;(3)被害人陈述;(4)被告人供述和辩解;(5)鉴定结论;(6)勘验、检查笔录。严禁刑讯逼供和以威胁、引诱、欺骗以及其他非法的方法收集证据。对一切案件的判处都要重证据,重调查研究,不轻信口供。只有被告人供述,没有其他证据的,不能认定被告人有罪和处以刑罚;没有被告人供述,证据充分确实的,可以认定被告人有罪和处以刑罚。

5. 强制措施

规定了拘传、取保候审、监视居住、拘留和逮捕五种强制措施。逮捕人犯,必须经过人民检察院批准或者人民法院决定,由公安机关执行。公安机关拘留人犯后,除有碍侦查或者无法通知的情形以外,应当把拘留的原因和羁押的处所,在24小时以内,通知被拘留人的家属或者他的所在单位。

6. 附带民事诉讼

被害人由于被告人的犯罪行为而遭受物质损失的,在刑事诉讼过程中,有权提起附带民事诉讼。

7. 立案程序

有犯罪事实需要追究刑事责任的时候，应当立案。

8. 侦查程序

被告人对侦查人员的提问，应当如实回答。但是对与本案无关的问题，有拒绝回答的权利。规定的侦查措施包括讯问被告人；询问证人；勘验、检查；搜查；扣押物证、书证；鉴定；通缉。

9. 起诉

凡需要提起公诉或者免予起诉的案件，一律由人民检察院审查决定。人民检察院审查案件，应当讯问被告人。人民检察院认为被告人的犯罪事实已经查清，证据确实、充分，依法应当追究刑事责任的，应当作出起诉决定，按照审判管辖的规定，向人民法院提起公诉。依照刑法规定不需要判处刑罚或者免除刑罚的，人民检察院可以免予起诉。被告人如果属于依法不追究刑事责任情形的，人民检察院应当作出不起诉决定。

10. 一审程序

人民法院对提起公诉的案件进行审查后，对于犯罪事实清楚、证据充分的，应当决定开庭审判。开庭审理程序包括开庭、法庭调查、法庭辩论、被告人最后陈述、评议和宣判。法庭调查的顺序包括：公诉人宣读起诉书；审判人员审问被告人；公诉人讯问被告人；被害人、附带民事诉讼的原告人和辩护人向被告人发问；审判人员、公诉人询问证人；当事人和辩护人可以申请审判长对证人、鉴定人发问，或者请求审判长许可直接发问；审判人员应当向被告人出示物证，让他辨认；对未到庭证人的证言笔录、鉴定人的鉴定结论、勘验笔录和其他作为证据的文书，应当当庭宣读，并且听取当事人和辩护人的意见。法庭辩论的顺序是公诉人发言，被害人发言，然后由被告人陈述和辩护，辩护人进行辩护，并且可以互相辩论。

11. 第二审程序

被告人的辩护人和近亲属，经被告人同意，可以提出上诉。第二审人民法院应当就第一审判决认定的事实和适用法律进行全面审查，不受上诉或者抗诉范围的限制。第二审人民法院审判被告人或者他的法定代理人、辩护人、近亲属上诉的案件,不得加重被告人的刑罚,但检察院提出抗诉或者自诉人提出上诉的除外。

12. 死刑复核程序

死刑由最高人民法院核准。中级人民法院判处死刑缓期2年执行的案件,由高级人民法院核准。最高人民法院复核死刑案件,高级人民法院复核死刑缓期执行的案件,应当由审判员三人组成合议庭进行。

13. 审判监督程序

当事人、被害人及其家属或者其他公民,对已经发生法律效力的判决、裁定,可以向人民法院或者人民检察院提出申诉,但不能停止判决、裁定的执行。各级人民法院院长对本院已经发生法津效力的判决和裁定,如果发现在认定事实上或者在适用法律上确有错误,必须提交审判委员会处理。最高人民法院对各级人民法院已经发生法律效力的判决和裁定,上级人民法院对下级人民法院已经发生法律效力的判决和裁定,如果发现确有错误,有权提审或者指令下级人民法院再审。最高人民检察院对各级人民法院已经发生法律效力的判决和裁定,上级人民检察院对下级人民法院已经发生法律效力的判决和裁定,如果发现确有错误,有权按照审判监督程序提出抗诉。

14. 执行程序

规定了被告人无罪以及免除刑事处罚、死刑立即执行、死刑缓期2年执行、无期徒刑、有期徒刑、拘役、管制、缓刑、罚金、没收财产等刑罚的执行方式和监督程序。对于死刑立即执行的判决,应当由最高人民法院院长签发执行死刑的命令。下级人民法院接到最高人民法院执行死刑的命令后,应当在7日以内交付执行。但是在执行前发现判决可能有错误的,或者罪犯正在怀孕,应当停止执行,并且立即报告最高人民法院,由最高人民法院作出裁定。人民法院在交付执行死刑前,应当通知同级人民检察院派员临场监督。执行死刑应当公布,不应示众。执行死刑后,交付执行的人民法院应当通知罪犯家属。

1979年《刑事诉讼法》是新中国第一部刑事诉讼法,也是三大诉讼法中颁布最早的一部诉讼法典。尽管在此之前,曾拟定了多稿刑事诉讼法草案,但这些草案都受当时历史条件的影响,并没有真正颁布实施。该法颁布标志着我国开始通过正当程序惩罚犯罪以及保障诉讼参与人特别是被告人的合法权益。在当时历史条件下,该法难免有所不足,但是对指导思想、任务、基本原则、基本制度以及程序都作了规定,为刑事诉讼的进行提供了法律根据,也为刑事诉讼立法的进一步发展打下了坚实的基础。因此,该部《刑事诉讼法》在中华人民共和国诉讼法史上具有开创性的重要地位。

(二)中共中央1979年第64号文件

为保证《刑法》《刑事诉讼法》的切实实施,使国家尽快走上法制轨道,中共中央于1979年9月9日颁布了中国特色社会主义法治体系建设史上具有深远意义的文件——《中共中央关于坚决保证刑法、刑事诉讼法切实实施的指示》,这就是著名的“64号文件”。该文件是在中国共产党全面吸取新中国成立以来特别是“文革”期间的经验教训,全党全社会“人心思法”“人心思治”的背景下制定的,也是为了保证新《刑法》和《刑事诉讼法》切实贯彻落实,开始实行社会主义法治所作的宣言。该文件主要内容包括:

首先,党内文件中首次提出了“社会主义法治”。文件开宗明义指出,“刑法、刑事诉讼法……能否严格执行,是衡量我国是否实施社会主义法治的重要标志”。这是中国共产党十一届三中全会后党的文件首次提出“社会主义法治”,为党的十五大报告提出“依法治国,建设社会主义法治国家”的治国方略打下了基础。

其次,理顺党与法律、司法之间的关系,取消党委审批案件制度。文件指出:“我们党内,由于建国以来对建立和健全社会主义法制长期没有重视,否定法律,轻视法律,以党代政,以言代法,有法不依,在很多同志身上已经成为习惯;认为法律可有可无,法律束手束脚,政策就是法律,有了政策可以不要法律等思想,在党员干部中相当流行。”为了维护党的威信和法律、司法的权威,文件进一步明确指出:“加强党对司法工作的领导,最重要的一条,就是切实保证法律的实施,充分发挥司法机关的作用,切实保证人民检察院独立行使检察权,人民法院独立行使审判权,使之不受其他行政机关、团体和个人的干涉。国家法律是党领导制定的,司法机关是党领导建立的,任何人不尊重法律和司法机关的职权,这首先就是损害党的领导和党的威信。党委与司法机关各有专责,不能互相代替,不应互相混淆。为此,中央决定取消各级党委审批案件的制度。对县级以上干部和知名人士等违法犯罪案件,除极少数特殊重大情况必须向上级请示者外,都由所在地的司法机关独立依法审理。对于司法机关依法作出的判决和裁定,有关单位和个人都必须坚决执行;如有不服,应按照司法程序提出上诉,由有关司法机关负责审理。各级公安机关必须坚决服从党的领导,但在执行法律所赋予的职责时,又必须严格遵守法律规定,这两者毫不矛盾,认为服从党的领导就可以违背法律规定的想法是极端错误的,必须坚决纠正。党对司法工作的领导,主要是方针、政策的领导。各级党委要坚决改变过去那种以党代政、以言代法,不按法律规定办事,包揽司法行政事务的习惯和作法。”从这段指示可以看出,一是确立了法大于权,法律至上的法治观念;二是确立了司法机关独立行使职权原则;三是取消了党委审批案件制度。

此外,文件还要求必须广泛深入地宣传《刑法》和《刑事诉讼法》。党的各级党组织、领导干部和全体党员应当作为模范,带头遵守法律。从党中央委员会到基层组织,从党中央主席到每个党员,都必须一体遵行。绝不允许有不受法律约束的特殊公民,绝不允许有凌驾于法律之上的特权。

(三)复查和纠正“文革”期间的冤假错案

“文革”结束后,复查和纠正“文革”期间由于林彪、江青反革命集团造成的冤假错案成为全国各级司法机关的一项紧迫而又繁重的任务。

在中国共产党十一届三中全会召开之前的1978年下半年,全国各级人民法院就已逐步纠正冤假错案的工作。1978年4月召开的第八次全国司法工作会议提出了按照“全错的全平、部分错的部分平、不错的不平”的原则,纠正“文革”期间的冤假错案。但是由于当时法院工作人员的思想不够解放,措施不够得力,心有余悸,复查工作进展缓慢。中国共产党十一届三中全会对复查纠正“文化大革命”期间的冤假错案作了重要决定。公报指出:“解决历史遗留问题必须遵循毛泽东同志一贯倡导的实事求是、有错必纠的原则。只有坚决地平反假案,纠正错案,昭雪冤案,才能够巩固党和人民的团结,维护党和毛泽东同志的崇高威信。”之后,司法干部逐步解放了思想,复查工作普遍开展起来。截至1981年年底,全国各级人民法院复查了“文化大革命”期间判处的120余万件刑事案件；按照中共中央的有关政策，改判纠正了冤假错案30.1万余件，涉及当事人32.6万余人。各地人民法院还主动复查了1977年和1978年两年中判处的反革命案件3.3万件，从中改判纠正了错案2.1万件。到1983年，复查纠正"文化大革命"期间和1977年、1978年判处的冤假错案的工作已经基本完成。① 根据复查的结果，冤假错案主要有两种情况：一种是因反对林彪、"四人帮"和为刘少奇、邓小平等党和国家领导人遭诬陷鸣不平，被定为反革命罪判了刑的案件。据截至1980年年底的不完全统计，这类案件在改判纠正的反革命案件中占21.9%。另一种是按《公安六条》判处的所谓"恶毒攻击"案件，一般占改判纠正案件的50%左右。

全国各级司法机关的平反和纠正冤假错案工作使成千上万遭受林彪、"四人帮"迫害的干部和人民群众得以平冤昭雪，重见天日，使受害人及其家属得到了妥善的安置和抚恤。这些工作深得民心，对于医治创伤、稳定政治局面、恢复党的威望以及促进现代化建设都起了重要的作用。

（四）"严打"与部分死刑案件核准权的下放

"文革"结束以后，社会治安形势严峻，暴力犯罪活动和恶性案件频发。1983年8月25日，中共中央发布了《关于严惩严重危害治安的犯罪分子的决定》，为"严打"拉开了序幕。该决定指出，"中央决定以三年为期，组织一次、两次、三次战役，按照依法'从重从快，一网打尽'的精神，对刑事犯罪分子予以坚决打击"。同年9月2日，第六届全国人大常委会第二次会议通过了《关于严惩严重危害社会治安的犯罪分子的决定》和《关于迅速审判严重危害社会治安的犯罪分子的程序的决定》。后者指出："为了迅速严惩严重危害社会治安的犯罪分子，保护国家和人民的利益，决定：一、对杀人、强奸、抢劫、爆炸和其他严重危害公共安全应当判处死刑的犯罪分子，主要犯罪事实清楚，证据确凿，民愤极大的，应当迅速及时审判，可以不受刑事诉讼法第一百一十条规定的关于起诉书副本送达被告人期限以及各项传票、通知书送达期限的限制。二、前条所列犯罪分子的上诉期限和人民检察院的抗诉期限，由刑事诉讼法第

① 参见何兰阶、鲁明健主编：《当代中国的审判工作》，当代中国出版社1993年版，第148页。

一百三十一条规定的十日改为三日。”

应当承认,全国人大常委会这一决定在当时犯罪活动猖獗、恶性犯罪频发的后“文革”时期,对于打击严重刑事犯罪、维护社会秩序,保护公民生命财产安全发挥了积极作用。但是,从依法治国角度来考量,该《决定》存在一些值得反思之处。例如,刑诉法刚通过不久,《决定》就修改了有关期限的规定,使其大为缩短,削弱了被告人的辩护权和上诉权。

为配合“严打”,1981 年 6 月 10 日第五届全国人大常委会第十九次会议通过了《关于死刑案件核准问题的决定》,修改了 1979 年《刑事诉讼法》关于最高人民法院核准死刑立即执行案件的规定。该《决定》规定:“一、在一九八一年至一九八三年内,对犯有杀人、抢劫、强奸、爆炸、放火、投毒、决水和破坏交通、电力等设备的罪行,由省、自治区、直辖市高级人民法院终审判决死刑的,或者中级人民法院一审判决死刑,被告人不上诉,经高级人民法院核准的,以及高级人民法院一审判决死刑,被告人不上诉的,都不必报最高人民法院核准。二、对反革命犯和贪污犯等判处死刑,仍然按照‘刑事诉讼法’关于‘死刑复核程序’的规定,由最高人民法院核准。”因此,除反革命犯和贪污犯等判处死刑的由最高人民法院核准外,在 1981 年至 1983 年因杀人、抢劫、强奸、爆炸、放火、投毒、决水和破坏交通、电力等设备的罪行判处死刑的,由高级人民法院核准。

1983 年 9 月 2 日第六届全国人大常委会第二次会议通过了《关于修改〈中华人民共和国人民法院组织法〉的决定》,将第 13 条修改为:“死刑案件除由最高人民法院判决的以外,应当报请最高人民法院核准。杀人、强奸、抢劫、爆炸以及其他严重危害公共安全和社会治安判处死刑的案件的核准权,最高人民法院在必要的时候,得授权省、自治区、直辖市的高级人民法院行使。”据此,1983 年 9 月 7 日最高人民法院发布了《关于授权高级人民法院核准部分死刑案件的通知》。此外,1991 年至 1997 年,最高人民法院还以《通知》的形式将毒品犯罪死刑案件的核准权授予云南、广东、广西、甘肃、四川和贵州六省、自治区高级人民法院行使。

部分死刑案件核准权授权高级人民法院行使,在特定的历史时期对于打击犯罪、保护人民群众的生命财产安全发挥了现实作用。但是,与此同时,也暴露了一些严重的问题。将死刑核准权下放高级人民法院不仅与《刑法》和《刑事诉讼法》的规定直接冲突，还使部分高级人民法院的死刑复核程序与二审程序合二为一，使得死刑复核程序名存实亡，同时也增加了司法实践中发生冤假错案的风险。

二、深化与进步：1996—2012 年

（一）《刑事诉讼法》第一次修改（1996 年）

进入 20 世纪 90 年代中期，刑事诉讼法治重大发展的标志性成就是 1996 年刑事诉讼法的修改。

1991 年 1 月，全国人大常委会法工委就召开了关于刑事诉讼法修改的座谈会，征求与会专家学者的意见和建议，并委托专家提出刑事诉讼法修改建议稿供立法部门参考。[①] 1995 年 6 月，全国人大常委会法工委进一步召集实务部门对刑事诉讼法修改中的重大问题进行了充分的讨论，并于 1995 年 10 月提出了《中华人民共和国刑事诉讼法〈修改草案〉（征求意见稿）》，下发全国及相关部门征求意见。1995 年 12 月，全国人大常委会法工委正式提出了《中华人民共和国刑事诉讼法修正案（草案）》，提交全国人大常委会第十七次会议进行初步审议。尔后，全国人大常委会法工委又根据会议意见对草案进行了修改。1996 年 2 月，第八届全国人大常委会第十八次会议再次审议了《中华人民共和国刑事诉讼法修正案（草案）》，决定提请全国人民代表大会审议。1996 年 3 月 17 日，第八届全国人民代表大会第四次会议通过了《全国人民代表大会关于修改〈中华人民共和国刑事诉讼法〉的决定》，自 1997 年 1 月 1 日起施行。至此，第一次刑事诉讼法修改正式完成。

该修改决定共计 110 条，对 1979 年《刑事诉讼法》作了全面修改，主要包括以下十大方面：

---

① 1993 年 10 月，受全国人大常委会法工委的委托，中国政法大学陈光中教授组织了一些刑事诉讼法学专家学者成立了“刑事诉讼法修改研究小组”，就刑事诉讼法的修改问题进行研究并提出具体的改革方案，供立法机关参考。该修改小组在国外考察和国内调研的基础上，于 1994 年 7 月提出了《中华人民共和国刑事诉讼法修改建议稿》（该建议稿于 1995 年正式出版，书名为《中华人民共和国刑事诉讼法修改建议稿与论证》，中国方正出版社 1999 年版），并提交给全国人大常委会法工委。

1. 增加司法机关依法独立行使职权的规定

为了协调宪法和人民法院组织法,增加规定:“人民法院依照法律规定独立行使审判权,人民检察院依照法律规定独立行使检察权,不受行政机关、社会团体和个人的干涉。”

2. 取消免予起诉制度和增加了人民法院统一定罪原则和疑罪从无原则

根据我国宪法和刑事诉讼法规定,公民有罪应当经过人民法院审判加以确定。但是原《刑事诉讼法》第101条规定了免予起诉制度,即“依照刑法规定不需要判处刑罚或者免除刑罚的,人民检察院可以免予起诉”。被免诉的公民在法律上定为有罪,与法院判决有罪有同等效力。修改后的刑事诉讼法不仅取消了免予起诉制度,还增加规定第12条:“未经人民法院依法判决,对任何人不得确定有罪。”

同时首次确立了疑罪从无原则,即对于事实不清证据不足的案件,在审查起诉时可以作出不起诉的决定,在法庭审理时则应当作出证据不足、指控的犯罪不能成立的无罪判决。该原则否定了“疑罪从轻”“疑罪从有”,其与前述第12条规定,集中体现了无罪推定原则的基本精神,是此次刑事诉讼法修改的最大亮点之一。

3. 加强人民检察院的法律监督

一是在总则中增加规定,人民检察院依法对刑事诉讼实行法律监督;二是在立案一章中增加规定人民检察院对立案的监督;三是规定人民检察院发现人民法院的审判违反法定程序,有权向人民法院提出纠正意见等。

4. 调整侦查管辖与自诉案件的范围

一方面缩小了检察院自侦案件的范围。1979年《刑事诉讼法》规定的人民检察院自行侦查的案件除职务犯罪、危害公民民主权利的犯罪外,还有一部分妨害经济管理秩序的犯罪,如果继续由检察机关管辖不利于检察机关集中力量加强反腐败斗争。因此,这次修改刑事诉讼法,将人民检察院自侦案件的范围,限于国家工作人员利用职务的犯罪,明确规定为:“贪污贿赂犯罪,国家工作人员的渎职犯罪,国家机关工作人员利用职权实施的非法拘禁、刑讯逼供、报复陷害、非法搜查的侵犯公民人身权利的犯罪以及侵犯公民民主权利的犯罪,由人民检察院立案侦查。”另一方面扩大了法院自诉案件的范围。增加规定自诉案件包括三类案件：(1)告诉才处理的案件；(2)被害人有证据证明的轻微刑事案件；(3)被害人有证据证明对被告人侵犯自己人身、财产权利的行为应当依法追究刑事责任，而公安机关或者人民检察院不予追究被告人刑事责任的案件。

5. 律师提前参加诉讼，加强犯罪嫌疑人、被告人的辩护权保障

修改后的刑事诉法改变过去被告人在法庭审理时才可以委托辩护人的做法，允许在侦查时就可以委托律师为其提供法律援助。在审查起诉和法庭审理时，则可正式聘请辩护人。还增加规定，公诉人出庭公诉的案件，被告人因经济困难或者其他原因没有委托辩护人的，被告人是盲、聋、哑或者未成年人以及可能被判处死刑而没有委托辩护人的，人民法院应当指定承担法律援助义务的律师为其提供辩护。

6. 加强了对被害人权利的保障

被害人与犯罪嫌疑人、被告人在刑事诉讼中的利害关系是对立的，双方的诉讼权利保障构成了刑事诉讼中人权保障的基本内容，忽视双方中的任何一方都是片面的和不适当的。主要作了如下修改：一是在诉讼地位上将被害人从一般诉讼参与人升格为当事人，赋予他及其法定代理人申请回避权。二是一审法庭审理时，公诉人宣读起诉书后，被害人和被告人一样可以就案件事实进行陈述，经审判长同意，被害人可以向被告人讯问，对证人、鉴定人发问；对一审判决不服，有权请求人民检察院提出抗诉。三是在二审程序中如果不开庭，合议庭也必须事先听取包括被害人在内的当事人的意见。

7. 完善强制措施，取消收容审查

原《刑事诉讼法》规定了五种强制措施：拘传、取保候审、监视居住、拘留和逮捕。这是科学的和可行的。但是在司法实践中，公安机关在根据国务院法规采用行政强制措施——收容审查来应对身份不明的流窜嫌疑犯时，往往扩大收审对象，延长收审时间，导致以收审代替拘留、逮捕，侵犯了公民的人身自由。此次修改刑事诉讼法，决定取消收审制度，并将原收审的对象列为刑事拘留对象。另外，为防止监视居住成为变相长期拘押，增加规定，被监视居住的人“未经批准不得离开住处，无固定住处的，未经执行机关批准不得离开指定的居所”，并规定监视居住最长不得超过6个月。

8. 改革一审庭审方式

为防止开庭审判流于形式和先定后审,此次刑事诉讼法修改适当吸收英美法系的当事人主义模式。一是规定人民法院对提起公诉的案件进行审查后,对于起诉书中有明确的指控犯罪事实并且附有证据目录、证人名单和主要证据复印件或者照片的,应当决定开庭审判。二是规定凡是公诉案件,除依法适用简易程序审判的以外,检察机关都必须派人出庭支持公诉。三是规定由公诉人首先讯问被告人,由公诉人、辩护人向法庭出示证据。四是规定合议庭开庭审理并且评议后,应当作出判决。对于疑难、复杂、重大的案件,合议庭认为难以作出决定的,由合议庭提请院长决定提交审判委员会讨论决定。

9. 增设简易审判程序

为了实现案件分流,提高审判效率,简化诉讼程序,这次修改刑事诉讼法还增加了简易程序。法院对于下列案件,可以适用简易程序,由审判员一人独任审判:对依法可能判处 3 年以下有期徒刑、拘役、管制、单处罚金的公诉案件,事实清楚、证据充分,人民检察院建议或者同意适用简易程序的;告诉才处理的案件;被害人起诉的有证据证明的轻微刑事案件。

10. 改革死刑执行方法

我国过去对执行死刑的方式只规定了枪决一种。此次刑事诉讼法修改时,基于对注射执行死刑较之枪决更能减轻死刑犯痛苦的认识,以及考虑到注射执行死刑能够更好地保全死刑犯的尸体、防止出现枪决所导致的残忍场面等人道主义因素,规定"死刑采用枪决或者注射等方法执行"。

1996 年刑事诉讼法修改对我国几十年来形成的刑事诉讼制度进行了重大改革,是加强依法治国、建设社会主义法治国家的一个重要成果。此次修改进一步完善了惩罚犯罪的机制和加强了当事人特别是犯罪嫌疑人、被告人和被害人诉讼权利的保障;进一步理顺了公安机关、检察机关和人民法院之间的关系;将超职权主义的诉讼模式改革为控辩式,强化了控辩双方的举证和辩论等。当然,此次刑事诉讼法修改仍有许多问题没有解决,特别是在犯罪嫌疑人、被告人的权利保障以及被害人利益保护方面仍然有很大的差距,这有待进一步加以解决。

（二）死刑核准权的收回

20世纪90年代中期以来，随着党中央依法治国、建设社会主义法治国家治国方略的提出，“尊重和保障人权”入宪以及司法实践中冤假错案的不断出现，中央决定收回已经下放了二十多年的部分死刑案件核准权。

2004年年底，中共中央转发了《中央司法体制改革领导小组关于司法体制和工作机制改革的初步意见》。该意见提出改革目前授权高级人民法院行使部分死刑案件核准权的做法，将死刑案件核准权统一收归最高人民法院行使。2006年8月，中共中央办公厅向全党发出通知，明确了最高人民法院统一行使死刑案件核准权的目标、原则、要求以及时间安排，重申了党和国家在死刑问题上的一贯政策。为积极稳妥地收回死刑案件核准权，最高人民法院在党中央和国务院的领导下，从法律、组织、物质等方面做了大量的准备工作。为保证死刑案件的二审审判质量，2006年9月25日，最高人民法院、最高人民检察院发布了《关于死刑第二审案件开庭审理程序若干问题的规定（试行）》，要求死刑第二审案件必须开庭审理。

2006年10月31日，第十届全国人大常委会第二十四次会议通过了《全国人大常委会关于修改〈中华人民共和国人民法院组织法〉的决定》，自2007年1月1日起，死刑除依法由最高人民法院判决的以外，应当报请最高人民法院核准。2006年12月28日，最高人民法院颁布了《关于统一行使死刑案件核准权有关问题的决定》。2007年1月1日，最高人民法院正式统一行使死刑案件的核准权。

最高人民法院统一行使死刑案件核准权，是中央从构建社会主义和谐社会、实现国家长治久安的战略全局出发作出的重大决策，是从司法制度上落实“国家尊重和保障人权”宪法原则的重要措施，是履行死刑相关国际公约的一项重要内容。

（三）“两个证据规定”的颁布

根据中共十七大的精神，中共中央于2008年提出进一步推进司法改革的要求，其中重要的成果之一就是在2010年5月30日由最高人民法院、最高人民检察院、公安部、国家安全部、司法部(以下简称“两高三部”)联合制定的《关于办理死刑案件审查判断证据若干问题的规定》(以下简称《办理死刑案件证据规定》)和《关于办理刑事案件排除非法证据若干问题的规定》(以下简称《非法证据排除规定》)。“两高三部”在印发两个证据规定的通知中明确提出,“牢固树立惩罚犯罪与保障人权并重的观念、实体法与程序法并重的观念,依法、全面、客观地收集、审查、判断证据,严把事实关、证据关,切实提高刑事案件审判质量,确保将两个《规定》落到实处,把每一起刑事案件都办成铁案”。这两个证据规定是我国深入推进司法改革的重要举措,是刑事诉讼制度建设的一项重要成就,为2012年《刑事诉讼法》中证据制度的完善做了重要准备。

《非法证据排除规定》共计15条。其明确规定了非法言词证据的内涵、外延和法律效力;规定了人民检察院对非法证据有权予以排除;规定了非法言词证据在法庭审理中的排除程序;规定了非法物证、书证排除规则。

《办理死刑案件证据规定》共计41条,分为三个部分,主要规定了如下三个方面内容:(1)一般规定。确立了证据裁判原则、程序法定原则和未经质证不得认证原则,细化了死刑案件的证明标准和证明对象等。(2)证据的分类审查与认定。该部分主要根据不同的证据种类分别规定了审查与认定的内容,确立了原始证据优先规则、意见证据规则和有限的直接言词证据规则等。(3)证据的综合审查和运用。该部分主要规定了对证据的综合认证,包括如何对证据的证明力进行认定、如何依靠间接证据定案、如何确认采用特殊侦查措施收集证据材料的证据能力、如何审查被告人是否已满18周岁、严格把握死刑案件中证明量刑事实的证据等内容。

需要注意的是,《办理死刑案件证据规定》的适用案件范围虽然是死刑案件,但是在其他非死刑的刑事案件中,也应当参照适用。“两高三部”印发两个证据规定的通知中明确指出:“办理其他刑事案件,参照《关于办理死刑案件审查判断证据若干问题的规定》执行。”

(四)《刑事诉讼法》第二次修改(2012年)

《刑事诉讼法》自1996年第一次修正16年后,国情世情发生了深刻变化,这使得刑事诉讼法越来越难以适应社会发展和司法实践的需求,因此迫切需要进行再次修改。

早在2003年,按照党的十六大提出的“推进司法体制改革”战略决策要求,刑事诉讼法再次修订的计划被纳入第十届全国人大常委会立法规划。2004年年底,中共中央转发了《中央司法体制改革领导小组关于司法体制和工作机制改革的初步意见》,提出了改革和完善诉讼制度等10个方面的35项改革任务,其中许多任务涉及刑事诉讼法的修改。2008年,按照党的十七大作出的“深化司法体制改革”的重大决策要求,中共中央转发了《中央政法委员会关于深化司法体制和工作机制改革若干问题的意见》。该意见提出了60项改革任务,其中相当部分涉及刑事诉讼法的修改。之后全国人大常委会法工委加快了刑事诉讼法修正案的起草工作,并连续召开了座谈会议,征求实务部门和专家学者的意见。

2012年3月14日,第十一届全国人民代表大会第五次会议通过了《全国人民代表大会关于修改〈中华人民共和国刑事诉讼法〉的决定》。至此,刑事诉讼法第二次修改工作圆满完成,此次修正刑事诉讼法增、删、改共计149条,其中增加66条,修改82条,删除1条。主要内容如下:

1. 增加“尊重和保障人权”的规定

2012年《刑事诉讼法》第2条“刑事诉讼法的任务”中增加规定“尊重和保障人权”,这对整个刑事诉讼的基本原则、制度和程序起到了提纲挈领的指导作用,也是“国家尊重和保障人权”原则2004年载入《宪法》后第一次规定在部门法中。

2. 改革完善辩护制度

第一,侦查阶段律师的“辩护人”地位得到确认。原《刑事诉讼法》第96条虽然规定犯罪嫌疑人在侦查阶段可以聘请律师,但没有赋予其辩护人地位,而2012年《刑事诉讼法》则明确规定在侦查期间接受委托的律师是作为“辩护人”参与诉讼活动。第二,辩护人的责任发生变化,强调实体辩护与程序辩护并重,具体体现为规定了辩护人责任,增加维护犯罪嫌疑人、被告人“诉讼权利”的内容。第三,改善辩护律师会见程序。为有效解决律师会见难问题,本次修改作出了务实性的变更和规定:辩护律师持律师执业证书、律师事务所证明和委托书或者法律援助公函要求会见在押的犯罪嫌疑人、被告人的,看守所应当及时安排会见,至迟不得超过48小时。危害国家安全犯罪、恐怖活动犯罪、特别重大贿赂犯罪案件,在侦查期间辩护律师会见在押的犯罪嫌疑人,应当经侦查机关许可。第四,扩大辩护人的阅卷权。规定了自案件审查起诉之日起,辩护人有权查阅、摘抄、复制全部案卷材料。第五,对追究辩护人刑事责任的管辖权作出调整。辩护人在执业活动中涉嫌犯罪的,由办理辩护人所承办案件的侦查机关以外的侦查机关办理。第六,扩大法律援助适用的阶段和案件范围。将法律援助的适用阶段从原来的审判阶段延伸到侦查、审查起诉阶段。同时,将原《刑事诉讼法》规定的应当指定辩护的范围增加两种案件:一是犯罪嫌疑人、被告人为尚未完全丧失辨认或控制自己行为能力精神病人的案件,二是犯罪嫌疑人、被告人可能被判处无期徒刑的案件。

3. 完善证据制度,确立非法证据排除规则

首先,增加规定"不得强迫任何人证实自己有罪"。此原则是国际刑事司法准则的重要内容之一,对于弱化侦查中对于口供的依赖心理和进一步遏制非法取证行为具有原则性的指导意义。其次,确立非法证据排除规则。规定非法证据的排除有两类:一类是非法言词证据的排除,即采用刑讯逼供等非法方法收集的犯罪嫌疑人、被告人供述和采用暴力、威胁等非法方法收集的证人证言、被害人陈述,应当予以排除;另一类是非法实物证据的排除,即收集物证、书证不符合法定程序,可能严重影响司法公正的,不能作出补正或者合理解释的,对该证据应当予以排除。为了保证非法证据得以排除,设置了法庭审理过程中具有可操作性的排除程序,包括确立非法证据排除程序的启动模式和条件,规定人民检察院对证据收集的合法性承担证明责任,确立我国侦查人员出庭作证制度,确立非法证据排除的证明标准等。最后,增加规定证明标准"证据确实、充分"要满足三个条件:(1)定罪量刑的事实都有证据证明;(2)据以定案的证据均经法定程序查证属实;(3)综合全案证据,对所认定事实已排除合理怀疑。其中,"排除合理怀疑"是国际通行的对证明标准的表述。尽管学术界和实务界在如何理解和适用此标准上尚存争议,但这是我国立法中第一次采用此表述,其有利于我国刑事证明标准的国际化。

4. 完善强制措施制度,严格限制不通知家属的情形

首先,完善监视居住的适用条件。对监视居住规定有别于取保候审的独

立的适用条件。指定居所监视居住不限于无固定住处的人，对于涉嫌危害国家安全犯罪、恐怖活动犯罪、特别重大贿赂犯罪，在住处执行有碍侦查的，也可以适用，而且指定居所监视居住的期限应当折抵刑期。其次，修改逮捕条件、限制逮捕范围。规定三类逮捕的情形：(1)可能判处徒刑以上刑罚，采取取保候审尚不足以防止发生下列社会危险性，即可能实施新的犯罪的；有危害国家安全、公共安全或者社会秩序的现实危险的；可能毁灭、伪造证据，干扰证人作证或者串供的；可能对被害人、举报人、控告人实施打击报复的；企图自杀或者逃跑的。(2)可能判处10年有期徒刑以上刑罚的，或者可能判处徒刑以上刑罚，曾经故意犯罪或者身份不明的，应当予以逮捕。(3)被取保候审、监视居住的犯罪嫌疑人、被告人违反取保候审、监视居住规定，情节严重的，可以予以逮捕。① 最后，严格限制采取强制措施后不通知家属的情形。明确规定，采取拘留、逮捕和指定居所监视居住的，除无法通知的以外，应当在执行后24小时以内通知家属。同时，将拘留后因有碍侦查不通知家属的情形，仅限于涉嫌危害国家安全犯罪、恐怖活动犯罪两种案件。上述限制通知家属的规定，尽管比原来的法律规定有所进步，但仍然存在争议。

5. 完善侦查程序

为了加强对公权力的制约，有效遏制刑讯逼供，保障讯问程序的正当性，增加规定：犯罪嫌疑人被拘留后应当在24小时内送看守所羁押；侦查人员讯问犯罪嫌疑人，应当在看守所内进行；侦查人员在讯问犯罪嫌疑人的时候，可以对讯问过程进行录音或者录像；对于可能判处无期徒刑、死刑的案件或者其他重大犯罪案件，应当对讯问过程进行录音或者录像，录音或者录像应当全程进行，保持完整性。同时，为了有力惩罚严重犯罪，适度强化侦查措施，增加规定技术侦查、秘密侦查、控制下交付三种特殊侦查手段，其中技术侦查手段检察机关也有权决定适用。

6. 改革第一审程序

明确规定证人应当依法出庭作证的条件，“公诉人、当事人或者辩护人、

① 2014年4月24日，全国人民代表大会常务委员会通过的《关于〈中华人民共和国刑事诉讼法〉第七十九条第三款的解释》对此作出补充修改：“根据刑事诉讼法第七十九条第三款的规定，对于被取保候审、监视居住的可能判处徒刑以下刑罚的犯罪嫌疑人、被告人，违反取保候审、监视居住规定，严重影响诉讼活动正常进行的，可以予以逮捕。”

诉讼代理人对证人证言有异议,且该证人证言对案件定罪量刑有重大影响,人民法院认为证人有必要出庭作证的,证人应当出庭作证”。但是此规定有很大的问题:即使控辩双方对其有异议且证人证言对定罪量刑有重大影响,也得由法院决定证人是否出庭。这会导致证人必须出庭的情形被化解,造成了司法实践中证人出庭率无法有效提高,又恢复了证人基本上不出庭作证的现实。同时,还增加规定“证人没有正当理由不出庭作证的,人民法院可以强制其到庭,但是被告人的配偶、父母、子女除外;证人没有正当理由拒绝出庭或者出庭后拒绝作证的,予以训诫,情节严重的,经院长批准,处以十日以下的拘留”。其中不得强制被告人的配偶、父母、子女到庭作证的例外借鉴了国外亲属拒绝作证特权的立法,旨在维护家庭伦理和人性的基本价值。但是这规定并不是真正意义上的亲属拒绝作证特权,而只是在庭审阶段免予强制出庭,在其他诉讼阶段还有作证的义务。同时,该规定还以法律的名义剥夺了被告人最重要的诉讼权利之一——对质权。此外,还规定了控辩双方对鉴定意见有异议且法院认为有必要,鉴定人也应当出庭;鉴定人经人民法院通知拒不出庭作证的,鉴定意见不能作为定案根据。为实现案件的繁简分流及提高诉讼效率,新法扩大了简易程序的适用范围。基层人民法院对于案件事实清楚、证据充分的,被告人承认自己所犯罪行,对起诉书指控的犯罪事实没有异议,且被告人对适用简易程序没有异议的案件,可以适用简易程序。

7. 改进第二审程序

首先,修改开庭审理的案件范围。为改变二审程序“以不开庭审理为原则、开庭审理为例外”的司法现状,增加了必须开庭审理的案件范围,即被告人、自诉人及其法定代理人对第一审判决认定的事实、证据提出异议,可能影响定罪量刑的上诉案件;被告人被判处死刑的上诉案件。其次,完善发回重审制度和上诉不加刑原则。为了防止基于原判决事实不清楚或证据不足的发回重审制度被滥用,规定此类发回重审仅限一次。同时,为防止规避上诉不加刑原则,增加规定第二审人民法院发回原审人民法院重新审判的只有被告一方上诉的案件,除有新的犯罪事实,人民检察院补充起诉的以外,原审人民法院也不得加重被告人的刑罚。

8. 改革死刑复核程序

为体现慎重适用死刑,保证死刑复核案件质量,使之从原来行政化的内部审核转向适度诉讼化,对死刑复核程序进行了改革,具体包括:首先,增加规定最高人民法院复核死刑案件的裁判方式。最高人民法院应当作出核准或者不核准死刑的裁定;对于不核准死刑的,可以发回重新审判或者予以改判。其次,规定复核时应当讯问被告人,辩护律师提出要求的,应当听取辩护律师的意见;在复核死刑案件过程中,最高人民检察院可以向最高人民法院提出意见,最高人民法院应当将死刑复核结果通报最高人民检察院。

9. 增设四种特别程序

一是未成年人刑事案件诉讼程序。确立了办案方针和原则、法律援助制度、社会调查制度、严格限制适用逮捕措施制度、未成年人法定代理人或者其他人员到场制度、附条件不起诉制度、犯罪记录封存制度等。二是当事人和解的公诉案件诉讼程序。对于因民间纠纷引起,涉嫌《刑法》分则第 4 章、第 5 章规定的犯罪案件,可能判处 3 年有期徒刑以下刑罚的,以及除渎职犯罪以外的可能判处 7 年有期徒刑以下刑罚的过失犯罪案件,犯罪嫌疑人、被告人真诚悔罪,通过向被害人赔偿损失、赔礼道歉等方式获得被害人谅解,被害人自愿和解的,双方当事人可以和解,公安司法机关可以从宽处理。三是犯罪嫌疑人、被告人逃匿、死亡案件违法所得的没收程序。对于贪污贿赂犯罪、恐怖活动犯罪等重大犯罪案件,犯罪嫌疑人、被告人逃匿,在通缉 1 年后不能到案,或者犯罪嫌疑人、被告人死亡,依照刑法规定应当追缴其违法所得及其他涉案财产的,人民检察院可以向人民法院提出没收违法所得的申请。四是依法不负刑事责任的暴力型精神病人的强制医疗程序。实施暴力行为,危害公共安全或者严重危害公民人身安全,经法定程序鉴定依法不负刑事责任的精神病人,有继续危害社会可能的,可以予以强制医疗。

此次刑事诉讼法修改是我国民主法制发展的需要,是解决司法实践中突出问题的需要,也是适应我国犯罪活动新变化和加强惩罚犯罪能力的需要。此次修改坚持稳中求进的指导思想,坚持惩罚犯罪与保障人权并重、实体公正与程序公正并重的理念,使刑事诉讼制度进一步民主化、法治化和科学化,取得了重大的进步,但也存在权力制约不足、可操作性不强等问题,有待通过制定司法解释或规范性文件予以弥补和解决,以保证新法得到良性操作和有效实施。

三、新征程与新成就:2012—2018年(6月)

2012年11月,中国共产党第十八次代表大会的召开标志着我国进入了全面深化改革和全面推进依法治国的新时代,也由此开启了司法体制改革和司法机制改革两个层面齐头并进的新局面。[①] 党的十八大报告明确提出,进一步深化司法体制改革。2013年11月,中国共产常十八届三中全会召开,通过了《中共中央关于全面深化改革若干重大问题的决定》,提出确保依法独立公正行使审判权、检察权,健全司法权力运行机制,完善人权司法保障制度。2013年12月,中央全面深化改革领导小组(以下简称中央深改小组)成立,该小组直接负责本次司法改革的总体设计、统筹协调、整体推进、督促落实等。2014年10月,党的十八届四中全会召开,首次专题讨论依法治国问题,并审议通过了《中共中央关于全面推进依法治国若干重大问题的决定》。该《决定》提出,完善确保依法独立公正行使审判权和检察权的制度,优化司法职权配置,推进严格司法,保障人民群众参与司法,加强人权司法保障,健全司法人员履行法定职责保护机制。2017年10月,中国共产党第十九次代表大会要求,深化司法体制综合配套改革,着力推进反腐败体制改革。下文仅就党的十八大以来刑事司法改革的重点内容进行阐述。

(一)保障司法机关依法独立行使职权

党的十八大及十八届三中、四中全会中都强调要“确保审判机关、检察机关依法独立公正行使审判权、检察权”。审判机关、检察机关是我国的司法机关,司法机关依法独立行使职权是实现司法公正的首要保障,是树立司法权威的必要条件,是法官职业化的题中之义,[②]亦是追究司法责任的前提。为此,党的十八大以来中央重点从体制和机制两个层面保障司法机关依法独立行使职权。

1. 推动省以下地方法院、检察院人财物统一管理

十八届三中全会《关于全面深化改革若干重大问题的决定》首先提出“改革司法管理体制,推动省以下地方法院、地方检察院人财物统一管理”。2014

① 参见陈光中、魏晓娜:《论我国司法体制的现代化改革》,载《中国法学》2015年第1期。

② 参见陈光中:《比较法视野下的中国特色司法独立原则》,载《比较法研究》2013年第2期。

年6月中央深改小组会议审议通过的《关于司法体制改革若干问题的框架意见》将其列为四项基础性改革举措之一，规定对人事“省级统一提名，地方分级任免”的方案，提名权在省级，任免权依照法律的规定，依然在各级人大及其常委会；对财物的统一管理，主要是建立省以下地方法院、检察院经费由省级政府财政部门统一管理实施机制。

该项改革举措如若实现将有力保障司法机关依法独立行使职权，但因其涉及我国政体、宪法以及党管干部原则等根本性问题，涉及面广，改革难度很大，目前仍处于摸索阶段。

2. 设立巡回法庭以及跨行政区划的人民法院和人民检察院

为了更好地发挥最高人民法院监督指导地方法院工作的职能及方便当事人诉讼等目的，2014年12月2日中央深改小组会议审议通过《最高人民法院设立巡回法庭试点方案》，同意最高人民法院设立两个巡回法庭，[①]并于2016年11月1日通过了《关于最高人民法院增设巡回法庭的请示》，增设四个巡回法庭。[②] 据最高人民法院2015年2月1日起施行的《关于巡回法庭审理案件若干问题的规定》，巡回法庭是最高人民法院派出的常设审判机构。

与此同时，2014年，北京和上海率先设立跨行政区划的北京市第四中级人民法院和上海市第三中级人民法院，办理跨地区重大刑事、民事、行政案件，解决当事人争管辖和诉讼的“主客场”问题。同年，上海市检察院第三分院、北京市检察院第四分院挂牌成立，着力探索跨行政区划管辖范围和办案机制。跨行政区划的检察院重点办理的刑事案件是重大职务犯罪案件、重大环境资源保护和重大食品药品安全刑事案件。

3. 建立防止干预司法活动的工作机制

2015年2月27日，中央深改小组第十次会议通过，中共中央办公厅、国务院办公厅印发并决定于同年3月18日起实施的《关于领导干部干预司法活动、插手具体案件处理的记录、通报和责任追究规定》，为领导干部干预司法

---

① 第一巡回法庭设在深圳，分管广东、广西、海南、湖南；第二巡回法庭位于沈阳，分管辽宁、吉林、黑龙江。

② 第三巡回法庭设在南京，分管江苏、上海、浙江、福建、江西；第四巡回法庭设在郑州，分管河南、山西、湖北、安徽；第五巡回法庭设在重庆，分管四川、贵州、云南、西藏；第六巡回法庭设在西安，分管陕西、甘肃、青海、宁夏、新疆。

画出“红线”,建立防止司法干预的“防火墙”和“隔离带”,从而为司法机关依法独立行使职权创造良好的环境。此后,2015 年 8 月 19 日,最高人民法院印发了《人民法院落实〈领导干部干预司法活动、插手具体案件处理的记录、通报和责任追究规定〉的实施办法》及《司法机关内部人员过问案件的记录和责任追究规定》。依照上述文件,对司法机关负有领导职责的机关因履职需要,可以依照工作程序了解案件情况,组织研究司法政策,统筹协调依法处理工作,督促司法机关依法履行职责,但不得对案件的证据采信、事实认定、司法裁判等作出具体决定。为使领导干部干预司法的行为全程留痕、有据可查,要求司法人员对领导干预司法活动、插手具体案件的情况如实记录,否则视情况予以警告、通报批评、纪律处分。

(二)完善司法责任制

司法责任制被称为司法体制改革的“牛鼻子”。司法责任制改革的逻辑是要放权给法官、检察官,让法官、检察官成为真正的办案主体,对其履行职责的行为承担责任,在职责范围内对办案质量终身负责,以落实责任来促使法官检察官谨慎行使权力,从而实现司法公正。2015 年 8 月,中央深改小组分别通过最高人民法院、最高人民检察院的《关于完善人民法院司法责任制的若干意见》(以下简称《法院司法责任制意见》)、《关于完善人民检察院司法责任制的若干意见》(以下简称《检察院司法责任意见》)。

保障司法机关独立行使职权和加强专业化司法机关办案人员队伍建设都是完善司法责任制的重要前提。2014 年 6 月 6 日中央深改小组第三次会议通过的《关于司法体制改革试点若干问题的框架意见》中,将完善司法人员分类管理与健全司法人员职业保障作为司法体制改革的基础性、制度性措施,决定成立法官(检察官)遴选委员会,负责对法官(检察官)进行遴选。司法机关建立符合职业特点的人员分类管理制度旨在提高司法队伍的专业化和职业化水平,这是确保案件公正处理的重要基础。司法机关将司法人员分为三类:法官检察官、司法辅助人员和司法行政人员。按照 85% 以上的人力资源配置到办案一线的要求,司法行政人员数目不得超过中央政法专项编制的 15% 。各省市先后按照“统一提名、党委审批、分级任免”的流程开始了法官、检察官的遴选工作。到2017年11月,全国法院从原来211,990名法官中遴选产生了120,138名员额法官,占中央政法专项编制的32.9%。[①] 全国检察机关遴选出员额内检察官84,444名,占中央政法专项编制的32.78%。[②] 以此为前提,司法责任制改革才能顺利进行。

1.改革司法权力运行机制

在法院权力运行机制上,首先,改革独任制与合议庭运行机制,改革裁判文书签署机制,裁判文书由审理案件的法官直接签署后即可印发。独任制审理的案件,由独任法官对案件事实的认定和法律适用承担全部责任;合议庭审理的案件,合议庭成员对案件的事实认定和法律适用共同承担责任。领导干部干预导致裁判错误,法官不记录或者不如实记录,应当排除干预而没有排除的,承担违法审判责任。其次,明确将审判委员会讨论案件的范围限定为"涉及国家外交、安全和社会稳定的重大复杂案件,以及重大、疑难、复杂案件的法律适用问题",并指出要强化审判委员会总结审判经验、讨论决定审判工作重大事项的宏观指导职能。审判委员会评议实行全程留痕,审判委员会改变合议庭意见导致裁判错误的,由持多数意见的委员共同承担责任,合议庭不承担责任。审判委员会维持合议庭意见导致错误裁判的,由合议庭和持多数意见的委员共同承担责任。最后,规范审判管理和监督制度——该意见提出建立符合司法规律的案件质量评估体系、评价机制及在各级人民法院成立法官考评委员会,以此对法官业绩进行评价,并作为法官任职、评先评优和晋职晋级的依据。院长、副院长、庭长的审判管理和监督活动应当控制在职责和权限范围内,并应当在办公平台上全程留痕。外部监督上,建立健全审判流程公开、裁判文书公开和执行信息公开三大平台,构建开放动态、透明、便民的阳光司法机制,广泛接受社会监督。

在检察院权力运行机制上,健全司法办案组织及运行机制、健全检察委员

---

① 参见徐隽:《坚持司法改革不停步——访最高人民法院党组成员、政治部主任徐家新》,载《人民日报》2018年3月21日,第18版。

② 参见曹建明:《最高人民检察院关于人民检察院全面深化司法改革情况的报告——2017年11月1日在第十二届全国人民代表大会常务委员会第三十次会议上》,载最高人民检察院网,http://www.spp.gov.cn/zdgz/201711/t20171102_204013.shtml。

会运行机制。检察一体化是检察司法责任制区别于法院的关键原因,检察权由检察官独立行使需要检察长的委托。为此,独任检察官、主任检察官对检察长(分管副检察长)负责并在职权范围内对办案事项作出决定,独任检察官承办并作出决定的案件,由独任检察官承担责任;检察官办案组承办的案件,由其负责人和其他检察官共同承担责任,办案组负责人对职权范围内决定的事项承担责任,其他检察官对自己的行为承担责任。检察长除承担监督管理责任外,对在职权范围内作出的有关办案事项的决定承担完全责任。但是该意见却没有对检察官对哪些事项有决定权作出具体规定,交由各省检察院制定权力清单。依照《检察院司法责任制意见》的规定,对于检察官在权力清单所规定的职权范围内作出决定的事项,检察长(副检察长)都不因签发法律文书承担司法责任。但是,检察长(分管副检察长)有权对独任检察官、检察官办案组承办的案件进行审核。

2. 司法责任制的改革

司法责任则是指司法责任主体基于其所承担的司法职责,因在履行职责时存在违法违纪行为而应承担的法律上的不利后果。依照《法院司法责任制意见》和《检察院司法责任制意见》,司法责任包括故意违反法律法规的;因重大过失造成严重后果的。此外,还包括检察系统的监督管理责任。同时明确了下列行为不属于司法责任的范围:(1)司法人员违反职业道德准则和纪律规定,接受案件当事人及相关人员请客送礼、与律师进行不正当交往等违纪违法行为,依照法律及有关纪律规定另行处理。(2)一般工作瑕疵。依照当前的规定,司法人员在认定事实、证据采信、法律适用、办案程序、文书制作以及司法作风方面不符合法律有关规定,但不影响案件结论的正确性和效力的,属司法瑕疵,依照相关纪律规定处理。司法办案过程中虽有错案发生,但是司法人员尽到注意义务,没有故意或者重大过失的,不承担司法责任。(3)其他情形。如不得作为错案进行责任追究的情形:法律修订或者政策调整的;因出现新证据而改变裁判的等。

司法责任的追责主体是法官、检察官惩戒委员会。首先由法院、检察院的纪检监察机构受理司法人员在司法办案工作中违纪违法行为和司法过错行为的检举控告,并进行调查核实。认为应当追究法官、检察官故意违反法律法规或重大过失责任的，应当报请院长、检察长决定后，移送省、自治区、直辖市法官、检察官惩戒委员会审议，并就其故意违反法律法规或重大过失承担举证责任，当事法官、检察官有权进行陈述、辩解、申请复议。法官、检察官惩戒委员会根据查明的事实和法律规定作出无责、免责或给予惩戒处分的建议。

（三）以审判为中心的诉讼制度改革

“以审判为中心”是基于司法规律，针对公、检、法三机关关系在立法和司法运行上的不足而提出的，是对三机关关系的完善和发展，使审判最有利于查明案件事实真相，实现司法公正。党的十八届四中全会提出“推进以审判为中心的诉讼制度改革”“全面贯彻证据裁判规则，严格依法收集、固定、保存、审查、运用证据，完善证人、鉴定人出庭制度，保证庭审在查明事实、认定证据、保护诉权、公正裁判中发挥决定性作用”。2016 年 10 月 11 日，最高人民法院、最高人民检察院、司法部、公安部、国家安全部印发了《关于推进以审判为中心的刑事诉讼制度改革的意见》。该意见重申了未经人民法院依法判决，对任何人都不得确定有罪；证据裁判原则；侦查机关应当全面客观及时收集证据；防止刑讯逼供，不得强迫任何人证实自己有罪等基本原则和制度。随着改革的推进，以审判为中心的诉讼制度改革逐渐明确为庭审实质化改革。2017 年 11 月 27 日，为了深入推进庭审实质化，最高人民法院发布了“三项规程”（《人民法院办理刑事案件庭前会议规程（试行）》《人民法院办理刑事案件排除非法证据规程（试行）》和《人民法院办理刑事案件第一审普通程序法庭调查规程（试行）》），并于 2018 年 1 月 1 日起全面推行“三个规程”，以推进以审判为中心的刑事诉讼制度改革成果在刑事审判活动中的贯彻落实。

（四）加强司法民主与人权保障

1. 改革完善人民陪审员制度

党的十八届四中全会提出，“完善人民陪审员制度，保障公民陪审权利，扩大参审范围，完善随机抽选方式，提高人民陪审制度公信度。逐步实行人民陪审员不再审理法律适用问题，只参与审理事实认定问题”。2015 年，中央深改小组通过了《人民陪审员制度试点改革方案》，全国人大常委会通过了《关于授权在部分地区开展人民陪审员制度改革试点工作的决定》,最高人民法院和司法部颁布了《人民陪审员制度改革试点工作实施办法》。2018 年 4 月全国人大常委会通过了《中华人民共和国人民陪审员法》。

该法对 2004 年全国人大常委会《关于完善人民陪审员制度的决定》进行了重大修改,主要包括:(1)在选任条件上,年龄要求从年满 23 周岁升为年满 28 周岁,学历要求从"一般应当具有大学专科以上文化程度"降为"一般应当具有高中以上文化程度"。(2)在选任程序上,将个人申请和组织推荐改为以随机抽选为主、个人申请和组织推荐为辅,并明确规定了通过个人申请和组织推荐产生的人民陪审员名额数不得超过 1/5。(3)在参审范围上,区分 3 人合议庭和 7 人合议庭的适用范围,并对 7 人合议庭审理的案件类型予以明确和具体化。人民法院审判下列第一审案件,由人民陪审员和法官组成 7 人合议庭进行:可能判处 10 年以上有期徒刑、无期徒刑、死刑,社会影响重大的刑事案件;根据《民事诉讼法》《行政诉讼法》提起的公益诉讼案件;涉及征地拆迁、生态环境保护、食品药品安全,社会影响重大的案件;其他社会影响重大的案件。(4)在参审程序上,3 人合议庭中陪审员和法官仍就共同对事实认定和法律适用行使表决权,但在 7 人合议庭中陪审员仅就事实认定与法官共同表决,而对法律适用虽然可以发表意见但不再参加表决。

2. 严格排除非法证据

党的十八届三中全会《决定》明确指出要"严禁刑讯逼供、体罚虐待,严格实行非法证据排除规则"。2017 年 6 月"两高三部"联合发布了《关于办理刑事案件严格排除非法证据若干问题的规定》。相较过去相关的法律规定和司法解释,该规定主要有如下创新之处:(1)扩大了非法言词证据排除范围。将"威胁""非法拘禁"列为排除供述的事由,并且此范围也适用于被害人陈述与证人证言,从而统一了非法证据排除范围。(2)首次涉及了重复性供述的排除问题。对重复性供述既不是一排到底,也不是完全采纳,而是采取"主体更换说",①并列有例外情形,实现了保障人权与惩罚犯罪的动态平衡。(3)重

① 参见陈光中、郭志媛:《非法证据排除规则实施若干问题研究——以实证调查为视角》,载《法学杂志》2014 年第 9 期。

申、细化排除非法证据的规程。对非法证据坚持早发现、早核查、早排除，强调尽早发现并排除非法证据。同时，细化规定了提讯登记、体检记录的制作，指引有关机关留存证据。(4)将申请非法证据排除纳入法律援助的范围，并保障律师调查取证权。(5)之前在法院依法作出排除决定前可否在对申请排除证据的庭审中进行调查这一问题没有统一规定。该规定明确规定：在法庭作出是否排除有关证据的决定前，不得对有关证据宣读、质证。(6)将对于一审法院对被告方有关排除非法证据的申请没有审查，可能影响公正审判的作为二审发回重审的原因。

3. 保障辩护权和完善法律援助制度

在保障律师依法行使辩护权方面，2015 年 9 月中央深改小组会议通过《关于深化律师改革制度的意见》，同月“两高三部”联合印发了《关于依法保障律师执业权利的规定》。与此同时，2015 年 5 月中央深改小组会议通过了《关于完善法律援助制度的意见》。2017 年 8 月“两高三部”公布了《关于开展法律援助值班律师工作的意见》(以下简称《值班律师意见》)，2017 年 10 月，最高人民法院、司法部联合出台《关于开展刑事案件律师辩护全覆盖试点工作的办法》(以下简称《全覆盖办法》)。

上述文件的主要制度创新包括：(1)构建值班律师制度。《值班律师意见》提出，法律援助机构在人民法院、看守所派驻值班律师，为没有辩护人的犯罪嫌疑人、刑事被告人提供法律帮助。法律援助值班律师的职责包括：①解答法律咨询；②引导和帮助犯罪嫌疑人、刑事被告人及其近亲属申请法律援助，转交申请材料；③在认罪认罚从宽制度改革试点中，为自愿认罪认罚的犯罪嫌疑人、刑事被告人提供法律咨询、程序选择、申请变更强制措施等法律帮助，对检察机关定罪量刑建议提出意见，犯罪嫌疑人签署认罪认罚具结书应当有值班律师在场；④对刑讯逼供、非法取证情形代理申诉、控告；⑤承办法律援助机构交办的其他任务。法律援助值班律师不提供出庭辩护服务。(2)扩大法律援助范围。《全覆盖办法》规定，在北京、上海、浙江、安徽、河南、广东、四川、陕西的全部或部分地区开展刑事案件律师辩护全覆盖试点工作。在之前法律援助范围的基础上，其他适用普通程序审理的一审案件、二审案件、按照审判监督程序审理的案件，被告人没有委托辩护人的，人民法院应当通知法律援助机构指派律师为其提供辩护。适用简易程序、速裁程序审理的案件，被告人没有辩护人的，人民法院应当通知法律援助机构派驻的值班律师为其提供法律帮助。

4. 纠正和防范冤假错案

党的十八大以来，司法机关依法纠正了呼格吉勒图案、聂树斌案、陈满案等重大冤错案件37件61人。[①] 2013年8月中央政法委出台了《关于切实防范冤假错案的规定》，重申了疑罪从无、证明标准、保障律师权利等规定。2014年最高人民法院出台《关于建立健全防范刑事冤假错案工作机制的意见》要求办案坚持尊重和保障人权原则、程序公正原则、证据裁判原则等。对于定罪证据不足的案件，应当依法宣告被告人无罪，不得降格作出"留有余地"的判决。2013年9月最高人民检察院制定《关于切实履行检察职能防止和纠正冤假错案的若干意见》，建立重大冤错案件发现报告、指导办理、异地审查、监督纠正、依法赔偿工作机制。

(五)《刑事诉讼法》第三次修改(2018年)

为了协调国家监察体制改革和党的十八大以来的司法改革，全国人大常委会以修正案的方式对刑事诉讼法进行修改，并于2018年5月9日公布了《中华人民共和国刑事诉讼法(修正草案)》(以下简称《修正草案》)。这次修法主要包括三个方面：一是完善监察法与刑事诉讼法的衔接机制；二是为加强境外追逃工作力度和手段，设立缺席审判制度；三是将认罪认罚从宽制度和速裁程序的试点工作中的成功经验上升为法律规范。

首先，监察体制改革是对中国政治体制、政治权力、政治关系的重大调整，是事关全局的重大政治体制改革。2016年10月十八届六中全会指出，"各级党委应当支持和保证同级人大、政府、监察机关、司法机关等对国家机关及公职人员依法进行监督，人民政协依章程进行民主监督，审计机关依法进行审计监督"。由此拉开了监察体制改革的序幕。2016年11月，中共中央办公厅印

① 参见周强：《最高人民法院关于人民法院全面深化司法改革情况的报告——2017年11月1日在第十二届全国人民代表大会常务委员会第三十次会议上》，载最高人民法院网2017年11月1日，http://www.court.gov.cn/zixun-xiangqing-66802.html。

发《关于在北京市、山西省、浙江省开展国家监察体制改革试点方案》,在三省市设立各级监察委员会。2017 年 11 月,全国人大常委会通过《关于在全国各地推开国家监察体制改革试点工作的决定》。2018 年 3 月 11 日,全国人大通过了《中华人民共和国宪法修正案》。修正案修改了相关条文,并增写了监察委员会一节,明确规定各级监察委员会是国家的监察机关。随后审议通过了《中华人民共和国监察法》,将监察厅(局)、预防腐败局及人民检察院查处贪污贿赂、失职渎职以及预防职务犯罪等部门的相关职能整合至监察委员会。《修正草案》根据宪法和监察法的规定删去了检察院贪污贿赂犯罪侦查权,但保留了一部分自侦权,即"人民检察院在对诉讼活动实行法律监督中发现的司法工作人员利用职权实施的非法拘禁、刑讯逼供、非法搜查等侵犯公民权利、损害司法公正的犯罪,可以由人民检察院立案侦查。对于公安机关管辖的国家机关工作人员利用职权实施重大犯罪案件,需要由人民检察院直接受理的时候,经省级以上人民检察院决定,可以由人民检察院立案侦查"。此外,还从强制措施、案件移送等方面完善了监察法与刑事诉讼法的衔接。

其次,建立刑事缺席审判制度,加大境外追逃工作的力度。对于贪污贿赂犯罪案件,犯罪嫌疑人、被告人潜逃境外,监察机关移送起诉,检察院认为犯罪事实已经查清,证据确实、充分,依法应当追究刑事责任的,可以向人民法院提起公诉。同时规定了该类案件的管辖、送达、审理方式、被告人权利保障、上诉权等。此外,还规定了中止和审判监督程序中的缺席审判。

最后,将试点的认罪认罚从宽制度和速裁程序上升为法律。自 2014 年、2016 年开始在部分地区分别试点速裁程序和认罪认罚从宽制度。《修正草案》将认罪认罚从宽作为一项刑事诉讼法的基本原则规定在第一章中,即犯罪嫌疑人、被告人自愿如实供述自己的罪行,对指控的犯罪事实没有异议,愿意接受处罚的,可以依法从宽处理。对于基层人民法院管辖的可能判处 3 年有期徒刑以下刑罚的案件,案件事实清楚,证据确实、充分,被告人认罪认罚并同意适用速裁程序的,可以适用速裁程序。

《修正草案》旨在着力解决实践中紧迫性的问题,但是党的十八大以来刑事司法改革取得的重要成就没有在本次修正草案中得以体现,例如:加强司法机关依法独立行使职权、推进以审判为中心的诉讼制度改革、严格实施非法证据排除规则、扩大法律援助范围等问题。我们期待在以后的刑事诉讼法修改中对上述问题加以规定。

四、经验与启示

改革开放 40 年以来,以刑事诉讼法制定和三次修改为主线的刑事诉讼法治虽然历经挫折和徘徊,但取得了巨大成就,为中国特色社会主义法治建设提供了宝贵的经验和启示。

(一)改革开放与刑事诉讼法治相伴而生、相辅相成

我国刑事诉讼法治是社会主义法治的重要组成部分,而一国法治的发展状况与当时的政治环境密不可分,法治都是在一定历史时期背景下的产物,这一关系在改革开放后体现得非常明显。“文革”后,1978 年十一届三中全会实现了思想路线、政治路线、组织路线的拨乱反正,作出了实行改革开放的新决策;之后党和国家进一步明确了坚持中国特色社会主义建设的方向。在这样的背景下,我国第一部《刑事诉讼法》才得以诞生并适时予以修改完善。经验证明,只有改革开放,也只有坚持改革开放,我国的社会主义法治和刑事诉讼法治才能得到创建和不断发展,进而保障我国社会主义国家的安稳和谐及经济建设的顺利进行。

(二)刑事司法改革必须尊重司法规律

司法规律是由司法的特性决定的,体现为对司法活动和司法建设客观要求的法则。遵循司法规律是刑事司法改革取得成功的关键,同时要把遵循司法规律同符合国情科学地结合起来。首先,司法必须以公正为最高价值目标。公正是人类社会所追求的首要价值目标,司法公正则是维护社会公平的最后一道防线,是司法机关的灵魂和生命线。失去了对公正的追求,司法就没有了存在意义。其次,应当遵循司法机关依法独立行使审判权和检察权的基本司法规律。依法不受干涉的司法审判是实现司法公正的前提,是生成司法权威的保障,是法官职业化和司法理性化的题中应有之义。最后,必须遵循保障控辩平等的刑事诉讼模式。由于行使控诉权的国家专门机关在权力、手段和物

质条件上远超被追诉人，因而国家必须着力构建控辩双方平等对抗的程序，保证辩护权的有效行使。当前最为紧要的任务是完善法律援助制度，对于犯罪嫌疑人、被告人可能被判处3年以上有期徒刑，没有委托辩护人的，公安司法机关应当通知法律援助机构指派律师为其提供辩护。同时，法律援助全覆盖应当覆盖包括死刑复核程序在内的所有审判程序。

（三）刑事诉讼应坚持动态平衡理念

刑事诉讼法治40年的实践要求坚持动态平衡的诉讼观。首先，刑事实体法和刑事程序法相平衡。既要承认程序法的工具价值，又不能陷入唯工具论；既要承认程序法的独立价值，又不能过度夸大，陷入程序优先论。其次，惩罚犯罪与保障人权相平衡。惩罚犯罪和人权保障，是刑事诉讼法目的的两个方面。两者对立统一，不可偏废。最后，在诉讼公正与诉讼效率之间进行合理平衡。要以公正优先，兼顾效率，不计成本、不考虑效率在刑事诉讼中也是行不通的。

（四）刑事诉讼法律的稳定性与变化性相协调

法律必须保持稳定，才能保证社会关系和社会秩序的稳定。40年刑事诉讼法律也是稳定性与变化性相协调的历史。稳定性要求刑事诉讼法律应保持其严肃性，不得任意变动和修改。如果朝令夕改，刑事诉讼法将“法不成法”——“严打”中就出现过这方面的教训——立法会失信于民。但是法律又不能静止不变，必须根据社会发展变化作出相应调整。现代社会的变化和发展对法律提出了挑战，法律必须紧跟时代潮流，与时俱进，否则就有可能阻碍社会的发展。因此，对不适应时代要求的刑事诉讼法律，应当及时修改或废止，不能让其成为刑事法治建设的“绊马索”；对于实践证明比较成熟的改革经验和行之有效的改革举措，则应当尽快上升为刑事诉讼法律。我国刑事诉讼法治建设从制定法典到后面的两次修改再到当前《修正草案》的公布总体来说是应当肯定的，但也有些方面跟不上时代的潮流和社会的需求。

习近平法治思想中的司法改革理论要义*

卞建林**

摘　要：党的十八大以来，习近平同志创造性地运用马克思主义原理，密切结合中国实际，全面阐述了在新时代如何坚持和发展中国特色社会主义司法制度，如何在推进国家治理现代化的过程中推进司法体制和司法能力的现代化等一系列重大理论与实践命题，形成了丰富、严谨的司法改革理论体系。习近平法治思想中的司法改革理论具有鲜明的时代特征和深邃的理论内涵，其以创新性为统领、以人民性为根本、以科学性为内涵、以实践性为导向，是对中国特色社会主义司法制度理论与司法改革实践的创新发展，必将在深化司法改革、建设法治中国的道路上发挥指引作用。

关键词：习近平法治思想　司法改革　司法体制

习近平法治思想作为马克思主义法学理论中国化的最新成果，是习近平新时代中国特色社会主义思想的重要组成部分。党的十八大以来，习近平同志创造性地运用马克思主义原理，密切结合中国实际，全面阐述了在新时代如何坚持和发展中国特色社会主义司法制度，如何深化司法体制改革，如何在推进国家治理现代化的过程中推进司法体制和司法能力现代化等一系列重大理论与实践命题，形成了丰富、完整、严谨的司法改革理论体系。这是习近平法

* 本文原载于《法商研究》2022 年第 1 期。

** 卞建林，中国政法大学诉讼法学研究院教授。

治思想的重要组成部分，是对中国特色社会主义司法制度理论与司法改革实践的创新发展，具有鲜明的时代特征和深邃的理论内涵，其以创新性为统领、以人民性为根本、以科学性为内涵、以实践性为导向，必将在深化司法改革、建设法治中国的道路上发挥指引作用。

一、以创新性为统领：习近平司法改革理论的新理念新思想新战略

创新性是习近平司法改革理论的统领。“习近平总书记全面依法治国新理念新思想新战略是一个内容丰富、结构完整、逻辑严谨的理论体系，既包含法治的一般理论，也涵盖了全面依法治国各个领域、各个层面、各个环节的核心观点，具有科学的理论形态、鲜明的理论风格和辩证的理论思维。”[①]习近平总书记关于司法制度和司法改革方面的论述非常丰富。他结合全面依法治国与深入推进司法改革的新形势，依据客观规律并结合中国实际，对一些长期悬而未决的司法理论问题作出了深刻阐述，为司法改革和中国特色社会主义司法事业发展提供了丰富的科学理论。[②] 深化司法体制改革作为全面依法治国的重要内容，在党的十八大以来，被推向前所未有的战略高度，先是十八届三中全会就司法改革任务作出重大部署，其后十八届四中全会又围绕依法治国这一主题进行专门研究，作出《中共中央关于全面推进依法治国若干重大问题的决定》，就深化司法改革的主题提出了许多新观点和新思想。这些观点和思想可以从以下三个方面进行诠释。

（一）提出司法改革新理念

习近平总书记关于司法和司法改革的新理念主要体现在如下几个方面：(1)十分重视司法制度改革。习近平将司法制度改革作为全面深化改革、全面依法治国与推进国家治理体系和治理能力现代化的重要环节，并明确指出：“深化司法体制改革，建设公正高效权威的社会主义司法制度，是推进国家治

① 王晨：《在全面依法治国实践中担当尽责沿着中国特色社会主义法治道路阔步前进》，载《中国法学》2019 年第 6 期。

② 参见张文显：《习近平法治思想研究（下）——习近平全面依法治国的核心观点》，载《法制与社会发展》2016 年第 4 期。

理体系和治理能力现代化的重要举措。”①(2)准确评价现行司法制度。习近平指出:“我国司法制度总体上是适应我国国情和发展要求的,必须增强对中国特色社会主义司法制度的自信,增强政治定力。”②但是也应当认识到,当前的司法制度以及在实际运行中也存在不少问题,“这些问题不仅影响司法应有的权利救济、定分止争、制约公权的功能发挥,而且影响社会公平正义的实现。解决这些问题,就要靠深化司法体制改革”。③ (3)科学界定司法的价值与功能。习近平提出“公正是司法的灵魂和生命”,司法的核心价值追求在于促进社会的公平正义,司法机关肩负着“维护社会公平正义的最后一道防线”的使命,应当更好地发挥其所固有的权利救济、定分止争以及制约公权之功能。④

(二)阐述司法改革新思想

习近平总书记明确指出,当前阶段的司法改革是司法体制改革,并且对此进行了充分而深刻的论述。他强调:“司法制度是上层建筑的重要组成部分”⑤“司法体制是政治体制的重要组成部分”⑥,并分析指出,“这些年来,群众对司法不公的意见比较集中,司法公信力不足很大程度上与司法体制和工作机制不合理有关”。⑦ “司法不公的深层次原因在于司法体制不完善、司法职权配置和权力运行机制不科学、人权司法保障制度不健全。”⑧习近平要求:

---

① 习近平:《以提高司法公信力为根本尺度 坚定不移深化司法体制改革》,载《人民日报》2015年3月26日,第1版。

② 习近平:《在中央政法工作会议上的讲话》,载中共中央文献研究室编:《习近平关于全面深化改革论述摘编》,中央文献出版社2015年版,第76页。

③ 参见习近平:《在中央政法工作会议上的讲话》,载中共中央文献研究室编:《习近平关于全面依法治国论述摘编》,中央文献出版社2015年版,第76－77页。

④ 参见习近平:《坚持严格执法公正司法深化改革 促进社会公平正义保障人民安居乐业》,载《人民检察》2014年第1期。

⑤ 习近平:《严格执法,公正司法》,载中共中央文献研究室编:《十八大以来重要文献选编》(上),中央文献出版社2014年版,第718页。

⑥ 《中共中央关于全面深化改革若干重大问题的决定》,载本书编写组编著:《〈中共中央关于全面深化改革若干重大问题的决定〉辅导读本》,人民出版社2013年版,第33－34页。

⑦ 参见《中共中央关于全面深化改革若干重大问题的决定》,载本书编写组:《〈中共中央关于全面深化改革若干重大问题的决定〉辅导读本》,人民出版社2013年版,第79页。

⑧ 习近平:《关于〈中共中央关于全面推进依法治国若干重大问题的决定〉的说明》,载本书编写组编著:《〈中共中央关于全面推进依法治国若干重大问题的决定〉辅导读本》,人民出版社2014年版,第57页。

“我们提出要努力让人民群众在每一个司法案件中都感受到公平正义，所有司法机关都要紧紧围绕这个目标来改进工作，重点解决影响司法公正和制约司法能力的深层次问题。”①他还明确提出：“要从确保依法独立公正行使审判权检察权、健全司法权力运行机制、完善人权司法保障制度三个方面，着力解决影响司法公正、制约司法能力的深层次问题，破解体制性、机制性、保障性障碍。”②

（三）制定司法改革新战略

关于司法改革的目标和方向，习近平总书记明确指出司法改革的社会主义方向，并将司法改革的总目标确立为“建设公正高效权威的社会主义司法制度”。2014 年 1 月 7 日，习近平在中央政法工作会议上指出：“司法体制改革是政治体制改革的重要组成部分，对推进国家治理体系和治理能力现代化具有十分重要的意义。要加强领导、协力推动、务求实效，加快建设公正高效权威的社会主义司法制度，更好坚持党的领导、更好发挥我国司法制度的特色、更好促进社会公平正义。”③遵循习近平司法改革理论，中央陆续出台了一系列关于司法改革的重大举措，包括：优化司法职权配置，改革司法管理体制，推进法院、检察院体制改革，完善司法责任制以及健全司法人员职业保障制度，完善人权司法保障制度和机制，推进以审判为中心的诉讼制度改革，建立检察公益诉讼制度，等等。这些重大改革举措，都是在习近平司法改革理论的指引下进行谋划和实施的。习近平关于司法改革的新理论新思想新战略，为司法改革沿着正确方向顺利推进、取得实效提供了思想指引和理论基础。

二、以人民性为根本：习近平司法改革理论的核心要义

所谓人民性，即以人民为中心、以人民为根本。司法改革的各项举措，都

---

① 习近平：《在十八届中央政治局第四次集体学习时的讲话》，载中共中央文献研究室编：《习近平关于全面依法治国论述摘编》，中央文献出版社 2015 年版，第 67－68 页。

② 习近平：《在中央政法工作会议上的讲话》，载中共中央文献研究室编：《习近平关于全面依法治国论述摘编》，中央文献出版社 2015 年版，第 78 页。

③ 《促进社会公平正义，保障人民安居乐业》，载中国共产党新闻网，http://cpc.people.com.cn/xuexi/n/2015/0720/c397563－27331673.html。

必须始终围绕人民进行，以最大实现人民利益为宗旨。2012 年 12 月 4 日，习近平总书记在纪念现行宪法公布施行大会上发表讲话指出："我们要依法公正对待人民群众的诉求，努力让人民群众在每一个司法案件中都能感受到公平正义，绝不能让不公正的审判伤害人民群众感情、损害人民群众权益。"①必须明确，司法制度改革的所有举措都应紧紧围绕这一目标推进，各级司法机关都应紧紧围绕这一目标来改进和完善工作。2015 年 3 月 24 日，在主持中共中央政治局第二十一次集体学习时，习近平总书记进一步强调："司法体制改革必须为了人民、依靠人民、造福人民。司法体制改革成效如何，说一千道一万，要由人民来评判，归根到底要看司法公信力是不是提高了。"②对于司法改革应以人民为中心的要求，主要从以下四个方面进行落实。

（一）着力提升司法公信力

司法公正对社会公正具有重要的引领作用。深化司法改革、推进依法治国，必须紧紧围绕保障与促进司法公正来进行。习近平总书记指出："所谓公正司法，就是受到侵害的权利一定会得到保护和救济，违法犯罪活动一定要受到制裁和惩罚。如果人民群众通过司法程序不能保证自己的合法权利，那司法就没有公信力，人民群众也不会相信司法。"③"司法是定分止争的最后一道防线……如果司法不公、人心不服，不仅难以定分止争、化解矛盾，甚至可能激化和聚集矛盾。司法也是维护法律尊严和权威的最后一道防线。要发挥维护法律尊严和权威的作用，司法必须公正、公开、公平，司法机关必须有足够的尊严和权威、有极高的公信力。"④为实现司法公正，司法改革应当以完善司法管理体制和司法权运行机制为着力点，通过规范司法行为、监督司法活动等举

---

① 习近平：《在首都各界纪念现行宪法公布施行 30 周年大会上的讲话》（2012 年 12 月 4 日），载中共中央文献研究室编：《十八大以来重要文献选编》（上），中央文献出版社 2014 年版，第 91 页。

② 《习近平：司法体制改革必须为了人民、造福人民》，载中新网，http://www.chinanews.com/gn/2015/03-25/7158685.shtml。

③ 习近平：《在十八届中央政治局第四次集体学习时的讲话》，载中共中央宣传部编：《习近平总书记系列重要讲话读本》，学习出版社、人民出版社 2016 年版，第 94 页。

④ 张文显：《全面推进依法治国的伟大纲领——对十八届四中全会精神的认知与解读》，载《法制与社会发展》2015 年第 1 期。

措,努力实现使人民群众在每一个司法案件中都能感受到公平正义的目标。

(二)强调司法为民便民本质

习近平总书记对司法权的人民性非常重视,强调司法“必须坚持人民主体地位”“必须坚持法治为了人民,依靠人民、造福人民、保护人民”;①要求司法改革把实现公平正义、维护人民福祉作为改革目标;提出“人民权益要靠法律保障,法律权威要靠人民维护”“坚持人民司法为人民,依靠人民推进公正司法,通过公正司法维护人民利益”。② 习近平在党的十九大报告中进一步指出:“中国特色社会主义进入新时代,我国社会主要矛盾已经转化为人民日益增长的美好生活需要和不平衡不充分的发展之间的矛盾。”在司法领域,这一主要矛盾则表现为人民日益增长的司法需求与司法公信力不高、司法公共产品供给不足之间的矛盾。而解决这一矛盾,努力为人民群众提供满意的司法产品、让人民群众感受到公平正义,正是推进司法改革的重要目标。

实现司法为民,不仅要在司法的结果上让人民群众感受到公平正义,而且要在司法的过程中努力为人民群众提供各种便民利民措施,方便人民群众进行诉讼。在推进司法改革的过程中,司法机关不断地创新并完善各种举措,认真务实地为人民群众办实事,努力满足新时代新发展阶段人民群众的各种司法需求,如通过坚持基层普法工作建设,使基层群众知法用法,遇到纠纷和矛盾能够更多地选择通过法律途径解决问题。人民法院在此期间实行了立案登记制度,对符合立案条件的案件,实行有案必立、有诉必理制度,从而切实保障当事人的合法权利,为人民群众依法维护自身的合法权益提供了第一道保障。在创新多元化纠纷解决机制方面,实行诉调对接,坚持调解优先、调判结合,及时化解纠纷,降低诉讼成本。积极利用新媒体和大数据,打造“一站式”便民服务平台,让人民群众真正享受到优质、高效、便捷的司法服务。在落实司法

① 参见习近平:《关于〈中共中央关于全面推进依法治国若干重大问题的决定〉的说明》,载本书编写组:《〈中共中央关于全面推进依法治国若干重大问题的决定〉辅导读本》,人民出版社2014年版,第54页。

② 参见习近平:《关于〈中共中央关于全面推进依法治国若干重大问题的决定〉的说明》,载本书编写组:《〈中共中央关于全面推进依法治国若干重大问题的决定〉辅导读本》,人民出版社2014年版,第24-26页。

救助制度方面，则将司法救助贯穿于立案、审判与执行的全过程，做到始终坚持司法为民，公正司法，依法实行诉讼费用的缓、减、免制度，对符合条件接受救助的困难群众，在第一时间为其提供司法救助。此外，还开辟“绿色通道”，减轻群众讼累，对老弱病残和农民工维权案件实行优先审查、优先立案、优先审理、优先执行等。这一系列便民利民举措极大地增强了司法的亲民性，深刻体现了习近平司法改革理论以人民性为根本的核心要义。

(三)落实尊重和保障人权理念

国家尊重和保障人权，是我国宪法确立的重要原则，是中国特色社会主义司法制度的必然要求。党的十八大以来，司法体制改革在人权保障领域实现了从实体和程序两个方面着力，全面提升了我国的人权保障水平。(1)废止劳动教养制度。2013 年 12 月 28 日，全国人大常委会通过决议废止了有关劳动教养的法律规定。劳动教养制度使行政机关未经司法审判程序即可长期限制公民的人身自由，劳动教养制度的废止，革除了这种不符合法治精神的状态。(2)完善刑事错案预防纠正机制。2013 年，中央政法委和中央政法各单位相继出台关于切实防止冤假错案的规定和意见。这些文件不仅加强了对刑讯逼供等非法取证行为的源头预防，而且建立健全了全面预防与纠正刑事错案的制度体系。(3)改革法律援助制度，提升对当事人辩护权的保障力度。在深化司法体制改革的过程中，司法行政机关按照中共中央办公厅、国务院办公厅《关于完善法律援助制度的意见》，扩大了法律援助的范围，放宽了“经济困难”的认定标准，同时加强了法律援助质量建设，提升了对法律援助的经费保障。(4)加强司法民主，完善陪审制度。本轮司法改革强化了人民陪审员的独立性和参审的实质性，促进司法民主，提升了司法能力。(5)严格排除非法证据。排除非法证据事关依法惩罚犯罪、保障人权，实现司法公正。在深化司法改革的过程中，注意从源头遏制刑讯逼供和非法取证等不合法行为，明确公安司法机关在各诉讼阶段对非法证据的排除责任及相应的审查方式，并且在从侦查到审判的各个环节中均明确了排除非法证据的相应标准和具体程序。(6)推进认罪认罚从宽制度改革。认罪认罚从宽制度有利于减少诉讼中的对抗，落实宽严相济的刑事政策，在节省司法资源、提高诉讼效率的同时兼顾对犯罪嫌疑人、被告人人权的保障。

（四）重视司法教育改造功能

党的十八大以来，本着以人为本的思想，司法的教育改造功能得到高度重视和有效发挥。其主要表现在以下几个方面：(1)注重对监狱、戒毒、社区矫正、安置帮教等工作的创新发展。例如，在监狱工作方面，在明确将政治改造放在首位的同时，通过加强监管改造、文化改造和劳动改造等一系列举措，全面提高改造质量；在社区矫正方面，通过建立矫正小组、制订矫正方案、落实监管措施，同时积极采用电子定位等新型信息技术手段，推动精准、有效监管的实现。(2)强调以人为本，加强教育矫治工作。例如，通过创新教育矫治的方式方法、积极落实社区矫正的社会化，以及依法逐步提高假释比例等各种方式，促成更多符合条件的罪犯在社会中进行矫正，实现降低刑罚执行成本、使社区矫正对象更好融入社会的目标。(3)加强帮扶、促进刑满释放人员回归社会。其重点体现在，通过完善刑满释放人员衔接制度，落实重点帮教对象必接必送等各类措施，实现预防和减少重新犯罪的目标；通过切实做好安置帮教工作、推进各地区帮助帮教基地建设、落实社会救助政策等全方位措施，帮助刑满释放人员更为顺利地回归社会。

三、以科学性为内涵：习近平司法改革理论的体系构成

习近平司法改革理论既是科学的法学世界观，也是科学的法学方法论。习近平总书记曾在很多场合反复强调司法体制改革一定要遵循司法规律，“完善司法制度、深化司法体制改革，要遵循司法活动的客观规律，体现权责统一、权力制约、公开公正、尊重程序的要求”。[①] 重视并遵循司法工作的特点和规律，才能确保司法改革的方向正确、措施得力、事半功倍、取得实效。党的十八大以来，习近平司法改革理论的科学性指导司法改革着重围绕以下几个方面展开：推行和完善司法责任制，构建保障司法机关依法独立行使职权的配

---

① 参见《“平语”近人——习近平谈司法体制改革》，载新华网，http://www.xinhuanet.com/politics/2017-07/14/c_1121317456.htm。

套机制,完善司法程序,实现司法公开,强化司法监督,加强司法廉洁建设和惩治司法腐败的改革,加强司法队伍建设和司法能力提升的改革。

(一)打造实现司法公正的责任主体

司法责任制是本轮司法改革的关键所在。推行和落实司法责任制的目的是打造实现司法公正的责任主体,司法责任制的任务就是实现"让审理者裁判。由裁判者负责",真正使法官、检察官成为行使司法职权、履行司法职能的主体。要推行和落实司法责任制,就要区分司法人员、司法辅助人员和司法行政人员,对司法人员实行员额制,确保政治坚定、业务精湛、作风优良、品德高尚的法官、检察官在司法一线办案。习近平总书记指出:"要紧紧牵住司法责任制这个牛鼻子,凡是进入法官、检察官员额的,要在司法一线办案,对案件质量终身负责。法官、检察官要有审案判案的权力,也要加强对他们的监督制约,把对司法权的法律监督、社会监督、舆论监督等落实到位,保证法官、检察官做到'以至公无私之心,行正大光明之事',把司法权关进制度的笼子,让公平正义的阳光照进人民心田,让老百姓看到实实在在的改革成效。"[①]完善人民法院和人民检察院司法责任制,打造实现司法公正的责任主体是司法改革的重要任务。在法院系统,落实司法责任制需要做到:(1)以严格的审判责任制为核心,以科学的审判权力运行机制为前提,以明晰的审判组织权限和审判人员职责为基础,以有效的审判管理和监督制度为保障,实现让"审理者裁判、由裁判者负责",进而确保人民法院能够真正实现依法独立公正地行使审判权。(2)改进审判组织形式、裁判文书签署机制,以及审判委员会制度等。(3)明确法官在其职责范围内对其办理的案件质量终身负责,并依纪依法追究法官的违法审判责任。与此同时,也应当注重建立健全法官依法履职的保护机制。在检察院系统应当做到:(1)通过构建与完善检察权运行机制、司法责任认定与追究机制,实现"谁办案谁负责、谁决定谁负责"。(2)通过完善司法办案组织和运行机制、检察委员会运行机制,明晰各类检察人员的相应职

---

① 《习近平:司法体制改革必须为了人民、造福人民》,载中新网,http://www.chinanews.com/gn/2015/03-25/7158685.shtml。

权,健全检察管理和监督机制,落实责任认定和追究等,构建对检察人员办案工作的全方位规范、监督、制约体系。明确检察人员在职责范围内对办案质量终身负责,履职受到法律保护。

(二)构建实现司法公正的配套机制

保障司法机关依法独立行使职权是实现司法公正的前提和保障。本轮司法改革在构建保障司法机关依法公正独立行使职权配套机制方面的主要举措包括:(1)实行省级以下地方人民法院、人民检察院人财物的统一管理。其中,对人的统一管理,主要表现为建立法官、检察官统一由省级机关提名、管理并按照法定程序进行任免的机制;对财物的统一管理,主要是建立省以下地方人民法院、人民检察院经费由省级政府财政部门统一管理的机制。(2)建立领导干部干预司法活动、插手具体案件处理的记录、通报与责任追究制度。(3)废除案件提前介入、指示、报请等制度,使上下级人民法院之间重新回归监督与被监督的关系。(4)实行人民法院、人民检察院司法事务管理权与审判权、检察权的分离,确保审判人员、检察人员能够独立于本机关、本部门领导意志办案,并通过建立合理的内部考核机制,防止不合理的考核标准对司法机关和司法人员依法独立行使职权的干扰。此外,还有一项关键举措是组建知识产权法院,设立巡回法庭。组建知识产权法院是建设创新型国家的战略要求,有助于解决知识产权审判的现实问题,是中国知识产权保护和司法体制改革的重要里程碑,标志着中国加强知识产权司法保护、推动创新驱动发展战略实施进入新阶段。

(三)完善实现司法公正的诉讼制度

党的十八大以来,司法体制改革重点围绕尊重司法运行的内在规律,优化司法职权配置,强化司法权力的制度约束,各项改革举措出台的根本目标是实现司法公正,使人民群众在每个司法案件中都感受到公平正义。其主要包括以下内容:(1)推进以审判为中心的诉讼制度改革。作为一项整体性、系统性的刑事诉讼制度改革,其关涉优化刑事司法职权配置,合理界分侦查、起诉、审判在刑事诉讼中的地位和作用,切实提高办案质量,避免冤假错案发生,准确及时惩罚犯罪,切实尊重保障人权等方面。改革的核心要求包括,侦查、审查起诉的案件事实证据经得起法律的检验,全面贯彻证据裁判规则,严格依法收集、固定、保存、审查、运用证据,保证庭审在查明事实、认定证据、保护诉权、公正裁判中发挥决定性作用,尊重和保障当事人诉讼权利,注重发挥辩护律师作用。(2)完善刑事诉讼中的认罪认罚从宽制度。认罪认罚从宽制度具有重要的程序价值,有利于落实宽严相济的刑事政策,有利于构建多层次案件解决机制,有利于完善刑事诉讼程序,合理配置资源,提高办案效率,确保无罪的人不受刑事追究,有罪的人受到公正惩罚,维护当事人的合法权益。(3)深化民事诉讼程序繁简分流改革试点,扎实推进试点实效评估,坚持调诉对接、调解优先、调诉结合,持续提升人民群众的改革获得感。加强一站式多元纠纷解决机制和诉讼服务体系建设,努力为人民群众提供优质便捷高效的司法服务。(4)全面加强行政诉讼法的实施,落实立案登记制改革要求,监督行政机关依法行政,依法保护行政相对人权益,扎实推进跨行政区划人民法院和行政案件相对集中管辖等改革。

(四)强化实现司法公正的民主监督

习近平总书记曾指出:“阳光是最好的防腐剂。权力运行不见阳光,或有选择地见阳光,公信力就无法树立。执法司法越公开,就越有权威和公信力。涉及老百姓利益的案件,有多少需要保密的?除法律规定的情形外,一般都要公开。要坚持以公开促公正、以透明保廉洁。要增强主动公开、主动接受监督的意识,完善机制、创新方式、畅通渠道,依法及时公开执法司法的依据、程序、流程、结果和裁判文书。对公众关注的案件,要提高透明度,让暗箱操作没有空间,让司法腐败无法藏身。”①司法权的行使应当受到社会监督、舆论监督,司法公开、透明更有助于促进司法公正、廉洁,提升司法公信力。建立“阳光司法”工作机制,实现审判流程公开、庭审活动公开、裁判文书公开、执行信息公开的司法程序全流程公开机制,全面深化司法公开,着力构建开放、动态、透明、便民的司法工作机制,切实增强司法工作的透明度,促进司法公正。完善

---

① 习近平:《严格执法,公正司法》,载中共中央文献研究室编:《十八大以来重要文献选编》(上),中央文献出版社2014年版,第720页。

人民陪审制度，人民陪审制度是人民司法工作依靠群众的重要形式，是我党群众路线在司法工作中的具体体现，是实现社会主义司法民主的重要方式和途径，体现了人民当家作主，调动了人民群众管理国家的积极性，对加强我国的民主与法治建设起到了积极的作用。

（五）推进实现司法公正的廉洁建设

习近平总书记强调："'公生明，廉生威'。执法司法是否具有公信力，主要看两点：一是公正不公正，二是廉洁不廉洁。这两点说起来简单，要做到就不容易了。要扭住职业良知、坚守法治、制度约束、公开运行等环节，坚持不懈、持之以恒地抓。"[①]为此，要"提高透明度，让暗箱操作没有空间，让司法腐败无法藏身"。[②] 随着监察体制改革的不断深入推进，检察机关认真贯彻党中央的决策部署，充分履行检察职能，完善与监察委员会的工作衔接机制，与监察委员会紧密配合、通力合作，形成严厉打击司法领域腐败犯罪的合力，持续保持高压态势，做到惩治腐败力度决不减弱、零容忍态度决不改变。法、检机关不断强化内部监督，坚持抓牢制度建设，严格规范司法行为，确保审判权、检察权依法正确行使，切实防范审判环节、检察环节滋生司法腐败。

（六）加强实现司法公正的队伍建设

习近平总书记强调："我们的政法队伍主流是好的，是一支听党指挥、服务人民、能打硬仗、不怕牺牲的队伍，是一支党和人民完全可以信赖的有坚强战斗力的队伍。各级党委和政府要认真落实从优待警的政策措施，帮助干警解决实际困难。要按照政治过硬、业务过硬、责任过硬、纪律过硬、作风过硬的要求，努力建设一支信念坚定、执法为民、敢于担当、清正廉洁的政法队伍。"[③]党的十八大以来，政法队伍认真学习贯彻习近平总书记关于加强政法队伍建

---

① 习近平：《严格执法，公正司法》，载中共中央文献研究室编：《十八大以来重要文献选编》（上），中央文献出版社2014年版，第718页。

② 参见习近平：《严格执法，公正司法》，载中共中央文献研究室编：《十八大以来重要文献选编》（上），中央文献出版社2014年版，第720页。

③ 《习近平：扫除政法领域腐败现象坚决清除害群之马》，载中新网，http://www.chinanews.com/gn/2014/01-08/5713999.shtml。

设的思想，把坚定的理想信念作为政法队伍的政治灵魂，不断打牢高举旗帜、听党指挥、忠诚使命的思想基础，坚持党的事业至上、人民利益至上、宪法法律至上，永葆忠于党、忠于国家、忠于人民、忠于法律的政治本色。政法队伍敢于担当，面对歪风邪气，必须敢于亮剑、坚决斗争，绝不能听之任之；面对急难险重任务，必须豁得出来、顶得上去，绝不能畏缩不前。要加强纪律教育，健全纪律执行机制，以铁的纪律带出一支铁的政法队伍。提高干警本领，确保更好履行政法工作各项任务。以最坚决的意志、最坚决的行动扫除政法领域的腐败现象，坚决清除害群之马。①

四、以实践性为导向：习近平司法改革理论的行动指引

党的十八大以来，习近平总书记对司法体制改革作出了一系列重要指示，提出了关于司法和司法改革的新理念新思想新战略，标志着我党对司法体制改革规律性认识实现新飞跃。全面推进依法治国、深化司法体制改革以来，在习近平司法改革理论的引领下，各项司法改革举措坚持立足中国实际，强化问题意识，以实践性为导向，不断向纵深发展，取得显著成效。

（一）司法责任制改革全面落实

司法责任制是本轮司法改革的牛鼻子，目的是构建权责明晰、监管有效、保障有力的司法权运行新机制，打造实现司法公正的责任主体。在习近平司法改革理论指引下，中共中央政法委员会、最高人民法院、最高人民检察院先后制定了一系列文件予以推进和落实。从概念上说，司法责任制是司法主体基于其使命担当和角色职责应当承担的法律责任制度，包含两个层面：(1)职责的履行机制，即依法公正合理行使法律赋予的职权，包括司法权独立行使、职责明晰等机制；(2)责任的承担机制，即违背职责时追究其责任，包括责任追究、责任豁免等机制。完善司法责任制，是建立权责明晰、权责统一、权力制约的司法权运行机制的关键，也是深化司法体制改革的基础，对于保障和促进

① 参见习近平：《坚持严格执法公正司法深化改革　促进社会公平正义保障人民安居乐业》，载《人民检察》2014 年第 1 期。

严格公正司法具有十分重要的意义。

为贯彻习近平总书记关于完善司法责任制的指示，落实中央有关司法责任制改革的部署，各级人民法院、人民检察院全面推进司法责任制改革。从2014年6月开始试点，到2016年7月全面推开，至2016年年底基本完成员额制改革，全国范围内从21万名法官中遴选产生12.5万名员额法官，从18万名在编检察官中遴选产生6.8万名员额检察官，员额制改革取得决定性胜利。人民法院、人民检察院在推进员额制改革中，严格执行法官检察官遴选标准和程序，让办案多、质量高、效果好的人员入额，让入额的人员多办案、办好案。完善动态化的员额退出机制，让不适应在一线办案的人员及时退出员额，形成正确导向。建立常态化的员额增补机制，对预留或空出的员额指标，定期进行遴选，让优秀的法官助理、检察官助理等符合条件的人员及时入额，稳定职业预期。确立法官、检察官办案主体地位，做到谁办案谁负责，创新监管方式，确保放权不放任、有权不任性。完善专业法官会议、检察官联席会议等机制，充分发挥其在类案建议、专业咨询、业务交流等方面的作用，促进法官、检察官自我约束、自我管理。此外，各级人民法院、人民检察院积极将现代科技与提高司法质量相结合，推广应用法律文书智能分析校对系统，帮助司法人员及时发现和纠正逻辑错误、事实证据遗漏、法条引用错误等，提高法律文书质量。在落实司法责任制的同时，进一步完善错案责任追究机制，依法纠正重大冤假错案，司法质量、效率、公信力显著提高。

（二）以审判为中心的改革有序推进

推进以审判为中心的诉讼制度改革，是习近平总书记关于完善司法程序论述的重要实践探索之一。党的十八届四中全会提出："推进以审判为中心的诉讼制度改革，确保侦查、审查起诉的案件事实证据经得起法律的检验。全面贯彻证据裁判规则，严格依法收集、固定、保存、审查、运用证据，完善证人、鉴定人出庭制度，保证庭审在查明事实、认定证据、保护诉权、公正裁判中发挥决定性作用。”[①]以审判为中心的诉讼制度改革,内涵深刻、意义重大。其主要包含三个方面的内容:(1)明确审判特别是庭审为案件处理质量和司法公正的重要环节,强调保证庭审在查明事实、认定证据、保护诉权、公正裁判中发挥决定性作用;(2)肯定公检法三机关分工配合、相互制约机制的合理性,明确其是符合中国国情、具有中国特色的诉讼制度;(3)对刑事诉讼中的证据质量提出更高的要求,要求“确保侦查、审查起诉的案件事实证据经得起法律检验”。[②] 推进以审判为中心的诉讼制度改革,目的正是通过法庭审判的程序公正和决定性作用实现案件处理的实体公正,确保办案质量,防范冤假错案。

为深入推进以审判为中心的诉讼制度改革,2016年6月,中央全面深化改革领导小组审议通过《关于推进以审判为中心的刑事诉讼制度改革的意见》;2016年11月10日,最高人民法院、最高人民检察院、公安部、国家安全部、司法部联合发布,提出推进以审判为中心刑事诉讼制度改革的总体方案和具体部署。为确保中央改革要求落地见效,完善审判程序特别是庭审程序,最高人民法院又印发了深化庭审实质化改革的《人民法院办理刑事案件庭前会议规程(试行)》《人民法院办理刑事案件排除非法证据规程(试行)》《人民法院办理刑事案件第一审普通程序法庭调查规程(试行)》,进一步明确和细化庭前会议、非法证据排除、法庭调查等关键环节、关键事项的基本规程,有助于解决庭审虚化、非法证据排除难、疑罪从无难等问题,有助于提高刑事审判的质量、效率和公信力。为落实以审判为中心的改革对证据提出的要求,2017年6月,最高人民法院、最高人民检察院、公安部、国家安全部、司法部再次联合发布《关于办理刑事案件严格排除非法证据若干问题的规定》,对收集运用证据的合法性、真实性进一步予以规范。

(三)司法人权保障理念逐步增强

刑事司法中人权保障的理念伴随司法改革的不断深化而逐步增强。首

---

① 中共中央《关于全面推进依法治国若干重大问题的决定》,载中央政府网,http://www.gov.cn/xinwen/2014-10/28/content_2771714.htm。

② 参见习近平:《关于〈中共中央关于全面推进依法治国若干重大问题的决定〉的说明》,载新华网,http://www.xinhuanet.com/politics/2014-10/28/c_1113015372.htm。

先,罪刑法定、疑罪从无、非法证据排除等刑事司法原则在司法改革中得到不断重申和强调。国家尊重和保障人权的宪法原则在刑事诉讼法中得到进一步强调。其次,通过《中华人民共和国刑事诉讼法》(以下简称《刑事诉讼法》)的修改促进刑事辩护制度的发展。例如,明确侦查阶段律师辩护人的地位,着力解决辩护律师"会见难""阅卷难""调查取证难"问题,扩大刑事法律援助的范围,提倡律师有效辩护、保障死刑复核阶段被告人的辩护权,等等。最后,完善我国刑事被害人诉讼权利及保障制度。例如,保障被害人诉讼全过程的知情权,健全被害人及其委托代理人陈述意见权的保障机制,完善公诉案件被害人委托诉讼代理人制度,完善刑事被害人请求赔偿和补偿制度,推动精神损害赔偿、死亡赔偿金和残疾补偿金纳入赔偿范围,等等。

(四)繁简分流程序改革渐次展开

深入推进认罪认罚从宽制度,不断完善速裁程序运行机制,逐步实施繁简分流程序分化的诉讼改革。党的十八届四中全会作出的《中共中央关于全面推进依法治国若干重大问题的决定》,在推进以审判为中心的诉讼制度改革的同时,要求完善刑事诉讼中的认罪认罚从宽制度,目的是构建多元化、多层次的诉讼体系,促进案件的繁简分流,在保障司法公正的同时提高司法效率。习近平总书记在2019年中央政法工作会议上强调:"要深化诉讼制度改革,推进案件繁简分流、轻重分离、快慢分道。"①

按照中共中央的部署和要求,2014年6月,全国人大常委会作出《关于授权最高人民法院、最高人民检察院在部分地区开展刑事案件速裁程序试点工作的决定》;2016年9月,全国人大常委会作出《关于授权最高人民法院、最高人民检察院在部分地区开展刑事案件认罪认罚从宽制度试点工作的决定》,并明确2014年授权的刑事案件速裁程序试点工作按照新的试点办法继续试行。经过两年的试点实践,认罪认罚从宽制度和刑事速裁程序的成功经验在2018年修订《刑事诉讼法》时得到确认,成为刑事诉讼中的一项重要原则和基

① 《习近平出席中央政法工作会议并发表重要讲话》,载新华网,http://www.xinhuanet.com/politics/2019-01/16/c_1123999899.htm。

本制度。实践证明,区分疑难案件与简单案件、重罪案件与轻罪案件、认罪案件与不认罪案件并选择适用不同的诉讼程序,有益于落实宽严相济的刑事政策、推进以审判为中心的诉讼制度改革、探索构建多元化多层次诉讼纠纷解决机制、兑现坦白从宽的刑事司法政策,也有益于尊重和保障犯罪嫌疑人、被告人的合法权利,实现司法公正和司法效率的统一,达到法律效果、政治效果和社会效果的统一。这也是习近平总书记关于完善司法程序论述的实践创新,体现了马克思辩证唯物主义的精神。

刑事简易程序适用范围的扩大、刑事速裁程序的试点和认罪认罚从宽制度的确认,符合我国现阶段刑事犯罪结构变化和刑事诉讼制度发展规律,有力推进了国家治理体系和治理能力的现代化。改革正式实施以来,总体顺畅平稳、效果良好,促进社会和谐稳定更加有力,被告人认罪服法成为常态,惩治犯罪更加及时有效,认罪认罚案件一审后上诉率远远低于整体刑事案件上诉率。① 自此,我国繁简分流的刑事诉讼程序也更加明晰,形成了普通程序、简易程序与速裁程序并存的格局,根据案件重轻、繁简的不同以及犯罪嫌疑人、被告人是否认罪进行选择适用,在保证司法公正和保障诉讼人权的同时极大地提升了刑事司法效率,有效地促进了刑事司法制度平稳运行。

(五)民行诉讼制度改革持续发力

党的十八届三中全会以后,各项民事、行政诉讼制度改革举措也逐步展开、持续发力。主要包括如下举措:(1)变立案审查制为立案登记制。最高人民法院发布的《关于人民法院推行立案登记制改革的意见》,从六个方面为推进立案受理制度改革勾勒出具体路线图,对人民法院依法应该受理的案件,做到有案必立、有诉必理,保障当事人的诉权。立案程序由职权模式向诉权保障模式转变,使更多的纠纷得以引入法治轨道解决,为从源头上、根本上解决“立案难”问题提供了制度依据。(2)强化民事、行政公益诉讼职能,适当拓宽案件管辖范围。民事公益诉讼涉及的生态环境和资源保护、食品药品安全领

---

① 参见《为什么要实施认罪认罚从宽制度?“利好”有哪些?这次会议开宗明义》,载中国长安网,https://www.chinapeace.gov.cn/chinapeace/c100007/2020-09/05/content_12391135.shtml。

域与党的十九大提出的美丽中国、健康中国的建设息息相关，是人民群众高度关注的民生领域问题。检察机关开展公益诉讼，不仅有助于有效维护社会公共利益，遏制影响不特定多数人的相关违法侵权行为，而且有助于在消费者维权、反垄断、食品安全、环境保护等众多公共领域形成公民积极参与社会管理的良好局面。(3)继续推进行政诉讼制度改革。进一步明确行政诉讼的受案范围，规定不产生外部法律效力的行为、过程性行为、协助执行行为、内部层级监督行为和信访办理行为五种行为不在可诉之列，旨在既要解决"立案难"痼疾，又要防止滥诉现象。完善行政诉讼证据规则，确保双方当事人在诉讼程序中处于实质平等地位。推进行政诉讼管辖改革，在现行法律框架下实现司法审判区域与行政管理区域的有限分离，使行政审判制度及时有效化解行政争议、妥善处理人民内部矛盾的功能得以正常发挥。(4)着力推进诉讼领域科技化改革。推进审判体系和审判能力的现代化离不开信息化建设，全面推进"智慧法院"建设，将智能化技术与司法改革相结合，既是顺应时代潮流的明智之举，也是惠及国民的改革良策。

(六)刑民执行体制改革不断

完善执行作为司法过程的最后一道程序，长期以来存在"执行难"与"执行乱"两个突出问题。自党的十八届四中全会决定提出"推动实行审判权和执行权相分离的体制改革试点"后，"审执分离"、合理界定审判权与执行权、科学设置执行机构等问题开始进入实践阶段。2019 年 6 月 3 日，最高人民法院发布《关于深化执行改革健全解决执行难长效机制的意见——人民法院执行工作纲要(2019—2023)》，要求深入推进执行体制改革。例如，加快推进审执分离体制改革，将执行权区分为执行实施权与执行裁判权；健全繁简分流、事务集约的执行权运行机制；完善无财产可供执行案件监管、恢复和退出机制；完善民事、刑事、行政案件执行一体化工作机制。加强刑事涉财产部分执行和行政执行制度建设，完善相关工作机制，补齐刑事、行政案件执行短板；深化以现代信息技术为支撑的执行模式变革；完善失信惩戒系统；进一步加强网络司法拍卖系统建设；等等。这些举措，有助于奋力向"切实解决执行难问题"的目标迈进。

回顾历史成就　展望未来发展 推进新时代刑事诉讼法治现代化*

敬大力**　郭　烁***　龚炜博****

推进新时代中国式刑事诉讼法治现代化应当体现中国式现代化的基本特征、遵循中国式现代化的本质要求、坚守中国式现代化的重大原则、服务于中国式现代化和中国式法治现代化的总体目标。当前,中国法治建设步入新发展阶段,人民群众对更高水平的人权司法保障、公平正义理念、司法文明程度等要求越发凸显,中国式刑事诉讼法治现代化的建设作用越发重要。

2022 年,党的二十大胜利召开。广大刑事诉讼法学法律工作者把迎接党的二十大、学习宣传贯彻党的二十大精神作为贯穿全年的重大政治任务,践行习近平法治思想,推进刑事诉讼法学研究深入开展。既回顾历史成就,又展望未来发展,成为过去一年中国刑事诉讼法学研究的鲜明特色。

一、刑事诉讼法治建设十年成就与变革

党的十八大,特别是十九大以来,我国刑事诉讼法治建设在习近平新时代中国特色社会主义思想指引下,认真贯彻落实习近平法治思想,全面推进依法治国,以司法体制改革为契机,以刑事诉讼制度因应新时代法治建设需求进行

---

* 本文原载于《检察日报》2023 年 1 月 5 日,第 3 版。

** 敬大力,中国刑事诉讼法学研究会会长。

*** 郭烁,中国政法大学诉讼法学研究院教授。

**** 龚炜博,中国政法大学国家法治与发展研究中心研究人员。

调整、发展为主要线索,以严格执行刑事诉讼法提升刑事司法公正性为重要内容,各方面都进行了系统总结。概括起来,10 年来取得了 10 个方面的历史性、突破性、标志性成就和变革。

一是深化司法体制综合配套改革,完善刑事执法司法权力运行机制。为了加快构建科学合理、规范有序、权责一致的执法司法权运行机制,司法体制综合配套改革主要围绕健全完善诉讼制度机制,强化办案责任;优化司法权力配置和运行机制,提升执法司法运行质效;建立健全执法司法权制约监督机制等方面展开,取得显著成效。

二是深化国家监察体制改革,创新查办职务犯罪的制度机制。围绕监察法的实施、监察权运行机制完善等内容开展了大量理论研究工作,不断推进中国反腐败法律体系的进一步健全完善。如:推动监察法与刑事诉讼法的衔接,探索职务犯罪案件办理工作新机制,构建刑事缺席审判程序等。

三是深入推进以审判为中心的诉讼制度改革,提升刑事司法维护社会公平正义的水平。通过庭审实质化优化刑事案件审理模式是以审判为中心的诉讼制度改革的核心,审前程序的完善对于确保庭审集中、高效推进具有重大意义。

四是深入开展扫黑除恶专项斗争,完善查办治理黑恶势力犯罪的制度机制。在为期 3 年的扫黑除恶专项斗争中,刑事诉讼法学法律工作者重点围绕案件查办工作机制、涉黑涉恶案件办理程序等方面展开研究,全力支持扫黑除恶专项斗争开展,确保扫黑除恶的法治化和规范化。

五是深入开展政法队伍教育整顿,全面整治刑事执法司法中的顽瘴痼疾。通过建章立制助推刑事诉讼相关制度的完善,从源头上扎紧扎实扎牢权力的制度笼子,保障刑事诉讼法在司法实践中的执行落实,全面提升刑事执法司法规范化水平。

六是深入推进治理体系和治理能力现代化建设,刑事诉讼社会治理功能作用进一步发挥。因应国家经济可持续发展需要和犯罪形势的结构性调整,推进特定领域犯罪治理走向深化,助力市域社会治理现代化,巩固基层社会治理良好局面。

七是正确认识和分析社会形势发展趋势,在刑事执法司法中把握和运用刑事政策。犯罪结构的变化客观上需要对案件进行更加科学的繁简分流。从认罪认罚从宽制度到少捕慎诉慎押刑事司法政策，均有力推动了我国刑事诉讼模式的转变，确保了司法资源的高效使用，对构建具有中国特色的多层次刑事诉讼体系具有重要意义。

八是坚持执法司法人民性根本宗旨，刑事司法人权保障功能更加凸显。纠正冤错案昭示着中国特色社会主义法治的长足进步，规范刑事诉讼中的涉案财物处置有利于实现依法惩治犯罪和保障人权的协调统一，刑事法律援助制度的发展亦有助于实现法律面前人人平等。

九是坚持统筹推进国内法治和涉外法治，提高运用刑事诉讼法律武器参与国际斗争能力和水平。理论和实务聚焦涉外法治工作发展，加快构建系统完备、衔接配套的涉外法律规范体系，深化国际刑事司法合作，不断提高运用刑事诉讼法律武器参与国际斗争的能力和水平。

十是深入开展刑事诉讼法学研究，刑事诉讼科学体系更加完善。刑事诉讼法学研究创新发展了新时代法律监督理论，推动了以审判为中心的诉讼制度改革理论研究，以理论研究提升刑事司法人权保障水平，基本形成了新时代中国特色刑事诉讼法治理论体系，刑事诉讼学科体系、学术体系、话语体系建设方面取得突破性进展。

二、社会治理与刑事诉讼制度建设

随着“国家治理体系和治理能力现代化”重大命题在我国的全面落实推进，刑事诉讼法学研究积极拓展刑事诉讼社会治理功能，以期从单纯的“治罪”走向更高层次的“治理”。

关于深化涉案企业合规所涉刑事诉讼制度改革。针对涉案企业合规改革试点中对于企业作出不起诉处理的问题，有论者提出应当区分企业和个人的刑事责任，对涉案小微企业给予足够的司法关怀，并厘清涉案企业合规与认罪认罚从宽制度的关系。有论者认为，未来立法应选择特别程序的专章模式，正确处理合规诉讼程序与认罪认罚从宽制度的关系，设置适用合规诉讼程序的消极条件，将涉案企业合规诉讼程序延伸至侦查、审判阶段，注重程序启动与整改考察中的权利保障。有论者指出，结合我国的试点情况、最高检等九部门联合制定的《关于建立涉案企业合规第三方监督评估机制的指导意见（试行)》以及他国经验做法,未来,随着涉案企业合规改革的深入推进,刑事诉讼法修改时应当将附条件不起诉的适用范围扩大,合规考察期限的设置要考虑企业的规模和合规考察的方式,明确合规附条件不起诉的适用范围、条件以及合规考察评估主体等。

关于推进网络犯罪治理。《反电信网络诈骗法》以及最高人民法院、最高人民检察院、公安部联合发布的《关于办理信息网络犯罪案件适用刑事诉讼程序若干问题的意见》,为预防、遏制和惩治网络犯罪提供了强有力的制度和规范保障。针对《反电信网络诈骗法》规定的涉案资金紧急止付,有论者认为,应将其定位于一种应对新型犯罪涉案资金快速转移的迅速反应措施,而非作为冻结程序在刑事立案前的替代方案,不可直接转化。当前,帮助信息网络犯罪活动罪呈高发多发态势,有论者指出,应当按照司法限定的基本立场,对于帮助信息网络犯罪活动罪的构成要件,要着重把握被帮助对象的准确查证、主观明知的严格认定、罪量要素的妥当把握等问题。对于域外网络犯罪治理,有论者提出,要在尊重主权的基本原则之下,转变域外管辖权制度设计思路的地域性逻辑起点,探索适应网络空间犯罪治理国际协同的新思路,推动私主体充分但同时合比例地协助域外刑事司法活动。有论者提出,应当对网络犯罪坚持生态治理的刑事对策,完善网络刑法体系,做到罪名完备、实体与程序融合、法律与技术融通,以整合性应对碎片化,实现网络犯罪刑事治理的体系化。

关于扩大法律援助范围。2022 年 1 月 1 日起施行的《法律援助法》扩大了法律援助的范围。有学者指出,必须对我国法律援助的实施程序、经费保障制度、责任追究机制进行系统完善。针对死刑复核案件法律援助问题,有论者认为,《法律援助法》在死刑复核案件的法律援助方面有了突破性规定,标志着中国特色法律援助制度初步形成,应当围绕中国特色法律援助制度的死刑复核程序定位、质量监督体系构建等关键性构成要素,以用中国方案解决问题的态度和立场,系统解构、反思、重建我国的死刑复核法律援助制度。而对于法律援助律师辩护全覆盖问题,有论者指出,为了促进律师行业的良性发展,增强全覆盖的可持续能力,应该探索以最小化社会治理成本为目标、以国家责任为基础、以行业市场为主导的“行业内生型”模式,并通过扩大外部资源供给、强化辩护律师作用、合理规划实现路径等举措,促进刑事案件律师辩护全覆盖的实现。

三、刑事政策的调整及其在刑事司法中的运用

关于少捕慎诉慎押刑事司法政策。少捕慎诉慎押是新时代重要的刑事司法政策，有论者提出，要把少捕慎诉慎押刑事司法政策的基本要求和预期目标落到实处，应当扩大适用非羁押性强制措施，尽力减少拘留、逮捕等羁押性强制措施的适用，并完善相关工作机制和考核机制。有论者指出，针对以醉驾为主的轻微犯罪，我国有必要强化司法程序的出罪功能，使刑事诉讼从原有的圆柱状结构向漏斗型结构转化。有论者认为，对于刑事诉讼撤案制度，应当在坚持控权模式的基础上，扩大中止侦查适用的范围，解决对证据不足案件的处置问题。同时，扩大检察机关不起诉裁量权的适用，解决刑事撤案分流轻微犯罪案件不足的问题。还有论者指出，针对少捕慎诉慎押刑事司法政策的贯彻、认罪认罚从宽制度的实施以及涉案企业合规改革试点等司法体制改革对不起诉适用提出的新要求，应对我国绝对不起诉、相对不起诉、证据不足不起诉、核准不起诉、附条件不起诉重新进行边界厘定及体系重塑。针对“慎诉”的实现路径，有论者提出，充分行使不起诉裁量权，化解刑事不起诉适用困境，宜从以下方面进行完善：转变检察办案理念，完善绩效考评机制；完善不起诉制度，扩大不起诉范围；构建并完善不起诉裁量权监督制约机制。

关于认罪认罚从宽制度。针对《刑事诉讼法》第 201 条第 2 款规定的量刑建议调整处理程序，有论者认为，法律规定量刑建议调整处理的程序，明确法院在依法判决前，应给予检察机关调整量刑建议的机会，是为了维护认罪认罚案件在审前程序中检察机关与犯罪嫌疑人达成的诉讼合意，维护建立在诉讼合意基础上的量刑建议的严肃性，同时又不损害法院作为最终裁判者的地位和作用。为了避免认罪认罚协商中可能出现的控辩不平衡、随意性较大等难题，有论者提出应当提升辩护方的协商能力，实行强制辩护制度，规范协商程序，保障被追诉人认罪认罚的自愿性。有论者指出，上诉理由具有“事实”与“说理”双重要素，上诉审法院可以在上诉审范围内对超出上诉理由“说理”要素的部分作出裁判，但这部分裁判不得加重被追诉人的刑罚。有论者提出，我国应引入内涵丰富、涵盖面广、体系完整的禁止不利益变更原则，仅为被告人利益的上诉或抗诉，法院不得作出不利于被告人的变更。有论者提出附条

件认罪认罚不仅牵涉对认罪认罚内涵及制度适用条件的正确把握,还关系着对我国认罪认罚从宽程序模式的准确理解,应当深入探析附条件认罪认罚及其形成机制。

四、完善刑事执法司法制约监督体系

完善刑事执法司法制约监督体系涉及范围广泛,是深化刑事司法改革,解决刑事司法突出问题的关键。党的二十大报告提出:强化对司法活动的制约监督,促进司法公正。加强检察机关法律监督工作。有论者指出,加快推进刑事执法司法制约监督体系改革和建设作为刑事诉讼领域全面深化改革的重要抓手,应当通过加强对执法司法的制约监督进而实现执法司法权的规范化行使。完善刑事执法司法制约监督体系要符合以审判为中心的诉讼制度改革的基本方向,以侦查起诉审判权力的分工为基础,侦查、检察、审判相互制约,尊重保障人权,实现司法公正;以刑事检察为核心,厘清"制约""监督"二者之定位与特征,从而构建系统、高效的刑事执法司法制约监督体系。检察机关既要发挥诉讼制约作用,又要行使法律监督职能,呈现双螺旋的履职模式。

按照中共中央《关于加强新时代检察机关法律监督工作的意见》规定,深入研究加强检察机关法律监督工作。在侦查监督方面,有论者建议,要健全完善侦查监督工作机制,认真落实检察机关与公安机关相互配合、相互制约工作机制,坚持科学务实的执法司法理念,统一认识、消除分歧、形成合力。检察机关应当依法履行监督职责,严格规范开展侦查监督工作,可依托信息化建设完善执法办案数据共享机制,依法对公安机关立案和侦查工作进行监督。在刑事审判监督方面,有论者建议,应当从合理适用量刑建议权、规范行使抗诉权等方面着手,打造审判监督的中国模式。在刑事执行检察监督方面,有论者提出,完善刑罚执行监督制度规范,明确刑罚执行及检察监督的职责、范围、程序、方式及效力等;巩固深化"派驻 + 巡回"监督模式,紧盯巡回检察中发现问题的整改落实,以专门或者机动巡回检察等方式进行专项督办;聚焦减刑、假释、暂予监外执行案件,把刑罚变更执行监督作为重点,集中力量做好对减刑、假释、暂予监外执行案件的检察监督工作,完善对刑罚变更执行的同步监督机制,有效防止和纠正违法减刑、假释、暂予监外执行;注重大数据法律监督、全域数字法治监督等以数字检察为基础的新型监督模式,从技术层面弥补数字检察系统建设短板。

五、推进刑事诉讼法治现代化

党的二十大报告强调,以中国式现代化全面推进中华民族伟大复兴。在中国式现代化、中国式法治现代化、中国式刑事诉讼法治现代化的逻辑系统中,中国式刑事诉讼法治现代化是中国式现代化和中国式法治现代化中的一个子系统。推进新时代中国式刑事诉讼法治现代化应当体现中国式现代化的基本特征、遵循中国式现代化的本质要求、坚守中国式现代化的重大原则、服务于中国式现代化和中国式法治现代化的总体目标。

当前,中国法治建设步入新发展阶段,人民群众对更高水平的人权司法保障、公平正义理念、司法文明程度等要求越发凸显,中国式刑事诉讼法治现代化的建设作用越发重要。有论者指出,要深刻理解和准确把握中国式刑事诉讼法治现代化的本质特征,探索总结刑事诉讼法治时代化、中国化、现代化、国际化、体系化、数字化、法典化等理论和实践问题。要系统谋划刑事诉讼法治现代化进程中诉讼法治发展的目标、任务和步骤,实现刑事诉讼法治现代化与国情相适应、与社会相对接、与时代相呼应。要展望 2035 年和 21 世纪中叶,深入开展刑事诉讼法治发展规划研究、刑事诉讼法治长远战略研究;要牢牢把握未来五年全面建设社会主义现代化国家开局起步这一关键时期,围绕完善中国特色社会主义法治体系的目标,重点开展刑事诉讼法治实施计划和时代课题研究,有效推动体现中国式现代化的刑事诉讼法治体系化构建。

六、刑事诉讼法学研究的五个时代课题

根据党的二十大精神,立足刑事诉讼法治长远发展战略,刑事诉讼法学界普遍认为,当前和今后一段时期,要重点围绕五个时代课题开展研究,促进刑事诉讼法学研究全面深入发展,推动体现中国式现代化诉讼法治的体系化构建。

一是做好刑事诉讼法治现代化发展研究。要深入挖掘、分析、阐释现代化的深刻内涵,正确认识现代与传统的辩证关系,坚持从中国的基本国情和具体

实际出发，坚持遵循司法规律，坚持同中华优秀传统法律文化相结合，贯通传统文化精华、融通共同价值观念，全面推进现代化发展战略研究、体系构建研究、中国模式研究、发展趋势研究、诉讼数字化等新兴领域研究。

二是做好公平正义刑事诉讼核心理念研究。要认真领会把握党的二十大报告和习近平法治思想中关于公平正义的论述和要求，深刻理解“公正司法是维护社会公平正义的最后一道防线”这一功能定位，准确把握“公正是司法的灵魂和生命”这一实践要求，树立并实现以公平正义为核心的现代诉讼理念，加强公平正义基本理论、保障制度以及现有问题等研究，确保司法现代化进程以人民为中心，体现人民利益、反映人民愿望、维护人民权益、增进人民福祉。司法领域的公平正义问题不仅属于法律领域的专业问题，还涉及国家长治久安的战略问题，更是实现国家治理现代化过程中所要解决的重大课题。

三是做好全面深化刑事诉讼法治领域改革研究。党的十八大以来，党中央深入推进司法体制改革取得显著成效，在现有研究成果的基础上，要推动改革理念再深化、改革格局再拓展、改革任务再落实、改革方法再创新，进一步加强司法体制改革、制约监督体系、重大诉讼制度改革创新及刑事司法政策等重点领域研究。

四是做好刑事诉讼法治参与社会治理研究。要着重把握社会治理理念、领域、方式、制度等重大问题，创新推动矛盾纠纷源头预防和前端化解机制研究，拓展诉讼法治的社会治理功能，助力市域社会治理现代化，巩固基层社会治理良好局面。

五是做好刑事诉讼自主知识体系研究。要加强中国特色学科体系、专门领域知识体系、自主性原创性制度理论研究，将总结、传承、借鉴和创新相结合，加快推进中国特色诉讼法学学科体系、学术体系、话语体系建设。

第二部分　论　文

论刑事诉讼法的法典化*

陈卫东**

摘　要：法典化是立法的一种高级形式，它具有将部门法律规范完备化与体系化的法治功能。由于未经法典化的编纂程序，我国《刑事诉讼法》的完备性与体系性明显不足，徒有法典之形式而无法典之内涵，直接引发了法外规范大规模膨胀与法律虚化的问题。为了完善中国特色社会主义法律体系、推进刑事司法治理体系的现代化、落实“以审判为中心”的诉讼制度改革、实现刑事诉讼制度的跨越式发展，就必须构建完备而体系的规范集合，达致刑事诉讼法真正意义上的法典化。就法典化的原则而言，刑事诉讼法的法典化应当围绕正当程序原则、审判中心原则、诉讼效率原则展开。《刑事诉讼法》在框架上的弊病，集中在基于“分工负责”产生的职能化立法思路方面，宜以破除职能化为导向进行法典化的构建。

关键词：刑事诉讼法　法典化　完备化　体系化　治理体系

引　言

作为一种高度体系化的规范载体，法典是在特定的历史阶段一国法律制度发展到一定高度后形成的统一规范整体。与分散式、个别性的法律不同，法

---

* 本文原载于《中国法学》2021 年第 3 期。

** 陈卫东，中国人民大学刑事法律科学研究中心教授。

典是法律规范积淀的产物。只有国家立法已臻成熟，真正意义上的法典才有产出空间。基于理性主义的可知论，执行立法与司法严格分立的国家和地区，其决策者都带有某种将涉及某一共通对象或执行某一特定程序的相关法律规范编纂成为一部法典的倾向。这种倾向的现实化过程，通常被称为法典化。[①]原则与重要规则进行系统性编纂，形成“完整、连贯和清晰”的法律，[②]从而有效提升法律的科学化程度，实现国家治理的有序性与规范性。在此背景下，法典化便成为立法的一种高级形式，前者虽以后者为基础，但从某种程度上讲，由于体系化的法典囊括了部门法下法律关系的各个方面，前者较后者更为重要。正如穗积陈重所言：“法典编纂之举是立法史上一个世纪之大事业。国家千载之利害，生民亿兆之休戚，均依此而定。”[③]

2020 年《中华人民共和国民法典》（以下简称《民法典》）的颁行可以被看作新时代法典化运动的开端。作为我国立法史上首部以“法典”命名的法律，《民法典》在新时代法治建设中具有的开创性意义不言而喻。全国人大常委会副委员长王晨同志在《关于〈中华人民共和国民法典（草案）〉的说明》中指出：“回顾人类文明史，编纂法典是具有重要标志意义的法治建设工程，是一个国家、一个民族走向繁荣强盛的象征和标志。”[④]法典化并不仅仅只涉及民法领域，在建设中国特色社会主义的新时代，在党的十九届四中全会提出要进一步“完善以宪法为核心的中国特色社会主义法律体系”的背景下，法典化也应当成为其他部门法立法完善必须关切的时代命题。改革开放以来，我国的法治建设日新月异，不但形成了中国特色社会主义法律体系，在立法、司法、执法等诸多方面也都积累了大量经验，时至当下，要使这些经验系统地进入法律体系，实现新时代立法的跨越式发展，从而完成推进国家治理体系和治理能力

---

① “法典化”（codification）这个术语最初由边沁在给沙皇亚历山大一世的书信中提出，他在信中专门区分了“法典化”与“立法”（legislation）的区别。参见 Gunther A. Weiss, *The Enchantment of Codification in the Common – Law World*, Yale Journal of International Law, Vol. 25:2, p. 448 – 449 (2000)。

② 参见［美］约翰·亨利·梅利曼：《大陆法系》（第 2 版），顾培东、禄正平译，法律出版社 2004 年版，第 29 页。

③ ［日］穗积陈重：《法典论》，李求轶译，商务印书馆 2014 年版，第 1 页。

④ 王晨：《关于〈中华人民共和国民法典（草案）〉的说明——二〇二〇年五月二十二日在第十三届全国人民代表大会第三次会议上》，载《人民日报》2020 年 5 月 23 日，第 6 版。

现代化的任务,以民法典的施行作为契机启动新时代的法典化运动具有现实必要性。

过去我国虽然通过并施行了一些形式上带有法典样态的法律,但是,由于未经实质上的法典化,使得此类法律无法承载新时代的治理需求与法治使命。《中华人民共和国刑事诉讼法》(以下简称《刑事诉讼法》)作为改革开放后施行的首批法律,难免存在这种源生性的弊病。《刑事诉讼法》颁行前的十余年间,现代意义的刑事司法在我国其实并不存在,在检察机关被撤销,公安机关与审判机关合并的状况下,刑事诉讼实践并未留下任何有意义的经验。为了迅速恢复社会秩序,扭转大规模群众运动导致的混乱局面,党中央果断采取以法制为抓手的治理措施,[①]在极短的时间内出台了包括《刑事诉讼法》在内的一系列法律。《刑事诉讼法》的颁行终结了刑事司法"无法无天"的局面,对国家治理活动的顺利进行起到了重要作用。然而,由于立法经验的缺乏,当时一些并不成熟甚至错误的内容,未经实践检验便直接成为法律的一部分,对后来刑事司法的现代化造成了严重阻碍。纵使经由数度法律修正,立法者剔除了《刑事诉讼法》中一些不合司法实践、违背法治精神的条款,新增了大量权力制约与人权保障的内容,然囿于法律修正的局限性,寓于本法制定之初的结构性问题依然不可避免地存在着。

《刑事诉讼法》虽然体现为法典样态,却并未经历法典化编纂的过程。它的制定很大程度上直接移植自苏俄法制,包括结构、原则、主要制度在内的一系列重要内容仍保留着苏俄刑事诉讼法的色彩,完备性与体系性皆不充分。就此而言,我国《刑事诉讼法》徒具法典之名,而无法典之实,这与民法典形成了鲜明的对比。由于在根源上未专门以中国特色社会主义理论与文化为基础,形成于20世纪70年代的《刑事诉讼法》框架很难完成新时代法治建设提出的任务。比如,党的十八届四中全会指出,要"推进以审判为中心的诉讼制度改革",但是,在《刑事诉讼法》延续苏联式机关化、职能化的立法框架下,审判就不可能真正意义上成为刑事诉讼的"中心",其必然受到侦查机关、检察

① 参见邓小平:《解放思想,实事求是,团结一致向前看》,载《邓小平文选》(第2卷),人民出版社1983年版,第146、147页。

机关在实体认定与程序适用上的制约。质言之,为了从根本上解决困扰我国刑事司法现代化的问题,就需要我们对《刑事诉讼法》进行彻底检视,以法典编纂为视角,重新整合既有的法治资源,完成刑事诉讼规范的完备化与体系化工作,最终在实质层面实现刑事诉讼法的法典化。

一、法典化的标准与功能

法典化存在广义与狭义之分。狭义上法典化的代表作品如《法国民法典》和《德国民法典》,其编纂目的在于形成一部"系统化、综合化的法律体",进而"得以专属性和完整性地调整整个法律部门,或者至少是其中的一大部分"。① 广义上的法典化仅指法律汇编的过程,所有带集成化色彩的汇编型法律都是其结果,典型的立法例如《美国法典》,其仅为"将特定领域的相关制定法汇集在一起,经过某些技术处理,对已有的同类法律法规系统地整理成册"②。本文论及的与新时代法治需要的法典化,无疑系指法典化在狭义层面的概念,它代表着这样一种理念:把全部的法或者把一个大的规范领域完整、和谐地汇编为一部法典。③ 相较普通立法与法律汇编,法典存在一系列独有的特质与标准,而这也是法典化期望实现的目的。对法典化标准与功能的分析,是展开本文研究的基础,必须首先予以阐明。

(一)法典化的标准

法典化的标准分为静态与动态两个层面,前者指法典化的结果,后者指法典化的过程。概言之,法典化的结果乃法典的生成,最终体现的是一种相关部门法领域整体性规范样态,而法典化的过程则须包含一个必要的编纂机制,其将为法典提供具有体系性的架构与内容。

静态层面的法典化,使法典与普通立法形成了明显的结果差异,这构成了法典化的形式标准。法典化追求的目标,从形式上看,是制定一部特定法源的

---

① See Vgl. Manfred Rehbinder, Einführung in die Rechtswissenschaft: Grundfragen, Grundlagen und Grundgedanken des Rechts(1995), S. 207.

② 刘兆兴:《比较法视野下的法典编纂与解法典化》,载《环球法律评论》2008 年第 1 期。

③ 参见[德]迪特尔·施瓦布:《民法导论》,郑冲译,法律出版社 2006 年版,第 19 页。

集合体。从《查士丁尼法典》到《法国民法典》《德国民法典》再到我国的《民法典》,立法者意图通过法典化实现的基本目的,均是将一系列存在内部关联的法源汇集一体,从而实现法律渊源的统一。其中,内部关联的界分,大体上以学界发展出并且为法律职业共同体接受的法律部门为准据。法律部门基于一种描述性或类型化的理性方式建构,其划分标准被抽象为“法律规范所调整的社会关系”与“法律规范的调整方法”等。[①] 全国人大常委会曾在工作报告中将中国特色社会主义法律体系划分为宪法及宪法相关法、民商法、行政法、经济法、社会法、刑法、诉讼与非诉讼程序法等七个主要的法律部门,这些法律部门及其子部门皆构成法典化的潜在对象。与之相较,普通立法并不追求所立法律的集合性与完备性,其目的仅在于制造正式法源或使非正式法源上升为正式法源,至于调整的关系与方法则在所不问。不过,一般而言,普通立法的结果仍可归于某个法律部门,其与法典化的形式区别在于规模方面的差异。

与法律汇编不同,法典化的特点集中于动态过程。法典化工作追求的目标,是实现法律渊源体系的理性化。即便在调整某一社会关系领域存在一系列正式或非正式的法源,若未经符合理性的编纂,仍然很难有效规制社会主体与公权机关的行为。典型的情况是,不同法源之间可能存在冲突与空缺,使得适法者无法据此规划自己的行为。在成文法的制度进路下,上述问题的纾解只能诉诸基于形式理性的体系化,即在法律汇编的基础上额外完成编纂的工作。这是一种“进一步的逻辑任务”,其要求“把所有从分析中得出的法律命题加以整合,使之构成一个逻辑清晰,具有内在一致性,至少理论上无漏洞的规则体系”。[②] 作为体系化的结果,一部严格意义上的法典应当符合以下实质标准:第一,形式的一致性(概念一致、规范一致、制度一致);第二,内在的一致性(基本价值、原则一致);第三,逻辑上的自足性(概念的逻辑性、制度的逻辑性、法典与单行法的逻辑性);第四,内容的全面性(涵盖部门法律关系重要

---

① 参见张文显主编:《法理学》,高等教育出版社 2018 年版,第 103 页。

② 参见[德]马克斯·韦伯:《经济与社会》(第 2 卷),阎克文译,上海人民出版社 2020 年版,第 962 页。

与基本的方面)。[①]

(二)法典化的功能

就共性而言,法典与其他法律都是正式法源,因而可以为适法者提供行动依据,或者说,实现规范预期稳定化的功能。[②] 不过,法典化仍然存在个性化功能,其寓于法典展现出的与普通法律、法律汇编不同的样态之中。换句话说,正是为了实现一定的独特功能,法典化才会与其他立法模式存在明显的标准差异。研究法典化的功能,一条较为可行的路径是从历史的角度展开分析,即基于近现代法典化的发展脉络对其进行检视。质言之,法典化的功能主要体现在完备化与体系化两个方面。

首先,法典化是法律发展到一定阶段的必然结果,其最初的功能在于实现规范的统一化与科学化设置。自启蒙运动以降,欧洲的学者们试图将法律精神与人类理性相勾连,在上帝之外寻找法律的合理性根据,最终,他们将理性"科学化",使法律进入形式理性的发展轨道。在罗马法垄断法学教育与法律市场的背景下,启蒙运动确立的信念使人相信法律可以建立在理性基础之上,两者结合产生的巨大能量导致了法律的变革,促成了官方的法典编纂活动。[③] 编纂法典的意义,莫过于实现规范的统一,而这势必通过法典内含的完备性与体系性实现。当时,人们普遍适用的法律在各地皆存差异,出于维护交易安全、提高治理质效等原因,将一定范围内零散的习惯法与罗马法汇编为统一适用的法典,成为许多统治者的共同取向。在理性主义的思潮下,"当时的思想家们设想以一部自觉设计的、理性的和构造清晰、全面丰富的立法成果来取代源于历史的、零散纷乱和漫无头绪的法律"[④]。这一阶段,法典化展现了初级的完备化与体系化规范的功能。

① 参见王利明:《民法法典化与法律汇编之异同》,载《社会科学家》2019 年第 11 期。

② 参见[德]尼克拉斯·卢曼:《法社会学》,宾凯、赵春燕译,上海人民出版社 2013 年版,第 134 页。

③ 参见[美]沃森:《民法法系的演变及形成》,李静冰、姚新华译,中国政法大学出版社 1992 年版,第 135 页。

④ 高富平:《民法法典化的历史回顾》,载《华东政法学院学报》1999 年第 2 期。

其次,在法国大革命时期,法典化被寄予了造就“人民的圣经”之期待,[①]其主要通过法典对司法权的限制功能加以实现。从某种意义上讲,法国大革命可以说是一次理性主义的实践运动。一方面,人民主权原则成为大革命的政治思想基础,这使得法律的制定必须全面代表人民利益。另一方面,为了防止人民利益遭致权力的不当侵害,国家在权力配置上采行严格的分立体制,司法权与行政权皆不得侵入立法领域,而这主要针对前者展开。培根曾言:“法官们应该记住,他们的职责是司法,而不是立法,也就是说,是解释法律的,而不是制造法律或者创立法律的。”[②]但事实上,司法侵入立法的情况在法国远比英国严重,大革命前法官“拒绝适用新法、违背新法宗旨解释新法,或者挫败政府官员适用新法的努力”[③]导致司法的“旧制度”成为革命的重要对象。出于对人民主权的坚持以及对法官的严重不信任,革命者认为法官只能以议会制定的法律为裁判依据,不得作出法律解释。如此,立法者就应当制定出极为详尽的法律供人民参阅与法官裁判,而这种完备化功能的发挥,则必须经由法典加以实现。

最后,在围绕德国民法典编纂问题的“蒂堡—萨维尼论战”后,法典化又被添付了某种“民族性”的成分,此时,法典被强调发挥的是对既有规范予以体系化的功能。其实,从“民族性”无法直接推导出“体系化”,但是根据萨维尼提供的逻辑,加之康德形式理性主义的影响,两者被紧密绑定了。萨维尼指出,法律来源于民族的共同意识,是经由历史发展形成的,只有通过历史,才能与民族的初始状态保持生动的联系,因而,法学家必须彻底通晓历史材料的确切含义,才能自概念向上构建法典。[④] 而在康德那里,从无到有的制定规范就必然需要体系化,因为法律并不考虑意志行为的内容,只涉及表现意志行为相互关系的形式,申言之,法律作为一种形而上学,应当对先验概念予以分类,构

① 参见尹田:《论中国民法的法典化》,载《政治与法律》2006年第2期。

② [英]弗兰西斯·培根:《培根随笔集》,商务印书馆2016年版,第242页。

③ [美]约翰·亨利·梅利曼:《大陆法系》(第2版),顾培东、禄正平译,法律出版社2004年版,第16页。

④ 参见[德]弗里德里希·卡尔·冯·萨维尼:《论立法与法学的当代使命》,许章润译,中国法制出版社2001年版,第9、11、87、92页。

建完整明确的体系,如此方能为人带来利益。① 在前述学说的影响下,19 世纪的德国法学大体全部围绕本土固有法律资源的研究展开,法学家们将各类规范材料与社会现象结合,希望经由法典化达成规范体系化的目标——"通过逻辑抽象、理论概括,从法律的原始材料中推论和概括出具有普遍意义的法律概念和法律原则,最后建立起一个仅包括基本原理的高度概括而系统化的法学理论体系"②。至此,现代意义法典化的基本范畴(标准与功能)得到了清晰界定,本文将以此为出发点,探讨刑事诉讼法的相关法典化命题。

二、《刑事诉讼法》法典性的缺失

自 1949 年《六法全书》废除到 1979 年《刑事诉讼法》颁行,我国刑事司法一直缺少一部可供适用的整体性法律。中华人民共和国成立初期的司法实践虽然积累了一些有益经验与法治资源,但是,随着一系列政治运动的爆发,国家正常的司法活动戛然而止。"文革"结束后,为了恢复刑事司法秩序、迅速稳定社会治安以及解决政治遗留问题,立法机关直接将 1963 年中央政法小组主持制定的《中华人民共和国刑事诉讼法(初稿)》作为蓝本,略加删减后便在极短的时间内付诸实施。③ 当然,刑事法律的快速制定存在历史的现实必然性,但从理论上看,与《民法典》这种严格意义上的法典相比,《刑事诉讼法》的出台仍显仓促,导致 1979 年通过的《刑事诉讼法》远未完成法典化的任务,不论从体例还是体量上看,《刑事诉讼法》都仅类似于《民法通则》而已。虽然历经三度修正,其条文数已大幅增加,但其"法典性"缺失的问题一直存在。其实,《刑事诉讼法》在制定之初就未以实现法典化的功能——完备化、体系化为目的,就好比通过不断修订《民法通则》来形成《民法典》是不可思议的那样,由于根本上导向性问题的存在,使得《刑事诉讼法》即便继续"大修大补"也无法成为真正意义上的"刑事诉讼法典"。

---

① 参见[德]康德:《法的形而上学原理:权利的科学》,沈叔平译,商务印书馆 1991 年版,第 39、40、74 – 133 页。

② 封丽霞:《世界民法典编纂史上的三次论战——"法典化"与"非法典化"思想之根源与比较》,载《法制与社会发展》2002 年第 4 期。

③ 参见陈卫东:《刑事诉讼法治四十年:回顾与展望》,载《政法论坛》2019 年第 6 期。

(一)《刑事诉讼法》的编纂程序缺乏

由于国家治理形式的急剧转换,法律制定在改革开放之初成为党中央一项极度迫切的任务。1978 年的中共中央工作会议闭幕会上,邓小平同志指出:"为了保障人民民主,必须加强法制……现在的问题是法律很不完备,很多法律还没有制定出来……现在立法的工作量很大,人力很不够,因此法律条文开始可以粗一点,逐步完善……有比没有好,快搞比慢搞好。"①在当时的立法工作中,首要的任务是制定刑法与刑事诉讼法,这一方面是出于恢复司法秩序、维护社会治安的考虑,另一方面则是为解决审判"四人帮"成员之需,②而后一项政治任务甚至有些刻不容缓的意味。为迅速完成两法的制定,中央在 1979 年 2 月专门设立了全国人大常委会法制委员会负责此项工作,到了同年 7 月 1 日,《刑法》与《刑事诉讼法》便获得了全国人大的通过。值得注意的是,在不到半年的时间内,法制委员会还主持了其他法律的制定与修改,与《刑法》《刑事诉讼法》同时通过的法律就有 5 部。立法工作"时间短,任务重",难免导致这些法律存在罅漏,更不必说完成法典化任务了。

严格来讲,作为奠定我国刑事司法制度基础的 1979 年《刑事诉讼法》,不外乎立法的"急就章"而已,很难说它经历了严格的法典化编纂程序。"任何一部真正起作用的法典,其产生过程首先离不开对已有法律资料的搜集整理,否则只能是照抄别国的法典。这就意味着,一个国家要'制定'某一方面的法典,必须有一段相关法律的实践,只有这一方面的法律资料积累到一定程度之后,或者说只有这一基本前提条件具备之后,才有可能编纂或'制定'相关的法典。"③《刑事诉讼法》立法的时代背景是"文革"的结束,在国家正常的刑事司法工作已经停滞近十年的状况下,彼时将刑事诉讼规范予以法典化的前提并不存在。

---

① 邓小平:《解放思想,实事求是,团结一致向前看》,载《邓小平文选》(第 2 卷),人民出版社 1983 年版,第 146、147 页。

② 参见林山田:《中国之刑事立法及其刑法学》,载《刑事法论丛(二)》,台北,台大法学院图书部 1997 年版,第 385 页。

③ 严存生:《对法典和法典化的几点哲理思考》,载《北方法学》2008 年第 1 期。

国家需要一部统括刑事司法的法律，但又给不了立法工作者编纂时间。在这一背景下，《刑事诉讼法》的立法就自然而然地偏向从比较法寻求资源。1979 年《刑事诉讼法》仿造的对象是 1960 年《苏俄刑事诉讼法》（以及 1923 年修订前的版本），不论是立法任务、结构框架，还是制度设计、语言风格，前者都与后者非常相似，唯其主要不同在于规范的体量，后者长度大约是前者的 5 倍。质言之，1979 年《刑事诉讼法》很大程度上仅为《苏俄刑事诉讼法》的删节版本，似乎除了带有中国特色的死刑复核程序外，其余的规范内容几乎都可以在苏俄法律中找到相对应的渊源。[①] 上述对苏俄法律的移植活动，虽然舒缓了眼前规范缺乏的困难，但未经法典化的《刑事诉讼法》却明显遗留了更多的问题。一方面，考虑到我国司法的实际情况，《刑事诉讼法》仅摘取了苏俄法制中某些必须保留的部分，一些细密的程序规范被加以排除，这导致本法的完备性不充分。另一方面，直接“拿来”苏俄刑事诉讼的结构框架作为本法的体系化基础，而因苏俄这套阶段化的刑事诉讼架构本身存在严重问题，使得我国刑事诉讼规范的体系化工作一直无法真正完成。

（二）《刑事诉讼法》的法外规范膨胀

《刑事诉讼法》编纂程序的缺乏直接导致其法典化功能无法得到实现。法典的编纂是一项有意识的活动，需要立法者基于一定的体系化思路，将适宜调整相关法律关系的规范完备化地纳入法典。在理论上，作为法典化的结果，《刑事诉讼法》应当成为调整刑事诉讼法律关系最主要的法律渊源，其完备性须足以为绝大多数的程序事实提供直接的处理依据，其体系性一方面须尽可能消除因法律本身导致的具体适用问题，另一方面须符合现代刑事司法标准的科学化要求。然而，在“宜粗不宜细”立法宗旨下制定的《刑事诉讼法》，根本无法实现法典应当起到的作用。问题在于，需要通过法典解决的问题，不论是完备性方面（提供办案依据）还是体系性方面（解决适法问题），即便在法律不起作用或者法典并不真实存在的情况下，仍须加以处理。在此背景下，国家

---

① See Harold J. Berman, Susan Cohen & Malcolm Russell, *A Comparison of the Chinese and Soviet Codes of Criminal Law and Procedure*, Journal of Criminal Law and Criminology, Vol. 73:1, p. 239 – 248 (1982).

的治理主体就只能在《刑事诉讼法》外另行制定规范，以求维持刑事司法系统的正常运转。

《刑事诉讼法》法典性缺失最为突出的表征，是法外规范的大规模膨胀。这种膨胀主要体现为相关司法解释、部门规章以及司法解释性质文件的大量出台。2018 年《刑事诉讼法》条文数共 308 条，而配套的司法解释，即《人民检察院刑事诉讼规则》与《最高人民法院关于适用〈中华人民共和国刑事诉讼法〉的解释》分别为 684 条与 655 条，配套的部门规章，即《公安机关办理刑事案件程序规定》计 388 条。此外，"两高"还单独或联合其他部委出台了大量刑事诉讼司法解释性质文件，如《关于实施刑事诉讼法若干问题的规定》《关于适用认罪认罚从宽制度的指导意见》《关于刑事裁判涉财产部分执行的若干规定》《关于办理刑事案件严格排除非法证据若干问题的规定》等。从结果来看，围绕 308 条的《刑事诉讼法》，中央层级出台的规范性文件竟然已经多达数千条，两者完全不在同一量级。①

《刑事诉讼法》的法外规范之所以几乎不受控制地出现，直接原因无外乎《刑事诉讼法》本身完备性与体系性不足。任何法律都不可能完美无缺，概念法学的破产昭示着"法律在实施过程中不可避免地需要实施机关常态化、权威性的解释"②，但这并不能为立法者提供任何随意设定粗疏规则的正当理由。立法的任务仍然具有明确性，它依旧需要尽可能给适法者提供明确的规范依据，以求稳定社会主体与公权机关的规范化预期。法典的编纂更是如此，作为刑事司法领域的基本法律，《刑事诉讼法》本应发挥法典化的功能，通过完备化与体系化各类刑事诉讼规范，尽量减少法律适用可能产生的问题，从而充分实现本法的立法目的及任务。遗憾的是，由于《刑事诉讼法》编纂过程的欠缺，使得其规范的内容，既不完备也难称体系。继而，中央层级的刑事诉讼机关为了明确履职所需的办案依据，只能围绕各自的刑事诉讼职能，在法律之外另行制定规范性文件，以填补因其法典性不足带来的缺陷。③

如今，我国刑事司法系统的运作须臾难离上述法外规范性文件，这些曾被

① 参见聂友伦：《论司法解释的立法性质》，载《华东政法大学学报》2020 年第 3 期。
② 张文显：《法理：法理学的中心主题和法学的共同关注》，载《清华法学》2017 年第 4 期。
③ 参见薛峰、刘风景：《关于民法典立法条件的法理学思考》，载《法学家》1999 年第 6 期。

学者称为“司法法”[①]或“副法”[②]的规范文本，已在《刑事诉讼法》之外各自形成体系，某种程度上对法律产生了解构效应。[③] 实践中，由于最高人民法院、最高人民检察院、公安部制定了完备性的内部规范，将绝大部分与本部门办理刑事案件相关的程序性事项纳入其中，使审判机关、检察机关与公安机关根本无须从法律中寻找实质的办案依据，仅依职能化的内部规范行事即可。刑事诉讼机关的规范性文件替代了法律，这种刑事诉讼规范的现状，很难说符合法治的要求——至少违反了《立法法》第 11 条关于司法制度的事项“只能制定法律”之规则。即便将司法解释视为“具体应用法律的解释”，认为其作用仅为细化法律已有的规定，但是，司法解释权限制条件“符合立法的目的、原则和原意”的客观性却仍然过低，很难以之评判与确保司法解释一定没有突破法律。[④] 其实，现实中的刑事诉讼司法解释代行立法任务早已成为不争的事实，而这种损害国家权力分工结构的操作，则很大程度上是《刑事诉讼法》法典性缺失的必然结果。

（三）《刑事诉讼法》作为法典的名与实

一直以来，《刑事诉讼法》都被业界作为法典看待，这一成见亟待破除。由于形成法典的必要程序——“编纂”过程的缺乏，《刑事诉讼法》并不具备法典的完备性与体系性，进而使得其无法发挥真正意义上的法典功能。在我国，只有《民法典》具有真正意义上部门法典的地位，它经历了完整的编纂程序，“整合了新中国成立 70 多年来长期实践形成的民事法律规范，汲取了中华民族 5000 多年优秀法律文化，借鉴了人类法治文明建设有益成果”[⑤]，最终才形成了完备的内容与科学的体系。反观《刑事诉讼法》，其最初制定几乎可以被

---

① 陈兴良、周光权：《刑法司法解释的限度——兼论司法法之存在及其合理性》，载《法学》1997 年第 3 期。

② 邓修明：《论我国司法解释模式的重塑》，载《社会科学研究》2007 年第 1 期。

③ 参见陈兴良：《刑法定罪思维模式与司法解释创制方式的反思——以窨井盖司法解释为视角》，载《法学》2020 年第 10 期。

④ 参见聂友伦：《论司法解释的权力空间——我国〈立法法〉第 104 条第 1 款的法解释学分析》，载《政治与法律》2020 年第 7 期。

⑤ 习近平：《充分认识颁布实施民法典重大意义，依法更好保障人民合法权益》，载《求知》2020 年第 7 期。

看作苏俄法律的摘录，既无法满足刑事司法的实际需要，更未能形成富有中国特色、符合国际标准的科学体系，一方面诱使刑事诉讼实践产生了诸多问题与偏误，另一方面为一些别有用心者提供了攻击我国人权司法工作的借口。只有将现行《刑事诉讼法》视为一部阶段性立法，在未来完成刑事诉讼法的法典化工作，才可能从根源上彻底解决这些问题。

《刑事诉讼法》作为法典的名实之辩，绝非仅为一个观念上的问题，而是一个关乎我国刑事法治历史进程的重大命题。若将《刑事诉讼法》视为一部已经具有完备性与体系性的法典，则未来的立法工作便仍会基于现行法律的框架展开。从形式上看，这种操作看似有利于完备性的实现——1979 年至今，本法条文数量已经增长近一倍，大量新的制度，如认罪认罚从宽、简易与速裁程序、非法证据排除等，通过修订程序进入法律，然而，就实质而言，在维持原有刑事诉讼框架不变的前提下，仅靠法律修订无法解决任何体系性问题。而且，体系的落伍与混乱，不免又将对内容形成反制，导致法典化的完备性功能无法得到实现。如同萨维尼担心的那样，在未经严格编纂程序的情况下，错误或带缺陷的认识会被纂入法典，而法典的权威性又会使其凝固不化，从而贻害后人。[①] 其实，萨维尼的担忧在我国刑事诉讼法制领域似乎已经现实化，法外规范的大规模出现在某种程度上便是上述问题的反映。缺乏法典性但又被认定为法典的《刑事诉讼法》，不但难以肩负起系统调整刑事诉讼法律关系的任务，而且不利于刑事诉讼法治的进一步发展。当然，笔者无意抹杀过去的立法功绩，只是在客观上阐明这样一种事实，即刑事诉讼法律规范必须得到全面整饬，实现真正意义上的、未完成的法典化，而这正是新时代立法工作应当肩负的历史使命。

三、刑事诉讼法法典化的意义

编纂刑事诉讼法典，既是对历史经验的总结，又是构建完善具有中国特色、时代特色刑事诉讼制度的必由之路。习近平总书记指出："我们要以宪法

① 参见[德]弗里德里希·卡尔·冯·萨维尼：《论立法与法学的当代使命》，许章润译，中国法制出版社 2001 年版，第 85 页。

为最高法律规范，继续完善以宪法为统帅的中国特色社会主义法律体系，把国家各项事业和各项工作纳入法制轨道”“要抓住提高立法质量这个关键，深入推进科学立法、民主立法，完善立法体制和程序，努力使每一项立法都符合宪法精神、反映人民意愿、得到人民拥护”①。在新时代，进一步深入完善刑事诉讼的法律规范与制度体系，需要发挥法典化的作用。作为刑事司法领域的基本法律，《刑事诉讼法》应当为适法者提供完备的规范依据，形成科学精密的体系以减少法律适用的不确定性，而这些正是法典化能够实现的目标。刑事诉讼法的法典化存在以下必要性：其一，它是完善中国特色社会主义法律体系的环节；其二，它是推进刑事司法治理体系现代化的抓手；其三，它是“以审判为中心”诉讼制度改革的落脚点；其四，它为刑事诉讼制度的精细化提供载体。

（一）完善中国特色社会主义法律体系的环节

实现法治，完善中国特色社会主义法律体系的关键基础在于立法质量的提升。② 习近平总书记指出：“人民群众对立法的期盼，已经不是有没有，而是好不好、管用不管用、能不能解决实际问题；不是什么法都能治国，不是什么法都能治好国；越是强调法治，越是要提高立法质量。”③在实践中，一些重要部门法的立法质量不高，已经成为限制我国法治体系进一步发展的重要“瓶颈”。一如前述，因《刑事诉讼法》未经编纂程序，使得最终形成的法律，既难以给司法实践提供充分的活动依据，也无法解决大量实际存在的程序问题。事实上，立法质量不高的问题，不仅出现在刑事诉讼法领域，同样大规模存在

① 习近平：《在庆祝全国人民代表大会成立六十周年大会上的讲话》（2014 年 9 月 5 日），载中共中央文献研究室编：《十八大以来重要文献选编》（中），中央文献出版社 2016 年版，第 56 页。

② 参见张文显：《全面推进依法治国的伟大纲领——对十八届四中全会精神的认知与解读》，载《法制与社会发展》2015 年第 1 期。

③ 习近平：《在十八届中央政治局第四次集体学习时的讲话》（2013 年 2 月 23 日），载中共中央文献研究室编：《关于全面依法治国论述摘编》，中央文献出版社 2015 年版，第 43 页。

于其他部门法当中。[1] 这些问题主要体现在"量"与"质"两个方面[2],"法律过于原则,需要众多的配套法规,有的条文本身不具可操作性、执行性不强"[3],两者共同构成了法治的掣肘。

提升立法质量,关键在于找对工作的着力点。要在提升立法质量方面下功夫,就要解决困扰各类现行部门法的完备性问题与体系性问题,而这一任务又重新指向法典化,需要通过编纂法典的方式加以完成。以《刑事诉讼法》为例,受制于本法制定中内含的根源性问题,按照以往的立法完善方式,通过对既有法律进行修补,难以实现立法质量全面提升的目标。刑事诉讼法的法典化正是解决此类完备性与体系性问题,完善中国特色刑事诉讼体系的重要抓手:一方面,经由法典化的编纂程序,刑事诉讼法能够补足缺失的相关规范、明确法律条文的内容,使法律在实践中能够直接适用,而不必再通过某些法外规范间接实施;另一方面,刑事诉讼法的法典化可以通过结构框架的重新设计,将我国与法治发达国家的法治经验融入体系,从根本上解决阻碍本法科学化发展的基石性问题。

(二)推进刑事司法治理体系现代化的抓手

国家治理体系是在党的领导下管理国家的制度体系,包括一整套以法律规范为核心的紧密相连、相互协调的制度安排。对法律规范进行科学的完善、整理和体系化,是提升国家治理效能的重要抓手。这里所说的体系化,既在形式上要求法律规范按照一定的逻辑、类型、涉及对象及调整方式分门别类地组合,更要求编排的结果实质上匹配一国当下的经济、政治、文化发展水平,符合现代法治的经验与规律,使得适法者在大多数情况下得以根据体系本身提供的内部资源解决法律适用问题。由于《刑事诉讼法》一直未能经历编纂程序,其由移植苏俄法律得来的体系,很大程度上仅具形式而并无实质(这绝非真

① 参见郑功成:《全面提升立法质量是依法治国的根本途径》,载《国家行政学院学报》2015 年第 1 期。

② 参见刘锐:《法律数量不足和质量不高:法治建设需要破除的两大掣肘》,载《行政管理改革》2016 年第 6 期。

③ 胡健:《习近平总书记立法思想的内涵与实践》,载《地方立法研究》2017 年第 6 期。

正意义上的体系化),使得体系的科学化与现代化程度存在重大疑问。

一方面,《刑事诉讼法》的体系设置与我国当下的发展水平不符,也与国际司法的主流标准脱节。例如,侦查、起诉与审判的一般性制度设计,几乎都以犯罪嫌疑人、被告人被羁押为前提。非羁押措施的适用被规定为“可以”,而羁押措施则是“应当”,这导致除涉嫌某些轻罪外的被追诉人大都被加以逮捕。在公民权利意识日益增长的当下,类似成套的规范体系显然已经不合时宜。而且,过时的强制处分体系设置,亦严重背离了国际司法的一般标准,成为我国批准实施《公民权利和政治权利国际公约》的重大阻碍。另一方面,《刑事诉讼法》的体系设置存在一系列缺陷,导致适法者难以根据体系的理解解决法律适用问题,而不得不求诸中央机关另行出台规范性文件,这导致法律的体系性被进一步削弱。比如,《刑事诉讼法》第 1 条明确了本法之《刑法》适用法的定位,而实体法的具体适用主要涉及的是犯罪事实的证明问题,这就需要法律对证据的应用规则作出体系化规定,但立法者显然忽略了这一点。《刑事诉讼法》虽然规定了“证据”章,但相关规定未免过于零散,根本看不出有何存在逻辑关联的体系,至多仅能被认为是体系的初阶。① 为保障事实认定的正确性,职能机关只得通过司法解释文件对证据的使用与采信规范加以明确,《关于办理死刑案件审查判断证据若干问题的规定》以及“两高”司法解释文件中的大量内容便是围绕此作出的规定。②

上述问题的源头莫不在于《刑事诉讼法》法典性的缺失。如果说 1979 年《刑事诉讼法》大规模借鉴苏俄法律的现成体系是“应需之举”,那么,在进一步坚定制度自信,不断推进国家治理体系和治理能力现代化的当下,通过编纂刑事诉讼法典夯实刑事司法治理体系现代化的基础,已经成为刑事法治的“应时之变”。

(三)“以审判为中心”诉讼制度改革的归宿

法典编纂意味着法治的成熟,寓意立法需求的升级,体现了社会对于更系

---

① 参见陈卫东、柴煜峰:《刑事证据制度修改的亮点与难点》,载《证据科学》2012 年第 2 期。

② 比如,2021 年最高人民法院《关于适用〈中华人民共和国刑事诉讼法〉的解释》的“证据”章划分了十节,对相关法律规范予以明确。

统、更完备、更精确法律的内在需求,不啻为一国法治的“成年礼”。[①] 党的十八届四中全会决定提出的“以审判为中心”的诉讼制度改革,是我国刑事法治走向完善的标志。“审判中心改革”针对的是与审判并列的侦查、起诉,要言之,“在侦查、起诉和审判三者关系中,审判是中心”[②]。上述命题的提出,其实质在于诉讼格局的调整,而这种调整则必须以刑事诉讼规范的彻底整饬,通过法典化的编纂程序加以落实。

审判在刑事诉讼中的中心地位并非通过制度赋予,其本身就是现代刑事司法的基本样态。根据司法最终原则,“所有涉及个人自由、财产、隐私甚至生命的事项,不论是属于程序性的还是实体性的,都必须由司法机构通过亲自‘听审’或‘聆讯’的方式作出裁判,而且这种程序性裁判和实体性裁判具有最终的权威性”[③]。刑事诉讼涉及的实体与程序争议,最终应当也只能通过审判机关作出裁判加以解决,这是由审判权内在的性质决定的。基于上述原理,审判就必须当然地被置于刑事诉讼之“中心”,否则,相关制度设计与体制结构就将颠覆审判权之本义,法院也不再是真正的法院。然而,《刑事诉讼法》的立法理念似乎并未遵照“审判中心”的司法规律,而是人为地将诉讼分割为侦查、起诉与审判三个由公、检、法分别主导的独立诉讼阶段。[④] 如此一来,无论在实体还是在程序上,必然将形成“侦查决定起诉、起诉决定审判”的“侦查中心主义”之样态。[⑤]

目前来看,虽然“以审判为中心”的诉讼制度改革已经提出数年有余,但真正有决定性意义的成果仍未出现,相关改革工作几乎全部聚焦“庭审实质化”这一技术性领域,以至于学者发出了“一场未完成的改革”之叹。[⑥] 归根结底,《刑事诉讼法》的体例及其之下的篇章结构就是以侦查为中心的构造,只

---

① 参见王理万:《中国法典编纂的初心与线索》,载《财经法学》2019 年第 1 期。

② 陈卫东:《以审判为中心:解读、实现与展望》,载《当代法学》2016 年第 4 期。

③ 陈瑞华:《刑事诉讼的前沿问题》,中国人民大学出版社 2016 年版,第 280 页。

④ 参见刘计划:《以审判为中心刑事诉讼制度改革中的几个认识问题》,载《苏州大学学报(哲学社会科学版)》2017 年第 1 期。

⑤ 参见陈卫东:《以审判为中心:当代中国刑事司法改革的基点》,载《法学家》2016 年第 4 期。

⑥ 参见顾永忠:《一场未完成的讨论:关于“以审判为中心”的几个问题》,载《法治研究》2020 年第 1 期。

要仍然拘泥于现行法律给定的体系,“审判中心改革”的任务就不可能完成,任何修补亦无济于事。“以审判为中心”的诉讼制度只能建筑于科学的体系之上,这是缺乏体系化的《刑事诉讼法》无法支撑的,只有通过法典化的编纂重构体系,一系列现代化的诉讼制度才有立基之所。

(四)实现刑事诉讼法律制度精细化的载体

《刑事诉讼法》的另一弊病在于完备性之不足,而这亦是其法典性不足带来的遗留问题。从形式以及纵向上看,历经三次修正,《刑事诉讼法》的条文数已大幅增加,似乎其完备性缺失的问题得到了很大程度上的解决,然而事实却并非如此。一方面,就实质而言,条文数的扩张似乎并未给刑事诉讼的参与者带来稳定预期,反而使法律的适用问题更加复杂,这从法外规范性文件数量的持续膨胀中可见一斑;另一方面,就横向而言,即便在条文数量扩充以后,本法的条文数及其规范规模,也远小于其他法典化国家的刑事诉讼法,如德国(500 条)、法国(803 条)、日本(507 条)、意大利(746 条)等。

前文已述,《刑事诉讼法》的完备性不足将直接诱使法外规范的膨胀,已经导致了“法律架空”的现实问题。从规范上看,司法制度被专门规定为《立法法》明确保留的立法事项,这表明,对于程序法而言,立法的完备化尤为必要——所有制度皆应由立法机关作出精细化设计并将其固诸法律之中,而不能将其留给其他机关加以规定。质言之,只有经由编纂程序,对现有刑事诉讼规范进行识别、筛选、整合,完成法典化的任务,才能使立法获得完备性,从根本上解决规范性文件潜藏的违法或越权问题。

此外,法典化更为迫切的必要性在于,现行《刑事诉讼法》的体系与精细化的诉讼程序之间可能无法匹配。以法律进化论的视角来看,刑事诉讼必将朝着更为精细化的方向发展,这一命题在过去一段时间内各国刑事司法制度的发展趋势中得到了证明。相关事例不胜枚举,发端于美国的“米兰达规则”,已经成为法治发达国家限制警察权力的必要制度,[①]而以“辩诉交易”为

① See Charles D. Weisselberg, *Exporting and Importing Miranda*, Boston University Law Review, Vol. 93:3, p. 1235 – 1291(2017).

代表的协商性司法，更是几乎席卷全球。[①] 不过，目前的刑事诉讼制度体系，是否得以承载上述现代乃至后现代的司法制度，未免给人以疑云密布之感。比如，作为实现从宽预期的主要机制，检察机关的量刑建议是构建认罪认罚从宽制度的关键，而为稳定被告人的预期，法律赋予了量刑建议某种确定的拘束力，但在“审判权与公诉权严格分离”的制度体系下，这显然又与“法院独立行使刑罚裁量权”相矛盾。[②] 为了解决类似的现实问题，刑事司法必须得到“结构性变革”，[③]而刑事诉讼法的法典化正是处理此类问题的根本手段。

四、刑事诉讼法法典化的进路

刑事诉讼法的法典化，不是普通立法，而是编纂具有完备性的法律，也不是法律汇编，而是编纂具有体系性的法典。法典化的关键在于编纂，成功的编纂应当具备两个前提条件：其一，法典化需要高度发达的法学研究。它能够综观社会、经济和技术的状况以及时代的发展并且随着法律原则的应变能力及自身发展而将这些内容在不断增加的法律原则中进行调整。[④] 其二，法典化需要高度成熟的立法技术。作为法的体系化存在，法典具有高度的普遍性、确定性和完整性，须有较高的立法技术予以支持。改革开放以来我国的法学研究与立法工作持续推进，尤其在党的十八大以后，随着全面深化改革与全面依法治国的进程，法治建设取得了跨越式的发展与历史性的成就，在当下，部门法的法典化已经基本具备前述条件，《民法典》的顺利出台便是明证。不过，就刑事诉讼法的法典化而言，因其法典化的基础存在某些特性，需要专门予以阐明。

（一）刑事诉讼法法典化的原则

刑事诉讼法的法典化意在实现规范的完备化与体系化，因而，在编纂之

---

① See Máximo Langer, *From Legal Transplants to Legal Translations: The Globalization of Plea Bargaining and the Americanization Thesis in Criminal Procedure*, Harvard International Law Journal, Vol. 45:1, p. 1 – 64 (2004).

② 参见陈卫东：《认罪认罚案件量刑建议研究》，载《法学研究》2020 年第 5 期。

③ 参见熊秋红：《比较法视野下的认罪认罚从宽制度——兼论刑事诉讼“第四范式”》，载《比较法研究》2019 年第 5 期。

④ 参见［德］Manfred Wolf：《民法的法典化》，丁晓春译，载《现代法学》2002 年第 3 期。

前,应当首先确定法典化的相应原则。其中,完备化本身可以被视为一项较为明确的原则。完备化要求刑事诉讼法必须将涉及《立法法》第 11 条法律保留之"限制人身自由的强制措施"与"司法制度"的相关调整权利义务与权力责任的刑事诉讼规范全部纳入法典。一方面,公民的人身自由是行使其他一切权利和自由的基础,具有自然权利的性质,故仅能由作为社会契约的法律加以限制,诉讼中适用的强制措施便属此类。另一方面,刑事司法制度,包括"国家的侦查、审判和检察工作""直接体现了社会的正义和公道,与全体公民的基本权利和自由密切相关",因而,有关公、检、法参与刑事诉讼的职权制度以及诉讼程序中各项制度的事项,也只能由法律予以规定。[①] 一旦全国人大及其常委会未能充分行使国家立法权,构建起完备的刑事诉讼制度,则强制措施适用范围的不当扩张、职能机关权力限度的违法突破等情况便必然出现。例如,《人民检察院刑事诉讼规则》第 423 条至第 426 条规定了撤回、变更与追加起诉制度,考虑到起诉便宜主义及比较法上的理由,相关规范具有合理性,但是,其亦明显属于司法解释对司法制度的"无中生有",[②]不符合《立法法》的要求。造成类似合理但不合法问题的根源,乃《刑事诉讼法》完备性的缺失,应当通过法典化的编纂程序将相关规范纳入法典予以解决。

与完备化相较,刑事诉讼法体系化的任务更加复杂。体系化要求法律规范形成"形式的一致性"、"价值的一致性"与"逻辑上的自足性",[③]这就需要法典编纂在一定具体的指导性原则之指引下展开。笔者认为,刑事诉讼法的体系化至少应当遵循以下三项基本原则。

第一,正当程序原则。刑事诉讼中的正当程序,系指某些既定的保护公民权利的原则与规则,典型的如程序知情权与获得听证权等。[④] 确定某种程序是否属于"正当程序",必须视该程序重视"人权保障"的程度而定,因此几乎完全可以把人权保障与正当程序相提并论。[⑤] 在刑事诉讼中,与人权保障相

---

① 参见乔晓阳主编:《〈中华人民共和国立法法〉导读与释义》,中国民主法制出版社 2015 年版,第 97、98 页。

② 参见张建伟:《刑事诉讼司法解释的空间与界限》,载《清华法学》2013 年第 6 期。

③ 参见王利明:《中国民事立法体系化之路径》,载《法学研究》2008 年第 6 期。

④ See Bryan A. Garner ed. ,*Black's Law Dictionary*(10th ed.),Thomson Reuters,2014,p. 610.

⑤ 参见[日]田口守一:《刑事诉讼法》,张凌、于秀峰译,法律出版社 2019 年版,第 27 页。

对的价值主要是犯罪控制（或者真实发现），因而，从本质上讲，引入正当程序原则的目的，乃在于保证犯罪控制与人权保障达至宏观平衡。对此平衡问题，我国刑事诉讼立法一直未予明确，学界各类观点也莫衷一是。一种较为流行的理论是所谓"并重说"，即刑事诉讼具有打击犯罪和保障人权的双重目的，两者并重，缺一不可。[1] 从规范上看，刑事诉讼具体制度的构建一定程度上采纳了上述观点。但是，"并重"的结果往往使实体真实得到更为优先的考虑，导致人权保障陷入无法实现的尴尬境地。遵循正当程序原则的法典化，目的在于确立刑事诉讼法所统摄各类诉讼制度之保障人权的价值取向，防止为实现犯罪追诉的有效性而过分干预基本权利的情形出现。

第二，审判中心原则。从宏观上看，刑事诉讼是涉及一个被追诉方与多个代表国家行权的职能机关之程序，由于程序中的国家机关并不单一，势必需要在制度设计上理顺其内外部关系，这是刑事诉讼法体系化的前提。就理论而言，刑事诉讼乃实现国家刑罚权的活动，而刑罚权并不掌握在侦查机关或检察机关手中，侦查权与检察权的行使本质上是为审判机关正确行使刑罚权服务的。作出程序与实体决定的最终主体都是人民法院，因而，以审判机关的视角与标准构建包括侦查、检察在内的所有刑事诉讼程序，当然应被作为体系化刑事诉讼规范的一项原则加以理解。"以审判为中心"的诉讼制度改革是针对目前刑事诉讼立法"各管一段"的架构提出的，审判中心原则的确立，要求在构建刑事诉讼法的法典体系时，围绕审判权而非侦查权与检察权的有效行使展开。

第三，诉讼效率原则。随着犯罪率的上升、轻刑化刑事政策的推进以及对司法资源管控的加强，司法机关难以仅靠传统的刑事诉讼制度实现治理需求，因而必须取道"效率改革"实现公正与效率的再平衡。[2] 近期入法的认罪认罚从宽制度与刑事速裁程序足以令人窥知，如何在不妨碍达成刑事诉讼目的的前提下，尽量减少程序对司法机关及诉讼参与人造成的负担，乃是立法者无可

---

① 参见陈光中、徐静村主编：《刑事诉讼法学》，中国政法大学出版社 2002 年版，第 38 页。

② 参见陈卫东、聂友伦：《侦查视角下的刑事速裁程序效率研究——现状、问题与展望》，载《中国刑事法杂志》2016 年第 6 期。

回避的刑事政策议题。[1] 司法的目的在于解决纠纷，而处理不同案件所能获取的价值大相径庭，为维持资源投入与治理效果的均衡，应当给各类案件匹配差异化的纠纷解决程序。虽然刑事诉讼法规定了程序的及时性要求且目前决策者对相关工作极端重视，但是由于法律制定本身未以诉讼效率原则为导向，使得现行法律框架对改革实质造成了阻碍。为了实现快速的侦查、公诉和审判，需要所有诉讼关系人的合作，[2]认罪认罚从宽制度便是朝着该方向的努力。问题在于，认罪认罚从宽与某些刑事诉讼法既定原则存在难以调和的矛盾，如侦查的全面性原则阻碍了认罪认罚制度在侦查阶段的适用、审判权的独立行使原则阻碍了检察机关量刑建议的效力，等等。[3] 欲妥善处理此类问题，为程序简化以及协商性司法的适用提供空间，就应在法典编纂中明确诉讼效率原则，并以之作为制度构建的基础。

（二）刑事诉讼法法典化的框架

法典的首要功能在于促进法律体系的建构。[4] 虽然中国特色社会主义法律体系已经基本建成，但正如领导人认识的那样，这个体系仍待“完善”。就刑事诉讼的法律系统而言，由于理论与现实的巨大差距，体系化的工作其实远未实现，它需要法典加以“促进”。问题的关键在于《刑事诉讼法》框架的不科学性。现行法律的框架在相当程度上是苏俄法律的照搬，其主要的篇章结构几乎整体移植自《苏俄刑事诉讼法》，在此基础上，会发生两个必然出现的现象：其一，即便法律修订新增了较为现代化、科学化的诉讼制度，其亦只能简单地被置于已有框架下；其二，法学研究缘着目前现有框架展开，以法教义学的方式不断巩固着体系的合理性。在法治发达国家，以上现象的发生是法律系统与法学系统正常运转的表征，毫无疑问地将促进两者的共同完善。然而，之所以现象与结果之间会产生正向的因果关系，前提乃存在一个现代的、科学的

---

① 参见聂友伦：《刑事缺席审判的构建基础与实践展开》，载《内蒙古社会科学》2020 年第 3 期。

② 参见［日］田口守一：《刑事诉讼法》，张凌、于秀峰译，法律出版社 2019 年版，第 30 页。

③ 参见陈卫东：《认罪认罚从宽制度研究》，载《中国法学》2016 年第 2 期。

④ See Vgl. Wolfgang Kahl, *Die Verwaltungsverfahrensgesetz zwischen Kodifikationsidee und Sonderrechtsentwicklungen*, in: Wolfgang Hoffmann – Riem/Eberhard Schmidt – Amann (Hrsg.), Verwaltungsverfahren und Verwaltungsverfahrensgesetz, 2002, S. 89.

规范框架，遗憾的是，我国《刑事诉讼法》构建的阶段化框架显然不具备上述特征。

整体上看，《刑事诉讼法》在第1编"总则"之后，第2至4编分别被设置为"立案、侦查和提起公诉""审判""执行"，这是一种基于"总分"关系以及诉讼发展时间顺序展开的逻辑框架。就宏观而言，上述框架容易被认为与西欧诸国的刑事诉讼法典类似，[①]但微观上看，其实两者大异其趣。以《德国刑事诉讼法典》为参照，不难发现这些差别。一方面，我国法的"总则"大体是根据"分工负责原则"，围绕公、检、法各自的职权内容展开的，而德国法的"总则"(Allgemeine Vorschriften)则明显体现出审判中心主义的特征。比如，德国法的管辖专指法院管辖，其规定了事务管辖与地域管辖的内容，而我国法的管辖则另外对公安机关与检察机关的职能管辖作出了规定。另如，德国法的回避仅为审判人员及审判工作人员的回避，而我国法将之拓展至检察人员与侦查人员的范畴。再如，对于证据与强制措施的规定，德国法仍以法官为着眼点，对重要的干预处分行使法官保留，存在的程序性争议也须交由法官裁决，而我国法依然延续了职能化的规范方案，将证据的获取与强制措施的适用平摊到各诉讼阶段，由"三机关"各自负责。另一方面，我国法的"分则"部分的职能化立法思路更是明显，体量庞大的第2编"立案、侦查和提起公诉"，作为审判的准备程序却完全与审判机关无关，仅为和审判并列的，侦查与公诉各自的操作规程，而德国法则未将侦查、公诉与审判作为对等的诉讼阶段，其第2编直接为"第一审程序"，以之规定公诉、侦查及一审，"这精准地反映出公诉引起一审的诉审关系以及公诉对侦查的统摄地位"，随后的第3至4编为上诉程序、再审程序，"充分体现了以审判为中心与主线的审判中心主义理念"。[②]

《刑事诉讼法》在框架上的弊病，集中在基于"分工负责"而产生的职能化

---

① See Harold J. Berman, Susan Cohen & Malcolm Russell, *A Comparison of the Chinese and Soviet Codes of Criminal Law and Procedure*, Journal of Criminal Law and Criminology, Vol. 73: 1, p. 239 (1982).

② 参见刘计划：《刑事诉讼法总则检讨——基于以审判为中心的分析》，载《政法论坛》2016年第6期。

立法思路方面。通过法律对公安机关、检察机关、审判机关的职权进行分别规制，看起来能够明确各机关权责，提高案件的办理质效，但是，这却是以颠覆法院最终裁判者的地位为代价的。比如，在强制措施的适用上，公安机关与检察机关有权单方面决定是否在审前程序中羁押（包括拘留与逮捕）犯罪嫌疑人，被羁押人即使不服（存在程序争议），亦无权向中立的法院申请重新审查，如此，应然地内含于法院审判权的争议解决，便完全无的放矢。在实践中，审判中心主义的立法缺失必将引发程序正义的危机。由于公安机关与检察机关天然地具有追诉性质，其办案的首要目标乃促使刑罚权的实现，一旦赋予其不受司法控制的权力，则势必导致犯罪嫌疑人权利受到不当侵害的结果，“而且，遭受侦查权侵犯的犯罪嫌疑人也无权向法院寻求司法救济”①。申言之，立法的职能化思路及其导致的诉讼阶段之严格划分，对刑事诉讼制度与刑事司法治理的现代化发展造成了严重阻碍，亟须通过法典化的编纂程序，重新建筑刑事诉讼规范的框架。

法典化需要对所有刑事诉讼制度进行逐个分析和通盘考虑，在此前提下再构建一个统一的刑事诉讼法律框架。其中，分析与考虑的标准，应当围绕前文提出的三项原则，尤其以审判中心原则为基础展开。参照法治发达国家的刑事诉讼法典与我国《民法典》的设计，以刑事诉讼规范的完备化与体系化为目标，笔者认为，②刑事诉讼法法典化的框架允宜由以下编、章、节构成：

第一编　总则
第一章　一般规定
第二章　管辖
第三章　回避
第四章　辩护与代理
第五章　拘传、拘捕与羁押
第六章　保释
第七章　期间与送达
第二编　证据
第一章　一般规定
第二章　证据种类
第一节　一般规定
第二节　物证、书证、视听资料
第三节　证人证言、被害人陈述

① 陈卫东、李奋飞：《论侦查权的司法控制》，载《政法论坛》2000 年第 6 期。

② 应当说明，本文提出的法典化框架一定程度上来源于笔者的先期研究成果。受篇幅所限，在此无法展开具体论证，相关立法理由可参见陈卫东主编：《模范刑事诉讼法典》，中国人民大学出版社 2011 年版。

结　语

新时代需要新的法律，这并非政治性话语的表达，而是社会主义社会发展到一定阶段，国家为了回应社会变迁、提高治理能力所要采取的应然措施。在当下，完善法律体系、回应治理需求的抓手集中于作为“社会或政治改革的象征”[①]的法典化，决策者应当抓住战略机遇，使法典化“成为中国特色社会主义法律体系从形成走向完善的重要路径和标志”[②]。在改革开放初期，一系列基本法律制定之时，囿于法治资源的匮乏、法治经验的不足，法律的制定一方面遵循“宜粗不宜细”的立法宗旨，另一方面只能参照以苏联为代表的社会主义国家的既有法律。然而，这些阻碍现今都已不复存在。中国特色社会主义经济、社会、文化的高速发展产生了复杂的法律事实与法律关系，需要精细化、科学化的法律制度与法律体系予以规范。在迈向全面建设社会主义现代化国家新征程之际，在此呼吁新时代的法典化，某种程度上就是对我国法律彻底摆脱苏联影响，实现法治的现代化，深入完善中国特色社会主义法律体系的殷切期盼。

中央对法典的编纂高度重视。2021 年 1 月发布的《法治中国建设规划（2020—2025 年）》明确指出，在《民法典》已经完成编纂的背景下，应当加紧对其他部门法进行法典化的探索，待“条件成熟时进行法典编纂”。我们有理由相信，随着我国法治建设的日益精进，刑事诉讼法法典化这一历史性的法治任务，将会在全面建成小康社会、全面建设社会主义现代化国家的新时代成为现实。

---

① 封丽霞：《法典编纂论：一个比较法的视角》，清华大学出版社 2002 年版，第 230 页。

② 钟瑞华、李洪雷：《论我国行政法法典化的意义与路径——以民法典编纂为参照》，载《行政管理改革》2020 年第 12 期。

比较法视野下的认罪认罚从宽制度

——兼论刑事诉讼“第四范式”*

熊秋红**

摘　要：我国2018年修改后的刑事诉讼法确立了认罪认罚从宽制度，如何理解、适用和完善该制度，是理论界和实务界关注的重要议题。关于认罪认罚从宽制度的立法定位以及发展方向的研讨，有必要放在比较法视野下加以审视。从世界范围来看，“放弃审判制度”近些年来得到迅猛发展，其原因包括提高诉讼效率、增加有效定罪、推进刑事司法改革、保护被害人利益等方面的考虑，该制度形态多样，优势与风险并存。围绕认罪认罚从宽制度，存在诸多争议，可以在综合考量其他国家和地区相关做法的基础上，结合我国的具体国情作出适当的选择。从历史发展的角度来看，包括认罪认罚从宽制度在内的“放弃审判制度”的盛行，标志着刑事诉讼“第四范式”的形成，它意味着刑事司法的结构性变革。与一些法治发达国家相比，我国在刑事诉讼“第三范式”发育尚不充分的情况下迈向刑事诉讼“第四范式”，尤其应当注意防范可能产生的风险，通过系统性、综合性改革，重塑符合公正原则要求的法治秩序，保障认罪认罚从宽制度健康发展。

---

* 本文原载于《比较法研究》2019年第5期。

** 熊秋红，中国政法大学诉讼法学研究院教授。

关键词：认罪认罚从宽　放弃审判制度　刑事诉讼范式　正当程序

2014年10月党的十八届四中全会通过的中共中央《关于全面推进依法治国若干重大问题的决定》明确提出要"完善刑事诉讼中认罪认罚从宽制度"以来，学术界围绕认罪认罚从宽制度的理论定位、具体内涵、适用阶段、配套措施等问题展开了热烈的讨论。[①] 在关于如何构建认罪认罚从宽制度的研讨中，比较法视角成为学术界运用的重要方法论工具，学术界提出的改革建议往往自觉或不自觉地以域外的相关制度作为参照。[②] 2014年6月，全国人大常委会授权最高人民法院、最高人民检察院（以下简称"两高"）在18个城市开展为期两年的刑事速裁程序试点；2016年9月，全国人大常委会授权"两高"在18个城市开展为期两年的刑事案件认罪认罚从宽制度试点。在总结试点经验的基础上，2018年10月，全国人大常委会通过了《关于修改〈中华人民共和国刑事诉讼法〉的决定》，将认罪认罚从宽作为刑事诉讼的一项原则予以确立，并且构建了认罪认罚从宽的具体程序。此后，学术界的讨论主要围绕认罪认罚从宽立法规定的理解和适用以及该制度的进一步完善展开。在学术界的讨论和实务界的适用过程中，如何"正确认识认罪认罚从宽制度"这一新生事物，成为其中的一个焦点问题。[③] 从纵向维度来看，认罪认罚从宽制度的确立意味着我国刑事诉讼范式的重大变迁；从横向维度来看，我国的认罪认罚从宽制度与其他国家和地区的认罪案件处理机制存在某些相似之处，但又超越了

---

① 参见陈卫东：《认罪认罚从宽制度研究》，载《中国法学》2016年第2期；魏晓娜：《完善认罪认罚从宽制度：中国语境下的关键词展开》，载《法学研究》2016年第4期；顾永忠：《关于"完善认罪认罚从宽制度"的几个理论问题》，载《当代法学》2016年第6期；陈瑞华：《认罪认罚从宽制度的若干争议问题》，载《中国法学》2017年第1期；王敏远：《认罪认罚从宽制度疑难问题研究》，载《中国法学》2017年第1期。

② 参见张建伟：《认罪认罚从宽处理：中国式辩诉交易？》，载《探索与争鸣》2017年第1期；王继余：《法庭审理特别程序的量刑协商——俄罗斯的实践及其对我国设立认罪认罚从宽制度的启示》，载《东北大学学报（社会科学版）》2017年第3期；欧卫安：《刑事被告人答辩制度之构建》，载《法学研究》2017年第6期；卞建林、谢澍：《职权主义诉讼模式中的认罪认罚从宽——以中德刑事司法理论与实践为线索》，载《比较法研究》2018年第3期。

③ 参见樊崇义：《理性认识"认罪认罚从宽"》，载《人民法治》2019年第3期。

类似制度,具有鲜明的本土特色。笔者认为,时至今日,关于认罪认罚从宽制度的立法定位以及发展方向的研讨,有必要放在比较法视野下加以重新审视。因为只有准确把握类似制度在世界范围内发展的总体趋势以及重要关切,同时对中国特色的合理性展开充分的论证和分析,我国的认罪认罚从宽制度才能目标明确、措施得当、效果良好地向前推进,该制度在发展过程中才能彰显其实践理性和生命力。

一、域外认罪案件的处理机制

(一)刑事案件的繁简分流机制

世界各国在刑事诉讼中均建立了案件繁简分流机制,对于复杂案件适用普通程序处理,对于简单案件适用简易、速决程序处理,以实现司法资源的合理配置。但在英美法系国家和大陆法系国家,从法律传统上看,刑事程序繁简分立所依循的逻辑存在较大差别。在英美法系国家,采取纠纷解决型的刑事诉讼模式,将被告人认罪作为程序繁简分立的主要依据。在英美刑事诉讼中存在罪状认否程序,如果被告人作有罪答辩,一般由法官直接进行判决;如果被告人作无罪答辩,法院将对该案进行开庭审判。在大陆法系国家,将发现案件的实质真实作为刑事诉讼的基本价值追求,在程序繁简分立的问题上,传统上将简易程序的适用范围限制在案件事实清楚、罪行轻微的刑事案件,但是20世纪80年代以来,为了解决案件积压及诉讼拖延问题,借鉴英美法系国家的做法,扩大了以认罪为前提的简易、特别程序的适用范围,并且引进了协商程序。如德国在原有的刑事处罚令和快速审理程序之外,于2009年确立了量刑协商制度①;法国存在刑事处罚令程序、刑事和解程序、刑事调解程序、庭前认罪答辩程序等简易程序,其中1993年确立了刑事和解程序,2002年扩大了刑事处罚令程序的适用范围,2004年创设了庭前认罪答辩程序;意大利1988年刑事诉讼法设置了简易审判、依当事人的要求适用刑罚、快速审判、立即审

① 德国刑事诉讼中的协商制度,其协商的对象包括诉讼进程和结果,这里仅讨论与认罪认罚制度相关的量刑协商。关于德国刑事诉讼中协商制度的概念、产生原因、立法规制、主要争议等的介绍,可参见黄河:《德国刑事诉讼中协商制度浅析》,载《环球法律评论》2010年第1期。

判、处罚令程序等多种特别程序。认罪案件的快速处理机制以英美法系国家为代表,大陆法系国家吸收了英美法系国家的一些做法,但对该机制的适用范围和条件进行了较为严格的限制。如法国将简易程序的适用范围限制在可能判处5年以下监禁刑的刑事案件;意大利采用依当事人的要求适用刑罚程序所判处的刑罚不能超过2年有期徒刑。①

(二)认罪案件处理机制及其类型化分析

认罪案件处理机制可以分为两大基本类型:一类是因被追诉人主动认罪,对于犯罪事实作出全面、真实的供述,有效减轻了专门机关查明案件事实的难度,因而导致处理程序的相对简化。一些国家和地区采取了降低指控、减轻量刑等激励措施促进被追诉人主动认罪。另一类是经控辩双方协商后被追诉人认罪,此类认罪案件又分为两种情形:一种是被告方与被害方进行协商,专门机关适用刑事和解、刑事调解等特别程序处理案件;另一种是检察官与被告方进行协商,专门机关适用辩诉交易、量刑协商等程序处理案件。我国有学者将前一种情形称为"刑事诉讼的私力合作模式",②后一种情形称为"刑事诉讼的公力合作模式"。③

公正审判国际组织对世界上90个国家和地区的认罪案件处理机制进行了考察,发现"消失的审判"(the disappearing trial,即定罪未经正式审判)现象在全球范围内传播——被追诉人通过答辩有罪而放弃了正式审判,法律制度通过降低指控、减轻量刑等鼓励被追诉人这样做。这种做法首先与美国的辩诉交易联系在一起,但在过去的25年间已经席卷全球。据统计,截至2015年年底,在90个国家和地区中,有66个建立了鼓励被告人认罪、放弃完整审判

---

① 参见熊秋红:《认罪认罚从宽的理论审视与制度完善》,载《法学》2016年第10期。

② 参见陈瑞华:《刑事诉讼的私力合作模式——刑事和解在中国的兴起》,载《中国法学》2006年第5期。

③ 参见陈瑞华:《刑事诉讼的公力合作模式——量刑协商制度在中国的兴起》,载《法学论坛》2019年第4期。

权的制度，简称"放弃审判制度"（trial waiver systems）。[①] 各司法区所采取的制度大致分为四种类型：第一种是量刑激励，即量刑减让，有45个国家和地区采用；第二种是指控激励，即减少指控或者降格指控，有29个国家和地区采用；第三种是事实激励，即仅对部分犯罪事实进行指控，有8个国家和地区采用；第四种是合作协议[②]，包括转为污点证人，撤销指控，有26个国家和地区采用。在66个国家和地区中，采用一种类型的国家和地区有37个，采用两种类型的国家和地区有18个，采用三种类型的国家和地区有8个，采用四种类型的国家和地区有3个。[③]

（三）"放弃审判制度"的迅猛发展及其原因

长期以来，无论在法律上还是在公众意识上都存在一种共同的观念，即审判是保障刑事定罪公正性最为关键的保障机制，但是，由于美国式认罪案件处理机制的迅猛发展，这种观念正在被逐渐颠覆。公正审判国际组织在其研究报告中指出：1990年，在上述90个国家和地区中仅有19个存在"放弃审判制度"，但2015年已达66个；不存在此类制度的国家包括比利时、希腊、葡萄牙、瑞典、日本、韩国、泰国、越南等。在格鲁吉亚，2005年通过辩诉交易处理了12.7%的刑事案件，但2012年上升到87.8%；在俄罗斯，2008年通过"放弃审判制度"处理刑事案件的比例为37%，2014年上升到64%。从各司法区通过"放弃审判制度"所处理的刑事案件比例看，2014年排在前几位的分别是美

① 这里所说的"放弃审判制度"将刑事处罚令、恢复性司法、转换处置、不起诉以及不要求被追诉人认罪的其他制度排除在外。参见 The Report：The Disappearing Trial：Towards a Rights - Based Approach to Trial Waiver Systems，available at www.fairtrials.org（accessed 19 July 2017）。

② 如《俄罗斯刑事诉讼法典》确立了"签订审前合作协议时通过法院判决的特别诉讼程序"。根据该法典第317-1条的规定，犯罪嫌疑人或者刑事被告人有权递交有关签订审前合作协议的申请，从刑事追诉开始之时起，至声明刑事侦查结束之时止；在该申请中，犯罪嫌疑人或者刑事被告人应当指出，为配合侦查中的犯罪侦缉与犯罪调查，对其他犯罪参与人进行揭发与刑事追诉、对犯罪所得财物进行搜查而应当实施何种行为。根据该法典第317-7条的规定，法官在确定刑事受审人遵守了审前合作协议中对其要求的所有条件与义务之后，应当作出有罪判决；依据法官自由裁量权，可以对刑事受审人裁定比其所施犯罪刑罚更轻的刑罚、附条件执行刑罚或者可以对其免除刑罚。参见《世界各国刑事诉讼法》编辑委员会编译：《世界各国刑事诉讼法（欧洲卷·上）》，中国检察出版社2016年版，第480-481页。

③ See The Report：The Disappearing Trial：Towards a Rights - Based Approach to Trial Waiver Systems，available at www.fairtrials.org（accessed 19 July 2017）.

国（97.1%）、英格兰和威尔士（70%）、俄罗斯（64%）、澳大利亚（61.1%）、爱沙尼亚（60%）、西班牙（45.7%）、波兰（43%）；苏格兰2004—2005年的比例为85%。排在后几位的分别是捷克（0.07%）、匈牙利（0.23%）、塞尔维亚（4%）、印度（5.3%）。此外，意大利2008年的比例为4%。

一些国家通过法律改革推进"放弃审判制度"的有效实施。如1999年《匈牙利刑事诉讼法典》规定了审判豁免制度，并于2000年3月1日生效。根据该制度，被告人供述是适用审判豁免的前提；被告人需要在法官面前重复供述，由法官核实供述的自愿性和可靠性；被告人放弃审判权和法院对证据的评估；没有传统的审判，仅存在简化程序；检察官在其中起关键作用；实行强制辩护。建立该制度的目的是加快被告人认罪案件的处理程序，减轻法院的负担，但由于几乎未对被告人提供激励，导致其在司法实践中适用率很低。2017年匈牙利修改刑事诉讼法典，废除了审判豁免制度，代之以认罪协议制度，新法于2018年7月1日起实施。新法更加注重被告人与公诉方之间的合作，规定认罪协议分为两种：一种是在调查阶段，被告人及其辩护律师与检察官之间达成正式的认罪协议，法院仅审查协议的合法性，不能改变协议的内容，如果法官认为协议不合法，可拒绝接受。另一种是检察官与被告人之间无正式的认罪协议，检察官在起诉书中载明量刑动议，如果被告人接受动议并承认有罪，可在庭前会议上表明其放弃审判权；法官如果接受，则须受动议约束，不能对被告人施加更为严厉的处罚。在司法实践中后一种情形较为多见。①

"放弃审判制度"在全球范围内的迅猛发展主要有以下几方面的原因②：

其一是出于提高诉讼效率的考虑。许多国家由于案件负担过重带来了无法忍受的诉讼拖延，因此将"放弃审判制度"作为处理积案的一种方式。欧洲理事会推荐欧洲各国采取包括"放弃审判制度"和其他缩略程序在内的简化诉讼程序的方式，并且扩大检察官起诉裁量权以减少指控。

---

① See The Report: Trial Waiver Systems in Hungary: Towards a Rights – Based Approach to Trial Waiver Systems, available at www.fairtrials.org (accessed 13 May 2019).

② See Jago Russell & Nancy Hollander, *The Disappearing Trial: The Global Spread of Incentives to Encourage Suspects to Waive Their Right to a Trial and Plead Guilty*, 8 (3) New Journal of European Criminal Law 312 – 314 (2017).

其二是增加定罪率的需要。有罪答辩和量刑协商制度在确保有效定罪方面是一个极为有用的工具。一些国家将“放弃审判制度”适用于轻微犯罪案件，这主要是出于提升诉讼效率的考虑，但在一些国家将该制度适用于处理某些严重犯罪案件，特别是复杂的犯罪案件（如金融犯罪、环境犯罪、腐败犯罪和毒品犯罪等），则是为了获得有效的定罪，因为在复杂的犯罪案件中被追诉人认罪对案件顺利侦破、起诉和审判均具有重要价值。在后一种情形下，常常采取协商的方式或者与污点证人制度相结合。在某种意义上可以说，这样做促进了定罪和量刑的精准化和个别化。

其三是为了推进刑事司法制度改革。一些民主化转型国家在对刑事诉讼制度进行整体性检讨时，经常将“放弃审判制度”作为改革举措的组成部分，推进刑事诉讼制度从审问式转向对抗式。例如拉丁美洲的许多国家、西巴尔干半岛地区和南非。1988 年《意大利刑事诉讼法典》引进了该制度；2014 年《罗马尼亚刑事诉讼法典》引进了该制度。上述国家和地区对于“放弃审判制度”的引进，具有意识形态和政治制度改革的意味，以此促进一个更加民主、透明、包容以及对被害人和被告人更为公平的刑事法律制度建设。

其四是为了保护被害人的利益。一方面，一些国家采用“放弃审判制度”，是为了避免被害人因作证、忍受漫长的诉讼程序以及面对不确定的诉讼结果而受到第二次伤害。另一方面，存在一些被害人反对降低量刑、案件不为公众所感知以及刑事审判对寻找真相功能的放弃等情形。因此，保护被害人的利益仅是建立“放弃审判制度”所考虑的因素之一。

二、中国认罪认罚案件的处理机制

（一）中国认罪案件处理机制的历史发展

中国 1996 年《刑事诉讼法》采取了大陆法系国家的传统模式，以案情简单轻微作为适用简易程序的主要依据。随着刑事案件数量的持续增长，在司法实践中出现了以被告人认罪为前提的程序简化。2003 年 3 月“两高”、司法部发布了《关于适用普通程序审理“被告人认罪案件”的若干意见（试行）》和《关于适用简易程序审理公诉案件的若干意见》。2012 年《刑事诉讼法》吸收了司法实践中的做法，在刑事程序繁简分离上改采英美法系国家的模式，以被告人认罪作为适用简易程序的主要依据。2014—2016 年的刑事速裁程序试点，对于适用速裁程序的案件，采取"案情简单轻微"加"被告人认罪"的双重标准，并与原有的简易程序之间形成了"简上加简"的关系。这种处理沿袭了 2012 年《刑事诉讼法》设置简易程序的基本思路，即将被告人认罪作为前置性的考虑因素，同时兼采大陆法系国家通过简易速决程序处理轻微犯罪案件的做法。认罪认罚从宽制度的推行，使得刑事案件被明确区分为犯罪嫌疑人、被告人认罪认罚案件和不认罪认罚案件，犯罪嫌疑人、被告人认罪认罚（控辩双方对定罪量刑无争议）成为程序简化的基本依据，同时犯罪嫌疑人、被告人因认罪认罚获得实体上的从宽处理。

（二）认罪认罚从宽制度的立法规定

2018 年《刑事诉讼法》确立了认罪认罚从宽原则并且构建了认罪认罚从宽程序。《刑事诉讼法》第 15 条规定："犯罪嫌疑人、被告人自愿如实供述自己的罪行，承认指控的犯罪事实，愿意接受处罚的，可以依法从宽处理。"为了落实上述原则，《刑事诉讼法》在侦查、审查起诉、审判程序中均对认罪认罚作了规定，包括：（1）根据《刑事诉讼法》第 81 条第 2 款的规定，批准或者决定逮捕，应当将犯罪嫌疑人、被告人的认罪认罚情况，作为是否可能发生社会危险性的考虑因素之一。（2）根据《刑事诉讼法》第 120 条第 2 款的规定，侦查人员在讯问犯罪嫌疑人的时候，应当告知犯罪嫌疑人享有的诉讼权利，如实供述自己罪行可以从宽处理和认罪认罚的法律规定。（3）根据《刑事诉讼法》第 162 条第 2 款的规定，犯罪嫌疑人自愿认罪的，应当记录在案，随案移送，并在起诉意见书中写明有关情况。（4）根据《刑事诉讼法》第 173 条第 2 款的规定，犯罪嫌疑人认罪认罚的，人民检察院应当告知其享有的诉讼权利和认罪认罚的法律规定，听取犯罪嫌疑人、辩护人或者值班律师、被害人及其诉讼代理人对涉嫌的犯罪事实、罪名及适用的法律规定，从轻、减轻或者免除处罚等从宽处罚的建议，认罪认罚后案件审理适用的程序等事项的意见，并记录在案。（5）根据《刑事诉讼法》第 174 条的规定，犯罪嫌疑人自愿认罪，同意量刑建议和程序适用的，应当在辩护人或者值班律师在场的情况下签署认罪认罚具结书;在法定情形下不需要签署认罪认罚具结书。(6)根据《刑事诉讼法》第176条第2款的规定,犯罪嫌疑人认罪认罚的,人民检察院应当就主刑、附加刑、是否适用缓刑等提出量刑建议,并随案移送认罪认罚具结书等材料。(7)根据《刑事诉讼法》第182条第1款的规定,犯罪嫌疑人自愿如实供述涉嫌犯罪的事实,有重大立功或者案件涉及国家重大利益的,经最高人民检察院核准,公安机关可以撤销案件,人民检察院可以作出不起诉决定,也可以对涉嫌数罪中的一项或者多项不起诉。(8)根据《刑事诉讼法》第190条第2款的规定,被告人认罪认罚的,审判长应当告知被告人享有的诉讼权利和认罪认罚的法律规定,审查认罪认罚的自愿性和认罪认罚具结书内容的真实性、合法性。(9)根据《刑事诉讼法》第201条的规定,对于认罪认罚案件,人民法院依法作出判决时,一般应当采纳人民检察院指控的罪名和量刑建议,但有法定情形的除外。人民法院经审理认为量刑建议明显不当,或者被告人、辩护人对量刑建议提出异议的,人民检察院可以调整量刑建议;人民检察院不调整量刑建议或者调整量刑建议后仍然明显不当的,人民法院应当依法作出判决。

我国刑事诉讼法关于认罪认罚从宽的规定体现出以下特点:

第一,认罪认罚从宽既是一项刑事诉讼基本原则,也是一项具体法律制度。从前者看,它是对"坦白从宽"刑事政策的深化和发展,为"坦白从宽"的刑事政策注入了更加丰富的内涵——不仅包括"自愿如实供述自己的罪行",而且包括"承认指控的犯罪事实,愿意接受处罚";从后者看,它是集实体规范与程序规范于一体的综合性法律制度,《刑法修正案(八)》和最高人民法院《关于常见犯罪的量刑指导意见》从实体规范层面为其提供了制度支撑,而《刑事诉讼法》及其相关司法解释针对认罪认罚案件适用速裁程序、简易程序、普通程序简化审等从程序规范层面为其提供了制度支撑。

第二,认罪认罚从宽原则贯穿于刑事诉讼全过程,包括侦查、审查起诉、审判等诉讼阶段,但认罪认罚从宽的制度重心在审查起诉阶段,即审查起诉阶段是犯罪嫌疑人认罪认罚的关键阶段,检察机关在认罪认罚案件中起主导作用,这是因为:在侦查阶段,犯罪嫌疑人认罪认罚被作为是否批准逮捕的考量因素之一,而批捕权由检察机关行使;在犯罪嫌疑人认罪涉及公安机关可否撤销案件的情况下,由最高人民检察院核准;侦查终结,公安机关将案件移送起诉时,对于犯罪嫌疑人的认罪情况只是进行记录和说明，不作实体处理；控辩双方通过具结书的形式对认罪认罚从宽予以确认，这一关键问题在审查起诉阶段解决；在审判阶段，人民法院原则上应当采纳人民检察院指控的罪名和量刑建议。

第三，为了保障“底线正义”，奉行法官保留原则。尽管从总体上看，检察机关在认罪认罚案件中起主导作用，但在检察机关移送起诉的案件中，法院拥有司法审查权和最终决定权，法院对认罪认罚的自愿性、真实性、合法性等进行司法审查，如果认罪认罚缺乏自愿性、真实性、合法性，法院不应采纳检察机关指控的罪名和量刑建议；如果法院认为量刑建议明显不当，应当依法作出判决。

（三）认罪认罚从宽制度与相近制度的比较分析

从比较法视野来看，国际社会将激励被告人答辩有罪而放弃正式审判的制度统称为“放弃审判制度”，我国的认罪认罚从宽制度也在此之列。[①] 各司法区所采取的制度类型多样，即便属于同一类型，具体规范上也存在较大差异，并且一些国家还在不断改革和完善该制度，如匈牙利 2017 年将原有的审判豁免制度修改为认罪协议制度，而认罪协议又分为两种类型，这导致了比较法研究上的困难。从适用“放弃审判制度”所处理的案件范围和案件数量来看，各司法区也存在较大差异。作为英美法系国家的代表，2014 年美国通过该制度处理的案件比例超过了 97%，英国的英格兰和威尔士达到了 70%。从我国的情况看，2016 年 11 月—2018 年 7 月，18 个认罪认罚从宽制度试点地区法院共适用认罪认罚从宽制度审结刑事案件 181,177 件，占试点法院同期审结刑事案件的 52.3%，并且试点案件数量、比例呈稳步上升的趋势。[②] 从“放弃审判制度”所适用的案件范围上看，美国的辩诉交易、英国的有罪答辩、德国的量刑协商与我国的认罪认罚从宽具有较强的可比性，均是刑事诉讼中

---

① 2015 年，公正审判国际组织所考察的存在“放弃审判制度”的 66 个国家和地区中包括中国，当时中国正在进行刑事速裁程序试点。

② 参见最高人民法院刑一庭课题组、沈亮：《刑事诉讼中认罪认罚从宽制度的适用》，载《人民司法》2018 年第 34 期。

处理大量案件的一种方式。

关于中、美、英、德四国"放弃审判制度"的异同,可作以下概要分析:

第一,从"放弃审判制度"所适用的案件范围来看,四国总体上对该制度适用的案件范围未作严格限制。中国的认罪认罚从宽制度适用于所有刑事案件,只是在是否签署具结书的问题上,对于涉及残疾人、未成年人等特殊主体的案件作了不需要签署具结书的例外规定。在美国,辩诉交易起初主要在禁酒案件和谋杀案件中采用,后来"扩张到了全部刑罚的领地"。[①] 在英国,有罪答辩在包括谋杀罪在内的所有刑事案件中采用。[②] 根据《德国刑事诉讼法典》第 257c 条第 1 款的规定,在适宜的情形下,法院可以与诉讼参与人就程序的进一步发展和程序的结果进行协商。

第二,从被告人认罪所导致的程序简化程度来看,四国存在较为明显的差异。在中国,被告人认罪认罚将导致诉讼程序梯度不同的简化,分别适用速裁程序、简易程序或者普通程序简化审,但并未导致审判程序的"彻底放弃";在观念上,开庭审判仍然是必须的,尽管进行了程序简化。在英美两国,如果被告人作有罪答辩,将直接导致对陪审团审判程序的放弃,法庭一般不再质证,直接进入量刑程序。在英国,对于被告人作有罪答辩的案件,如果被告人承认控方指控的罪名,但是不同意控方指控的部分案件事实,则该案不适用陪审团审判,而是法官直接决定让证人出庭作证,根据证人作证情况决定采纳控方或者辩方观点,此被称为"牛顿听审"(Newton hearing)。[③] 在德国,量刑协商在法院与诉讼参与人之间进行,诉讼进程具有较大的灵活性;量刑协商程序不影响《德国刑事诉讼法典》第 244 条第 2 款的适用,而根据该条款,"为了调查事实真相,法院应当依职权将证据调查延伸到所有的对裁判具有意义的事实、证据上"。

---

① 参见[美]乔治·费希尔:《辩诉交易的胜利:美国辩诉交易史》,郭志媛译,中国政法大学出版社 2012 年版,序言第 17 页。

② See *The Sentencing Council for England and Wales*: *Reduction in Sentence for a Guilty Plea Definitive Guideline*, https://www. sentencingcouncil. org. uk/wp – content/uploads/Reduction – in – Sentence – for – a – Guilty – Plea – SGC – Web. pdf.

③ See *Procedure before Sentencing*: *Newton Hearings*, https://www. inbrief. co. uk/court – judgements/procedure – before – sentencing.

第三,从制度类型来看,四国分别属于法定从宽和交易从宽两种不同的制度类型。中国和英国大体属于法定从宽模式,而美国和德国大体属于交易从宽模式。法定从宽模式是指被追诉人认罪所带来的处罚优待基于较为明确、刚性的法律规定,而交易从宽模式是指刑罚优待是控辩双方在一定的证据基础上讨价还价的结果。① 在我国《刑事诉讼法》关于认罪认罚从宽制度的规定中,未出现"协商""协议""交易"等字眼,并且强调认罪认罚具结书内容的合法性,表明认罪认罚从宽在制度定位上属于法定从宽模式。在英格兰和威尔士,被告人作有罪答辩后的量刑权掌握在法官手中,检察官没有量刑建议权,也不存在控辩双方就量刑达成协议;法官根据量刑指南或已有判例进行量刑,除了在治安法院和刑事法院分别适用的量刑指南之外,英格兰和威尔士量刑委员会还专门制定了《有罪答辩减刑指南》。② 美国的辩诉交易制度以"交易"为特色,《美国检察官手册》中设置了三种类型的辩诉交易形式,即"指控协议"(指政府同意放弃部分指控或降低指控)、"量刑协议"(指政府同意一定的量刑建议)以及"混合协议"(指政府同意进行指控和量刑两种交易)。③ 检察官享有几乎不受控制的自由裁量权,可以通过撤销案件、降低指控、减少指控、降低量刑等激励被告人作有罪答辩,被告人所获从宽处罚是控辩双方讨价还价的结果。在德国,量刑协商程序由法院启动,法院可以与诉讼参与人就程序的进一步发展和结果进行协商,法院可以基于案件的所有情况综合量刑考量,自由裁量给出刑罚的上限和下限,诉讼参与人有机会提出意见,如果被告人和检察院同意法院提出的建议,则协议成立。④

第四,从保障机制来看,四国既有共性规定,也有不同规定。四国关于认罪案件的处理机制,均以保障认罪(认罚)的自愿性为前提,美、英、德三国均

---

① 参见左卫民:《认罪认罚何以从宽:误区与正解——反思效率优先的改革主张》,载《法学研究》2017 年第 3 期。

② See *The Sentencing Council for England and Wales*: *Reduction in Sentence for a Guilty Plea Definitive Guideline*, https://www. sentencingcouncil. org. uk/wp – content/uploads/Reduction – in – Sentence – for – a – Guilty – Plea – SGC – Web. pdf.

③ 参见[美]斯蒂芬诺斯·毕贝斯:《庭审之外的辩诉交易》,杨先德、廖钰译,中国法制出版社 2018 年版,译者序第 3 页。

④ 参见《德国刑事诉讼法典》第 257c 条。

规定被追诉人享有沉默权和获得律师帮助的权利，司法机关承担相应的告知义务。在中国，专门建立了值班律师制度，以保障认罪认罚案件中的被追诉人能够获得律师的帮助；但中国刑事诉讼法未赋予被追诉人沉默权，而是规定犯罪嫌疑人对于侦查人员的讯问应当如实回答。英国的有罪答辩制度由法官主导，德国的量刑协商制度也是如此，但美国的辩诉交易制度在控辩双方之间进行，检察官起主导和推动作用，法官不能直接参与控辩双方的答辩谈判，其在辩诉交易程序中所起到的主要作用是司法审查，司法审查的重点包括被告人的答辩是在自愿、知情和理智的情况下作出的，且答辩有事实基础。① 中国认罪认罚从宽制度中的检察官和法官角色与美国较为相似。

上述比较法分析有助于我们更加准确地认识我国认罪认罚从宽制度的总体定位并进一步思考该制度的发展方向。我国有学者将英美法系国家和大陆法系国家的诉讼模式分别概括为“纠纷解决型”与“政策执行型”；②沿着这一思路，另有学者将美国的辩诉交易和德国的量刑协商分别界定为“效率型”与“规范型”，认为我国应当采“规范型”协商程序。③ 这样的界定虽然能够在一定程度上揭示美国和德国制度的差异，但是对于认识中国问题而言，存在以下局限：其一是未能看到世界范围内“放弃审判制度”的复杂面貌及其总体发展态势，比较法研究的对象过于单一，易导致“以偏概全”。如未能将与我国同属于法定从宽模式的英国纳入研究视野，也未对俄罗斯的类似制度进行考察④，而上述两国的制度与我国的认罪认罚从宽制度可能存在更强的共性，尽管差异性也很明显。其二是将英美法系和大陆法系国家诉讼模式的差异直接

---

① 参见[美]斯蒂芬诺斯·毕贝斯：《庭审之外的辩诉交易》，杨先德、廖钰译，中国法制出版社2018年版，译者序第5－19页。

② 参见孙长永：《珍视正当程序，拒绝辩诉交易》，载《政法论坛》2002年第6期。

③ 参见向燕：《我国认罪认罚从宽制度的两难困境及其破解》，载《法制与社会发展》2018年第4期。

④ 俄罗斯设立了“刑事被告人同意对其提出的指控时通过法院判决的特别诉讼程序”。根据《俄罗斯刑事诉讼法典》第314条的规定，在公诉人或者刑事自诉人、刑事被害人同意的情况下，刑事被告人有权就涉及《俄罗斯联邦刑事法典》规定刑罚不超过10年剥夺自由刑的犯罪有关的刑事案件提出声明，承认对其所提控诉并递交有关不进行法庭审理作出刑事案件判决的申请。根据该法典第315条，适用上述特别诉讼程序的案件，法官所定刑罚不得超过法律对其犯罪规定的、最严厉的刑罚种类中最高刑期或者数额的2/3。该特别诉讼程序显然体现了“认罪认罚从宽”的精神，并且也属于“法定从宽”制度。

套用到认罪案件的处理机制中，影响了分析的准确性。不同国家的认罪案件处理机制与其诉讼模式相关，但又不具有直接的对应性。比如，同为英美法系国家，英国的有罪答辩制度与美国的辩诉交易制度存在显著差异，难以将英国的制度直接归纳为“效率型”或“协商型”，因为其带有强烈的“法定”色彩；德国的诉讼模式虽然总体上为“政策执行型”，但其接受量刑协商制度的主要理由包括用于处理复杂的刑事案件、支撑刑事司法系统高效运行等，体现出强烈的“效率”色彩，因而被学者称为“这是一个将主要由成本效益考量及实用主义所引导的程序”。① 其三是中外制度的比较法分析在基本定位上发生了偏差。世界范围内的“放弃审判制度”存在多种不同的样态，但基本类型为法定从宽与交易从宽，美国的辩诉交易与德国的量刑协商均属交易从宽制度，而中国的认罪认罚从宽制度基本上属于法定从宽制度，将三者均视为“协商性程序”进行比较法分析，比较分析的前提存在缺陷。如果说德国“规范型”的量刑协商制度是中国认罪认罚从宽制度未来发展的方向，那么需要回答：首先在中国立法回避“协商”“协议”“交易”等表述的前提下，是否能将协商性作为认罪认罚从宽制度的本质特征？其次，是否应当仿效德国采取法官主持量刑协商的方式？从中国现行立法看，显然难以将认罪认罚从宽制度视为与德国的量刑协商制度最相类似的制度，并简单贴上“规范型”的标签。实际上，各司法区构建“放弃审判制度”，均以提高诉讼效率为主要目的，在此过程中，应当如何加强该制度的规范性，防止损害被追诉人的程序性权利，是国际社会共同努力的方向。

三、认罪认罚从宽制度中的主要争议

认罪认罚从宽制度从 2016 年开始试点到被 2018 年修改后的《刑事诉讼法》正式确认，及至在全国范围内付诸实施，一直伴随各种各样的争议。如该制度是一项独立的制度，还是一项综合性制度；该制度是否应以追求诉讼效率为优先导向；该制度的创新性是否主要体现为允许控辩协商；该制度应当在刑事诉讼的全过程适用还是在某一诉讼阶段适用；该制度是一项实体法制度，还

① 参见《德国刑事诉讼法典》，岳礼玲、林静译，中国检察出版社 2016 年版，引言第 13－15 页。

是一项程序法制度，或者二者兼而有之；如何理解“认罪”、“认罚”和“从宽”的含义；认罪认罚从宽制度是否仅在轻罪案件中适用；是否有必要构建专门的被告人答辩程序；对于值班律师应当如何定位；认罪认罚案件的证明标准是否应当低于不认罪认罚案件；对于认罪认罚从宽案件，是否应当限制被告人的上诉权；对于控辩双方反悔问题，应当如何处理；如何保护被害人权益；等等。其中一些争议，随着《刑事诉讼法》的明确规定，已经获得解决，但是实务界在实施该制度的过程中仍然面临诸多困惑。择其要者，作以下分析。

（一）认罪认罚从宽制度的价值追求

在关于认罪认罚从宽制度的讨论中，有学者对效率优先的改革主张提出了批评，认为改革应当主要从实体法层面着手，明确认罪认罚后从宽处理的具体规则；在程序法方面则应完善认罪认罚从宽案件审理的程序构造，更好地保障实体从宽的实现。①

我国在推行以审判为中心刑事诉讼制度改革的同时，配套性地推出了认罪认罚从宽制度，由此形成了“两种刑事诉讼制度”并驾齐驱的格局。如果说前者追求的是“繁者更繁”，后者追求的则是“简者更简”，认罪认罚从宽制度的效率导向可谓不言而喻。当然，单纯追求诉讼效率的制度其正当性总是会面临质疑。认罪认罚从宽制度一经推出，便获得了理论界和实务界的积极响应，不仅在于它是解决“案多人少”的有效手段，而且在于它通过“从宽”的制度激励，有助于解决复杂案件中的证明难题，并且在很大程度上是一种对被告人和被害人均有利的制度设计，体现了一种多元化的价值追求。该制度的确立体现了一种新的理念：以直接言词原则为核心、以控辩对抗为特征的正式审判并非在所有案件中必需，完整的审判应当主要适用于被告人不认罪认罚的、控辩双方存在重大争议的案件，而对于被告人认罪认罚的、控辩双方无争议的案件可以采取简易速决程序处理。

① 参见左卫民：《认罪认罚何以从宽：误区与正解——反思效率优先的改革主张》，载《法学研究》2017 年第 3 期。

（二）认罪认罚从宽制度的协商性

认罪认罚从宽包括法定从宽和交易从宽两种类型。对于法定从宽，理论上不存在争议，确立认罪认罚从宽制度，将犯罪人犯罪后的表现作为定罪、量刑、行刑的影响性因素，主要有两个方面的考量：一方面是考虑到犯罪人可能具有悔过自新之意，因而其再犯罪可能性减小；另一方面是基于使案件得以顺利侦破、起诉、审判、执行的刑事政策理由。但是，对于交易从宽，则存在较大争议。如有学者认为，我国的认罪认罚从宽制度与美国的辩诉交易制度存在截然不同的制度背景，表现在刑事审判所面临的压力、认罪认罚对控辩双方的功效、程序保障条件等方面的差异上，我国从宽处罚的实体权利供给机制更适合采用法定职权化机制。① 另有学者认为，类似辩诉交易的协商程序，应该是完善认罪认罚从宽制度的重心。“在这里，国家开始以相对平等的姿态与被告人协商，以某种特定的实体上或程序上的利益来换取被告人的认罪。在这一制度形式中，国家与被告人的关系趋于平等，从宽是协商的结果。”②

在开展刑事速裁程序试点的过程中，出现了“量刑协商”“签署认罪协商承诺书”等做法。2015 年 11 月司法部《关于切实发挥职能作用做好刑事案件速裁程序试点相关工作的通知》中将“帮助犯罪嫌疑人、被告人进行量刑协商”作为值班律师的职责之一，但 2017 年 8 月“两高”、公安部、国家安全部、司法部联合发布的《关于开展法律援助值班律师工作的意见》将相关内容表述为“对检察机关定罪量刑建议提出意见”，这里回避了“进行量刑协商”的提法。根据 2018 年《刑事诉讼法》第 173 条第 2 款的规定，犯罪嫌疑人认罪认罚的案件，人民检察院应当听取犯罪嫌疑人、辩护人或者值班律师、被害人及其诉讼代理人关于定罪、量刑及其程序适用的意见，即犯罪嫌疑人认罪认罚是检察机关听取当事人双方意见的前提，而非通过控辩协商反过来促使犯罪嫌疑人认罪认罚，可见，该条款既难以解释为“认罪协商”，也难以解释为“量刑协商”。另外，根据《刑事诉讼法》第 174 条的规定，犯罪嫌疑人自愿认罪，同意

---

① 参见左卫民：《认罪认罚何以从宽：误区与正解——反思效率优先的改革主张》，载《法学研究》2017 年第 3 期。

② 魏晓娜：《完善认罪认罚从宽制度：中国语境下的关键词展开》，载《法学研究》2016 年第 4 期。

量刑建议和程序适用的，应当在辩护人或者值班律师在场的情况下签署认罪认罚具结书，即在犯罪嫌疑人自愿认罪的前提下，检察机关提出量刑建议和程序适用的意见，犯罪嫌疑人如果同意，就通过具结书予以确认。在此过程中，犯罪嫌疑人、辩护人或者值班律师可以对案件处理提出意见。这里存在"量刑讨论"的空间，但难以将认罪认罚从宽制度整体上定位为"量刑协商制度"。最高人民法院刑一庭课题组指出："犯罪嫌疑人、被告人只是通过认罪认罚来争取从宽，而不是就定罪量刑进行讨价还价""从适用标准上看，认罪认罚从宽制度，坚持以事实为根据、以法律为准绳，贯彻证据裁判要求，是否从宽及从宽的具体幅度，都要依照法律规定和政策要求来把握"。① 这表明，认罪认罚从宽制度在整体上应当定位为"法定从宽"制度。在认罪认罚从宽制度下，诉讼体现出控辩合作的色彩，属于与"对抗性司法"相对应的"合作性司法"，但不能将其简单等同于控辩双方讨价还价的"交易从宽"。

（三）刑事被告人答辩程序

在英美法系国家刑事诉讼中存在罪状认否程序，法官传讯（arraignment）被告人时，要求他对起诉书作出答辩。如果被告人作有罪答辩，法官确信这种答辩出于自愿，并且被告人懂得其后果和意义，法院将不再召集陪审团，也不经听证和辩论，由法官直接进行判决；如果被告人作无罪答辩，法院将对此案进行开庭审判。被告人选择作有罪答辩，意味着他将放弃由陪审团审判、对不利于他的证人进行质证等权利。在我国关于认罪认罚从宽制度的讨论中，有学者建议设立类似英美法系国家的罪状认否程序，可称为刑事被告人答辩程序，以使认罪认罚从宽制度具有完整性。②

我国未在庭前准备阶段建立罪状认否意义上的被告人答辩制度。但是，在更早的审查起诉阶段，实质意义上的被告人答辩制度即认罪认罚具结制度已经建立，其很大程度上能够决定是否适用速裁程序、简易程序、普遍程序简化审以及是否和如何对被告人进行从宽处罚。我国与英国均采取法定从宽模

---

① 参见最高人民法院刑一庭课题组、沈亮：《刑事诉讼中认罪认罚从宽制度的适用》，载《人民司法》2018 年第 34 期。

② 参见欧卫安：《刑事被告人答辩制度之构建》，载《法学研究》2017 年第 6 期。

式，但在英国，由法官主导罪状认否程序，法官的独立和中立地位有助于保障罪状认否程序的正当性；在俄罗斯，同意控方指控的被告人可以申请适用特别诉讼程序，但控方并不提出量刑建议，而是由法官依法从宽量刑；在德国，由法官主持控辩双方参与的量刑协商。在我国由检察机关主导认罪认罚具结程序，加大了案件在审判前程序中的繁简分流力度，有助于减轻法院的负担，缓解"案多人少"的矛盾，但是它带来了检察官滥用自由裁量权的风险。虽然"法定从宽"制度限制了检察官自由裁量的空间，但是，在检察机关主导的认罪认罚具结程序中，被告方基本处于被动地位。我国的认罪认罚具结制度独具特色，其既不同于英国的有罪答辩制度，也不同于美国的辩诉交易制度，其在实施过程中应当注重规范检察官的权力行使，并加强法官对认罪认罚具结书的司法审查。

（四）值班律师的定位

刑事速裁程序和认罪认罚从宽制度试点催生了值班律师制度的建立。根据《刑事诉讼法》第 36 条的规定，法律援助机构可以在人民法院、看守所等场所派驻值班律师，值班律师为犯罪嫌疑人、被告人提供法律咨询、程序选择建议、申请变更强制措施、对案件处理提出意见等法律帮助；犯罪嫌疑人、被告人有权约见值班律师。根据《刑事诉讼法》第 174 条第 1 款的规定，犯罪嫌疑人自愿认罪，同意量刑建议和程序适用的，应当在辩护人或者值班律师在场的情况下签署认罪认罚具结书。值班律师制度的建立，实现了刑事法律援助在案件范围上的全覆盖，有助于保障律师帮助的平等与及时，但是律师帮助的有效性却难以得到充分保障。在司法实践中，出现了值班律师见证人化的现象，因此，一些学者提出了"值班律师辩护人化"的改革主张。①

值班律师制度在英国、加拿大、日本等国均存在。如在英国，犯罪嫌疑人被警察拘留后，有权免费获得值班律师的帮助，值班律师由事务律师担任；犯罪嫌疑人在警察局接受讯问时，值班律师应当在场，值班律师为犯罪嫌疑人提

---

① 参见谭世贵、赖建平：《"刑事诉讼制度改革背景下值班律师制度的构建"研讨会综述》，载《中国司法》2017 年第 6 期。

供法律咨询,确保犯罪嫌疑人的权利受到保护。在治安法院也安排有值班律师,其仅负责第一次聆讯(first hearing)时为被告人提供免费的法律帮助,第一次聆讯后,是否聘请律师由被告人决定,律师将帮助被告人决定作有罪答辩或者无罪答辩。对于符合司法利益标准(如被告人可能失去人身自由、已经被判缓刑或非监禁刑、可能失去生计、可能遭受严重的名誉损害、程序涉及实质性的法律问题、被告人不能理解程序或者其案件情况等)和经济困难标准(家庭可支配收入低于12,475英镑)的,被告人可获得法律援助。刑事法院的案件自动满足司法利益标准,获得法律援助的经济困难标准是家庭可支配收入低于37,500英镑(从2014年1月27日起)。① 在过去的5～10年间,英国许多地区没有充足的值班律师,值班律师更新换代缓慢,在英格兰和威尔士,值班律师的平均年龄为47岁,值班律师制度面临危机。② 在英国,法律援助与被告人是否认罪无关,任何诉讼阶段都不存在强制辩护。

值班律师制度的建立,丰富和发展了我国法律援助制度,法律援助律师因此分为法律援助值班律师和法律援助辩护律师,这与英国二元化的法律援助律师制度颇为相似。将值班律师辩护人化,意味着采取一元化的法律援助律师制度,法律援助律师与委托律师所享有的诉讼权利(包括会见权、调查取证权、阅卷权、出庭辩护权等)并无二致,在这种制度下,除非被追诉人自行聘请了律师,否则均由国家提供法律援助,实现辩护律师对所有刑事案件的全覆盖。这种理想化的改革方案是否可行,值得怀疑。从比较法视角来看,值班律师相当于急诊科医生,而法律援助辩护律师相当于日常科医生,二者有着明显的区别。我国应当维持法律援助值班律师和辩护律师二元制的基本架构,在现阶段,由于法律援助辩护律师尚不能满足司法需求,可以在一定程度上强化值班律师的功能,如案件进入审查起诉阶段后,值班律师申请阅卷、了解案情,司法机关应当允许。"这是当前律师资源有限、发展不平衡等现实条件下实

---

① See *Criminal Legal Aid – If Accused of a Crime*, https://www.compactlaw.co.uk/free-legal-information/legal-aid/criminal-legalaid.html; *Duty Solicitor Guidance* 2018, https://assets.publishing.service.gov.uk/government/uploads/system/uploads/attachment_data/file/721196/Duty_Solicitor_Guidance__23_July_2018_pdf.

② See *Criminal Duty Solicitors: A Looming Crisis* (17 April, 2018), https://www.lawsociety.org.uk/policy-campaigns/campaigns/criminal-lawyers/.

现法律援助全覆盖的合理选择。”①

应当明确的是,值班律师制度首先是一项保障被追诉人合法权益的制度,其次才是一项便利公安司法机关办理认罪认罚从宽案件的制度,司法实践中由公安司法机关所主导的值班律师制度存在立场上的偏差,忽视了对被追诉人权益的保护,应当予以纠正。② 有学者主张,“认罪认罚的被追诉人获得值班律师帮助的权利不得放弃”③,即认罪认罚从宽案件应当实行强制性的法律帮助。但是,在试点过程中,适用速裁程序审结的案件占68.5%,适用简易程序审结的占24.9%,适用普通程序审结的仅占6.6%。④ 对于大量适用速裁程序的案件实行强制性的法律帮助是否必要,颇有疑问。在英美法系国家原则上实行任意辩护制度,在一些大陆法系国家存在一定范围内的强制辩护制度,但主要适用于比较严重的犯罪案件或者被追诉人明显缺乏防御能力的案件。⑤ 笔者认为,犯罪嫌疑人、被告人没有委托辩护人,提出不需要值班律师帮助,坚持自愿认罪认罚的,公安司法机关应当允许并记录在案;对于严重犯罪案件或者被追诉人明显缺乏防御能力的案件,可考虑采取强制辩护制度。

在司法实践中,一些地方探索值班律师转任辩护人机制,即犯罪嫌疑人、被告人申请值班律师为其提供辩护的,法律援助机构经审查认为符合法律援助条件的,可以指派值班律师为其提供辩护,以保障法律援助工作的连续性,并且取得了良好的效果。⑥ 应当注意,值班律师可转任法律援助辩护律师,但不宜转任委托律师,这是为了防止法律援助的公益性与委托律师的个人利益产生冲突。

---

① 最高人民法院刑一庭课题组、沈亮:《刑事诉讼中认罪认罚从宽制度的适用》,载《人民司法》2018年第34期。

② 参见吴高庆、钱文杰:《论认罪认罚从宽案件中的法律帮助律师——以H市F区的〈实施细则〉为切入》,载《政法学刊》2018年第2期。

③ 韩旭:《认罪认罚从宽制度中的值班律师——现状考察、制度局限以及法律帮助全覆盖》,载《政法学刊》2018年第2期。

④ 参见最高人民法院刑一庭课题组、沈亮:《刑事诉讼中认罪认罚从宽制度的适用》,载《人民司法》2018年第34期。

⑤ 参见熊秋红:《刑事辩护论》,法律出版社1998年版,第184－187页。

⑥ 参见最高人民法院刑一庭课题组、沈亮:《刑事诉讼中认罪认罚从宽制度的适用》,载《人民司法》2018年第34期。

（五）证明标准问题

2016 年 1 月，中央政法工作会议在部署推进以审判为中心的刑事诉讼制度改革和认罪认罚从宽制度试点工作任务时提出："研究探索对被告人认罪与否、罪行轻重、案情难易等不同类型案件，实行差异化证明标准。"[①]该意见激发了理论界和实务界关于认罪认罚案件证明标准问题的热烈讨论。有的实务部门提出"大陆法系的德国在协商程序引入后，放宽了证据证明标准，并将协商程序越来越多地适用在取证困难的经济犯罪、毒品犯罪案件中"，认为"我国在完善认罪认罚从宽制度时，适当放宽的证明标准将成为大的趋势，具体来说，法院在审查认罪认罚案件时，应确保被告人认罪的控辩双方达成合意（控辩双方无异议）的犯罪事实清楚，并有相应的证据支持"。[②] 但是，学术界的主流意见并不赞成在认罪认罚案件中降低现行刑事诉讼法规定的证明标准，最多认同在庭审证据调查的程序上不必拘泥于普通程序的规定，即在证据规则上可以适当从简。[③]

在认罪认罚从宽制度试点改革的过程中，最高司法机关强调要坚持法定的证据标准。"两高"《关于在部分地区开展刑事案件认罪认罚从宽制度试点工作情况的中期报告》指出，改革"坚持证据裁判，强化权利保障，确保从快不降低标准，从简不减损权利"。然而，建议降低证明标准的呼声从未中断。在 2016 年由中国政法大学课题组就刑事速裁程序试点效果所进行的问卷调查中，高达 73% 的法官、68% 的检察官、86% 的警察对在刑事速裁程序中降低证明标准问题持赞同态度。[④]

① 李阳：《攻坚之年看司改风向标——聚焦中央政法工作会议》，载《人民法院报》2016 年 1 月 23 日，第 2 版。

② 参见山东省高级人民法院刑三庭课题组、傅国庆：《关于完善刑事诉讼中认罪认罚从宽制度的调研报告》，载《山东审判》2016 年第 3 期。

③ 参见陈卫东：《认罪认罚从宽制度研究》，载《中国法学》2016 年第 2 期；陈光中、马康：《认罪认罚从宽制度若干重要问题探讨》，载《法学》2016 年第 8 期；樊崇义、李思远：《认罪认罚从宽程序中的三个问题》，载《人民检察》2016 年第 8 期；陈瑞华：《认罪认罚从宽制度的若干争议问题》，载《中国法学》2017 年第 1 期；叶青、吴思远：《认罪认罚从宽制度的逻辑展开》，载《国家检察官学院学报》2017 年第 1 期。

④ 参见陈瑞华：《认罪认罚从宽制度的若干争议问题》，载《中国法学》2017 年第 1 期。

学术界关于证明标准的争议主要围绕定罪事实的证明展开。即便在理论上坚守刑事诉讼法规定的证明标准,但是,在认罪认罚从宽案件中简化诉讼程序、放松证据规则等举措是否会导致证明标准的实际降低,则不无疑问,因为证明标准与证明程序密切相关,严格的证明标准往往需要严格的诉讼程序加以保障。因此,坚守法定证明标准的意义主要在于强调法官认定被告人有罪的内心确信不能降低,以此指引法官遵守底线要求并提供必要的程序保障,防止出现冤假错案。

英美法系国家和大陆法系国家在适用“放弃审判制度”时均强调认罪应有必要的事实基础①,但对于“事实基础”进行审查的严格程度存在差异。在英美法系国家,观念上将被告人认罪视为最好的证据,当控辩双方对犯罪事实无争议时,法官对事实基础的审查十分宽松。如在英国,“在国家诱导的被告人认罪答辩实践中,法律不要求控方必须出示可采纳的、有说服力的证据来证明其案件,对‘证据’的要求也没有多少限制,也不需要有证人[出庭]作证”。② 在美国的司法实务中,“法官核实事实的手段通常是审查起诉书内容,并在被告人作出有罪答辩之时确认起诉书所记载的事实”“在一些州的地区法院,法官认为,凭借被告人的口头陈述及对被告人答辩时的察言观色,就可以认定有罪答辩的事实基础”。③ 在大陆法系国家,即便在被追诉人认罪的案件中,立法上仍然强调法官负有依职权查明案件事实真相的义务,法官依然需要调查与被告人自白相关的事实和证据。④ 在俄罗斯的“刑事被告人同意对其提出的指控时通过法院判决的特别诉讼程序”中,放松了证据调查程序,规定“法官不得依据普通程序对收集的刑事案件证据进行审查与评价。这种情况下,只对与刑事受审人身份相关的情节以及刑罚减轻与加重的情节进行审

---

① 如《美国联邦刑事诉讼规则》第 11 条规定:“在对有罪答辩作出决定前,法庭应当确定存在认罪答辩的事实基础”;依《德国刑事诉讼法典》第 257c 条第 1 款的规定,在量刑协商程序中,法院仍负有依职权发现案件事实真相的义务。

② 参见[英]麦高伟、[英]路加 · 马什:《英国的刑事法官:正当性、法院与国家诱导的认罪答辩》,付欣译,商务印书馆 2018 年版,第 42 页。

③ 参见向燕:《我国认罪认罚从宽制度的两难困境及其破解》,载《法制与社会发展》2018 年第 4 期。

④ 参见黄河:《德国刑事诉讼中协商制度浅析》,载《环球法律评论》2010 年第 1 期。

查”。① 可见，在讨论认罪认罚案件中的证明标准时，法庭调查证据的范围、程序以及法官的责任是更值得关注的问题，因为与本体论层面的讨论相比，它关系到如何保障认罪认罚案件的证明标准在具体把握时不被实质性地降低，即实质真实在认罪认罚案件中究竟如何实现。

（六）重罪案件中的适用

在认罪认罚从宽制度试点的过程中，该制度的适用对象一般为基层法院管辖的罪行较轻的刑事案件。但是，刑事诉讼法对于适用认罪认罚从宽制度没有案件类型的限制，这表明无论轻罪案件还是重罪案件，都可以适用认罪认罚从宽制度。这与俄罗斯将“刑事被告人同意对其提出的指控时通过法院判决的特别诉讼程序”适用于刑罚不超过 10 年剥夺自由刑的案件存在差异。在我国，中级人民法院第一审所审理的危害国家安全、恐怖活动案件和可能判处无期徒刑、死刑的案件，也可以适用认罪认罚从宽制度。

从司法实践情况看，在重罪案件中，存在适用认罪认罚从宽制度的必要性，这主要表现在：其一，在多名被告人共同犯罪的案件中，有利于最大限度分化瓦解犯罪分子，引导其自愿认罪，更好地体现宽严相济的刑事政策；其二，在重大毒品犯罪案件中，被告人认罪有利于提高证据质量，便于妥善处理案件，也有利于更好地进行量刑区分，促进量刑平衡；其三，在死刑案件中，被告人认罪认罚可以成为不适用死刑的理由之一，有利于减少死刑的适用，贯彻“少杀慎杀”的刑事政策，确保死刑仅适用于极少数罪大恶极的犯罪分子。

重罪案件在诉讼程序和量刑幅度上应当有别于轻罪案件。被告人认罪认罚的重罪案件仍然需要适用普通程序，只是审理程序相对简化。从司法实践来看，程序简化主要体现在：公诉人可以简要宣读起诉书，可以不讯问被告人，审判人员对被告人的讯问适度简化；在法庭调查中，对控辩双方无异议的证据，可以仅就名称及证明内容进行说明；对控辩双方有异议，或者法庭认为有必要调查核实的证据，应当出示并进行质证；在法庭辩论中，仅围绕控辩双方有争议的问题进行，审判人员可以根据案件情况简化审理报告和裁判文书。

---

① 参见《俄罗斯刑事诉讼法典》第 316 条第 5 款。

对于重罪案件，被告人认罪认罚给予的量刑折扣原则上应当低于轻罪案件。对于因民间纠纷引发的故意杀人、故意伤害致人死亡等重罪案件，被告人没有其他法定、酌定从宽处罚情节，依法可以判处无期徒刑以上刑罚直至死刑，但其自愿认罪认罚，如积极向被害方赔礼道歉、赔偿被害方经济损失取得被害方谅解的，可以对其从宽处罚；但被告人犯罪情节极其恶劣如采用极其残忍手段致人死亡的，犯罪后果极其严重如造成多人死亡的，或者从宽处罚影响社会公平正义、损害社会公序良俗和司法公信力的，不排除死刑的适用。对于重大毒品犯罪案件，有证据证明被告人实施了指控的犯罪行为，但缺乏其他直接关键客观证据证明，被告人认罪认罚对定案起重要作用，使得证据相互印证、证据链条完整形成，达到"案件事实清楚、证据确实充分"证明标准的，可以对被告人从宽处罚。①

在英国，谋杀是最严重的犯罪，依法可以判处终身监禁。英国《有罪答辩减刑指南》规定，对于谋杀罪，必须仔细考虑认罪减刑的幅度以及确保最低刑期适当反映罪行的严重程度，同时鼓励认罪和越早认罪减刑幅度越高的一般原则继续适用，但是减刑幅度将会有所不同。法院应当考虑，被告人承认谋杀事实，在此情况下判处终身监禁是否合适；如果法院认为应当判处终身监禁，则被告人认罪不会导致减刑；在其他情况下，法院将仔细考虑各种因素，给予适当的量刑折扣，但量刑折扣不得超过 1/6，也不得超过 5 年，即在谋杀罪中，最高量刑折扣是量刑的 1/6 或 5 年。在我国考虑重罪案件的量刑幅度时，可以借鉴英国的相关做法。

（七）被追诉人反悔之处理

认罪认罚从宽案件中被追诉人反悔，是指被追诉人签署认罪认罚具结书之后，推翻认罪认罚供述、不同意量刑建议或者法院依量刑建议所作判决的现象，主要表现为一审审判前的反悔、一审审判过程中的反悔和一审判决后的反悔。② 对于被追诉人反悔应当如何处理，学术界存在不同的观点。有学者认

① 参见江苏省高级人民法院《关于办理认罪认罚刑事案件的指导意见》第 50、51 条。

② 参见马明亮、张宏宇：《认罪认罚从宽制度中被追诉人反悔问题研究》，载《中国人民公安大学学报（社会科学版）》2018 年第 4 期。

为,被追诉人一般不应享有反悔权,但在被追诉人认罪认罚属非自愿、非明知,控方先违背具结书约定,法官认定的罪名或量刑超出具结书范围,或者认罪认罚确有可能导致错案等情形下,被追诉人应享有反悔权。被追诉人反悔后,对因认罪认罚获得的口供及其他证据可以使用,除非真实性存在问题,但针对公权力原因引发的反悔,量刑应适度从宽。对反悔行为在量刑时可以进行不利评价。被追诉人反悔后,办案人员不必更换。① 另有学者认为,虽然在认罪认罚从宽案件中被追诉人反悔会对本人和司法机关带来双向风险与负担,但该反悔权有其正当性,应当明确赋予被追诉人反悔的权利,以保障被追诉人认罪认罚无后顾之忧;同时,为防止被追诉人滥用反悔的程序权利致使司法资源浪费,应确立反悔权的约束机制。②

关于被追诉人反悔之处理,首先需要考虑的是:被追诉人反悔的对象是有罪供述还是量刑建议。翻供是我国司法实践中较为常见的现象,这既与被追诉人的身份(被追诉人是最为知晓案件真实情况的人,其既是被追诉的对象,又是享有辩护权的主体)有关,又与我国对有罪供述自愿性保障不足有关。被追诉人翻供具有双重性,它既可能是被追诉人逃避刑事责任的一种行为,又可能是被追诉人正当行使辩护权的一种体现,因此,难以明确肯定或者否定被追诉人享有翻供权。如果被追诉人翻供,公安司法机关所面临的是对矛盾的口供如何进行审查判断的问题。

在被追诉人自愿认罪的情况下,如果其不改变有罪供述,仅是对检察机关所提出的量刑建议先同意后提出异议,如何看待这种意义上的反悔,需要具体分析。在美国,在法庭接受答辩前,被告人可以任何理由或无理由撤回有罪答辩或者不辩护也不认罪的答辩;在法庭接受答辩后,量刑前,被告人也可撤回答辩,前提是法庭驳回答辩协议或者被告人提出公平、公正的原因;法庭作出量刑之后,被告人不得撤回有罪答辩或不辩护也不认罪的答辩,此答辩只因直

① 参见秦宗文:《认罪认罚案件被追诉人反悔问题研究》,载《内蒙古社会科学(汉文版)》2019年第3期。

② 参见马明亮、张宏宇:《认罪认罚从宽制度中被追诉人反悔问题研究》,载《中国人民公安大学学报(社会科学版)》2018年第4期。

接上诉或间接攻击才可被撤销[①];法庭作出判决后,无论被告人作何答辩,法庭应当告知被告人有就量刑进行上诉的权利。[②] 可见,被告人若反悔控辩协议,法院可分阶段进行处理,在保障被告人权利与提高诉讼效率之间达成一种平衡,但总体上偏向保障被告人的诉讼权利,允许被告人反悔。

在德国,量刑协商的前提条件是被告人承认被指控的犯罪事实,并且"为了便于上诉法院对协商进行全面的审查,刑诉法修正案明确规定,在进入协商程序时,法院应当告知当事人,任何时候都可以提起上诉,同时,任何声明放弃(法律救济)的行为都是无效的"。[③] 在法国,对于适用"事先认罪出庭程序"的轻罪案件,根据《法国刑事诉讼法典》第 495 - 11 条的规定,"所有情况下,被判刑人均可以按照第 498 条、第 500 条、第 502 条与第 505 条的规定对院长或其委派的法官作出的裁定向上诉法院提出上诉;检察院可以按相同条件以附带名义提出抗诉"。根据《俄罗斯刑事诉讼法典》第 316 条第 9 款的规定,适用"刑事被告人同意对其提出的指控时通过法院判决的特别诉讼程序"的案件,在宣布刑事案判决之后,法官应当向控辩双方说明依据本法典第 45 章之一规定对判决提起申诉的权利与程序。可见,在上述国家,均对被告人的上诉权予以保障。

在我国,一审程序中应当允许被告方对指控罪名和量刑建议提出异议,以加强法院对检察官量刑建议的司法审查,确保量刑的公正性,不宜以被告人在审查起诉阶段已经认罪认罚、同意量刑建议为由,剥夺被告方获得司法救济的权利,否则就背离了"法官保留原则"。司法实践中,适用速裁程序的案件,在一审判决作出之后,被告人有可能基于以下原因提出上诉:一是认为一审法院量刑过重;二是为了避免去监狱服刑;三是一审审结后出现新的事实和证据;四是认为一审判决事实不清、证据不足。[④] 除了第二种原因外,其余三种原因在适用简易程序或普通程序简化审的认罪认罚案件中也存在。一些司法实务

① 参见《美国联邦刑事诉讼规则》第 11、32 条。

② 参见《美国联邦刑事诉讼规则》第 32 条。

③ 参见黄河:《德国刑事诉讼中协商制度浅析》,载《环球法律评论》2010 年第 1 期。

④ 参见马明亮、张宏宇:《认罪认罚从宽制度中被追诉人反悔问题研究》,载《中国人民公安大学学报(社会科学版)》2018 年第 4 期。

人员认为，被告人签署认罪认罚具结书就表示其接受量刑建议，如果法院采纳了量刑建议，被告人就不应以量刑过重为由提出上诉，否则就是虚假认罚。笔者认为，考虑到我国认罪认罚从宽制度在适用范围上具有广泛性、适用速裁程序的案件最高可判处3年有期徒刑、检察官的量刑建议有时缺乏精准性、量刑指导意见尚不完善、认罪认罚从宽具有强烈的职权色彩、被追诉人诉讼权利保障不充分等因素，对于认罪认罚从宽案件原则上不宜限制被告人的上诉权。至于由此带来的“虚假认罚”和“不当得利”问题，可通过检察官抗诉权予以制约。[①]

（八）刑事被害人的权益保障

认罪认罚从宽制度作为一种公力合作模式，国家与被追诉人的关系从对抗转向合作，被追诉人因为认罪认罚而获得公安司法机关实体上的从宽处理，在此过程中容易忽视刑事被害人的权益保障。根据《刑事诉讼法》第173条的规定，检察机关在办理认罪认罚案件时，应当听取被害人及其诉讼代理人关于涉嫌的犯罪事实、罪名及适用的法律规定，从轻、减轻或者免除处罚等从宽处罚的建议，认罪认罚后审理程序等事项的意见，并记录在案。在司法实践中，司法机关将被追诉人是否与被害人达成和解协议或者赔偿被害人损失，取得被害人谅解，作为“认罚”的体现，是从宽处理的重要考虑因素。据统计，试点审结的侵犯公民人身权利、民主权利的犯罪案件中，当事人达成和解调解的占32.9%，被告人积极赔偿但未达成和解调解的占2.8%。[②] 人民法院办理认罪认罚案件，被告人与被害人没有就附带民事赔偿等事项达成调解或者和解协议的，人民法院应当将起诉书、人民检察院量刑建议及认罪认罚具结书等材料及时送达被害人及其诉讼代理人。被害人及其诉讼代理人提出异议的，人民法院应当记录在案。

在其他国家的认罪案件快速处理机制中，也将被害人的意见作为考虑因

---

① 《法国刑事诉讼法典》第495－11条规定：所有情况下，被判刑人均可以对法院的裁判向上诉法院提出上诉；检察院可以按相同条件以附带名义提出抗诉。

② 参见最高人民法院刑一庭课题组、沈亮：《刑事诉讼中认罪认罚从宽制度的适用》，载《人民司法》2018年第34期。

素。如在澳大利亚，法官同意指控协商时，要考虑被害人的观点，只要其是恰当的。[①] 在美国，法庭允许被害人在与地区法院审理的与犯罪有关的公开的释放、答辩或量刑程序中发表意见。在下列情形下，被害人可以申请重新进行答辩或者科刑：(1)被害人在程序进行前或进行中要求发表意见但被拒绝的；(2)被害人在被拒绝后10日内向上诉法院申请执行令状并被授予令状的；(3)在答辩程序中，被指控人未就被指控的最严重犯罪进行答辩的。未满足本规则规定的被害人权利不构成重新审理的理由。[②] 在俄罗斯，在刑事被告人同意对其提出的指控时通过法院判决的特别诉讼程序中，在刑事被害人参与审判庭审理的情况下，法官应当对其说明不进行法庭审理作出刑事案判决的程序与后果，确定刑事被害人对刑事受审人的申请持何种态度。[③]

应当注意的是，不能将被害人的意见作为是否适用认罪认罚从宽制度的决定性因素。一方面，如果被追诉人真诚悔罪认罚，但被害方不予谅解，或者因被害方“漫天要价”导致刑事和解协议难以达成，在这种情况下，仍然可以适用认罪认罚从宽制度。另一方面，要防止主要以对被害方的赔偿数额来衡量被追诉人的悔罪程度和犯罪行为的社会危害性，并对赔偿数额高的被追诉人作过于轻缓的处理，让社会公众产生国家刑罚权“走向市场化”的疑虑，甚至形成“花钱赎刑”“花钱免刑”的错误认知，从而影响司法公正的实现。刑事和解案件的量刑折扣不能超过必要限度，要慎重确定被追诉人的赔偿这一情节对量刑的影响，以使类似案件之间不因赔偿与否以及赔偿数额大小产生过大的量刑差异。

---

① 参见《澳大利亚联邦起诉政策》第5.3条，载《世界各国刑事诉讼法》编辑委员会编译：《世界各国刑事诉讼法——大洋洲卷》，中国检察出版社2016年版，第162页。

② 参见《美国联邦刑事诉讼规则》第60条，载《世界各国刑事诉讼法》编辑委员会编译：《世界各国刑事诉讼法——美洲卷》，中国检察出版社2016年版，第650页。

③ 参见《俄罗斯刑事诉讼法典》第315条，载《世界各国刑事诉讼法》编辑委员会编译：《世界各国刑事诉讼法——欧洲卷·中》，中国检察出版社2016年版，第479页。

四、认罪认罚从宽制度的未来发展

(一)刑事诉讼“第四范式”之形成①

考察世界范围内刑事诉讼制度的发展,可以看到:人类社会早期的刑事诉讼以神判为原则,借助全知全能的“上帝”解决纠纷,宣誓、水审、火审、决斗等均为解决纠纷的正当方式,诉讼带有浓厚的宗教色彩和强烈的形式主义特征,在这种情况下通过诉讼查明的真实表现为神示的真实。刑事诉讼程序是一种由当事人自主进行的控诉程序,原、被告双方的诉讼地位平等并在诉讼中居于主导地位,当事人双方相互辩论,并就辩论结果达成“相互和解”。在此时期,犯罪被视为一种侵权行为,国家公权力尚未介入对刑事纠纷的处理,侵权人可以向被害人或者其近亲属支付一笔款项来抵销对身体的伤害。这种弹劾式诉讼模式可谓刑事诉讼“第一范式”。

在中世纪后欧洲大陆国家的君主专制时期和我国的封建时期盛行纠问式诉讼模式,国家公权力介入对犯罪行为的处理,形成了国家追诉原则;国家对犯罪行为的处罚建立在查明犯罪事实的基础之上,法官取代“上帝”成为事实判断的主体,证据裁判原则得以确立。在欧洲君主专制国家,法官在法定证据制度的指导下裁决案件。在这种诉讼模式下,法官集侦查、控诉、审判职能于一身,即使没有被害人或其他人的控告,法官也可根据职权主动追究犯罪。司法机关负责调查事实、收集证据,侦查和审判秘密进行,对被告人广泛采用刑讯,对原告人和证人也可以进行刑讯。在这种诉讼模式下,无论是原告人还是被告人都不具有现代意义上的当事人的诉讼地位,被害人只是原告人,被告人作为诉讼客体,不享有任何诉讼权利,在诉讼过程中只是被拷问的对象。纠问式诉讼模式是刑事诉讼“第二范式”。

欧洲启蒙运动之后,经过资产阶级革命和自由思潮的洗礼,产生了以限制国家追诉权与保障被追诉者人权为基本理念的现代刑事诉讼制度,控诉权与

---

① 德国慕尼黑大学许乃曼教授拟于 2020 年 4 月在德国汉堡主持召开“德、中、美刑事法研讨会”,研讨主题为“根本性刑事司法改革的基本方针”,“刑事诉讼范式变迁”是召开此次会议的重要背景。

审判权分立,庭审以口头方式公开进行,控辩双方处于平等地位,法定证据制度被废除,取而代之的是法官自由心证。这种新的诉讼制度是对旧的纠问式诉讼模式的改革,并吸收了英美法系对抗制的一些因素,确立了陪审员参审制度,由于保留了司法官通过职权调查查明案件真实的传统,因此被称为职权主义诉讼模式。英国的刑事诉讼制度以对抗制为基础,以陪审团审判为中心。在侦查阶段,由于受当事人平等原则的支配,赋予辩护方较多的诉讼权利,使之具有对抗侦查机关的能力。侦查活动的公开性较强,在审判阶段,强调控辩双方的平等地位和相互对抗,控辩双方通过自行举证和交叉询问控制和主导着证据调查程序,法官处于消极仲裁的地位,在审判中充当对抗双方之间的公断人,在双方充分举证、质证和辩论的基础上进行裁断。这种当事人主义诉讼模式为美国所承继。资产阶级改革之后形成的以法德为代表的审问式诉讼模式和以英美为代表的对抗式诉讼模式共同构成刑事诉讼"第三范式"。"第三范式"中审问式与对抗式的对立长期主宰了关于刑事诉讼模式的国际讨论。

在工业化国家,由于犯罪不断增加,司法资源有限,执法机关利用各种方式促使被追诉人认罪,以求刑事案件快速解决,减轻法院的负荷,继而形成了不同类型的"放弃审判制度"。这种世界性的刑事诉讼新潮流以美国辩诉交易制度为代表,在全球范围内迅猛发展,导致刑事诉讼"第四范式"浮出水面,并由此带来了对刑事诉讼理念、原则的冲击以及刑事法律制度的内在冲突。美国学者费希尔指出:"辩诉交易没有什么值得称赞的地方。在本应为发现真相而激烈对抗的场合,辩诉交易使我们得以偷懒休战。针锋相对的律师退出争斗,空空如也的陪审团席昭示着制度的失落。然而尽管不值得炫耀,辩诉交易毕竟胜利了。它以非暴力的方式悄无声息地夺取了刑罚的领地,并征服了仍有抵触情绪的陪审团。"但是,"任何得到制度主要参与者喜爱的机制都会自行积聚一种持久力。因此辩诉交易不仅能够持续,而且发展成为美国刑事司法的主导制度"。[①] 辩诉交易制度减轻了检察官和法官的工作量,还能使检察官避免败诉的风险,使法官避免判决被驳回的风险,维护了检察官和法官

① 参见[美]乔治·费希尔:《辩诉交易的胜利:美国辩诉交易史》,郭志媛译,中国政法大学出版社2012年版,序言第6、17页。

的职业声誉;被告人通过答辩有罪获得减轻处罚;此外,通过消除诉讼过程中事实认定或法律适用出错的可能性,也保全了制度的整体声誉和合法性。因此,“根据检察官、被告人、法官和制度本身的利益,辩诉交易的胜利似乎是不可避免的”。[①] 从美国的辩诉交易到德国的量刑协商以及我国的认罪认罚从宽,“放弃审判制度”在大部分程序中取消了以直接言词原则为核心的证据调查,造成了对实质真实原则、罪刑法定原则、无罪推定原则等的动摇,在追求案件实质真实方面,“真实符合论”让位于“真实共识论”,刑事诉讼制度发生了根本性的变革。

(二)刑事诉讼“第四范式”之正当性基础

刑事诉讼“第四范式”根植于各国司法实践的现状,它以不可阻挡之势蔓延开来,改变了刑事诉讼的既有格局,审判正在为鼓励放弃审判所取代,并且传统的诉讼程序与经济的诉讼程序之间由于理念上的差异导致了一种内在的紧张关系。传统的诉讼程序贯穿分权(如法官、检察官、陪审员、律师之间的分权制约)、提高定罪量刑的准确性(如采取直接言词原则和保障自由的上诉权)、保障刑事追诉的合法性(如强调司法公开和公民参与)等理念,刑事诉讼程序的目的在于探寻案件真相;而经济的诉讼程序通过制造被追诉人认罪的诱因(量刑差异)形成一种结构上的强制性,对于诉讼效率的追求压倒了对于刑事诉讼程序防止错判功能的重视,“审判在很大程度上就变成了仪式”。[②]

刑事诉讼“第四范式”有其优势,如有利于免除被追诉人的诉累、减少案件积压、减少审前羁押、减少诉讼的时间和费用、可用来反腐和解决其他复杂案件、减少监禁刑的适用、提高对被害人的保护等。但其也存在风险,包括:降低诉讼程序和定案证据的严格性;弱化对警察和检察官活动的监督;放松对审前非法取证等侵权行为的审查;打破不同诉讼角色之间的权力(利)平衡;激励以刑事制裁处理社会问题等。对于刑事诉讼“第四范式”,需要对其正当性

---

① 参见[美]乔治·费希尔:《辩诉交易的胜利:美国辩诉交易史》,郭志媛译,中国政法大学出版社 2012 年版,序言第 21 页。

② 参见[美]约翰·朗拜因:《辩诉交易和刑事审判的消失——来自英美和德国法律史的教训》,江溯译,载陈兴良主编:《刑事法评论》第 31 卷,北京大学出版社 2012 年版,第 138 页。

基础进行检讨,应当考虑如何为查明真相提供与传统的证据调查相当的程序保障以及如何保障刑罚的正当性,不能单纯为了效率而牺牲公正,从而背离法治原则。

刑事诉讼"第四范式"并非一种孤立的存在,在当前的司法环境下加以审视,可以看到:离开了传统的证据调查,将会导致刑事案卷和侦查结论对于最终的裁判结果产生更大的影响力;技术侦查措施和经济性处置手段的运用,加剧了控辩双方地位的不平等①,控方往往处于操控地位,控、辩、裁三方之间的平衡结构被打破,想为无罪抗争的被告人可能由于不堪承受巨大的压力而选择认罪;刑事被害人地位的提升可能造成双重原告对付一个被告的局面,从而损害被追诉人在刑事诉讼中的程序主体地位;公开审判很大程度上是一种保障被告人权益的机制,但在信息化时代,它可能产生"贬低"被告人的后果,这是导致被告人愿意选择认罪程序以规避公开审判的原因之一;"第四范式"的盛行是刑事诉讼民事诉讼化的产物,将民事诉讼中的当事人处分原则适用于刑事诉讼,由于控辩双方的平等地位与原被告双方的平等地位存在实质性的差异,导致处分有时难以在公平的条件下进行,并且当事人的处分可能损害有效惩罚犯罪和准确区分有罪无罪的公共利益。

在"二战"之后,国际和区域性人权机构确立了公正审判的国际标准,该标准建立在刑事诉讼"第四范式"大规模出现之前,主要适用于传统的诉讼程序。目前,国际和区域性人权组织正在推动建立适用于"放弃审判制度"的人权保障框架,并通过判例法逐步明确人权保障标准。② 不同国家和地区陆续建立的"放弃审判制度"在保障被追诉人获得律师帮助(是否强制辩护)、要求控方在审前全面开示证据(是否允许被告人查阅控方案卷)、放弃的时间(鼓

① 以荷兰为例,随着2000年《特殊侦查权力法》的颁行,《荷兰刑事诉讼法典》现在不仅允许侦查机关采取所有的常规侦查措施,包括讯问、搜查、扣押、羁押、DNA分析等,也允许在"有重罪嫌疑的情形下",采取系统监视、卧底、诱惑侦查、特情线人、录制私密通讯和通讯调查等特殊侦查措施;涉及恐怖主义犯罪时,采取特殊侦查措施的前提条件更为宽松,只要存在"恐怖主义罪行的线索"即可,无须达到"有重罪嫌疑"标准。参见《世界各国刑事诉讼法》编辑委员会编译:《世界各国刑事诉讼法——欧洲卷·中》,中国检察出版社2016年版,第826页。

② See The Report: The Disappearing Trial: Towards a Rights - Based Approach to Trial Waiver Systems, available at www.fairtrials.org (accessed 19 July 2017).

励尽早放弃或者审判开始前放弃)、对证据的司法审查(是否要求法官对定罪证据进行独立审查)、对程序的司法审查(法官通过当庭询问或者视频询问审查认罪的自愿性)、协商中的法官参与(禁止法官参与协商或者法官主持协商)、保障上诉权(被告人享有完全的上诉权或者对上诉权进行限制)、对协议达成过程和结果的记录(是否要求有完整的细节、是否要求在公开的法庭上进行)、对被追诉人可获利益的限制(是否禁止重大的量刑差异)、适用案件类型的限制(是否在未成年人案件或者严重犯罪案件中适用)等方面存在差异①,在"放弃审判制度"百花齐放的情况下,如何推进更多共识的达成是国际社会在保障刑事司法人权方面所面临的巨大挑战。需要明确的是,无论是通过审判程序定罪,还是通过"放弃审判制度"定罪,均需遵守正当法律程序,保障刑事处罚的公正性,反对被迫自我归罪、保障被追诉人在审前程序中的诉讼权利、严格审查被追诉人审前放弃权利的效力②等,这是保障刑事诉讼"第四范式"具有公正性的基本要求。③

刑事诉讼"第四范式"的出现,意味着刑事诉讼制度的结构性变革,在"放弃审判制度"中如何适用公平原则是亟待系统研究的问题。大体而言,为了夯实"放弃审判制度"的正当性基础,可以作以下几个方面的努力:其一,加强辩护职能,确立前置性辩护的理念,通过辩护律师在审判前程序中的有效参与,保障刑事案卷和侦查结论的全面性、客观性和可靠性。如《美国联邦刑事诉讼规则》第 44 条规定,被告人无力聘请律师的,有权自初次到庭直至上诉的诉讼各阶段获得指定律师的帮助,除非被告人放弃该权利。根据《俄罗斯刑事诉讼法典》第 315 条的规定,在刑事被告人同意对其提出的指控时通过法院判决的特别诉讼程序中,如果刑事受审人、其法定代理人或者受其委托的其他人未聘请辩护人,法庭应当保障在这种情况下有辩护人参与,并且刑事被

① See Jago Russell & Nancy Hollander, *The Disappearing Trial: The Global Spread of Incentives to Encourage Suspects to Waive Their Right to a Trial and Plead Guilty*, 8(3) New Journal of European Criminal Law 315 – 318(2017).

② 如审查被追诉人放弃沉默权是否有效,需考虑律师是否在场、被追诉人是否获得了充分的信息等因素。

③ See The Report: The Disappearing Trial: Towards a Rights – Based Approach to Trial Waiver Systems, available at www.fairtrials.org(accessed 19 July 2017).

告人有权申请对刑事案件材料进行阅卷。其二，为了避免国家专门机关在刑事诉讼中占有压倒性优势，被告人沦为诉讼客体被迫自证其罪，有必要强化对技术侦查措施和经济性处置手段的司法控制，并且加强公民对刑事司法活动的参与，提高刑事诉讼程序的民主化程度。其三，应当重新思考被害人的诉讼地位，一方面应当为被害人参与刑事诉讼提供必要保障，另一方面不能因过于强调被害人的当事人地位而损害被告人获得公正对待的权利。其四，鉴于以直接、言词、公开、集中原则为基础的刑事诉讼“第三范式”的松动以有效打击恐怖主义犯罪、腐败犯罪、经济犯罪①等特定类型的犯罪为肇端，因此，需要对刑事诉讼程序分而治之，建立类型化的程序规则和证据规则，以使“放弃审判制度”在解决重大疑难复杂案件时有规可循，区别于该制度在简单轻微案件中的适用，以防止发生误罚无辜的风险。其五，应当为当事人处分原则在刑事诉讼中的适用划定合理边界，如要求被追诉人具备处分能力、意思表示系自愿、公权力主体必须履行相应的告知义务；同时权利处分应受他人权利的限制、不得突破法律优位的界限，也不得突破公共利益的界限；应当明确权利处分的构成要件与可处分的权利范围，并确立必要的核查机制，以防止被追诉人的权利处分沦为公权力主体实现特定目的的工具。②

（三）认罪认罚从宽制度之完善

认罪认罚从宽制度是“放弃审判制度”大家族中的一员，它与刑事诉讼“第四范式”同频共振。从横向维度来看，认罪认罚从宽制度在试点和实施过程中所存在的诸多争议，是“放弃审判制度”形态多元化的一种折射。正如实务部门专家所言：“认罪认罚从宽制度是宽严相济、坦白从宽刑事政策的深化发展和制度化，是我国刑事法律制度自然演进的结果。当然，也适当借鉴了国

① 如在荷兰，1983 年颁行的《经济刑罚法》允许检察官对很多犯罪行为适用庭外交易，但法定最高刑为 6 年以上监禁刑的犯罪行为除外。2008 年 2 月 1 日，《荷兰刑事诉讼法典》第 257a 条引入刑事处罚令制度，以替代刑事交易制度，规定检察官有权对犯罪嫌疑人进行刑事处罚。该程序适用于法定刑不超过 6 年监禁刑的犯罪行为。刑事处罚令与法院法官判决具有同等法律效力。参见《世界各国刑事诉讼法》编辑委员会编译：《世界各国刑事诉讼法——欧洲卷 · 中》，中国检察出版社 2016 年版，第 827 页。

② 参见郭松：《被追诉人的权利处分：基础规范与制度构建》，载《法学研究》2019 年第 1 期。

外的辩诉交易、认罪协商等诉讼制度中的一些合理因素，如，强化认罪认罚的法律效果、完善相关法律程序、尊重被告人的诉讼主体地位和程序选择权，但这绝不是辩诉交易的翻版。”①我们难以找到与认罪认罚从宽制度高度相似的“制度原型”，由于世界范围内“放弃审判制度”形态多样，学者们在讨论认罪认罚从宽制度中的争议问题时，由于比较和借鉴对象不同而出现了莫衷一是的局面。对于“放弃审判制度”类型化的研究，有助于我们准确把握认罪认罚从宽制度的基本定位；而对于一些具体问题的解决，需要综合考虑其他国家和地区的不同做法及其背后原因，并且结合我国国情作出适当的选择。比如，可考虑在严重犯罪案件或者被追诉人明显缺乏防御能力的案件中实行强制辩护；在辩护律师无法全覆盖的情况下应当允许被告人在审前查阅控方案卷；可通过量刑差异鼓励被追诉人尽早认罪认罚；要求法官对定罪证据进行独立审查；在重罪案件中法官应当通过当庭询问审查认罪的自愿性，在微罪案件中不排斥视频询问的运用；现阶段应当保障被告人享有完全的上诉权，未来可考虑在适用速裁程序的案件中对上诉权进行限制；除了认罪认罚具结书之外，还应要求检察机关提供详细的反映案件处理过程和结果的书面记录；法官应当在公开的法庭上审查被告人认罪认罚以及选择适用速裁程序或简易程序的自愿性；禁止认罪认罚与不认罪认罚之间存在重大的量刑差异，并且实行量刑梯度的平缓化。

在具体的制度构建方面，其他国家和地区有一些好的做法可资借鉴。比如，在英国，除了一般的量刑指南之外，还专门制定了《有罪答辩减刑指南》，该做法为贯彻“法定从宽”理念提供了制度支撑。我国可考虑制定认罪认罚从宽案件量刑指南，以为检察机关提出量刑建议和法院审查量刑建议提供参照，从而有效解决“从宽”难以落地的实践难题。再如，在英国，设立了被告人不适合答辩案件的处理程序。如果律师认为被告人不适合答辩，可以提出被告人不适合答辩的主张，并提交相应的证据，如心理医师的证明文件，由法官对被告人是否适合答辩进行判定。判断标准包括：有能力理解指控；有能力决

---

① 最高人民法院刑一庭课题组、沈亮：《刑事诉讼中认罪认罚从宽制度的适用》，载《人民司法》2018 年第 34 期。

定是否作有罪答辩;有能力行使其权利挑战陪审团;有能力对律师进行指示;有能力参与诉讼程序;有能力根据自己的辩护进行举证。如果其中有一项被告人无能力完成,就视为其不适合答辩。① 在美国,“在任何时候,只要法官有合理的根据怀疑被追诉人的能力,他就必须推迟接受该被追诉人作出的有罪答辩或者对指控不持异议的答辩,同时提议举行相关程序,对该被追诉人的精神状况进行审查并作出判断”②。在我国,被追诉人认罪认罚所带来的程序分流功能,以被追诉人行使自我决定权为前提,要求被追诉人具有相应的处分能力,即被追诉人必须具备相当的辨识与理解能力,能够完全理解所要处分之权利的内涵与处分结果,这种处分能力与刑法上的责任能力、民法上的行为能力有实质区别。在适用认罪认罚从宽制度时,如果出现被告人是否具有处分能力的争议,也需要建立相应的程序和标准来处理该争议。

从纵向维度来看,我国理论界和实务界围绕认罪认罚从宽制度产生的诸多分歧,反映出刑事诉讼“第四范式”所带来的对刑事司法传统模式的冲击。戏剧化的公开审判是人们关于刑事司法的固有印象,但是,在越来越多的国家、在越来越多的案件中,这已不再是刑事司法的真实图景。认罪认罚从宽制度的建立,是回应我国刑事司法现实需求的产物,它所带来的程序简化使得完整的审判主要在不认罪认罚案件中存在。我们需要清醒地正视这一现实,并对它可能带来的风险保持警惕。“任何刑事司法制度都必须在抑制犯罪与保障公民免受误判的危险之间保持平衡”③,认罪认罚从宽制度也不例外。反对被迫自我归罪、保障被追诉人在审前程序中的诉讼权利、严格审查被追诉人审前放弃权利的效力是保障刑事诉讼“第四范式”具有公正性的基本要求。与一些法治发达国家相比,我国是在刑事诉讼“第三范式”发育尚不充分的情况下迈向刑事诉讼“第四范式”的,导致现代性问题与后现代性问题相叠加,由此可能带来更大的背离公正原则的风险。要防范这种风险,除了深入推进以

---

① See *The Law Commission Consultation Paper No* 197, *Unfitness to Plead*, http://www.lawcom.gov.uk/app/uploads/2015/06/cp197_Unfitness_to_Plead_web.pdf.

② [美]伟恩·R.拉费弗、[美]杰罗德·H.伊斯雷尔、[美]南西·J.金:《刑事诉讼法》(下册),卞建林、沙丽金等译,中国政法大学出版社2003年版,第1083页。

③ [美]约翰·朗拜因:《辩诉交易和刑事审判的消失——来自英美和德国法律史的教训》,江溯译,载陈兴良主编:《刑事法评论》第31卷,北京大学出版社2012年版,第137页。

审判为中心的刑事诉讼制度改革和进一步完善认罪认罚从宽制度之外,还需进行刑事司法的综合性配套改革。比如,在认罪认罚从宽制度适用范围不断扩张的情况下,保障被追诉人沉默权的必要性日益凸显;搜查、扣押、监听等强制性侦查措施不受司法审查的现状有待改变;侦查程序中的律师辩护权尚待加强(如赋予讯问时律师的在场权,保障犯罪嫌疑人能与律师随时进行交流);刑事法律援助的范围尚需扩大、质量有待提高;建立类型化的程序规则和证据规则;建立公安司法机关与律师共享的电子卷宗系统;等等。

由于刑事诉讼"第四范式"带来了刑事司法的结构性变迁,只有进行系统性的检讨,并且推动核心领域的改革,才能重塑符合公正原则要求的法治秩序。应当认识到,认罪认罚从宽制度在我国刑事诉讼法中的确立,将会带来一种"征服性"的力量,这种力量源自那些自身利益受该制度影响的人,辩诉交易在美国取得胜利,正是由于这种力量的驱动[①],美国联邦最高法院宣称:"有罪答辩及其通常伴随的辩诉交易是本国刑事司法体系的重要组成部分。倘若运行得当,它将有利于各方。"[②]将认罪认罚从宽制度放置于古今中外相关制度的纵横坐标体系中加以审视,我们能够清晰地看到该制度的优势与风险、共性与特色。认识到妥善处理公正与效率之间的关系、维护公众对刑事司法的信任,是该制度在未来发展中需要考虑的关键问题;认识到作为一项新的、充满争议的制度,它将在不断总结域内外经验教训的过程中逐步走向成熟。在认罪认罚从宽制度实施一段时间之后,应当对该制度的实施效果进行评估,评估的内容包括羁押率、起诉率、定罪率、监禁率、量刑幅度等的变化以及对弱势群体的影响等,评估结果可为下一步的改革提供依据。目前,江苏省、山东省等分别出台了《关于办理认罪认罚刑事案件的指导意见》和《关于适用认罪认罚从宽制度办理刑事案件的实施细则(试行)》,未来最高人民法院可在总结地方经验的基础上制定统一的办案指南,以保障认罪认罚从宽制度的正确适用。

---

① 参见[美]乔治·费希尔:《辩诉交易的胜利:美国辩诉交易史》,郭志媛译,中国政法大学出版社2012年版,序言第7页。

② [美]斯蒂芬诺斯·毕贝斯:《庭审之外的辩诉交易》,杨先德、廖钰译,中国法制出版社2018年版,第109页。

中国检察官司法的特点和风险

——基于认罪认罚从宽制度的观察与思考*

孙长永**

摘　要：检察官司法是相对独立的法官司法而言的，其核心特征是享受公诉权的检察官事实上决定刑事案件的结局。从比较法上看，检察官司法大体上可以分为两种模式：一种是日本的检察官主导模式，另一种是美国、欧洲等国家的检察官审判模式。我国2018年《刑事诉讼法》规定的认罪认罚从宽制度从功能上赋予了检察官对刑事案件定罪量刑的决定权，其实质是中国版的检察官司法，蕴藏着认罪认罚的自愿性、真实性以及案件处理的公正性难以得到保证三大风险。近年来，最高人民检察院试图对认罪认罚从宽制度进行某些“技术性改良”，但不太可能改变其作为检察官司法的特质。深入推进以审判为中心的刑事诉讼制度改革，有效化解认罪认罚从宽制度所蕴藏的风险，将是中国刑事司法改革的长期课题。

关键词：检察官司法　认罪认罚从宽制度　实质　特点　风险

一、域外认罪案件的处理机制

无论是英美法系的当事人对抗制，还是大陆法系的法官职权审问制，都将

---

* 本文原载于《法学评论》2022年第4期。

** 孙长永，西南政法大学诉讼法与司法改革研究中心教授。

审判中心主义作为刑事诉讼的基本构造原理。然而,考察司法现实却会发现,进入正式"审判"程序的刑事案件实际上越来越少。① 在采行当事人推进原则和当事人处分原则的英美法系,构成其程序分流基础的罪状认否程序为答辩交易制度的盛行提供了便利条件,以至于自20世纪初期开始,答辩交易就成为美国刑事案件的主要处理程序。② 1970年,美国联邦最高法院正式确认答辩交易符合联邦宪法。③ 此后,联邦和各州司法系统通过答辩交易程序规避正式审判的案件比例不断提高,代表英美法公正司法形象的陪审团实际审判的案件却逐步减少。④ 著名的曼哈顿南区联邦地方法院Rakoff法官认为,日趋繁多的罪名和过于严厉的刑罚以及对法官量刑裁量权的限制,导致检察官的起诉裁量权不断扩大,经正式审判定罪后的量刑与答辩交易后的量刑之间差距巨大,以至于被告人不得不积极参与答辩协商并接受检察官的答辩邀约,即使无罪的被告人有时也不得不表示认罪,以避免正式审判后的严厉惩罚,其结果是,检察官在大多数案件中取代法官成为最终量刑的决定者。⑤ 基于司法资源的压力以及查处疑难案件的需要,传统上对答辩交易制度持批评态度的大陆法系国家自20世纪80年代也逐步通过立法或者实践引入不同形式的认罪协商或量刑协商制度,并且不断扩大原有的处罚令程序、简易程序等放弃正式审判程序的适用范围。根据"公平审判"国际组织的研究报告,1990—2015年,在有资料证明的90个国家和地区中,存在不同形式的放弃审判制度的国

① See Jago Russell & Nancy Hollander, *The Disappearing Trial: The Global Spread of Incentives to Encourage Suspects to Waive Their Right to a Trial and Plead Guilty*, 8 New J. Eur. Crim. L. 309(2017).

② See Albert W. Alschuler, *Plea Bargaining and Its History*, 79 Colum. L. Rev. 1, 27 - 30(1979).

③ See Brady v. U. S., 397 U. S. 742(1970).

④ 参见 Robert J. Conrad Jr. & Katy L. Clements, *The Vanishing Criminal Jury Trial: From Trial Judges to Sentencing Judges*, 86 GEO. Wash. L. Rev. 99(2018)。另据美国联邦法院管理办公室的统计,2020年7月1日至2021年6月30日,美国联邦司法系统审结的刑事案件被告人总人数为60,813人,其中撤销案件的4474人,有罪答辩55,274人,占有罪判决总人数(56,171)的98.4%、判决总人数(56,339)的98.11%和结案总人数的90.89%;正式审判1065人,其中陪审团审判917人(有罪判决794人、无罪判决123人),仅占结案总人数的1.51%和判决结案总人数的1.63%;法官审判148人(有罪判决103人、无罪判决45人),占正式审判人数的13.9%。See *Statistical Tables For The Federal Judiciary*, Tabel D - 4, https://www.uscourts.gov/report - names/statistical - tables - federal - judiciary.

⑤ See Jed S. Rakoff, *Why Prosecutors Rule the Criminal Justice System - And What Can Be Done About It*, 111 NW. U. L. Rev. 1429(2017).

家和地区由 19 个增加到 66 个,而且这个数据还在持续增长。[①] 有学者指出:“对于大西洋两岸的国家来说,传统的法庭中心主义路径已经无法承载日益增长的案件量,从而导致今天的刑事司法体系更多地倚重替代性程序来解决案件。”[②]在这一过程中,检察官的权力不断膨胀,以至于欧洲学者惊呼,检察官已经成为“法官之前的法官”,他是“在许多案件中实际上决定着是否采取惩罚以及惩罚的严厉或宽缓程度的官员”。[③] 因此,检察官司法已经成为两大法系的普遍现实。

在此背景下,我国全国人大常委会于 2014 年和 2016 年先后授权最高人民法院和最高人民检察院在全国 18 个城市进行刑事案件速裁程序和认罪认罚从宽制度的试点,2018 年 10 月正式修改《刑事诉讼法》,全面确立了认罪认罚从宽制度。新法实施以后,认罪认罚从宽制度的实际适用率不断提升,目前已经成为中国刑事案件的主要处理方式。那么认罪认罚从宽制度是不是“检察官司法”?与美国、欧洲和日本的检察官司法相比,它有哪些特点?存在哪些风险?其发展前景如何?本文拟就这些问题加以初步探讨。

二、检察官司法的内涵和模式

“检察官司法”是日本法学界基于对日本纠问式的侦查构造、接近定罪的起诉证据标准以及笔录中心主义的虚化庭审等司法现实的系统反思而提出的概念,是对日本刑事程序整体上背离审判中心主义的一种批判性概括。

著名法学家松尾浩也教授曾从日、美比较的角度,以“精密司法”来概括日本刑事程序的特色,认为“日本实行彻底的侦查,在与程序的正当性不相冲突的限度内,对在押犯罪嫌疑人进行最大限度的讯问。不仅警察,而且检察官也高度重视侦查,一般要在固定充分证据的基础上,有完全的把握时,才会提

---

① See Jago Russell & Nancy Hollander, *The Disappearing Trial*: *The Global Spread of Incentives to Encourage Suspects to Waive Their Right to a Trial and Plead Guilty*, 8 New J. Eur. Crim. L. 309, 311 (2017).

② [美]艾瑞克·卢拉、[英]玛丽安·L. 韦德主编:《跨国视角下的检察官》,杨先德译,法律出版社 2016 年版,序言第 7 页。

③ 参见[德]托马斯·魏根特:《检察官作用之比较研究》,张万顺译,载《中国刑事法杂志》2013 年第 12 期。

起公诉。在法庭审理中,经常经对方同意,或者以证人记忆丧失或陈述有矛盾为由,频繁地把侦查过程中制作的陈述笔录作为证据使用。在很多案件中,‘言词辩论’的很大一部分被用来宣读证据文书(或者告知其要旨)……每年超过99%的有罪判决率虽然是一个使外国研究者感到吃惊的数字,但另一方面也表明了司法的精度之高”①。这一观点虽然得到某些日本法律实务界人士的支持,②但日本法学界主流意见并不认同。

小田中聪树教授对“精密司法”理论进行了系统的批判,认为所谓“精密司法”只是对“高度依赖侵害人权的纠问式侦查程序导致庭审虚化”现象的捕捉,松尾教授所看重的以有罪判决率异常之高为特征的“精密”,不过是这一现象的一个侧面而已。在小田中教授看来,日本刑事司法的实体“是以侵害人权的纠问式侦查程序为中心的刑事程序”;考虑到警察和检察官是侦查的承担者,而且检察官在侦查程序中对警察处于指导地位,同时又垄断了公诉权,因此,日本刑事司法的特色乃“纠问的检察官司法”。③ 田宫裕教授指出,“精密司法”并非松尾所说是日本法文化的必然产物,而是由于检察官和法官执着追求真实发现所产生的结果,“由于追诉起到了决定性作用,审判的独立意义稀薄化,结果是追诉者实质上承担了审判的职能,即追诉与审判一体化”④。平野龙一教授在1985年发表的《现行刑事诉讼法的诊断》一文中认为,与欧美相比,日本过度看重提起公诉带来的“污名”,对提起公诉的证据标准要求很高,导致刑事程序的重心向侦查程序转移,侦查机关被赋予巨大的强制权力,而法院则仅仅是对检察官的有罪确信予以确认。“实际上我国的第一审不过是对检察官审判的上诉审。因此我国的司法经常被称为‘检察官司法’,这一说法并不离谱。”⑤

---

① [日]松尾浩也:《刑事诉讼法》(上),弘文堂1999年版,第15－16页。

② 参见[日]土本武司:《日本刑事诉讼法要义》,董璠舆、宋英辉译,台北,五南图书出版公司1997年版,第22－31页;[日]中山善房:《日本刑事程序的特色——基于裁判的立场》,载[日]三井诚、河上和雄、中山善房、田邨正义编:《刑事程序》(上),筑摩书房1988年版,第1页以下。

③ 参见[日]小田中聪树:《现代司法与刑事诉讼的改革课题》,日本评论社1995年版,第299－303页。

④ [日]田宫裕:《刑事诉讼法》(新版),有斐阁2012年版,第13页。

⑤ [日]平野龙一:《现行刑事诉讼法的诊断》,载[日]平场安治等编:《祝贺团藤重光博士七十寿辰论文集(第4卷)》,有斐阁1985年版,第407、409页。

与此类似，原哥伦比亚大学法学院教授、现任美国联邦第二巡回上诉法院法官 Lynch 先生 1998 年提出了“检察官审判”(prosecutorial adjudication)的概念。他认为，美国刑事司法制度虽然是以对抗制模式为预设的，但由于绝大多数案件通过答辩交易的方式结案，其实际运作是非对抗式的、行政性的司法制度。在答辩交易程序中，检察官以行政决定者的身份就被告人应否受到刑事制裁以及应受何种制裁作出“第一审”决定，被告人通过提出意见和证据影响检察官的决定，由检察官裁量决定这些意见的价值；陪审团审判只是作为一种事后的司法审查形式存在，被告人如果对检察官的“行政性司法”结果不服，有权要求以陪审团正式审判的方式对该决定进行“重新审查”。在此过程中，检察官不是作为中立的事实发现者在对立的当事人之间进行审判，也不是代表一方利益与相对方进行平等协商，而是作为一个审问者(inquisitor)寻求案件的“正确”结果。他把这种程序称为“检察官审判”，①并被美国学界和实务界广泛认可，②其核心观点与平野龙一教授 1985 年论文提出的观点基本相同。③

可见，“检察官司法”是相对独立的法官依据正当程序进行公正、公开的审判后决定案件的定罪量刑所呈现出来的“司法”而言的，其核心特征是对刑事案件具有公诉权而非审判权的检察官通过法定程序事实上决定刑事案件的结局，对于检察官提出的案件处理方案包括定罪和量刑建议，法官要么不进行审查，要么只进行形式上的审查后便予以确认。其具体表现形式，各国不尽相同，但大体上可以分为两种模式：一种是以侦查中心主义诉讼构造为基础的检察官主导模式，其代表性法例为日本；另一种是以认罪协商或量刑协商为核心

---

① See Gerard E. Lynch, *Our Administrative System of Criminal Justice*, 66 Fordham L. Rev. 2117 – 2135(1998).

② See Benjamin E. Rosenberg, *Revisiting Our Administrative System of Criminal Justice*, 85 Fordham L. Rev. Res Gestae 9, 23(2016 – 2017); Maximo Langer, *Rethinking Plea Bargaining: The Practice and Reform of Prosecutorial Adjudication in American Criminal Procedure*, 33 Am. J. Crim. L. 223, 300(2006); Darryl K. Brown, *The Decline of Defense Counsel and the Rise of Accuracy in Criminal Adjudication*, 93 Calif. L. Rev. 1585, 1589(2005).

③ 平野龙一先生《现行刑事诉讼法的诊断》一文于 1989 年被翻译成英文，发表于《日本法》第 22 卷，其中关于“第一审不过是对检察官审判的上诉审”的论断是否对 Lynch 教授产生了影响，不得而知。参见 Ryuichi Hirano, *Diagnosis of the Current Code of Criminal Procedure*, 22 Law Japan 129(1989)。

的检察官审判模式,其代表法例为美国以及受美国影响而建立认罪协商或量刑协商制度的欧洲国家等。

日本的检察官司法有较长的实践过程。三井诚教授认为,日本在“大正刑诉法”实施期间,刑事司法就是检察官司法,“二战”后虽然由于引入当事人主义而有所变化,但整体上看依然是“检察官司法”,而不是法官司法。[①] 曾经担任近40年法官职务转任日本法政大学法科大学院教授的木谷明指出了日本检察官司法的三点表现:一是有罪判决率极高,普通一审程序的有罪判决率长期在99.8%以上;二是侦查阶段检察官只要请求羁押犯罪嫌疑人,法官一般会批准,审判阶段的被告人也很难获得保释的机会;三是一审判决的上诉改判率因上诉主体不同而严重失衡,例如根据检察官上诉的改判率最低年份(2010年)高达65.5%,而根据被告人上诉的改判率最高年份(2006年)也不到15%。在他看来,日本刑事司法呈现检察官一方处压倒性优势地位的局面,有制度上和操作上的多种原因,包括:(1)基于彻底的侦查和确信有罪的证据标准对公诉案件的严格筛选,起诉垄断主义和起诉裁量主义为此奠定了制度基础;(2)警察和检察官利用侦查羁押手段在看守所对犯罪嫌疑人进行长时间的秘密讯问,迫使犯罪嫌疑人作出有罪供述;(3)犯罪嫌疑人的沉默权、律师帮助权常常受到侵害,而且控方向辩方开示的证据范围仅限于“请求调查的证据”,控辩双方地位不对等;(4)法官对口供的自愿性和可信性审查不严,控辩双方对此出现争议时,法官轻信控方提供的证据;(5)法庭大量采用证人的庭前证言作为证据,颠倒了法定的传闻规则与其例外的关系;(6)法官对警察尤其是检察官既有亲近感、信任感,又有压迫感,因为检察官在执行职务时实行上下一体原则,出庭的检察官是“检察全体”的代表,法官则不同,往往是1人独任,最多3人组成合议庭进行审判,加上二审法院对检察官不服判决的上诉改判率很高,一旦遇到态度强硬的检察官,法官是否有勇气驳回检察官的主张,并无保障;(7)疑罪从无原则没有得到彻底贯彻。[②] 可见,日本的检察官司法主要表现为检察官主导刑事司法全过程,在侦查程序中以口供为

① 参见[日]三井诚:《刑事诉讼法施行30年与“检察官司法”》,载《判例时报》2013年第7期。

② 参见[日]木谷明:《刑事裁判的生命》,法律文化社2013年版,第48-71页;另参见[日]石松竹雄:《刑事裁判的空洞化——改革之道》,劲草书房1993年版,第1-18页。

中心由警察进行彻底侦查,检察官通过请求羁押等方式予以协助;在审查起诉程序中以起诉裁量主义为基础,立足确信有罪的证据标准严格筛选公诉案件;在审判阶段,从有利于追诉的角度利用证据开示制度和传闻规则,大量使用警察或检察官制作的讯问或询问笔录作为证据,以形式化的庭审获得近乎100%的有罪判决率。

美国刑事诉讼采行当事人主义和陪审团审判制度,其检察官司法主要表现为以认罪答辩为核心的答辩交易制度的普遍盛行。根据《美国联邦刑事诉讼规则》第11条的规定,美国的答辩交易既包含"认罪"协商,也包含"量刑协商"。对被告人来说,最重要的是在公开法庭上针对指控作出有罪答辩,以便获得检察官承诺的从宽处罚。有罪答辩不同于大陆法系所说的"有罪供述",它不要求被告人具体供述犯罪事实,而只要求被告人对指控的犯罪事实明确表示"认罪"。从效力上看,有罪答辩远远大于有罪供述,因为它可以作为有罪判决的唯一事实依据。被告人一旦在法庭上作出有罪答辩,法官经当庭询问被告人、确认其有罪答辩是自愿的、明智的,并且具有事实基础之后,便可不经正式审判而径行判处被告人刑罚,而且一般会采纳检察官的量刑建议。在司法实践中,法官对事实基础的审查通常只是形式性的,并不要求达到"排除合理疑问"的证明标准。[①] 美国联邦最高法院认为:"对于被告人而言,如果他感到无罪裁决的希望很渺茫,作出有罪答辩进而限制可能判处的刑罚的有利之处是显而易见的:曝光度降低,矫正程序可以立即开始,进入正式审判的种种实际负担得以免除。对政府方面也有好处,在被告人认罪后判刑越快,刑罚的目的越能有效地实现;由于省去了正式审判,有限的司法资源和控诉资源得以留用于那些对被告人是否有罪存在严重争议或者控方能否完全履行证明责任存有相当疑问的案件。"[②]"如果每一项刑事指控都要经过全程的审判,那么州政府和联邦政府就得成倍地增加法官和法院设施。在答辩协商后处理刑事指控,不仅是刑事诉讼的基本组成部分,而且基于诸多理由,它还是极受欢迎的一部分:它迅速而彻底地处理了大多数刑事案件;避免了审前羁押对那些在

① 参见史立梅:《美国有罪答辩的事实基础制度对我国的启示》,载《国家检察官学院学报》2017年第1期。

② Brady v. U. S. ,397 U. S. 742(1970).

押待审的被告人的不利影响；保护了公众免受即使在审前释放期间也可能继续犯罪的人的侵害；由于缩短了从指控到结案的时间，它还使得有罪的被告人最终被监禁时也有更大的可能复归社会。”[①]正是由于美国联邦最高法院的大力支持和对诉讼效率的持续强调，答辩交易在美国的适用率不断攀升，以至于在2012年的一份判决中，美国联邦最高法院公开承认：“我们的制度主要是答辩制度，而不是审判制度，简单地说有公正审判的保障作为后盾用来预防审前程序的任何错误是不够的。在很大程度上……控辩双方讨价还价决定了谁去坐牢、坐多久。这就是答辩交易。它不是刑事司法制度的附件，它就是刑事司法制度本身。”[②]

大陆法系国家的刑事司法传统上以实体真实为基本理念，以责任主义为量刑的基本原则，强调司法官的客观义务和罪责刑相适应原则。即使被告人当庭表示认罪，法官也不能仅仅根据口供作出有罪判决，而仍应调查是否存在印证口供的其他证据，以便确定案件事实真相。但迫于司法资源的压力以及解决疑难案件的需要，同时受美国法律文化的影响，大陆法系国家纷纷通过立法或者实践确立了不同形式的量刑协商或者认罪协商制度，如意大利经当事人请求适用刑罚的程序、德国正式庭审的认罪协商程序、法国庭前认罪答辩程序，等等。有的国家甚至明确赋予检察官不经司法审查直接科处刑罚令的权力，如荷兰、瑞士等。[③] 不过，与美国的答辩交易相比，大陆法系刑事案件的协商性司法有三个显著特点：一是除德国正式审判中的认罪协商以外，普遍有适用范围的限制，一般不适用于最严重的和一些特殊的犯罪案件；[④]二是多数国家只允许控辩双方就量刑进行协商，不允许就指控数量和罪名进行协商；即使是量刑协商，受实体真实原则和责任原则的影响，被追诉人所能获得的量刑优

---

① Santobello. New York，404 U.S. 257(1971).

② Missouri v. Frye，566 U.S. 134，143 – 144(2012).

③ 同前注，[美]艾瑞克·卢拉、[英]玛丽安·L. 韦德主编书，第142页；[瑞士]古尔蒂斯·里恩：《美国和欧洲的检察官——瑞士、法国和德国的比较分析》，王新玥、陈涛等译，法律出版社2019年版，第175 – 182页。

④ 参见《意大利刑事诉讼法典》第444条、《法国刑事诉讼法典》第495 – 7条和第495 – 16条、《俄罗斯刑事诉讼法典》第314条等。

惠也有明确的限制；三是除少数国家外（如格鲁吉亚等[①]），协商性司法的适用率相对较低。例如，意大利“依当事人请求而适用刑罚的程序”最先确立于1981年，但直到2012年，法院适用该程序处理的刑事案件也只有86,582件，约占当年审结全部刑事案件的22%。[②] 法国2004年就确立了“事先认罪出庭程序”，但这一程序在2016年的适用率也只有15%。[③] 这是因为，协商性司法只是欧洲大陆国家化解刑事司法负担的多种方式之一，除协商性司法外，这些国家普遍通过不断扩充检察官的起诉裁量权和传统的刑罚令程序、简易程序的适用范围，以不起诉和附条件不起诉、速决程序等途径控制进入正式审判程序的案件总量，以实现效率与公正的动态平衡。

三、认罪认罚从宽制度的实质和特点

为了贯彻宽严相济的刑事政策，提高刑事司法效率，全国人大常委会于2018年10月修改的《刑事诉讼法》，全面确立了认罪认罚从宽制度。该法第15条规定：“犯罪嫌疑人、被告人自愿如实供述自己的罪行，承认指控的犯罪事实，愿意接受处罚的，可以依法从宽处理。”据此，“认罪认罚从宽处理”成为中国刑事诉讼的“基本原则”之一。为了保证这一原则得到落实，新法对侦查程序、审查起诉程序和初审程序等进行了系统的修改，主要的制度创新包括以下四个方面：

第一，要求检察官履行“告知权利”“听取意见”的义务，并经犯罪嫌疑人签署具结书后提起公诉。《刑事诉讼法》第173条规定：“人民检察院审查案件，应当讯问犯罪嫌疑人，听取辩护人或者值班律师、被害人及其诉讼代理人的意见，并记录在案。辩护人或者值班律师、被害人及其诉讼代理人提出书面意见的，应当附卷。犯罪嫌疑人认罪认罚的，人民检察院应当告知其享有的诉讼权利和认罪认罚的法律规定，听取犯罪嫌疑人、辩护人或者值班律师、被害

---

① 2010年，格鲁吉亚80%左右的刑事案件是通过答辩交易方式处理的。参见Natsvlishvili and Togonidze v. Georgia（Application no. 9043/05），Judgment of ECtHR（29 April 2014），p. 57。

② See Federica Iovene, *Plea Bargaining and Abbreviated Trial in Italy*, University of Warwick School of Law Legal Studies Research Paper No. 2013 – 11, p. 13.

③ See Beatrice Coscas – Williams & Michal Alberstein, *A Patchwork of Doors: Accelerated Proceedings in Continental Criminal Justice Systems*, 22 New Crim. L. Rev. 585, 604（2019）.

人及其诉讼代理人对下列事项的意见,并记录在案:(一)涉嫌的犯罪事实、罪名及适用的法律规定;(二)从轻、减轻或者免除处罚等从宽处罚的建议;(三)认罪认罚后案件审理适用的程序;(四)其他需要听取意见的事项。人民检察院依照前两款规定听取值班律师意见的,应当提前为值班律师了解案件有关情况提供必要的便利。”与 2012 年《刑事诉讼法》关于审查起诉的规定①相比,新的规定以犯罪嫌疑人认罪认罚为前提,增加了“告知”犯罪嫌疑人的诉讼权利和认罪认罚的法律规定以及“听取”当事人及其法律代表意见的要求,并以引导犯罪嫌疑人自愿认罪认罚为目标就听取意见的内容作了列举性规定。考虑到审查起诉阶段多数犯罪嫌疑人没有委托辩护人、也不符合法律援助条件的现实,新法增设了值班律师制度,在没有辩护律师的案件中,听取值班律师意见成为审查起诉的必经程序。

在此基础上,《刑事诉讼法》第 174 条进一步规定:“犯罪嫌疑人自愿认罪,同意量刑建议和程序适用的,应当在辩护人或者值班律师在场的情况下签署认罪认罚具结书。犯罪嫌疑人认罪认罚,有下列情形之一的,不需要签署认罪认罚具结书:(一)犯罪嫌疑人是盲、聋、哑人,或者是尚未完全丧失辨认或者控制自己行为能力的精神病人的;(二)未成年犯罪嫌疑人的法定代理人、辩护人对未成年人认罪认罚有异议的;(三)其他不需要签署认罪认罚具结书的情形。”根据这一规定,犯罪嫌疑人自愿认罪认罚,经检察官听取意见后双方达成一致意见的,原则上应签署认罪认罚具结书,作为检察官提起公诉的前提条件之一。具结书的核心内容包括犯罪嫌疑人的三个方面“承诺”:一是如实供述犯罪事实,对检察官指控的犯罪事实和罪名没有异议;二是同意接受检察官提出的量刑建议;三是同意适用特定类型的审判程序(速裁程序、简易程序或普通程序)。为了保证犯罪嫌疑人签署认罪认罚具结书的自愿性、真实性、合法性,上述规定要求必须有辩护律师或者值班律师在场,“见证具结书的签署全过程并签字确认”。② 具结书虽然是以犯罪嫌疑人单方面具结而非

---

① 2012 年《刑事诉讼法》第 170 条规定:“人民检察院审查案件,应当讯问犯罪嫌疑人,听取辩护人、被害人及其诉讼代理人的意见,并记录在案。辩护人、被害人及其诉讼代理人提出书面意见的,应当附卷。”

② 参见王爱立主编:《中华人民共和国刑事诉讼法释义》,法律出版社 2018 年版,第 360 页。

控辩协议的形式出现，但它本质上是控辩双方关于指控事实、量刑建议和适用程序的合意，对控辩双方都有约束力。①

第二，要求检察官对认罪认罚案件提出量刑建议。1979 年、1996 年和 2012 年《刑事诉讼法》都没有要求检察官在提起公诉时提出量刑建议，量刑曾经被视为法官的“专利”。直到 21 世纪初期，法院试点量刑规范化改革时，检察机关才开始被动参与，逐步尝试在公诉案件中提出量刑建议。2010 年 2 月，最高人民检察院发布《人民检察院开展量刑建议工作的指导意见（试行）》，对量刑建议的提出条件和程序进行了初步规范。在刑事速裁程序和认罪认罚从宽制度试点的过程中，量刑建议成为地方检察机关的普遍实践。2018 年《刑事诉讼法》第 176 条在提起公诉的程序中新增了一款，作为第 2 款，规定：“犯罪嫌疑人认罪认罚的，人民检察院应当就主刑、附加刑、是否适用缓刑等提出量刑建议，并随案移送认罪认罚具结书等材料。”根据这一规定，在认罪认罚案件中，提出量刑建议成为检察机关的法定义务，但立法并没有对量刑建议的具体形式提出明确要求。2019 年 10 月“两高三部”联合制定的《关于适用认罪认罚从宽制度的指导意见》（以下简称《认罪认罚指导意见》）第 33 条规定：“办理认罪认罚案件，人民检察院一般应当提出确定刑量刑建议。对新类型、不常见犯罪案件，量刑情节复杂的重罪案件等，也可以提出幅度刑量刑建议。提出量刑建议，应当说明理由和依据。”从此，确定刑量刑建议逐步成为地方检察机关办理认罪认罚案件的常态。②

第三，要求法院在认罪认罚案件中“一般应当采纳”检察官的指控罪名和量刑建议。《刑事诉讼法》第 201 条规定：“对于认罪认罚案件，人民法院依法作出判决时，一般应当采纳人民检察院指控的罪名和量刑建议，但有下列情形的除外：（一）被告人的行为不构成犯罪或者不应当追究其刑事责任的；（二）被告人违背意愿认罪认罚的；（三）被告人否认指控的犯罪事实的；（四）起诉指

---

① 参见陈瑞华：《论量刑协商的性质和效力》，载《中外法学》2020 年第 5 期；陈国庆：《适用认罪认罚从宽制度的若干问题》，载《人民检察》2019 年第 23 期。

② 例如，2021 年 1 月至 11 月，检察机关提出确定刑量刑建议占提出总数的 90.87%，法院对量刑建议的采纳率为 96.85%，参见《最高检印发指导意见全面规范认罪认罚案件量刑建议工作》，载最高人民检察院网，https://www.spp.gov.cn/xwfbh/wsfbt/202112/t20211220_539038.shtml#1。

控的罪名与审理认定的罪名不一致的;(五)其他可能影响公正审判的情形。”这一规定实际上建立了认罪认罚案件的“诉判衔接机制”,使得求刑权这样一种程序性请求权对法官的裁判产生了实体上的约束力。据立法人员解释,之所以作出上述规定,主要意图在于增强检察机关“量刑建议的法律效果”,为办案机关鼓励和引导犯罪嫌疑人认罪认罚提供程序保障,“犯罪嫌疑人在考虑认罪认罚时,能够对认罪认罚产生的法律效果有直观的预期,也能较好地实现犯罪嫌疑人认罪服判”[①]。

第四,法院对认罪认罚案件的审判程序一律简化。法庭审理的重点从审查指控犯罪是否成立转变为审查认罪认罚的自愿性以及认罪认罚具结书的真实性和合法性。[②] 为了最大限度地提高认罪认罚案件的办案效率,《刑事诉讼法》新设了一种比简易程序更加便捷的“审判”程序——速裁程序。凡属于基层法院管辖的可能判处 3 年有期徒刑以下刑罚的案件,案件事实清楚,证据确实、充分,被告人认罪认罚并同意适用速裁程序的,除法定的少数情形以外,都可以适用速裁程序,由审判员 1 人独任“审判”。法院适用速裁程序审理案件时,不受普通审判程序关于送达期限的限制,一般不进行法庭调查、法庭辩论,并且应当当庭宣判,只是在判决宣告前应当听取辩护人的意见和被告人的最后陈述意见。[③] 速裁程序之“速”在审查起诉和审判的期限上也有明确的体现。[④] 在司法实践中,被告人一人被指控一罪的案件,法院适用速裁程序“开庭审理”时,通常只需要 5 ~ 15 分钟即可结束。

2018 年刑事诉讼立法的“制度创新”,特别是对认罪认罚的公诉案件“诉判衔接”机制的设计,从功能上赋予了检察官对刑事案件定罪量刑的决定权,这与原来由法院对公诉案件进行实体审理以后才能最终决定罪与罚的诉讼模

---

① 王爱立主编:《中华人民共和国刑事诉讼法释义》,法律出版社 2018 年版,第 429 - 430 页。

② 参见《刑事诉讼法》第 190 条第 2 款。

③ 参见《刑事诉讼法》第 222 条至第 224 条。

④ 《刑事诉讼法》第 172 条第 1 款规定:“人民检察院对于监察机关、公安机关移送起诉的案件,应当在一个月以内作出决定,重大、复杂的案件,可以延长十五日;犯罪嫌疑人认罪认罚,符合速裁程序适用条件的,应当在十日以内作出决定,对可能判处的有期徒刑超过一年的,可以延长至十五日。”第 225 条规定:“适用速裁程序审理案件,人民法院应当在受理后十日以内审结;对可能判处的有期徒刑超过一年的,可以延长至十五日。”

式存在重要区别。同时，由于“审判”程序被“极度简化”，法庭对认罪认罚案件的事实审查功能实际上也弱化了，诉讼的重点进一步前移到审前阶段。正是在认罪认罚从宽制度的试点和实施过程中，检察机关开始提出“主导责任说”，主张检察官在整个刑事诉讼中都应当发挥“主导作用”，承担“主导责任”。①

根据最高人民检察院提供的数据，2020 年，全国检察机关审查起诉阶段对认罪认罚从宽制度的适用率超过 85%，检察机关量刑建议被法院采纳率约为 95%。② 2021 年，全国检察机关审查起诉阶段对认罪认罚从宽制度的适用率超过 85%；量刑建议采纳率超过 97%。③ 这意味着，绝大多数刑事案件定罪量刑的权力已经从法官手中转移到检察官手中，法官对认罪认罚案件的“法庭审理”整体上看基本是一个过场。根据相关立法规定和司法实务，不难得出结论：认罪认罚从宽制度的实质是“中国版的检察官司法”。

之所以加上“中国版”几个字，是因为认罪认罚从宽制度既不同于美国的答辩交易制度，也不同于欧洲大陆的认罪协商或者量刑协商制度，与日本的所谓“检察官司法”也有重大区别。

首先，中国认罪认罚从宽制度不是答辩交易制度的翻版。仔细考察中国的相关立法和实务，可以发现，除经最高人民检察院基于犯罪嫌疑人认罪认罚而批准撤销案件或者不起诉的特殊情形④外，中国认罪认罚从宽制度与美国的答辩交易制度至少存在四点区别：(1)“认罪认罚”制度要求被追诉人如实供述自己的罪行，提供在法律上具有证据能力和证明力的完整口供，而不是简单地表示“认罪认罚”，更不允许被追诉人只接受处罚却拒绝认罪，所谓的

---

① 参见张军：《关于检察工作的若干问题》，载《人民检察》2019 年第 13 期。

② 参见张军：《最高人民检察院工作报告——2021 年 3 月 8 日在第十三届全国人民代表大会第四次会议上》，载最高人民检察院网，https://www.spp.gov.cn/spp/gzbg/202103/t20210315_512731.shtml。

③ 参见张军：《最高人民检察院工作报告——2022 年 3 月 8 日在第十三届全国人民代表大会第五次会议上》，载最高人民检察院网，https://www.spp.gov.cn/spp/gzbg/202203/t20220315_549267.shtml。

④ 《刑事诉讼法》第 182 条第 1 款规定：“犯罪嫌疑人自愿如实供述涉嫌犯罪的事实，有重大立功或者案件涉及国家重大利益的，经最高人民检察院核准，公安机关可以撤销案件，人民检察院可以作出不起诉决定，也可以对涉嫌数罪中的一项或者多项不起诉。”

“Alford Plea”在中国是不存在的。(2)从法律要求上看,认罪认罚案件定罪判刑的证据标准与其他案件没有区别,二者都要求达到“案件事实清楚,证据确实、充分”的程度,且口供不得作为定罪的唯一根据。这与答辩交易制度下法官在批准有罪答辩之前只需要确认其“有事实基础”显然是不同的。(3)认罪认罚从宽制度中控辩双方协商的范围有限,主要限于量刑问题,至于指控罪名、罪数,则没有协商的空间;即使是量刑问题,多数情况下也是检察官“提议”、犯罪嫌疑人“同意”,没有实质性的“协商”。至于《刑事诉讼法》第182条关于指控交易的规定,属于极端例外的情形,目前尚无适用案例。(4)对认罪认罚被告人的从宽处罚幅度受到罪刑法定原则、罪刑相适应原则等刑法基本原则和两高量刑指导意见的严格限制,一般只能在法定量刑幅度以内适当从轻处罚,不存在美国答辩交易制度下那种巨大的量刑差和“审判罚”(trial penalty)[①]问题。

其次,认罪认罚从宽制度也不同于欧洲大陆的认罪协商或者量刑协商制度,主要表现在两个方面:其一,中国检察机关的起诉裁量权较小。检察机关与负责侦查的公安机关、负责职务犯罪调查的监察机关是分工负责、互相配合、互相制约的关系,在犯罪侦查或调查程序中没有相对优势地位,更没有“指挥”侦查权。相反,只有当公安机关侦查终结或监察机关调查完毕认为需要追究刑事责任而移送起诉时,检察机关才开始接管案件。同时,检察机关没有欧洲检察官那种发布或者请求处罚令的权力,它对于移送起诉的案件只能选择起诉或者不起诉(包括“附条件不起诉”)。其二,中国检察机关适用认罪认罚从宽制度不受案件严重程度的限制,即使是可能判处10年以上有期徒刑、无期徒刑的案件,也可以适用。实践中甚至出现过在死刑缓期二年执行与无期徒刑之间选择从宽适用的认罪认罚案件。这与法国、意大利、俄罗斯等国家对严重犯罪案件不适用协商处理程序的制度要求也是不同的。

再次,认罪认罚从宽制度也不同于日本的“检察官司法”。除了中国检察

---

① See Andrew Chongseh Kim, *Underestimating the Trial Penalty: An Empirical Analysis of the Federal Trial Penalty and Critique of the Abrams Study*, 84 Miss. L. J. 1195, 1243 (2015); Candace McCoy, *Plea Bargaining as Coercion: The Trial Penalty and Plea Bargaining Reform*, 50 Crim. L. Q. 67, 89 – 91 (2005).

官的不起诉裁量权小于日本同行以外，认罪认罚从宽制度以认罪认罚具结书和量刑建议为纽带，把被追诉人认罪认罚的态度与最终的判决结果联结起来，并且立法者为从侦查阶段认罪认罚情况的记录和移送，到审查起诉阶段的听取意见、签署具结书、提出量刑建议，再到审判阶段的权利告知、“一般应当采纳”原则和速裁程序，设计了不同于其他案件的完整诉讼流程。虽然中国和日本的有罪判决率都在99%以上，实现这一结果的路径也有较多的类似之处，如口供依赖、人质司法、笔录裁判、庭审虚化等，但日本以宪法为基础的刑事诉讼制度体现了“审判中心主义”的基本倾向，“检察官司法”只是一种无可奈何的实际结果。相比之下，中国刑事诉讼制度在整体上是按照“诉讼阶段论”设计的，并未贯彻审判中心主义，认罪认罚从宽制度则是立法者精心设计、主动追求的结果。如果把日本积极推行裁判员制度与中国法院消极对待陪审员参审制的实践一并观察，就会发现两国“检察官司法”的实际差异更加明显。

最后，与美国、欧洲等以认罪协商或者量刑协商为核心的检察官司法相比，中国认罪认罚从宽制度还有以下四个特点：(1)在适用前提上，把“认罪”与“认罚”捆绑在一起，强调被追诉人通过“认罚”表示悔罪，以便“案结事了”。被追诉人只“认罪”不“认罚”的案件，不适用这一制度。(2)在适用程序上，以提起公诉前认罪认罚为主，即被追诉人一般须在审查起诉阶段向检察官表示认罪认罚，并签署具结书以后，案件才能适用认罪认罚制度。起诉前没有认罪认罚，审判中才表示认罪认罚的，仍然可以适用这一制度，但从宽处罚的幅度很小甚至没有。(3)在从宽模式上，实行“裁量从宽 + 诉判衔接”模式，从宽处理不是被追诉人认罪认罚的当然结果。认罪认罚从宽制度包含认罪认罚、实体从宽、程序从简三个方面内容，认罪认罚是前提，从宽处理、程序从简是结果。根据《刑事诉讼法》第15条的规定，对认罪认罚的被追诉人“可以”从宽，这意味着检察官和法官对是否从宽以及从宽多少拥有裁量权，不是“协商从宽”。正如最高人民法院一位法官所指出的：“从制度定位上看，认罪认罚从宽的根本目的是确保公安机关、人民检察院、人民法院依法、及时、公正履行追诉、惩罚犯罪的职责，犯罪嫌疑人、被告人只是通过认罪认罚来争取从宽，而不是就定罪量刑进行讨价还价。"[①]但为了保证制度的有效运行,立法明确规定了"一般应当采纳"原则,通过"诉判衔接机制"支撑检察官的从宽承诺最终得以兑现。(4)正当程序基础较弱,例如,绝大多数犯罪嫌疑人没有辩护律师,法律帮助的主力是"值班律师";缺乏健全的反悔[②]和救济机制,被追诉人即使事后翻供或者不再认可具结书的内容,原有罪供述的证据能力不受影响;如果在一审判决前一直认罪认罚但判决后又以量刑过重为由提出上诉,可能受到报复性抗诉,在二审中被改判加刑;不论被告人是否上诉,法院通过再审改判加刑也未受禁止。

四、中国检察官司法的风险

比较法的经验表明,检察官司法往往存在一些妨碍司法公正的风险,如认罪的自愿性保障不足、容易出现误判、认罪案件与不认罪案件的"量刑差"巨大导致判决结果不公正,等等。例如,据美国加州大学尔湾分校等三所大学联合项目组调查,自 1989 年根据 DNA 证据纠正第一例冤案开始,美国至今已经有 2954 名罪犯经赦免、撤销案件或者宣告无罪获得平反,其中 637 人的原有罪判决是根据有罪答辩作出的,占 21.56%,而针对这些人指控的犯罪大多数根本就没有发生过。[③]"公平审判"国际组织也指出,欧洲国家基于效率至上原则而大量使用的各种"放弃审判"制度存在多种风险,包括虚假的同意、有限且无效的诉讼权利、无效的司法监督、系统的歧视和种族主义、相关研究和数据收集存在盲点等。[④] 日本的检察官司法也被认为是导致侵害人权和错误裁判的重要原因。[⑤]

---

① 胡云腾主编,最高人民法院刑事审判委一庭编著:《认罪认罚从宽制度的理解与适用》,人民法院出版社 2018 年版,第 5 页。

② 关于反悔的有限规定,参见《认罪认罚指导意见》第 51 – 53 条。

③ See *The National Registry of Exonerations*, http://www. law. umich. edu/special/exoneration/Pages/detaillist. aspx? View = {FAF6EDDB – 5A68 – 4F8F – 8A52 – 2C61F5BF9EA7} &FilterField1 = Group&FilterValue1 = P.

④ See *Efficiency Over Justice: Trial Waiver Systems in Europe* (December. 2021), https://www. fairtrials. org/publications/.

⑤ [日]川崎英明:《刑事司法改革与刑事诉讼法学的课题》,日本评论社 2017 年版,第 137、234 页;[日]小田中聪树:《现代司法与刑事诉讼的改革课题》,日本评论社 1995 年版,第 295 – 296 页。

中国的检察官司法是认罪认罚从宽制度实施以后才出现的现象。在此之前，中国刑事诉讼的整体构造特征是“侦查中心主义”，在以羁押讯问为核心的纠问式侦查与“案卷笔录裁判”为特征的形式化庭审之间，检察官基本上只是一个“二传手”的角色，民间所谓“公安做饭、检察端饭、法院吃饭”的说法，形象地展示了公检法机关“流水作业”的刑事诉讼模式，由此导致非法取证、超期羁押、隐瞒证据、错案频出等一系列严重问题，引起学界和实务界强烈关注。2014 年 10 月，中共中央《关于全面推进依法治国若干重大问题的决定》提出“推进以审判为中心的诉讼制度改革”和“完善刑事诉讼中认罪认罚从宽制度”的改革任务后，学界和实务界开始围绕上述两项互相配套的改革任务积极探索完善制度的对策。但是，到目前为止，以审判为中心的诉讼制度改革完全采用了“技术性微调”的进路，除了“两高三部”于 2017 年 6 月 20 日出台的《关于办理刑事案件严格排除非法证据若干问题的规定》以及最高人民法院与司法部于 2017 年 10 月推出的“刑事案件律师辩护全覆盖”的试点措施以外，实质性的进展乏善可陈。相比之下，认罪认罚从宽制度从授权试点到修改立法和全面实施，进展相当顺利。在最高人民检察院的强力推动下，认罪认罚从宽制度的适用率不断提升，近两年已经稳定在 85% 以上；同时，检察机关利用内设机构改革之机全面推行“捕诉一体”办案机制，从而“使得检察机关在诉前可以监督、制约、引导侦查，在诉后可以监督、制约、压制审判，形成检察机关主导下的侦、捕、诉、判一体化的格局”①，因而“检察官司法”迅速成为中国刑事诉讼的突出特征。

正因为以审判为中心的诉讼制度改革尚未取得预期成效，认罪认罚从宽制度直接链接到原有的“侦查中心主义”诉讼构造的“端口”，各方面的运行条件远远达不到正当法律程序的要求，加之一些法外因素的影响，中国的检察官司法不可避免地蕴藏着巨大的风险。从公正审判的角度看，这些风险主要表现在以下三个方面：

---

① 孙长永：《认罪认罚从宽制度实施中的五个矛盾及其化解》，载《政治与法律》2021 年第 1 期。

(一)认罪认罚的自愿性很难得到保证

认罪认罚从宽制度的适用以被追诉人自愿认罪认罚为前提。如果被追诉人的认罪认罚是不自愿的,那么,实体从宽和程序简化均失去正当依据。但在侦查中心主义的诉讼构造下,被追诉人认罪认罚的自愿性很难得到保障。

第一,“供述义务”的持续存在、口供自愿性规则缺失、审前程序中律师帮助严重不足及居高不下的审前羁押率、99.9%的有罪判决率导致“认罪”的自愿性难以得到保障。认罪认罚从宽制度的确立,并没有改变被追诉人基本上作为诉讼客体的地位,被追诉人除了能够获得值班律师的有限法律帮助以外,没有新增任何诉讼权利。相反,认罪认罚从宽制度为侦查机关诱导犯罪嫌疑人作出有罪供述增添了新的手段。[①] 检察机关对认罪认罚从宽制度的适用率之所以能够迅速达到85%以上,主要是因为在以“羁押讯问”(custodial interrogation)为核心的纠问式侦查模式下,被追诉人在侦查阶段的“认罪”率本来就很高。[②] 而且,被追诉人如果在侦查阶段表示认罪,但在审查起诉或者庭审阶段又翻供,否认主要犯罪事实,即不再符合适用认罪认罚从宽制度的条件。因此,被追诉人要想获得从宽处罚,就必须维持侦查中的有罪供述。[③]

第二,控辩平等协商机制的缺失以及检察官同时享有审前羁押批准权和基本决定裁判结果的量刑建议权,导致“认罚”的自愿性难以得到保障,重刑案件中尤其如此。虽然《认罪认罚指导意见》允许控辩双方就量刑问题进行协商,但是,由于控辩双方诉讼地位严重不对等,加之办案期限的严格限制,一个同时拥有批准和变更羁押权、起诉和不起诉决定权以及基本决定裁判结果的量刑建议权的检察官,有什么动力和耐心与被羁押于看守所的犯罪嫌疑人进行“协商”呢?犯罪嫌疑人又有什么“筹码”能够对检察官的量刑建议表示“不同意”呢?

第三,法庭审理的形式化、法官长期形成的追诉倾向和配合习惯等,导致

---

① 参见刘泊宁:《认罪认罚从宽制度中司法承诺之考察》,载《法学》2020年第12期。

② 参见闫召华:《口供中心主义研究》,法律出版社2013年版,第139、141页。

③ 例如,杨某峰等4人走私废物罪案,参见广东省高级人民法院(2020)粤刑终1288号刑事裁定书。

法官基本上不会对被追诉人认罪认罚的自愿性问题进行认真审查。即使有意认真审查的法官,受各种因素影响,也未必能够进行实质性审查。因为虽然《刑事诉讼法》第173条明确要求检察机关在审查起诉时听取认罪认罚的犯罪嫌疑人及其辩护人或者值班律师、被害人及其诉讼代理人关于案件事实、指控罪名、从宽处罚建议和程序适用等的意见,"并记录在案",但没有同时要求检察机关在提起公诉时把这些记录移送法院,因而法院对控辩双方关于认罪认罚的"合意"是如何达成的,无从知晓。

(二)认罪认罚的真实性难以得到保证

《认罪认罚指导意见》第3条规定:"办理认罪认罚案件,应当以事实为根据,以法律为准绳,严格按照证据裁判要求,全面收集、固定、审查和认定证据。坚持法定证明标准,侦查终结、提起公诉、作出有罪裁判应当做到犯罪事实清楚,证据确实、充分,防止因犯罪嫌疑人、被告人认罪而降低证据要求和证明标准。对犯罪嫌疑人、被告人认罪认罚,但证据不足,不能认定其有罪的,依法作出撤销案件、不起诉决定或者宣告无罪。"这一要求表明,认罪认罚案件的定罪量刑证明标准与不认罪案件的定罪量刑证明标准完全相同,被追诉人所认的"罪"和"罚"都必须是真实的,符合包括有罪供述在内的全案证据能够证明的事实。然而,在适用认罪认罚从宽制度提起公诉的案件中,控辩双方关于指控的犯罪事实与量刑建议在形式上均已达成"合意",同时,法庭调查和法庭辩论被简化甚至完全省略,由此导致两个问题:其一,检察官只要获得犯罪嫌疑人依法签署的认罪认罚具结书,就可以按照认罪认罚从宽制度提起公诉,至于案件的事实证据是否符合提起公诉的法定要求,完全取决于检察官的个人判断;其二,法官对被告人认罪认罚的公诉案件,仅仅经形式审理后便可以作出有罪判决,且"一般应当采纳"指控罪名和量刑建议,至于控诉证据是否达到定罪的法定证明标准、有关量刑的事实和情节是否清楚并有充分证据证明等,完全取决于法官的个人判断,这种判断主要依赖庭前阅卷。因此,认罪认罚案件无论是提起公诉的决定还是最终作出的有罪判决,是否符合法定的证明标准,缺乏必要的程序保证。2021年2月安徽省芜湖市繁昌区人民法院宣判的谢某卿等62名被告人被控诈骗罪案件之所以引起舆论关注,不仅因为该案有 42 名被告人因证据不足被宣告无罪,而且因为被宣告无罪的被告人中有 22 人"自愿认罪"(包括 5 人"认罪认罚"),其中部分被告人的辩护人出于各种原因也只作了"罪轻辩护"。[①] 笔者检索"裁判文书网"发现(截至 2022 年 2 月 27 日),2019—2021 年,全国法院一审适用认罪认罚从宽制度判决生效后启动再审程序的案件共有 426 件,分布在全国 30 个省、自治区、直辖市;其中因原判决认定事实错误而启动再审的,为 177 件,占 41.55%,包括对被告人的同一性认定错误、[②]对指控行为的罪与非罪认定错误、[③]重要量刑情节认定错误或遗漏[④]等多种情形。实践证明,在"侦查中心主义"的诉讼构造没有得到根本改变以前,片面追求诉讼效率,轻易挤压本来就不太严格的程序机制,轻信集羁押权、公诉权、裁判权(实质上)和诉讼监督权四大权力于一身的检察机关声称的控辩"合意",必然导致错诉和误判的风险升高。

(三)适用法律的公正性难以得到保证

在认罪认罚从宽制度下,由于诉讼效率受到特别强调,对犯罪嫌疑人、被告人的审前羁押期限大大缩短,审前羁押率也有所下降,这对犯罪嫌疑人、被告人无疑是有利的。然而,适用法律的公正性很难得到保证,其中除了程序上是否适用认罪认罚从宽制度处理未能贯彻平等原则之外,更重要的是在案件

---

① 参见芜湖市繁昌区人民法院刑事判决书,(2018)皖 0222 刑初 130 号。

② 参见程某顶替他人对交通肇事指控认罪认罚后经再审改判包庇罪案,安徽省广德市人民法院(2019)皖 1822 刑再 1 号刑事判决书;封某忠顶替他人对危险驾驶指控认罪认罚后经再审改判包庇罪案,四川省天全县人民法院(2019)川 1825 刑再 1 号刑事判决书;张某海顶替他人对开设赌场罪指控认罪认罚后经再审改判包庇罪案,安徽省蚌埠市蚌山区人民法院(2019)皖 0303 刑再 1 号刑事判决书;朱某香危险驾驶再审改判案(冒用他人身份),天津市北辰区人民法院(2018)津 0113 刑再 1 号刑事判决书;李某鹏(冒用王某身份)危险驾驶再审改判案,江苏省无锡市梁溪区人民法院(2020)苏 0213 刑再 3 号刑事判决书。

③ 参见杨某江寻衅滋事再审改判无罪案,宁夏回族自治区吴忠市中级人民法院(2020)宁 03 刑再 1 号刑事判决书。

④ 例如,马某掩饰、隐瞒犯罪所得、犯罪所得收益再审改判案,原审未查明马某系累犯的事实,采纳公诉机关量刑建议作出判决,参见辽宁省盘锦市双台子区人民法院(2020)辽 1102 刑再 2 号刑事判决书;杨某非法持有毒品再审改判案,原审未查明杨某有前科的事实,采纳公诉机关量刑建议作出判决,参见重庆市江北区人民法院(2019)渝 0105 刑再 3 号刑事判决书;开某雷等人盗窃再审改判案,原审未查明开某雷系在前罪监外执行期间又犯新罪的事实,采纳公诉机关量刑建议作出判决,参见江苏省淮安市淮安区人民法院(2020)苏 0803 刑再 3 号刑事判决书。

的实体处理结果上，对认罪认罚的被告人未能公正地落实“从宽”处罚待遇。

根据认罪认罚从宽制度的设计原理，“从宽处理”是被追诉人认罪认罚时可以“合理期待”的利益，也是国家对认罪认罚被追诉人的一种承诺。虽然法律规定的是“可以”从宽，但学界和实务界一致认为，“可以”从宽不是可有可无，“应当理解为一般应当从宽，即没有特殊理由的，都应当体现法律规定和政策精神，从宽处罚”①。《认罪认罚指导意见》第 8 条也规定：“‘可以从宽’，是指一般应当体现法律规定和政策精神，予以从宽处理。”第 9 条进一步规定：“认罪认罚的从宽幅度一般应当大于仅有坦白，或者虽认罪但不认罚的从宽幅度。对犯罪嫌疑人、被告人具有自首、坦白情节，同时认罪认罚的，应当在法定刑幅度内给予相对更大的从宽幅度。”针对司法实践中认罪认罚从宽制度主要适用于轻罪案件的现实，《认罪认罚指导意见》第 1 条还特别要求：“对可能判处三年有期徒刑以下刑罚的认罪认罚案件，要尽量依法从简从快从宽办理。”如果上述要求能够得到有效落实，那么，在认罪认罚从宽制度得到普遍适用的情况下，②法院对被告人的判刑整体上应当逐步轻缓化，特别是判处 3 年有期徒刑以下刑罚的人数占比应当有一定程度的增加。

但是根据官方统计（见表 1），与 2018 年相比，在全面实施认罪认罚从宽制度后的 2019 年和 2020 年，全国的缓刑率、微刑率、轻刑率均略有下降；而在认罪认罚从宽制度尚未实施的 2015 年、2016 年，全国的缓刑率、轻刑率都高于 2019 年和 2020 年（尤其是缓刑率），重刑率则低于 2019 年和 2020 年。这说明，从全国范围来看，认罪认罚“从宽”制度的普遍适用对法院的量刑几乎没有什么影响。如果新数据不能表明量刑结果朝着有利于被告人的方向发生明显变化，那么被告人通过认罪认罚能够获得的“从宽”利益至少从审判结果来看只是一个虚幻的承诺。这对认罪认罚的被告人来说，显然是不公平的。

---

① 胡云腾主编，最高人民法院刑事审判第一庭编著：《认罪认罚从宽制度的理解与适用》，人民法院出版社 2018 年版，第 79 页；另参见孙长永主编：《刑事诉讼法学》，法律出版社 2019 年版，第 103 页。

② 2020 年，全国法院审结认罪认罚案件 79.5 万件，占同期审结全部刑事案件的 71.3%。参见沈亮：《凝聚共识　推进认罪认罚从宽制度深入有效实施》，载《人民法院报》2021 年 7 月 22 日，第 5 版。

表 1　2015—2020 年全国刑事被告人受刑轻重一览表①

单位:%

年度/年	缓刑率	微刑率	轻刑率	重刑率
2015	36.74	N	84.62	9.37
2016	36.69	N	86.25	8.02
2017	37.70	32.69	76.80	13.81
2018	34.25	35.63	84.36	10.89
2019	30.21	35.61	83.91	10.61
2020	32.32	32.32	83.04	10.21

不仅如此,由于我国认罪认罚从宽制度采取的是“裁量从宽”而非“协商从宽”模式,即使从宽处罚情节大体相同的被告人,其实际获得的从宽幅度往往因地而异、因案而异,并不完全公正。2019 年 6 月北京门头沟区发生的余某平交通肇事案,更是将“检察官司法”与法官中立裁判原则之间以及所谓“控辩合意”与实体真实原则之间的冲突暴露无遗。无论检法两家孰是孰非,庭审诉讼结果是:自侦查阶段就自愿认罪认罚并且提供巨额赔偿获得被害人谅解的被告人余某平,没有获得检察机关承诺并建议的从宽处罚。② 实际上,类似于余某平案件中法院或者检察机关否定先前承诺的现象,在司法实践中并非个例。笔者检索“裁判文书网”发现(截至 2022 年 2 月 27 日),2019—2021 年,检察机关对认罪认罚案件的生效判决提出再审抗诉的共有 138 件,其中在原审判决认定事实没有错误且采纳了量刑建议的情况下,检察机关又以适用法律不当、量刑畸轻为由提起抗诉的有 63 件,占检察院提起抗诉案件的 47%。例如熊某某危险驾驶案,检察机关提出免予刑事处罚的量刑建议,得到法院采纳,但判决生效后,上级检察机关又以量刑畸轻为

---

①　数据来源:《中国法律年鉴 2016—2021 年》。缓刑率,指被判处 3 年以下有期徒刑和拘役的人中被宣告缓刑的比例;微刑率,指被判处 1 年以下有期徒刑、拘役、管制、单处附加刑、免刑的人占有罪判决总人数的比例;轻刑率,指被判处 3 年以下有期徒刑和拘役(含缓刑)、管制、单处附加刑、免刑的人占有罪判决人数的比例;重刑率,指被判处 5 年以上有期徒刑、无期徒刑和死刑的人占有罪判决总人数的比例。

②　据了解,该案经北京市人民检察院提出再审抗诉后,北京市高级人民法院裁定撤销一审、二审判决,将案件发回北京市门头沟区人民法院重新审判。

由提出抗诉,再审改判熊某某拘役2个月、缓刑3个月,并处罚金4000元。[①]又如陶某俊、刘某贩卖毒品案,一审法院适用认罪认罚从宽制度,判处陶某俊有期徒刑14年6个月、罚金5万元,判处刘某有期徒刑8年6个月、罚金3万元,二被告人上诉后,二审法院发现一审判决认定的二人贩卖毒品数量认定错误、对刘某适用法律错误导致量刑畸轻,但受上诉不加刑原则限制,维持了原判。判决生效后,原二审法院又以原审判决适用法律确有不当、量刑畸轻为由,决定再审本案,再审后改判陶某俊有期徒刑15年、罚金5万元,改判刘某有期徒刑15年、罚金3万元。[②] 对原一审程序中的"认罪认罚"情况完全不再考虑。

对认罪认罚的被告人不能公平地兑现从宽处罚的承诺,或者对具有类似从宽处罚情节的被告人不能平等地适用法律,不仅直接损害认罪认罚被告人合理期待的正当利益,而且会削弱刑法的道德基础和社会信用体系,损害司法公信力和法律权威。[③]

五、中国检察官司法的前景

如何应对检察官司法的风险?日本和美国也都出现了"技术性微调论"[④]和"制度变革论"[⑤]两种不同意见。日本在以平野龙一教授为代表的学界多数意见推动下,最后走了制度变革之路。2004年和2016年日本两次修改《刑事诉讼法》,并单独制定了《关于裁判员参加刑事审判的法律》,通过裁判员参审制,逐步实现刑事庭审实质化,并带动审前程序的正当化。修改后的法律实施以后,日本法院系统通过大量判例,不断加强对侦查行为的规制[⑥]和对辩护权

---

① 参见云南省维西傈僳族自治县人民法院刑事判决书,(2021)云3423刑再1号。

② 参见吉林省松原市中级人民法院刑事判决书,(2020)吉07刑再3号。

③ 参见刘泊宁:《认罪认罚从宽制度中司法承诺之考察》,载《法学》2020年第12期;龙宗智:《欺骗与刑事司法行为的道德界限》,载《法学研究》2002年第4期。

④ [日]松尾浩也:《刑事诉讼的理论》,有斐阁2012年版,第31、254页;[日]土本武司:《日本刑事诉讼法要义》,董璠舆、宋英辉译,台北,五南图书出版公司1997年版,第31页。

⑤ [日]平野龙一:《通过采用参审制实现"核心司法"——刑事司法改革的行动与方向》,载《ジュリスト》第1148号;[日]田宫裕:《刑事诉讼法》(新版),有斐阁2012年版,第14页。

⑥ 其中影响最大的可能是日本最高法院2017年3月15日判决的"GPS侦查案",参见日本最高法院大法庭2018年3月15日判决,日本最高法院刑事判例集71卷3号,第13页。

的保障,[1]同时,日本最高法院自2012年2月起,多次强调上诉审作为事后审的立场,不断强化一审庭审的中心地位。[2] 统计数据表明,日本自2009年实施裁判员制度至2018年年底,裁判员参审结案11,770件,其中宣告无罪99件,无罪判决率为0.84%,高于2006—2008年法官审结案件的无罪判决率(0.6%);裁判员参审的案件中保释率也逐步升高,通常第一审程序被告人的未决羁押率逐步下降。[3] 日本最高法院的最新民意调查显示,多数人认为,裁判员制度实施以后,"司法变得公正中立了""审判值得信赖了""法院和司法可以被接近了""审判的结果变得能够理解了""审判结果更容易反映国民的感觉了""案件的真相得到了查明""国民对刑事审判和司法等公共事务的关心增加了"。[4] 这说明,日本实行刑事案件裁判员参审制以及相应的配套改革,取得了相当的成功,得到了国民认可。尽管日本裁判员制度没有触动以羁押讯问为核心的纠问式侦查构造,同时裁判员审判中仍然存在过度使用传闻证据等问题,因而裁判员制度的实施暂时未能从根本上改变"检察官司法"的基本格局,但这一制度与犯罪嫌疑人国选辩护人制度同步推进,加之证据开示制度不断完善、羁押讯问的录音录像制度得以确立,以及判例对侦查行为的司法审查功能逐步强化,有可能共同推动日本刑事司法逐步实现审判中心主义。

美国学界对以答辩交易制度为代表的检察官司法虽然也有制度变革乃至"废除论"的强劲意见,[5]但"技术性微调论"者认为,答辩交易是不可避免的,

① 参见日本最高法院第一小法庭2019年10月25日判决,日本最高法院民事判例集72卷5号,第940页;日本最高法院第三小法庭2020年3月13日判决,载《裁判所时报》第1720号。

② 参见林偶之:《日本二审法院如何审查裁判员认定的事实——以日本最高法院2012年2月13日判决为例》,载《西南政法大学学报》2019年第5期;日本最高法院第二小法庭2019年3月19日判决,日本最高法院刑事判例集72卷1号,第1页;日本最高法院第二小法庭2019年7月13日判决,日本最高法院刑事判例集72卷3号,第324页;日本最高法院第一小法庭2018年12月25日判决,载《判例时报》第2368号。

③ 参见日本律师协会:《2019年[特集]喜迎裁判员制度开始十周年》,https://www.nichibenren.or.jp/document/statistics.html。

④ 参见《关于裁判员制度运用的认知调查》,https://www.saibanin.courts.go.jp/vc-files/saibanin/2021/2-i-1.pdf。

⑤ See Stephen J. Schulhofer, *Plea Bargaining as Disaster*, 101 Yale L. J. 1979 (1992); Albert Alschuler, *Implementing the Criminal Defendant's Right to Trial: Alternatives to Plea Bargaining*, 50 U. Chi. L. Rev. 932. 934 (1983); John H. Langbein, *Torture and Plea Bargaining*, 46 U. Chi. L. Rev. 3 (1978).

它是合理分配司法资源、协调政府同被告人之间利益关系的有效方法；①它“代表了同时追求效率和公正的刑事司法制度内在冲突的一种有机和大体可接受的解决方案，这一制度试图既维持与我们具有基本自由的社会密切联系的一系列传统，又满足有效、灵活执行法律的公共需要”。② 至于它所存在的问题，现实的解决方案“不是废除答辩交易，而是使它更加公平”。③ 美国联邦最高法院最终实际上采纳了“技术性微调论”的立场。例如，把无效辩护原则适用于答辩协商程序，④完善了控辩协商过程中的平衡机制，确保被告人认罪的自愿性和明智性；将联邦量刑指南的法律效力由强制性的改为裁量性的，强化了法官为实现司法公正所必要的独立量刑权；⑤等等。多数联邦地区法院也通过地方规则和开示命令，强化了检察官的证据义务（例如扩大开示范围、提前开示时间等），增强了被告人准备辩护以及作出明智的有罪答辩的能力。⑥ 一些州则通过法院判例或立法限制检察官要求被告人在答辩有罪后放弃上诉的权利，⑦同时不断强化控方的证据开示义务，⑧并以不同形式鼓励法官参与控辩之间的协商，对控辩失衡进行司法救济。⑨ 但是，这些措施集合在一起，也不能从根本上改变答辩交易作为检察官司法的基本特征。因此，Rakoff 法官无可奈何地指出：“至少在短期之内，美国刑事司法系统的真正统

---

① See Frank H. Easterbrook, *Plea Bargaining as Compromise*, 101 Yale L. J. 1969(1992).

② See Gerard E. Lynch, *Our Administrative System of Criminal Justice*, 66 Fordham L. Rev. 2117, 2145 - 2150(1998).

③ See Maximo Langer, *Rethinking Plea Bargaining: The Practice and Reform of Prosecutorial Adjudication in American Criminal Procedure*, 33 Am. J. Crim. L. 223, 291 - 297(2006).

④ See Hill v. Lockhart, 474 U. S. 52(1985); Padilla v. Kentucky, 559 U. S. 356(2010); Missouri v. Frye, 566 U. S. 134(2012); Lafler v. Cooper, 132 S. Ct. 1376(2012); Jae Lee v. U. S., 582 U. S. __ (2017), No. 16 - 327.

⑤ See U. S. v. Booker, 543 U. S. 220(2005).

⑥ See Daniel S. McConkie, *The Local Rules Revolution in Criminal Discovery*, 39 Cardozo L. Rev. 59(2017).

⑦ 参见孙长永：《比较法视野下认罪认罚案件被告人的上诉权》，载《比较法研究》2019 年第 3 期。

⑧ See Jenia I. Turner & Allison D. Redlich, *Two Models of Pre - Plea Discovery in Criminal Cases: An Empirical Comparison*, 73 Wash. & Lee L. Rev. 285, 304(2016); Miriam H. Baer, Timing Brady, 115 Colum. L. Rev. 1, 2 - 3(2015).

⑨ See Nancy J. King & Ronald F. Wright, *The Invisible Revolution in Plea Bargaining: Managerial Judging and Judicial Participation in Negotiations*, 95 Tex. L. Rev. 325(2016).

治者仍将是检察官,而非法官。”①

与日本、美国的情形不同,我国学界和实务界对认罪认罚从宽制度一致持肯定立场,尽管对该制度的性质(是不是协商性司法)、认罪认罚案件中量刑建议的效力以及“检法冲突”等问题如何理解,尚存在不同意见。总体上看,我国学界对该制度存在的风险有清醒的认识,并结合制度实施中存在的诸多问题提出了一系列完善建议。例如,熊秋红教授指出,“与一些法治发达国家相比,我国是在刑事诉讼‘第三范式’发育尚不充分的情况下迈向刑事诉讼‘第四范式’的,尤其应当注意防范可能产生的风险,通过系统性、综合性改革,重塑符合公正原则要求的法治秩序,保障认罪认罚从宽制度健康发展”②。陈卫东教授主张,“认罪认罚从宽的研究应放在审判中心的视野之下,两者之间的‘关系论’既关乎整个刑事诉讼格局的逻辑自洽问题,也关乎一些具体制度规定和实践运作的合理性问题。立足中国式控辩合意程序的核心定位,对认罪认罚从宽制度进行符合当下制度定位和司法背景的规范化、正当化的调整显得意义更为明显”③。龙宗智教授提出,应“尽力推动综合配套改革,关键是诉讼资源配置的控辩平衡,配套措施需重点改革侦查审讯制度及审前羁押制度,完善刑事辩护制度”④。陈瑞华教授针对量刑协商存在的问题指出,“未来有必要通过对不同程序的分流和幅度型量刑建议的推行,逐步完善法院的司法审查方式……律师当庭作无罪辩护的,不影响控辩双方量刑协议的效力”⑤。汪海燕教授认为,“允许被追诉人撤回认罪认罚是保障认罪认罚自愿性的内在要求”“被追诉人行使认罪认罚撤回权之后,具结书的认罪内容不应再作为被追诉人有罪供述的证据使用,也不能因撤回认罪认罚而作出对被追

---

① Jed S. Rakoff, *Why Prosecutors Rule the Criminal Justice System – And What Can Be Done About It*, 111 NW. U. L. Rev. 1429, 1436 (2017).

② 熊秋红:《比较法视野下的认罪认罚从宽制度——兼论刑事诉讼“第四范式”》,载《比较法研究》2019 年第 5 期。

③ 陈卫东:《认罪认罚从宽制度的理论问题再探讨》,载《环球法律评论》2020 年第 2 期;类似的意见,参见李建明、许克军:《“以审判为中心”与“认罪认罚从宽”的冲突与协调》,载《江苏社会科学》2021 年第 1 期;孙长永:《认罪认罚从宽制度实施中的五个矛盾及其化解》,载《政治与法律》2021 年第 1 期。

④ 龙宗智:《完善认罪认罚从宽制度的关键是控辩平衡》,载《环球法律评论》2020 年第 2 期。

⑤ 陈瑞华:《论量刑协商的性质和效力》,载《中外法学》2020 年第 5 期。

诉人不利的推定”“当前语境下，不应剥夺认罪认罚案件被告人的上诉权，也不应以各种方式限制‘上诉不加刑’原则的适用”。[①] 最高人民检察院原副检察长朱孝清建议，“完善值班律师制度、裁量不起诉制度、上诉抗诉制度，制定量刑指导意见、量刑建议程序规范和速裁程序审理规范，规范控辩协商程序，规定‘建议在法定刑以下量刑’的核准制度”[②]。周光权教授主张，刑法应当与认罪认罚从宽制度衔接，建议“明晰认罪、认罚的种类，并对从宽的幅度而非具体比例作出规定，同时将认罪认罚影响责任刑的内容增加到《刑法》第61条关于量刑原则的一般规定之中”[③]。

学界的研究成果对实务操作的改进和立法的持续完善起到了积极的促进作用。2019年10月“两高三部”《认罪认罚指导意见》出台以来，最高人民检察院单独或者会同其他中央政法机关发布了多份涉及认罪认罚从宽制度的规范性文件，内容覆盖了审前羁押、[④]侦查监督和侦诉协作、[⑤]法律援助和值班律师、[⑥]诉前听取意见程序、[⑦]量刑建议的程序[⑧]和实体依据、[⑨]认罪认罚案件的审理程序、[⑩]认罪认罚案件检察权力监督机制[⑪]等多个方面，为公安司法机关规范适用认罪认罚从宽制度提供了更加明确、具体的程序规则和实体规则，其中关于审前羁押、侦查监督和侦诉协作、法律援助和值班律师、量刑建议的一般程序和法庭审理程序等问题的规定，不仅对于办理认罪认罚案件，而且对于

① 参见汪海燕：《被追诉人认罪认罚的撤回》，载《法学研究》2020年第5期。

② 朱孝清：《认罪认罚从宽制度相关制度机制的完善》，载《中国刑事法杂志》2020年第4期。

③ 周光权：《论刑法与认罪认罚从宽制度的衔接》，载《清华法学》2019年第3期。

④ 参见最高人民检察院2021年8月17日发布的《人民检察院羁押听证办法》。

⑤ 参见最高人民检察院与公安部于2021年10月31日联合发布的《关于健全完善侦查监督与协作配合机制的意见》。

⑥ 参见“两高三部”2020年8月20联合发布的《法律援助值班律师工作办法》。

⑦ 参见最高人民检察院2021年12月2日发布的《人民检察院办理认罪认罚案件听取意见同步录音录像规定》。

⑧ 参见“两高三部”2020年11月5日联合发布的《关于规范量刑程序若干问题的意见》，最高人民检察院2021年12月3日发布的《人民检察院办理认罪认罚案件开展量刑建议工作的指导意见》。

⑨ 参见最高人民法院、最高人民检察院2021年6月联合发布的《关于常见犯罪的量刑指导意见（试行）》。

⑩ 参见“两高三部”2020年11月5日联合发布的《关于规范量刑程序若干问题的意见》。

⑪ 参见最高人民检察院2020年5月11日发布的《人民检察院办理认罪认罚案件监督管理办法》。

推进以审判为中心的诉讼制度改革也有一定的积极意义。此外,2021 年 8 月,全国人大常委会通过《中华人民共和国法律援助法》,第一次以法律的形式就法律援助的基本问题(如基本原则、机构和人员、形式和范围、程序和实施、保障和监督、法律责任等)作出了明确规定,这对于加强被追诉人的诉讼权利保障,无疑也具有重要的现实意义。这些规范性文件和法律如果能够得到认真落实,对犯罪嫌疑人的侦查羁押期限将会缩短,审前羁押率将会有所下降,检察官在决定提起公诉前的听取意见和量刑建议形成过程将更加规范,检察官在犯罪嫌疑人签署认罪认罚具结书后单方面变更指控、加重量刑建议的不诚信行为可望受到遏制,对认罪认罚案件的处理结果也可能向更加公正的方向转变。然而,所有这一切,都只是对既已形成检察官司法的"技术性改良",不太可能改变认罪认罚从宽制度作为检察官司法的特质;相反,有些规定甚至可能会进一步强化检察官司法的立场。例如,《人民检察院办理认罪认罚案件开展量刑建议工作的指导意见》第 39 条规定:"认罪认罚案件中,人民法院采纳人民检察院提出的量刑建议作出判决、裁定,被告人仅以量刑过重为由提出上诉,因被告人反悔不再认罪认罚致从宽量刑明显不当的,人民检察院应当依法提出抗诉。"这一规定为地方检察机关利用抗诉权压制认罪认罚的被告人依法行使上诉权提供了明确的规范依据,实质上固化了实践中已经形成的不良惯例。[①]

2021 年 7 月 9 日,最高人民法院组织召开了全国法院刑事审判工作座谈会。周强在会前作出批示,强调"各级法院要坚持严格公正司法,落实宽严相济刑事政策,严格贯彻罪刑法定、罪责刑相适应、证据裁判、疑罪从无等原则制度,确保惩罚犯罪与保障人权、程序公正与实体公正相统一……要深化刑事司法改革,深入推进以审判为中心的刑事诉讼制度改革,准确适用认罪认罚从宽制度,进一步推进庭审实质化"。[②] 最高人民法院常务副院长贺荣在讲话中明确要求,各级法院"要深入推进以审判为中心的刑事诉讼制度改革,准确实施

---

① 参见琚某忠盗窃案,最高人民检察院指导性案例 83 号(2020 年)。

② 参见记者李阳的报道:《推动刑事审判高质量发展　为建设更高水平平安中国法治中国提供有力司法服务》,载《人民法院报》2021 年 7 月 10 日,第 1 版。

认罪认罚从宽制度,严格落实庭审实质化要求”。[①] 会后,沈亮副院长专门撰文要求,“准确把握认罪认罚从宽制度适用重点和原则”“积极推进认罪认罚从宽制度依法有效实施”。他认为,“贯彻认罪认罚从宽制度,公检法三机关配合制约的关系没有变化,控辩审三方的职能配置和诉讼格局没有变化,人民法院对案件质量审查把关的职责要求没有变化……定罪量刑作为审判权的核心内容,具有专属性,检察机关的量刑建议仍然属于程序职权,是否适当、是否采纳,要由人民法院依法裁判”;要求各级法院“牢牢把握以审判为中心的刑事诉讼制度发展方向”“发挥好刑事审判对侦查起诉的制约引导作用,发挥好人民法院维护公平正义最后一道防线的把关作用,从事实认定、证据采信、定罪量刑、程序适用等方面,严格依法进行审查,确保每一个认罪认罚案件依法公正处理”,特别是要切实保障认罪认罚被告人的上诉权,“对于原判认定事实和适用法律正确、量刑适当的,应当裁定驳回上诉、维持原判,不能仅仅因为被告人上诉、检察机关就此抗诉,就认为一审判决确有错误、量刑不当而改判加重刑罚”。[②] 这次座谈会透露的信息以及最高人民法院领导的意见显示,法院系统有意收缩认罪认罚从宽制度的适用范围,适度抑制部分地区检察机关以抗诉权压制上诉权和裁判权的实务做法,维护法院定罪量刑的专属权力。然而,由于地方法院普遍看重与同级检察机关的协作配合,相当一部分认罪认罚案件的量刑建议经过检法两院事先“协商”,部分地方检察机关以抗诉压制上诉的举动甚至得到当地法院的默许或者鼓励,加之法院“案多人少”的矛盾比检察机关更为突出,因而法院对于获得立法支持的“检察官司法”恐怕无力撼动。

因此,至少从近期来看,中国检察官司法的现状将基本得到维持。深入推进以审判为中心的刑事诉讼制度改革,确保被告人获得公正审判的权利,系统完善认罪认罚从宽制度的运行规则和配套机制,从而有效化解认罪认罚从宽制度所蕴藏的风险,将是中国刑事司法改革的长期课题。

---

① 参见《贺荣:认真学习贯彻习近平总书记“七一”重要讲话精神在刑事审判工作中牢牢把握人民立场》,载最高人民法院官网,https://www.court.gov.cn/zixun-xiangqing-312851.html。

② 参见沈亮:《凝聚共识　推进认罪认罚从宽制度深入有效实施》,载《人民法院报》2021年7月22日,第5版。

以审判为中心的诉讼制度改革：实效、瓶颈与出路*

魏晓娜**

摘　要：通过对2018年和2014年基层法院审理的有争议刑事案件判决书的抽样调查，并在一系列核心指标上进行对比研究，发现以审判为中心的刑事诉讼制度改革启动四年来，除了在辩护指标上有明显好转外，在证人、鉴定人出庭率等核心指标上，2018年的数据与2014年的数据相比并未发现明显变化。以审判为中心改革的实际效果有限。究其原因，在以“案卷”为中心的审判认知结构和“副卷”集中反映的判决权威结构未发生根本性改变的情况下，改革的实际空间十分有限。深化以审判为中心的诉讼制度改革，需要解决好以“两卷”问题为代表的审判认知结构和判决权威结构的问题。为重塑审判认知结构，需要弱化案卷在审判中的作用，强化被告人的对质权；为重塑判决权威结构，需要合理确定院庭长的“审判监督”与法官依法独立公正履行审判职责之间的界限。以审判为中心改革的深入推进，会引发审前阶段的连锁反应，客观上强化了检察机关指导和控制侦查人员取证行为的合理需要。目前检察机关内部的“捕诉一体”化改革是这种诉求的反映。然而，满足这种需要的正确路径应当是加强“侦诉一体”化。

---

* 本文原载于《政法论坛》2020年第2期。

** 魏晓娜，中国人民大学法学院教授。

关键词：以审判为中心　副卷　司法责任制　捕诉一体

一、引言

推进以审判为中心的诉讼制度改革，是中共十八届四中全会作出的重大改革部署。为贯彻中央改革要求，2016 年 6 中央全面深化改革领导小组审议通过、2016 年 7 月“两高三部”联合发布《关于推进以审判为中心的刑事诉讼制度改革的意见》。2017 年 2 月，最高人民法院制定《关于全面推进以审判为中心的刑事诉讼制度改革的实施意见》。2017 年 6 月“两高三部”又联合发布《关于办理刑事案件严格排除非法证据若干问题的规定》等文件。2017 年 12 月，最高人民法院出台“三项规程”(《人民法院办理刑事案件庭前会议规程(试行)》《人民法院办理刑事案件排除非法证据规程(试行)》《人民法院办理刑事案件第一审普通程序法庭调查规程(试行)》)，全面深入推进以审判为中心的刑事诉讼制度改革。

与此同时，全国法院推进以审判为中心的试点工作也渐次展开。充分发挥审判特别是庭审在刑事诉讼中的决定性作用，成为改革的核心要求和重中之重。[①] 例如，成都法院 2015 年 2 月以来即在全国率先开展以审判为中心的刑事庭审实质化改革试点工作；[②]又如，温州市中级人民法院从 2015 年开始，以严格落实证人出庭制度为主要抓手，也开展了庭审中心与证人出庭改革试点工作。[③] 2017 年 3 月，山西省高级人民法院启动刑事案件庭审实质化改革试点，针对刑事庭审证据调查制度完善、健全非法证据排除程序等 12 个重点项目，分别在 45 家法院先行先试。[④] 2017 年 6 月，最高人民法院在研究制定

---

① 参见戴长林、刘静坤：《让以审判为中心的刑事诉讼制度改革落地见效——对“三项规程”重点内容的解读》，载《人民法院报》2017 年 6 月 28 日，第 6 版。在 2016 年 7 月 29 日中央政法委举办第三次全国政法干部学习讲座上，中央政法委书记孟建柱也指出，推进庭审实质化，是以审判为中心的诉讼制度改革的关键环节。

② 参见王鑫、刘方祺：《成都　刑事庭审实质化的一年答卷》，载《人民法院报》2016 年 3 月 21 日，第 5 版。

③ 参见温萱：《温州　一场让庭审更具“实战化”的改革》，载《人民法院报》2016 年 5 月 9 日，第 5 版。

④ 参见马超、王志堂：《庭审实质化改革的山西实践》，载《法制日报》2017 年 8 月 8 日，第 3 版。

深化庭审实质化改革的"三项规程"的过程中,先确定河北省廊坊市、山西省太原市等 17 个中级人民法院及其所辖的部分基层人民法院为试点法院。"三项规程"发布后于 2018 年 1 月 1 日起开始在全国范围内试行,成为法院系统推进中央以审判为中心改革、严格实行非法证据排除规则改革的主要抓手。①

在此期间,在监察体制改革的驱动下,刑事诉讼法经历了第三轮修改。引人注目的是,原本作为"以审判为中心"的配套改革措施、以提高诉讼效率为主要导向的认罪认罚从宽制度,经过两年试点之后,经由本轮刑事诉讼法修改,上升为正式的法律制度。而"以审判为中心"或者庭审实质化改革,在本轮修改中并未被提及。实际上,认罪认罚从宽制度能否实现既定的立法目标,在很大程度上取决于正式审判程序的发育程度,正式的诉讼制度越是规范和有效,认罪认罚从宽制度的发展就越是健康。因此,在认罪认罚从宽制度正式入法之后,我们反而更有必要回过头来审视"以审判为中心"改革的进展,考察改革四年来的实际效果,客观看待其成效与不足,寻找改革成效最大化的现实路径。

二、"以审判为中心"改革的实效:基于 2014 年和 2018 年样本的比较观察

近年来,已有一些法院就庭审实质化改革试点情况进行总结,得出较为乐观的结论。② 也有学者对地方法院庭审实质化试点情况进行调研,得出更为

① 参见刘静坤:《最高人民法院部署开展"三项规程"试点工作》,载《人民法院报》2017 年 6 月 11 日,第 1 版。

② 例如,2015 年成都法院共开试验示范庭 83 件,其中,律师参与辩护 83 件,召开庭前会议 59 件,启动非法证据排除程序 14 件,排除非法证据 2 件,人证出庭作证 53 件,当庭认证 42 件,当庭宣判 34 件。参见四川省成都市中级人民法院课题组:《成都法院刑事庭审实质化改革试点工作调研报告》,载《刑事审判参考》第 103 集,法律出版社 2016 年版,第 197 – 198 页;王鑫、刘方祺:《成都　刑事庭审实质化的一年答卷》,载《人民法院报》2016 年 3 月 21 日,第 5 版;峥嵘:《刑事庭审询问证人制度实证研究报告》,载法制网,http://www.legaldaily.com.cn/fxjy/content/2017 – 02/27/content_7031206.htm? node = 70693。其他地方法院的试点也被认为取得了初步成效,参见徐建新、任国权、吴程远:《温州法院推进庭审实质化改革试点工作调研报告》,载《刑事审判参考》第 103 集,法律出版社 2016 年版,第 216 页;温萱:《温州　一场让庭审更具"实战化"的改革》,载《人民法院报》2016 年 5 月 9 日,第 5 版;马超、王志堂:《庭审实质化改革的山西实践》,载《法制日报》2017 年 8 月 8 日,第 3 版。

谨慎的“有效但有限”的结论。[①] 然而,改革试点进行的研究在方法论上属于“实验研究”,将这种来源于自然科学的研究方法延伸应用于社会科学研究时,往往会在控制实验环境等方面面临更多的现实困难,其最大的问题是可能产生“实验者期望效应”,[②]也就是说,试点的各方参与主体在“试点成功”的殷切期待下,可能会不自觉地改变行为模式,推高庭审实质化的各项指标,从而“制造”出一个试点设计者与试点参与者都期待的“积极”结果。显然,“实验者期望效应”对研究有效性的威胁是客观存在的,因此,严谨的研究者一般会使用“双盲实验”[③]来避免类似的效应。基于同样的原因,要对庭审实质化的效果进行相对客观的观察,必须避免、至少是最大限度地降低这种期待效应。

(一)研究思路与样本选取

本次调研吸收了实验研究中将“对照组”和“实验组”进行对比的思路,即将庭审实质化改革试点启动之前的 2014 年的案件作为对照组,[④]将“三项规程”在全国试行后的 2018 年的案件作为实验组。同时,不再进行介入式的试点研究,尽量将观察者对案件本身的影响降低,以避免“实验者期望效应”的干扰。这样一来,中国裁判文书网发布的刑事裁判文书反而成为最佳的研究对象。总体的研究思路是,在特定的检索条件下,分别选取一定数量的 2014 年和 2018 年的刑事判决文书样本,再通过人工阅读的方式,以裁判文书所反映的特定相关指标为依据,对庭审实质化改革的效果进行量化的观察和对比。

---

① 参见左卫民:《地方法院庭审实质化改革实证研究》,载《中国社会科学》2018 年第 6 期。

② 一系列心理学实验表明,实验者在做实验时经常带有某种期望或者偏向,被试者捕捉到这种信号后,可能会按照与实验者期待或者偏爱相一致的方向作出反应,从而验证实验者的预期。换言之,实验者期望被试者身上发生的某种特殊反应,有时不过是实验者自己带有倾向性的期望所导致的结果。在这种情况下,实验事实上是无效的。这种对心理学实验效度的影响被称为“实验者期望效应”(experimenter expectancy effect)。参见[美]罗杰 · R. 霍克(Roger R. Hock):《改变心理学的 40 项研究》,白学军等译,中国人民大学出版社 2015 年版,第 99 页。

③ 所谓双盲实验(double - blind experiments),是指在一项实验中,究竟是实验组还是控制组被给予了实验刺激,参与实验的双方(指被试和实验者)都不知道,实验刺激是由实验者和被试以外的第三者任意分派和给定的。参见风笑天:《社会学研究方法》(第 3 版),中国人民大学出版社 2009 年版,第 215 - 216 页。

④ 最高人民法院《关于人民法院在互联网公布裁判文书的规定》发布于 2013 年 11 月 21 日,于 2014 年 1 月 1 日起正式开始实施,2016 年修订。因此,2014 年是最高人民法院《关于人民法院在互联网公布裁判文书的规定》已经开始实施而庭审实质化改革的试点尚未启动的年份。

本研究的核心检索条件设定为“对案件事实有异议”和“基层法院”。首先,之所以将研究对象限定为“对案件事实有异议”的案件,主要是考虑到被告人认罪的刑事案件并非推行庭审实质化的主要对象,将这类案件排除,更便于集中精力考察庭审实质化改革的效果。其次,之所以选择“基层法院”的刑事判决书作为研究对象,有两个方面的原因。一是客观方面:中国的基层法院承担着绝大多数刑事案件的审判工作,这是任何严肃的学术研究都不能忽略的研究素材。基层法院遍布中国3000余个县级行政区域,自然条件和法治环境千差万别,它们的判决书更能反映中国刑事审判的“原生态”。二是技术方面:短期自由刑大量出现在基层法院的判决中,而中级法院的量刑基本是长期刑或者无期徒刑以上,因此以基层法院判决书为研究对象,才有可能对“羁押期限”和“刑期”展开有意义的量化比较。综合上述两个方面的原因,“对案件事实有异议”和“基层法院”成为样本选取的两个核心条件。

具体取样过程:首先,以“对案件事实有异议”为关键词检索全文,同时辅之以“刑事案件”“普通程序”“基层法院”“判决书”的类型限定,2014年、2018年的时间限定,可以得到符合上述条件的案件总体。其中,2014年的裁判文书共计2784份,2018年的裁判文书共计3839份。理想的做法应当是对这两个年度的裁判文书进行全样本分析,然而,由于时间、经费和人力方面的限制,只能对其进行抽样研究。为了兼顾置信度,便于观察、比较,笔者按照社会科学的研究规范将拟抽取的两个年度的样本规模统一确定为300个。① 其次,在裁判文书总体确定的前提下,课题组又运用分层抽样的方法,以确保样本在地区分布上的合理性。② 具体而言,根据各省份在该年度裁判文书总体中所占的比重即可计算出本年度该省份所应抽取的样本数量。③ 然后,在计

① 社会科学研究方法认为,样本规模的确定需要综合考虑各方面的因素,没有一成不变的规定,但是,正式的调查研究一般要达到中型调查类的样本规模,即样本规模在300－1000。它兼顾到了样本的误差大小,研究者的人力、财力、时间,以及调查的组织和实施等多方面的因素。参见风笑天:《社会学研究方法》(第3版),中国人民大学出版社2009年版,第152－153页。

② 课题组参照中国裁判文书网的分类,对除香港、澳门、台湾外的31个省份(自治区、直辖市)进行了抽样研究。

③ 以北京地区为例,符合条件的2014年的裁判文书总量为2784份,北京地区的裁判文书数量为7件,因此2014年北京地区的取样数量应当为7除以2784再乘以300,四舍五入取整即为1件。各省份的取样数量原则上为四舍五入取整所得,当总量不足300时,再通过比较小数位的大小增补案件。

算出不同年度各省份的取样数量后,进一步照顾到样本在时间分布上的均衡性。如果某省份应当抽取的样本数量大于1,则尽量在不同月份之间均衡选取,最终得到2014年、2018年的观察样本各300个。最后,通过人工阅读,再将个别"形式上"符合检索条件但"实质上"并不属于研究对象的问题案例加以替换。比如,被告人在适用简易程序时提出对"案件事实有异议",依法转为普通程序审理后对指控事实不再提出异议,即属于应当替换的案件。

变量设计,亦即确定每一份裁判文书所应当观察、统计和分析的具体指标。确定指标的标准有二:一是判决书有所反映,即能够通过人工阅读的方式提取相关信息;二是与庭审实质化相关。根据这两个标准,本研究主要设定了五类指标,包括:辩护情况;庭前会议召开情况;非法证据排除情况;证人、鉴定人出庭情况;羁押期限与刑期情况。每类指标之下按照研究需要再做细分,比如,"辩护情况"需要考察"是否有辩护人""是否为律师辩护""是否为指定辩护""辩护意见采纳情况"等。

(二)庭审实质化改革的实效:核心指标之比较

通过阅读裁判文书和数据录入,最终发现2014年的300份判决书共涉及被告人508个,2018年的300份判决书共涉及被告人485个。根据所研究的具体问题,下列各项指标的统计分析有的是以案件为单位进行的,有的则是以被告人为单位进行的。具体情况如下:

1. 辩护情况

(1)辩护人辩护的比率、律师辩护的比率

表1　辩护人辩护的比率、律师辩护的比率

年份/年	被告人总数/个	辩护人辩护(个)/占比	律师辩护(个)/占比	委托律师(个)/占比	指派律师(个)/占比
2014	508	241/47.44%	212/87.97%	197/38.78%	15/5.32%
2018	485	344/70.93%	343/99.71%	262/54.02%	81/36.49%

如表1所示,2014年的300个样本案件共涉及被告人508个,其中有辩护人辩护的被告人有241个,占比47.44%;辩护人为律师的有212个,占全部辩

护人的87.97%。从辩护律师的产生方式来看,有197位被告人自行委托律师担任辩护人,占全部被告人的38.78%;15位被告人通过法律援助获得指派律师,占所有没有委托辩护人(律师和非律师)的被告人的5.32%。① 而在对照组中,2018年的300个样本案件共涉及被告人485个,其中有辩护人辩护的被告人有344个,占比70.93%;辩护人为律师的343人,占全部辩护人的99.71%。从辩护律师的产生方式来看,有262位被告人自行委托律师担任辩护人,占全部被告人的54.02%;81位被告人通过法律援助获得指派律师,占所有没有委托辩护人(律师和非律师)被告人的36.49%。

通过上述数据可以看出,在基层法院审理的事实方面有争议的案件中,与2014年相比,2018年在该统计项目上几乎所有数据都有显著提升。辩护人辩护的比率从2014年的47.44%提高到70.93%;有律师的辩护人占所有有辩护人的被告人的比率从2014年的87.97%提高到99.71%,这意味着辩护的专业化程度有明显提升,其中,自行委托律师的被告人占全部被告人的比例从38.78%上升到54.02%,这说明着被告人委托律师的意愿明显提高。这是一个可喜的变化,说明越来越多的被告人相信律师是有用的,这从侧面反映出中国法治环境的改善。法律援助机构为没有委托辩护人的被告人指派律师的比例从5.32%提高到36.49%。如果考虑到基层法院审理的刑事案件除非出现盲聋哑和限制行为能力的情况,理论上不是必须指派律师,这个数据反映出近年来推行刑事案件律师辩护全覆盖的实际成效。

(2)自行辩护意见采纳情况

表2　自行辩护意见采纳情况

年份/年	提出自行辩护意见被告人数/人	部分采纳自行辩护意见数/人	全部采纳自行辩护意见数/人	部分或全部采纳自行辩护意见比例
2014	362	58	45	28.45%
2018	329	49	43	27.96%

① 该数据旨在计算没有委托辩护人的被告人中,有多少被告人通过指派方式获得了律师辩护。计算方式为:获得指派律师的被告人人数/(被告人总数－有辩护人的被告人人数＋获得指派律师的被告人人数)＝15/(508－241＋15)＝5.32%。

表2显示,在2014年的300个样本案件的508个被告人中,提出自行辩护意见的有362人,其中58人的自行辩护意见被法庭部分采纳,45人的自行辩护意见被法庭全部采纳,部分或全部采纳自行辩护意见的比例为28.45%。在2018年的300个样本案件的485个被告人中,提出自行辩护意见的有329人,其中49人的自行辩护意见被法庭部分采纳,43人的自行辩护意见被法庭全部采纳,部分或全部采纳自行辩护意见的比例为27.96%。由此可见,一方面,从各年份自行辩护意见采纳率的绝对数值来看,被告人的自行辩护意见对法庭的说服力本身都比较低;另一方面,从两个年份的自行辩护意见采纳率的相对变化来看,被告人自行辩护意见对法庭的说服力不仅没有提升,反而出现了小幅下降。

(3)律师辩护意见采纳情况

表3　律师辩护意见采纳情况

年份/年	有律师辩护的被告人人数/人	部分采纳律师辩护意见的数量/人	全部采纳律师辩护意见的数量/人	部分或全部采纳律师辩护意见比例
2014	212	110	19	60.85%
2018	343	205	43	72.30%

表3显示,在2014年的300个样本案件中,212个被告人有律师担任辩护人,其辩护律师的辩护意见被法庭部分采纳的有110人,被法庭全部采纳的有19人,部分或全部采纳律师辩护意见的比例为60.85%。在2018年的300个样本案件中,343个被告人有律师担任辩护人,其辩护律师的辩护意见被法庭部分采纳的有205人,被法庭全部采纳的有43人,部分或全部采纳律师辩护意见的比例为72.30%。首先,将本组数据与表2的数据分析结果进行横向比较,可以发现:2014年,律师的辩护意见被全部或者部分采纳的比例(60.85%)明显高于被告人自行辩护意见的采纳率(28.45%);2018年,两者之间的差距进一步加大(72.30%:27.96%)。这说明,律师辩护比自行辩护的效果整体上要好得多。其次,对本组数据进行内部纵向比较,可以发现:2018年律师辩护意见的采纳情况较2014年而言有了较大提升,从60.85%增至72.30%,增长了近12%。这表明,近年来律师辩护意见对法庭的说服力有所提升,辩护

效果有所改善，似乎也能反映出法庭对律师辩护意见的重视程度在提高。

2. 召开庭前会议情况

在2014年的300个样本案件中，没有发现1例有庭前会议相关信息的判决书，召开庭前会议的案件数为0。2018年的300个样本案件中，共有3个案件召开了庭前会议，占比为1%。①

3. 启动排非率和成功排非率

表4　启动排非率和成功排非率

年份/年	启动排非的案件数/件	启动排非率	成功排非的案件数/件	成功排非率
2014	3	1%	0	0
2018	1	0.33%	0	0

表4显示，在2014年的300个样本案件中，辩护方得以启动非法证据排除程序的共3件，但结果无一成功；2018年，辩护方启动排非程序的案件仅有1件，同样未能成功排非。然后，将启动排非的案件数除以案件总数，得出启动排非率；将排除非法证据的案件数除以案件总数，得出成功排非率。这两个年份的成功排非率均为0。

4. 证人出庭率和鉴定人出庭率

表5　证人出庭率和鉴定人出庭率

年份/年	证人出庭的案件/件	证人出庭率	鉴定人出庭案件数/件	鉴定人出庭率
2014	2	0.67%	0	0
2018	1	0.33%	0	0

表5显示，在2014年的300个样本案件中，有2件有证人出庭，占全部案件的0.67%，鉴定人无一出庭。2018年的300个样本案件中，只有1件有证人出庭，占全部案件的0.33%，鉴定人无一出庭。

① 案件编号分别为：2018－39、2018－143和2018－211。本研究构建的数据库是以被告人为单位的，每一条记录对应一个案件中一名特定被告人的信息。若案件中只有一名被告人，则其编号格式为"年份－案件序号"；若案件中包含多名被告人，则其编号格式为"年份－案件序号－被告人序号"。比如，2018－39代表2018年第39个案件被告人的信息，2018－31(3)代表2018年第31个案件第3个被告人的信息，下文脚注中案件编号的含义依此类推，不再赘述。

5. 审前羁押与判决结果的关系

本研究主要通过对以下三组数据的分析来观察、探究被告人所受审前羁押与案件最终判决结果之间的关系。

(1)无罪、定罪免刑的被告人羁押措施适用情况

表6　无罪、定罪免刑的被告人羁押措施适用情况

年份/年	无罪人数/人	采取羁押措施人数/人	定罪免刑人数/人	采取羁押措施人数/人
2014	1	1	9	0
2018	0	0	5	2

本研究所称的"羁押措施",是指被追诉人受到过拘留、逮捕或者指定居所监视居住,即具有刑期折抵效果的强制措施。表6显示,在2014年和2018年的600件样本案件中,只有2014年有1个被告人被宣判无罪。定罪免刑的被告人在2014年的样本中共有9人,分布在4个案件中;在2018年的样本中共有5人,也是分布在4个案件中。进一步观察上述被告人羁押措施的适用情况:唯一1例被判处无罪的被告人审前被采取了羁押措施,截至判决之日,被告人共被羁押1年2个月19天。[①] 在所有被定罪免刑的14个被告人中,只有2018年的2个被告人被采取了羁押措施,其余被告人自始均被取保候审。在中国的司法环境下,无罪判决对侦查人员和检察人员而言属于小概率的"意外事件",因此,观察定罪免刑被告人的羁押情况具有特殊意义。在2014年的9个被定罪免刑的被告人中,无一在审前被采取羁押措施,"未被羁押"与"定罪免刑"之间表现出很强的正相关性。而在2018年的5个被定罪免刑的被告人中,有2个被告人被采取了羁押措施,[②]其余3人则未被羁押。相较2014年而言,在2018年的样本中,被告人"未被羁押"与"定罪免刑"判决之间

① 案件编号为2014－64,本案被告人于2013年1月23日被拘留,同年2月6日被逮捕,法院于2014年4月11日对本案作出判决。以"判决日期"减去"拘留日期",羁押时间共计1年2个月19天。

② 案件编号分别为:2018－31(3)和2018－42。2018－31(3)的被告人:2015年7月12日拘留,2015年7月24日逮捕,2017年2月23日取保,2018年9月5日判决,审前羁押1年6个月42天。2018－42的被告人:2015年10月19日拘留,2015年10月20日指定居所监视居住,2015年12月17日逮捕,2016年5月17日取保候审,2017年5月16日取保候审,2017年6月12日取保候审,2018年5月7日判决,审前羁押6个月29天,其中的1个月28天为指定居所监视居住。

的正相关性有所削弱。

(2)未被羁押但被判处实刑的人数及占比

表7　未被羁押但被判处实刑的人数及占比

年份/年	未被羁押但被判处实刑的人数/人	被判处实刑的被告人人数/人	占比
2014	3	438	0.68%
2018	4	397	1.01%

在本研究的600个样本案件中,观察那些未被羁押但被判处实刑的被告人人数,得到统计结果如表7所示:在2014年的300个样本案件中,未被羁押但被判处实刑的共3人,当年508个被告人中被判处实刑的有438个,因而未被羁押但被判处实刑的人数占全部被判处实刑被告人人数的比例为0.68%;[①]在2018年的样本案件中,未被羁押但被判处实刑的共4人,在当年的485个被告人中,有397个被判处实刑,未被羁押但判处实刑的人数占全部被判处实刑的被告人人数的比例为1.01%。[②] 这两年的数据水平都相当低,说明"未被羁押但被判处实刑"在基层法院的刑事审判实践中基本属于小概率事件。而与2014年相比,2018年的数据有小幅提升,似乎说明羁押与实刑的"捆绑"状态有松动迹象。

(3)羁押期限与刑期的关系

为了探明审前羁押是否会对被告人的刑期造成影响,笔者对"羁押期限"和"刑期"展开了更进一步的量化比较。首先,借助SPSS软件可以计算出每个案件被告人的审前羁押期限,具体方法是以"判决日期"减去"抓获时间"、"拘留时间"或者"逮捕时间"中最早的那一个,然后筛选出"羁押期限"大于被告人"刑期"的案件。[③] 其次,逐一阅读这些案件以核对被告人在被拘留、逮

① 案件编号及被告人所获刑期分别为:2014－52(被告人被判处有期徒刑6个月)、2014－85(4)(被告人被判处有期徒刑3年6个月)、2014－177(被告人被判处管制2年)。

② 案件编号分别为:2018－6(5)(被告人被判处有期徒刑2年)、2018－161(5)(被告人被判处管制1年)、2018－171(被告人被判处管制2年)、2018－223(被告人被判处有期徒刑2年)。

③ 需要说明的是,运用SPSS软件能够实现羁押期限的计算同时生成"羁押期限"这一新的变量和相关数据,然后运用筛选功能即可检索出那些"羁押期限"大于"刑期"的案件。但是,由于SPSS无法自动判断在先的羁押性强制措施是否一直持续到判决作出之日,还是被告人后续被转为适用非强制性羁押措施,因此,截止到这一步所筛选出的案件只是羁押期限在"形式上"大于刑期的案件。

捕之后是否被转为适用非羁押性强制措施。最后,过滤出那些审前羁押期限“真正”长于被告人所获刑期(拘役或有期徒刑)的案件。按照上述方法对2014年、2018年的案件数据进行运算,我们发现SPSS筛选出了76个“形式上”羁押期限大于所获刑期的被告人。但逐一核对后可以发现,大量案件的被告人在被拘留、逮捕之后都被采取了非羁押性强制措施,其中以取保候审为主,个别情况下为监视居住。最终,过滤掉变更强制措施的,真正意义上的羁押期限大于所获刑期的被告人共有4个,2014年、2018年各2人,①其中包括上文已分析过的2014年的1个无罪判决和2018年的2个定罪免刑判决。也就是说,在2014年的样本案件中,如果不考虑无罪判决的话,则只有1例羁押期限大于刑期的情况;②而2018年除了2个定罪免刑的被告人以外,再无羁押期限大于刑期的情况出现。

对于本项数据分析结果必须进行反向解读,即除去无罪判决和定罪免刑的判决,几乎所有案件的被告人最终被判处的刑期都等于或者长于审前羁押期限。这意味着一旦被告人被羁押,那么其几乎不可能获得短于羁押期限的刑期。由此可见,审前羁押对判决结果的“绑架”效应是客观存在的。而且,在羁押期限与刑期的关系上,2018年的样本与2014年的样本相比,并未有显著区别,这意味着2018年审前羁押对判决结果的“绑架”效应与2014年相比没有明显变化。

综观上述数据分析结果,在本次研究所设定的5类指标上,2018年的数据相较2014年的数据发生明显、积极变化的为第1类指标,均与刑事诉讼中的辩护有关,即辩护率、律师辩护率、辩护意见采纳率均有明显提高。有小幅变化的为第5项指标中的第1组和第2组数据,即与2014年相比,2018年,被告人“未被羁押”与“获得定罪免刑判决”之间的正相关关系有削弱的迹象,羁押与实刑的“捆绑”状态似乎也有所松动。但第3组数据,即羁押时间长短对

---

① 案件编号分别为:①2014－44(1),本案被告人审前羁押期限为5个月17天,最终被判处拘役5个月;②2014－64,本案被告人审前羁押期限为1年2个月19天,最终获得无罪判决;③2018－31(3),本案被告人审前羁期限为1年6个月42天,最终被定罪免刑;④2018－42,本案被告人审前羁押期限为6个月29天,其中的1个月28天为指定居所监视居住,最终被定罪免刑。

② 案件编号为2014－44(1),被告人被羁押5个月17天,被判处拘役5个月,超出17天。

于最后判处的刑期长短，在2014年数据中观察到的明显正相关关系在2018年没有发生显著变化。其他三项指标，即第2项的庭前会议召开率、第3项的非法证据排除率和第4项证人、鉴定人出庭率，2018年均未显示出积极的变化。而这三项指标，与作为法院系统推进以审判为中心改革主要抓手的“三项规程”，密切相关，尤其是证人、鉴定人出庭率，直接反映着庭审实质化改革的实际效果。

需要指出的是，本研究也有一定的局限性。由于客观原因的限制，笔者选取了抽样研究的方法，而没有进行全样本研究，虽然按照社会科学的研究规范，此次取样的数量、方法已经能够保证所获样本的代表性，置信度在95%以上，但其终究不是相关年度案件的全貌。退一步说，即使根据裁判文书网公开的判决书进行“全样本”研究，由于并非所有的刑事裁判文书都会发布在网站上，[①]所以也难以描绘出中国刑事审判整体的真实面貌，更不意味着司法实践中没有特例存在。例如，本研究所观察到的证人、鉴定人出庭情况非常不理想，然而，在庭审实质化改革试点启动之前的2014年，就已经出现了像念某案这样的多名证人、鉴定人、侦查人员、专家辅助人出庭的实质化庭审。[②]可见，由于抽样研究方法本身的特性，本次研究的结论不可避免地带有一定的局限性。

三、“以审判为中心”改革的瓶颈：审判认知结构与判决权威结构

学界已有大量论著指出，“以审判为中心”的诉讼制度改革并非简单的诉讼技术层面的调整，还涉及司法机关体制性改革和工作机制改革，[③]是刑事诉讼的结构性重塑。反观四年来的以审判为中心或庭审实质化改革，可以发现两个突出特点：一是在主体上，虽然在中央层面，《关于推进以审判为中心的刑事诉讼制度改革的意见》由中央深改小组审议通过、“两高三部”联合发布，

① 参见唐应茂：《北上广法院裁判文书上网率为何表现不佳?》，载微信公众号“中国法律评论”2018年12月14日。

② 参见熊秋红：《以念斌案为标本推动审判中心式的诉讼制度改革》，载《中国法律评论》2015年第5期。

③ 参见龙宗智：《“以审判为中心”的改革及其限度》，载《中外法学》2015年第4期；陈卫东：《以审判为中心：当代中国刑事司法改革的基点》，载《法学家》2016年第4期。

在地方层面，各省委政法委也牵头起草了涉及法院、检察院、公安厅、司法厅等部门的具体实施方案，但改革的实际设计者和实施者实际上主要局限于法院系统。① 二是在内容上，本轮改革的规范性文件多是对现行刑事诉讼法和司法解释内容的重述或者技术性改进，殊少制度性推进和结构性变革。② 这意味着，在现行的诉讼制度和司法体制所形成的审判认知结构和判决权威结构未被根本触动的前提下，以审判为中心的改革如同"螺蛳壳里做道场"，辗转腾挪的空间十分有限，改革效果不显著，也在情理之中。

（一）以"案卷"为中心的审判认知结构

以审判为中心的核心要求是"保证庭审在查明事实、认定证据、保护诉权、公正裁判中发挥决定性作用"。③ 这意味着，除了法律明确规定的情形外，④法官据以形成判决基础的信息应当全部来源于庭审。为此，庭审应当贯彻直接、言词、集中原则，形成"法官—庭审证据—案件事实"的基本认知结构，排斥庭审以外的任何可能对判决产生实质性影响的正式、非正式信息交流。比如，法官与检察官在开庭前或者庭下涉及案情的非正式交流，尤其是在对方律师不在场的情况下进行的这种交流，即属"单方解除"的不当行为。

然而，目前对以审判为中心改革形成认知结构局限的，最主要还是案卷。德国的贝恩德·许乃曼教授在1979—1986年进行过一项针对案卷对判决行

---

① 以广东为例，2017年11月广东省委政法委成立"以审判为中心的诉讼制度改革协调领导小组"及两个工作专班，指定广东省高级人民法院牵头"刑事诉讼制度改革工作专班"，并由广东省高级人民法院代为拟订全省落实刑事诉讼制度改革的实施方案。2017年年底，广东省高级人民法院向全省各级人民法院、省公安厅、省检察院、省司法厅等单位发函，征集改革需求和建议，于2019年形成《广东省全面落实以审判为中心的刑事诉讼制度改革实施方案》。

② 例如，最高人民法院《关于全面推进以审判为中心的刑事诉讼制度改革的实施意见》第14条关于证人出庭的规定，"控辩双方对证人证言有异议，人民法院认为证人证言对案件定罪量刑有重大影响的，应当通知证人出庭作证。控辩双方申请证人出庭的，人民法院通知证人出庭后，申请方应当负责协助相关证人到庭。证人没有正当理由不出庭作证的，人民法院在必要时可以强制证人到庭。根据案件情况，可以实行远程视频作证"。该规定与《刑事诉讼法》第192条和最高人民法院《关于适用〈中华人民共和国刑事诉讼法〉的解释》第249条相比并无实质性推进。

③ 参见中共中央《关于全面推进依法治国若干重大问题的决定》，载《〈中共中央关于全面推进依法治国若干重大问题的决定〉辅导读本》，人民出版社2014年版，第23页。

④ 例如，《美国联邦刑事诉讼规则》第804条，《日本刑事诉讼法》第321、323、326条，《德国刑事诉讼法典》第251条。

为影响的实证研究，该研究结果发现，侦查案卷中记载的信息对法官最终的判决结果有着巨大的影响。① 长期以来，我国刑事诉讼中一直存在或明或暗的案卷移送实践，案卷中记载的侦查证据信息一直对判决结果产生难以估量的影响。成为判决基础的，主要是法官通过查阅和研读案卷所形成的主观印象，而不是当庭审理所形成的内心确信。这种裁判方式，有学者将其概括为"新间接审理主义"。② 审判无法与审前尤其是侦查信息进行有效切割，无法对侦查信息和结论起到制约作用，这是目前实行"以审判为中心"的最大障碍。

"以审判为中心"改革客观上要求对案卷的移送和使用施加明确的限制。然而，在目前出台的各项改革试点文件中并未发现此种倾向。案卷依然是法官心证形成的主导性因素，庭审在一定程度上沦为案卷信息的正式核实和确认程序。相反，由于近年来最高人民法院往往将不同的改革任务交给不同的部门，分别牵头负责起草改革文件，各项改革方案在实际操作中不时出现顾此失彼，甚至熔断"以审判为中心"改革的现象。例如，最高人民法院 2015 年 9 月印发的《关于完善人民法院司法责任制的若干意见》第 16、17 条规定，除承办法官需要阅卷、制作阅卷笔录外，合议庭其他法官也应当阅卷。又如，最高人民法院、司法部在 2015 年 4 月印发的《人民陪审员制度改革试点方案》，其中提出，"健全人民陪审员提前阅卷机制，人民法院应当在开庭前安排人民陪审员阅卷，为人民陪审员查阅案卷、参加审判活动提供便利"。在随后印发的《人民陪审员制度改革试点工作实施办法》中，第 18 条也规定，"人民法院应当在开庭前，将相关权利和义务告知人民陪审员，并为其阅卷提供便利条件"。2016 年 6 月，在最高人民法院向全国人大常委会所作的《人民陪审员制度改革试点情况的中期报告》中，"建立健全人民陪审员提前阅卷机制，在开庭前安排人民陪审员阅卷，为人民陪审员查阅案卷"提供便利，被作为开展试点的成功经验向全国人大常委会汇报。2018 年正式通过的《人民陪审员法》

---

① 关于该项实证研究的详细介绍，参见［德］贝恩德·许乃曼等：《案卷信息导致的法官偏见：关于与英美模式比较下德国刑事诉讼程序优缺点的实证研究》，刘昶译，载何挺等编译：《外国刑事司法实证研究》，北京大学出版社 2014 年版，第 74 页。

② 参见陈瑞华：《新间接审理主义　"庭审中心主义改革"的主要障碍》，载《中外法学》2016 年第 4 期。

虽没有出现类似内容，但是，2019 年 5 月 1 日起开始施行的最高人民法院《关于适用〈中华人民共和国人民陪审员法〉若干问题的解释》第 8 条明确规定："人民法院应当在开庭前，将相关权利和义务告知人民陪审员，并为其阅卷提供便利条件。"

（二）"副卷"背后的判决权威结构

案卷对于法官裁判行为的影响基本属于认知心理学范畴。然而，"以审判为中心"改革实效不佳并不能单纯地归因案卷移送造成的心理学上的先入为主或者认识偏差。中国刑事司法的问题更为复杂。在中国的司法实践中，一个长期而普遍的做法是案卷材料分立"正卷"与"副卷"，上文所说的案卷，其实指的只是"正卷"。"正卷"之外，还有"副卷"，即法院在装订诉讼卷宗时，将不宜对外公开的材料装订成册而形成的卷宗。① 案卷材料分立正、副卷的做法最早可以追溯到 20 世纪 50 年代，②之后最高人民法院又于 1984 年和 1991 年两次下发《人民法院诉讼文书立卷归档办法》，为正、副卷分立的做法提供了规范依据。③ 1990 年，最高人民法院下发《关于保守审判工作秘密的规定》，④重申了"副卷不对外公开"的工作原则和保密纪律。可见，虽然同属案卷材料，但"正卷"和"副卷"在刑事诉讼中的地位、作用、公开度迥然不同：正

① 参见杨治、邓红：《法院诉讼档案"副卷"改革路径探析——基于基层法院 300 份诉讼档案"副卷"的分析与审视》，载《法律适用》2017 年第 7 期。

② 1957 年最高人民法院、司法部《关于律师参加诉讼中两个具体问题的批复》（2002 年废止）："来文就司法部 1956 年 12 月 4 日所发《关于律师参加诉讼中几个具体问题的通知》（以下简称《通知》）下列两个具体问题，因与最高人民法院 1956 年 10 月所发《各级人民法院刑、民事案件审判程序总结》（以下简称《总结》）中的有关规定不一致，请予以明确。经我们共同研究后，特答复如下：一、关于辩护律师查阅案卷材料问题。《通知》（三）规定，'辩护律师有权查阅全部案卷材料'；但《总结》规定，'评议记录应当保守秘密，当事人及辩护人不能阅览'。我们认为，评议记录可另本装订，附卷。其他虽与案件有关而不属于诉讼过程中的材料（如与他案有关的线索材料等），可另订副卷。评议记录和副卷材料都不予律师阅览。除此以外的全部案卷材料（包括起诉书、答辩书、证据、供词、勘验单、鉴定书等），法院应该无保留地让律师查阅，不得借口保密而不给阅览。"

③ 1991 年《人民法院诉讼文书立卷归档办法》第 4 条规定："人民法院的各类诉讼文书，应按照利于保密、方便利用的原则，分别立为正卷和副卷。"

④ 该规定要求，"案件材料的归类、装订、立卷必须内外有别，按规定立正、副卷。案件的请示、批复，领导的批示，有关单位的意见，合议庭评议案件的记录，审判委员会讨论案件的记录，案情报告以及向有关法院、有关单位征询对案件的处理意见等书面材料，必须装订在副卷内。副卷的材料非因工作需要，又未经本院领导批准，任何单位和个人不得查阅"。

卷在刑事诉讼法中具有正式的法律地位，辩护律师依法可以查阅、摘抄、复制；而副卷在正式立法中并无一席之地，辩护律师不能查阅，只有办案人员自己能够查阅，或者在出现错案、需要追究责任时，由专案组和上级审查人员查阅。然而，“副卷”却被认为包含判决的真正原因、“含金量”很高。① 近年来，随着一系列热点事件的出现，②“副卷”逐渐进入公众视野，引起学界关注，已有学者从不同角度撰文，主张副卷中的内容应当逐步归于正卷，直至彻底废除副卷。③

正卷对判决结果的影响基本属于认知范畴。而副卷对判决结果的影响则属于另一个完全不同的向度。根据 1991 年《人民法院诉讼文书立卷归档办法》第 21 条，副卷中的诉讼文书材料主要包括：案件承办人的审查报告；承办人与有关部门内部交换意见的材料或笔录；有关本案的内部请示及批复；合议庭评议案件笔录；审判庭研究、汇报案件记录；审判委员会讨论记录；案情综合报告原、正本；判决书、裁定书原本；审判监督表或发回重审意见书；其他不宜对外公开的材料；等等。由此可见，副卷中并不包含案件证据材料，而是客观记录了判决形成过程中承办法官与合议庭其他法官之间、合议庭与庭长主管院长之间、合议庭与审判委员会之间、上下级法院之间、管辖法院与其他领导干部之间就案件处理意见进行交流、汇报、请示、批示等正式或非正式的互动所形成的材料。因此，副卷虽小，却承载了中国司法判决的真实形成过程，折射出判决中多层次、多维度、正式或非正式的权威结构。

---

① 参见陈有西：《法院副卷如何兼顾公开、专业与科学性?》，载《民主与法制》2017 年第 11 期。

② “副卷”最早进入公众视野，源于《中国青年报》2005 年报道的“周某案”：2001 年，辽宁省本溪市平山区法院院长范玉林审判在得知自身患绝症后将该案副卷交给已刑满出狱的周某。副卷记载，审委会讨论案件时，法官们都表达了无罪意见，但最终服从上级决定，判处周某 5 年有期徒刑。参见董伟：《一场被法外力量左右的审判》，载《中国青年报》2005 年 12 月 7 日；2010 年，重庆市涪陵区人民法院一份本应归入副卷的“最牛公函”因被错放入正卷而意外曝光，在公函中，重庆市涪陵区李渡新区管委会要求法院驳回原告诉讼请求，并警告法院不要一意孤行。参见杨万国：《重庆“史上最牛公函”法院判决前接到政府警告函》，载《新京报》2010 年 6 月 28 日；在 2018 年年底、2019 年年初的“‘凯奇莱案’卷宗丢失”事件中，“副卷”再一次进入公众视野。也有律师在网上披露曾看到原本应当放在副卷中的材料，或者误将副卷和正卷一起拿给律师阅卷的情况。参见吴法天：《法院副卷：中国审判的黑匣子》，htp://search. t. qq. com/index. php? k = 法院副卷 &s_source = evidencelaw&pos = 809。

③ 相关论文参见刘仁文：《论我国法院副卷制度的改革》，载《法学评论》2017 年第 1 期；杨治、邓红：《法院诉讼档案“副卷”改革路径探析——基于基层法院 300 份诉讼档案“副卷”的分析与审视》，载《法律适用》2017 年第 7 期。

当然,随着司法改革的推进,副卷里包含的材料也在发生变化。比如对于再审或上级法院发回重审的案件,传统的做法是,在正式的裁判文书中只概括性地叙述再审或者发回重审的理由,具体存在哪些实体和程序问题,则另附"内部意见函",置于副卷之中。[①] 对此,1999 年最高人民法院制定的《法院刑事诉讼文书样式》(样本)规定:"在裁定书中,原则上应当宣明发回重审的理由""不再向原审法院另行附函说明,特殊情况除外"。但实践中各地法院执行不一,有的法院依然将发回重审的理由另外附函说明。再如,领导干部干预、插手具体案件处理的批示、文件往来等,之前法院都作为需要保密的材料归入副卷。但是,2015 年最高人民法院发布的《关于全面深化人民法院改革的意见——人民法院第四个五年改革纲要(2014—2018)》第 55 条提出,"对于领导干部干预司法活动、插手具体案件的批示、函文、记录等信息……均应当存入案件正卷,供当事人及其代理人查询"。因此,在司法改革的大背景下,正如学界所主张的,目前确实存在不断减少副卷中的材料,使其逐步归于正卷的大趋势。然而,即使彻底废除副卷,也只是从"黑箱司法"走向了"公开司法",如果不触动副卷背后的判决权威结构,"以审判为中心"仍是镜花水月。

在新一轮以司法责任制为核心的司法体制和工作机制改革推动下,对刑事案件办理的各种非法、非正式的插手、干预现象确实明显减少。然而,需要引起注意的是,一些从推进"以审判为中心"角度来看明显不当的措施目前出现了强化甚至制度化的迹象。例如,2018 年 5 月《国家监察委员会与最高人民检察院办理职务犯罪案件工作衔接办法》第 34 条明确规定政法委协调案件的做法。[②] 众所周知,政法委协调案件后敲定的解决方案也必须通过法院内部的行政化链条具体落实,这也意味着人民法院内部的行政化办案方式并没有完全消失。又如,2018 年通过的《人民陪审员法》第 23 条第 2 款规定:

---

① 参见杨治、邓红:《法院诉讼档案"副卷"改革路径探析——基于基层法院 300 份诉讼档案"副卷"的分析与审视》,载《法律适用》2017 年第 7 期。

② 该衔接办法第 34 条规定:"对国家监察委员会移送的案件,最高人民检察院公诉部门应当与最高人民法院相关审判庭共同制定审判预案,对可能出现的突发情况和问题提出应对措施,保证起诉、审判等工作顺利进行。对案件涉及重大复杂敏感问题的,应当及时与国家监察委员会沟通协商,必要时提请中央政法委协调,确保案件办理的政治效果、法律效果和社会效果。"

“合议庭组成人员意见有重大分歧的，人民陪审员或者法官可以要求合议庭将案件提请院长决定是否提交审判委员会讨论决定。”其效果是强化了陪审案件中审判委员会的职能。再如，2018 年修订的《人民检察院组织法》第 26 条增设了检察长列席审委会会议的条文，近日又不时出现控辩双方同时参加审判委员会会议的新闻。[①] 辩护律师参加审委会会议，对检察长列席审委会所形成的“单方接触”局面无疑是一种打破和改进，然而，这种安排进一步加大审判委员会程序在案件处理中的权重，就庭审实质化改革而言是南辕北辙。2019 年 2 月中央政法委牵头的联合调查组公布“凯奇莱案”卷宗丢失等问题调查结果后，有法院内部人士在法制日报、中国法院网撰文提出，对于审判委员会的决定，独任法官或合议庭哪怕不认同，也应当执行；[②]认为相关领导查阅卷宗、听取汇报、审核文书等，属于正当行使审判监督管理权，没有“越权越位”。[③] 上述种种迹象说明，副卷背后的传统判决权威结构依然保持着强大的生命力。

所以，在“案卷”为中心的审判认知结构和“副卷”所反映的判决权威结构所形成的瓶颈效应下，“以审判为中心”改革难以在核心指标上取得明显成效，也就在意料之中了。未来“以审判为中心”改革能否取得实质性进展，在某种意义上取决于我们能否解决好“两卷”问题。

四、深化“以审判为中心”改革：重塑审判认知结构和判决权威结构

2019 年 2 月最高人民法院发布的《关于深化人民法院司法体制综合配套改革的意见——人民法院第五个五年改革纲要（2019—2023）》将“深化以审判为中心的刑事诉讼制度改革”作为未来五年的重要任务之一。“以审判为

① 2019 年 6 月 4 日，福建省高级人民法院召开审判委员会会议，邀请辩护律师到会，听取检察机关与辩护律师意见，参见《全国首例！检辩双方同时在高级法院审委会发表意见》，载微信公众号“最高人民法院”2019 年 6 月 5 日。2019 年 5 月 10 日，山西省晋城市中级人民法院审委会会议，辩护律师与检察官向审委会委员作陈述，参见谭畅：《中国首例！晋城试点“改造”法院审委会》，载《南方周末》2019 年 5 月 24 日。

② 参见何帆：《严格坚持民主集中制才能全面落实司法责任制》，载《法制日报》2019 年 2 月 22 日。

③ 参见程语：《莫用“干预司法”抹黑合法审判监督》，载《人民法院报》2019 年 2 月 22 日。

中心"改革如果要真正取得实效,必须重塑审判认知结构和判决权威结构,为改革开拓更大的空间。

(一)审判认知结构之重塑

重塑审判认知结构,应当有一"弱"一"强"两方面的举措。一"弱"指的是弱化案卷在审判中的作用。通过确立评议原则和具体的规则,对案卷在审判中的使用施加限制,这是实行案卷移送制度法治国家的通行做法。前者例如,《德国刑事诉讼法典》第261条规定,法庭应当根据审判全过程确立自由心证决定证据调查的结果;[①]《意大利刑事诉讼法典》第526条规定,法官在评议中不得采用不是依法在法庭审理中调取的证据。[②] 后者例如,《法国刑事诉讼法典》第347条规定,重罪法庭不能将案卷带入评议室。[③] 在德国,案卷之内容原则上不得用为裁判之根据。[④] 在阅卷的主体方面,德国立法也有严格的限制:由于担心陪审员受到案卷的影响,陪审员原则上不得接触案卷;审判长和制作裁判文书的法官也不得阅览案卷。《德国刑事诉讼法典》第250条还规定了"询问本人原则",即如果对事实的证明是建立在一个人的感觉之上,要在审判中对他本人进行询问,不允许以宣读以前的询问笔录或者书面证言代替询问。1988年《意大利刑事诉讼法典》对侦查案卷的使用施加了严格的限制:法官根本不接触侦查案卷,侦查案卷的作用是供对立双方查阅。意大利法官受理案件后,要准备一个新的审判案卷,在开庭前,审判案卷应当是空白的,只有在法庭上出示和调查过的证据才能记入审判案卷,审判法官只能根据审判案卷中有记载的证据作出判决。这是意大利独特的"双重案卷"制度。[⑤] 对于提交给法官的进入审判案卷的材料,意大利立法也规定了严格的限制,任何一方想要

---

① 参见《德国刑事诉讼法典》,李昌珂译,中国政法大学出版社1995年版,第106页。

② 参见《意大利刑事诉讼法典》,黄风译,中国政法大学出版社1994年版,第186页。

③ 参见[法]贝尔纳·布洛克:《法国刑事诉讼法》,罗结珍译,中国政法大学出版社2009年版,第487页。

④ 参见[德]克劳思·罗科信:《刑事诉讼法》,吴丽琪译,法律出版社2003年版,第430页。

⑤ 关于意大利的双重案卷(double dossier)制度,参见 Antoinette Perrodet, *The Italian System*, Mireille Delmas - Marty and J. R. Spencer (ed), European Criminal Procedures, Cambridge University Press, 2002, p. 369。

审判法官考虑额外的证据,必须经由另一负责预审的法官(giudice dell' udienza preliminare)举行聆讯,由他决定是否将证据提交给审判法官。

在中国,要重塑审判认知结构,必须从限制案卷的使用着手。为此,首先应当在立法上确立直接原则。直接原则关注两个方面的关系——法官与证据的关系、证据与案件事实的关系。前者要求法官对证据具有“亲历性”;后者要求法庭上出示的证据必须直接产生于案件事实,不能经过转述、复制等中间传递环节。其次,需要确立具体的规则,对开庭前阅览案卷的主体和内容施加限制。在阅览案卷的主体范围上,先要排除人民陪审员作为阅览主体;对于合议庭审理的案件,因承办法官需要拟定庭审提纲,所以应由承办法官阅览案卷,审判长或者合议庭其他法官原则上不能阅卷。在阅览案卷的内容上,现行《刑事诉讼法》虽然恢复了全卷移送制度,但并未恢复实体性庭前审查,并不要求对证据的充分性作出评估,只需要审查起诉书中是否“有明确的指控犯罪事实”即可。[①] 以此标准看,最高人民法院《关于完善人民法院司法责任制的若干意见》第16条所列举的承办法官职责中第3项“对当事人提交的证据进行全面审核,提出审查意见”并不适当,应当删除。最后,限制法庭在评议环节对案卷的接触和使用。法庭调查和法庭辩论环节一经结束,审判长应当命令书记员将案卷收存至法院档案室,除非在评议过程中确有必要对案卷中的某项材料进行审查,才可以由审判长命令将案卷送回评议室,在控辩双方同时在场的情况下,同时开卷,进行查阅。[②]

① 对比1979年《刑事诉讼法》第108条和现行《刑事诉讼法》第186条的规定可以看出这一点。1979年《刑事诉讼法》第108条规定:“人民法院对提起公诉的案件进行审查后,对于犯罪事实清楚、证据充分的,应当决定开庭审判;对于主要事实不清、证据不足的,可以退回人民检察院补充侦查;对于不需要判刑的,可以要求人民检察院撤回起诉。”人民法院在开庭前的公诉审查环节即对证据的充分性作出初步判断,这是一种实体性的公诉审查方式。现行《刑事诉讼法》第186条规定:“人民法院对提起公诉的案件进行审查后,对于起诉书中有明确的指控犯罪事实的,应当决定开庭审判。”人民法院在开庭前只需要审查起诉书中是否“有明确的指控犯罪事实”,立法者显然将庭前审查设计为一种程序性审查。

② 类似的规定可参考《法国刑事诉讼法典》第347条的规定:“审判长宣布法庭审理结束……审判长命令将诉讼案卷收存至重罪法院书记员手中……如在评议过程中重罪法庭认为有必要对诉讼案卷之一项或数项材料进行审查,审判长得命令将案卷送至评议室,在检察院及被告人与民事当事人的律师当面,重新开卷,以行查阅。”参见《法国刑事诉讼法典》,罗结珍译,中国法制出版社2006年版,第347页。

在弱化案卷影响的基础上，如何深化“以审判为中心”，涉及改革的着力点问题。有学者将对抗化的庭审作为庭审实质化的指标之一，[①]但是，实质化的庭审并不等于对抗式庭审，否则欧洲大陆各国职权主义主导之下的庭审将永无实质化的可能，本文更倾向认为，“以审判为中心”改革与审判模式没有必然的关系，无论是对抗式诉讼还是职权主义诉讼，均可以自己的方式实现庭审实质化。如果求取各国制度上的最大公约数，则是国际刑事司法准则，[②]尤其是联合国《公民权利和政治权利国际公约》第 14 条确定的公正审判的最低限度标准，特别是第 3 款第（戊）项所保障的“与不利证人对质的权利”。因而，中国进一步改革的着力点，应当是围绕被告人的对质权发力。此即相对上文“一弱”而言的“一强”。

本次调研揭示了证人、鉴定人出庭率不仅在 2014 年处于极低的水平，在推行以审判为中心或庭审实质化改革 4 年之后的 2018 年，仍然没有显著改善的迹象。这种局面，与立法在证人出庭问题上自相矛盾的态度有相当大的关系。一方面，《刑事诉讼法》第 62 条第 1 款规定，“凡是知道案件情况的人，都有作证的义务”，第 61 条也规定，“证人证言必须在法庭上经过公诉人、被害人和被告人、辩护人双方质证并且查实以后，才能作为定案的根据”；另一方面，第 192 条把证人必须出庭作证的情形限定于“公诉人、当事人或者辩护人、诉讼代理人对证人证言有异议，且该证人证言对案件定罪量刑有重大影响，人民法院认为证人有必要出庭作证的”，证人是否应当出庭，很大程度上取决于法院关于是否存在出庭必要性的判断。然而，“以审判为中心”不等于以“法院”为中心，要真正实现“以审判为中心”，立法就必须明确承认并适当加强被告人的对质权。

对于被告人对质机会的保障，中国刑事诉讼立法主要是通过 2012 年增设的第 192 条和第 193 条来实现。然而，就保护对质权而言，上述两个条文构建的保障却包含缺陷。其一，刑事诉讼法没有明确肯定被告人享有对质的权利，相反，证人是否应当出庭作证基本上取决于人民法院对于出庭必要性的判断，

---

① 参见左卫民：《地方法院庭审实质化改革实证研究》，载《中国社会科学》2018 年第 6 期。

② 持类似观点的还有熊秋红教授。参见熊秋红：《刑事庭审实质化与审判方式改革》，载《比较法研究》2016 年第 5 期。

即人民法院认为证人是否“有必要出庭作证”,这就具有很大的随意性。其二,在证人没有出庭作证的情况下,立法并未指明书面证言是否具有证据能力。《刑事诉讼法》第193条第2款规定了证人未出庭的实体后果,即“证人没有正当理由拒绝出庭或者出庭后拒绝作证的,予以训诫,情节严重的,经院长批准,处以十日以下拘留”。然而,在诉讼法和证据法上证人不出庭所导致的后果,刑事诉讼法和有关的司法解释却一字未提。《刑事诉讼法》第195条规定“对未到庭的证人的证言笔录……应当当庭宣读”,相当于变相肯定了庭外证言的证据资格。这两个问题的存在,导致被告人在审判中对质的机会根本不会受到重视。

为了加强对质权的法律保障,未来应当双管齐下,一方面,立法要明确肯定对质的权利属性。刑事被告人享有与不利证人的对质权,早已为多数法治国家宪法所吸纳,成为宪法性保障,同时也为一系列全球性或者区域性人权公约所吸纳,成为国际社会的共识,无关乎意识形态、法律传统和诉讼模式。另一方面,增强对质权的刚性,强化剥夺或限制被告人对质权的程序性制裁机制。我国目前已经存在保障被告人质证权的程序机制,但遗憾的是,多数规则仅存在于最高人民法院的司法解释中,法律层级有限,因而刚性不足,施行中打了折扣。例如,最高人民法院《关于适用〈中华人民共和国刑事诉讼法〉的解释》第63条规定:“证据未经当庭出示、辨认、质证等法庭调查程序查证属实,不得作为定案的根据。”该解释第220条规定:“对公诉人、当事人及其法定代理人、辩护人、诉讼代理人补充的和审判人员庭外调查核实取得的证据,应当经过当庭质证才能作为定案的根据……”第376条第(三)项规定,“原判决、裁定生效前已经收集,但未经质证的证据”应当认定为《刑事诉讼法》第242条第1项规定的可能引起再审程序的“新的证据”。上述解释,未来应当上升为立法,确立保障对质权的刚性结构。

(二)判决权威结构之转型

“副卷”及其相关问题,其解决之道不是一废了之,因为副卷只是其背后判决权威结构的集中反映和如实记录,这种“全程留痕”,在某种意义上也充当了一种对法庭之外各种干预的约束和规范,自有其存在的现实合理性。如果只是简单地废除"副卷",司法将彻底"黑箱化",更是一种倒退。将"副卷"内容全部归于"正卷",也非解决问题的根本办法。副卷材料归于正卷,当事人及其律师可以查阅,这将使司法进一步远离"黑箱化",成为真正的"阳光司法"。这固然是一大进步,然而,在司法公开之外,尚有"以审判为中心"的改革目标。在"以审判为中心"的改革议题下,正卷除了供当事人及其律师查阅外,本身也是需要限制其用途的材料。因此,废除"副卷",将其包含的材料全部归于"正卷",从深化"以审判为中心"改革的角度看,仍是治标不治本。

如前文所述,真正妨碍"以审判为中心"实现的是副卷背后的判决权威结构。所以,深化"以审判为中心"改革,必须以直接原则所要求的司法"亲历性"为核心,调整判决权威结构。这不仅涉及人民法院与外部的党政机关、人民检察院、监察委员会关系的调整与重塑,也涉及上下级人民法院之间,以及人民法院内部员额法官与院庭长之间、合议庭与审判委员会之间关系的调整与重塑。这也是最新一轮以司法责任制为核心的司法体制和工作机制改革的主要目标。在上述议题上已有不少学者发表真知灼见,本文不再重述。这里仅就院庭长的审判监督管理权进行讨论。

一般认为,人民法院院长的审判监督管理职责(权)的法律依据是《人民法院组织法》第 41 条,"人民法院院长负责本院全面工作,监督本院审判工作,管理本院行政事务"。现行《法官法》第 9 条也规定:"人民法院院长、副院长、审判委员会委员、庭长、副庭长除履行审判职责外,还应当履行与其职务相适应的职责。"所谓"与其职务相适应的职责"包括审判监督管理职责。院庭长的审判监督管理职责(权)不仅限于宏观层面上进行的审判监督管理,而且延伸到监督个案。最高人民法院《关于完善人民法院司法责任制若干意见》(以下简称《法院司法责任制意见》)第 24 条规定,对"涉及群体性纠纷,可能影响社会稳定的;疑难、复杂且在社会有重大影响的;与本院或者上级法院的类案判决可能发生冲突的;有关单位或者个人反映法官有违法审判行为的"四类案件,院庭长可以进行个案监督。从上述规定来看,院长、副院长就特定类型的案件作批示存在一定的法律依据和政策依据。然而,学术探讨不能止步于此,接下来的问题是,法院内部的行政领导(院庭长)的监督管理职权应当止步于何处?如何区分正当的监督管理与对司法的不当干预?

根据《人民法院组织法》第 41 条的规定，人民法院院长履行的监督管理职责（权）包括两个方面：一是“监督本院审判工作”，二是“管理本院行政事务”。《法院司法责任制意见》以此为根据，将此两项权利分别概括为“审判监督权”和“行政事务管理权”。就“行政事务管理权”而言，法院内部的行政事务无非围绕人事调配、财政拨付、物资管理（人、财、物）而产生，这是院庭长作为本院行政首长的固有职权，理论争议不大，但实践中有的院长、庭长等法院内部行政管理者凭借其在行政管理方面的优势地位，干预法官、合议庭的裁判结果，代行本来应当由法官、合议庭独立行使的司法裁判权，导致行政事务管理权与司法裁判权纠缠不清。①

法院院长的“审判监督权”更加富有争议。原因在于，院长虽然是法院的行政首长，但一般认为，法院内部关系不同于普通行政机关的内部关系。在推进“以审判为中心”的改革大背景下，直接原则要求法官在审判案件的过程中具备“亲历性”，尤其在认定事实上，法院院长并不享有高于承办法官的权威。因此，院长对审判工作的监督管理并非无原则、无边界。《法院司法责任制意见》开篇即指出制定该意见的目的是“建立健全符合司法规律的审判权力运行机制，增强法官审理案件的亲历性，确保法官依法独立公正履行审判职责”。所以，在院庭长履行审判监督权，与法官依法独立履行审判职责之间，必须确定一个适当的边界。这实际上也是最新一轮的司法体制和工作机制改革的核心议题。

这并非中国独有的问题。例如，《德国基本法》第 97 条保障法官独立和不受罢免，“只服从法律”。然而，考虑到法官也是有七情六欲的凡人，难免有个别法官贪名好利、违法滥权、怠惰懒散，所以也需要法院首长（院庭长）对本院法官行使“职务监督”权，以督促法官恪尽职守，依法审判。但是，这种“职务监督”是有边界的，不能影响法官的司法活动，而且法官只在不影响其司法自由的限度内接受这种约束。在德国，一旦法官认为院长的监督行为超越了适当限度，根据《德国法官法》第 79 条的规定，他有权将这一问题提交职务法

① 参见陈瑞华：《司法改革的理论反思》，载《苏州大学学报（哲学社会科学版）》2016 年第 1 期。

庭作出裁决。[①] 何为适当限度？在德国，联邦法院职务法庭采纳的是“核心领域理论”，[②]并成为学界通说。该理论将法官的裁判行为分为核心领域与非核心领域两大类型。对于非核心领域，原则上属于院庭长行使职务监督的范围。“核心领域”包括裁判行为本身，以及所有直接、间接为准备裁判而进行的行为，在这个范围内原则上排除院庭长的职务监督。但是，对于法官显然错误的职务行为，如适用已废止的法律，院庭长仍可以进行职务监督。这是唯一的例外。

根据《法院司法责任制意见》，院庭长的“审判监督权”既包括指导本院本庭各项审判工作、对本院本庭审判质量情况进行监督等宏观意义上的监督职能，也包括在特定的四类案件中行使个案监督。在行使个案监督的情况下，院庭长的审判监督权，与刑事诉讼法中的“审判监督”是一种什么关系呢？仔细探究，发现二者存在共通之处，即都是对审判活动行使的监督。但二者在监督主体、监督范围、监督方式、监督时机、监督依据、监督后果等方面存在显著差异：首先，刑事诉讼中的审判监督具有特定含义，既是指对审判活动的监督，又是指以审判的方式进行的监督，其典型表现是依第二审程序对第一审判决进行的监督，以及依审判监督程序对原生效判决进行的监督。这与《法院司法责任制意见》第 24 条所规定的院庭长的“审判监督”有本质不同。其次，刑事诉讼中的审判监督从时机上是一种事后监督，而从《法院司法责任制意见》第 24 条的规定来看，院庭长监督可以是事前、事中监督。再次，在监督的依据上，刑事诉讼中的审判监督完全是以刑法和刑事诉讼法的相关规定为依据的，而院庭长的“审判监督”，既可以进行违法监督，也可以进行违纪监督、职业伦理监督。最后，院庭长的审判监督从效果上受到《法院司法责任制意见》第 24 条的严格限制，即院长、副院长、庭长对案件的审理过程或者评议结果有异议的，不得直接改变合议庭的意见，只能将案件提交专业法官会议、审判委员会讨论。而刑事诉讼中的审判监督，不限于四类案件，既没有案件范围的限制，

---

① See Rodolphe Juy – Birman, *The German System*, Mireille Delmas – Marty and J. R. Spencer(ed), *European Criminal Procedures*, Cambridge University Press, 2002, p. 297 – 298.

② 参见姜世明：《法院组织法》(修订五版)，台北，新学林出版股份有限公司 2016 年版，第 308 页。

又没有监督效果的限制,既可以撤销原判、发回重审,又可以直接改判。

从《法院司法责任制意见》的相关规定来看,在审判的"核心领域"——审判活动本身、为审判活动顺利进行而实施的庭前会议等庭前准备工作,以及作为审判后续工作的制作裁判文书等活动——基本上属于独任庭和合议庭审判人员的职责范围,原则上排除院庭长的具体监督。然而在《法院司法责任制意见》第 24 条规定的四类案件中,这种审判监督已不止于"非核心领域",已经延伸到"审判过程"和"评议结果"这样的"核心领域"。虽然《法院司法责任制意见》对院庭长行使个案审判监督的范围限于四类案件,在监督效果上也对院庭长的审判监督施加限制,即院庭长如果对审判过程或者评议结果有异议,"不能直接改变合议庭的意见",只能将案件提交专业法官会议、审判委员会讨论。

但这种处理,引发了进一步的问题:其一,《法院司法责任制意见》第 9 条将审判委员会讨论案件的范围限定为"涉及国家外交、安全和社会稳定的重大复杂案件,以及重大、疑难、复杂案件的法律适用问题"。① 而第 24 条规定的四类案件,在审判过程或评议结果不受院庭长认可时,仍可经由院庭长之手提交审判委员会讨论,这相当于变相扩大了第 9 条限定的审判委员会讨论案件的范围。其二,院庭长对"审判过程"和"评议结果"的异议是仅限于法律适用方面的异议,还是对事实认定、证据使用等方面也可以提出异议?如果允许对事实认定、证据使用等方面提出异议,"增强法官审理案件的亲历性"恐怕又成一纸空文,而且也必将使审判委员会讨论的范围突破第 9 条设定的"法律适用问题",直接消解了《法院司法责任制意见》优化审判委员会运行机制的改革努力。如果院庭长只限于在法律适用方面对"审判过程"或者"评议结果"提出异议,那么保留院庭长在四类案件中个案审判监督的意义何在?《法院司法责任制意见》第 9 条将审判委员会的职能确定为"统一本院裁判标准",在第 24 条列举的四类案件中,除第(3)类"与本院或者上级法院的类案判决可能发生冲突的"情形与这一职能设定相关外,其他三类情形关切的焦

① 《法院司法责任制意见》第 9 条规定:"审判委员会只讨论涉及国家外交、安全和社会稳定的重大复杂案件,以及重大、疑难、复杂案件的法律适用问题。"

点似乎均非“统一本院裁判标准”。在法律职业资格统一考试、法官遴选委员会层层选拔下产生的员额制法官，在三大诉讼法中已然存在审级之间审判监督的前提下，在审判的“核心领域”，是否还需要院庭长在法律适用问题上进行审判监督？至少目前还看不到明显的制度收益，而消解司法责任制改革的风险确实是始终存在的。因此，依本文所见，在四类案件中，也完全没有必要保留院庭长的“审判监督权”。

五、余论：“以审判为中心”背景下的审前程序改革

“以审判为中心”改革不仅对审判提出更高要求，其终将溢出审判阶段，对审前程序产生连锁效应的影响。对于侦查机关而言，由于直接言词原则的不断推进，侦查阶段的功能和目标也势必发生相应的变化。过去，侦查阶段的任务主要是收集供审判使用的证据。然而，随着“以审判为中心”改革的推进，审判认知结构的重塑，侦查案卷的作用将受到人为限制，侦查阶段收集的证据不再如过去那样可以无障碍地进入审判。因此，侦查的任务也需要进行相应调整，即从过去的“服务于审判”，日益转变为“服务于公诉”，侦查在很大程度上会变成公诉的准备阶段。

对检察机关的影响。庭审实质化之下更高的举证要求，更严格的非法证据排除规则，最终会经由证明责任，将负担传递给公诉方，对公诉人的举证、质证提出更苛刻的要求。同时，随着监察体制改革的深入并上升为国家立法，检察机关丧失了大部分的侦查权。这加剧了检察机关在刑事诉讼中的尴尬处境：一方面，在绝大多数的公诉案件中，检察机关都不是侦查主体，大量的证据由其他机关（公安机关或者监察机关）收集。但是，如果向法庭提供的证据不确实、不充分，却要由检察机关承担起诉失败的后果。另一方面，如果被告人在审判中提出排除非法证据的申请，根据刑事诉讼法的规定，需要由人民检察院对证据收集的合法性加以证明，而对于检察机关来说，这是一个几乎不可能完成的任务：首先，检察机关并非收集证据的主体，证据由其他机关（公安机关或者监察机关）收集，却要求检察机关来证明证据收集的合法性；其次，从古罗马法的时代起，一个分配证明责任的重要原则即“为肯定之人应举证，为

否定之人不举证”。[①] 而检察机关被要求证明的，恰恰是一个否定性事实，即公安机关或者监察机关没有对犯罪嫌疑人采用刑讯逼供等非法取证手段。[②]

因此，从检察机关履行的公诉职能来看，加强对侦查行为的指导和控制是其本能倾向，“以审判为中心”改革对检控方提出的高标准、严要求客观上强化了这种需要。加上监察体制改革后，被削夺了大部分侦查权的检察机关产生了空前的危机感，主观上产生了整合自身力量的精神需要，同时加强对侦查行为的指导和控制也显得越发迫切。在上述多种因素产生的综合压力下，检察机关近年来采取了一系列举措。例如，确立驻所检察官侦查终结前讯问合法性的核查制度；[③]人民检察院提前介入监察机关职务犯罪调查工作，[④]等等。其中，影响最大、最有争议的，当数检察机关“捕诉合一”或“捕诉一体化”改革。

2018 年 7 月 25 日，最高人民检察院检察长张军在深圳举行的全国大检察官研讨班上提出将“内设机构改革”作为突破口，“要以案件类别划分、实行捕诉合一，形成完整的、适应司法责任制需求、有助于提高办案质量效率和提升检察官素质能力的内设机构体系”[⑤]。“捕诉一体”的支持者提出的最有力的理由是，在我国检警机构分离、职能分离的体制下，公诉对侦查引导不足，而捕诉合一实现了公诉对侦查监督和证据指引工作的前移，拉近了侦查和起诉的距离，强化了侦查监督力度，提高了案件侦查质量，使侦查能更好地为检察

---

① 参见陈荣宗：《举证责任分配与民事程序法》，台北，三民书局 1984 年版，第 9 页。

② 在法治发达国家，讯问程序的权利保障相对完善，不仅讯问过程有全程录音录像，而且犯罪嫌疑人被明确告知享有沉默权，如果接受讯问，被告人要签署书面的弃权声明。除此之外，律师在讯问过程中享有在场权。在多重的程序保障之下，即使被告人提出非法证据的主张，要证明讯问程序的合法性，对检察官而言也并非难事。

③ 2017 年“两高三部”联合发布的《关于办理刑事案件严格排除非法证据若干问题的规定》第 14 条第 3 款规定：“对重大案件，人民检察院驻看守所检察人员应当在侦查终结前询问犯罪嫌疑人，核查是否存在刑讯逼供、非法取证情形，并同步录音录像。经核查，确有刑讯逼供、非法取证情形的，侦查机关应当及时排除非法证据，不得作为提请批准逮捕、移送审查起诉的根据。”

④ 2018 年《国家监察委员会与最高人民检察院办理职务犯罪案件工作衔接办法》第二章以专章规定了“最高人民检察院提前介入工作”。

⑤ 尚黎阳：《重组刑事办案机构　案件分类捕诉合一》，载《南方日报》2018 年 7 月 26 日，第 A04 版。

机关公诉做准备。[①] 2018年年底，中央通过《最高人民检察院职能配置、内设机构和人员编制规定》，最高检第一至第十检察厅按照新的职能和办案机制正式开始运作。但这一改革，从始至终都伴随反对和质疑的声音。反对者认为，“捕诉合一”的改革设想将作为强制措施的逮捕与作为国家追诉权的公诉混为一谈，违背基本诉讼规律，否定了逮捕的独立价值。[②] 将批捕权用作侦查控制的工具，审查批捕的职能将附属于、服务于追诉职能而丧失独立的价值，形成并强化“够罪即捕”的局面。[③]“捕诉合一”实际上是将最不应该“合”的两个东西合在了一起。该合不合造成效率低下，该分不分导致公正难以维系。[④]

本文认为，“捕诉一体”改革中所表达的公诉引导、监督、控制侦查取证的合理诉求应当得到应有的考虑，但反对者所表达的不安并非杞人忧天，通过“捕诉一体”的方式实现侦查控制属于路径不当。审查批捕作为一项具有司法性质的职能，涉及人身自由保护的独立价值，行使该职能的主体应当具有中立的属性，不宜由行使追诉职能的主体行使。否则，审查批捕职能势必成为公诉职能的附庸，逮捕“必要性”审查、“社会危险性”审查势必成为犯罪条件审查的附庸，审查批捕作为独立程序存在的价值将荡然无存。因此，加强公诉对侦查的指导和控制，需要转变改革思路，另辟“侦诉一体化”之蹊径。

十八届四中全会决定提出，“完善对限制人身自由司法措施和侦查手段的司法监督，加强对刑讯逼供和非法取证的源头预防，健全冤假错案有效防范、及时纠正机制”。而“侦诉一体化”正是落实决定这一要求的有力举措。“侦诉一体”并不是主张负责公诉的检察机关和负责侦查的公安机关在组织上合二为一，而是倡导侦查机关与检察机关在刑事诉讼中确立密切协作的关系。具体说来，在重大、复杂、疑难刑事案件的侦查过程中，以及在采取重要侦查行为（例如讯问）、干预公民基本权利措施（例如搜查、查封、扣押、冻结）之前，至少在侦查终结之前，公安机关应当向检察机关报告，由后者

---

① 参见邓思清：《捕诉合一是中国司法体制下的合理选择》，载微信公众号“中国法律评论”2018年6月5日。

② 参见陈瑞华：《异哉，所谓“捕诉合一”者》，载微信公众号“中国法律评论”2018年5月29日。

③ 参见聂友伦：《检察机关批捕权配置的三种模式》，载《法学家》2019年第3期。

④ 参见孙远：《为什么捕诉合一不可行?》，载微信公众号“中国政法大学国家法律援助研究院”2018年6月16日。

及时介入并提出指导意见。这同时意味着检察机关侦查监督的方式和时机发生重大变化，即从目前的事后监督改变为事中监督、同步监督，以实现对侦查活动的提前介入，强化公诉职能对侦查职能的规范和引导作用。为此，需要强化侦查人员在刑事诉讼中接受检察机关监督的法定义务，除非法定事由或者依法定程序，不得拒绝执行检察机关的指导和监督意见。《人民警察法》第42条规定："人民警察执行职务，依法接受人民检察院……的监督。"为了强化检察机关对警察的控制力，欧洲大陆各国及其影响下的日本，均在警察惩戒、晋升等方面赋予检察官实质性的影响力。例如，在法国，检察长对其辖区内的司法警察警官进行评分（作出评价），检察长的评语在对当事人作出任何晋级、提升决定之时是一个重要的考虑因素。[①] 在日本，如果警察不服从检察官的指令，检察官可以向对警察享有罢免、惩戒权的机构提起惩戒或罢免的诉讼。[②] 因此，为确立检察机关在侦查工作中的权威，应赋予检察机关对相关侦查人员启动惩戒程序的权力，并在侦查人员考核、奖惩、晋升等程序中赋予其实质性的话语权。

"以审判为中心"的诉讼制度改革试点以来，已不知不觉走到一个重大的节点，是迎难而上，继续深化改革，还是知难而退，重回侦查中心主义的老路？选择后者，就意味着要接受审判对侦查制约的失灵，接受由此导致的冤错案件频发的局面，这是任何一个正常社会都难以承受的代价。"开弓没有回头路"，《关于深化人民法院司法体制综合配套改革的意见——人民法院第五个五年改革纲要（2019—2023）》提出"深化以审判为中心的刑事诉讼制度改革"，实际上已经作出了回答。为此，必须迎难而上，突破瓶颈效应，解决好"两卷"问题，重塑审判认知结构和判决权威结构，为改革开拓更广阔的制度空间。同时，深化以审判为中心的诉讼制度改革，意味着对控方提出了更高的标准、更严的要求，有可能会影响打击犯罪目标的实现，这也是推行此项改革短期内会付出的社会成本。为了不影响打击犯罪的有效性，就必须提高公诉的质量和效率，客观上需要强化"侦诉一体"，在审前程序中确立检察机关引

① 参见［法］贝尔纳·布洛克：《法国刑事诉讼法》，罗结珍译，中国政法大学出版社2009年版，第245页。

② 参见《日本刑事诉讼法》第194条。

导、控制侦查取证工作的新格局。最后也是最重要的，深化“以审判为中心”改革，既需要顶层设计，也需要加强相关改革主体之间的交流与协调，尽量避免各项改革措施之间相互“打架”，甚至相互“熔断”的现象。

事实、证据与事实认定*

张保生**

摘　要：事实与证据的特性及其关系，是证据法元理论问题。事实作为证据法的逻辑起点，包含事实认定中各种问题的胚芽，其固有特性特别是经验性之历史展开，则塑造了证据的基本属性，也决定了事实认定必然是一个经验推论过程。事实认定者通过"证据之镜"所获得的事实真相，是对事实之可能性的判断，达不到绝对的确定性，却具有盖然性或似真性。司法证明理论从精确概率走向模糊概率或似真性理论的发展趋势，对我国司法改革和证据法学研究具有借鉴意义。

关键词：经验事实　证据之镜　事实认定　司法理念

引　言

现代司法奉行证据裁判原则，即"认定案件事实，必须以证据为根据"。① 该原则旨在防止司法的任意性，确保在事实前提和判决结论之间具有某种确证关系。这样"有助于巩固社会组织制度所需的智力内部结构，在此制度内争论表现为论证和反论证，而不是使用暴力的威胁"②。然而，人们在谈论证

---

* 本文原载于《中国社会科学》2017 年第 8 期。

** 张保生，司法文明协同创新中心、中国政法大学证据科学教育部重点实验室教授。

① 参见最高人民法院《关于适用〈中华人民共和国刑事诉讼法〉的解释》第 61 条。

② L. Jonathan Cohen, *The Diversity of Meaning*, London: Methuen Young Books, 1966, p. 68.

据裁判原则时往往就证据而论证据法，[①]却忽略了事实之于证据的本源性，即事实才是证据法的逻辑起点。事实和证据的特性及其关系是证据法的元理论问题，证据法学研究和证据裁判实践中的许多问题皆因对该问题的回答不同而发端。例如，由于混淆了事实与存在的概念，不理解事实的经验性，而用客观性代替相关性作为证据的根本属性，在诉讼中把实事求是或追求“客观真实”奉为司法工作的基本原则；由于不了解“证据之镜”的模糊性、证据推论的归纳性以及事实认定的盖然性，片面追求“命案必破”，反而造成大量冤假错案；不了解司法具有可错性，而用不枉不漏的“神能”标准考核司法人员，盲目提倡有错必纠、终身追究。上述种种违背司法规律的口号和做法，都形成于在这个元理论问题上的认识偏差。因此，厘不清事实与证据的关系，就难以把握证据法的真谛，贯彻证据裁判原则便会成为一句空话。证据法学作为“一门研究证据和证据法的学问”，[②]应当认真对待事实，研究事实特性对证据属性的决定作用，进而掌握事实认定的逻辑规律。

一、客观存在与经验事实

谈到事实特性，一个绕不开的问题是“客观事实与法律事实”之争。[③] 该争论由“客观真实与法律真实”的争论变种而来，但二者说的其实是一回事。“中国的刑事司法哲学，一直将‘客观事实’与‘案件事实’等同起来，以为每个案件都存在着一种可以认识的‘客观事实’。”[④]有学者明确指出了这种司法哲学的理论来源：在诉讼中把“客观真实”作为一项重要原则，“是十月革命胜利后原苏联的学者首先提出来的，是在批判资本主义国家民事诉讼中形式真实学说的基础上，作为形式真实的对立物和替代物提出的”[⑤]。

客观事实说或客观真实说主张“客观”是事实的本质特性，并将其放到“存在第一性、意识第二性”的本体论范围来讨论，混淆了事实与存在这两个

---

① 参见高家伟等：《证据法原理》，中国人民大学出版社 2004 年版，第 3 页。

② 参见陈光中主编：《证据法学》，法律出版社 2015 年版，第 9 页。

③ 参见陈永生：《法律事实与客观事实的契合与背离——对证据制度史另一视觉的解读》，载《国家检察官学院学报》2003 年第 4 期。

④ 陈瑞华：《看得见的正义》，北京大学出版社 2013 年版，第 168 页。

⑤ 李浩：《论法律中的真实——以民事诉讼为例》，载《法制与社会发展》2004 年第 3 期。

不同层次的概念。存在是纯客观的，它是指不依赖人的主观意识而转移的客观世界。存在与意识是哲学本体论的一对范畴。然而，事实作为“某种实际存在的东西”，①则是人通过感官和思维把握的真实存在，即存在的一小部分。事实与认识构成一对认识论范畴。作为认识论概念，事实是成为主体认识对象并被其感官和思维把握的那一部分存在，因而具有真实性、经验性和可陈述性。

事实的真实性，首先是指任何事实都发生于一定时空之中。在空间维度上，任何事实都发生于一定地点；在时间维度上，任何事实都有过去时或现在时。就过去时而言，很多事实是已然之事即历史事实，如审判中的案件事实。就现在时而言，事实还包括正在发生的事情，比如，“我正在开会”“我国正在推进以审判为中心的诉讼制度改革”。所以威格莫尔说：“事实是指（目前）发生或存在的任何行为或事态。”②只有发生过和正在发生的事情才是事实。将来之事，比如明天会发生什么，那不是事实，而只是一种可能性。因此，有学者在阐述“事件”与“事实”的六种区别时提出，③“事件有时态而事实没有时态”，这有违“历史事实”的内涵。而且，否定事实的时间维度，等于否定了事实的真实性。因为，只有发生于一定时空中的事实，才具有真实性。

事实的真实性还表现为一种既成性。我们常说某件事是一个“既成事实”，就是说，“生米做成熟饭”，不能更改了。“事实是我们拿了没有办法的。事实是没有法子更改的。所谓修改现实，只是使将来与现在或已往异趣而已。事实总是既成或正在的，正在或既成的事实，只是如此如彼的现实而已……对于事实之‘然’，我们只有承认与接受，除此之外，毫无别的办法。”④事实的既成性乃历史性，是指它一旦发生，不管你喜不喜欢，就成为不能更改的历史事实了。在诉讼活动中，需要认定的案件事实都是既成事实。所谓“世上没有卖后悔药的”，就是对既成性的绝妙注解。不仅犯罪事实不可更改，无辜者被错判的事实也不可更改，人们不能穿越时空去修改已经铸成的罪错。罪犯只

---

① See Bryan A. Garner, ed., *Black's Law Dictionary*, 8th ed., Eagan: Thomson West, 2004, p. 628.

② 转引自 Bryan A. Garner, ed., Black's Law Dictionary, p. 628。

③ 参见张继成：《事实、命题与证据》，载《中国社会科学》2001 年第 5 期。

④ 金岳霖：《知识论》（下册），商务印书馆 2011 年版，第 817 页。

能通过以后的行为来悔过,司法机关只能通过平反冤案来纠错。

事实的真实性与存在的客观性有本质差别。存在是纯客观的,例如,在人类出现之前地球就存在,在人类甚至太阳系毁灭之后宇宙依然存在。相比之下,事实只是人通过感官和思维所把握的真实存在,因而具有经验性。存在和事实具有可知和真知的区别。关于存在的知识,人们仅通过思维便可把握,如宇宙无限,便是一个并不直接依赖人类感知的抽象知识。相比之下,事实却是真知的,一件事情是否实际存在,需要人的感知和经验判断。正是在这个意义上,维特根斯坦说:"世界是事实的总和,而不是物的总和。"①这里的"物",就是指存在。

关于事实的经验性与存在的客观性之间的区别,可用"马某贩毒案"②来举例说明:2001 年 2 月 10 日,被告人马某在其云南省巍山县家中,以 5 万元的价格贩卖给梁某 523 克海洛因。该案中,法院经审判查明了马某贩毒的时间、地点和犯罪行为,它就成为一个被人的感官和思维把握的经验事实。

现在若问,那一天,该县是否只有马某一人贩毒?对此问题,我们既可用"云南省毒品泛滥"之普遍知识推论说"不可能",也可以按国际毒品犯罪 1:5 "通用显性隐性比"③来测算:那一天(2001 年 2 月 10 日)除马某外,该县至少还有 5 个人贩毒。然而,那一天,那 5 个人在何时(上午、下午还是晚上)、何地(宾馆、车站还是家里)从事了何种贩毒行为(毒品种类、数量、交易对象和价格),如果对这些情况一概不知,或者说对于贩毒时间、地点和行为均无经验把握,那 5 个人贩毒就不是人们真知的事实,而是可知的客观存在。"实有其事不应该同存在混为一谈。"④认识主体只有对感知对象加以经验把握,才能证明"实有其事"。所谓抽象贩毒,只能称为(不以人的意志为转移的客观)

---

① [奥]维特根斯坦:《逻辑哲学论》,郭英译,商务印书馆 1985 年版,第 22 页。

② 案例来源:最高人民法院网站裁判文书,http://www.court.gov.cn/,2014 年 1 月 10 日。

③ 2014 年中国全年登记吸毒 295.5 万人,按国际 1:5 的通用显性隐性比,实际吸毒超过 1400 万人。参见中国国家禁毒委员会办公室:《2014 年中国毒品形势报告》,载新华网,http://news.xinhuanet.com/legal/2015-06/25/c_127949443.htm。

④ [德]哈贝马斯:《在事实与规范之间:关于法律和民主法治国的商谈理论》,童世骏译,三联书店 2003 年版,第 15-16 页。

存在,而不能称为事实。"一般地说,所谓事实就是经验事实。"①

二、事实可陈述性与证据可信性

所谓经验事实,是指人对事实之经验把握。这是相对人对存在的理论把握而言,例如,我们可以给无数河外星系一一命名,从而在理论上把握无限宇宙。然而,这依然改变不了人类对宇宙的无知。实际上,人类甚至对太阳系的火星、木星等"地球兄弟"都知之甚少。理论把握与经验把握所得到的是不同的知识,前者是抽象的理论知识,后者则是具体的经验知识。因此,经验事实是指其具有可陈述性。这可从知识表达和理解两个方面来分析,并得出三个论点:

第一个论点,知者所知之事均可陈述。从知识表达或说者的角度看,由观察获得的感性知识,无论在头脑中加工,还是与他人分享,都需要语言媒介。事实总是以概念和判断的形式被人们把握,不能脱离语言而赤裸裸地存在。所以维特根斯坦说:"我的语言的界限意味着我的世界的界限……我们不能说我们不能思考的东西。"②就是说,凡是你知道的事情,都能说出来;说不出来的事情,是因为你不知道。例如,15 分钟前,外面街上发生了一场车祸。两位路人目睹了该事故。现在若问室内的人:谁能描述一下那场车祸?人们会答:不能。显然,那场车祸对不在事故现场的人来说并非事实,而是客观存在。人对于这种可知却并非真知的客观存在,是无法陈述的。因此,维特根斯坦说:"一个人对于不能谈的事情就应当沉默。"③现实生活中,人们相互传递自己所知道的事实,都是通过语言实现的。要想让别人与你分享一个事实,就要把自己所知之事以"叙事"的形式讲述给别人。在上例中,两位路人(目击证人)可以讲述那场车祸。从这个意义上说,"一切事实都是人们在直接感知的基础上、对事物实际情况(某事物具有某种性质或某些事物具有某种关系)所作的一种陈述"④。

① 彭漪涟:《事实论》,广西师范大学出版社 2015 年版,第 6 页。
② [奥]维特根斯坦:《逻辑哲学论》,郭英译,商务印书馆 1985 年版,第 79 页。
③ [奥]维特根斯坦:《逻辑哲学论》,郭英译,商务印书馆 1985 年版,第 97 页。
④ 彭漪涟:《事实论》,广西师范大学出版社 2015 年版,第 75 页。

第二个论点，听者通过陈述可知其所述事实。从知识理解或听者的角度说，人们能够学习知识，是因为命题与事实具有同构性。命题或句子是表达判断的语言形式。维特根斯坦说："命题是现实的形象，因为只要我们理解这个命题，则我就能够知道它所叙述的情况。"①由于事实总是披着命题的语言外衣，所以，人们只要理解了一个命题，便可知其所述事实。在上例中，我们虽未直接感知到那场车祸，但如果一位路人（证人 1）告诉我们那是"一辆灰色小轿车撞了一辆红色小轿车"。我们便通过该证言得到了关于那场事故的知识。法庭里的事实认定，从原理上说与此并无二致，只是更强调事实认定者对证据进行的推论。

在审判过程中，为什么事实认定者不能直接把证人 1 的话当作事实，还需要经过推论才能得出结论？这就引出第三个论点：命题或陈述有真有假。事实通过命题或陈述才能表达出来，并不等于说，所有命题或陈述都表达事实。命题表达判断，而判断反映思想内容或信念时会出现两种情况，"如果这种思想是真的，表达这个思想的句子就报告一个事实"②。如果一种思想是虚幻的，表达这个思想的句子就并非报告一个事实。就是说，一个命题既可表达事实判断而构成真命题，也可表达虚假判断而构成假命题。假设，另一位路人（证人 2）说："我看到的是，一辆红色小轿车撞了一辆灰色小轿车。"这就会出现所谓"一个事实，两个故事"的情况。一般来说，两个相反命题可以同假，但不能同真。命题真假取决于陈述与事实是否一致，或与其相符的程度，这涉及下文将讨论的事实真相的盖然性或似真性问题。从说者和听者的关系看，则涉及证据可信性问题。

事实具有经验性和可陈述性，事实目击者陈述出来的知识对听者来说便是证据，这对听者来说便产生了可信性的问题。事实的语言特性，使人们在陈述事实时会出现某种程度的变形。例如，"夸大"事实（如言过其实、添枝加叶），"缩小"事实（如遮遮掩掩、避重就轻），甚至"歪曲"事实（如无中生有、颠倒黑白）。事实通过命题表达出来或者传达他人，对于听者来说，便是一个运

---

① ［奥］维特根斯坦：《逻辑哲学论》，郭英译，商务印书馆 1985 年版，第 40 页。

② ［德］哈贝马斯：《在事实与规范之间：关于法律和民主法国的商谈理论》，第 14 页。

用证据进行推断而在头脑中重建过去事实的过程。研究这个问题,需要考察证据的可信性。可信性同相关性、可采性一样,都是证据的基本属性。①

“客观事实说”必然要坚持证据客观性,我国一些证据法学教材受苏联证据法理论影响,在证据属性上仍坚持客观性第一的“两性说”②或“三性说”。③把客观性当作证据的根本属性,势必要否定相关性是证据的根本属性,并陷入如下三种困境:其一,证据“客观性”没有检验标准,法官无法判断一个证据是否具有客观性,因为客观性仅指不依人的意识为转移。假设,手头的证据是一个杯子,法官如何判断它对于证明待证事实具有客观性?显然无法判断。然而,相关性则有一个“检验标准”(如《美国联邦证据规则》第401条④),即有了这个杯子与没提供、不知道该杯子相比,将使要件事实的存在更可能或更不可能。由于缺乏判断证据是否具有客观性的检验标准,证据“客观性”审查既无法实现,也没有认识论意义。其二,为了摆脱这种困境,证据“客观说”不得不求助于客观性的反面即主观性,认为证据既有客观性的一面也有主观性的一面,这又使其陷入以偏概全的困境。其三,证据有真假之分,“客观说”无法回答诸如“真假证据哪一个具有客观性”这样棘手的问题。实际上,不依赖人主观意识的客观性只具有本体论意义,在认识论领域,一切都是主客体的相互作用。

证据是与案件事实相关的信息,用于证明所主张事实之存在的可能性。“相关性的核心问题是,一个证据性事实能否与事实认定者先前的知识和经验联系起来,从而允许该事实认定者理性地处理并理解该证据。”⑤然而,相关

① 参见[美]特伦斯·安德森、[美]戴维·舒姆、[英]威廉·特文宁:《证据分析》,张保生等译,中国人民大学出版社2012年版,第79、84－93、493页。

② 例如,张建伟:《证据法要义》,北京大学出版社2014年版;卞建林、谭世贵主编:《证据法学》,中国政法大学出版社2014年版;何家弘、张卫平主编:《简明证据法学》,中国人民大学出版社2011年版。

③ 参见叶青主编:《诉讼证据法学》,北京大学出版社2013年版。

④ 《美国联邦证据规则》第401条规定:“相关证据的检验:下列情况下,证据具有相关性:(a)与没有该证据相比,它具有使一个事实更可能或更不可能的任何趋向性;并且(b)该事实对于决定该诉讼是要素性的。”

⑤ [美]罗纳德·J.艾伦、张保生、强卉:《证据的相关性和可采性》,载《证据科学》2010年第3期。

性只是证据采信的必要条件,可信性则是充要条件。例如,与待证要件事实之间没有相关性的物体、言语,当然不能成为证据,但有了相关证据若不知其是否可信,也未必能准确地认定事实。如上所述,事实具有可陈述性,但陈述(证言)有真假之分。在诉讼过程中,经常会出现"一个事实,两个故事"的情况,有时还会出现"罗生门"那样多个故事。如此一来,事实认定者如何通过证据推论得出裁判结论,就演变为依据何种品质的证据进行推论才能得出正确结论的问题。

按照"证言三角形理论",①证言可信性涉及证人的感知能力、记忆能力、诚实性、叙述能力这四种品质。事实认定者对这些证言品质进行推论,才能形成可信性判断。其中,第一个推论,从陈述人话语(证言)到其信念的推论,要求对其诚实性和叙述能力作出判断。例如,前例证人 1 说"一辆灰色小轿车撞了一辆红色小轿车"。假设对方律师在交叉询问时问其所处的观察位置,又假设证人回答其为红车乘客,这就涉及诚实性问题,因为证人与当事人的利益关系可能影响诚实性。从叙述——歧义性变量看,语言的模糊性也会给可信性带来影响。第二个推论,从陈述人信念到观察之事件的推论,要求对其感知和记忆能力的判断:一是观察准确性,证人的感知能力如何,例如,是不是近视?是不是色盲?二是记忆准确性,证人作证会受记忆能力影响。"目击者们对他们看到的东西所做的叙述,经常与事件的本来面目非常不同。大多数罗伯特·肯尼迪遇刺事件的目击者,对事件发生过程所做的描述可谓大相径庭(Langman and Cockburn,1975)。在一项实验研究中,巴克霍特、菲格罗和霍夫(Buckhout,Figueroa and Hoff,1974)在一间大教室里导演了一场袭击一位站在讲台上的教授的事件,并在几周后要求目击者们辨认袭击者。结果,大多数人——包括受害者挑错了袭击者。"②在该实验中,"几周后",可能是导致记忆不准确的重要因素。审判中的证人作证都不会比几周的时间短,因此都

---

① 证言三角形概念,由劳伦斯·特赖布教授在《对传闻的三角形测量》(1974)和理查德·O. 伦珀特与斯蒂芬·A. 萨尔茨伯格在《证据的一个现代进路》(1977)等论述之后,开始在法学界流行。转引自[美]罗纳德·J. 艾伦、[美]理查德·B. 库恩斯、[美]埃莉诺·斯威夫特:《证据法:文本、问题和案例》,张保生、王进喜、赵滢译,高等教育出版社 2006 年版,第 459 页脚注 1。

② 约瑟夫·P. 福加斯:《社会交际心理学:人际行为研究》,张保生、李晖、樊传明译,中国人民大学出版社 2012 年版,第 25 页。

会遇到记忆不准确的问题。所以,在审判中,事实认定者要作出准确裁判,关键是剔除不相关和不可信的证据。

三、"证据之镜"与法庭认识论

事实与证据的关系,在某些方面类似本质和现象、内容和形式的关系:事实具有不变性,证据具有变动性;事实是整体,证据是片段;事实具有本源性,证据具有表征性。然而,对事实与证据不能只做静态考察,因为只有在认识主体介入时,二者的关系才能产生认识论意义。认识主体介入这种关系有三种模式:

第一种模式,事实为现在时,认识主体直接作用于事实客体。在人类日常的实践和认识活动中,主体可以通过反复观察和实践,能动地认识事实客体。比如,在农业生产中,人们获得有关季节、水土和植物特性方面的证据,而掌握农作物生长的规律;在科学探索中,科学家可向火星发射探测器甚至登陆观测,从而提出火星上是否有水的证据。

第二种模式,事实仍为现在时,即目击证人与事实的关系。这种关系类似刺激反应,某个事件可能是在观察者没有任何思想准备的情况下发生的,但这并不意味着观察是"中性的"。因为,"观察渗透着理论",[①]观察者的眼睛不是照相机,其头脑中已有的知识(库)或观念会对观察活动产生影响,因而具有一定能动性。观察者的身份、观察位置及感知、记忆,思维加工和叙述能力,都会对观察和陈述的准确性产生影响。所以,目击证人对同一事实的描述可能有很大差异,事实认定者必须考虑证言的可信性问题。

第三种模式,对于过去发生的事实,事实认定者只能通过证据进行推论才能认识。在审判活动中,事实认定者对过去在法庭之外发生的事实,没有任何直接知识。在这种情况下,证据便成为联系主客体的唯一"桥梁",或"折射"事实的"镜子"。一方面,没有证据这面"镜子",就不可能认定案件事实。另一方面,"证据之镜"原理也揭示了证据推论的局限性,即事实认定者通过证

① 参见[美]N. R. 汉森:《发现的模式》,邢新力、周沛译,中国国际广播出版社 1988 年版,第 11 页。除汉森外,波普尔、库恩等人都否认有纯粹的中性观察,明确提出了"观察渗透理论"。参见关士续等编:《自然辩证法概论》,高等教育出版社 1989 年版,第 141 页。

据查明的事实真相，在某种程度上像是“镜中花”，乃是证据推论的“思想产品”。按照真理符合论，“真理”或“真相”与“符合事实”是同义语。① 在这个问题上，尽管法官的事实认定与科学家的事实发现有过去时和现在时之分，但在主客观相符合的意义上却是一致的。舒炜光教授说：“主体和客体发生作用的结果，达到主观和客观的符合度占百分之五十以上，这种认识就具有真理性质。”②证据法的优势证据标准，就体现了这种真理观。

“实事求是”作为我国政法机关的传统司法理念，③实际上是将第二种模式即现在时的主客体关系误用于第三种模式即过去时的主客体关系。毛泽东在《改造我们的学习》一文对其解释说：“‘实事’就是客观存在着的一切事物，‘是’就是客观事物的内部联系，即规律性，‘求’就是我们去研究。”他称实事求是的态度就是“有的放矢”。④ 然而，根据法庭认识论原理，事实认定者作为特殊的认识主体，对过去发生的案件事实没有任何直接知识。这与“有的放矢”意义上的实事求是不同，其“的”不是现在发生的事实，而是过去的事实发生时留下的证据。所以，真理符合论只能用来解释第一种和第二种模式中的事实发现，对于第三种模式即过去事实的认定，由于事实认定者根本看不到过去的事实，其手中之“矢”所对准的“靶子”只是证据而非案件事实，因而是“实证求是”。

“证据法是一个规制在法律程序中向事实裁判者提供信息的规则体系。一个更好的定义是‘法庭认识论’。”⑤法庭认识主体并不局限于事实裁判者（法官或陪审团），还包括检察官和律师。法庭认识活动是控辩审三方共同参与的证据信息加工过程，事实真相则产生于其相互作用的合力。

首先，法庭认识论的任务是求真。事实认定作为审判过程的第一阶段，旨

① 参见［英］波普尔：《猜想与反驳——科学知识的增长》，傅季重等译，上海译文出版社 1986 年版，第 325 页。

② 舒炜光：《科学认识论的总体设计》，吉林人民出版社 1993 年版，第 206 页。

③ 参见周玉华：《谈如何在司法领域坚持实事求是的思想路线》，载《山东审判》2005 年第 2 期。

④ 参见《毛泽东选集》（第 3 卷），人民出版社 1991 年版，第 801 页。

⑤ 戴维 · 伯格兰：《证据法的价值分析》，张保生、郑林涛译，载何家弘主编：《证据学论坛》第 13 卷，法律出版社 2007 年版，第 247 页。

在查明事实真相。戈德曼说,裁判是一种"求真认识论"的社会实践;①"一场刑事审判首先且最重要的是一个认识引擎,一种从最初常常是(相互冲突证据的)混乱集合中寻求事实真相的工具。"②因此,证据法的关键问题是,寻求真相的证据制度能否"被很好地设计,用以推导出关于世界的真实信念"。③事实认定是对过去事实的观念重建,即"在主体的大脑中构建出一个与客体具有同构异质关系的观念物或观念系统的过程"。④ 从证据的信息特性来看,证据法的主要作用是消除事实认定的不确定性。在这个问题上,最能体现证据法准确价值的相关性规则,"旨在向事实裁判者展现将有助于作出决定的全部信息。对不相关证据的排除也遵从于发现事实真相的价值,因为它使事实认定者的注意力集中于适当的信息,且仅仅集中于适当的信息"⑤。

其次,法庭认识论的动力是控辩审三方互动。这表现在:一方面,法庭举证、质证是"用证据证实或驳斥一项所主张的事实"。⑥ 在审判中,诉讼双方都试图用证据来证明己方的事实主张,这既是一个说服事实认定者的作用过程,又是双方相互影响的过程,每一方都在努力影响对方的同时又自觉不自觉地受到对方证据推论的影响。在这个过程中,各方当事人提出支持己方事实主张的证据,向对方证人进行交叉询问。另一方面,法庭认证是一个证据评价过程,包括对实物证据可靠性和证人可信性、证明力等的评估,最终的事实真相产生于控辩审三方证明和认证中形成的合力。

最后,法庭认识论的形式是理由论证。事实认定作为审判的第一阶段,是一个受法律推理规制的经验推论过程。在这个过程中,控辩审三方的认识互

---

① See Alvin I. Goldman, *Knowledge in a Social World*(*Oxford*:*OUP*,1999)(*n* 48)5,*quoted in Ho Hock Lai*,*A Philosophy of Evidence Law Justice in the Search for Truth*,Oxford University Press,2008,p.47.

② Larry Laudan,Truth,Error,and Criminal Law(Cambridge:CUP,2006),p.2,quoted in Ho Hock Lai,A Philosophy of Evidence Law Justice in the Search for Truth,p.47.

③ See Timothy Endicott, Questions of Law (1998) 114 LQR 310, quoted in Ho Hock Lai, A Philosophy of Evidence Law Justice in the Search for Truth,p.2.

④ 参见李秀林等主编:《辩证唯物主义和历史唯物主义原理》(第3版),中国人民大学出版社1990年版,第250页。

⑤ 戴维·伯格兰:《证据法的价值分析》,载何家弘主编:《证据学论坛》第13卷,法律出版社2007年版,第248页。

⑥ See Bryan A. Garner,ed. ,Black's Law Dictionary,p.1261.

动具有理由论证和平等对论的特点。“一般而言,论证(辩论)所描述的是形成理由、得出结论以及将它们应用于一种正在思考的情况的活动或过程。”①由于事实认定是一个发现法律推理小前提的操作,它必然受到法律推理目的标准、操作标准和评价标准的制约。“在这种理性支配的场合,说明义务被高度地规范化,任何强词夺理或以各种借口逃避说明的行为都不能被允许,完全有可能在理想状态下展开自由而理性的对论。”②正是通过自由而理性的对论,使法庭成为一个“讲理”的场所,控辩双方平等对抗,法官居中裁判,这为公正审判提供了制度保障。

四、事实认定与经验推论

20 世纪威格莫尔等法学家倡导司法证明研究以来,证据法的研究重心开始从证据可采性转向事实认定。③ 这一转向发生的原因在于,单纯的可采性研究难以回应经验推论的动态性,以及如何通过证据裁判实现正义的问题。与古代神明裁判和近代法定证据制度相比,现代证据制度建立在证据相关性基础之上,就是说,“当且仅当对争议性事实之主张的盖然性真相的判断是以从提交给裁判者的相关证据所作出之推论为基础的时候,这种裁判性事实认定的方法方才是‘理性的’”④。现代法治国家司法制度奉行证据裁判原则,这为司法公信力提供了制度保障。

(一)事实认定是一个经验推论过程

对事实裁判者来说,案件事实最初是一种“自在之物”,不具有经验性和可陈述性,因而是一种无异于客观存在的抽象事实;之后通过听审,对证据信息进行加工,作出判断,使待证事实成为事实裁判者在思维中清晰把握的“为

① Kent Sinclair, *Legal Reasoning: In Search of an Adequate Theory of Argument*, California Law Review, Vol. 59, p. 821 – 858(1971).

② [日]棚濑孝雄:《纠纷的解决与审判制度》,王亚新译,中国政法大学出版社 1994 年版,第 127 – 128 页。

③ 参见[英]威廉·特文宁:《证据理论:边沁与威格摩尔》,吴洪淇、杜国栋译,中国人民大学出版社 2015 年版,第 179 – 252 页。

④ 同上书,第 21 页。

我之物”或具体事实，此乃事实认定的“认识成果”。

事实认定的特点是运用证据进行推论。因为，审判中所要认定的事实是过去发生的，它并不像一个人看到天在下雨，便告诉别人天在下雨那样。“对事实的认定是从法庭所举证据得出的结论，而不仅仅是对直接观察到的事实的报告……显然，事实认定者不能以同样的方式，自己亲眼看到案件中实际发生的事情。他不得不试图通过权衡证据并从中进行推论，来得出一个结论。”①这正是“证据之镜”原理所阐述的观点：事实认定者与事实客体没有任何直接联系，不能像证人那样亲眼看到案件中发生的事情，只能通过运用证据的经验推论来认知过去事实发生的可能性。所以，“裁判中的事实认定过程，是在重建那些过去发生的无法被直接观察到的事件。裁判者必须对后顾性的事实问题，简言之‘发生了什么？’提供权威性答案”②。

从法庭认识论角度来研究事实认定，应当打破“心证”不可言传的神话，将其看作事实认定者在头脑中重建过去事实的信息加工过程，是通过“证据之镜”对实际上发生了什么进行经验推论的探究过程。事实认定与经验推论有相同的内涵和外延，都是指“结论达成的过程；从证据到证明的思维过程”，③并构成一个从证据到推断性事实和要件事实的推论链条。

在人民诉詹森案中，④被告詹森是美国加州监狱的一名狱犯。某天他在牢房用完早餐后扣留了餐盘。狱警要求他交回餐盘，詹森则说他想见一位领班警官谈一个私人包裹的领取问题，争端由此发生。控辩双方对该争端的解释完全不同。控方以殴打狱警罪指控詹森，并传唤几位证人（狱警）作证说：狱警打开了牢门上的送餐口小门，让詹森把盘子交出来，但他拒绝了。因此，该狱警叫来 8 名狱警帮忙。当牢门打开时，詹森发动了攻击，打伤了两名狱警。辩方证人（几个狱犯）的证言则是：狱警没把送餐口小门打开，所以詹森无法把盘子从那个小门交出去。辩方提出的一个重要证据是，“狱警们在牢

---

① Ho Hock Lai, A Philosophy of Evidence Law Justice in the Search for Truth, p. 27.

② Alex Stein, *Foundations of Evidence Law*, Oxford University Press, 2005, p. 34.

③ See Bryan A. Garner, ed., Black's Law Dictionary, p. 793.

④ 参见[美]罗纳德·J. 艾伦、[美]理查德·B. 库恩斯、[美]埃莉诺·斯威夫特：《证据法：文本、问题和案例》，张保生、王进喜、赵滢译，高等教育出版社 2006 年版，第 1－98 页。

门打开前就佩戴着防护手套”。关于这个证言对要件事实的证明作用，我们看如图 1 所示的事实认定推论链条：

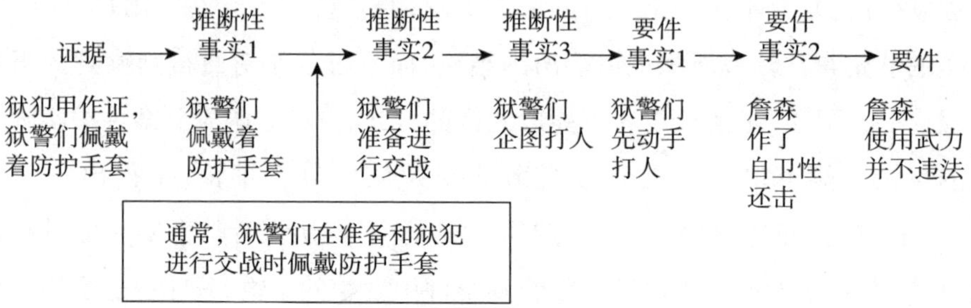

图 1　事实认定推论链条

在该推论链条中，事实认定者对“狱警们佩戴着防护手套”的证据进行推断，经过推断性事实 1—3，与本案两个“要件事实”（狱警们先动手打人；詹森作了自卫性还击）联系起来，表明该证据与辩方正当防卫的要件事实具有相关性，即对该要件事实具有证明作用。一般情况下，狱警们收餐盘时本不应该佩戴防护手套，但却佩戴了，这表明他们想挑起争斗。当然，该证据对证明狱警先动手打架也许并不充分。然而，相关性证明并不在乎该证据能否证实狱警先动手打架，只要有助于证明狱警先动手就够了。“相关性是证据在审判中被提供时加以判断的，而充分性是在所有证据被采纳后加以判断的……对一个可接受的裁决来说，相关性本身是必要但非充分的。”①二者的区别在于，相关性是指对要件事实有无证明作用，充分性则是指对要件事实有多大证明作用（证明力）。

一个证据对要件事实的证明有无相关性或者有多大证明力，一般并不能由立法者预先设定一套规则来套用，而只能由事实认定者（法官或陪审团）依据塞耶所说的“逻辑和一般经验”②来作出判断。这决定了事实认定是一个归纳推理过程。③ 归纳推理的称谓，揭示了事实认定的本质。需要强调的是，归

① ［美］罗纳德 · J. 艾伦、张保生、强卉：《证据的相关性和可采性》，载《证据科学》2010 年第 3 期。

② ［美］罗纳德 · J. 艾伦、［美］理查德 · B. 库恩斯、［美］埃莉诺 · 斯威夫特：《证据法：文本、问题和案例》，张保生、王进喜、赵滢译，高等教育出版社 2006 年版，第 151 – 152 页。

③ 同上书，第 143 页。

纳推理或经验推论的称谓，主要源自“概括”(generalization)。西奇威克早在1884年就意识到这一点，他说：“既然我们从事实到事实的推论取决于我们关于事实和事实之间联系之一般规则的信念，取决于我们关于自然界事物发生方式的概括，那么，对推论的批判本身就演变为对概括的批判。”①

(二)概括在经验推论中的必要性和危险性

特文宁教授等“对概括的批判”，集中体现在其《证据分析》一书第十章“必要却危险：关于事实论证中的概括和案情”②的标题上。一曰必要，即经验推论离不开概括，或曰，不以概括为基础的推论并非经验推论；二曰危险，因为在社会“知识库”中，从科学定律到直觉、成见、印象、推测或偏见，不同的概括有不同的可靠性等级。事实认定者依据可靠性程度不同的概括进行推论，就决定了其结论的盖然性。

概括的必要性在经验推论中显而易见。什么东西对证明要件事实具有相关性，哪个证据对证明要件事实有较高的证明力，这些都只能依据经验知识或常识才能回答。经验知识或常识在推论链条中的逻辑形式是概括，它们反映了事物之间的一般联系规律，必须依据概括才能把特定证据与其证明因素联系起来。例如，在上述詹森案推论链条中，从推断性事实1“佩戴防护手套”，到推断性事实2“准备进行交战”，该推论有一个思维跳跃。法官可能会问：“何以知道，狱警们佩戴防护手套就是要准备与狱犯交战?”实际上，该推论依据的是一个潜在概括：“通常，狱警们在准备和狱犯进行交战时才佩戴防护手套，而在他们收餐盘时则不会这么做。”然而，法官对此并无经验知识，因而可要求辩方就狱警佩戴防护手套的惯例提供证言。这样，潜在概括就显露出来成为证据。

按照宾德教授和伯格曼教授的说法：“我们大家都……已经积累了关于人物和事物在我们社会中一般行为方式之普遍持有的观念的巨大知识库。从这个知识库中，人们对典型行为可以进行概括。反过来，这种概括又成为使我

---

① Sidgwick(1884,9)。转引自[美]特伦斯·安德森、[美]戴维·舒姆、[英]威廉·特文宁：《证据分析》，张保生等译，中国人民大学出版社2012年版，第346页。

② [美]特伦斯·安德森、[美]戴维·舒姆、[英]威廉·特文宁：《证据分析》，张保生等译，中国人民大学出版社2012年版，第346－379页。

能够把特定证据与人们希望证明的一个因素联系起来的前提。”①在事实认定过程中，一个概括虽然不能“证明”一个推论是真实的，但它对法官或事实认定者判断推论的合理性会产生重要影响。因为，该概括可能成为其进行如下三段论推理的大前提，即“狱警们在准备和狱犯进行交战时通常佩戴防护手套（概括）”；小前提：狱犯甲作证，狱警们在詹森的牢门打开前就佩戴着防护手套（证据）；结论：狱警们准备交战。

关于概括的危险性，在经验推论中同样是显而易见的。在上文詹森案推论链条中，从证据开始到要件事实2的每一个推论步骤，都必须踩着“概括之石”（在特文宁等人的推论链条中，用G1，G2，G3，G4，…，Gn 表示②），才能从证据“此岸”到达事实认定的“彼岸”。如果事实认定者踩上一块不可靠的“概括之石”，便有丧身波涛的危险。例如，在戴维杀害胡克案中，“假设有争议的问题是：戴维是否为那个杀害了胡克的人，而证据是戴维写给温莎（胡克的妻子）的一封情书。该‘推论链条’将是这样的：（1）一个给女人写情书的男人可能是爱她的（‘可能’在这个意义上是指他比一个未写情书的男人更可能爱她）；（2）一个喜欢那女人的男人可能想独占她；（3）一个想要独占那个女人的男人可能想除掉她的丈夫；（4）一个爱着那女人并想除掉她丈夫的男人可能计划那样去做；（5）一个计划除掉某人的男人可能做的是，杀掉他”③。这里，关于可能性的推断是基于如图2所示推论链条中的概括：

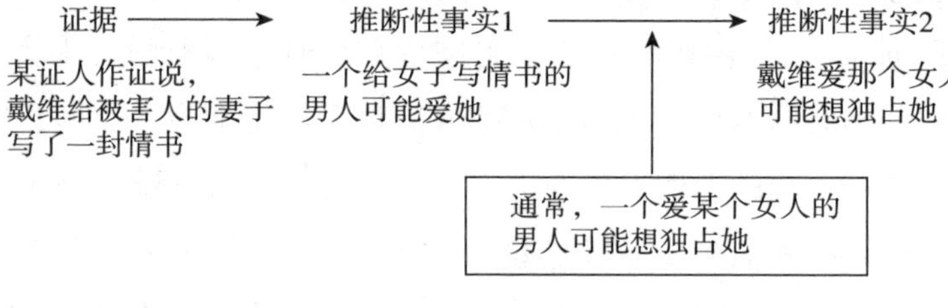

图2　推论链条

---

① David A. Binder & Paul Bergman, *Fact Investigation From Hypothesis to Proof*（*American Casebook Series*）, West Publishing Company, 1984, p. 85.

② 参见［美］特伦斯·安德森、［美］戴维·舒姆、［英］威廉·特文宁：《证据分析》，张保生等译，中国人民大学出版社2012年版，第80页。

③ Steven Emanuel, *Emanuel Law Outlines: Evidence*, 4th ed., Aspen Publishers, 2001, p. 13。转引自史蒂文·L. 伊曼纽尔：《证据法》，中信出版社2003年版，第14页。

事实认定者从一封情书(证据)作出两个推断(推断性事实1、2)。它们所依据的并不是法律规则,而是一个“通常”云云的概括。这个潜藏着相关性或“常态联系”的概括,虽然不能证明一个推论是真实的,但它构成了以下三段论推理的大前提,即“爱某个女人的男人可能想独占她(概括)”;小前提是“某证人作证说,戴维给被害人的妻子写了一封情书(证据)”;结论是“戴维爱那个女人,可能想独占她”。上述推理的概括对法官可能产生的影响是:如果法官认为这是一个合理的概括,便可从常人的观点将其视为相关证据而采纳;如果法官对这个概括的合理性表示怀疑,便可能问:何以知道戴维一定想独占她?想独占她,就一定要除掉她丈夫吗?在这些问题面前,检控方必须为其主张提供更多的证据来证明。法官则需要根据概括的合理性来检验这些证据的相关性。

在念某投毒案中,我们可以发现错误概括对事实认定所产生的危害性。该案一审判决书引用公诉机关指控称:“2006年7月26日晚,被告人念某看见快走到他的食杂店门口的顾客,转向进了丁某虾的食杂店,故对丁某虾怀恨在心。次日凌晨1时许,被告人念某……将半包鼠药倒进矿泉水瓶掺水后倒入丁某虾放置在与他人共同租用厨房烧水的铝壶中。”[①]需要指出的是,这个指控并不是证据,因为其一,这并非检察官亲身知识所及;其二,“故对丁某虾怀恨在心”一句,是应该排除的意见证据。这些姑且不论,更令人遗憾的是,该案审判法官居然将公诉机关的指控直接采信为定案证据,并称:“经审理查明……2006年7月26日晚,被告人念某看见快走到他的食杂店门口的顾客,转向进了丁某虾的食杂店,故对丁某虾怀恨在心。次日凌晨1时许,被告人念某从家中拿出一包老鼠药将其中的一半用矿泉水瓶中加水溶解后,倒入丁某虾放在与他人共用厨房的铝壶中。”这里,关于可能性的推断(推断性事实2)是基于图3概括而作出的:

① 福建省福州市中级人民法院刑事附带民事判决书,(2007)榕刑初字第84号(《念某案一审判决书》)。

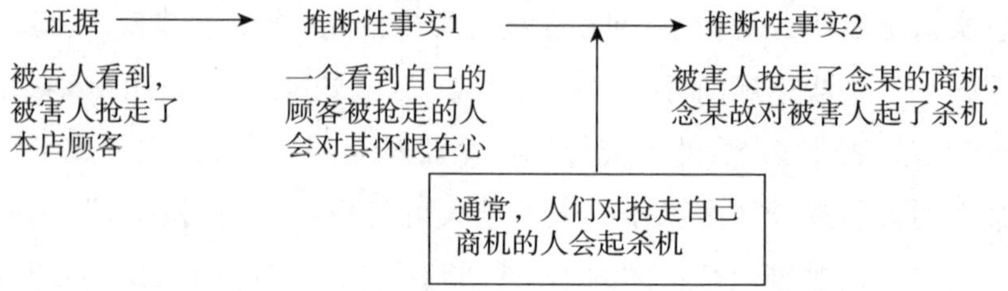

图3

这个潜藏着相关性或常态联系的概括，构成了以下三段论推理的大前提，即“人们对抢走自己商机的人会起杀机”；小前提（证据）是“经审理查明，被告人念某看见快走到他的食杂店门口的顾客，转向进了丁某虾的食杂店，故对丁某虾怀恨在心”；结论是“被害人抢走了念某的商机，念某故对被害人起了杀机”。如果法官认为“人们对抢走自己商机的人会起杀机”确实是一个基于常识的合理概括，便可从常人的观点将其视为相关证据而采纳；如果法官对这个概括的合理性表示怀疑，便可质疑：被人抢走商机就会想杀人吗？并要求其提供进一步的证据加以证明。但遗憾的是，一审法官并未对这个概括的合理性产生任何怀疑，而是直接作出了这样的事实认定：“次日凌晨1时许，被告人念某从家中拿出一包老鼠药将其中的一半用矿泉水瓶中加水溶解后，倒入丁某虾放在与他人共用厨房的铝壶中。”显然，用危险的概括来支撑推论，推出错误的结论就在所难免。

（三）认证或采信过程中的证据评价

事实认定过程包括举证、质证和认证。举证和质证是诉讼双方的证明活动，认证则是事实认定者采信证据的评价活动。采纳或排除是对证据可采性（证据能力）的裁定，采信则是对证据证明力和可信性的评价。在陪审团审判中，采纳问题是一个“证据是否提交陪审团”的问题，这由法官裁定；采信问题是一个“证据是否作为定案依据”的问题，这是由陪审团决定的问题。在法官审中，法官作为唯一的事实认定者，统揽了证据的采纳、排除和认证，对证据可采性与其能否作为定案依据的判断，是交织在一起的。为了防止滥用这种裁判权，法官排除证据或不予采信，需要在判决中阐明理由。

认证的思维形式是证据评价或评议,主要是对两个问题作出决定:一是“相信什么”(what to believe),二是“认定什么”(what to find)。[①] 一般来说,事实认定者对自己信以为真的东西,更可能作出肯定性认定。但是,认证并非完全取决于事实认定者的主观信念,在很大程度上,也是由证明主体履行说服责任的程度所决定的。因此,认证的任务是“对有关事实争议问题的论证进行建构、批评和评价”,[②]包括“对证人可信性的评估,对证据证明力的测量,对相互冲突的解释作出选择,从被信以为真的东西得出推论,判断证言的叙述一致性,对每一方事实版本的整体连贯性进行评估等”。[③]

从本质上说,认证是事实认定者的一个内心确信过程,或者,是对证据进行审查判断、能动解释的过程。艾伦认为:“审判中的证言和物证展示,在由人类观察者——法官或陪审团成员——解释之前是没有意义的。而且,对任何证据片断的解释都不能预先决定,因为它是事实认定者的阅历和经验所发挥的功能。”[④]现代大陆法系国家确立了心证公开原则,要求“庭审法官应当在论述详尽的判决意见中,对其事实认定的合理理由作出具体的论证”。[⑤] 但是,心证公开原则与自由证明原则存在一定的紧张关系。对于错误采信而造成事实认定错误的情况,根据我国《刑事诉讼法》第225条将会导致直接改判或者撤销原判、发回重审的结果。这与我国“有错必纠”的司法理念有一定的联系。

五、事实真相与似真性

(一)事实真相及其证明标准的盖然性

由于事实认定须经历一个从证据到待证要件事实的经验推论过程,其逻

① See L. Jonathan Cohen, *An Essay on Belief and Acceptance*, Clarendon Press, 1992, p. 117 – 125; *Should a Jury Say What It Believes or What It Accepts*? Cardozo Law Review, Vol. 13, p. 465 – 483 (1991).

② 参见[美]特伦斯·安德森、[美]戴维·舒姆、[英]威廉·特文宁:《证据分析》,张保生等译,中国人民大学出版社2012年版,第1页。

③ See Ho Hock Lai, A Philosophy of Evidence Law Justice in the Search for Truth, p. 65.

④ [美]罗纳德·J. 艾伦、[美]理查德·B. 库恩斯、[美]埃莉诺·斯威夫特:《证据法:文本、问题和案例》,张保生、王进喜、赵滢译,高等教育出版社2006年版,第143页。

⑤ 参见米尔吉安·R. 达马斯卡:《自由心证及其面临的挑战》,载《比较法视野中的证据制度》,吴宏耀、魏晓娜译,中国人民公安大学出版社2006年版,第214页。

辑形式是归纳推理，所得到的结论即事实真相（truth）是对各方事实主张之可能性的判断，因而具有盖然性。特文宁说："将归纳原则适用于提交证据使得对某一过去事件的当前主张赋予一种盖然性真相价值成为可能。"①

事实真相的盖然性是由"证据之镜"原理决定的。事实认定者不能自己亲眼看到案件中实际发生的事情，只能通过证据推论间接地对事实发生的可能性作出裁断，这是其结论具有盖然性的根本原因。边沁对此说得更加明确："要找到能确保公正裁判的完美证据规则，从事物本性来说，是绝对不可能的。"②这里所谓"事物本性"，指的就是"证据之镜"的模糊性。特文宁教授等则论述了基于证据的结论必然具有盖然性的五个基本理由："第一，我们的证据总是不完全的，我们永远不会掌握所有证据。第二，证据一般是非结论性的。这意味着，在某种程度上，证据也许对争议中某一方的主张更有利些，或者与争议中某一方主张的事实真相更相符一些。第三，我们拥有的证据常常是含糊的，我们不能确定，证据告诉了我们什么或传达了什么信息……第四，证据实体通常是不和谐的；某个证据也许支持一种主张，而另一个证据则支持另一个主张。第五，对我们来说，证据来源于其所具有的不尽完美的可信性等级。"③这里所揭示的证据的不完全性、非结论性、含糊性、不和谐性和不完美的可信性，皆是事实真相具有盖然性的原因，也是对"证据之镜"性质的完整刻画。

事实真相的盖然性集中体现在概率证明标准中。证明标准既是证明主体履行说服责任对案件要件事实所应达到的证明程度，也是事实认定者被证据说服，从而对事实真相形成内心确信的程度。在民事诉讼中，事实认定者"必须通过优势证据认定原告的诉求是真实的。优势证据意味着可能性高于50%，或'可能的几率高于不可能的几率'。在刑事案件中，说服责任意味着

① 参见［英］威廉·特文宁：《证据理论：边沁与威格摩尔》，吴洪淇、杜国栋译，中国人民大学出版社2015年版，第21页。

② 杰里米·边沁（1825）180。转引自［美］特伦斯·安德森、［美］戴维·舒姆、［英］威廉·特文宁：《证据分析》，张保生等译，中国人民大学出版社2012年版，第301页。

③ 同上书，第327－328页。

在有罪问题上要‘确信无疑’”。[①] 我国刑事诉讼“证据确实、充分”的证明标准,与确信无疑的要求是一致的。《刑事诉讼法》第53条规定:“证据确实、充分,应当符合以下条件:(1)定罪量刑的事实都有证据证明;(2)据以定案的证据均经法定程序查证属实;(3)综合全案证据,对所认定事实已排除合理怀疑。”实际上,“确信无疑”或“确实、充分”,指的都是一种“道德上的确定性”,而非数学上的绝对确定性,其95%左右的确信度在某种程度上是由刑事错案率推算出来的。例如,在美国有数据表明,“在强奸谋杀案审判的死刑定罪中,重罪审判的错误率大约在3.5%—5.0%之间”[②]。

概率证明标准向“不枉不纵”的司法理念提出了挑战。这种司法理念主张,公正司法必须做到不错不漏,或曰“既不冤枉一个好人,也不放过一个坏人”。[③]

传统司法理念中的“有错必纠”,也是源于对司法证明盖然性的无知。其危害性,一是与无罪推定原则抵触,但如果把证据不足、达不到证明标准的“错放”也视为一种应纠的错误,就会动摇刑事法治的基础;二是与效率原则抵触,从世界各国再审程序看,“其主要目的在于纠正具有既判力的司法裁判中的事实错误”,[④]主要是纠正无辜者被错判有罪的冤案,否则,就会分散错案救济的重点;三是使被告人更加疏远“一事不再理”和“禁止双重危险”原则的保护。有错必纠和终身追究的“办案质量终身负责”制,是“不漏不枉”“有错必纠”的必然产物。对此应当深入研究两个问题:一是从证据法角度,将可错性作为应当尊重的司法规律;二是从比较法角度,深入研究法律职业化和职业保障的内涵,明确只有因法定事由、经法定程序,才可被追究责任。同时,应当确立司法豁免制度,明确法官和检察官的正当职务行为不受追究。因此,“有错必纠”的司法理念应当被“有冤必纠”所取代,相应地,“终身追究”应当在法律职业保障的框架内修改为“依法追究”。

---

① 参见[美]罗纳德·J.艾伦、[美]理查德·B.库恩斯、[美]埃莉诺·斯威夫特:《证据法:文本、问题和案例》,张保生、王进喜、赵滢译,高等教育出版社2006年版,第253-254、807页。

② [美]罗纳德·J.艾伦等:《证据法、诉讼法和实体法的关系?》,载《证据科学》2010年第6期。

③ 参见朱孝清:《对“坚守防止冤假错案底线”的几点认识》,载《检察日报》2013年7月8日,第3版。

④ 参见宋英辉主编:《刑事诉讼原理》,法律出版社2003年版,第164页。

(二)从精确概率走向模糊概率或似真性

承认事实认定具有盖然性,与主张用概率论进行审判是两回事。在1968年的柯林斯案中,①根据证人证言,一名白人女性袭击并试图抢劫一名老年妇女后,乘一辆非裔美国男子驾驶的轿车从现场逃离。随后,符合其描述的一名白人女性和一名非裔美国男性被捕并被送交审判。检控方聘请了一位概率学家计算了具有证人描述(并为被告所具有)特征的任意两个人的概率。检控方据此认为,这两个在押人肯定就是实施该犯罪的罪犯。针对这种用概率计算来指控被告人的做法,特赖布教授1971年在"数学审判:法律过程中的精确和礼制"一文中,明确反对将任何数字化概率运用于审判过程。其主要理由是:(1)从交流角度说,只要法官和陪审团成员可被假定为不精通数学,他们就不应当用自己无法理解的语言接收信息;(2)数学论证很可能过于具有诱导性或产生偏见,因为那些貌似"硬"的量化变数,很容易排挤那些"软"的非量化变数;(3)在诸如给无辜者定罪风险之可接受水平等问题上,量化分析在政治上是不适当的。②

在司法实践中,复杂的统计学和概率证据,如DNA检测、中毒侵权案中的流行病学调查等,会遇到以下两个问题:首先,关于概率计算的基础理论和经验有效性问题:一是客观概率不足以解释司法证明的性质。"有关事件在某种确切情况下,要么发生过,要么没有发生过。我们不能重复实验一千次,来判定这些事件过去发生的频率。"③此外,用相对频率理论来解释事实认定,还存在诸如确定何种参照组等困难,因为不存在客观正确的参考组。④ 二是主观概率或认知概率论在司法证明中虽有一定解释力,但它忽略了某些重要

---

① See People v. Collins(1968 Cal. 2d 319).

② See Laurence H. Tribe, *Trial by Mathematics: Precision and Ritual in the Legal Process*, Harvard Law Review, Vol. 84, No. 6, p. 1329 – 1393(1971).

③ 参见[美]特伦斯·安德森、[美]戴维·舒姆、[英]威廉·特文宁:《证据分析》,张保生等译,中国人民大学出版社2012年版,第327页。

④ 参见[美]罗纳德·J. 艾伦、张月波:《证据与推论——兼论概率与似真性》,载《证据科学》2011年第1期。

的心理要素,形式化的概率表达并不能完全传递信念的丰富内涵。[①] 其次,使用概率证据还存在“危险性实质上超过证明力”[②]的问题。像柯林斯案发生的情况,在概率数据具有经验有效性的情况下,当统计概率转换为事实认定者可以理解的实际数字时,可能会误导事实认定者或使其感到困惑。因为在审判中,“案件并非以概率计算的形式来处理”。[③]

在精确概率受到挑战的情况下,法学家们开始向模糊逻辑和科学哲学寻求理论和方法启迪。参照扎德的“模糊逻辑”理论,法庭裁决标准具有模糊性,人们要提供精确的单一概率值或概率区间均缺乏根据,这称为“模糊概率”。模糊概率的用语在审判中经常出现,如证明标准中的“确信无疑”“清楚且令人信服”“优势证据”“合理根据”等,都是模糊标准。证据证明力的“高”“低”,“大”“小”,也都具有模糊性。在科学哲学领域,波普尔在前人研究基础上引入“逼真性”概念,并论述了逼真性与盖然性的区别。盖然性是在概率计算所规定的意义上使用的,“逻辑概率(这里不讨论物理概率)体现了通过减少信息内容而逐渐趋于逻辑确定性或重言式真理的观念。另外,逼真性则体现了趋于全面真理的观念。因此它把真理和内容结合起来,而概率则把真理与缺乏内容结合起来”[④]。波普尔提出逼真性观念,是要平衡其证伪主义与科学真理之间的紧张关系。逼真性理论一方面承认真理是可以接近的,另一方面也提醒我们,在求真过程中会出现不可预见及难以预防的错误。

波普尔的“逼真性”(verisimilitude)概念与艾伦的“似真性”(plausibility)概念,都是在批判传统概率论只重视真理之逻辑形式的基础上,认识到精确概率计算的局限性,从而转向全面或整体真相之内容方面的一种尝试。艾伦认为,概率论虽然可以用来辅助司法证明,但司法证明本质上不是以概率论来操作的。一个另辟蹊径的思路是:以最佳解释推论(inference to the best explanation,IBE)来取代概率论解释。“在诉讼中,会产生潜在解释,一个推论

① See Ho Hock Lai,A Philosophy of Evidence Law Justice in the Search for Truth,p. 118.

② 参见《美国联邦证据规则》403。

③ See Ho Hock Lai,A Philosophy of Evidence Law Justice in the Search for Truth,p. 117 – 121.

④ [英]卡尔·波普尔:《猜想与反驳——科学知识的增长》,上海译文出版社 1986 年版,第 339 页。

是对解释性理由的一个潜在解释。第一阶段的工作是直接的，主要由当事人（包括刑事案件中的政府方）完成，其必须就事件提出竞争性版本，如其真实，便能解释审判中提供的证据。对起诉或辩护负有证明责任的当事人提出事件的版本，包括构成其特定起诉或辩护的形式要素；对方当事人则提供事件未包括一个或多个形式要素的版本。此外，如果法律允许，当事人可以提供事件的其他版本来解释证据。最后，事实认定者并不受制于当事人明确提出的潜在解释，而是可以建构自己的解释，要么在评议中就此告知其他陪审团成员，要么自己得出其所能接受的结论。"①

在司法实践中，证据的相关性和证明力都是情境性的。概率论解释的问题在于，其只针对证据片段，试图用赋予假设概率的方法将证据模型化。例如，用合取概率来解决"合取难题"，或对竞争性故事进行标准化对比，这些都会得出荒谬的结果。

艾伦认为，当裁判者运用"优势证据"或"确信无疑"的证明标准时，其内心并未出现大于 0.5 或大约 0.95 这种表示可能性的刻度。事实认定者在审查了相关证据后，往往直接把自认为合理的事实主张当作事实真相，如果没有形成合理的确信则会继续进行审理，而不会贸然根据盖然性作出裁判，如果最终裁判时并不确信所认定的就是事实真相，便会感到不安。"优势证据"意味着，只要事实认定者能够判断出哪个故事或主张更接近真相，他就可以把它当作真的，而不用感到不安；"确信无疑"则意味着，在刑事诉讼中，事实认定者要进行一系列判断，根据无罪推定原则，"如果没有似真的犯罪案情，此人就是无罪的；如果有似真的犯罪案情，且没有似真的无罪案情，此人就是有罪的；如果有似真犯罪案情和似真无罪案情，此人就是无罪的"。②

按照似真性理论，最佳解释推论是一种整体解释方法，它不局限于一个个具体的证据，而是关注由证据拼合出来的完整案情或故事。基于这些判断，事实裁判者可以合理相信其已经寻觅到案件真相。在民事诉讼中，可以在似真

---

① [美]罗纳德 · J. 艾伦：《司法证明的性质》，载《艾伦教授论证据法》（上），张保生、王进喜译，中国人民大学出版社 2014 年版，第 110 页。

② 参见[美]罗纳德 · J. 艾伦、张月波：《证据与推论——兼论概率与似真性》，载《证据科学》2011 年第 1 期。

的有责案情与无责案情之间进行比较，并依据更接近真相的故事版本作出裁判。但在刑事案件中，却不能进行类似比较。也就是说，在同时出现似真的有罪案情和似真的无罪案情时，只能选择无罪判决。这一选择被表述为“疑罪从无”。我国《刑事诉讼法》第171条第4款关于证据不足“应当作出不起诉的决定”，第195条第3款“证据不足，不能认定被告人有罪的，应当作出证据不足、指控的犯罪不能成立的无罪判决”的规定，都体现了“疑罪从无”的原则。证据不足，就是没有似真的犯罪案情，或者似真的犯罪案情与似真的无罪案情同时存在，那就应该认定被告人无罪。例如，在念某案中，[①]关键证据鼠药从何而来、如何投放等，经审判都没有得到证明，就无法得到一个似真的犯罪案情。

结　论

与存在的客观性相比，经验性是事实的本质特性。事实是人通过感官和思维所把握的真实存在。事实与证据之间的关系，类似本质和现象、内容和形式的关系：事实具有不变性、整体性、本源性，证据具有变动性、片段性、表征性。“有的放矢”意义上的实事求是在司法审判中是行不通的，因为后者之“矢”所射之“的”不是现在的事实，而是过去的事实留下的证据，因而事实认定的基本模式是“实证求是”。法庭认识论是控辩审三方的证据信息加工过程，事实真相产生于三方主体相互作用的合力。法庭认识论的任务是求真，动力是控辩审三方互动，形式是理由论证。

事实认定是一个归纳推理过程，包括举证、质证和认证。举证和质证是诉讼双方的证明活动，认证是事实认定者采信证据的评价活动。证明标准是一个概率标准，在民事诉讼中是优势证据标准，在刑事案件中认定被告人有罪要达到确信无疑的程度。概率证明标准向“不枉不纵”“有错必纠”“终身追究”的司法理念提出了挑战。按照“证据之镜”原理，证据的不完全性、非结论性、模糊性、可信性等，都决定了事实认定的盖然性或可错性。

司法证明理论从精确概率走向模糊概率或似真性理论的发展趋势，对我

① 参见福建省高级人民法院刑事附带民事判决书，(2012)闽刑终字第10号。

国司法改革和证据法学研究具有借鉴意义。按照似真性理论，最佳解释推论是一种整体解释方法，它不局限于一个个具体证据，而是关注由证据拼合出的完整案情或故事。基于这些判断，事实裁判者可以合理相信已经寻觅到案件真相。在民事诉讼中，可以在似真的有责案情与无责案情之间进行比较，并依据更接近真相的故事版本作出裁判。在刑事案件中，在同时出现似真的有罪案情和似真的无罪案情时，只能选择无罪判决，这又可被表述为“疑罪从无”。

刑事诉讼事实形成机理探究*

杨　波**

摘　要：以往的事实发现理论将裁判事实看成单方反映和发现的结果，追求诉讼认识与客观实在的符合，是一种结果性事实观的体现。在现代刑事诉讼中，认识活动不能被简单地化约为主客体间的关系，法律事实是在诉讼活动主体间的行为和交互作用中生成的，是各诉讼认识主体共同建构的产物，建构性诠释了法律事实的形成机理。通过开放的程序建构出来的法律事实是一种程序性共识，以其作为裁判基础，能够重建司法裁判的正当性。未来，我国刑事司法应打破结果性事实观的束缚，以理性、开放的程序性事实观为指引，进一步区分对抗式司法模式下的博弈性事实与合作式司法模式下的合意性事实在形成机理上的差异性，最终实现事实理论对刑事程序改革实践的引领。

关键词：程序性事实观　程序性共识　博弈性事实　合意性事实

一、引言

2010 年之后，我国《刑事诉讼法》历经两次修改。同时，以审判为中心的诉讼制度改革和认罪认罚从宽程序改革陆续全面推开。面对我国刑事诉讼程

---

* 本文原载于《中国法学》2022 年第 2 期。

** 杨波，吉林大学法学院教授。

序法治化、多元化的飞速发展，事实问题作为刑事司法的根基性问题再次凸显，即刑事诉讼程序改革的推进已经对传统事实观形成猛烈冲击，亟待全新的事实理论支撑。体现在：其一，传统的事实发现理论主张一种结果性事实观，对日新月异的刑事程序法治化、多元化改革缺乏理论解释力。传统的事实发现理论以探究案件事实真相为唯一指向，主张全部诉讼活动的目的就是"如何保证司法人员能够正确认识案件事实，亦即如何保证其主观符合客观"①。这种事实理论默示认识条件的一致性、可达到性，掩盖认识过程的复杂性和决定性，是一种结果性事实观的体现，势必无法面对刑事程序多元化发展的现实。其二，伴随刑事诉讼程序的改革和发展，事实理论研究的推进必然兼容程序改革的要求，有必要从事实与程序融贯互动的立场出发提出一种新的程序性事实观。众所周知，人类的认识活动是需要一定的认识条件的，从某种意义上来说，认识条件决定了我们能够找到多少"过去"。诉讼程序既是事实形成的空间，也是制约事实形成的重要条件之一。如何通过法律程序实现正义的安排，需要我们将目光投向刑事司法过程本身，重新审视刑事诉讼程序之内事实的形成机理，并在此基础上重塑一种全新的事实观。其三，在审判中心与认罪认罚从宽两种程序改革推进过程中引发的诸多理论争议，需要追溯到事实形成机理的层面加以反思。如关于认罪认罚案件证明标准应否降低的争议，隐含的事实问题就是，如何看待对抗式诉讼程序与合作式诉讼程序之下事实形成机制的差异性以及这种差异性是否会影响对事实结论的认定。在这个意义上，我国刑事程序法治化与多元化的发展也为新事实理论的提出提供了良好的契机。以我国以审判为中心的诉讼制度改革和认罪认罚从宽程序改革为依托，不但有利于探究刑事诉讼程序之内事实形成的一般机理，革新事实理论，亦便于从横向维度比较对抗与合作两种程序模式之下事实形成机制的差异性，检验并推动事实理论研究的有效性，最终实现事实理论对刑事程序改革实践的引领。

综上，本文秉持事实与程序融贯互动的基本立场，在反思传统事实发现理论的基础上，证成一种法律事实建构论的观点，力图破除事实问题上那些似乎

① 陈一云主编：《证据学》，中国人民大学出版社1991年版，第96页。

根深蒂固的观念,倡导一种现代刑事司法所独有的、理性的、开放的程序性事实观,并在多元程序视野下证成其理论正当性,探究其制度实现。

二、刑事程序多元化改革背景下“事实发现理论”的限度

(一)事实发现理论的理论内核及其哲理化探索

事实是裁判的基础,在刑事司法过程中,必须认真对待事实。一直以来,有关司法裁判活动的有效假定之一就是:“原则上,真实可以被发现;正确地认定事实(accuracy in fact – finding)是公正裁判的必要前提。”[①]因此,在刑事司法领域,事实真相的发现先天具有一种近乎不证自明的正当性,任何影响和阻碍发现事实真相的理念与制度都必须充分证明自己的正当性。

事实发现理论是我国诉讼法学界探究事实问题遵循的核心理论,源于对以“事实发现”“探究真实”为目标的诉讼实践活动的一种理论描述及概括,其主要论证逻辑如下:第一,预设了一个独立于人(心灵)的客观事实的存在,这是一种不受人的认识能力限制的、独立于人(心灵)的纯客观实在(reality)。[②]第二,排斥事实认定者的主观判断,主张对于客观事实的认识过程是一个客观推断的过程。[③] 第三,坚信经过诉讼过程能够获得一个与先在的客观事实相符合的认识结论。[④] 简言之,这是一种主张主体的认识与客观实在相分离的主客二分的认识模式。一方面,事实存在于外部世界中,可以作为认识的出发点或可靠依据,无论我们的主观认知如何恣意都不能影响它的存在。另一方面,人的认识不会决定实在本身,但是人可以认识它,甚至完全地反映它。

新中国成立以来,事实发现理论就是统摄我国诉讼法学理论研究与司法实践的核心理论,围绕这一理论的哲理化探索也逐渐展开。

---

① [美]米尔吉安·R.达马斯卡:《比较法视野中的证据制度》,吴宏耀、魏晓娜等译,中国人民公安大学出版社 2006 年版,第 46 页。

② 参见[美]希拉里·普特南:《理性、真理与历史》,童世骏、李光程译,上海译文出版社 1997 年版,第 55 页。

③ 参见周洪波:《中国刑事印证理论的再批判与超越》,载《中外法学》2019 年第 5 期。

④ 参见杨波:《由“真实”到“程序内的共识”——刑事诉讼事实认定标准理论的新展开》,载《法制与社会发展》2010 年第 4 期。

1. 以客观性概念为核心，坚持决定论和反映论

就客观性概念本身而言，其主要是在确保认识活动与认识对象一致性的意义上使用的。法律事实通过了客观性的检验，就有了真实性的保障，法官就可以据此作出唯一正确的判决。这种理论坚持体现在：

第一，坚持客观真实原则。这一原则是苏联学者最先提出来的，针对资本主义国家刑事诉讼中的“形式真实说”，苏联学者进行了严厉批判，将“客观真实”作为“形式真实”的对立物和替代物提出来。之后，苏联和东欧各国就把“客观真实”作为一项重要的刑事诉讼基本原则确立下来。新中国成立后，刑事诉讼制度继受了这种客观真实的思想，要求“司法机关所确定的事实，必须与客观上实际发生的事实完全符合，确定无疑”①。

第二，强调证据的客观性。关于证据属性的探讨与事实问题密切相关。在我国的诉讼证据理论上，“诉讼证据的客观性从来就是不容置疑的问题……从相当意义上说，诉讼证据的客观性特征是我国构建证据理论体系的基础，甚至是我国确立诉讼原则、设置诉讼程序的基石之一”②。在反映论下，“证据必须是客观事实，证据必须能证明案件的真实情况，这是证据的本质、规定或性质”③。强调证据客观性的认识论意义最终还在于坚持客观真实原则。“案件事实和证据是客观存在的事物……无论案情多么复杂，犯罪行为多么隐蔽、狡猾，都能查证清楚，使主观认识正确地反映案件的客观事实，作出正确的结论。”④

第三，排斥诉讼认识的主观性。由于坚持客观真实原则，强调证据的客观性，诉讼认识的主观性成为理论禁区，自由心证制度遭到拒斥。司法人员审查判断证据不是“自由”的，是受一定限制的；对各种认识的正确与否要进行客观检验，从对证据本身的反复比较查对、分析研究中进行验证，以证据材料之间互相验证的实际结果为标准，来检验判断和认定证据是否正确。⑤ 通过诉

---

① 法学教材编辑部《证据学》编写组编：《证据学》，群众出版社 1983 年版，第 78 页。

② 阳平：《从客观性到相关性：中国证据法学四十年回顾与展望》，载《浙江工商大学学报》2018 年第 6 期。

③ 同上。

④ 同上。

⑤ 参见王牧：《也谈刑事证据审查判断标准》，载《当代法学》1988 年第 2 期。

诸证据之间的相互检验性,否定了裁判者对于案件事实的主观判断,并试图以证据之间的客观验证性作为裁判的依据和标准。① 这也是中国特色印证规则的最初理论来源。我国刑事诉讼的证明标准一直沿用"案件事实清楚,证据确实、充分"的表达,强调证明标准的客观化也是典型体现。

总之,为了确保认识结论为真,必须假定认识主体价值无涉,强调认识手段即证据具有"客观属性",认识的过程是一个寻求客观证据之间相互印证的过程,这样,最终才会得出一个不受主观侵染的、符合客观实在的认识结论。这种通过极端强化客观性证成事实和裁判结论正当性的理论值得反思。

2. 转向辩证法,承认事实的主客观统一性

20 世纪 90 年代中期以后,关于事实问题的研究因对证明标准的争论而起,最终深入诉讼认识论的层面,理论重心由"决定论""反映论"转向"辩证法",辩证唯物主义认识论中的对立统一理论成为重要的理论来源。在当时,伴随程序正义理论的传播和程序价值的弘扬,人们开始反思诉讼认识的特殊性,从认识主体的能动性、认识对象的特殊性、认识过程的规范化、认识手段的规范化、认识结果的规范化等角度剖析了诉讼认识与其他认识活动的区别,②进而得出结论,"诉讼中认定的案件事实与客观上曾经发生过的案件事实完全一致,要求司法人员的主观认识必须符合客观实际"是不符合司法实际的做法。由于诉讼认识的特殊性和人认识能力的局限性,完全发现过去的案件事实是不可能的,而应该代之以法律的要求,符合法律的要求或由法律所认可就视为真实。由此,"法律真实论"这一代表性学说被提出,③并引发关于"客观真实论"与"法律真实论"之争。在这一时期,由于程序正义理论的冲击与洗礼,事实发现理论也得到了修正,"即使已证实犯罪事实和犯罪人的案件,其所达到的客观真实也不可能与客观存在的犯罪事实情况完全吻合,不仅细枝末节无法查清,而且某些与定罪量刑有关的情节也常常难以认定"④。可

---

① 参见杨波:《我国刑事证明标准印证化之批判》,载《法学》2017 年第 8 期。

② 参见吴宏耀:《诉讼认识论纲——以司法裁判中的事实认定为中心》,北京大学出版社 2008 年版,第 24 - 25 页。

③ 参见樊崇义:《客观真实管见——兼论刑事诉讼证明标准》,载《中国法学》2000 年第 1 期。

④ 陈光中、陈海光、魏晓娜:《刑事证据制度与认识论——兼与误区论、法律真实论、相对真实论商榷》,载《中国法学》2001 年第 1 期。

见，伴随人们对诉讼认识活动特殊性的关注，逐渐弱化对客观性的片面强调，主观性因素开始侵入，加之对正当程序等一系列限制性因素的考量，理性审思"还原客观事实"这一理想之后，衍生出"尽可能接近客观事实"的现实目标。

对这一时期的理论推进应该从两方面来认识：其一，虽然20世纪90年代中期以后关于事实理论的争论，也意识到诉讼认识是在一定条件下展开的，但通常认为这些条件是人的认识能够达到的，不会影响最终对客观实在的把握，或者可以最大程度地接近客观实在。因此，以法律真实论为代表的理论推进并未突破主客二分的认识框架，跳出事实发现理论的模型。① 其二，法律真实论对于那种片面追求事实真相的理论和做法确实是一种矫正，能够承认认识活动的主观性、有限性，理性看待事实认识与程序的关系，对司法实践形成了较为积极的影响。

3. 对事实的多维阐释及其理论突破

进入21世纪以后，涌现出诸多其他不同的研究视角。如借用解释论、语用学，将事实问题转向语言分析的角度，归入解释学可以阐释的范围，并借助哈贝马斯的交往行为理论，以共识作为合理性的标准。② 受实用主义哲学的影响，引入实用主义真理观，借助对于诉讼功能的分析，试图避开"真"与"非真"这类问题的追问，只考虑裁判事实是否可以获得可接受性。③ 借用历史学的视角，主张虽然诉讼认识本质上是一种历史认识，但其是一种特殊的历史认识，因此，应兼顾认识主体与客体两方面。④ 在西方后现代思潮的冲击下，亦有学者阐述了解构与建构证据哲学的可能性、必然性与内在机制，试图形成一个能够科学地描述和处理事实问题的概念体系和方法论框架。⑤

伴随对于诉讼活动规律的深刻把握和对于实践问题的关切，亦有一些学

---

① 参见陈景辉：《事实的法律意义》，载《中外法学》2003年第6期。

② 参见李力、韩德明：《解释论、语用学和法律事实的合理性标准》，载《法学研究》2002年第5期。

③ 参见易延友：《证据法学的理论基础——以裁判事实的可接受性为中心》，载《法学研究》2004年第1期。

④ 参见吴宏耀：《诉讼认识论纲——以司法裁判中的事实认定为中心》，北京大学出版社2008年版，第18－26页。

⑤ 参见栗峥：《超越事实——多重视角的后现代证据哲学》，法律出版社2007年版，第2－3页。

者从探究事实认定机制出发，提出建立以一审庭审为中心的事实认定机制，①从而将事实问题与具体的诉讼程序改革相关联；从探究证明标准的主客观要素出发，提出建立主客观要素相融合的事实认定标准，②从而将事实问题与证明标准的立法与实践表达相结合；从证据法的原理出发，通过论述事实与证据的关系，指出事实认定者通过"证据之镜"所获得的事实真相，是对事实之可能性的判断，达不到绝对的确定性，却具有盖然性或似真性，③并引入国外的最佳解释推理与似真性理论，从而将事实问题与刑事证明理论相结合。

上述研究中的一些思想观点打破了以往事实发现理论之下对于事实研究的单向度，开拓了事实问题研究的视野和新思路，尤其是"交往行为理论"及"共识"话语的引入，迫使我们重新审视程序之内事实的形成机理，反思既有理论框架的不足。关于事实认定具体问题的研究则进一步展现了事实问题的实践面向，为抽象的事实理论找到了实践的归宿。虽然上述理论还并未成为传统事实发现理论的替代性理论，但是，伴随我国刑事程序的飞速发展，其在理论解释力上的优势已经逐渐显现。

（二）事实发现理论的限度

事实发现理论遵循主客二分的认识框架，以"真实""真相"作为理论预设，追求主客体间的认识与客体事实的一致性，其背后体现的是一种结果性事实观。以审判为中心和认罪认罚从宽程序改革的背景下，事实发现理论越发显现出其自身的限度：

1. 遮蔽了诉讼认识活动中主体间交往互动的关系框架

事实发现理论之下，着眼于认识主体与认识对象之间的关系，确信主体在正确的方法论的指导下能够按照其本来面目反映客观实在。但在现代刑事诉讼中，认识活动不能被简单地化约为主客体间的关系，无论是当事人主义诉讼模式，还是职权主义诉讼模式，并不存在一个抽象的理性个体，能够凭借其个体认识终结诉讼活动，作出裁判结论。刑事诉讼中的事实形成于控辩双方之

---

① 参见龙宗智：《论建立以一审庭审为中心的事实认定机制》，载《中国法学》2010 年第 2 期。

② 参见陈瑞华：《刑事证明标准中主客观要素的关系》，载《中国法学》2014 年第 3 期。

③ 参见张保生：《事实、证据与事实认定》，载《中国社会科学》2017 年第 8 期。

间充分的互动、交涉和论辩之中,无论是对抗式诉讼中法庭上控辩的激烈交锋,还是合作式诉讼中的控辩协商,事实认知都是在主体间的互动中才得以最终完结。因此,司法过程中的事实理论需要跟进认识论的发展,揭示诉讼认识活动的关系框架,探究程序之内事实的形成机理。唯有如此,才能契合两种程序改革的要求,准确反映现代刑事司法的基本规律。至于那个诉讼认识活动关系框架之外的事实真相,实践中是否一定能够达到,我们不得而知。但不可否认的是,在事实发现理论的指引下,往往会以之为目标设置过高的要求,一旦无法通过正当的手段实现,刑讯逼供、非法取证或者恣意制造假证据就会不可避免,其结果反而酿成了大量的冤错案件,裁判的正当性无从谈起。

2. 难以彰显程序的价值及事实的法律意义

主客二分的认识框架强调客观实在的自在性及其决定性,诉讼程序之内获得的事实依赖客观实在的再现,必须与其相符合。然而,程序之内的事实如果仅仅是客观实在的摹本,成为依附客观事实的影子,没有独立性,将导致人们在面对案件事实时,只审查其与客观实在的符合性,程序的价值将被弱化,事实的法律意义也将被消解,这是不符合现代刑事诉讼程序理念与要求的。以对抗式诉讼程序为例,其体现了最严格的程序要求,对于发现事实手段的限制是最严格的。对抗式诉讼程序之内所形成的事实既包括主体对于客体事实的描述,也要承载主体的意图;其内容既要在实体法律规范内展开,更要在程序的空间内通过特定的程式呈现出来。因此,程序之内的事实是法律规范塑造的结果,要彰显程序正义的要求。合作式诉讼程序之下,事实形成体现的则应是协商性正义的要求。总之,只有承认程序之内事实的独立性,才能激活法律程序的运行,实现诉讼程序的价值;才能强化法律规则的有效性,彰显事实的法律意义。

3. 限制辩方对诉讼活动的积极参与

事实发现理论强化了发现案件事实真相、惩罚犯罪的定罪思维,容易以查明案件事实真相为中心来确定诉讼活动主体的地位,从而为诉讼主体的行为施加一种潜在的限制。这种以客体决定主体,将主体仅仅作为发现事实的一种手段的做法,容易导致公权力的优位和私权利主体地位的弱化,体现在实践中就是强化公权力机关的主导,限制辩方的充分参与。进言之,事实发现理论在强化诉讼认识活动结果的同时,极容易导致全部的诉讼活动蜕变成一种单纯围绕案件事实真相展开的封闭性活动,作为公权力代表的司法机关将垄断对事实的发现,以侦查为中心是必然的结果,最终将加剧整个刑事诉讼程序的封闭性。[①] 如此一来,当事人的主体地位和诉讼权利必然受到限制。无论是以审判为中心的诉讼制度改革还是认罪认罚从宽程序改革,都极为强调程序的多方参与性,这是两种程序改革的正当性前提。实际上,现代刑事司法的发展就是一个主体性不断得到强化的过程,如何打破事实形成过程的封闭性,强化多方实质参与,让纠纷的解决过程从封闭走向开放,恰恰是现代刑事司法着力追求的价值目标。

4. 无法为刑事司法裁判的正当性提供有效证成

事实发现理论之下,坚信经过诉讼过程能够获得一个与先在的客观事实相符合的认识结论,并试图通过主客体间的符合一致,证成裁判结论的正当性。但实际上,这一理论逻辑背后存在固有限度:一方面,司法是人类实践活动的一个特殊领域,诉讼认识不同于一般的认识活动,其涉及多元价值的选择和平衡。司法裁判的正当性基础不能仅仅归结为对客观真实的实现。如前所述,对于客观真实的过度追求必将弱化规则的有效性,从而与诉讼活动的规范性之间产生严重的矛盾,在削弱程序价值的同时也将折损司法裁判的正当性。另一方面,对于客观真实的过度追求不能容忍冤错案件的存在,片面追求命案必破、有错必纠、终身追责,其结果反而可能酿成冤错案件,裁判的正当性更无从谈起。毋庸置疑,刑事判决要尽可能建立在正确的事实结论之上,但在现代刑事司法过程中,我们无力承诺一个真实的发现,如何从以单纯求真为核心的强意义上的正当性追求转向程序视野下弱意义上的正当性证成,是司法领域内事实问题研究的关键。尤其在认罪认罚从宽程序改革中,如何打破求真的束缚,为司法裁判的正当性寻求新的支撑,是亟待解决的难题。

三、主体间性视角下刑事诉讼认识活动之重新阐释

事实发现理论被哲学的强大磁场吸附,在哲学与法学之间往返并不是一

① 参见杨波:《由“真实”到“程序内的共识”——刑事诉讼事实认定标准理论的新展开》,载《法制与社会发展》2010 年第 4 期。

件容易的事。一方面,法学需要跨越自身的学科话语界限,深刻理解事实的哲学意涵,领会哲学语境下对事实概念的推进性研究及其背后的认识论价值;另一方面,司法领域内事实问题的研究若想为本学科提供元话语或元叙事,亦必须跳出抽象的、形而上的哲学语境,回归到司法的语境内,探究司法过程的本质及程序之内事实的形成机理。

(一)走向主体间性:"事实"意涵的哲学演进

"事实"在日常生活中是一个人们耳熟能详又多义的概念。《现代汉语词典》对事实的释义是"事情的真实情况"①,这就与"虚假""谎言"等相对,表达了一种朴素的价值判断。在哲学上,关于"事实"的定义可谓复杂又抽象。大体来说,前后有四种代表性观点值得关注:其一,本体论上的事实概念。罗素认为:"世界包含事实,而事实是不论人们对之持有什么样的看法而该是怎么样就是怎么样的东西。"②他强调,注意到事实属于客观世界这一点很重要,除去一些特殊的情形,事实不是由人们的思想或者信念创造出来的。其二,认识论上的事实概念。"事实是接受了的或安排了的所与"("所与"即"the given"),即"事实是为主体用概念所接受了(或安排了)的感性呈现"。③ 在这里,事实实际上指称事实认知。其三,认识论上更融贯的事实概念。陈波教授指出:"事实是认知主体带着特定的意图和目标,利用特定的认知手段,对外部世界中的状况和事情所做的有意识的剪裁、提取和搜集,因而是主观性和客观性的混合物。"④他强调,要尽力保持事实的主观性与客观性之间的必要平衡,且"事实"的主观性方面应当特别引起注意。人们既无必要也不可能去认识和把握这无穷多的"事实"。相反,人们只是从所面对的世界中剪裁、提取、

---

① 中国社会科学院语言研究所词典编辑室编:《现代汉语词典》(第5版),商务印书馆2005年版,第1246页。

② [英]伯特兰·罗素:《逻辑与知识》,范莉均译,商务印书馆1996年版,第219页。

③ 参见彭漪涟:《事实论》,上海社会科学院出版社1996年版,第123页。

④ 陈波:《"以事实为依据"还是"以证据为依据"?——科学研究和司法审判中的哲学考量》,载《南国学术》2017年第1期。

搜集相关事实,而"相关"是由人们的认知意图和目标决定的。[①] 其四,主体间性视角下的事实概念。"事实就是(人们)说出来的、通过论辩能够证立的命题。"[②]哈贝马斯对真理符合论进行了批判:"事实并不是与客体(对象)完全相同的方式在世界中存在着的东西。"[③]这就突破了主客二分的认识论范畴,将事实看作主体间的认知与合意,即主体之间沟通、交涉与论证的结果,此即事实之"真理共识论"。这里的事实不仅是主体活动的一个结果,还包括主体活动的过程和状态,只要是主体之间顺畅交流的状态或结果,事实就有理由支持,自然就有可接受性。当然,理想的商谈和交涉情景,只可能被近似地实现。[④] 这种事实概念彻底贯彻了主体关照,并凸显了程序之于事实的重要意义。

众所周知,伴随近代哲学认识论的发展,尤其是语言分析哲学的重大发展,我们对于认识过程和认识主体的理解早已革新。在完善后的认识论体系中,认识不仅是主体与客体之间的关系,它还包括不同的认识主体在认识客体对象过程中的相互关系,尤其是后者在特定认识活动中具有决定性的意义。换言之,人类的认识具有复杂性,其肇始于个别主体对于客体对象的经验和感知,但认识并未就此完结,主体的经验和感知还必须在主体间的交往过程中接受其他主体的检验。"因此,个别主体将自己的经验或感知转换成对客体对象的语言性解释,以便在不同主体间流转,以求得其他主体的理解和共识,形成具有主体间性的认识,认识活动才得以真正完结。"[⑤]主体间性认识将关注的目光向认识的后续阶段延伸,提出了在个别的、具体的、特殊的经验或感知的基础上,主体间是怎样对客体对象形成认识共识的问题。[⑥] 由主客体之间

---

① 陈波:《"以事实为依据"还是"以证据为依据"?——科学研究和司法审判中的哲学考量》,载《南国学术》2017 年第 1 期。

② [德]罗伯特·阿列克西:《法律论证理论:作为法律证立理论的理性论辩理论》,舒国滢译,商务印书馆 2020 年版,第 135 页。

③ 同上书,第 130 页。

④ 参见[德]哈贝马斯:《在事实与规范之间:关于法律和民主法治国的商谈理论》,童世骏译,三联书店 2003 年版,第 286 页。

⑤ 参见李力、韩德明:《解释论、语用学和法律事实的合理性标准》,载《法学研究》2002 年第 5 期。

⑥ 同上。

的认识延展到主体间对认识结论的建构更能充分反映人类认识活动的目的性和多元价值诉求。

哲学上对于事实的阐释是富有启发意义的，它在以下方面推进了人们的认识：其一，在区分本体论和认识论上事实概念的前提下，沿着认识论的路径，使得事实由“硬邦邦”的自然存在走向与主体相关联的“软性”事实，从而，去除了事实的神秘性和封闭性，阐释了一种更开放的事实概念。其二，认识论意义上的事实概念将认识主体、认识条件、认识手段等外在因素引入，从而让事实问题的关注重心从单纯地执着于事实之“真”转移到如何在上述因素的介入下，完成事实重构的任务，事实具有了明确的目的性。“‘事实’是认知主体从世界的母体上一片片‘撕扯’下来的；认知主体最后撕扯下一些什么，取决于他们‘想’撕扯什么、‘能’撕扯什么，以及‘怎么’撕扯。”①其三，事实是认识主体之间重构的结果，重构“软性”事实的过程体现为一种合力的作用：目标的明确性、主体的能动性、过程的正当性、结果的可接受性等。这样一种动态的事实重构活动强化了事实形成过程的重要性和认识的实践面向，从而为事实概念开放出了新的意义，面向未来，但亦不忘初衷。综上，伴随对认识主体要素、主观方面考量的加强，事实认知活动的性质也发生了变化，从原本针对客体的单向度认知转化为主体间对于事实的思维重构。这样一种强化主体关照、凸显程序意义的事实认知进路对于司法过程中事实问题的分析是非常有意义的。

（二）重构程序之内的事实：以主体间的交往互动为核心

明确诉讼认识活动中的关系框架是讨论事实问题的必要前提。众所周知，“人是社会的但具有冲突倾向的动物”②，在公共领域或私人领域，存在各种利益排斥甚至利益冲突。这些冲突和矛盾伴随人类社会的发展，是整个社会需要及时面对和重点解决的难题。“司法是一个制度化的争议解决过程，它通过对利益关系的确认和调整来维护必要的社会秩序，通过对利益和不利

① 陈波：《“以事实为依据”还是“以证据为依据”？——科学研究和司法审判中的哲学考量》，载《南国学术》2017 年第 1 期。

② 顾培东：《社会冲突与诉讼机制》，法律出版社 2004 年版，第 9 页。

的分配来实现法律之内的正义。”[①]整体来看,诉讼的过程也是利害相关者各方利益竞争的延续,每一个诉讼主体都会遵循趋利避害的本能,通过特定的诉讼行为实现己方的利益最大化。在具体的诉讼过程中,最有效的途径便是借助司法权的帮助来实现自己的目的,即为了赢得有利于己的裁判结果,控辩双方都会尽全力在裁判者面前展开控诉和辩护行为。因此,诉讼本质上就是一种对主体间相互冲突、相互对抗的利益关系加以公道权衡的活动,以期能够依法公正和及时地解决纠纷。“所谓的司法程序其实就是司法活动当中的关系框架,确切地说,就是受理案件的法官与控辩双方及其他参加诉讼的人之间的关系结构,所有相关的规则安排都是对司法活动当中发生的法官与控辩双方之间互动的调节。”[②]从这个意义上来说,诉讼认识活动所要处理的核心关系是主体之间的关系,而非主客体之间的关系。

在具体的诉讼过程中,虽然认识主要是从侦查人员探究案件事实的侦查活动开始的,但是,侦查人员包括审查起诉阶段公诉人所查明的案件事实并不具有终局性的意义,他们对案件事实的认识远未完成诉讼认识的全过程,其还必须在庭审过程中接受事实裁判者(法官或陪审团)的检验。对于辩方而言,亦是如此。控辩双方将自己对案件事实的经验感知借助证据的形式提交法庭,通过庭上质证和辩论等交往、交涉活动的充分展开,使得双方原本具有差异性的事实主张发生“融合”。同时,对于缺乏直接感知经验的裁判者而言,通过庭审活动,其亦完成了对于案件事实的思维重构。最终,作为裁判基础的事实既不是控方或辩方的一面之词,也不是事实裁判者的一己之见,而是在刑事诉讼程序之内,控辩审三方达成的对事实结论的共同认同。在现代刑事诉讼活动中,存在各怀主张、诉求迥异的多方主体,存在诸多主客体间的单一认识,但是这些个体认识并不具有终结诉讼的效力,需要在特定的程序空间内接受评价和鉴别,只有经过主体间充分的互动、交涉和论辩,事实认知才得以最终完结。明确诉讼认识活动以主体间的交往互动为核心,才能准确揭示诉讼认识活动下特殊的事实形成机理。

---

① 郑成良:《法律之内的正义——一个关于司法公正的法律实证主义解读》,法律出版社 2002 年版,第 106 页。

② 宋显忠:《程序正义及其局限性》,载《法制与社会发展》2004 年第 3 期。

四、刑事诉讼程序之内的法律事实建构及其理论意义

刑事司法是人类实践活动的一个特殊领域，本文的理论努力就是运用刑事司法特有的概念和范畴，提出一种新的事实理论，为具体的诉讼程序、证据规则等提供理论支撑。

（一）程序之内的法律事实

法律事实是事实的一种，是具有法律意义的事实。现代刑事司法过程中的法律事实生成于一定的程序空间内，是各方主体依据既定规则运用证据建构起来的关于案件事实的图景。法律事实是一个新事实，是当下的事实，最终以裁判事实的面目体现在生效的法律文书中。本文从主体间性的角度探究刑事诉讼程序内的法律事实。

1. 独立于诉讼外发生的案件事实

在刑事司法过程中，至少需要区分两种事实，诉讼之外曾经发生的案件事实与诉讼程序之内形成的法律事实。曾经发生过的案件事实是一种历史性事实，由于"我们没有时间机器可以让法官与当事人一起回到过去，看一看究竟发生了什么事"①，因此，这一事实只能是彼岸事实，可以承认其存在，但其并不具有法律意义和效力。司法活动只是在创造着过去而非再现，程序一旦开启，诉讼主体重塑事实的活动也随之展开，控辩双方基于自己对案件事实的认识和把握，有目的地将其陈述给法官后，最终呈现在法官面前的关于案件事实的共同性认识，就是程序之内形成的法律事实。

关于刑事司法过程中的法律事实，应从以下两个方面把握：其一，法律事实源于各诉讼认识主体的共同建构，其核心特点在于建构性。"建构"意即"生成"，是对"给定"的瓦解，其背后反映了关于事实的认识论立场。案件事实已经发生，是客观存在的，但是对于案件事实的认识、理解和赋予其法律意义却是由诉讼过程中各主体自己决定的。控辩双方以自己的经验认识为基础

① David A. Binder & Paul Bergman, *Fact Investigation: Form Hypothesis to Proof*, West Publishing Co., 1984, p. 5.

来建构事实、解释事实，同时帮助裁判者完成关于案件事实的思维重构。强调法律事实的建构性意在表明，法律事实不是对已经发生案件事实的摹写，而是在诉讼活动主体间的行为和交互作用中生成的。从法律事实的建构性出发，更加强调诉讼认识的实践面向和法律事实的开放性，强化主体关照，凸显程序意义。其二，法律事实是最重要、最具有法律意义的事实。法律事实是法官据以作出最终裁判的事实，也是在判决书中最后认定的裁判事实。从动态的过程来看，这个法律事实形成于控辩双方的庭审事实建构活动中，是各方诉讼主体的事实主张经由法庭论证、检验后被法官认定的最终版本，是法官作出裁判的依据，具有终局性和权威性。

2. 区别于广义的法律事实

首先，在审前活动中，侦查和起诉阶段也会形成一定程度的事实，这些事实的形成主要源于侦控机关单方的事实探知活动，是主客体间认知活动的结果；依托相对较为封闭的侦查和审查起诉程序；对于事实的衡量标准是能否移送审查起诉和移交审判，即能否达到下一个程序的检验标准；一般并不具有终结诉讼的效力，是待检验的事实。严格来说，审前活动中所形成的事实虽然也具有法律意义，但是，其在形成的程序空间及法律效力等方面都与本文所指称的法律事实有很大不同。当然，在合作式诉讼中，控辩双方通过协商程序所达成的事实合意具有特殊性，详见下文。

其次，在法庭上，控方会向法庭提供一个事实版本，辩方通过质证、辩论等活动也会主张一个不同的事实版本，这些事实是其各自依据证据建构起来的对己方有利的事实，是运用证据证明的单方主张性事实。同时，在这两个事实版本内部还存在多个运用证据证明的单一事实。控辩双方提出的单方主张性事实是其各自作出的关于事实的陈述，在陈述的过程中，渗入了事实陈述者的意志，同样的证据，可能会因为陈述者的不同而呈现出不同的事实面貌。但是，这些事实都不是本文所指的法律事实。这些事实只是法律事实建构过程中的事实原材料，需要经过法庭上的进一步加工、塑造，最终才能成为裁判者据以作出裁判的法律事实。

（二）法律事实的建构

“心灵不是简单地‘摹写’一个可有一个唯一的真理论描述的世界。当然我的意思也不是说心灵构造了世界。——心灵和世界一起构成了心灵和世界。”[①]在刑事司法的过程中，作为裁判基础的法律事实既不是在司法人员单向度的、封闭性的事实探知活动下对曾经发生过案件事实的直接描述或者摹写，也不是司法人员主观任意构造的结果，而是主体之间建构起来的程序性共识。“法律事实并不是自然生成的，而是人为造成的，一如人类学家所言，它们是根据证据法规则，法庭规则、判例汇编传统、辩护技巧、法官的雄辩能力以及法律教育成规等诸如此类的事务而构设出来的，总之是社会的产物。”[②]建构性是法律事实的重要属性，体现在如下方面：

第一，根源于差异化的诉讼主体及其利益的多元性。诉讼活动是控辩审三方共同参与的一种程序性论辩活动。法律事实既包含具有利益竞争关系的主体，如控辩双方对于事实的理解和阐释，也包含居中裁断的法官对事实的主观认知和确信。进言之，在运用证据揭示案件事实的过程中，基于不同的利益诉求，每一个主体都会按照自己的理解去建构事实版本，以证据为基础呈现的事实融入了人的主观因素。多方诉讼主体的利益渗透通过法律语言来实现，即虽然事实是建立在证据的基础之上的，但证据与法律事实之间的关系需要通过陈述的方式来揭示，这就需要以语言为媒介进行描述。由此，以证据为基础解释案件事实的过程就转变为对描述和表达事实内容和意义话语的理解和解释过程。[③] 在这个意义上来说，法律事实借助语言来表达，渗入多方主体的利益诉求，从而使得其自身呈现出建构性。

第二，参照实体规范展开。实体规范是人们社会生活的准则和指针，法律事实的形成离不开实体规范的参与。也即法律事实并不是主体自由探知事实

---

① ［美］希拉里·普特南：《理性、真理与历史》，童世骏、李光程译，上海译文出版社 1997 年版，第 4 页。

② ［美］克利福德·吉尔兹：《地方性知识：事实与法律的比较透视》，邓正来译，载梁治平编：《法律的文化解释》，生活·读书·新知三联书店 1994 年版，第 80 页。

③ 参见李力、韩德明：《解释论、语用学和法律事实的合理性标准》，载《法学研究》2002 年第 5 期。

对象的结果,而是在实体规范的参与并约束下,重塑起来的一种特殊的制度性事实。在诉讼过程中,控辩双方或裁判者都会自动依据实体法规范中对事实要件的要求去搜集、整理、判断各种证据材料,这些实体法规范明确了控辩双方诉讼活动的对象,也是裁判者进行事实认定的主要参照。据此,法律事实是依据实体法规范建构起来的制度性事实。正是在这一点上,法律事实与案件的客观事实具有本质区别,客观事实是反规范的,因为法律规范的参与必然干扰客观事实的发现。

第三,接受证据规则的剪裁。法律事实形成过程中所运用的证据是经由证据规则"剪裁"出来的,证据规则的剪裁要依据一定的标准,这本身就体现了某种价值判断。关于证据规则主要包括两大方面:一是确保事实认定准确性的规则,以"相关性"为主线,证据的采纳与排除都主要是为了满足事实认定的需要。二是确保证据适用之正当性的其他规则,如非法证据排除规则、亲属特免权规则等。这些规则以保护一些特定的利益与价值为目标,将在一定程度上限缩可使用证据的范围。上述证据规则的存在剪裁并制约着法律事实的具体内容,从而在一定程度上拉开了法律事实与案件客观实在的距离。

第四,依托动态的证明程序。法律事实的建构需要借助动态的证明活动展开。法律事实是控辩双方在动态的证明程序中,就争议的案件事实在裁判者面前进行充分论证和说服的结果。法律事实本质上具有证明性,在对抗式诉讼之下,形成于举证、质证、认证以及定案等动态的证明程序中。举证是证明责任的承担者为说明己方的诉讼主张提出证据进行论证的诉讼活动,通过举证,描绘案件事实的基本图景,它是法律事实建构的首要环节。质证是另一方就已提出的证据在法庭上进行的对质、辩论活动,通过质证与辩论,双方的事实主张发生"融合",是法律事实建构的关键环节。认证与定案是裁判者在单个证据认证的基础上,根据经验、逻辑与法律,综合全案证据确定案件事实的活动。通过认证与定案,最终完成法律事实的建构。法律事实建构论并不承诺真实,而是强化对于事实的证明,实现于动态的证明活动中。当然,被告人认罪案件较为例外。

第五,受限于特定的程序空间。法律事实是主体以特定的方式,在特定的程序空间内对事实加以理性重构的结果。程序的设置是为了有意识地阻隔对结果、对法律外的目标过早的考虑和把握。程序具有间隔功能,[①]“通过程序形成了一个解决复杂纠纷的相对空间,使当事人之间的复杂社会关系从进入程序的那一刻开始就与社会隔离开来”[②]。这样做首先是为了防止恣意;其次是为了在结果未知的状态下确保程序中的选择自由。[③] 程序空间内形成的法律事实内含了程序的要求,是一种程序性的共识。当然,不同诉讼程序之下塑造出来的事实会有所不同,对抗式诉讼模式下与合作式诉讼模式下的程序性共识具有差异性。

(三)法律事实建构理论的意义

从借由司法过程获得的客观真实来彰显裁判结论之正当性,到程序之内法律事实建构过程的正当性,强化程序性共识的有效性,法律事实建构理论为解决刑事诉讼中的事实问题提供了一种新的理论支撑,具有重要的理论与实践意义。

第一,强化了法律事实的独立性,重塑了一种程序性事实观。事实发现理论执着于还原自在的客观真实,在其影响下,人们关注的不是程序之内的事实如何形成,而是程序之外的事实如何实现的问题。法律事实建构理论主张通过程序寻找事实,法律事实是主体之间在法定的程序空间内依据规则重构起来的一个新的事实,新事实的建构需要遵循实体规范,接受证据规则的剪裁,依托动态的证明程序,受到各种程序规则的约束,也深深地打上了主体意志的烙印。通过程序重塑事实的过程也是赋予事实以法律意义的过程,由此,法律事实便摆脱了对客观事实的依附,获得独立存在的意义。法律事实建构理论以事实与程序融贯互动的视角,重塑了一种程序性事实观。所谓程序性事实观就是聚焦刑事司法过程本身,强调通过程序重塑事实及这一过程具有的独立意义。程序性事实观下,刑事司法的目标与其说是努力使认识达到与自在的案件事实相符合,毋宁说是追求法律事实建构过程的正当性与合法性,即通

① 参见刘铭:《诉讼事实与纠纷事实的关系——基于证据学思想发展脉络的分析》,法律出版社2018年版,第7页。

② 张文显主编:《法理学》,高等教育出版社2003年版,第162页。

③ 同上书,第159页。

过法律程序实现正义的安排。程序性事实观是一种理性的事实观,体现了对于司法过程及司法规律的尊重。

第二,蕴含主体关照,能为刑事诉讼中的权利保障提供有力证成。在程序法治化的背景下,诉讼主体地位的提升及权利保障的强化已经成为共识。法律事实建构理论使得刑事诉讼中权利保障的关键点和完善路径更加明确,有效避免了权利保障上的抽象化、空洞化。一方面,法律事实建构理论揭示了权利与权力的关系是刑事诉讼中权利保障的关键点。对于被追诉人来说,与其处于对等关系的是作为公权力主体的检察机关,权利的威胁来自权力。因此,权利的保障不能仅仅从提升与丰富权利自身的内容着手,还应强化对权力的制约与规范。另一方面,为确保法律事实建构活动的顺利展开,辩方的程序参与权、交涉能力的平等性、权利的自由处分性、权利的救济理应成为权利保障的核心内容。实际上,在对等主体之间实现权利保障不仅是司法的公正性要求,更是法律事实建构活动顺利展开的前提条件。法律事实建构的过程在给予控辩双方更多的对话或协商机会的同时,也尽可能地避免了公权力主体将自己的观点强加给辩方的不公平情况,实现了对主体地位和主体权利的尊重。最后,法律事实建构理论所倡导的程序性事实观能够将权利保障的内容与具体的程序相结合,凸显权利保障体系与内容的差异性。如对抗式与合作式诉讼程序之下,权利保障体系与内容就具有差异性。总之,法律事实建构理论能够有效促进由围绕求真展开的封闭性的司法过程向以人权保护为重心的开放性司法过程的转变,从而为以主体关照为重心的制度设计找到直接的理论依据。

第三,强化了刑事诉讼程序的开放性,彰显了刑事诉讼程序的价值。法律事实建构理论反对为刑事诉讼程序预设真理标准,法律事实是在促进控辩双方的沟通、理性选择、排除外部干扰的基础上建构起来的,而非对预先给定事实的摹写。过去是现在的事实,即对我们现在的希望、挫折和绝望的现实反映,过去不是它出现时所示的东西;它是我们现在使之成为的东西。[①] 由此可

① 参见于晓艺:《最忠诚的反叛者——弗兰克法律现实主义思想研究》,中央编译出版社2014年版,第77页。

见,法律事实建构理论诠释了重在当下,面向未来的精神,本身就蕴含了开放性的理念,强调了诉讼认识的实践面向和刑事诉讼程序自身的价值。一方面,法律事实的建构也是对法律事实的证明,而证明就是给某一个结论以充足的理由,这需要借助开放的论证过程来实现。所谓开放的论证过程体现在程序设计上就是程序的参与者有平等和真实的选择权;程序参与者的信息应充分沟通,意见应充分表达;应确立程序参与者的利益妥协机制;程序参与者间共识的确定性效力应予保证等。另一方面,法律事实建构理论强调刑事诉讼中控辩双方的交涉与互动,要努力激发控辩双方的主动性,为裁判注入积极性的因素,也要求刑事诉讼程序由封闭走向开放。

第四,追求程序性共识,重建了司法裁判的正当性基础。程序性共识是指各诉讼主体之间通过沟通、解释、交涉而建构的关于对象的共同认识。法律事实是一种程序性共识,是借助一种有效的诉讼对话沟通机制在案件事实与诉讼主体之间、不同的诉讼主体之间达成的对话性产物。程序性共识具有主体间的效力,以其作为裁判的基础,能够重建司法裁判的正当性。程序性共识对于司法裁判正当性的证成体现在两个方面:其一,从程序的角度来说,共识达成于程序之内,司法裁判的正当性源于对正当程序的保障。诉讼主体之间协商与交涉、沟通与合意、说理与论证的活动需要借助一定的程序来完成,特定的程序是各方诉讼主体展开论证、辩论活动的平台。所谓的诉讼程序就是主体间交往过程的制度化,通过程序赋予辩方必要的权利,为其提供选择的机会;通过程序限制公权力的恣意和专断,避免协商、沟通的过程因公权力的强势主导而异化。在程序保障之下的审判活动,并不能确保每一个案件都不出差错,但是,却保证了每一个司法判决都有正当性和可接受性。现代刑事司法对于程序正义有单独的判断标准,即围绕程序的参与性,包含程序的中立性、对等性等七项具体要求。[①] 在对抗式诉讼中,只要实现了上述要求,司法判决就满足了程序正义,具有正当性。在合作式诉讼中,围绕认罪协商程序的构建,司法审查制度的确立,追求的是一种协商性的正义。其二,从共识的角度来说,裁决与控辩审三方一致同意所体现出来的主体间的效力结合在一起,程

① 参见陈瑞华:《刑事诉讼的前沿问题》(第5版),中国人民大学出版社2016年版,第234页。

序内达成的共识同样构成了正当性。法律事实建构理论之下，“裁决的结果均与双方争议事态的实际状况没有直接关系。因为一个事实不能证成为相应的法律事实，这同样是程序的一种结果……因而司法裁决仅仅是程序性的而非定位于庭外的实际结果”[①]。由此，司法裁判的正当性基础就由事实之真转变到所有参与诉讼活动主体一致同意所显现出来的主体之间的效力，即只要据以作出裁判的事实结论是主体之间在程序保障下所达成的共识，那么，司法裁判就具有正当性和普遍的可接受性。值得注意的是，在强调程序之内的共识之效力的语境下，事实之真依旧是非常重要的，因为控辩双方需要通过自己直接感知案件事实的活动来证成自己的主张，以便其能够被接受为主体间的共识。但同时，由于案件事实的难以再现性，即便是居中裁断的事实审理者也无法将控辩双方的事实主张与过去的案件事实作比较，因此，司法裁判的事实基础只能是诉讼活动主体之间的共识。这种由所有参与诉讼活动主体的一致同意显现出来的主体之间的效力是对真实的证明，而不是对真实的承诺。[②]证明的结果独立于任何一个单一主体的个体判断，追求对所有主体具有可接受的效力。应该说，以主体间的共识为核心，以程序为保障，刑事司法追求的是一种弱意义上的正当性理论——不以求真为直接目标，而是凸显程序之内共识的效力，这是对正当性理解的重大改进，尤其适于解决探究真实而不得的难题。

五、对抗式司法模式下法律事实建构理论的制度实现

（一）博弈性事实的界定

对抗式司法模式下，需要遵循无罪推定原则、不得强迫自证其罪原则等，通过正当程序保障辩方的权利，实现对公权力的制约。因此，法律事实建构活动存在分歧和竞争，经由对抗式诉讼程序建构起来的是一种博弈性事实，是控辩双方差异性事实主张的“融合”，即控辩双方通过积极而充分的举证、质证、

① 宋显忠：《正当法律程序与开放社会的制度化——针对立宪政体的一种结构功能主义考察》，吉林大学2003年博士学位论文，第10页。

② 参见朱振：《通过程序寻找“真像”——反思司法认识活动的客观基础》，载《新时代的法学理论论文集》（上），2018年“第四届法学前沿论坛”论文集，第215页。

辩论、说服活动最终达成的一种对于事实结论的共同认同,或穷尽正当程序的安排后经司法权强势确认的事实结论。对于博弈性事实需要明确以下几点:

第一,博弈性事实是一种形式上的共识,亦可以称为一般性(或者称为普遍意义上的)共识。在对抗式诉讼中,必然以一方的败诉告终,难以达成理想化的利益妥协。因此,博弈性事实背后体现的只能是一种形式上的共识,需要事实认定者运用司法权作出强势确认。

第二,博弈性事实之正当性根源于正当程序对事实建构活动的规范与保障,所以适用程序即正义的逻辑。博弈性事实的形成机制总体上体现为一种对抗式诉讼程序中的事实建构,事实结论之达成过程的正当性必须得到强调,即建立在控辩对抗基础上的正当程序安排对于博弈性事实的正当性具有关键意义。

第三,博弈性事实的内容具有多重性和复杂性。在刑事诉讼程序之内,没有纯粹的事实。博弈性事实的多重性和复杂性源于法律事实建构活动的对抗性:以控辩双方提供的事实版本为基础;在辩论的过程中,又经过修正与补充,渗入双方各自的进一步认识;法官在进行事实认定的过程中亦会对证据与事实进行选择认定。因此,博弈性事实是综合控辩审三方主张和认识的结果,并非对于控方指控事实的简单确认。

第四,博弈性事实可以被推翻。博弈性事实本身内涵控辩双方的对抗,是司法权最终强势确认的结果。对于这种形式上的共识,应允许其被推翻,给控辩双方获得救济的机会。也就是通过上诉、抗诉审程序,对于那些事实不清、证据不足的案件,进行重新审理。

(二)博弈性事实的建构路径

对抗式诉讼模式下,通过正当程序建构博弈性事实,需要遵循比较和竞争的思路,着力于以下环节:

第一,强化控方的严格举证,完成指控事实版本的建构。控方是证明责任的承担者,法律事实的建构首先需要借助控方举证,确立初步的指控事实版本。在庭审过程中,公诉人首先要向法庭提供证据,通过对于人证和物证等各类证据的展示,将一个个信息片段串联起来,论证被告人有罪的事实成立,集中体现为通过严格控方举证,建构指控事实版本的过程。控方的事实论证水平直接关涉博弈性事实的质量，因此，指控事实版本的构建需要注意：其一，应强化控方依法审查和运用证据，确保其所出示的证据具有合法性、可靠性、全面性；其二，应将举证行为与论证说服活动相结合，努力提高控方当庭示证、发表公诉意见的能力，即强化当庭指控、加强对公诉主张的说理；其三，应借助司法大数据和智能软件系统，推进类罪指控证据标准的全面确立，严把证据关，更好地完成对指控事实的建构。未来，发挥现代科技的优势，将其与指控证据标准相结合，是提升控方事实论证水平的重要途径。

第二，提升辩方的质证能力，通过疑点发现，解构指控事实版本。根据证据裁判原则，证据经过法庭的质证，才能作为定案的根据，这就给了辩方充分的“改写事实”的机会。辩方通过有针对性的质证，提出不同的证据解释，结合己方提出的其他证据，把一些新的事实信息，如“被告人不在场”“没有作案时间”等的证据，纳入法律事实的范围，使指控事实的内容得以调整，进而呈现出一种不同于控方的事实版本。龙宗智教授指出，我国的司法体制和证据制度是建立在对侦查信任的基础之上的，重确信、轻质疑，[①]这样一种思维方式不利于庭审中的事实建构。因此，在提升辩方质证能力的同时，应改变证据思维，重视辩方质疑，赋予辩方解构指控事实的机会。在这个意义上，质证权不仅是辩方的一项重要诉讼权利，也是辩方实质参与事实建构的保障，是程序控制机制的集中体现。

第三，保障控辩辩论的充分展开，促进控辩双方差异性事实主张的“融合”。经过举证和质证，形成了两种不同的事实版本，一般情况下，事实认定者尚无法据此作出准确裁判。博弈性事实的建构还需要在控辩辩论中进一步展开，就两个事实版本之中突出存在的争点和矛盾，给予控辩双方再次进行论证和补充的机会，以获得事实裁判者的认可。控辩辩论的主要功能就是巩固事实论证，促进控辩双方差异性事实主张的“融合”，为事实认定者提供一幅逻辑更加严谨、论据更加充分的事实图景。同时，控辩辩论本身的充分展开亦能增强博弈性事实的可接受性。应注意：其一，控辩双方应进一步强化各自的事实主张，并力图作出更加清楚的阐述和论证；其二，不要对所有证据进行重

---

① 参见龙宗智：《中国法语境中的“排除合理怀疑”》，载《中外法学》2012 年第 6 期。

复性阐释,而是集中就争点问题进行论证;其三,强化证据证明,增强论证的说服力、逻辑性和可信度。

第四,强化当庭认证、定案,在两种竞争性的事实版本间作出选择。认证是指事实审理者依据证据规则、经验和逻辑,对单个证据的证据能力和证明力进行审查判断,以决定其是否被采纳和采信的活动。证据能力的审查决定了证据的范围,证明力的判断则进一步确定了证据与待证事实的关联程度,也在很大程度上决定了博弈性事实的最终面貌。定案是综合全案证据确定案件事实的活动,对指控事实版本的认定达到排除合理怀疑的程度,即可作出事实认定及裁判。应注意:其一,要注意裁判权的积极行使,使事实真正形成于法庭,彻底切断法官对于侦查卷宗的依赖,最大程度地避免法官规避自由心证,借助表面化、形式化的印证裁断案件。[①] 其二,应强化当庭认证的要求,尽量使得多数异议在当庭得到解决,减少庭后评议这种暂时搁置争议的做法,真正实现“看得见的正义”。其三,借鉴英美学者提出的最佳解释推论理论,[②]强化证据分析方法的运用,落实排除合理怀疑的证明标准,促使事实认定者在两种竞争性事实版本间作出选择。

另外,公正的审判程序对于公正的裁判结果具有塑造作用。法律事实建构论倡导的是一种程序性事实观,博弈性事实的建构离不开正当程序的保障,庭审实质化,强化程序参与原则[③]是题中应有之义。应落实庭审实质化,让博弈性事实形成于法庭;以程序参与原则为核心,为博弈性事实的建构提供良好的制度保障。

六、合作式司法模式下法律事实建构理论的制度实现

(一)合意性事实的界定

合作式司法模式下,被追诉者放弃行使无罪辩护的权利,也放弃了获得正

---

① 参见杨波:《审判中心下印证证明模式之反思》,载《法律科学(西北政法大学学报)》2017 年第 3 期。

② 参见龙宗智:《事实碎片都闪耀着同一事实之母的光芒——论“印证”的机理》,载《当代法学》2022 年第 1 期。

③ 参见孙远:《非法证据排除的裁判方法》,载《当代法学》2021 年第 5 期。

式审判的机会,通过控辩协商建构起来的是一种合意性事实,是控辩双方对事实结论的一致认同,是最终经法院审查确认的事实。

第一,合意性事实是一种实质上的共识,亦可称为个案共识。在合作式诉讼模式下,基于辩方的主动认罪,控辩双方在认罪协商程序中就定罪与量刑事实达成基本一致,形成了双方都能接受的利益妥协结果。因此,合意性事实是一种实质上的共识,一般只需法院重点审查确认其有效性即可。

第二,合意性事实之正当性根源于控辩双方所达成的合意,所以适用合意即正义的逻辑。合意性事实的形成总体上体现为一种合作程序中的事实建构,努力确保被追诉人的认罪权、认罪的自愿性和真实性,是合意性事实具有可接受性的关键。

第三,合意性事实体现为单一化的事实版本。辩方选择认罪,与控方达成合意,便直接确定了犯罪事实,并不存在对抗式诉讼模式下控辩双方差异性的事实主张由存在分歧到融合的过程。因此,合意性事实是以被追诉人认罪为基础建构起来的单一事实版本,一般只需法官对控辩合意审查确认,满足一定的证据要求,即可完成事实认定。

第四,合意性事实一般不允许被推翻,除非具有特定的理由。合意性事实是控辩合意的体现,法院尊重控辩合意,经过审查确认,即可作为裁判依据。法律将限制上诉权和抗诉权的行使。当然,特殊情况下,应允许存在控辩双方获得程序救济。

(二)合意性事实的建构路径

1. 保障被追诉人的认罪选择权,为合意性事实的建构奠定基础

合意性事实的建构首先体现为被追诉人选择认罪,承认被指控的犯罪事实。刑事诉讼贯彻任何人不得被强迫自证其罪原则,因此,认罪是被追诉人选择权的体现,这开启了合意性事实建构的第一步,也直接奠定了合意性事实的基础。目前,认罪认罚从宽制度适用的过程中,应注意:其一,认罪作为被追诉人的一种权利,适用于所有刑事案件,不受罪名和可能判处刑期的限制。相应地,合意性事实的建构也及于所有认罪案件。目前,"两高三部"《关于适用认罪认罚从宽制度的指导意见》(以下简称《认罪认罚指导意见》)规定:"认罪

认罚从宽制度没有适用罪名和可能判处刑罚的限定，所有刑事案件都可以适用，不能因罪轻、罪重或者罪名特殊等原因而剥夺犯罪嫌疑人、被告人自愿认罪认罚获得从宽处理的机会。”这一规定实际上赋予了被追诉人选择认罪的权利和合意性事实建构的启动权。其二，为了强化对于被追诉人认罪权利的保护，应明确认罪即承认主要犯罪事实，不应作过于严苛的限制。合意性事实的建构本身就是一个双方交涉、协商的结果，既然我国认罪认罚从宽制度不允许对罪名、罪数进行协商，对被追诉人认罪与否的判断上，就要尽可能地为控辩协商留有必要的空间，留待控方进一步的确认和修正。《认罪认罚指导意见》中规定：认罪认罚从宽制度中的“认罪”，是指犯罪嫌疑人、被告人自愿如实供述自己的罪行，对指控的犯罪事实没有异议。承认指控的主要犯罪事实，仅对个别事实情节提出异议，或者虽然对行为性质提出辩解但表示接受司法机关认定意见的，不影响“认罪”的认定。

2. 强化控方对被追诉人认罪的审查，促进合意性事实的形成和变更

在认罪案件中，合意性事实并非被追诉人一经认罪即完成建构，还需要经过控方的审查确认，最终促进合意性事实的形成和变更，也使其真正体现为控辩双方对事实的选择和塑造，是利益兼得、互利双赢的结果。[①] 控方对被追诉人认罪的审查主要依托以下环节展开：其一，听取辩方意见。听取辩方意见是控辩协商的一个重要方式和渠道，体现了控辩双方平等对话、自由表达本方意愿的协商色彩。虽然我国还不能确立那种典型意义上的“讨价还价”制度，但是在听取辩方意见的过程中，对于认罪事实加以必要的修正，也能够有效促进事实合意的达成。因此，应强调对辩方意见的听取，尤其是就涉嫌的犯罪事实、罪名等听取犯罪嫌疑人、辩护人或者值班律师的意见。如果控方未采纳辩护人、值班律师意见，应当说明理由。其二，控方应为认罪的自愿性、合法性提供保障。合意性事实形成于控方主导的审前程序中，更可能对被追诉人形成压制，出现认罪选择不自愿和诸多违法问题。违背自愿性和合法性所形成的事实不具有正当性，控方应为认罪自愿性和合法性提供保障，包括不存在因受到暴力、威胁、引诱而违背意愿认罪认罚；犯罪嫌疑人认罪认罚时的认知能力

① 参见陈瑞华：《论协商性的程序正义》，载《比较法研究》2021 年第 1 期。

和精神状态是正常的;犯罪嫌疑人理解认罪认罚的性质和可能导致的法律后果;侦查机关告知犯罪嫌疑人享有的诉讼权利,如实供述自己罪行可以从宽处理和认罪认罚的法律规定,并听取意见。其三,控辩双方签署认罪协议。经由控辩双方协商与确认,形成最终的合意,通过签署认罪协议,对合意性事实加以固定。在我国,这种认罪协议主要体现在辩方签署的具结书当中。认罪事实合意即被追诉人的有罪供述以及控方的审查确认结论应是具结书的重要内容。为了确保合意性事实的有效性,具结书也应该在辩护人或者值班律师在场的情况下签署。

3. 注重法官对认罪自愿性及事实基础的审查,并对合意性事实作出最终认定

认罪自愿性及事实基础关涉认罪合意的效力,法庭必须承担起审查职责。被追诉人认罪的真实性是与自愿性有关联,但又不完全相同的问题。自愿认罪有时并不一定是建立在真实的基础之上的,为了确保控辩双方合意的有效性,法院还应对被追诉人认罪及控辩协商结果的真实性负有审查义务。《美国联邦刑事诉讼规则》第 11 条 b 项规定,法院在接受被告人的有罪答辩时,还必须确信其存在事实基础,即对被告人的有罪答辩,需要同时审查认罪的自愿性和事实基础。德国关于认罪协商制度的立法和判例一向坚持实体真实原则和法院的职权调查义务,并且要求法庭公开认罪协商的事实和内容,在有罪判决的理由部分说明是否依据了认罪协商结果。[①] 在我国认罪认罚从宽制度适用的过程中,关于认罪自愿性和事实基础的审查主要涉及两个方面的问题:其一,确立独立的认罪自愿性审查程序。认罪案件进入庭审阶段,应在独立且尽可能前置的程序中完成认罪自愿性审查。目前,在庭前会议中完成认罪自愿性审查无疑是最佳选择。主持庭前会议的法官可就被追诉人是否自愿认罪进行专门确认,并就认罪的权利和可能的后果进行解释和说明。认罪自愿性的审查对于促进辩方权利的实现具有积极作用,也是控辩协商真实性的保障。其二,明确事实基础的审查标准。在我国,认罪认罚案件中关于事实基础的审

---

① 参见施鹏鹏:《论实质真实——以德国刑事诉讼为背景的考察》,载《江苏社会科学》2020 年第 1 期。

查应坚持何种标准,理论界与实务界存在很大争议。在美国,1970 年美国联邦最高法院在阿尔弗德案(North Carolina v. Alford)中,明确有罪答辩的事实基础必须存在有力证据(strong evidence)。[①] 有的地区法院将此解释为排除合理怀疑标准(proof beyond reasonable doubt)。[②] 当然,此处的排除合理怀疑标准与正当程序背景下的排除合理怀疑是有差别的。认罪案件通过相对简化的程序就可以进行事实认定,确立事实基础的审查标准应考虑:一方面,认罪案件中的事实基于被追诉人的认罪形成,是一种实质上的共识,内含辩方多重利益考量。因此,认罪案件事实基础的审查标准与有罪判决的证明标准应有所区别。另一方面,由于认罪案件的庭审中不具备像不认罪案件那样完备的诉讼程序,法官对于事实基础的审查标准也不可能达到排除合理怀疑的程度,而只需要达到"清楚的有说服力的证明"标准即可。这样,不但避免了因为标准过高而虚置的现象,也可以满足认罪的真实性要求。

另外,合意性事实的建构重在达成控辩合意,应以审前的控辩协商为重心,以法院对事实基础的审查确认为保障,建立完善的权利保护体系,包括获得权利告知的权利、非羁押性强制措施的适用权、信息知悉权、有效辩护权等。

七、结语

案件事实一经发生即成为过去,刑事诉讼的过程即重建那些已经发生过的案件事实并作出相应裁判的过程。一般说来,裁判者必须对过去发生了什么提供权威的答案,唯有如此,司法裁判才具有正当性。"法令承认提供的事实并根据事实来宣布指定的法律后果。但是,事实并不是现成地提供给我们的。确定事实是一个充满着可能出现许许多多错误的困难过程。"[③]为了避免错误的事实认定,人们总是习惯性地把刑事诉讼看成一个探究事实真相这一理想结果的过程,在主客二分认识论原理的指导下,试图追求认识结果与认识对象的一致性。但理性告诉我们,谁都无法承诺一个真实,对于事实之真的理

---

① See North Carolina v. Alford 400, U. S. 25(1970).

② See Clicque v. United States, 514 F. 2d 923(5th Cir. 1975).

③ [美]庞德:《通过法律的社会控制法律的任务》,沈宗灵、董世忠译,商务印书馆 1984 年版,第 29 页。

想化追求需要通过重建法律事实的正当性来实现。通过开放性的程序建构出来的法律事实,亦是对司法客观性的重建,只不过这里的司法客观性并不依赖真理符合论,而是事实建构论,其归宿在于程序性共识的达成及其效力的保障。

本文通过对传统事实发现理论的剖析,解构了主客二分的认识论模式及其背后形成的结果性事实观。秉持事实与程序融贯互动的基本立场,结合对诉讼认识活动特殊性的分析,本文提出法律事实源于主体间的共同建构这一观点。法律事实建构理论背后体现的是一种全新的程序性事实观,希望其能够成为我国以审判为中心及认罪认罚从宽程序改革的新的理论支撑。以程序性事实观为指引,进一步区分对抗式司法模式下的博弈性事实与合作式司法模式下的合意性事实在形成机理上的差异,澄清两种程序改革各自的方向与重心,破解困扰司法实践的诸多事实难题。

大数据侦查的法律控制*

程　雷**

摘　要:大数据技术的迅猛发展已经成为影响世界发展格局的大趋势。大数据侦查是在大数据技术广泛应用于中外警务实践过程中出现的一类新型侦查措施,其兴起体现了用隐私换安全、用信息换权利的刑事司法发展趋势。大数据侦查凸显了传统法律规范框架的滞后与失灵,表现为大数据侦查的法律属性存疑、区分数据内容与元数据的作法存在明显局限性、形成侦查初期侦查权规制的真空地带。大数据侦查本身是双刃剑,为防范其可能带来的弊端,从干预公民基本权利的深度与广度视角观之,应当对大数据侦查施加必要的法律控制。建议实行"侦查规范+数据规范"双重规制路径,有选择性地引入合法性原则与比例原则的传统规范框架,同时辅之以个人信息、数据保护方面的部分法律原则与机制。

关键词:大数据　大数据侦查　数据挖掘　个人信息　技术侦查措施

当前,大数据技术已成为影响世界发展格局的大趋势,在自然科学、商业领域、政府管理等社会各个领域产生了直接且深远的影响。2015 年 10 月,党

---

* 本文原载于《中国社会科学》2018 年第 11 期。

** 程雷,中国人民大学法学院教授。

的十八届五中全会明确提出实施国家大数据战略,[①]这一技术趋势成为中国社会发展的重要驱动力。社会发展形态的变迁直接决定着作为社会控制机制重要组成部分的犯罪侦查与预防工作,大数据技术在中外警务界的侦查活动中得到越发广泛的应用。[②] 然而,在大数据侦查蓬勃发展的背景下,包括中国在内的全球多数国家的刑事司法规范与体系均表现出滞后性,面对陌生的新型技术手段,法律规制滞后于技术发展、法学理论落后于司法实践的现象越发突出。何为大数据侦查,如何从法律上评价大数据侦查,如何对大数据侦查进行法律控制,这些现实问题亟待在梳理、提炼实践的基础上,从理论上加以研究和回应。

一、大数据侦查的实践

大数据是以容量大、类型多、存取速度快、应用价值高为主要特征的数据集合,正快速发展为对数量巨大、来源分散、格式多样的数据进行采集、储存和关联分析,从中发现新知识、创造新价值、提升新能力的新一代信息技术和服务业态。[③] 大数据技术包括对海量数据的采集、储存、清洗、分析、使用过程,其中最核心的技术莫过于数据挖掘。数据挖掘(data mining),是指通过特定的计算机算法对大量的数据进行自动分析,从而揭示数据之间隐藏的关系、模式和趋势,为决策者提供新的知识。[④] 数据挖掘技术在大数据趋势成熟之前就有所应用,随着人类社会拥有和可使用的数据量的激增,数据挖掘技术的应用范围与深度持续深化,在大数据时代,数据挖掘技术的作用得到了最佳的展示机会,并应用于侦查实践之中。

① 参见《中国共产党第十八届中央委员会第五次全体会议公报》,载《中国共产党第十八届中央委员会第五次全体会议文件汇编》,人民出版社 2015 年版,第 7 页。

② 为行文方便,笔者将大数据技术在侦查中的各类技术应用方式统称为"大数据侦查",用以概括通过计算机技术对数据库进行数据收集、共享、清洗、比对与挖掘从而发现侦查信息的侦查措施与方法。国内较早使用"大数据侦查"用语的研究,参见王燃:《大数据侦查》,清华大学出版社 2017 年版,第 12 页。

③ 参见国务院《促进大数据发展行动纲要》(国发〔2015〕50 号,2015 年 8 月 31 日)。

④ 参见涂子沛:《大数据》,广西师范大学出版社 2013 年版,第 98 页。

（一）大数据侦查的内涵与主要类型

大数据侦查，是指通过计算机技术对数据库进行数据收集、共享、清洗、比对与挖掘从而发现侦查信息的侦查措施与方法，其中数据查询、数据比对与数据挖掘是大数据侦查的三种具体行为样态。大数据侦查是基于信息社会到来所形成的存储于网络与计算机系统中的海量数据进行的回溯性分析、比对、碰撞，进而发现犯罪线索、证据信息的一类侦查行为，与传统侦查行为相比，其核心行为特征在于通过大数据技术对海量存储信息加以充分挖掘利用，法律规范意义上的本质特征在于其对于公民个人信息乃至隐私权的干预都具有史无先例的广泛性与深刻性。正是基于其权利干预的本质特征，本文主张将其视为一种侦查行为予以界定并进行规制。

刑事侦查工作的核心任务是发现犯罪嫌疑人、收集相关证据，以查明案件事实。[①] 为侦查任务的达成最为基础性与源头性的工作是锁定犯罪嫌疑人，否则以被追诉人为对象的刑事司法程序根本无从展开。锁定犯罪嫌疑人必然依赖于能够识别犯罪嫌疑人的个别化信息，而这一任务恰恰是大数据技术的优势所在。大数据具备从海量数据中比对、挖掘和识别个人信息的强大功能，这能为侦查机关履行传统侦查职能提供高效、简便的技术支持。同时，随着现代社会的加速发展与剧烈转型，犯罪愈发隐形化、智能化，[②]加之恐怖主义犯罪在全球的泛滥，犯罪的严重后果使得犯罪的防范越来越优先于案发后的侦查与打击，将犯罪消灭在萌芽状态或者在犯罪现场即时破获案件成为侦查隐形犯罪与恐怖主义犯罪的当务之急。因此，大数据预测未来的功能在犯罪预防领域也在发挥着越来越重要的作用。

---

① 《刑事诉讼法》第 113 条规定了侦查的任务，即公安机关对于已经立案的刑事案件，应当进行侦查，收集、调取犯罪嫌疑人有罪或者无罪，罪轻或者罪重的证据材料。对现行犯或者重大嫌疑分子可以依法先行拘留，对符合逮捕条件的犯罪嫌疑人，应当依法逮捕。

② 隐形犯罪（invisible offences）最早由美国学者 Mark Moore 提出，用来指代那些犯罪消息知悉困难、发现犯罪消息渠道不畅的犯罪类型，比如毒品、非法武器交易、贿赂犯罪等，参见 Mark H. Moore, *Invisible Offenses：A Challenge to Minimally Instrusive Law Enforcement*, in Geral M. Caplan ed. , ABSCAM Ethics：Moral Issues and Deception in Law Enforcement, 1983, p. 21；程雷：《秘密侦查比较研究》，中国人民公安大学出版社 2008 年版，第 65 – 75 页。

在刑事侦查中根据使用目的的不同，数据挖掘可分为三大类：一是目标驱动型数据挖掘（target - driven data mining），也称适用对象型数据挖掘（subject - based data mining），是指针对特定明确目标进行的搜索其所有记录以获取相关信息的过程；二是比对驱动型数据挖掘（match - driven data mining），此种模式的数据挖掘用于确认某人是否已经被作为"值得关注的人"，即用于确认某人是否为已知的犯罪嫌疑人；三是事件驱动型数据挖掘（event - driven data mining），也称为模式型监控，此种数据挖掘方法并非起始于具体明确的犯罪嫌疑人，而是用于发现过去或者未来事件的违法行为人。[①] 事件驱动或者模式驱动型数据挖掘用于搜寻反常的或者事先确定的行为模式或关系模式。[②] 在各国的刑事侦查实践中，前两类数据挖掘方法早已有之并在侦查实践中得到了广泛的应用，比如查询已知的犯罪嫌疑人的全部信息，通过现场遗留的指纹比对出谁是犯罪嫌疑人等，[③]而大数据时代，数据查询与比对方法的不同之处只不过是可供查询或比对的信息库容量发生了巨幅增加，但查询与比对的方式、方法并未发生根本改变。事件驱动型的数据挖掘对于犯罪预防与实时打击意义重大，大数据技术通过对过去一定时期内的犯罪数据进行挖掘后对犯罪热点地区、犯罪人群、犯罪手法等犯罪趋势提出的科学预测，将犯罪预防与防控建立在大数据预测的犯罪规律基础之上，从而能够更为精确、科学地调动警力并实现对犯罪的精确打击。

（二）应用状况与典型实例

大数据技术在刑事侦查中的应用前提是收集海量数据并形成各类数据库，这是数据查询、比对与挖掘技术应用的基础。从我国公安机关使用数据库查询、比对、分析各种记录的发展状况来看，自 1998 年公安部启动"金盾工程"开始，各类数据库建设与应用就逐步成为重要的侦查手段，2008 年起

① See Christopher Slobogin, *Government Data Mining and the Fourth Amendment*, The University of Chicago Law Review, Vol. 317, p. 322 - 323(2008).

② See Fred H. Cate, *Government Data Mining: The Need for Legal Framework*, Harvard Civil Rights - Civil Liberties Law Review, p. 438 - 439(2008).

③ See Fred H. Cate, *Government Data Mining: The Need for Legal Framework*, Harvard Civil Rights - Civil Liberties Law Review, p. 438 - 439(2008).

公安部进一步开始了公安大情报系统的建设，当前公安机关内网联网运行的各类信息系统已达7000多个，已建成以全国人口信息库为代表的八大全国公安基础信息库（全国重大案件、在逃人员、出所人员、违法人员、盗抢汽车、无名尸体、失踪人员、杀人案件），存储了数百亿条基础数据。① 此外，公安机关还积极运用各类社会管理中建设的数据库，利用各类信息资源开展侦查，包括互联网信息资源、视频监控信息资源、通讯信息资源、银行卡信息资源、各类社会服务中的信息，如保险、民航、工商、税务、邮政、社保、劳务、房产、公路、出租车、二手车交易、物流、出版印刷、房屋交易等。② 上述各类数据库中的海量记录涵盖了信息社会中人们生活、工作、社交等方方面面的信息，对这些大数据进行比对、分析已经成为当前侦查实践中破案率提升的主要驱动力。③

大数据技术在我国侦查实践中的应用方向既有针对已经发生的刑事案件的回溯性侦查，用以锁定犯罪嫌疑人或查明案件事实，也有防患于未然式的对未来犯罪的预测与预警功能。前者属于典型的警察刑事侦查任务，后者与警察维护治安的总体职能相一致。尽管针对未然的犯罪预防与对已然犯罪的调查、打击之间存在本质不同，但在越来越多的案件中，大数据技术能够帮助警察出现在犯罪现场抓获现行犯，未然的犯罪与既遂的犯罪之间的界限逐渐模糊，犯罪防控与犯罪侦查之间的传统界分正逐步消失。

在犯罪预测方面，北京市公安局“犯罪数据分析和趋势预测系统”是大数据技术应用的典型例证：2014年5月北京市公安局怀柔分局的上述犯罪预警系统预测提示，近期泉河派出所辖区北斜街发生盗窃案的可能性较高。怀柔公安情报信息中心根据提示，指导泉河派出所对该区域加大巡逻防控，5月7

① 参见艾明：《新型监控侦查措施法律规制研究》，法律出版社2013年版，第169－170页。

② 参见艾明：《新型监控侦查措施法律规制研究》，法律出版社2013年版，第171－172页。

③ 记录查询与数据库侦查对于破案率的贡献并无官方统计数据，艾明在G省开展的针对93例个案的小样本实证研究显示，超过2/3的案件中侦查机关使用了记录监控类的侦查手段进而破获了相应的案件（参见艾明：《新型监控侦查措施法律规制研究》，法律出版社2013年版，第175－179页）。也有学者认为，近年来犯罪形势逐年恶化、诱发犯罪的社会条件逐步加强的背景下，杀人、抢劫等重大恶性案件反而逐年下降，背后的原因恰恰就是公安机关充分利用信息平台开展数据库侦查。（参见江涌：《数据库扫描侦查及其制度建构》，载《中国人民公安大学学报（社会科学版）》2013年第2期。）

日 1 时许,泉河派出所巡逻至北斜街南口时,当场抓获一名盗窃汽车内财物犯罪嫌疑人,经讯问犯罪嫌疑人李某交代了伙同他人窜至怀柔区,撬机动车锁并盗窃车内财物作案 3 起的犯罪事实。[①]

在针对已然犯罪的刑事侦查过程中,大数据侦查在司法实践中的作用也逐渐突显。在当前的侦查实践中,其主要功能表现为发现犯罪线索与锁定犯罪嫌疑人。通过以下这个实务案例的侦查过程,有助于更为直观地观察大数据技术在锁定犯罪嫌疑人过程中的作用:

2009 年某地出现多起电话诈骗案件,犯罪分子冒充公安机关谎称受害者卷入洗钱和毒品犯罪,诱骗受害者将银行资金转入一个指定的陌生账户。之后犯罪分子迅速取款,完成诈骗活动。侦查人员通过收款账户的取款信息,逐一调取监控视频,发现取款人为同一名青年男子,并且在取款时均有拨打手机的行为。侦查人员以此为出发点,调取了每次取款地点附近的通信基站数据,并根据监控视频的时间确定该男子每次拨打手机的起止时间。通过对数个基站数据的碰撞,侦查人员最终锁定该男子的手机号码为 1596037 × × ×3,从而锁定了目标犯罪嫌疑人身份。[②]

在上述案例中,侦查人员收集了多个银行取款摄像头的视频监控数据和犯罪嫌疑人手机通讯的多个基站数据,通过比对多起作案过程中的手机数据与轨迹数据锁定了与多个取款时间相一致的唯一手机号码,并进而通过该手机号码锁定了作为号码使用人的犯罪嫌疑人。在该案的数据比对与数据挖掘过程中,通过数据收集工作收集了视频监控数据库和手机基站数据库的海量信息,而具备两个以上的数据库是开展数据挖掘特别是数据比对的前提;同时本案系连续、多次作案,取款人必然也是犯罪团伙中的一员,大数据技术在侦查此类团伙性、系列性、跨区域性案件具有绝对优势。

具体到从大数据技术在刑事侦查实践中的应用频率与适用案件数量,通过对中国裁判文书网 2016 年度刑事案件法院裁判文书的检索、查阅,可以得

---

① 参见金江军、郭英楼:《智慧城市:大数据、互联网时代的城市治理》,电子工业出版社 2016 年版,第 112 页。

② 参见王燃:《大数据侦查》,清华大学出版社 2017 年版,第 119 页。

出部分定量分析结论。① 在检索到的570件明确表明适用过技术侦查措施的刑事案件中，使用大数据技术锁定犯罪嫌疑人的案件为113件，涵盖的罪名根据出现频率的高低排序依次为盗窃（79件）、抢劫（13件）、抢夺（6件）、交通肇事（5件）、故意杀人（4件）以及故意伤害、绑架、非法制造买卖枪支弹药爆炸物、信用卡诈骗、诈骗、强奸罪各1件。

总结上述113件个案中大数据技术的应用情况，可以总结出如下应用趋势：首先，大数据侦查的应用对象主要为作案工具或作案对象为摩托车、电动车或汽车等车辆或手机的侵财类案件或者其他刑事案件，在这些案件中犯罪嫌疑人作案过程中通常会产生公共场所的视频监控与手机移动轨迹的数据，两类以上的数据库信息为数据比对提供了条件。从具体侦查技术策略的应用过程看，与上述典型个案中大数据技术中的查询、比对与挖掘过程如出一辙。大数据技术适用的案件范围是基于适用条件的客观状况经由侦查人员自发选择加以适用的，并未受到案件严重与否、罪名范围等条件的限制，恰恰相反，样本案件显示多数案件都是轻微犯罪，适用大数据侦查主要是基于侦查便利考量。

其次，大数据侦查的主要目的是发现并锁定犯罪嫌疑人，在上述113件样本案件中绝大多数案件是陌生人之间发生的偶发性流动犯罪，基本上无法通过犯罪现场提取有效的痕迹物证，受害人基本上无法指认出相应的犯罪嫌疑人，因此锁定犯罪嫌疑人成为上述案件中侦破犯罪的基本前提，也是最为关键的侦查步骤。数据来源主要集中于公共场所的视频监控与手机通讯的基站数据这两类数据库，数据比对与挖掘的内容与对象较为单一。

最后，大数据技术尽管在锁定犯罪嫌疑人这一过程中发挥了重大作用，但在完成侦查工作的第二项重要任务即收集证据材料上作用十分有限。在570件适用技术侦查措施的裁判文书中，虽然有52例案件中技术侦查措施用作了诉讼证据，但上述113件适用大数据技术的案件均未涵盖在内。换言之，大数据技术锁定犯罪嫌疑人过程中的相关材料与信息在诉讼过程中基本上无从发

---

① 检索对象为中国裁判文书网（wenshu. court. gov. cn），访问与检索时间为2017年5月5日。检索范围为选择“刑事案件”，检索之日共有刑事案件的裁判文书1,461,530件，检索关键词为“技术侦查”，年份选择“2016”。

挥证明作用。大数据技术的应用结果在案件材料与诉讼过程中至多作为“抓获经过”“到案经过”“破获经过”等侦查机关说明性材料出现。由于这些说明性材料在内容上的模糊与缩略，[①]一方面，对于锁定犯罪嫌疑人的方式并未进行详尽、如实的说明，导致大数据技术的应用过程被极大地忽略；另一方面，导致这些情况说明材料不属于法定的证据种类，不是证据，只能作为加强法官内心确信的辅助材料使用。[②]

（三）暴露的问题与挑战

尽管大数据侦查仍然处于初始应用阶段，但其双刃剑效应已经初步凸显，执法司法实践中已经开始暴露出一系列严峻问题，对几百年来孕育而成的若干基本法律价值形成严峻挑战，主要表现在如下三个方面：

首先，大数据侦查的推广适用标志着隐私的真正消亡，英国实用主义哲学家边沁在 1787 年设计的圆形监狱概念（panopticon）在信息社会发展到大数据时代终于应验成真。[③] 在大数据时代，公民个人的所有活动实现了全部数据化存储，生活、学习、人际交往间的所有活动均留存下各种类型的数据记录，当这些记录借由大数据技术进行自动化的分析、比对之后，所有公民的一举一动甚至所思所想都被纳入系统的、广泛的监控当中，从而形成了边沁所言的每个人随时可能受到监视，但每个人却不知道何时受到监视的类似圆形监狱的效果。信息社会的社会形态本质决定了只要公民个人需要参与正常的生产、生活，就必须选择交出个人隐私，就必然留存下各类个人信息。从这个角度来看，公民个人隐私的消亡是不可阻挡的历史发展趋势，渺小的个人在信息社会发展的大潮面前显得如此弱小与无力。当隐私消亡时，不仅仅是个人尊严、人

---

① 司法实践中，此类关于犯罪嫌疑人、被告人如何到案或者如何被抓捕归案的过程描述性材料几乎存在于所有的刑事案卷当中，但关于其证据属性与证明作用有无，理论界与实务界长期聚讼不一，相关讨论可参见陈为明：《〈案发经过〉不应当作证据使用》，载《中国刑事法杂志》2004 年第 4 期；李继华：《浅谈“抓获经过”》，载《公安研究》2000 年第 1 期。

② 参见江必新主编：《〈最高人民法院关于适用〈中华人民共和国刑事诉讼法〉的解释〉理解与适用》，中国法制出版社 2013 年版，第 124 页。

③ 参见[英]吉隆·奥哈拉、[英]奈杰尔·沙德博尔特：《咖啡机中的间谍：个人隐私的终结》，毕小青译，三联书店 2011 年版，第 192 – 193 页。

格自治等固有的人类价值受到威胁,从社会发展的整体角度观之,隐私权保护缺失的国度必然导致民主制度受损,也必然会威胁到公民个体创造力的发挥,进而导致整个社会缺乏创造力与发展活力,国家的发展动能与样态令人担忧。

其次,数据质量上的瑕疵将导致公民权利受到错误干预,大数据侦查的基础是正确、客观的数据库,而基于未经核实的甚至是错误的数据开展的大数据侦查将直接得出错误的推理结论,并指引着侦查机关错误的干预公民权利甚至是错误剥夺公民自由。无论是警方自建的各类数据库,还是利用社会第三方机构的数据库,实践已经反复证明,数据瑕疵与质量低下的数据经常导致错误的关联,并对公民的自由带来切实损害。[①] 数据质量瑕疵导致无辜公民被错误抓捕的事例在近年来的执法实践中也屡次出现,多名无辜公民由于身份证被冒用或重名、重号等原因而被警方错误羁押。由于侦查机关相关数据库对公民信息的错录,还会导致无辜公民的声誉、出行自由、参军招考、经济交往等基本权利受到侵扰。

最后,大数据侦查中的数据挖掘技术系基于以往侦查经验而形成的对犯罪规律的预测模型,针对海量数据挖掘后形成的趋势性判断发现犯罪线索或者进行犯罪预防,大数据侦查的关键步骤是模型的建构。而在模型建构过程中,侦查人员的自由裁量权乃至偏见会融入大数据侦查当中,形成选择性执法与执法偏见或歧视。比如,基于某类手法的诈骗犯罪具有较强的地域性,侦查人员会将该地区的户籍所在地设为模型要素,将其视为重点监控对象,这显然属于违反法律面前人人平等原则的选择性执法与执法歧视。类似的问题在大数据应用程度较强的美国普遍存在,大数据侦查过程中,对于社会底层人群特别是有色人种的执法歧视被进一步放大,比如在大麻毒品犯罪打击过程中,尽管白人与黑人具有相同的吸食比例,但黑人犯罪嫌疑人的犯罪数据更多地被收集并存入数据库,其结果是更多的黑人犯罪嫌疑人被警察抓捕。[②]

---

① See Andrew Guithrie Ferguson, *Big Data and Predictive Reasonable Suspicion*, University of Pennsylvania Law Review, Vol. 163, No. 2, p. 399(2015).

② See Andrew Guithrie Ferguson, *Big Data and Predictive Reasonable Suspicion*, University of Pennsylvania Law Review, Vol. 163:2, p. 402(2015).

二、传统法律规范框架的滞后与问题

人类社会快速迈入信息社会的发展态势与大数据侦查广泛应用的司法实践,远远超越了传统法律规范与法学理论所提供的规范框架。国际范围内形成于“二战”后的刑事诉讼法传统规范工具表现出明显的滞后性,法律控制机制的空缺形成的法律真空状态,与大数据侦查的蓬勃兴起及其带来的挑战形成鲜明对比,这一判断放在中国法的语境下依然适用。

(一)大数据侦查的法律属性模糊

对一项全新科学技术在刑事侦查中的应用进行法律规范首先应当明晰其法律属性,利用大数据技术开展侦查属于何种侦查措施是对其进行规范的前置性问题。对于这一问题,有两种不同的解决方案:如果能够将大数据侦查归为传统侦查行为当中,就可以依照既有的法律规范遵照实施;如果传统的法律框架无法容纳下这一新技术,则需要修改法律创设全新的法律规范框架。面对这一新技术浪潮,具有不同法治传统的国家基于各自不同国情在上述两种解决方案中作了不同选择。

美国和德国作为两大法系的代表性国家,其各自规范大数据侦查的进路颇具代表性。《美国联邦宪法第四修正案》关于搜查及隐私权保障的判例法一直以来都被奉为规范政府各类获取信息行为的圭臬。1967 年美国联邦最高法院裁决的 Katz 案是美国隐私权保障的标杆性判决,在该案中,美国联邦最高法院将联邦宪法第四修正案中搜查的界定标准由物理侵入说改为了隐私保护说,隐私权保护的标准被确定为对隐私的合理期待。① 大数据侦查涉及对各类公民数字记录的应用,能否被视为搜查从而被纳入宪法规范视野,取决于大数据侦查是否构成干预公民对隐私的合理期待。根据美国联邦最高法院1976 年 Miller 案和 1979 年 Smith 案确立的自愿交与第三方规则,即公民对自愿交给第三方机构保存的各类信息记录无隐私的合理期待,使用这些信息的

① See Katz v. United States,389 U. S. 387(1967).

政府行为当然不被视为搜查行为,《美国联邦宪法第四修正案》无从适用。[①] 即使经过几十年的时代变迁,面对大数据时代的来临,第三方理论仍然主导着美国的隐私权保护规则。虽然在 2012 年的 United States v. Jones 案中,美国联邦最高法院在协同意见中提出,在现代电子化时代第三方理论应加以反思,但该案并未推翻 Miller 案与 Smith 案的基本结论。[②] 总体上看,《美国联邦宪法第四修正案》关注的焦点在于政府执法机构未经个人同意而获取信息的搜查行为,[③]只关心数据的获取过程,对于获取数据后的使用过程并非第四修正案的规范旨趣。[④] 数据挖掘与数据比对等大数据技术是对已经留存于社会各领域的海量数据进行后续深度应用的过程,只规范收集不规范使用的第四修正案及搜查法规范导致美国数据挖掘式的侦查行为基本上不受规范。[⑤]

德国基本法及联邦宪法法院规范政府干预公民个人信息的工具主要是人格尊严与信息自决权,并将其视为一种积极性权利,在宪法位阶之下的德国刑事诉讼法典也详尽地规定了干预公民个人信息自决权的各类侦查行为。[⑥]《德国刑事诉讼法典》第 98 条 a、b 和第 98 条 c 分别规定了侦查机关开展的计算机排查侦缉和数据比对,[⑦]计算机排查侦缉与英语中的数据筛查(data screening)语义相同,是指通过计算机的数据模型对数字化的信息进行挖掘、比对以确定犯罪嫌疑人或者排除犯罪嫌疑人。从工作原理上看,德国法中的

---

① See Miller v. United States,425 US 435(1976);Smith v. Maryland,442 US 735(1979).

② See United States v. Jones,132 S. Ct. at 957(2012)(Sotomayor,J. ,concurring).

③ See Russell D. Covey,*Pervasive Surveillance and the Future of the Fourth Amendment*,80 MISS. L. J. 1289,1294 – 95(2011).

④ See Elizabeth E. Joh,*Policing by Numbers:Big Data and The Fourth Amendment*,Wash. L. Rev. Vol. 89:35,p. 63(2014).

⑤ See Paul M. Schwartz,*Regulating Governmental Data Mining in the United States and Germany: Constitutional Courts, the State, and New Technology*, William and Mary Law Review, 354(2011); Technology and Privacy Advisory Committee,Safeguarding Privacy In The Fight Against Terrorism,p. 8 – 10(2004).

⑥ See Paul M. Schwartz,*Regulating Governmental Data Mining in the United States and Germany: Constitutional Courts,the State,and New Technology*, William and Mary Law Review,354(2011).

⑦ 参见《德国刑事诉讼法典》第 98 条。本文引用的《德国刑事诉讼法典》中译本均为宗玉琨译注:《德国刑事诉讼法典》,知识产权出版社 2013 年版。

计算机排查侦缉与美国法中的数据挖掘是相同的信息技术应用过程。[①] 德国法典中规定的数据比对，是指刑事诉讼中获取的个人数据与政府已经掌握的执法司法数据库进行机器比对，以查明犯罪事实或者定位被侦缉人员所在地。[②] 德国法典对计算机排查侦缉或者数据挖掘规定了严格的法定程序，而数据比对的规范密度要低得多，主要原因在于前者实施过程中可以对刑事追诉机关之外的其他部门保存的数据进行海量数据挖掘，[③]而后者比对的数据库仅是刑事司法部门管理的数据库，二者涉及的公民个人信息自决权的干涉范围不同。对于计算机排查侦缉，《德国刑事诉讼法典》第 98 条 a、b 设置了与电话监听相当的严格程序，须遵循一系列干预公民权利的传统法律原则，比如法官令状原则、重罪原则、比例原则与最后手段原则等，同时还应遵循个人信息保护的基本法律原理，比如数据的有限使用原则、及时删除原则以及接受数据保护部门的监督。[④]

美德两国之间对于大数据侦查法律属性的差异化处理，根源于对此类侦查措施干预权利类型的不同认识与判断。德国法认为，大数据侦查是对公民个人信息自决权与人格尊严的干预，进而遵循干预基本权利的基本要求，在刑事诉讼法典设置严格而详尽的法定程序；美国法坚持在《美国联邦宪法第四修正案》关于搜查与隐私权保障的框架内审视数据比对与数据挖掘，其结果是无法对大数据侦查施加有效控制。两国的共同之处是，从权利干预的角度出发来界定大数据侦查的法律属性。从规制思路的社会背景看，美国法仅关注个人信息保护中的核心区域，即隐私权保护，对其他大量个人信息保护问题持自由态度，这与美国信息产业蓬勃发展并维系其世界领导地位的社会背景直接相关；而欧洲大陆国家基于“二战”后形成的重视人格尊严、个人自治的法治传统，对公民个人信息保护强调严格的法律控制政策，当然这也一定程度上限制了欧洲信息产业的发展。

---

① Paul M. Schwartz, *Regulating Governmental Data Mining in the United States and Germany: Constitutional Courts, the State, and New Technology*, William and Mary Law Review, 354(2011).

② 参见《德国刑事诉讼法典》第 98 条 c。

③ 参见宗玉琨译注：《德国刑事诉讼法典》，知识产权出版社 2013 年版，第 54 页。

④ 详见《德国刑事诉讼法典》第 98 条 a、b。

对中国而言,隐私权与个人信息权两种规范路径的选择各有利弊,兼顾二者并适度调试两种规范路径在未来制度体系中的权重是更妥当的选择。整体上看,中国刑事司法中对隐私权的保护有待完善,同时也面临信息社会信息使用与保护的需求,这种迭代发展的现实状况要求在刑事司法制度的设计安排上应当通盘考量两种权利路径的兼容。当然,两大法系国家的出发点都是基于权利保障的视角对待大数据侦查,这一原点恰恰首先应加以认真对待。

在中国的制度语境中,《刑事诉讼法》第二编第二章“侦查”,共规定八种法定的侦查措施;“证据”一章第 48 条在规定证据种类时,间接确认了辨认这种侦查行为。《刑事诉讼法》第 113 条还概括性授权侦查机关对已经立案的刑事案件,应当进行侦查并收集、调取相关证据材料。《刑事诉讼法》第 52 条规定公安机关有权向有关单位和个人收集、调取证据,有关单位和个人应当如实提供证据。公安部《公安机关办理刑事案件程序规定》第 59 条将《刑事诉讼法》第 52 条规定的调取证据视为一类侦查行为,并规定相应的调取程序与法律文书。①

在上述法定侦查行为中,有三项侦查行为可与大数据侦查产生关联,即搜查、调取与技术侦查。但笔者认为,上述三种侦查行为都难以作为大数据侦查的规范依据。换言之,大数据侦查的法律属性既不是搜查,也不是调取,也不能被视为技术侦查。

首先,我国《刑事诉讼法》第 134—138 条规定的搜查与美国法中的搜查存在重大差异,前者仅指在被搜查人与见证人在场的情形下,对人的身体、物品、住处和其他地方等有形物或地点进行的搜索过程。② 大数据侦查的对象是数字化的信息,且获取、使用相关数字信息时信息主体并不知情。将大数据侦查比照为搜查进行规范,不符合我国刑事诉讼法的既有规范框架。

其次,调取并非《刑事诉讼法》明文规定的侦查行为,《刑事诉讼法》只是在“证据”章第 52 条第 1 款规定,公安机关有权向有关单位和个人收集、调取

---

① 调取证据通知书是公安机关进行调取证据时的制式法律文书,关于其内容、制作要求及样式参见孙茂利主编:《公安机关刑事法律文书(2012 版)制作与范例》,中国人民公安大学出版社 2012 年版,第 297 - 302 页。

② 参见《刑事诉讼法》第 134 条。

证据,有关单位和个人应当如实提供证据。根据《公安机关办理刑事案件程序规定》第57—59条以及《公安机关执法细则(第三版)》的相关规范,侦查实践中,当侦查机关发现有关单位或者个人持有与案件有关的证据时,即可予以调取,调取行为的对象是作为证据使用的实物证据,主要是物证、书证、视听资料。[①] 调取先要表明调取的对象是与证明案件事实相关的证据材料,然后应当制作清单详细写明物品或文件的名称、编号、数量、特征等,被调取的单位和个人应签字确认调取的内容。[②] 通过上述规范内容可知,调取行为根本无法作为大数据时代对海量记录进行比对与挖掘的规范依据,大数据侦查获取的全数据样本中必然包含大量与案件无关的信息,更谈不上满足"与犯罪事实有关的证据"这一调取行为的前提条件,如果让侦查机关逐一告知海量数据的持有人,则调取行为根本不具有可行性。调取行为的本质是小数据时代针对已有一定根据表明具体的持有人持有与案件事实证明有关的证据材料,进而要求其提供的一种非强制性侦查行为,在大数据时代,调取行为的本质功能如不进行拓展,根本无法作为获取海量数据的正当化手段。

最后,大数据侦查与技术侦查措施之间也存在本质的不同。2012年《刑事诉讼法》修改过程中新增技术侦查措施一节以及后续公安部制定《公安机关办理刑事案件程序规定》过程中,对于技术侦查措施的内涵与外延都采取了回避态度,导致技术侦查措施包括哪些具体的措施与手段十分模糊。《公安机关办理刑事案件程序规定》第255条将技术侦查措施的范围概括为记录监控、行踪监控、通信监控、场所监控等措施,在侦查机关看来,技术侦查措施的本质是监控,上条规定中的"记录监控"虽未进一步明确,但从名称上看与大数据对海量数据、记录的比对、挖掘的过程最为相关。对这一问题的讨论,应当回归技术侦查措施的本质问题上进行讨论。笔者主张技术侦查措施的各类监控手段不仅应具有秘密性与技术性的特征,还应兼具同步即时性的本质要求。[③] 从立法者对已有技术侦查手段的部分列举中可以归纳出同步即时性

① 参见孙茂利主编:《公安机关执法细则释义》,中国民主法制出版社2016年版,第295-296页。

② 参见《公安机关执法细则(第三版)》第21-01条。

③ 参见程雷:《检察机关技术侦查权相关问题研究》,载《中国刑事法杂志》2012年第10期。

的特征，技术侦查措施通常包括的电子侦听、电话监听、电子监控、秘密拍照或者秘密录像、秘密获取某些物证、邮件检查等专门技术手段，[①]毫无例外均属在违法犯罪行为实施过程中同步展开的侦查行为。这与调取通讯记录或话单、查询财产等针对已储存信息的各类侦查行为在刑事诉讼法规范上存在明显区别。

正是由于现行《刑事诉讼法》及法律解释中侦查行为的分类无法容纳大数据侦查这一新兴侦查措施，公安部在执法细则中将“查询、检索、比对数据”单列为了一种侦查措施，规定进行下列侦查活动时，应当利用有关信息数据库查询、检索、比对有关数据：(1)核查犯罪嫌疑人身份的；(2)核查犯罪嫌疑人前科信息的；(3)查找无名尸体、失踪人员的；(4)查找犯罪、犯罪嫌疑人线索的；(5)查找被盗抢的机动车、枪支、违禁品以及其他物品的；(6)分析案情和犯罪规律，串并案件，确定下步侦查方向的。[②] 这一规定凸显出数据比对、挖掘等大数据侦查技术的独立性，侦查部门也认识到此类侦查措施与《刑事诉讼法》已经规定的传统侦查行为之间的差异以及单独予以规范的必要性。当然，由于执法细则本身属于内部规范，仅限公安机关内部适用，不得在法律文书中引用，不向外部单位、个人公开，[③]这些特点导致执法细则欠缺法律文件的基本属性，相应的大数据侦查依然处于无法可依的状态。

迄今为止，人类社会经历了从农业社会到工业社会、再到信息社会的演进，刑事诉讼法对权利的保护重点也相应经历着由关注人身自由权到财产权、再到公民个人信息隐私权的变迁。大数据侦查在为侦查机关提供更高效的犯罪控制工具的同时，对公民个人信息隐私的干预程度超出传统侦查措施。信息社会发展至今，超过98%的信息都已转化为数字化记录，大数据技术得以对全数据进行分析、挖掘与应用。在迅速扩散的信息技术面前，规范隐私权的工具不能适应大数据时代的发展需要，因为社会与个人都需要依赖于海量个人信息的共享而谋取发展动力。传统法律规范缺失与滞后的主要原因，在于其仅仅关注信息搜集过程，而对大数据背景下的如下核心问题完全忽略：当公

① 参见郎胜主编：《中华人民共和国刑事诉讼法修改与适用》，新华出版社2012年版，第277页。
② 参见《公安机关执法细则（第三版）》第29－02条。
③ 参见《公安机关执法细则（第三版）》第1－02条。

民基于适应现代信息社会的必然要求而留存在社会各个机构的数字记录，侦查机关将这些记录改变最初留存目的用于侦查工作时，法律应当如何评价侦查机关的行为以及设定何种法定程序。我国《刑事诉讼法》的相关规定比较抽象，且法律解释工作相对滞后，对大数据侦查的本质和法律属性的认识与处理落后于大数据时代的发展步伐，司法实践中对大数据法律属性的认识盲区导致多层级的侦查部门大数据侦查技术的应用处于无序的发展状态，同时囿于法律授权的缺位，侦查机关的数据共享与合理利用也面临“瓶颈”。

（二）数据内容与元数据区别化处理的局限性

传统侦查过程对信息内容的重视程度远超过信息的形式，因为信息的内容可以直接作为证明犯罪的证据使用，而信息的形式主要是辅助证明信息的来源，其重要性不如信息的内容。数据信息的形式，即元数据是关于数据的数据或关于信息的信息，其表示的是数据的存在形式与产生过程，只要人们使用任何一种电子产品或者电子服务，都会产生元数据，以电子通讯为例，其主要包括通讯的时间、地点、时长、通讯双方的地址或号码，使用的电子设备及其唯一识别码。[①]

由于数字化时代对隐私权的干预方式主要是通过收集电子通讯的形式要素，再通过大数据的挖掘、分析技术深描出个人的完整信息，在传统观点下，这些通讯形式方面的信息与通讯内容不同，不是隐私权保障的对象。大多数国家对通讯形式的法律保护力度远低于通讯内容，在我国刑事诉讼中亦是如此，虽然法律文本上并未区分通讯内容与通讯形式，但司法实践中调取通话记录的适用频率远远高于对通讯内容的监控。[②] 这一传统观点在大数据时代的局限性越发明显，因为大数据的本质就是对多样化的海量记录进行集成、碰撞以产生预见性的知识，从某种意义上讲，通讯的形式包括位置信息、通话时长、通

---

① See Bryce Clayton Newell, *The Massive Metadata Machine: Liberty, Power and Mass Surveillance in the U. S and Europe*, A Journal of Law and Policy For The Information Society, 2014 – 2015, p. 487 – 488.

② 这一结论通过对中国裁判文书网上的刑事裁判文书的关键词检索能够得到充分印证，以笔者2017年7月1日的检索结果为例，以“通话记录”为关键词可以检索到105, 385件刑事案件的裁判文书，而以“通话内容”为关键词检索，只能检索到693个裁判文书样本，二者之间的差异巨大。

话对象等比通讯内容更有价值。2014 年联合国人权事务委员会在其提交给联合国大会的专题报告中呼吁各成员国与时俱进地摒弃上述传统思维，在新信息技术背景下树立全新的信息保护理念，区分通讯形式与内容从保护隐私权的角度来看是不具有说服力的，因为信息的合成，通常称之为元数据（metadata），能够显示个人行为、社会关系、私人嗜好、身份等方方面面的信息，甚至比通讯内容更能全面地揭示一个人。①

（三）侦查启动门槛虚置、已然犯罪与未然犯罪界限模糊

为防范警察权的滥用，两大法系国家都通过设置警察权启动的事实条件为刑事程序启动设置了限制条件。大陆法系国家的传统理论在对警察权控制机制上坚持区分犯罪预防与犯罪打击两个领域，二者的界限在于只有出现具体的犯罪嫌疑或者犯罪将要发生的即刻危险时，警察才能干预公民权利，此种警察的行动方式被界定为回应型警务模式（reactive policing）。② 这种警察职权启动模式可将警察权严格限制在不得以方可使用的必要范围内，有助于防止警察权的滥用。这种古典自由主义思想下的警察权控制模式在 20 世纪 60 年代起逐渐发生变化，警察不再仅仅被视为“执行工具”，而应成为智能化、主动型的犯罪控制机构。基于这种理念变化，警察的调查方法发生了很大变化，一些“预防性犯罪控制手段”的侦查方法开始在侦查实践中推广，包括计算机数据库检索、拉网缉捕、电子监控等。③ 通过这些大数据技术新型侦查手段的运用，警察可以发现用以确定初步怀疑的各种信息，从而正式启动侦查程序，如此一来，警察所承担的预防犯罪与打击犯罪的两大截然不同的功能开始混合。

在英美法系的代表国家美国，法律规范警察执法权的起点是警察权对公

---

① See The right to privacy in the digital age, Report of The Office of the United Nations High Commissioner for Human Rights, (30 June 2014), p. 3. http://www. ohchr. org/EN/HRBodies/HRC/RegularSessions/Session27/Documents/A. HRC. 27. 37_en. pdf.

② See Funk, A. Polizei and Rechatsstaat，转引自 Fijnaut, C. and Marx G. T. eds. , *Undercover: Police Surveillance in Comparative Perspective*, the Hague: Kluwer, 1995, p. 58。

③ See Funk, *A. Polizei and Rechatsstaat*, in Fijnaut, C. and Marx G. T. eds, Undercover: Police Surveillance in Comparative Perspective, the Hague: Kluwer, 1995, p. 57 – 58.

民自由的干预,始于警察对公民的截停,自此刻起联邦宪法第四修正案为警察权启动设置的事实要件为合理怀疑(probable suspicion)。[①] 对于警察针对某人截停前的发现、判断犯罪嫌疑的过程,美国联邦宪法基本上不予评价,委诸警察根据自己的经验以及具体案件、对象的个案情况进行自由裁量。[②] 大数据技术在侦查初期的应用增强了警察发现犯罪嫌疑人信息的能力,凸显出合理怀疑标准的固有漏洞,也暴露出该标准的脆弱性。[③] 大数据对潜在犯罪嫌疑人的强大识别功能,令原本设置在警察权启动之初的门槛性条件流于形式。

为防止侦查权的恣意启动、任意干预公民权利,我国刑事诉讼法将立案程序设置为刑事诉讼的起始程序,规定只有在立案之后侦查机关方可行使侦查权。[④] "认为有犯罪事实需要追究刑事责任"是立案的事实证据要求,[⑤]为发现犯罪线索或者确认是否达到启动侦查的事实门槛,相关法律解释进一步规定了立案前的初查程序,允许侦查机关采取不限制被调查对象人身权与财产权的各类措施。[⑥] 但上述法律规范严重滞后于大数据侦查技术的应用实际,侦查机关对海量数据记录的查询、比对、碰撞正在成为锁定犯罪嫌疑人的重要方法,由于其应用时段多在立案前的初查阶段,甚至在并无具体犯罪嫌疑的前嫌疑阶段使用以达到"无中生有"的预测犯罪或者抓获现行犯的重要作用,其深度应用的同时也逐渐侵蚀甚至架空了立案程序的立法目的。

总体上看,大数据技术在侦查初期的广泛应用在各个法系国家都导致基于限制警察权而设置的侦查启动门槛流于形式,已然犯罪与现行犯、即将发生的未然犯之间的界限越发模糊。大数据技术令警察权突破了传统法律框架在

---

① See Terry v. Ohio, 392 U. S. 1, 27 (1968); Andrew Guthrie Ferguson, *Big Data and Predictive Reasonable Suspicion*, 163 U. Pa. L. Rev, 327, 2014 – 2015, p. 329.

② See Elizabeth E. Joh, *The New Surveillance Discretion: Automated Supicion, Big Data, and Policing*, 10 Harv. L. & Pol'y Rev. 15 2016, p. 33.

③ See Andrew Guthrie Ferguson, Big Data and Predictive Reasonable Suspicion, 163 U. Pa. L. Rev, 327, 2014 – 2015, p. 387 – 388.

④ 参见《刑事诉讼法》第110、113条。

⑤ 参见《刑事诉讼法》第110条。

⑥ 《公安机关办理刑事案件程序规定》第171条规定在立案审查环节中,"对于在审查中发现案件事实或者线索不明的,必要时,经办案部门负责人批准,可以进行初查。初查过程中,公安机关可以依照有关法律和规定采取询问、查询、勘验、鉴定和调取证据材料等不限制被调查对象人身、财产权利的措施……"。另外《人民检察院刑事诉讼规则》第173条也规定了类似的初查程序与权限。

起点环节上的约束,形成了初期侦查权规制的法律真空。

三、大数据侦查法律控制的必要性

大数据侦查是侦查机关顺应信息社会发展潮流的明智选择,其深度应用既有助于提高犯罪预防的精确性,提升警力配置效率,缓解长期困扰我国侦查实践的警力不足问题,也有助于增强侦查取证的科学性,提高破案效率与破案能力,带来用信息换安全的社会效果。从权利保障的角度来看,大数据技术的应用将无所不在的记录与数据经过分析、挖掘得出更为客观、精确的证明犯罪过程的材料,客观上有助于改变长期以来侦查机关对口供的严重依赖,甚至可以大大降低对严重干预公民隐私权的技术侦查的依赖,带来用信息换权利的法律效果。大数据侦查带来的侦查效能的提升与侦查模式转型升级的积极效果应当充分肯定。在这一背景下,是否有必要对大数据侦查施加法律控制就成为一个需要认真讨论的问题,笔者认为规范大数据侦查的必要性主要体现在以下三个方面。

(一)大规模监控的节制

大数据技术深度应用的明显代价之一就是全体公民的各类信息都成为其分析对象,其本质是一种大规模监控(mass surveillance),是一种不以犯罪嫌疑为前提的广泛监控。信息社会中的公民为了正常参与社会生活、享受信息社会的各种便利都不得不"自愿"同意交出各类个人信息,这些海量信息汇总到不同的社会管理机构、单位或者政府机构,大数据侦查将各类数据库中的数据作为了开展侦查的基础条件。在这一过程中,与传统的侦查行为仅仅针对具体的犯罪嫌疑人这一特点不同,大数据侦查中全民都成为潜在的侦查对象,大量的无罪公民的个人信息在大数据侦查的过程中被储存、比对、挖掘。

海量公民信息的储存与分析使用是大数据侦查的基础,其带来的侦查效果是直接与明显的,同时其蕴藏的信息安全风险也是巨大无比的。当这些海量信息以及大数据分析工具用于刑事司法之外的非法目的时,公民个人的权利保障乃至整个社会的良性健康发展都将陷入巨大灾难当中,这一点已经为20世纪人类发展的历史反复验证。大数据侦查中对公民个人信息的收集、储存、分析、利用能力更强，一旦滥用于非法或者不合理的用途为祸尤烈，对其施加必要的法律控制是防范人类历史悲剧再次上演的必然选择。

（二）技术误用的防范

任何科学技术都是“双刃剑”，因为科学技术的使用者都是人类，大数据技术概莫能外。大数据也可能犯错，错误原因主要出现在两个方面：一方面，大数据技术通过机器学习与人工智能，根据侦查人员设计的各种模型对数据进行挖掘，而各种算法与分析模型的来源只能是侦查经验的人为积累。人类侦查经验的局限性同样会照搬给机器算法，大数据的预测功能同样会产生错误。另一方面，大数据的挖掘或预测结果取决于数据的质量，作为源头的数据质量瑕疵将直接导致误导性甚至根本性错误。而与商业领域不同，刑事司法领域的容错率相当有限，毕竟刑事司法事关公民的生命与自由。①

（三）法律控制体系的均衡

2012年《刑事诉讼法》修改对技术侦查措施设置了全新的规范程序，大数据侦查对刑事程序权利的干预深度与广度甚至超过了技术侦查措施，但却处于无法可依的状态。在大数据时代，公民的日常生活、经济活动、接受政府的管理与服务等方方面面都被各类数据库记录下活动的痕迹，且对于各类记录的留痕，公民本人作为信息主体基本上无从选择。这种监控状况远比技术侦查措施的秘密监控更为深远与广泛。从技术侦查措施的应用过程与成本的角度看，每一项技术侦查行为都是针对特定目标展开的积极行为，产生的数据量与可投入的侦查资源都是有限的；而大数据侦查的资源多数为社会资源与政府资源，侦查机关主要是共享、使用了已经留存于各类社会数据库、政府数据库中的信息，信息资源更为丰富、使用成本更为低廉，进一步促进了大数据侦查的广泛、深度应用。

总体而言，无论是从防范大数据侦查的弊端，还是规制侦查权对公民基本

---

① 关于大数据侦查在美国司法实践中暴露出来的弊端及部分实际危害，参见 Andrew Guthrie Ferguson, *Big Data and Predictive Reasonable Suspicion*, 163 U. Pa. L. Rev, 327, 2014 – 2015, p. 398 – 403。

权利的干预，抑或基于与技术侦查措施对照的视角，从现有刑事诉讼规范体系的均衡性角度来看，将大数据侦查纳入法律规范的框架内都具有极大的必要性。

四、传统侦查规范的法律控制工具

大数据侦查系数据收集与使用过程在侦查中的应用，相应的规范路径也应同时依赖传统的侦查法律规范与相对新兴的数据保护法律规范，两类规范相互协作的双重路径是当下对大数据侦查进行法律控制的稳妥选择。在双重路径并行的过程中，规范重心应当更侧重于隐私权的保障，因为在刑事司法中保护公民个人信息主要出发点是保护公民的个人隐私及其承载的人格尊严、个人自治、私生活安宁、通信自由等一系列基本权利。刑事司法过程中政府对公民个人信息的利用是信息社会发展到一定阶段政府治理模式的必然要求，刑事司法又承载着维护社会安全与稳定的特殊利益与价值追求，因此个人信息保护的诸多制度安排无法在刑事司法系统中得到完整落实，权衡之后的结果只能是落脚至个人信息保护的底线性规则，即高度敏感信息所体现的隐私权利与利益，这应当成为大数据侦查法律规制的重点与落脚点。在本部分笔者首先就第一条路径传统侦查规范工具的适用加以探讨，另一路径关于数据保护方面的法律控制问题容留下一部分详述。

大数据侦查作为一种新兴侦查措施，其本质是对公民在现代信息社会的日常生活中留存的海量数据加以事后利用，以发现犯罪嫌疑人或者预测犯罪的发生与潜在的犯罪人。大数据侦查的运行机理与我国现行《刑事诉讼法》中规定的各类传统侦查行为均存在本质差异，应当作为一类独立的新型侦查行为进行法律规制。基于现有法律规范经验与国际社会通行的规范策略，规范路径主要还是倚重合法性原则与比例原则或称之为必要性原则。

基于合法性原则，规范我国大数据侦查首先应当解决的问题是增补相应的法律依据，为开展大数据侦查提供清晰、具体与公开的法律依据。根据大数据侦查技术应用领域的二分趋势，应当分别补齐犯罪侦查和犯罪预防、情报收集两项事务领域相关的法律规范。前者应在《刑事诉讼法》的侦查章增补一类全新的侦查措施及适用程序，后者需要修改完善《国家安全法》《反恐怖主义法》《网络安全法》等相关部门法。[①]

就犯罪侦查领域大数据侦查的具体规范路径而言，首先应在《刑事诉讼法》侦查章第八节“技术侦查措施”中将大数据侦查增列为一种全新的侦查行为加以规范，同时应将该节的节名进行更为准确的表述，改为“秘密侦查措施”，以涵盖第151条及新增列的大数据侦查相关条文。[②] 可考虑在现行《刑事诉讼法》第151条之后增加专条规定，凡是使用计算机技术对政府数据库、社会机构数据库进行信息记录共享、检索、比对、分析的行为，均属大数据侦查。

其次，应当详细列明此种侦查措施的启动条件、适用对象与适用程序，在启动条件、适用对象与适用程序的制度设计过程中应当充分考量比例原则的要求。鉴于大数据技术引发的“隐私逐步消亡的世界”这一重大挑战，考虑到其大规模对无辜公民个人信息的比对使用过程以及结果意义上对具体公民的近乎所有个人信息全面、深入展示的效果，比例原则具有极大的适用必要性。大数据侦查的适用先应当坚持目的正当原则，即“只能用于对犯罪的侦查、起诉和审判，不得用于其他用途”。[③] 排除在外的其他用途包括个人目的、政治目的、违背法律精神的社会维稳、上访人群的管控等，均属违反法定目的的侦查权滥用行为。在适用条件上，应当明确启动该项侦查措施的事实门槛条件，即只有具备初步的犯罪嫌疑之后方可启用，在启动决定的法律文书中应当明

---

① 比如《中华人民共和国国家安全法》第53条规定，开展情报信息工作，应当充分运用现代科学技术手段，加强对情报信息的鉴别、筛选、综合和研判分析；《中华人民共和国反恐怖主义法》第18条规定，电信业务经营者、互联网服务提供者应当为公安机关、国家安全机关依法进行防范、调查恐怖活动提供技术接口和解密等技术支持和协助；《中华人民共和国网络安全法》第28条规定，网络运营者应当为公安机关、国家安全机关依法维护国家安全和侦查犯罪的活动提供技术支持和协助。上述法律中的相关条款对于情报收集、犯罪预防中的大数据侦查进行了初步性、概括性的授权，但法律的明确、具体程度距离合法性原则的要求还有不小差距，比例性原则在上述法律中更是处于空白状态，囿于本文篇幅所限，笔者无法对情报收集与犯罪预防领域的大数据侦查展开研究，只能留待另行撰文专门加以探讨。

② 现有的“技术侦查措施”的节名原本即属于搭车式的表述方式，2012年法律修改时为回避“秘密侦查”一词，将本节的节名表述为更为中性的“技术侦查措施”。但就该节的规范内容看，除技术侦查措施外，第151条规定了另外两类秘密侦查措施，即隐匿身份的侦查和控制下交付。大数据侦查本质上也是秘密侦查，尽管相关数据多为公开留存于各个数据库的信息，但对数据的分析、碰撞过程属于典型的秘密侦查过程。

③ 参见《刑事诉讼法》第150条关于技术侦查措施目的正当原则的规定。

确表明依据何种已有的事实材料表明存在何种具体的犯罪嫌疑。这种启动条件与现行刑事诉讼法所表述的立案条件大致相当,附加此种启动条件的目的在于防止基于犯罪侦查之外的其他不正当目的任意启动大数据侦查,也有助于防止侦查机关基于维稳或安保等宽泛的执法需求而任意启动大数据侦查,从而导致常态化的全民监控、大规模监控。

程序合法性原则要求侦查措施应当经过法定程序审批后方可启用,以德国为代表的部分大陆法系国家对大数据侦查实行法官令状制度,比照电话监听实施相应的程序控制机制。就我国目前的情况看,实行法官令状机制的条件尚不成熟,理由主要有二:一方面,大数据侦查作为侦查措施的一种,其审批主体的制度设计应当与我国刑事诉讼中既有的强制措施、侦查措施的程序控制机制相协调。在剥夺公民自由的逮捕措施、严重限制公民自由的指定居所监视居住、严重干预公民隐私权的技术侦查措施尚未实行法官令状制度之前,对大数据侦查实行法官审批的司法审查与强制性措施体系均衡性要求不符。另一方面,不少实行法官令状制度的国家司法实践已经证明对于侦查初期的技术侦查、大数据侦查等特殊侦查手段,法官令状制度经常流于形式,法官通常会沦为警察适用相应侦查措施的橡皮图章。① 国际社会的经验与教训亦表明,对于侦查初期的大数据侦查,在实行司法令状机制的同时,更应注重综合监督机制。总体上看,就我国目前的状况而言,当务之急是改革大数据侦查封闭运行的现状,较为便捷可行的方式是实行检察官审批制,辅之以紧急情形下的侦查机关自我先行审批机制。② 同时应当考虑建立各类基于个人信息权的数据使用监督机制,关于这方面的内容容留下文一并加以论述,通过上述两方面监督机制的建构,有助于预防大数据侦查的恣意启动与过度使用。

在必要性原则方面,应当坚持重罪原则与最后手段原则,即鉴于大数据侦查对犯罪嫌疑人和大量无辜公民的个人信息甚至隐私信息施加了全面监控与比对,该项措施只能限于预防或者侦查严重犯罪时方可使用,这是比例原则的基本要求。严重犯罪的范围可参考《刑事诉讼法》第 148 条及《公安机关办理

---

① See The right to privacy in the digital age, Report of The Office of the United Nations High Commissioner for Human Rights, 30 June 2014, Para38.

② 参见程雷:《秘密侦查立法宏观问题研究》,载《政法论坛》2011 年第 5 期。

刑事案件程序规定》第 254 条对重罪的范围加以规定，即包括危害国家安全犯罪、恐怖活动犯罪、黑社会性质的组织犯罪、重大毒品犯罪或者其他可能判处 7 年以上有期徒刑的案件。最后手段原则要求大数据侦查应当是在采取了询问被害人或证人、勘验检查犯罪现场、对物证进行提取、鉴定等常规侦查措施之后且常规侦查措施无效或者难以锁定犯罪嫌疑人时方可适用。通过最后手段原则的要求，可以限制无犯罪嫌疑的情况下漫无目的、漫天撒网式的大规模数据比对，同时要求大数据侦查以前期常规侦查获取的信息为基础，在科学合理的信息模型上开展有针对性的、高效精确的数据挖掘。

封闭的内部运行模式是各类侦查措施滥用的主要成因，因此加强外部监督与司法监督是确保侦查权依法运行的基本经验。根据现行宪法框架与司法体制的国情，可以考虑通过加强检察机关检察监督与通过审判过程中对证据来源合法性的审查发挥法官的审查功能来实现对大数据侦查的司法审查功效。《刑事诉讼法》第 8 条规定了人民检察院依法对刑事诉讼实行法律监督的基本原则，在大数据侦查的检察监督问题上，应当进一步增设具体的法律监督机制，在《刑事诉讼法》第 152 条之后增加专条规定检察机关对秘密侦查行为进行监督。同时可以考虑设置大数据侦查的备案机制、办案电子系统互联互通等方式，要求侦查机关在适用大数据侦查之后，应当将大数据侦查的开展过程、相应成果报告给负责侦查监督的检察官，接受备案审查与法律监督。如果检察机关发现侦查机关的秘密侦查行为有违法情况，应当通知侦查机关予以纠正，侦查机关应当将纠正情况通知人民检察院。

法官对大数据侦查的司法审查根据大数据侦查在诉讼中的作用不同可以通过两种途径展开。对于少量使用大数据侦查获取的信息作为证据的案件，法官可以通过对大数据侦查的证据材料进行审查判断从而对取证的合法性加以间接审查。而在大量案件的司法实践中，大数据侦查的主要功能是发现案件线索或锁定犯罪嫌疑人，其本身是证据来源的前置性工作而非证据收集工作本身。在这种情况下，审理案件的法官应当着重审查到案经过或者破案报告等侦查机关制作的用以说明案件来源的书面材料，查明大数据侦查的过程是否符合法定程序，对于违法的大数据侦查行为应当在裁判文书中列明，并将违法情况移交人民检察院开展法律监督。在未来的法律完善过程中，还可以考虑赋予法官对于大数据侦查中的程序违法行为给予独立制裁的权力，比如建立针对重大程序违法行为的终止诉讼机制、责令侦查机关对违法责任人加以惩戒、处分等。

五、个人信息保护相关法律原则与机制的适度引入

信息社会的到来对隐私权的既有法律保护框架形成了冲击，传统意义上具有消极、被动等特点的隐私权概念已经显得过于狭隘，很难适应社会发展的需要。[①] 个人信息权作为保护公民个人信息的全新法律工具日益受到社会各界的重视，成为社会转型过程中法律治理体系的重要工具。可以说，将个人信息权作为一种独立的权利是现代社会发展的一种趋势。[②] 2017 年 3 月通过的《民法总则》第 111 条首次将个人信息保护纳入基本法律的框架内，反映出加强公民个人信息保护的必要性。

在公民个人信息保护法律体系的建构与运行过程中，多数国家的个人信息保护法中都将国家安全与刑事司法领域的个人信息保护排除在法律适用范围之外。[③] 这一传统观念过于关注公共利益、无视公民个人信息权的基本法律价值，导致近年来国家大规模监控在全球范围内的盛行。从长远发展的视角观之，信息社会的发展必须依赖强大的个人信息保护机制。从公民基本权利保护的视角观之，在现代信息技术之下，几乎所有的个人行为都会留有信息痕迹，这些信息痕迹关涉个人生活的方方面面，实现了对个人从摇篮到坟墓的全程记录；现代信息技术可以实现对个人碎片化信息的整合，随着信息质和量的累积，碎片化的个人信息逐渐形成个人的“人格剖面图”，[④]从这个角度观之个人信息对维护信息主体的人格尊严和自由价值意义重大。大数据侦查也必

① 参见周汉华：《中华人民共和国个人信息保护法（专家建议稿）及立法研究报告》，法律出版社 2006 年版，第 48 页。

② 参见王利明：《论个人信息权的法律保护——以个人信息权与隐私权的界分为中心》，载《现代法学》2013 年第 4 期。

③ 参见周汉华：《中华人民共和国个人信息保护法（专家建议稿）及立法研究报告》，法律出版社 2006 年版，第 58 - 59 页。

④ 参见张新宝：《从隐私到个人信息：利益再衡量的理论与制度安排》，载《中国法学》2015 年第 3 期。

须在打击犯罪与维护公民个人信息权、人格尊严、个人自治等价值追求之间寻求平衡，个人数据保护的法律原则与机制在刑事司法领域应当得到适度应用。①

在我国个人信息保护法出台前，②大数据侦查发展与规制的过程中，如下一系列个人信息保护方面的法律原则与机制首先应当得到尊重与贯彻：(1)个人信息收集与处理的目的应当是合法且特定的，即只能为具体而特定的执法或司法目的收集与使用公民个人信息，不得超越收集个人信息时的合法目的使用相关个人信息。对于大数据侦查而言，当社会机构将数据库信息传递给侦查机关或者与侦查机关共享数据库时，应当事先告知信息主体在何种情形下社会机构将与侦查机关共享公民的个人信息。(2)信息主体具有法定的信息权利，包括知悉权与更正权，即被告知信息被司法机关收集的目的及用途，有权查询、修改、更正不准确、不客观或过时的数据信息。当然基于刑事司法顺利进行的合理理由，侦查机关可以推迟告知，但推迟告知信息主体的例外应当是明确而具体的法定事由。(3)侦查机关对信息的处理过程应当体现安全性，包括建立监控日志并做到操作留痕，同时应当确保收集到的信息与数据的质量。(4)对于公民信息应当实行分级管理，对于个人家庭生活、健康状况、宗教信仰等敏感信息，在刑事司法与侦查活动中应当重点保护。(5)对个人信息的处理应当设置相应的监督与救济程序，除前文提及的刑事程序中的外在审批机制之外，还应包括独立监督机构、定期报告机制与行政等救济渠道。可以考虑结合个人信息保护法的起草，设立个人信息专门保护机构对大数据侦查等个人信息使用机制进行事后监督，也可以考虑在全国人大常委会设置专门委员会，通过年度报告、专项工作督查等形式开展事后监督。

---

① 2016年4月27日，欧洲议会与欧洲委员会在通过旨在全面保护公民个人信息权的《通用数据保护条例》(General Data Protection Regulation)的同时，通过了《以犯罪预防、调查、侦查、起诉或者刑罚执行为目的的自然人个人数据保护指令》，将个人数据保护的法律原则与机制部分引入刑事司法领域。

② 近年来，我国立法机关通过分散立法方式，在《刑法修正案(七)》和《刑法修正案(九)》中加强了个人信息的刑法保护；在《民法总则》第111条规定了个人信息的保护规则；在《网络安全法》第41～42条规定了网络个人信息保护的条款。总体上看，仍缺乏一部专门的个人信息保护法，以统筹公民个人信息保护的各个方面。

结　语

大数据时代的到来标志着信息社会的真正形成，人类社会正在迈向继农业社会、工业社会之后的第三个全新社会发展阶段，大数据侦查只不过是嵌入在人类社会发展形态剧烈转型中的一个侧面。大数据技术正在与云计算、人工智能、物联网等一大批现代信息技术相互交融，推动着社会发展形态的深刻变革，也促使着国家治理体系与治理能力作出相应的提升与演进。大数据侦查代表着监控社会背景下社会治理方式的重要发展趋势，体现着用隐私换安全、用信息换权利的刑事司法发展方向。信息社会背景下刑事司法目标的主要达成方式与工业社会条件下传统刑事诉讼的主要差异可以归结为由保护人身权、财产权到保护个人信息权的演进。工业革命以降的各国刑事诉讼法规范的核心内容是政府打击犯罪过程中干预公民人身权、财产权的各项公权力，而随着信息社会的到来，大数据等现代信息技术在刑事司法中的应用能够为定罪量刑提供更为科学、客观的信息来源，相应的刑事司法程序更加文明、更加高效、更加公正。各种信息技术正逐步替代着常规侦查措施成为侦查破案的主要工具，刑事司法公权力干预私权利的重点正转向新兴的个人信息权领域，相应的刑事司法系统中法律控制的重点也应当转向大数据侦查等新型侦查行为。

大数据侦查在中国的发展既存在特有的必要性，也面临着独特风险。一方面，作为国家治理体系重要组成部分的刑事司法系统必须拥抱大数据，唯有如此才能有效化解深刻转型社会所带来的犯罪率持续攀升、新型犯罪层出不穷的社会治理难题，有效治理口供过度依赖的传统刑事司法弊端，严格落实无罪推定原则，防范冤假错案。大数据侦查是顺应信息社会背景下侦查规律的必然选择，符合社会控制机制演进的基本趋势。中国是一个数据大国，且具有“集中力量办大事”的制度优势，大数据侦查的发展具备更多有利条件。比如，基于全球数量最多的互联网使用用户、移动手机用户、公共视频监控视频，以及移动支付平台、共享经济平台、互联网金融平台，大数据侦查拥有极为丰富的数据资源，数据比对与数据挖掘具备绝佳的开展条件。另一方面，“集中力量办大事”的社会主义制度优越性为整合、统筹、共享各类政府与社会数据库提供了有力的制度支撑与足够的资源支持,大数据侦查的发展具有无可比拟的优势条件。

在与时俱进、张开双臂拥抱大数据技术的同时,应当认识到,正当的法律程序与个人信息保护制度对于大数据侦查的良性、可持续性发展同样至关重要,发展大数据侦查的各项优势缺少法律控制机制的制衡极易演化为巨大的风险。比如数据量大并不代表数据质量高,瑕疵数据、错误数据的大量存在反而更易误导侦查工作走上歧途,甚至导致公民权利被错误干预甚至剥夺,在这方面个人信息法律制度的引入对于大数据侦查的健康发展至关重要。再如,数据库的聚合能力强同时也意味着公民个人信息保护的风险加大,一旦滥用于个人或机构的非正当化用途或个人目的,将对公民的多种基本权利产生系统性危害,甚至引发整个社会的不安,抑制社会整体的创造力,导致发展停滞。

大数据侦查这一方兴未艾的新型侦查行为,也为刑事诉讼法学传统理论提出许多新的研究课题,客观上推动着刑事诉讼法学研究范式的转型。首先,大数据侦查首次凸显出无罪推定这一长久以来为现代刑事诉讼奉为圭臬的基本原则也存在适用空间上的边界,其无法向前延伸至犯罪嫌疑产生之前的前嫌疑阶段。恰恰是在前嫌疑阶段,大数据侦查应用空间广泛,其重要价值是在刑事司法程序开始前发现启动刑事司法程序的信息与线索,而无罪推定原则无论是作为狭义的证据规则还是作为广义上的权利保障原则,都无法在被追诉人产生之前的前嫌疑阶段予以适用。而现代刑事诉讼法的绝大多数原则与规则都是建立在无罪推定原则基础上的,其在大数据侦查中的适用真空附带导致多数诉讼规则与制度的空转。现代刑事诉讼法学理论必须继续探索发展其理论范畴填补这一空白。其次,以尊重和保障人权为重要使命的刑事诉讼法传统上关注的权利类型主要是人身权、财产权与隐私权,大数据侦查的出现使得权利干预类型进一步无形化,传统权利干预形态逐渐为大数据侦查所替代,监控社会的到来也就意味着绝大多数犯罪过程会被如实记录,追诉犯罪的过程越来越不需要依赖干预传统权利的各类侦查行为,但同时监控社会的加速形成会引发人们对言论自由、思想自由的忧虑,算法歧视会带来平等权保护的迫切需要,刑事诉讼法学的研究需要向言论自由、思想自由与平等权转型,才能在更为宏大的视角之下合理规范大数据侦查。

从大数据未来发展方向的角度观之，有三大趋势值得持续关注。首先，大数据侦查的深度应用将升级犯罪的类型，导致犯罪打击的难度逐步上升，在侦查与反侦查的多轮较量中，街头犯罪、暴力犯罪将会因为大数据侦查的有效打击而逐步退出历史舞台，相应的犯罪人群将进一步转向更为隐形化的经济犯罪，同时为规避大数据记录的搜集，犯罪的地点更为全球化，基于境外实施的各类犯罪类型将进一步多发。侦查机关应用大数据的过程中需要不断地培养专业分析人才、研发新型算法模型以适应越发隐蔽、变化的新型犯罪手法，同时还应当开始探索数据全球化共享的规则与机制，建立数据司法协助的相应制度安排。

其次，随着我国刑事司法制度中以审判为中心的改革逐步推进，证明标准、证据规则的严格适用对侦查机关取证的规范性提出了越来越高的要求。随着大数据侦查在案件侦破中发挥的作用越发突出，法庭对其证明作用的需求也就会日益凸显。如何实现大数据侦查由“幕后”走向“台前”，显然需要对大数据证据问题展开进一步研究。现有证据法的理论与规则提供的解决方案极为有限，比如大数据侦查的分析结论归于何种证据种类、适用何种证据规则；如何进行人脸识别、声音视频、生物信息识别上的同一认定；是否适用非法证据排除规则；如何在庭审上对大数据证据进行质证；如何在保障质证权与保守侦查方法秘密之间寻求有效平衡；等等。诸多证据法问题都需要未雨绸缪展开研究，以迎接大数据侦查的常态应用所引发的刑事审判方式变革。

最后，大数据侦查的发展将改变政府与商业机构在刑事司法中的关系格局，刑事司法界应当开始关注如何在法律上评判二者之间的相关关系这一全新课题。大数据侦查的数据来源除了政府各部门基于政府管理需要而收集、储存的数据之外，多数的海量信息来源于商业机构为公民提供日常生活服务、经济交往当中储存的各类信息。信息社会的深入发展也会催生专业的信息供应商。恰恰是大数据在商业领域的价值需求推动着大数据技术的持续发展，大数据侦查越来越多地正在与商业机构的数据库互通共享。而传统刑事司法的规范原理是规制公权、保障私权，这对于大数据侦查中个人信息权干预的主体主要是非政府商业机构而言存在规范障碍。如何跨越这一规范鸿沟，需要法学界与法律界进一步思索。

刑事司法人工智能的包容性规制*

李训虎**

摘　要：我国刑事司法人工智能走在世界前列，但暴露出数据垄断、算法黑箱以及应用场景设置随意等问题。这些问题及其背后面临的合法性挑战、正当性隐忧和伦理性风险的化解，要求超越传统思维，创新监管模式，引入技术赋权理念和技术正当程序，对刑事司法人工智能进行包容性规制，以实现发展与规制的协调。刑事司法保障人权与人工智能以人为本的深度融合形成技术赋权理念，可以为刑事司法人工智能的研发、应用提供理念层面的宏观指引；在传统正当程序基础上发展而来的技术正当程序，可以对刑事司法人工智能应用进行过程规制，以促进司法数据的公开，提升算法的透明度，并推动刑事司法人工智能问责机制的建立。数据驱动下的智能应用对司法结构和司法治理模式形成冲击，并对司法运行产生重塑效应，逐渐形成人机协同的司法治理新模式。未来应当秉持以人为本、技术赋权理念，重塑人机关系新格局下的价值取向和行为准则，遵循法律公平正义的价值追求，构建人机协同司法治理新格局。

关键词：刑事司法　人工智能　技术赋权　技术正当程序　规制

---

*　本文原载于《中国社会科学》2021 年第 2 期。

**　李训虎，中国人民大学法学院教授。

引　言

随着2016年AlphaGo的横空出世，人工智能迅速升温。在各国人工智能战略和资本市场的强势推动下，以深度学习为主要特征的新一轮人工智能浪潮席卷全球，成功赋能传统产业并对其产生深刻影响。随着人工智能赋能司法领域，以智能辅助办案系统为代表的刑事司法人工智能开始崛起，对传统司法业务形成巨大冲击，引发司法权力运行机制、司法行为运作方式的深刻变革，①并对既有的司法伦理、正义理念构成挑战，②而现行《刑事诉讼法》却缺乏有效规制手段。

对刑事司法人工智能的规制，各国都处于起步阶段，都在探索适合本国国情的规制路径，形成发展优位的中国模式、③严格监管的欧盟模式④和渐进规制的美国模式，⑤呈现刑事司法人工智能规制的国际竞争格局。⑥ 虽然我国刑事司法人工智能应用走在世界前列，但规制却处于缺位状态，长此以往会陷入

---

① 参见季卫东：《人工智能时代的司法权之变》，载《东方法学》2018年第1期。

② 参见马长山：《司法人工智能的重塑效应及其限度》，载《法学研究》2020年第4期；[美]伊森·凯什、[以]奥娜·拉比诺维奇·艾尼：《数字正义：当纠纷解决遇见互联网科技》，赵蕾等译，法律出版社2019年版。

③ 最高人民法院、最高人民检察院相继发布系列文件，推动人工智能与刑事司法的融合，将创新、发展刑事司法人工智能作为主旨，形成发展优位的刑事司法人工智能推进思路，刑事司法人工智能的规制基本处于缺位状态。

④ 欧盟通过宏观的人工智能战略与具体的刑事司法人工智能规制措施建立起严格的刑事司法人工智能监管体系：《通用数据保护条例》通过对于数据的规制建立源头监管；《算法责任与透明治理框架》《人工智能白皮书》强调对于算法的规制；欧洲司法效率委员会则通过系列文件划定刑事司法人工智能的发展空间与具体实现路径。See European Commission for the Efficiency of Justice, European Ethical Charter on the Use of Artificial Intelligence in Judicial Systems and their Environment, Council of Europe, 2018.

⑤ 美国人工智能政策以促进人工智能技术和产业发展、降低创新门槛和成本为优先考虑，并在发展过程中采取渐进规制模式来应对新出现的问题。受此影响，在刑事司法人工智能领域，美国法院和州立法机构分别通过判例和法案的形式对具体刑事司法人工智能应用进行规制。参见曹建峰：《人工智能治理：从科技中心主义到科技人文协作》，载《上海师范大学学报（哲学社会科学版）》2020年第5期。

⑥ 《中共中央关于制定国民经济和社会发展第十四个五年规划和二〇三五年远景目标的建议》提出“积极参与数字领域国际规则和标准制定”；英国上议院坦承其无力在人工智能领域与中美两国全面竞争，主张将重心聚焦于人工智能发展与应用的伦理领域，进而主导人工智能伦理领域的规则制定。See Select Committee on Artificial Intelligence, *AI in the UK: Ready, Willing and Able? Authority of the House of Lords*, p. 120 (2018).

“想控制却难以控制”的科林格里奇困境(Collingridge dilemma)。[①] 未来应按照“推动大数据、人工智能等科技创新成果同司法工作深度融合”“让人民群众在每一个司法案件中感受到公平正义”的法治思想,改进发展优位的规制模式,构建专门针对刑事司法人工智能的规制原则、规制框架和规制规范,防范、化解可能存在的风险和挑战,通过激励发展与合理监管相协调实现包容性规制。

本文将通过考察我国刑事司法人工智能的应用现状,展示发展成果,揭示存在的实际问题,分析面临的合法性挑战、存在的正当性隐忧和潜在的伦理性风险,阐释刑事司法人工智能的规制原理,提出现实可行的规制方案。并在此基础上,进一步审视新一轮科技革命背景下人机关系的变革对既有司法伦理、正义理念的冲击,反思人机协同的司法治理新模式。

一、中国刑事司法人工智能应用考察

对于快速发展的刑事司法人工智能应用,我国学术界缺乏深入研究,其对于刑事司法人工智能的科学总结与学理思考,相较于司法实务界与科技界倾注的努力,不相匹配,亦未提出具有针对性的规制方案。全景展示我国刑事司法人工智能应用的发展现状,揭示存在的问题,是对刑事司法人工智能进行科学规制的前提和基础。

(一)走在世界的前列

对于人工智能在刑事司法领域的应用,欧美国家司法实务机关普遍持相对保守态度。美国将刑事司法人工智能的应用场景限定于预测性警务、人脸识别以及审前程序、量刑程序中的风险评估。[②] 英国在审前程序中的预测性警务、风险评估、移动设备信息提取、数字取证等领域进行刑事司法人工智能

---

① 科林格里奇困境展示了人类对技术进行规制面临的信息和能力困境。技术在被广泛应用前,由于难以认知其有害社会后果,此时可以对其控制却不知如何控制;随着技术发展,当不可预知的后果发生时,技术已经根深蒂固,成为整个社会结构的一部分,已经很难对其进行控制。See David Collingridge, *The Social Control of Technology*, Frances Printer, 1980, p. 19.

② See Arthur Rizr, Caleb Watney, *Artificial Intelligence Can Make Our Jail System More Efficient, Equitable and Just*, Texas Review of Law & Politics, Vol. 23:1, p. 183(2019).

应用试点。[1] 德国警方除曾试用人脸识别、在个别地区使用预测性警务外，基本没有引入刑事司法人工智能应用；[2]法国禁止将基于人工智能技术的法律服务软件应用于刑事案件，并且通过立法禁止基于法官和书记官成员的身份进行的人工智能裁判指引。[3] 总体而言，欧洲主要国家只是在审前程序有个别刑事司法人工智能应用，审判阶段几乎不存在刑事司法人工智能应用。[4]

与欧美国家不同的是，我国各级各地司法实务机关积极研发、应用刑事司法人工智能，涵盖刑事审前程序、定罪程序及量刑程序，几乎实现对刑事诉讼流程的全覆盖。[5] 我国《新一代人工智能发展规划》明确提出，“建设集审判、人员、数据应用、司法公开和动态监控于一体的智慧法庭数据平台，促进人工智能在证据收集、案例分析、法律文件阅读与分析中的应用，实现法院审判体系和审判能力智能化”。因应国家层面推出的人工智能顶层设计，各级各地司法实务机关积极推动人工智能落地生根，最高人民法院提出充分运用司法大数据，依托人工智能，以人工智能引领“智慧法院”建设，着力推进审判、执行、服务智能化；最高人民检察院力图打造数据化、科学化、智能化的“智慧检务”，提出构建“全业务智慧办案、全要素智慧管理、全方位智慧服务、全领域智慧支撑的智慧检务”总体架构；地方司法实务机关积极将“大数据、人工智能与司法体制改革结合起来”，短期内诸多具体刑事司法人工智能应用相继投入应用，我国成为全球刑事司法人工智能应用领域的先行者。

在我国的刑事司法人工智能建设实践中，逐渐发展出四种类型的刑事司

---

① See The Law Society Commission on the Use of Algorithms in the Justice System, et al., Algorithms in the Criminal Justice System, The Law Society of England and Wales, 2019.

② See Lukas Staffler, Oliver Jany, Künstliche Intelligenz und Strafrechtspflege – eine Orientierung, Zeitschrift für Internationale Strafrechtsdogmatik, 2020(4); Veronica R. S. Hoch, Big Data und Predictive Analytics im Gerichtsprozess. Chancen und Grenzen der Urteilsprognose, Zeitschrift furllRecht und Recht der Digitalisierung, 2020(5).

③ See Gary E. Marchant, *Emerging Technologies and the Courts*, Court Review, Vol. 55:4, p. 152 (2019).

④ See European Commission for the Efficiency of Justice, European Ethical Charter on the Use of Artificial Intelligence in Judicial Systems and their Environment, Council of Europe, 2018.

⑤ 参见崔亚东：《人工智能与司法现代化》，上海人民出版社 2019 年版，第 109 页。

法人工智能应用:[①](1)智能辅助决策应用系统。司法实务机关将人工智能应用于刑事审判中的证据审查、事实认定、法律判断以及审前程序中的逮捕社会危险性评估等领域,以帮助决策者作出判断。上海市高级人民法院的"刑事案件智能辅助办案系统"为其中的典型代表。(2)智能辅助支持系统。司法机关引入立案风险自动拦截、敏感案件自动标识预警、庭审语音识别、辅助录入、辅助阅卷、文书智能纠错、类案强制检索等以智能为核心的关键技术,以提升检察、审判质效。(3)案件管理应用系统。通过引入刑事司法人工智能提高诉讼效率是改革者的重要诉求,例如,检察机关将"全要素智慧管理"作为"智慧检务4.0"的关键一环,力图"通过探索建立基于管理决策大数据的新一代人工智能检察管理模式,统筹优化检察机关内部'人、事、财、物、策'各项管理要素,全面提升检察机关现代化水平"[②]。在江苏省检察系统获得广泛应用的"案管机器人"为其中的典型代表。(4)诉讼服务应用系统。该类人工智能以方便当事人诉讼、为当事人提供法律咨询为主要特色,旨在为当事人提供方便快捷的诉讼服务。

司法实践中,司法实务机关推出的刑事司法人工智能应用往往兼具辅助决策、辅助支持、案件管理和诉讼服务等多种功能,目前已经落地的刑事司法人工智能应用已经达到数百个之多。

(二)先行先试的探索

自2017年全国司法体制改革推进会正式提出司法改革要"主动拥抱大数据、人工智能时代","推广应用智能辅助系统,探索构建人力和科技深度融合的司法运行新机制"以来,刑事司法人工智能建设已经取得初步成效。但遗憾的是,针对刑事司法人工智能的既有评估多为实务部门的自我评价,对智慧审判、法院信息化建设进行的第三方评估则缺乏对于刑事司法人工智能的专门关注。本文力图通过对上海、北京、贵州、山西等地刑事案件智能辅助办案系统运行情况的实证调研,管窥当下的刑事司法人工智能运行生态。

---

① 由于公安机关刑事司法人工智能的信息披露相对匮乏,本文主要以法院、检察院用于辅助决策、办案的刑事司法人工智能应用为分析对象。

② 田野:《智慧检务开启司法文明新纪元》,载《清风苑》2018年第3期。

上海市高级人民法院的刑事案件辅助办案系统围绕证据的有效收集固定、保存和审查判断以及规范公检法办案流程来展开。[①] 根据实务部门的自我评价,该系统的实施效果主要体现在:统一网络平台,实现互联互通;统一证据标准,实现标准化、规范化、数据化;实现校验、把关、提示,有效防止冤假错案;多项功能集成应用,节约资源成本,提升办案质效等。[②] 接受访谈的检察官、法官更多地将上述评价作为该系统未来努力的方向和目标,普遍认为,该系统的主要作用在于促进办案信息化并提高诉讼效率,但无法进行证据校验和审查判断,目前的技术无法支撑其参与复杂的事实认定工作,且复杂案件中侦查阶段难以完成繁杂的数据标注和扫描工作严重制约了系统的适用。该系统在山西太原等地法院的实施情况为上述判断提供了有力注脚。[③]

北京法院力图构建服务统一裁判尺度、提供统一办案指引、智能支持办案全流程的“睿法官”系统,力图实现自动生成“案情画像”,生成审理环节提纲、笔录模板以及结案环节的裁判文书。[④] 然而,由于数据孤岛、专业壁垒、投入壁垒和融合壁垒以及系统学习能力等方面存在欠缺,“睿法官”系统并未得到真正应用。对贵州某法院法官的访谈则显示,前期备受关注的贵州刑事案件智能辅助办案系统基本没有在刑事审判中得到应用,甚至有受访法官对此持完全的否定态度,认为该系统仅仅处于起步阶段,根本无法达到预期效果。

作为刑事诉讼重要参与者的辩护律师普遍反映,他们并不知晓刑事案件智能辅助办案系统在当地实践中的应用,普遍担心,该系统在公检法三机关之间实现互联互通,有助于强化配合、弱化制约,加剧本已失衡的控辩关系,降低当事人权利的保障水平。

调研还显示,由于科技公司、司法实务机关对刑事案件智能辅助办案系统

---

① 参见黄祥青:《“206 工程”的构建要点与主要功能》,载《中国检察官》2018 年第 15 期。

② 参见崔亚东:《人工智能与司法现代化》,上海人民出版社 2019 年版,第 184 - 192 页。

③ 受访法官表示,该系统设计过于理想化,缺乏技术支撑,设计功能难以实现。该系统在应用中的主要作用在于方便阅卷、方便撰写判决书时摘录信息,但并没有体现出所谓的智能辅助办案功能。另外,阅卷及信息提取功能的发挥还受制于侦查机关是否将侦查卷扫描录入系统,在侦查卷数量众多的案件中,侦查机关没有精力从事如此繁重的工作,导致该系统处于闲置状态。

④ 参见曹雅静:《搭建现代化信息桥梁 推进“智慧法院”建设》,载《人民法院报》2016 年 12 月 15 日,第 4 版。

为代表的刑事司法人工智能可能的风险缺乏足够的认知，导致研发、应用环节并未建立相应的责任追究机制。

尽管不能因为刑事案件智能辅助办案系统存在诸多问题，就对整体的刑事司法人工智能予以简单的批判或者否定，但作为实践中获得广泛关注并得到政法高层大力推广的刑事案件智能辅助办案系统，否定性评价的存在促使我们反思，未来的刑事司法人工智能究竟如何推进。

（三）发展的基础问题

刑事案件智能辅助办案系统的应用、推广未达预期，是多元、复数因素共同作用的结果，但其中发挥决定作用的是刑事司法人工智能应用本身是否契合刑事司法规律，所依托技术是否具有可行性。由此，需要从决定刑事司法人工智能应用的数据、算法以及应用场景三个核心要素展开分析。

1. 数据垄断：制约刑事司法人工智能的基础难题

刑事司法人工智能的快速发展得益于大量可以用于训练分析的大数据资源、设计精巧的算法以及能够支持超大规模计算的算力的支持。海量的司法案件为刑事司法人工智能应用奠定了坚实的数据前提和基础。但遗憾的是，尽管我国司法信息公开、司法大数据平台建设有目共睹，但刑事司法大数据依然存在诸多制约刑事司法人工智能发展的缺陷。

首先，数据孤岛、数据壁垒现象严重。公检法机关都掌握海量刑事司法数据，其他政府机关、社会机构亦掌握大量相关数据。但刑事司法机关之间、刑事司法机关与相关机关之间并没有真正实现数据的互联互通，当数据孤岛、数据壁垒现象难以解决时，研发人员只能依据本部门数据或者最终环节的刑事裁判文书进行数据分析，这无疑会在一定程度上限制刑事司法人工智能应用的质量。另外，各级各地司法机关在推进刑事司法人工智能方面基本处于各自为政状态，尽管这些自发改革有促进技术竞争的积极作用，但竞争的存在也使得相关司法机关之间人为制造壁垒，数据难以有序流动，难以实现共享。

其次，数据缺失、数据瑕疵问题突出。中国裁判文书网已经成为全球最大的司法大数据平台，但大量裁判文书所载信息，特别是分析、论证过程相对简略，对于研发高质量的刑事司法人工智能远远不够。并且，真正记录法官分析过程和实质裁判要素的合议庭笔录、审理报告等内部文书，尚无法成为研发人工智能的底层数据，使得研发人员只能借助最终裁判文书中记载的有限信息展开分析，这无疑会严重影响机器学习的质量。同时，囿于选择性发布、部分发布的存在，民众无法获取全部信息；即便是裁判文书公开较为积极的省份，亦存在比较明显的数据漏洞问题，①这无疑会影响刑事司法人工智能的研发质量。另外，刑事司法数据存在的瑕疵问题同样值得关注。正如学者所言，“在由小数据时代向大数据时代转变的过程中，我们对信息的一些局限性必须给予高度的重视。数据的质量可能会很差；可能是不客观的；可能存在分析错误或者具有误导性；更糟糕的是，数据可能根本达不到量化它的目的”②。

最后，数据垄断、数字鸿沟难解。虽然存在数据孤岛、数据壁垒问题，存在如何通过人工处理将纷繁复杂的信息转化为机器能够识别的语料问题，以及如何让机器准确读取、抓取有用信息等技术问题，但这些问题依靠技术进步可以在一定程度上得以缓解。当下更为根本、更具决定意义的问题是，刑事司法机关的数据垄断和数据独占问题。由于我国的刑事司法大数据基本处于刑事司法机关的完全控制之下，且未建立完善的信息公开和发布机制，使得民众无法获取对等有效的信息，从而形成难以逾越的“数字鸿沟”，使得刑事司法机关在大数据加持下力量得到持续强化，进而使控辩双方之间、民众与审判机关之间产生信息不对称问题。当刑事司法数据处于封闭、垄断状态，民众缺乏有效获取途径时，这不仅会侵害民众的知情权，也会侵害民众对于司法的认同度。而且，数据垄断的存在会在相当程度上阻断科技公司独立研发高质量刑事司法人工智能的可能性，从而使得刑事司法机关通过数据垄断建立起其他社会机构难以逾越的行业壁垒。

2. 算法黑箱：困扰刑事司法人工智能的基本难题

因诸多有意或无意的偏见及信息不充分等因素可能影响决策的公正性，

---

① 参见中国社会科学院法学研究所法治指数创新工程项目组：《中国法院“司法大数据”应用第三方评估报告（2019）》，载李林、田禾主编：《中国法院信息化发展报告 NO. 2（2018）》，社会科学文献出版社 2020 年版，第 75 – 77 页。

② ［英］维克托 · 迈尔 – 舍恩伯格、［英］肯尼思 · 库克耶：《大数据时代》，盛杨燕、周涛译，浙江人民出版社 2013 年版，第 210 页。

人类发展出一种利用数学方法将人类社会事务量化、客观化的思潮，利用算法、模型、机器学习等数学方法，试图重塑一个更加客观的现实世界。[①] 但算法应用的深入推广使得人类已经处于一个被“算法吞噬的世界”，不得不面临由此带来的算法歧视、算法偏见以及算法黑箱问题。[②] 作为编程人员主观选择、判断结果、人脑外延的算法，会不可避免地融入编写人员的价值偏好，使得算法偏见、算法歧视无法避免，成为算法的天然属性。算法黑箱的形成则带有明显的人为属性，取决于算法设计者、实际控制者等主体是否主动公开算法。在我国，算法黑箱问题并没有因为大量刑事司法人工智能应用由司法机关主导研发而得到解决。

在刑事司法人工智能应用过程中，算法黑箱引发的不透明、不准确、不公平、难以审查等问题，[③]备受质疑。具体言之，由于算法黑箱的存在，外界无从知晓刑事司法人工智能应用在具体场景中到底发挥多大作用，这会加剧外界对于刑事司法人工智能的不信任。即便刑事司法人工智能只是发挥辅助作用，算法的参与也使得原有的决策模式发生变化。如若因算法存在偏差导致错误出现，就会产生问责与监管的难题。再者，当事人对影响诉讼结果的因素有权利提出救济诉求，但算法的参与会产生当事人难以置疑的隐性因素，诉讼的公平和正义无法获得保障。因算法黑箱导致的诸如此类的问题，如果得不到妥善解决，不仅会影响刑事司法的公信力，而且会影响具体应用者对于刑事司法人工智能的认同度。美国“量刑算法合宪性第一案”[④]引发的广泛争议，凸显了算法黑箱问题已经成为制约刑事司法人工智能的基本难题。

3. 场景自设：实践刑事司法人工智能的激进尝试

我国地方司法机关推出的刑事司法人工智能具有广泛的应用场景，涵盖逮捕条件审查、文书自动生成、类案推送、裁判偏离度预警、辅助量刑等领域，

---

① 参见腾讯研究院等：《人工智能：国家人工智能战略行动抓手》，中国人民大学出版社 2017 年版，第 241 页。

② See B. Bodo, et al., *Tackling the Algorithmic Control Crisis – the Technical, Legal, and Ethical Challenges of Research into Algorithmic Agents*, Yale Journal of Law and Technology, Vol. 19, No. 1, p. 136 – 138 (2017).

③ 李开复、王咏刚：《人工智能》，文化发展出版社 2017 年版，第 240 页。

④ State v. Loomis, 881 N. W. 2d, 761.

并且特别重视人工智能在证据标准、证据规则指引、证据链和全案证据审查判断等事实认定领域中的应用,基本实现对刑事诉讼流程的全覆盖。这给人应用场景设置随意,缺乏规制的印象。

从全球刑事司法人工智能发展来看,运用刑事司法人工智能从事庭审录入、法条查询等重复性工作,从事诉讼服务、流程管理等事务性工作,已经被普遍接受。对于人工智能从事风险评估尽管存在不同认识,但总体上获得认同。对于刑事司法人工智能应否进入事实认定领域,进行证据校验、证据审查判断,则存在普遍一致的反对声音。我国司法实务机关将事实认定领域作为刑事司法人工智能落地的重心,值得认真研判。

事实认定过程是充满价值判断和价值选择的过程,要求事实认定者秉持经验、良心和理性作出裁决。而人工智能的引入,则存在一个巨大疑问:预先确定的决策程序是否可以真正纳入人类情感因素,是否可以在刑事案件中建立对事实敏感因素的平衡机制。① 将人工智能引入事实认定领域,会使得复杂的事实认定过程简单化、机械化,使得本应被纳入综合评判的因素(权利、利益、损失、危害程度等)被弱化。特别是在弱人工智能时代,将人工智能应用于事实认定,还存在诸多难以克服的障碍。数据识别率不稳定、案件样本太少、数据分析不准等现实问题的存在,②以及人工智能在证据数据化、数据整合和结论输出等环节面临的问题,都使其难以胜任事实认定工作。③ 既有从事事实认定的刑事案件智能辅助办案系统实施效果,与制度设计者预期目标相去甚远,彰显了问题的严重性。这促使我们反思,刑事司法引入人工智能的限度,以及未来刑事司法人工智能应用场景设置的边界。

我国各级各地司法机关在刑事司法人工智能领域积极探索,走在世界的前列,但迅速发展的刑事司法人工智能逐渐暴露出数据垄断、算法黑箱以及场景设置随意等问题。实证调研亦充分显示,刑事案件智能辅助办案系统作为

① See Richard M. Re, *Alicia Solow - Niederman*, *Developing Artificially Intelligent Justice*, Stanford Technology Law Review, Vol. 22:2, p. 253(2019).

② 参见杨敏:《上海刑事案件智能辅助办案系统调研报告》,载李林、田禾主编:《中国法院信息化发展报告 NO. 2(2018)》,社会科学文献出版社 2018 年版,第 198 页。

③ 参见栗峥:《人工智能与事实认定》,载《法学研究》2020 年第 1 期。

刑事司法人工智能的集大成者在推广、试点过程中运行并不尽如人意。正视改革中的问题,探寻背后的深层制约因素,成为建构刑事司法人工智能规制方案的基础。

二、中国刑事司法人工智能应用的法理难题

刑事司法人工智能应用过程中存在的问题表明,其只是现代科技融入刑事司法的一种技术进步力量,应当以促进司法正义实现的工具或辅助手段形式存在,[①]其背后的价值基础是司法正义。为此,刑事司法人工智能应用不仅需要具备法律层面的合法性,更需要法理层面的正当性,以克服潜在的伦理风险。由此,从刑事诉讼法律规范层面对刑事司法人工智能应用进行合法性检验,从刑事诉讼法理层面进行正当性评析,从刑事司法正义结构层面进行整体性评估,方可发展出契合中国刑事司法正义目标的人工智能应用。

(一)面临的合法性挑战

首先,事实认定领域的刑事司法人工智能应用会侵犯事实认定者的法定权力。根据《刑事诉讼法》相关条文,特别是第3条、第183条、第184条、第185条、第198条、第200条及第203条的规定,审判权由人民法院行使,事实认定者只能为法官和人民陪审员。在既往刑事司法实践中,庭审虚化现象严重,以审判为中心的刑事诉讼制度改革着力推进庭审实质化,力图真正实现"让审理者裁判、由裁判者负责",法官和人民陪审员作为事实认定者的身份更加凸显。在这一背景下,应用于事实认定领域,特别是具备"证据标准指引、单一证据校验、证据链和全案证据审查判断"的刑事司法人工智能应用,是否会侵犯法律规定的事实认定者权利,是否会导致庭审空心化,阻碍庭审实质化改革目标顺利实现,值得深入反思。

有论者认为,刑事司法人工智能只是辅助工具,有助于准确认定事实、能够促进法律统一适用。现实的问题在于,通过证据数据化、法律规则代码化对

① 2017年一篇"南京市中级法院将引入机器人判案"的媒体报道引发"机器人法官之争",尽管南京市中级人民法院及时回应,澄清"人工智能代替法官判案"的误解,但依然引发广泛热议。

审判人员进行裁判指引,无异于通过层层嵌套的技术实现对司法人员裁判权力的削弱,一定程度上会产生决策让渡现象。并且,在案件数量剧增、审理时间严格受限的压力之下,加之刑事司法人工智能具备判断效率上的比较优势,运用人工智能的法官难免会形成依赖惯性甚至惰性,长此以往势必会形成过度依赖人工智能的现象。如此一来,司法实践中的事实认定者将不再只有法律规定的法官,而演变为数据分析师、人工智能工程师、软件工程师与法官的集合体,裁判权也将异化为计算能力和裁判能力的融合运用,这无疑会侵蚀现行法律授予法官的事实认定权,亦会侵犯法律赋予人民法院独享的审判权。

其次,刑事司法人工智能应用的引入可能会侵犯被追诉人的诸多法定权利。预测性警务等犯罪预测工具的引入,不仅会使得追诉活动开始于正式的刑事立案之前,而且人工智能加持下的海量信息汇总、分析产生的犯罪画像,会加剧侦查人员形成有罪推定的判断,并使得这一判断通过互联互通的刑事案件智能辅助办案平台传递至法官,导致法官形成未审先判的预断,庭审实质化流于形式,构成对被追诉人无罪推定权利的实质侵犯。根据刑事诉讼法规定,当事人有知悉诉讼进程,参与诉讼过程,参与举证、质证以及法庭辩论的一系列诉讼权利,但刑事案件智能辅助办案系统的引入,使得原先当事人具有的针对审判人员或者对方当事人的诉讼权利都难以适用于人工智能裁决系统,导致当事人诉讼权利的实质受损。

再次,风险评估类刑事案件智能辅助办案系统可能会加剧已有的偏见。在刑事司法领域引入人工智能对被追诉人的社会危险性、再次犯罪的可能性进行风险评估,以准确作出是否逮捕、是否继续羁押的决定时,看似只是所运用技术的迭代升级,但域外实践已充分证明,风险评估工具的运用会造成对特定群体的歧视,导致其被羁押、被从重量刑的几率显著增加。[①] 进言之,刑事司法人工智能应用存在加剧或者强化已有偏见、歧视的副作用。刑事司法人工智能的研发需要依托司法大数据,但当底层数据存在问题或偏见时,据此研发的刑事司法人工智能应用便会放大这一效应。

---

① See Melissa Hamilton, *The Biased Algorithm: Evidence of Disparate Impact on Hispanics*, American Criminal Law Review, Vol. 56:4, p. 1553 – 1554(2019).

最后，刑事案件智能辅助办案系统可能会对审级制度形成严重冲击，损害当事人的上诉权。审级制度存在的重要价值在于赋予当事人救济机会，通过程序吸收当事人的不满，达到消弭纠纷的目的。当刑事案件智能辅助办案系统被应用于上诉机制后，无论上下级法院对刑事司法人工智能的辅助工具属性如何强调，只要上下级法院运用相同的刑事司法人工智能应用处理同一案件，就可能会出现完全相同的事实认定或者法律适用结论，无疑会削弱审级制度的意义和价值。

（二）存在的正当性隐忧

在刑事司法人工智能的基本要素中，数据垄断、黑箱算法及应用场景缺乏规制，充分表明我们的刑事司法人工智能基础薄弱。当上述不足集合于具体的刑事司法人工智能应用时，会对既有的刑事诉讼法律关系、刑事诉讼结构、刑事诉讼原则造成冲击。

首先，刑事案件智能辅助办案系统的应用将强化公检法三机关之间“配合有余，制约不足”的关系。宪法、刑事诉讼法确立了公检法三机关“分工负责、互相配合、互相制约”原则，但实践中存在“配合有余，制约不足”现象。如果运用相同的刑事司法人工智能系统办理案件，可能会使侦控审更加流水线化。既有的刑事案件智能辅助办案系统以统一证据标准为主轴进行建构，力图通过引入人工智能，实现对刑事证据的统一指引、校验、提示、把关和监督。这种思路无疑会提高办案效率，但会引发刑事诉讼流程异化，强化后续刑事诉讼流程对前续阶段的机械性认同，使三机关办案思路同质化，分工、制约关系进一步受阻。

其次，刑事案件智能辅助办案系统的应用可能会加剧本已失衡的控辩关系、辩审关系。实现控辩平衡是诉讼现代化的一项重要指标，但囿于种种限制，控辩力量对比很难达至平衡。在人工智能加持下，本已处于优势地位的侦控机关在数据获取方面天然优势，如其继续不加限制地利用数据优势和黑箱算法，将使得本已处于弱势地位的辩方更难进行有效抗辩。另外，将刑事案件智能辅助办案系统应用于事实认定阶段和量刑阶段，会导致决策权让渡，但由于辩护方对人工智能是否参与以及发挥作用程度大小并不知晓，当对结果有异议时，会不可避免地归因于审判人员，加剧辩审冲突。

再次，刑事案件智能辅助办案系统的透明度有待提升。数据、算法是刑事司法人工智能的核心要素，但数据垄断和算法黑箱的存在，导致刑事司法人工智能缺乏透明度，使被追诉人处于数据不对称地位和算法信息劣势。缺乏透明度的刑事司法人工智能应用不仅会剥夺被追诉人的知情权、减损其抗辩权，还使得“研究人员和外部专家难以评估和审核算法，从而难以测试算法的准确性和偏差值”①由此会带来对刑事司法人工智能公信力的疑虑，最终影响应用实效。

最后，难以建立针对刑事司法人工智能的监督与问责机制。司法责任制被视为本轮司法改革的“牛鼻子”，②完善司法责任制，是建立权责统一、权责明晰、权力制约的司法权运行机制的关键。“让审理者裁判，由裁判者负责”，既是改革的共识，也是改革的努力方向。但当下，如果因刑事司法人工智能应用造成冤错案件，监督和问责将变得困难重重。当案件裁决者由单一化走向多元化和复数化时，审理者的角色将不再确定、明晰，导致难以有效问责，会使得正在着力推进的司法责任制改革难以获得真正落实。

（三）潜在的伦理性风险

刑事司法人工智能是一把“双刃剑”，其“有可能提高刑事司法系统的审判准确性，并降低人为错误和偏见的风险，但它们也有可能强化或加剧现有的偏见，并破坏基本的司法正义原则”③。刑事案件智能辅助办案系统在提高诉讼效率的同时，也对刑事司法领域的伦理范式、正义观念造成冲击和挑战。

刑事司法人工智能应用过程中，由人工智能自动生成判决、根据大数据矫正法律决定的偏差，特别是让人工智能参与事实认定导致决策让渡，使得法官

① Danielle Kehl, et al., *Algorithms in the Criminal Justice System*: *Assessing the Use of Risk Assessments in Sentencing*, *Responsive Communities Initiative*, *Berkman Klein Center for Internet & Society*, Harvard Law School, 2017.

② 参见《习近平谈治国理政》（第 2 卷），外文出版社 2017 年版，第 131 页。

③ Danielle Kehl, et al., *Algorithms in the Criminal Justice System*: *Assessing the Use of Risk Assessments in Sentencing*, *Responsive Communities Initiative*, *Berkman Klein Center for Internet & Society*, Harvard Law School, 2017.

定位发生极大动摇，甚至造成审判系统乃至司法权的全面解构，从而在事实上形成审判主体的双重结构。[①] 并且，随着机器学习的迭代升级，机器正从被动工具、辅助者转变为具有自主意识、自主决策能力的能动者。就刑事案件智能辅助办案系统而言，其具有的自动生成判决、裁判偏离度预警等功能，已经具有自动化决策功能，自主性和能动性的具备使其不再只是法官的辅助工具，而成为法官事实上的代理者甚至替代者，对既有刑事司法领域伦理范式构成重大挑战。[②]

刑事司法人工智能中算法决策的深度应用，还对既有的司法正义结构[③]形成冲击。司法改革中，刑事司法人工智能的限度并没有被充分考量，算法决策已经被应用于事实认定甚至复杂案件决策中，这实质上是对算法决策的过度迷信。既有的刑事司法人工智能设计认为利用海量数据和算法，并辅之以超强算力，就可以破解刑事诉讼中的难题，防范冤假错案，促进司法公正。[④]但问题在于，司法正义特别是实质正义难以通过具体的算法实现，毕竟“司法人工智能不会计算情感，不能与人进行心灵互动，自然不可能有人文关怀，难以根据具体场景灵活地、创造性地维护正义价值”[⑤]。但司法实践中，诸如犯罪预测、风险评估工具在内的刑事司法人工智能应用，已经在将公平问题算法化。但刑事司法人工智能中的算法决策依据的是通过数据、算法、建模构建的“计算正义”，而非人本、人文层面的正义。

刑事司法人工智能面临的合法性挑战、存在的正当性隐忧以及潜在的伦理性风险表明，刑事司法人工智能亟待规制。但同时，上述问题的复杂性也表明，规制难度巨大。全球刑事司法人工智能改革的代表性国家都没有形成体系化的监管制度，这既有刑事司法人工智能技术发展不成熟的原因，也有政策制定者无法全面认知刑事司法人工智能风险的因素。但在我国刑事司法人工

① 参见季卫东：《人工智能时代的司法权之变》，载《东方法学》2018 年第 1 期。

② 参见腾讯研究院等：《人工智能：国家人工智能战略行动抓手》，中国人民大学出版社 2017 年版，第 202 页。

③ 通说认为，司法正义是实质正义与形式正义的有机统一。实质正义是法律制度的基本价值，是司法追求的最终目标；形式正义是实质正义的基础保障，是实现正义的前提和基础。

④ 参见崔亚东：《人工智能与司法现代化》，上海人民出版社 2019 年版，第 74－75 页。

⑤ 马长山：《司法人工智能的重塑效应及其限度》，载《法学研究》2020 年第 4 期。

智能应用已经获得长足发展,问题已经充分显现时,跨越技术规制的“科林格里奇困境”,已经迫在眉睫。

三、刑事司法人工智能的规制原理

虽然域外国家刑事司法人工智能监管领域的严格规制模式和渐进规制模式对我国具有一定启示意义,但由于我国刑事司法的独特诉讼文化和诉讼构造,加之我国处于全球刑事司法人工智能的无人区,要求通过自身探索,创制契合我国刑事司法正义体系的规制方案。

顺应新兴科技赋能刑事司法的发展趋势,以及参与全球人工智能规制竞争的宏观背景,刑事司法人工智能规制方案的设定,应当以维护司法正义为前提,通过技术创新实现对人类赋权、对产业赋能。由此,能够平衡各方利益,实现激励发展与合理规制相协调的包容性规制①就成为最佳选择。包容性规制鼓励技术创新,但并非片面的发展优位,而是立基于监管对象刑事司法人工智能的司法属性,遵循司法规律进行合理规制。由此,维护司法正义、保障基本权利,补足既往基本权利保障不足的缺环②就成为包容性规制的出发点和着力点。

(一)技术赋权理念:以人为本与权利保障的统一

由于人工智能在相当长的时期内发展相对缓慢,人工智能应用领域的权利保护问题并未引起重视。在新一轮人工智能快速发展的背景下,人工智能带来的技术侵权问题越发凸显。对于人工智能应用、发展应当践行何种价值观,各方思路逐渐清晰、一致,人工智能以人为本③、以人为核心的人

① 李克强在2017年夏季达沃斯论坛致辞中提出,对新产业、新业态、新模式,如电子商务、移动支付,实行包容审慎监管方式,促进了其健康发展。参见李克强:《在第十一届夏季达沃斯论坛开幕式上的致辞》,载《人民日报》2017年6月28日,第3版。

② 国家《新一代人工智能治理原则——发展负责任的人工智能》强调和谐友好、公平公正、包容共享、尊重隐私、安全可控、共担责任、开放协作、敏捷治理等八项原则,尽管突出对于隐私权利的尊重,但并未将尊重基本权利作为基本原则予以纳入。

③ See Will Knight, *Put Humans at the Center of AI*, MIT Technology Review, Vol. 120:6(2017).

工智能①、推进以人为核心的发展路径②等理念逐渐为人接受。2019 年二十国集团部长级会议通过的《G20 人工智能原则》明确提出以人为本的人工智能原则,标志着以人为本的人工智能发展理念已经成为国际社会的普遍共识。

人工智能以人为本强调人的核心价值,与我国《宪法》《刑事诉讼法》规定的"尊重和保障人权"理念高度契合,二者都强调对"人"本质的尊重。但在刑事司法人工智能领域,技术赋能凸显,导致以人为本理念并未实现与刑事司法保障人权理念的有机统一。具体言之,在人工智能赋能刑事司法并以具体刑事司法人工智能应用的形式运用于实践中时,并未实现两种指导理念的无缝衔接。刑事司法人工智能可能存在的负面效应,会对刑事司法权利造成严重威胁,会侵害被追诉人的无罪推定权、知情权、辩护权等基本权利,还会加剧控辩失衡、对上诉权利构成实质威胁。并且,在具体的应用实践中,当解决案多人少事实上成为某些刑事司法人工智能追求的主要目标,当效率提升成为某些刑事司法人工智能的主要价值取向时,无论是人工智能业界倡导的以人为本还是刑事司法追求的人权保障都将退居其后,而只能成为应用刑事司法人工智能的附带效果。基于此,实现两者融合的关键在于,将人工智能业界推崇的以人为本、增进人类福祉与刑事司法追求的保障人权有机融合,化约为简洁的技术赋权理念,③即通过具体的刑事司法人工智能应用,在技术赋权理念的重塑下,刑事司法人工智能的研发、应用和评估应当以是否有助于保障刑事司法权利,是否有助于发展刑事司法权力、是否有助于创制刑事司法权力为判断

---

① See Fei - Fei Li, *How to Make A. I. Human - Friendly*, The New York Times, Mar. 8, 2018, A27.

② See European Political Strategy Centre, *The Age of Artificial Intelligence: Towards a European Strategy for Human - Centric Machines*, EPSC Strategic Notes, Issue 29, 2018.

③ 郑永年运用技术赋权来分析互联网是如何影响中国国家—社会关系,来解释中国的互联网政治。本文将技术赋权理念应用于对刑事司法人工智能规制的分析中。参见郑永年:《技术赋权:中国的互联网、国家与社会》,邱道隆译,东方出版社 2014 年版,第 1 页。

基准。①

在刑事司法人工智能规制领域,技术赋权理念坚持问题导向,制约技术赋能带来的国家基础性权力的扩张给基本权利保障带来的威胁;②技术赋权理念坚持目标导向,引导刑事司法人工智能的研发,以提高刑事司法领域的权利保障水平为依归;技术赋权理念坚持结果导向,以基本权利是否得到保障、提高,作为评判具体刑事司法人工智能应用的尺度。由此,技术赋权理念既可以为刑事司法人工智能的研发提供事前规制,又可以为其实施提供过程指引,还可以提供事后评价标准。

技术赋权理念贯通人工智能以人为本与刑事司法保障人权的理念,实现人工智能与刑事司法的有效连接,这既是对技术赋能被过度强调的纠偏,又是强化刑事司法人工智能应用中权利保障的必然选择。更为重要的是,技术赋权理念具有契合现实的可行性,其遵循刑事司法规律,顺应人工智能业界"科技向善"的使命愿景,在将刑事司法保障人权理念与人工智能业界以人为本理念对接的同时,成功实现两种理念的融合,提升为数字时代具有可操作性的监管理念。同时,技术赋权理念不仅可以规制当下以人工智能、大数据为代表的前沿科技,还具有规制未来新兴技术的前瞻性和包容性。

(二)技术正当程序:一种新的程序正义观

刑事司法人工智能应用是技术在刑事司法程序的推进与展开,作为刑事

---

① 以创制权利为例,欧盟《通用数据保护条例》因应科技发展创制出数据转移权、自动决策的可解释权,如将自动决策的可解释权推广应用于刑事司法人工智能领域,就可以解释为权利人有权要求刑事司法人工智能应用主体就算法决策作出解释。See Bryce Goodman, *Seth Flaxman*, *EU Regulations on Algorithmic Decision – making and a "Right to Explanation"*, AI Magazine, Vol. 38, No. 3, p. 50 – 57 (2017); Gianclaudio Malgieri, *Automated Decision – making in the EU Member States: The Right to Explanation and other "Suitable Safeguards" in the National Legislations*, Computer Law & Security Review, Vol. 35, No. 5, p. 23 – 25 (2019).

② 基础性权力是指国家能实际穿透市民社会并依靠后勤支持在其统治的疆域内实施其政治决策的能力,它通过对社会生活的渗透、通过对社会行动的协调和服务来实现治理目的。国家能够运用的技术越是发达,国家的基础穿透能力就越强。参见刘昶:《迈克尔·曼论国家自主性权力》,载《上海行政学院学报》2016 年第 1 期。

司法人工智能核心的算法甚至被通俗地视为"解决问题的进程",[①]自带程序属性的刑事司法人工智能,更需要进行过程控制。但问题在于,现代刑事诉讼法的正当程序理论产生时并未发生人工智能技术的司法应用问题,既有的刑事诉讼法律制度能否有效规制新兴的刑事司法人工智能,值得深入研究。

传统正当程序理论强调裁判者的独立、中立、公开、参与等核心要素,[②]力图通过为诉讼程序设置标准来实现程序正当化。在人工智能时代,算法主导、实行自动决策的刑事司法人工智能依照传统正当程序标准适用时,条件发生了重大变化,不仅侵蚀了传统正当程序推崇的获得通知、听证的权利、而且危及参与、透明的正当程序要素。[③] 不仅如此,刑事司法人工智能所附带的算法黑箱及问责问题,传统正当程序理论对此也无能为力。凡此种种,传统正当程序理论正面临严峻挑战。正是在此背景下,算法正当程序、程序性数据正当程序等概念频频出现,技术正当程序理论应运而生。[④]

技术正当程序强调透明、准确、可问责、参与等核心要素,[⑤]其核心使命在于克服传统正当程序理论对人工智能背景下司法运作的解释力失灵问题。技术正当程序并非否定传统正当程序理论,而是通过化解传统正当程序理论内含的独立、中立、公开、可问责等要素所面临的正义风险,发挥对于正义实现的促进价值,[⑥]通过数据公开、算法透明和建立问责机制,与传统正当程序理论相互支撑,共同实现人工智能背景下的公平正义目标。

---

① 参见[法]瑟格·阿比特博、[法]吉尔·多维克:《算法小时代:从数学到生活的历变》,任轶译,人民邮电出版社2017年版,第3页。

② 参见季卫东:《法律程序的意义》,中国法制出版社2012年版,第18页。

③ Danielle Keats Citron, *Technological Due Process*, Washington University Law Review, Vol. 85:6, p. 1249(2017).

④ Danielle Keats Citron, *Technological Due Process*, Washington University Law Review, Vol. 85:6, p. 1249(2017).

⑤ Danielle Keats Citron & Frank Pasquale, *The Scored Society: Due Process for Automated Predictions*, Washington University Law Review, Vol. 89:1, p. 20(2014).

⑥ 在技术正当程序规制刑事司法人工智能的框架下,透明、可问责、监督以及公平成为规制的切入点。See John Lightbourne, *Damned Lies & Criminal Sentencing Using Evidence – based Tools*, Duke Law & Technology Review, Vol. 15:1, p. 343(2017); Katherine Freeman, *Algorithmic Injustice: How the Wisconsin Supreme Court Failed to Protect Due Process Rights in State v. Loomis*, North Carolina Journal of Law & Technology, Vol. 18, p. 78(2016).

1. 推进司法数据的公开与算法的透明

在传统正当程序理论中，透明主要指贯彻公开审判原则，公开审判过程。在刑事司法人工智能时代，在技术正当程序理论中，透明不仅包括程序公开，更涵盖司法数据的公开以及算法的开源，更多地指向算法黑箱问题。算法不透明普遍为人诟病，[①]刑事司法人工智能中的算法黑箱更是成为众矢之的，以商业秘密为由拒绝公开算法已经难以成为正当借口。[②]

有学者认为，刑事司法人工智能中的算法高度复杂，非常人所能理解，即便公开也并无多大价值。亦有学者认为，对于正当程序而言，代码开源既非必要又不充分，因此透明并非必要要素。[③] 但问题在于，不透明的刑事司法人工智能直接侵害被追诉人的知情权外，还导致难以对算法进行审核，无法测试算法的准确性，导致无法对刑事司法人工智能的裁判结果有效行使抗辩权。随着研究的深入，开源算法为越来越多的人所认同，有观点甚至主张公开计算机程序检测科学证据的源代码。[④] 毕竟更大的透明度可以帮助外部研究人员进行研判；可以帮助增加对这些系统的总体了解，知悉运作过程及权衡的各种因素。[⑤]

当下我国的刑事司法人工智能应用实践中，传统正当程序理论中的诉讼公开，技术正当程序理论中的司法数据公开及算法开源叠加在一起，使程序公开面临的问题更为复杂。深入推进刑事诉讼程序改革虽然有助于实现程序公开，但如果不及时解决数据公开和算法黑箱问题，程序公开将面临严峻挑战。为此，原有的程序公开原则需要增加新的理解变量，需要通过完善司法数据公

① 参见[美]弗兰克·帕斯奎尔：《黑箱社会：控制金钱和信息的数据法则》，赵亚男译，中信出版社 2015 年版，第 1 页。

② See Rebecca Wexler, *Life, Liberty, and Trade Secrets: Intellectual Property in the Criminal Justice System*, Stanford Law Review, Vol. 70:5, p. 1343(2018).

③ See Joshua A. Kroll, et al., *Accountable Algorithms*, University of Pennsylvania Law Review, Vol. 165:3, p. 657 – 660(2017).

④ See Christian Chessman, *A "Source" of Error: Computer Code, Criminal Defendants, and the Constitution*, California Law Review, Vol. 105:1, p. 199 – 221(2017).

⑤ See Danielle Kehl, et al., *Algorithms in the Criminal Justice System: Assessing the Use of Risk Assessments in Sentencing, Responsive Communities Initiative, Berkman Klein Center for Internet & Society*, Harvard Law School, 2017.

开平台建设进一步推进刑事司法数据的公开,更需要通过推动刑事司法人工智能研发机构开源算法以实现算法的透明化。[①]

2. 通过推进算法可解释性构建问责机制

尽管透明度对于刑事司法人工智能至关重要,但公开数据和算法只是开始,亟须在此基础上建立刑事司法人工智能问责机制。毕竟,对于海量数据,缺乏专业分析工具,普通人难以获知其中的规律、难以预测未来的趋势。对于算法,非专业人士更难以理解。尽管刑事司法人工智能的研发主体宣称基于正当目的设计人工智能,并确保将其建立在科学的基础之上,但如果缺乏相关的监督与问责机制,并不能从根本上解决问题。

传统正当程序理论中,诉讼各方参与刑事司法裁判过程,既能够监督裁判过程,也能够对最终的裁判结果发起救济。但在运用刑事司法人工智能的场景中,相关诉讼主体却难以对刑事司法人工智能应用进行有效监督。基于此,技术正当程序特别强调刑事司法人工智能的可问责性。[②] 建立人工智能可问责机制有多种方式,[③]在法律领域,要求人工智能研发者对算法作出必要解释作为一种有效手段被特别强调,[④]"在司法裁决中,凡涉及自主研制系统,都应提供一个有说服力的解释,并由一个有能力胜任的人员进行审计"[⑤]这一原则已经为越来越多的人认可、接受。

要求刑事司法人工智能研发主体承担解释责任,具有如下积极意义:(1)有助于推动自动决策领域可解释权的建立,可解释性与公民的可解释权系一体两面,强调研发、应用主体的可解释性义务是在反面推动赋予公民可解

① 刑事司法人工智能应用中的算法应当以公开为原则,当与国家安全、社会秩序冲突时可以例外地不予公开。关于算法透明与国家安全、社会秩序冲突及私主体权利冲突的论述,参见沈伟伟:《算法透明原则的迷思——算法规制理论的批判》,载《环球法律评论》2019 年第 6 期。

② See Danielle Keats Citron, *Technological Due Process*, Washington University Law Review, Vol. 85, No. 6, p. 1249(2017); Danielle Keats Citron & Frank Pasquale, *The Scored Society: Due Process for Automated Predictions*, Washington University Law Review, Vol. 89, No. 1, p. 18(2014).

③ See Joshua A. Kroll, et al., *Accountable Algorithms*, University of Pennsylvania Law Review, Vol. 165, No. 3, p. 695(2017).

④ See Finale Doshi - Velez, Mason Kortz, et al., *Accountability of AI Under the Law: The Role of Explanation*, Berkman Klein Center for Internet & Society at Harvard University, 2017.

⑤ Marcin Garbowski, *A Critical Analysis of the Asilomar AI Principles*, Zeszyty Naukowe Politechniki Slaskiej, Issue 115, p. 51(2018).

释权;(2)有助于约束刑事司法人工智能的研发、应用主体,要求其在研发、应用时承担解释的义务,能够防范可能的设计或者应用缺陷;(3)有助于刑事司法人工智能的具体应用主体如法官准确理解、接纳和应用刑事司法人工智能;(4)有助于增强民众对于刑事司法的信任,尽管民众未必理解刑事司法人工智能的运作原理,但通过对刑事司法人工智能的运作特别是算法作出解释,能够展现研发、应用主体的自信与坦诚,有助于获取民众的信任;(5)有助于外界对刑事司法人工智能进行验证、监督。刑事司法人工智能的研发、应用主体对具体刑事司法人工智能应用作出解释,能够促进新闻媒体、科技公司对该应用进行验证,科技公司的介入还会促进该刑事司法人工智能应用的迭代升级。由此,当人工智能研发主体不尽释明责任时,应当承担相应的法律责任。

技术赋权理念和技术正当程序的双重规制体系并非对传统程序理论的否定,而是既有刑事诉讼理论的继承、发展和创新。我国在面对新兴科技给刑事司法带来挑战的同时,还需要解决传统程序的正当化问题,只有实现传统程序理论与新技术背景下程序理论的有机统一,才能真正推动司法正义的实现。

四、刑事司法人工智能的规制路径

基于激励发展与合理监管相协调的发展目标,刑事司法人工智能具体规制方案的设定应当践行包容性规制理论,有所为有所不为,根据《新一代人工智能发展规划》提出的“建立健全公开透明的人工智能监管体系,实行设计问责和应用监督并重的双层监管结构,实现对人工智能算法设计、产品开发和成果应用等的全流程监管”,结合发展实际与未来可能,实行区别对待的分类监管策略。

第一,设定刑事司法人工智能的应用场景。人工智能赋能传统产业带来的最大变化是人工智能接管人类的重复性工作,刑事司法领域中的重复性、可替代性工作均可由人工智能承担,例如,法律检索、法律咨询、庭审录入等工作。由刑事司法人工智能应用从事可重复性工作,不仅会大幅减轻司法人员的工作量,还会促进司法人员创造力的释放。而且,刑事司法人工智能应用并非只是单纯替代司法人员从事重复性、机械化工作,其还可以在某些方面实现创造性升级。例如,利用我国在自然语言处理领域的优势,着力研发可以为当事人提供法律咨询、法律检索的高水平问答机器人，不仅可以改变当下低质低效的状况，还可以有效解决值班律师不足的问题，促进司法的可及性，通过科技实现普惠司法。再如，可以将风险评估工具引入审查逮捕及羁押必要性审查阶段，替代取保候审保证金制度，让被追诉人享受科技红利，避免因经济困难而被剥夺取保候审的机会。①

第二，建立刑事司法人工智能应用负面清单。刑事司法人工智能技术发展尚未成熟及其存在的风险和不确定性，促使我们应当研判其适用的边界和限度。首先，从技术层面来看，当下人工智能处于弱人工智能时代，强人工智能在短期内难以实现，使人工智能赋能的领域和边界受到限制。其次，从价值层面来看，鉴于人工智能在创意、情感和裁判领域的天然缺陷，要实现情理法高度融合的裁判正义，具有技术上难以克服的障碍。最后，从司法实践层面来看，既往刑事司法人工智能应用过程中，过于强调技术对于司法的引领作用，对于司法规律把握不足。

基于此，应根据刑事司法的价值追求和技术发展的现实水平为刑事司法人工智能设定必要的限度。凡是可能导致不可预的刑事司法风险，可能造成当事人权利减损，可能冲击既有刑事司法正义结构的人工智能应用都应当列入负面清单。例如，应当禁止刑事司法人工智能进行自主决策、禁止其从事证据审查判断等事实认定工作。当然，负面清单要因应技术发展、法律变动进行动态调整。

第三，完善刑事司法人工智能应用的审核机制和责任追究机制。由于刑事司法人工智能应用关涉刑事司法正义、基本权利，同时又涉及技术创新和研发主体的经济利益，建立差异化的审核机制，能够有效平衡各方利益。首先，应当区分刑事司法人工智能的私人使用和公共使用。对刑事司法人工智能的私人使用以不侵犯公共利益、私人权利为监管原则，但严格防范资本裹挟下科

① 如果只是以既有的逮捕数据设计人工智能应用，将难以降低居高不下的逮捕率。刑事司法人工智能设计需要警惕运用既有数据进行机器学习存在的弊端，避免底层数据可能存在的偏见而导致的“技术侵权”现象发生。

技对司法可能的侵蚀。[①] 其次，对刑事司法人工智能的公共使用进一步采取差异化规制策略，对智能辅助决策应用系统建立专门的审核、认证机制，以是否实现技术赋权理念为判断基准，进行全面事前审查，决定是否颁发证书；对优化管理、提高效率的智能管理应用系统、提升服务质量的诉讼服务应用系统，则可以采取适度宽松的备案制。

在建构事先约束的审核机制的同时，还需要完善刑事司法人工智能的责任追究机制，以实现事后惩戒与事先约束的协同作用。当然，法律责任的设定，应当合理适度，不能因为追责机制的建立而束缚研发人员的创新精神，阻碍刑事司法人工智能技术的创新发展，从而违背包容性规制原理。基于此，刑事司法人工智能的责任设定，应当以当事人权利实质受损为前提，区分研发、审核、应用主体并采取差异化对待策略。权利遭受侵害的当事人，以违反技术正当程序为由寻求司法救济，作为应用主体的刑事司法机关应当为其提供充分救济渠道；当前述技术侵权确定后，刑事司法机关可以追究研发主体和审核主体的责任，但后者的责任承担以存在故意或重大过失为限。

对刑事司法人工智能进行规制的根本目的在于促进司法公正与效率的双重提升，这一目标的实现也有赖于刑事诉讼能够因应技术发展进行流程改造。在遵循司法固有规律的前提下，探索刑事司法人工智能不同应用场景下当事人诉讼权利的实现方式，真正通过技术正当程序落实技术赋权的理念。

结　语

刑事司法人工智能应用的经验表明，以人工智能为代表的新兴科技赋能司法领域已经是大势所趋。但科技融入司法可能引发的道德伦理、正义观念、法律适用风险已经凸显，并对既有法律制度和监管模式形成冲击。这些都是新时代法治建设需要面对的重大命题。

人类科技史上的许多重大进步都曾促进司法领域的深刻变革。司法证明方式从神证到人证、从人证到物证的两次重大转变，[②]都是科技发展助推的结

① 由于法律科技巨大的市场前景，阿里巴巴、腾讯等互联网企业均已开始布局，法律科技的快速发展也催生了大量“技术驱动法律”的初创企业。

② 参见何家弘：《司法证明方法与推定规则》，法律出版社 2018 年版，第 36 页。

果。科技进步使得人类逐渐摆脱蒙昧，祛除了司法裁判的神明化，技术的快速发展使得长期处于随机变化和分散的物证在司法活动中作用凸显。法庭科学以及各种人身识别技术的兴起，为 19 世纪科学证明方法的发展奠定了坚实基础。[①] 20 世纪末以来新证据学的兴起，证据科学时代的来临，更是与交叉学科、新兴科技的快速发展直接相关。既往刑事司法领域的深刻变革，都是人类主动应用新技术的结果，体现的是人类主导下的技术工具化。

当下以大数据、人工智能为代表的新一轮科技革命，呈现出鲜明的特点，不再是既往技术工具化的线性演进，技术本身开始展现出极强的智能性和自主性，这在相当程度上改变了司法领域中的人与机器的关系。在人机关系新形态下，机器不再只是单纯的工具，数据驱动下的智能机器开始具备自动化裁判能力。这一巨大转变对既有的司法结构和司法治理模式形成巨大冲击，并对既有司法制度产生重塑效应，逐渐形成人机协同的司法治理新模式。[②] 在技术乐观主义者看来，这是在利用机器智能培育现代司法体制的新动能，代表着司法的未来。悲观主义者则认为，人工智能在司法领域中的应用会导致技术对人的宰制。

面对司法领域人机关系的新形态，应摒弃司法科技领域中流行的技术决定论，充分研判人机关系变革可能引发的法律、伦理及社会问题，遵循刑事司法人工智能的司法属性，坚持以人为本的司法正义理念，践行技术赋权和技术正当程序，实行包容性规制。通过激励发展与合理规制的协调，为全球刑事司法治理提供中国经验，提升我国在法律科技领域的国际话语权和规则制定权。[③]

---

① 参见何家弘：《司法证明方法与推定规则》，法律出版社 2018 年版，第 43 页。

② 十九届四中全会提出“坚持和完善共建共治共享的社会治理制度”，“打造数据驱动、人机协同、跨界融合、共创分享的智能化治理新模式”成为其中的重要组成部分。参见郭声琨：《坚持和完善共建共治共享的社会治理制度》，载《人民日报》2019 年 11 月 28 日，第 6 版。

③ 习近平在阐述网络信息技术、区块链应用等新兴科技时强调“提升国际话语权和规则制定权”。参见《加快推进网络信息技术自主创新　朝着建设网络强国目标不懈努力》，载《人民日报》2016 年 10 月 10 日，第 1 版；习近平：《把区块链作为核心技术自主创新重要突破口　加快推动区块链技术和产业创新发展》，载《人民日报》2019 年 10 月 26 日，第 1 版。

刑事诉讼中的诉讼行为理论研究*

施鹏鹏**

摘　要：诉讼行为是一个亟待厘清的比较法概念，德国、法国和意大利对诉讼行为这一概念的理解并不相同，不应混为一谈。意大利的诉讼行为理论虽来源于1808年的《法国重罪预审法典》，但历经200年的发展尤其是1988年刑事诉讼的重大修改已经赋予其全新的内容。意大利刑事诉讼采用最广义的界定，即诉讼主体在整个刑事诉讼过程中所实施的所有行为及其产生的后果。《意大利刑事诉讼法典》对每种诉讼行为均确立了周密的制裁制度，主要包括不予受理、逾期无效、程序无效以及不可用。意大利刑事诉讼中的诉讼行为理论为中国学术界提供了一个非常宏大且相对完整的分析框架。但一套逻辑起点似乎极为简单的理论却几乎将《意大利刑事诉讼法典》的所有规则全部纳入研究视野，理论的精密度成疑。

关键词：刑事诉讼　诉讼行为　程序无效　不可用

一、导论：诉讼行为，一个亟待厘清的比较法概念

大陆法系的诉讼行为理论在中国刑诉学界一直颇具吸引力，原因在于中国的《刑事诉讼法》虽历经40年，相关的司法解释及部门规章也较为周密，却

---

* 本文原载于《比较法研究》2019年第4期。

** 施鹏鹏，中国政法大学证据科学研究院教授。

常因刚性不足、对公权力的违法行为缺乏有效的制裁手段而备受诟病。因此，许多中国学者希望从大陆法系的这套较为成熟的理论中获取灵感，构建有效制约公权力滥用的程序制裁机制，也取得了相当的学术成果。例如，陈瑞华教授在《大陆法中的诉讼行为无效制度——三个法律文本的考察》中对法国、意大利和中国澳门特别行政区刑事诉讼法典所确立的诉讼行为无效制度作了规范性实证分析，并总结了三个法律文本下诉讼行为无效制度的基本特征。陈瑞华教授还指出，"之所以将上述三个法律文本作为考察的对象，是因为德国尽管也属于有代表性的大陆法国家，但其刑事诉讼法典并没有确立诉讼行为无效制度，宣告诉讼行为无效也不是德国程序性制裁的一种法定方式"。[①] 陈永升教授在《大陆法系的刑事诉讼行为理论——兼论对我国的借鉴价值》[②]一文中则对欧陆代表性国家尤其是德国的诉讼行为理论进行了较为系统的介绍，并展望了刑事诉讼行为理论在中国刑诉法理论体系构建中的价值。徐静村教授所主编的经典教材《刑事诉讼法学》也曾较早援引日本及我国台湾地区学者的研究，对诉讼行为的概念进行了界定，指出"刑事诉讼行为是指诉讼主体或其他主体实施的、构成诉讼程序内容的、可以产生诉讼上的特定效果的行为"。[③] 笔者本人也曾对法国的程序无效理论作过系统研究，试图将这一套较为周密成熟的理论引入中国刑事诉讼的理论体系。[④]

从既有的代表性成果来看，中国刑诉法学者眼中的诉讼行为理论事实上存在完全不同的版本。陈瑞华教授便认为，德国并无诉讼行为无效制度。陈永升教授则持完全相反的观点，认为现代意义上的法律行为概念和系统的法律行为理论的创立是由德国法学家完成的，并经由民事诉讼逐渐走向刑事诉讼。陈永升教授还梳理了从 1900 年德国学者贝灵的《德国刑事诉讼法教程》到 1925 年哥尔德斯密特《作为法律状态的诉讼程序》中诉讼行为理论在德国

---

① 参见陈瑞华:《大陆法中的诉讼行为无效制度——三个法律文本的考察》,载《政法论坛》2003 年第 5 期。

② 参见陈永生:《大陆法系的刑事诉讼行为理论——兼论对我国的借鉴价值》,载《比较法研究》2001 年第 4 期。

③ 参见徐静村主编:《刑事诉讼法学》(上)(第 3 版),法律出版社 2004 年版,第 100 页。

④ 参见施鹏鹏:《法国刑事程序无效理论研究——兼谈中国如何建立"刚性"的程序》,载《中国法学》2010 年第 3 期。

刑事诉讼学理体系的发展。两位学者的观点其实均不存在问题。德国诉讼法学界（尤其是民诉法学界）确实对诉讼行为（Prozeßhandlung）理论投入大量的精力。但德国刑事诉讼里的诉讼行为理论并非解决对公权力行为的制裁问题，而仅是对诉讼主体的行为样态进行概述，甚至许多主流的刑诉法学者不承认诉讼行为是刑事诉讼的专业术语。①

之所以出现这种概念上的混乱现象，核心原因还是不同的刑诉学者因所掌握的学术语言有差异而自然而然地接受了所研究国家刑事诉讼的基本范畴和理论体系，且互相之间缺乏较深层的理论交流与对话。因此，本文在对诉讼行为理论进行系统研究之前，必须先对这一争议较大的比较法概念进行理论背景的厘清，避免问官答花，陷入无意义的概念之争。

在德国法上，对刑事诉讼中公权力行为的制约适用基本权干预理论（strafprozessuale Grundrechtseingriffe）。传统的公法理论认为，应以四个要素来界定公权力的基本权干预行为②：其一，行为的目的性（Finalität des Handelns），即公权力行为必须导致对个人基本权的限制；其二，基本权影响的直接性（Unmittelbarkeit der Grundrechtsbeeinträchtigung），即公权力行为必须直接导致基本权保护领域受到影响，而非间接影响或者附带效果；其三，法律行为（Rechtsakt），即公权力行为必须是具有法律效力的行为，而非事实行为；其四，命令性或强制性（Befehl und Zwang），即公权力行为必须具有命令及强制的性质，才可能导致基本权干预。现代的公法理论则主要采用扩张、广义的干预概念（der erweiterte bzw. weitere Eingriffsbegriff），或称现代的干预概念（der moderne Eingriffsbegriff），认为只要对公民的基本权行使产生全部或部分的影响，则构成基本权干预，而无须考虑传统的四大要素。公权力行为构成基本权干预的，将适用证据禁止的相关规定。因此，如果从构建中国刑事诉讼中的公权力行为制裁理论而言，德国法意义上的诉讼行为（Prozeßhandlung）

---

① 如[德]克劳思·罗科信：《刑事诉讼法》，吴丽琪，法律出版社 2003 年版，第 195 页及以下。更系统地介绍，参见 Bettina Grünst, Prozeßhandlungen im Strafprozeß, AKTIV DRUCK & VERLAG GMBH · EBELSBACH, 2002，尤其是第 117 页以下的介绍。

② 参见林钰雄：《干预保留与门槛理论——司法警察（官）一般调查权限之理论检讨》，载《政大法学评论》2007 年第 96 期。

无法提供必要的智识支撑。

法国的程序无效理论与意大利的诉讼行为理论与具有同源性。程序无效制度创设于1808年的《法国重罪预审法典》(Code d'instruction criminelle),其根本的思想渊源便是希望在刑事诉讼尤其是侦查及预审中设立刚性的程序规则,杜绝各种损及公共秩序及基本人权的违法侦查、预审乃至裁判行为。而意大利第一部近代意义上的刑事诉讼法典颁布于1865年。意大利1865年的法典完全以《法国重罪预审法典》为蓝本,充分吸收了拿破仑司法改革的先进成果(如自由心证原则、检察公诉原则等,当然也包括程序无效制度),构建了意大利现代职权主义诉讼的基本程序框架。但应当注意的是,因为刑事诉讼所涉及的各种程序细则纷繁复杂,立法及判例又不断发生转向,意大利和法国各自的刑事诉讼法学者依本国的国情构建了存在相当差异的理论体系,即我们现在所看到的诉讼行为理论(意大利)和程序无效理论(法国)。如前所述,笔者曾在2010年系统研究过法国的程序无效理论,近期又系统地研究了意大利的诉讼行为理论,深感青出于蓝而胜于蓝,意大利当下的诉讼行为理论应当算是罗马法系国家中最完整也是最复杂的一套学说体系,影响了包括西班牙、葡萄牙甚至法国在内的诸多国家。因此,本文将主要(但不限于)以意大利的诉讼行为理论体系为着力点,详细解读这套复杂且逻辑自洽的理论体系。

二、刑事诉讼中的诉讼行为概念及其类型化

在大陆法系各国和地区的刑事诉讼中,诉讼行为(l'atto)有广义和狭义之分。意大利刑事诉讼采用最广义的界定,即诉讼主体在整个刑事诉讼过程中所实施的所有行为及其产生的后果。① 因此,诉讼行为贯穿刑事诉讼的全阶段,包括审前程序、庭审程序以及上诉程序,涉及所有诉讼主体,包括法官、检察官、司法警察以及私诉当事人,涵盖了行为意义上的诉讼行为(如侦查、强制措施、公诉、审判等)和结果意义上的诉讼行为(如刑事判决、令状或者裁定)。以程序法定的标准区分,诉讼行为还可分为受程序约束的诉讼行为

① Tonini, Manuale di procedura penale, Giuffrè, 2015, p. 69; G. Conso, I fatti giuridici processuali penali, Milano, 1955, p. 132.

(Atti a forma vincolata)和不受程序约束的诉讼行为(Atti a forma libera)。

(一)法官和当事人的诉讼行为

1. 法官的诉讼行为

法官诉讼行为的基本样态为判决(la sentenza)、裁定(l' ordinanza)和命令(il decreto)。

判决是法官履行裁判义务的诉讼行为。当刑事程序启动后,法官通过判决结束案件。如果一方当事人对判决提起上诉,则由另外的法官重新审判案件,直至案件不可上诉(第648条①)。判决应载明理由,法官应详细说明判决所遵循的逻辑,这是宪法义务(《意大利宪法》第111条第6款),否则构成相对程序无效(第125条第3款)。2017年的"奥兰多法"修改了意大利传统的判决理由结构。修改后,意大利刑事判决理由分成四部分,分别涉及指控事实的查明及法律定性、当罚性及所适用的刑罚(量刑与保安处分)、因犯罪导致的民事责任以及适用程序规则其他事实的查明。对于前述每个问题,法官应依据清楚地阐释据以作出判断的"事实和法律理由",尤其是"所获得的结果""证据的评价标准"以及反证"不可信"的"理由"。②

裁定和命令均是法官解决并不涉及诉讼结果的单个问题。例如,依裁定,法官可以接受或者驳回采纳证据的请求(第190条第1款)。裁定应载明理由,否则将构成相对程序无效(第125条第3款),且一般而论,法官可撤销裁定。命令则由法官作出,除法律明确要求,否则无须载明理由(第125条第3款)。《意大利刑事诉讼法典》详细规定了在何种情况下法官应采用裁定或者命令的形式,理论界并未确立一般性的区分标准。但通常而论,裁定应经双方当事人对席辩论后作出,而命令则无此要求。例如撤销案件令便无须经过双方当事人的对席辩论(第409条第1款),而撤销案件的裁定则应经过合议室

---

① 为简洁需要,本文只要未专门做说明,所援引的法条均来自《意大利刑事诉讼法典》。法条翻译部分参考了黄风教授的译本,同时对最新版本法典新增的内容以及一些专有术语进行了部分的重译。黄风教授的译本,载《世界各国刑事诉讼法》编辑委员会编译:《世界各国刑事诉讼法·欧洲卷》(下),中国检察出版社2016年版,第1626页及以下。

② Cfr. la Relazione al d. d. l. n. 2798, in Atti Parlamentari, Camera dei Deputati, XVII Legislatura, Disegni di legge e Relazioni, Documenti, p. 8.

内庭审（双方当事人进行对席辩论）方可作出（第 409 条第 6 款）。

2. 当事人的诉讼行为

意大利 1988 年的刑事诉讼改革全盘引入了当事人主义的制度和技术，检察官在刑事诉讼中并不具有特殊的地位，称为公诉当事人，与受害人①、被告人（受害人和被告人统称为私诉当事人）尽可能保持平等的诉讼地位。《刑事诉讼法典》第 2 编规定了当事人诉讼行为的基本样态，即请求（richieste）和答辩（memorie）。

请求，指当事人（包括公诉当事人和私当事人）向法官提出各种类型的申请，以请求法官作出裁决。例如附带证明的请求（第 392 条）、民事当事人请求临时执行返还和赔偿损失（第 540 条第 1 款）。对于当事人依正当程序所提出的请求，法官应立即作出决定（可能是裁定或命令）。除非法律另有专门规定（第 121 条第 2 款），否则法官作出决定的时间不超过 15 日。如果法官未遵守这一义务，则当事人可以依 1988 年第 117 号《司法官责任法》（responsabilità dei magistrati）第 3 条提出正式的请求。在这一情况下，法官应在 30 天内作出裁决。如果法官未如此为之，则可能构成拒绝裁判（diniego di Giustizia），需要承担民事责任和纪律惩戒责任，严重的时候还可能构成拒绝裁判罪。需要特别指出的是，意大利专设司法机构的负责人（Dirigenti degli uffici giudiziari），负责对司法官的纪律惩戒，主要针对司法官未遵循《意大利刑事诉讼法典》相关规定的情况。

答辩，指当事人为获得有利于己方的决定而阐述事实或法律问题的诉讼行为。《意大利刑事诉讼法典》充分保障了当事人的答辩权，例如第 90 条规定，受害人可在诉讼的任何阶段和审级提交答辩状。

但需要特别指出的是，当事人的诉讼行为并不仅限于请求和答辩。《意大利刑事诉讼法典》从第 5 编起规定了当事人的其他诉讼行为，亦极具重要性，例如在庭审终结时提交结论（conclusioni，第 523 条）、同意（consenso，第 423 条第 2 款、第 444 条、第 446 条、第 449 条第 2 款、第 518 条第 2 款以及第 566 条第 5 款）、接受（accettazione，第 340 条）、放弃（rinuncia，第 419 条第 5

① 受害人可以提起附带民事诉讼。

款、第495条4－1款、第569条第2款以及第589条)、撤销(revoca,第82条)以及上诉等(第581条)。

(二)行为意义上的诉讼行为和结果意义上的诉讼行为

意大利语“l’atto”一词原本便具有多义性,既可指诉讼行为,也可指诉讼文书。意大利刑事诉讼理论界在使用“l’atto”一词时并不刻意区分,读者只能在所描述的制度背景中自行理解,绝大部分情况下并不会造成混淆。但在比较法上,为便于清晰介绍,我们可以将诉讼行为(l’atto)区分为行为意义上的诉讼行为和结果意义上的诉讼行为,后者便指因诉讼行为而产生的诉讼文书。《意大利刑事诉讼法典》非常详细地规定了诉讼文书的语言(第109条第1款)、署名(第109条第2款和第3款)、签发的时间和地点(第111条第1款、第2款)、发布细则(例如第114条)以及副本、摘录和证书等(第116条第1款)。违反这些规则,亦构成无效事由。

(三)受程序约束的诉讼行为和不受程序约束的诉讼行为

受程序约束的诉讼行为,指刑事诉讼法典明文所规定的、应遵循特定程序规定的诉讼行为。前所论及的诉讼行为便均属于受程序约束的诉讼行为。但如果刑事诉讼法典并未明文规定某一诉讼行为应遵循特定的程序规范,则属于不受程序约束的诉讼行为。例如,《意大利刑事诉讼法典》第125条第1款规定,“法律规定在哪些情况下法官采用判决、裁定或者命令的形式作出决定”。这便属于典型的受程序约束的诉讼行为。第125条第6款规定,“其他决定的作出可以不遵循特殊的程序;在无其他规定的情况下,也可以口头作出决定”。这便属于不受程序约束的诉讼行为。如为保障庭审公开,法官可以以言词形式确立旁听人数、对妨碍法庭秩序的人员作出处理等(第471条第6款)。

三、诉讼行为无效的界定及其类型

诉讼行为概念的提出,核心内容便是督促法官及各方当事人遵循刑事诉讼法的规定,否则将导致各种否定性后果。[①] 但需要特别注意的是,诉讼行为无效对私当事人和享有公权力人员的制裁后果略有不同,对私当事人的制裁主要反映为诉讼行为无效(invalidità)及可能的败诉后果。但对公权力人员的制裁则主要反映为诉讼行为无效[②]和纪律惩戒。对于前者,《意大利刑事诉讼法典》在各个篇章里作了零散且详细的规定。而对于后者,《意大利刑事诉讼法典》第124条第1款和第2款则进行了集中、专门的规定,即"司法官员、法官的书记官和其他助理人员、司法执达吏、司法警察机关的警官和警员必须遵守本法典的各项规定,即使不遵守有关规定将不导致行为无效或者诉讼制裁","各司法办公室的负责人对诉讼规范的执行情况进行监督,包括在涉及纪律责任情况下的监督"。第124条第1款还确立了诉讼行为无效的程序法定原则(Il principio di tassatività)[③],即仅当《意大利刑事诉讼法典》明文规定了诉讼行为无效的情况,不遵守程序法方成为无效事由。例如,在初步庭审前,无地域管辖权可由当事人申请或者法官依职权主动查明,否则可能构成"逾期无效"(decadenza)(第21条第2款)。但如果不遵守程序的行为并未规定在《意大利刑事诉讼法典》的总论或专门条款中,则该行为仅构成不合规(irregolare)。不合规的诉讼行为是有效的,法官可以在判决中自由评价其证明力。但如果涉及公权力人员实施不合规诉讼行为的,依然可能导致纪律惩戒责任。

《意大利刑事诉讼法典》规定了四种类型的诉讼行为无效,分别是:不予受理(l'inammissibilità)、逾期无效、程序无效(nullità)以及不可用(inutilizzabilità)。其中,程序无效和不可用是最为常见的诉讼行为无效类型,

① G. Conso, IL concetto e le specie di invalidità, Milano, 1955, p. 92.

② 意大利刑事诉讼的相关立法(例如第124条以及一些委托立法)及许多学术著述中也存在"程序制裁"(sanzione processuale)这一表述。但主流观点认为,这一表述并不准确,因为在严谨的法律表述中,"制裁"是对某一行为作出不利评价而导致的实体后果,如刑事制裁、民事制裁或者纪律惩戒制裁等。因此,"程序制裁"的表述容易引发误读。但在意大利,无论是立法还是司法实务,"程序制裁"这一表述均广为使用,在内涵和外延上接近于诉讼行为无效。具体的解读,参见 Tonini, Manuale di procedura penale, Giuffrè, 2015, p. 199。

③ 程序法定原则仅规定在《意大利刑事诉讼法典》第177条(程序无效)及第173条(逾期无效)中,但意大利的主流学说认为,这一原则适用于所有类型的诉讼行为无效。Tonini, Manuale di procedura penale, Giuffrè, 2015, p. 69; G. Conso, I fatti giuridici processuali penali, Milano, 1955, p. 199.

学理体系也最为复杂。考虑到篇幅及结构，本文将单独分别介绍程序无效和不可用。

（一）不予受理

不予受理，指如果一方当事人（包括真实或潜在的当事人）所提出的请求不符合法律所规定的要求，则法官对此将不进行实质审查。法律所规定的要求可能是诉讼行为应当完成的期限（例如未遵守第 591 条第 1 款 c 项之规定①，对于超出上诉期限而提出上诉请求的，不予受理），可能是诉讼行为的内容（例如第 78 条第 1 款关于设立民事当事人的手续②，对于未符合民事当事人程序要求的，以民事当事人身份参与诉讼的请求将不予受理），可能涉及程序的某一方面（如 122 条第 1 款③关于特别委托的程序，对于未符合特别委托程序要求的，不予受理），也可能涉及完成诉讼行为的合法性（例如第 41 条④，对无权主体提出回避请求的，不予受理）。

不予受理这一类型的诉讼无效，既可以由当事人提出，也可以由法官依职

---

① 《意大利刑事诉讼法典》第 591 条第 1 款 c 项规定在下列情况中，上诉是不可接受的：……c. 未遵守……第 585 条的规定（关于上诉期限的规定）。

② 《意大利刑事诉讼法典》第 78 条“设立民事当事人的手续”。（1）设立民事当事人的声明应当在进行诉讼或主持庭审的法官的文书室存放，并且应当包含以下内容，否则不可接受：①被设立为民事当事人的自然人的一般情况，或者被设立为民事当事人的团体或机构的名称以及它的法定代表人的一般情况；②对之提起民事诉讼的刑事被告人的一般情况或者有助于辨别其身份的其他介绍材料；③辩护人的姓名并附委托书；④列举提出有关要求的正当理由；⑤辩护人的签字。（2）如果声明是在庭审以外提出的，应当由民事当事人负责向其他当事人送达，并且自对各当事人执行送达之日起对其发生效力。（3）如果在声明的下方或边空处未附加委托，并且委托是采用第 100 条第 1 款和第 2 款规定的其他方式授予的，该委托书在法官的文书室存放，或者在开庭时同设立民事当事人的声明一起出示。

③ 《意大利刑事诉讼法典》第 122 条“为某些行为出具的特别委托书”。（1）当法律允许通过特别代理人实施行为时，委托书必须通过公共文书或经公证的私人文书出具，并且，除法律特别要求的事项外，它应当确切地载明委托的事项和所涉及的事实，否则，该委托书不被接受。如果委托书采用私人文书形式向辩护人出具，有关签名可以由该辩护人确认。委托书与诉讼文书附在一起。（2）公共管理机构出具的委托书可以由诉讼地辖区办公室领导人签名并且加盖该办公室的印章。（3）当法律规定必须出具特别委托书时，任何在不持有委托书的情况下为他人利益实施的行为均不得获得批准。

④ 《意大利刑事诉讼法典》第 41 条“对回避要求的决定”。如果回避的要求是由无权提出此要求的人提出的或者未遵守第 38 条规定的期限或程序，或者所援引的理由显然没有根据，法院立即以裁定形式宣布该要求是不可接受的；对于这一裁定，可以向最高法院提出上诉。最高法院根据第 611 条的规定在合议室作出裁决。

权查明。如果是后者,则法官可直接宣布诉讼请求不予受理(通过裁定或判决),后续将不对实体问题作出判决。《意大利刑事诉讼法典》并未在一般意义上规定提出不予受理请求的期限以及宣布不予受理的期限。因此,在一般意义上,法官在判决生效且不可撤销前,均可以依职权查明这一无效事由,除非法典另有明确规定(例如《意大利刑事诉讼法典》第 81 条第 1 款,对设立民事当事人请求不予受理的声明应在开庭前作出)。

(二)逾期无效

逾期无效规定在《意大利刑事诉讼法典》第 173 条中,指在不能推迟的期限内因未实施诉讼行为而导致丧失确立诉讼行为的权利。未在不能推迟的期限内完成诉讼行为的,在法律上无效。因此,逾期无效与《意大利刑事诉讼法典》第 172 条所规定的诉讼期限制度紧密相关。在《意大利刑事诉讼法典》中,诉讼期限分为四种类型,有的可构成逾期无效,有的则不构成逾期无效:

(1)不可延期的期限(又称为强制性的期限,termini perentori),指在既定时间内并且不得迟于该规定的时间内实施诉讼行为。如果超过该期限,则诉讼主体将失去有效完成该诉讼行为的权力。鉴于不可延期的期限所可能带来的严重后果,《意大利刑事诉讼法典》规定,“只有在法律规定的情况下,期限才具有逾期无效的意义”(第 173 条第 1 款)。例如《意大利刑事诉讼法典》第 79 条第 1 款及第 2 款规定,“设立民事当事人可以在初步庭审中进行,并且在第 484 条规定的行为完成之前均可进行”;“第 1 款规定的期限逾期无效”。类似的条款还包括第 182 条第 3 款(提出无效抗辩的期限逾期失效)、第 458 条第 1 款(在送达立即审判令后的 15 日内,被告人可以请求实行简易审判,逾期失效)以及第 585 条第 5 款(上诉的期限,本条规定的期限必须遵守,逾期无效)。

(2)设定的期限(termini ordinatori),指法律条款规定了一个时间段,诉讼行为必须在这一时间段内实施。但与不可延期的期限相反,未在设定期限内完成诉讼行为并不会产生任何“程序”后果:诉讼行为在期限届满后仍可有效完成。但诉讼主体未在设定的期限内完成诉讼行为的,且未有有效的理由,则将受到纪律惩戒(第 124 条)。

（3）延缓的诉讼期限（termini dilatori），指在既定时间结束前不得完成的诉讼行为，实践部门又称之为“空闲期限”（termini liberi）。这种类型诉讼期限的目的是确保一个（或多个）诉讼主体有必要的时间来准确完成某一特定的诉讼行为。例如《意大利刑事诉讼法典》第 429 条第 3 款规定，“发布审判令和审判之间的间隔期不少于 20 日”。第 364 条第 3 款规定，“犯罪嫌疑人的辩护人应至少提前 24 小时收到通知”，以保证各方当事人有必要的时间组织辩护（《意大利宪法》第 111 条第 3 款也作了类似的规定）。

（4）加速的诉讼期限（termini acceleratori），指法律规定既定的诉讼行为必须在某一期限内完成，目的是确保诉讼程序在合理的期限内完成，这也是《意大利宪法》第 111 条第 2 款的要求。

延缓的诉讼期限或加速的诉讼期限也有可能构成逾期无效，但严格遵循程序法定主义，即法典有明文规定的，才可构成逾期无效，反之则不构成。如前所述，一旦构成逾期无效，则诉讼行为无效力。这里存在与不予受理的交叉地带，即超出法定期限完成诉讼行为的，可能也同时构成不予受理。

立法对逾期无效规定了一种特殊的救济方式：期限复原（La restituzione nel termine），即在一些情况下，对公平的要求超过了对期限确定性的要求，因而允许违反诉讼期限而导致逾期无效的当事人重新实施诉讼行为的制度。《意大利刑事诉讼法典》规定了两种类型的期限复原制度①：一种是具有一般性质的期限复原。这体现在《意大利刑事诉讼法典》第 175 条第 1 款中，“如果公诉人、当事人和辩护人证明由于意外事件或不可抗力而未能遵守期限”，则逾期无效的期限可以复原；另一种是具有特殊性质的期限复原，仅针对刑事处罚令。“受到刑事处罚令处罚的被告人，如果没有及时地实际知晓该处罚决定，可以要求对未提出异议所规定的期限实行复原，除非他自愿放弃这一请

---

① 事实上，《意大利刑事诉讼法典》原先还规定了缺席审判制度的期限复原。2014 年第 67 号法律废除了原先的缺席审判制度，以新的被告人缺席制度取而代之，并对缺席审判的期限复原制度进行了全新的规定。但考虑到被告人缺席制度在意大利的司法实践中几乎很少适用，此处不再赘述。参见笔者在“修改后刑事诉讼法实施重点问题研讨会”上的发言。龚云飞：《新设三项诉讼制度如何落地生根》，载《检察日报》2018 年 12 月 13 日，第 3 版。也可参见意大利学者的相关研究，如 C. CONTI, Processo in absentia a un anno dalla riforma：praesumptum de praesumpto e spunti ricostruttivi，in Dir. pen. proc.，n. 4/2015，p. 461。

求"(第175条第2款)。

期限复原也遵循特定的程序要求,以一般性质的期限复原为例。[①] 有权提出一般性质期限复原请求的,可以是"检察官、民事当事人以及被告人"。"对于每一方当事人而言,在每一审级中只能获准实行一次期限复原"(第175条第3款)。刑事诉讼法典并未规定法官作出期限复原裁定所应遵守的程序,也未提及合议程序。意大利最高法院联合法庭对此作了弥补,法官对期限复原请求可直接作出裁定,无须经过对席庭审。但如果期限复原请求依附于主程序中,则依主程序的程序要求作出裁定。作出期限复原的裁定应载明理由(第125条)。当接受上诉或异议的期限复原请求时,法官可以根据需要裁定释放在押的被告人,并采取一切必要的措施使因期限届满而产生的效力暂时中断(第175条第7款)。对于允许上诉或异议的期限复原的裁定,只能同就有关上诉或异议作出的判决一起成为上诉的对象(第175条第5款)。相反,对于驳回期限复原请求的,可以向最高法院提起撤销之诉(第175条第6条)。

(三)程序无效[②]

程序无效,指某一诉讼行为未遵守《意大利刑事诉讼法典》相关法律条款的规定,且该条该款明确规定将科以"无效"的处罚。故程序无效遵循严格的程序法定主义(又称为"无效法定主义",Tassatività delle nullità),"只有在法律规定的情况下,未遵守有关诉讼行为的规定才构成程序无效的原因"(第177条)。严格的程序法定主义可延伸出程序无效适用的两项前提性原则:一是不得类推适用程序无效;二是一旦程序无效得以确认,原则上并不需要考虑所保护的利益是否受到具体的损害,或者无效的诉讼行为是否达到预期的后果。按照法典规定的方式,程序无效可分为特别的程序无效(nullità speciali)

---

① 刑事处罚令的期限复原制度较为特殊,囿于篇幅及主题,此处略去不述。

② 意大利语的 nullità,直译为"无效",但和诉讼行为无效(invalidità)容易产生混淆。从比较法的角度看,意大利的"无效"制度,功能上类似于法国的程序无效,故此处作了意译。关于对程序无效的权威解释,参见 T. Rafaraci, voce Nullità (dir. proc. pen.), in Enc. dir., vol. IIAggiornamento, Milano, 1999, p. 597。

和一般的程序无效(nullità generali)。顾名思义,特别程序无效,指在具体案件中诉讼行为未遵循特定的程序规则而导致的无效事由,例如《意大利刑事诉讼法典》第 193 条第 3 款规定,(在诉讼中未使用意大利语的),将导致诉讼行为无效。而一般程序无效则指在具体案件中诉讼行为未遵循一般性的程序规则而导致的无效事由。一般的程序无效规定在《意大利刑事诉讼法典》第 178 条,主要包括:(1)担任法官的资格性条件,关于司法制度的为组建合议庭规定的法官数目;(2)公诉人为提起刑事诉讼而应采取的主动行为以及诉讼参与;(3)被告人和其他当事人的参与、对他们的救助和代理、传唤犯罪被害人和告诉人参加诉讼。

按违法严重程度的高低,程序无效可分为三种:绝对程序无效、中间程序无效和相对程序无效。①

1. 绝对程序无效

绝对程序无效(nullità assoluta),指诉讼行为极其严重地违反了程序规则,无可补救。绝对程序无效明确规定在《意大利刑事诉讼法典》第 179 条中,“第 178 条第 1 款第 1 项规定的无效情况、因公诉人提起诉讼中的行为而造成的无效情况、因未传唤被告人或者未让必须在场的辩护人在场而引起的无效情况是不可补救的,并且当然地可在诉讼的任何阶段和审级中指出”;“由法律条款专门列举的无效情况也是不可补救的,并且当然地可在诉讼的任何阶段和审级中指出”。根据这一条款,可以看出,绝对程序无效分为两类:一类是一般性的绝对程序无效,如违反了法官资格条件的规定、合议庭人数不符合法律规定、检察官错误起诉(如在普通程序中直接请求将被告人提交审判)等。尤其要强调的一点,“未传唤被告人”亦构成绝对的程序无效。这是因为被告人是刑事诉讼中最为重要的当事人,相比之下,其他的私当事人不如被告人地位重要,因此,未传唤被告人以外的其他私当事人,构成中间无效。“未传唤被告人”,包括未向被告人发布传唤到庭令,也包括传唤到庭令

---

① C. Mancinelli, voce Nullità degli atti processuali penali, in Noviss. Dig. it., Vol. XI, Torino, 1965, p. 488. Circa l'interpretazione dell'art. 184 c. p. p., P. Moscarini, Esigenze antiformalistiche e conseguimento dello scopo nelprocesso penale italiano, Milano, 1988, p. 89. V., inoltre G. Conso, I fatti giuridici processuali penali, Milano, 1955, p. 111.

未有效送达。在法律明文规定辩护人必须在场的情况下,未让辩护人在场的,也构成绝对的程序无效。另一类是特定的绝对程序无效,散见于《意大利刑事诉讼法典》的各个具体条款中。例如《意大利刑事诉讼法典》第525条要求,"参加法庭审理的法官均应参加评议,否则诉讼行为完全无效"。无论是一般的绝对程序无效,还是特定的绝对程序无效,均可在诉讼的任何阶段和审级中指出,且不可补救。

2. 中间程序无效(nullità intermedia)

《意大利刑事诉讼法典》第180条对中间程序无效进行了排除式的界定,即"除第179条之外,第178条所规定的其他内容一般无效"。主要包括的情况有:(1)未遵守检察官"参与"程序的条款,如在对席程序中未让检察官参与(未通知检察官初步庭审的日期),或者在法律规定必须征求检察官意见的情况下未作意见征求(如在更换或撤销预防措施时未征求检察官的意见,第299条);(2)未遵守"被告人和其他私当事人的参与、对他们的救助和代理,以及传唤犯罪被害人和告诉人参加诉讼"的规定。这里的"参与",包括个人辩护,如未向被调查人和被害人寄送关于担保的通知(第369条)。[①] "救助和代理",主要指未告知私当事人及其辩护人有权参与这类诉讼行为的完成,例如侦查人员在讯问时未事先通知犯罪嫌疑人的辩护人。对于被告人以外的私当事人(如民事当事人、民事责任人等)未进行传唤的,也构成中间无效。对于在庭审阶段未传唤被害人或者告诉人的,如果两者并未构成民事当事人,在技术上还不属于诉讼"当事人",则亦构成中间无效。中间程序无效同样可由法官依职权主动查明,但具有一定的时间限制,即只能在宣告第一审判决之前指出。如果中间程序无效事由出现在审判期间,则只能在随后审级的判决作出之前提出。中间程序无效可以补救(第183条)。

3. 相对程序无效(nullità relative)

相对程序无效是指除绝对程序无效和中间程序无效之外的其他特别程序

① 《意大利刑事诉讼法典》第369条规定,"只有在应当实施辩护人有权参加的活动的情况下,公诉人才通过带有回执的挂号信向被调查人和被害人寄发关于担保的通知,说明被认为触犯了的法律规范、有关行为的时间和地点,并且告知有权指定自选辩护人"。因此,未寄送关于担保的通知,影响了被调查对象的个人辩护。

无效(第 181 条)。相对程序无效仅得依当事人的控辩而宣告,且仅得在短期限内进行。相对程序无效同样可以进行补救。只有利害关系方提出抗辩,法官才可宣布相对程序无效,换言之,原则上法官不得依职权认定相对程序无效。如果因某种理由法官在庭审前未对相对程序无效作出宣告(第 181 条第 3 款,如初步庭审),当事人应再次就初步庭审的问题提出新的抗辩(第 491 条)。如果庭审法官未作宣告,则相对程序无效应在针对有关判决提出上诉时一并提出(第 181 条第 4 款)。

综上,可以看出,程序无效的类型及事由,是由立法者依据所损及的法益进行了预先的设定,严格贯彻程序法定主义以保证规则的刚性。绝对程序无效涉及刑事诉讼中最核心的法益,故可在诉讼的任何阶段和审级中指出,且不可补救。而中间程序无效和相对程序无效则可进行补救。立法规定了两种补救方式,即抗辩的限制(limiti di deducibilità)和"补救"(sanatorie)。所谓抗辩的限制,是指提出抗辩请求之当事人的正当性资格缺失,导致所提出的中间程序无效或者相对程序无效不成立。《意大利刑事诉讼法典》第 182 条第 1 款规定,中间程序无效和相对程序无效不得由"造成或者参与造成无效原因的人以及同未遵守有关规定的行为无利害关系的人提出"。例如,律师在办公室内未准备必要的手段以履行接收紧急通知的义务,则不得在重审的庭审中主张未进行有效送达。又如,犯罪嫌疑人无任何利益的情况下主张对受害人的传唤令无效。补救,则指缺陷行为发生后采取必要的法律行为,使其成为有效的诉讼行为。一旦实施补救行为,则阻止任何当事人提起诉讼行为无效抗辩,也禁止法院依职权主动查明。该制度源自于行为保留原则(principio di conservazione degli atti)。《意大利刑事诉讼法典》区分了一般补救(第 183 条)及特殊补救(第 184 条)。一般补救(Le sanatorie generali)适用于中间程序无效或相程序对无效。依《意大利刑事诉讼法典》第 183 条之规定,如果有关当事人明确表示放弃提出无效抗辩,或者接受了有关行为的后果,则对无效行为进行了一般补救。例如未告知被告人的辩护人进行了不可重复的技术核查(第 360 条第 1 款),但辩护人使用了这一技术核查的结果,并请求法官接受。一般补救的另一种情况是当事人运用了未实施的行为或无效行为所涉及的权利。例如未告知被告人的辩护人进行了不可重复的技术核查,但被告人的辩护人任命了参与技术核查的人员作为技术顾问。特殊补救则涉及传唤、告知及送达无效情况的补救。特殊补救涉及三种情况(第 184 条):其一,涉及传唤、通知和送达的无效情况,如遇有关当事人出庭或者放弃出庭,可以获得补救;其二,如果当事人决定出庭只是为了指出不合法的情况,也有权获得不少于 5 日的期限为自己辩护;其三,如果无效情况涉及传唤当事人出席法庭审理时,则上述期限不得低于 20 日。

值得一提的是,2011 年,意大利最高法院联合法庭创设了另一种新的程序无效抗辩事由,即权利滥用(abuso del diritto)。[①] 在这个判例中,辩护方以变更律师后未获得适当的时间(第 108 条)援引《意大利刑事诉讼法典》第 178 条第 3 款的规定,提出了一般的程序无效抗辩。最高法院认为,对于未依第 108 条第 1 款之规定给予辩护律师适当的时间,或者对辩护时间进行缩减,如果这一请求未符合任何实质的辩护需要,或者被告人的技术辩护权未受到任何损害或减弱,则不构成程序无效。因为在这种情况下,被告人可能会在庭审结束前不断地更换辩护人,目的并非出于真正的辩护需要,而唯一功能便是拖延诉讼时间,以让追诉时效过期。

4. 程序无效的后果

绝对程序无效,或者未有抗辩限制实施补救的中间程序无效和相对程序无效,将产生两方面的后果:一是程序无效的后续延展(estensione della nullità);二是无效行为的重新实施(rinnovazione dell'atto nullo)。

程序无效的后续延展指,"宣告某一行为无效使依赖于该行为的后续行为丧失效力"(第 185 条第 1 款)。因此,程序无效的一大后果便是导致在逻辑上和法律上依赖于该无效行为的"后续行为"(consecutivi)无效,但不涉及其他的诉讼行为。例如,未向被调查对象寄送担保通知的,仅导致担保通知所指向的诉讼行为无效,而不涉及此后的无担保行为。确认现行犯羁押或逮捕无效的庭审无效,并不扩及法官在这一庭审中所确认的其他强制措施。但如果程序无效涉及诉讼推进行为,则将产生极为严重的后果。例如审判令行为

① Cass., sez. un., 29 settembre 2011, Rossi, in Cass. peri., 2012, 2410, con nota di F. CAPRIOLI, Abuso del diritto di difesa e nullità inoffensive.

被宣布为无效,则后续所有的诉讼行为无效。

无效行为的重新实施指,宣告某一诉讼行为无效的法官,在有必要并且可能时决定重新实施该行为,并要求因其故意或严重过失而导致无效行为的个人为此承担费用(第 185 条第 2 款)。但如果诉讼行为自始便不可重复,或者在此后变成不可重复,则不得重新实施。宣告无效意味着使诉讼程序退回到出现无效行为的阶段或审级(第 185 条第 3 款)。但如果涉及证据的无效情况,则同一法官在必要且可能的时候进行重新取证(第 185 条第 4 款)。

(四)不可用(Inutilizzabilità)

在意大利的刑事诉讼中,"不可用"这一概念描述了同一现象的两个方面:一方面,它表明诉讼行为存在非常严重的"缺陷";另一方面,它表明缺陷诉讼行为的"效力",即不能作为法官裁决,或者检察官、司法警察令状的依据。因此,不可用其核心特征并非否定诉讼行为本身,而是对该诉讼行为所获得的证据进行排除。因此,不可用从根本上构成了意大利刑事诉讼中的非法证据排除规则。

首先要对程序无效与不可用进行区分。程序无效并非禁止既定主体完成某一类型的诉讼行为,而是实施诉讼行为的方式违法。因此,程序无效是在行使合法权利时形成。例如未遵守《意大利刑事诉讼法典》第 213 条第 1 款及第 2 款所规定之程序而进行的辨认活动无效(第 213 条第 3 款)。在行为完成前,法官应要求辨认者描述有关人员的情况,列举一切他所记得的特征;然后再询问他在以前是否对该人进行过辨认;是否见过被辨认者的照片。如果未遵循这些实施方法,则构成相对无效。但如前所述,程序无效可通过法典所规定的方法予以矫正(第 183 条)。在这种情况下,诉讼行为依然有效及可用。显然,这并不是说法官认为诉讼行为所获得的证据是可靠的。而不可用则相反,并不涉及诉讼行为本身,而是涉及其可否作为证明的依据。因此,不可用制裁的是诉讼主体行使了程序法所禁止的权利。例如《意大利刑事诉讼法典》第 220 条第 2 款规定,"不允许为确定是否具有犯罪的惯常性、职业性或倾向性或者为确定被告人的特点和人格以及与病理性原因无关的心理特点而实行鉴定"。违反了该条款所实施的取证行为,构成不可用。

不可用可按不同标准进行类型化。例如按排除的程度,不可用可分为绝对不可用与相对不可用(Inutilizzabilità assoluta e relativa)。[①] 如果法官不能依据该诉讼行为来作出任何裁定,该构成绝对不可用。如果依法律规定,既定诉讼行为不能适用于特定的人,或者不能依特定行为作出特定类型的判决时,即构成相对不可用。又如按法条的抽象程度,不可用可分为特别不可用和一般不可用(Inutilizzabilità speciale e generale)。如果法典的条款明确规定未遵守获取既定证据的条件,即构成特别的不可用。例如依《意大利刑事诉讼法典》第271条之规定,在法律授权的情况外所实施的监听不可用。但如果法典仅作类型化的抽象概述,即构成一般不可用。最典型的就是《意大利刑事诉讼法典》第191条所规定的,"违反法律禁令的情况下获取的证据不得加以使用"。

但最具影响也颇具意大利特色的划分标准是按诉讼行为无效的原因,不可用可分为病理不可用与生理不可用(Inutilizzabilità patologica e fisiologica),这也是意大利1988年刑事诉讼改革的重要成果。[②] 两种类型不可用适用完全不同的程序制度,值得认真研究。

1. 病理不可用

所谓病理不可用,指由于证明程序中一些最为严重的缺陷而导致诉讼行为不可用。病理不可用的一般性规定在前所论及的《意大利刑事诉讼法典》第191条第1款中,"在违反法律禁令的情况下获取的证据不可用"。在1988年《意大利刑事诉讼法典》的立案草案报告中明确对第191条中的"证明禁令"(divieto probatorio)进行了细化解释,即这里所谓的"法律禁令",专指违反了《意大利刑事诉讼法典》的禁止性规定,而不包括刑事实体法。换言之,违反刑事实体法所获得的证据(例如非法获取的证据,prove illecite)原则上是可以用的。

第191条第1款所规定证明禁令具有两大特征:一方面,证明禁令,适用

① N. GALANTINI, L'inutilizzabilità della prova nel processo penale, Padova, 1992, 170 e 184.

② 也有学者认为,除病理不可用、生理不可用外,判例还创设了诉讼行为不存在(l' atto inesistente)和诉讼行为异常(l' atto abnorme),但似乎并未形成通说。此一观点,参见 Tonini, Manuale di procedura penale, Giuffrè, 2015, p. 222。

于所有诉讼主体所实施的取证行为，包括法官。例如《意大利刑事诉讼法典》第 234 条第 3 款规定，禁止法官调取含有涉及案件事实的公众传闻信息或者涉及当事人、证人、技术顾问和鉴定人道德情况的文书。另一方面，证明禁令严格贯彻不可用的程序法定原则。如果仅是违反了调取证据的一般性“规定”，则通常并不构成不可用。例如询问证人应就“具体事实的问题”发问（第 499 条第 1 款）。但如果一方当事人请求证人自发对其拟作证的事实进行阐释，则证人证言是可用的。仅在《意大利刑事诉讼法典》明确规定不可用的制裁方式，才构成证明禁令。[①] 例如《意大利刑事诉讼法典》第 188 条规定，“不得使用足以影响人的自由决定权或者足以改变对事实的记忆和评价能力的方法或技术，即便利害关系人同意”。如果取证行为影响了利害关系人的自由决定权或者可能改变对事实的记忆和评价能力，则构成不可用。

法官可依职权，或依当事人之申请，声明诉讼行为不可用。不可用可以在诉讼的任何阶段和审级中指出（第 191 条第 2 款）。不可用不可补救，构成不可用的诉讼行为禁止进入诉讼，尤其是不得作为法官的判决依据。这里还涉及延伸的不可用（L’inutilizzabilità derivata），即所谓的“毒树之果”。与程序无效不同，不可用不存在后续延展。换言之，意大利并不承认延伸的不可用，即前一诉讼行为的不可用并不扩及后续的行为（所谓的“错误获取，妥善持有”理论，teoria del male captum bene retentum）。

2. 生理不可用

生理不可用是 1988 年《意大利刑事诉讼法典》的重大创设，即原则上，未经对席辩论的证据不能在庭审中使用。庭审是获取证据的唯一场所，遵循直接言词及对席原则。如果证人面临特殊情况（如受到威胁或者身患重病）无法在庭审程序中出庭作证，则检察官或者犯罪嫌疑人应在预先侦查程序中提出启动附带证明程序（incidente probatorio）的申请，由法官提前组织对证人的听审程序。附带证明程序与普通的庭审程序完全相同，控辩双方可对证人进行交叉询问（l’esame incrociato）。证人的陈述会记录在案，相应的笔录将作为

---

① 近年来，意大利刑诉学界对隐含的证明禁令（I divieti probatori impliciti）和不合宪的证据（La prova incostituzionale）投以关注，目的是扩大不可用的规范依据。N. GALANTINA voce Inutilizzabilità（dir. proc. pen.），in Eric，dir.，Agg. I，Milano，1997，698.

证据在后续的庭审中宣读,并可作为最终判决的依据。“法官在评议中不得采用不是依法在法庭审理中调取的证据”(第526条)。

四、诉讼行为理论的简要评价

事实上,诉讼行为具有双重性,例如侦查行为既是推进刑事诉讼最根本的诉讼行为,也可能面临着实体意义上对犯罪嫌疑人基本权的干预,两者并不产生实质的排斥。因此,在构建有效制约公权力滥用的制裁机制时,德国和法国、意大利各有侧重:德国在“二战”后立足《德国基本法》的法治国理念逐渐确立了完备的基本权干预体系,从实体层面确立了对公权力行为的制裁机制[①];而法国和意大利则沿袭传统的诉讼行为制裁体系。应当说,两者各有利弊。德国立足《德国基本法》的基本权干预体系,固然能更灵活地应对司法实践中层出不穷的权力滥用行为,但如林钰雄所说,“一味诉诸过于抽象的宪法及其基本权规范的审查基准,往往忽略了刑事诉讼本身特殊的结构与原则,甚而导致刑事诉讼问题泛宪法化、泛抽象化的危机”。[②] 而法国和意大利传统的诉讼行为制裁体系虽然更符合传统刑事诉讼法的基本理论,也更易于刑事法官操作。但与基本权干预理论相比,诉讼行为制裁显得更为僵化,严格的程序法定主义在面对侦查手段不断翻新,尤其是高科技手段不断发展所可能存在的滥权行为时显得乏力。尤其是当下以大规模监控、大规模数据储存以及大数据分析为特点的刑事诉讼“情报机构化”(Vergeheimdienstlichung)现象。将所有公民均置身于“普遍嫌疑”之中,而此时的刑事诉讼甚至还尚未启动,诉讼行为制裁便面临全面失灵的囧境。似乎可以认为,在比较法上,各主要法治发达国家虽均设置了一套较为有效制约刑事诉讼中公权力滥用的机制,但均非十全十美。因此,“采他山之石以攻玉,纳百家之长以厚己”,这也是比较法的应有之义。

笔者认为,相比于德国,意大利的诉讼行为理论体系似乎更契合当下中国刑诉法学界所倡导的程序制裁理论,理论和实践的可接受度更高。而与法国

① Vgl. Amelung, Rechtsschutz gegen strafprozessuale Grundrechtseingriffe, 1976, S. 13 ff.

② 林钰雄:《干预保留与门槛理论——司法警察(官)一般调查权限之理论检讨》,载《政大法学评论》2007年第96期。

相比，意大利的诉讼行为理论则更为周密完整。因此，意大利诉讼行为理论的核心体系值得中国学术界认真研究和凝练，未来甚至可作为立法借鉴的重要思想渊源。

意大利诉讼行为理论体系的核心便在于严谨、周密的程序规则设定。所有主体诉讼行为的构成要件以及违反这些要件所导致的诉讼行为无效后果以及补救措施等均作了完整的规定。尤其是程序无效制度，绝对程序无效、中间程序无效和相对程序无效的条款几乎贯穿了整部法典，且确立了层级效力差异。诉讼行为不可用则构建了意大利的非法证据排除规则。很难想象，涉及刑事诉讼各个主体、贯穿刑事诉讼各个阶段、涵盖性质迥异的各种诉讼行为，均能在法条中体现。从这个意义上讲，1988 年的《意大利刑事诉讼法典》在立法技术上确实有过人之处。

意大利诉讼行为理论也为学术界提供了一个非常宏大且相对完整的分析框架。这套理论以诉讼行为及其制裁为主线，将侦查行为、公诉行为、司法审查行为和裁判行为纳入同一理论体系，将不符合程序要件的诉讼行为和导致非法证据排除的滥权行为作为不同类型的诉讼行为一并研究，较为特色的学理分类也为中国的刑诉法学者提供了全新的视角。

但也应看到，过于宏大的分析框架，可能忽略了各种具体诉讼行为的特质。且不予受理、逾期无效、程序无效以及不可用是否能完整地反映所有诉讼行为的全貌，四种诉讼行为无效据以区分的标准是否明确、统一，尤其是最重要的程序无效与不可用是否可作为同一层面的理论进行并列研究，这都有待作进一步考量。公允而论，笔者在研究意大利诉讼行为理论时时常感到乏力，常有包罗万象之感，一套逻辑起点似乎极为简单的理论却几乎将《意大利刑事诉讼法典》的所有规则全部纳入研究视野，理论的精密度成疑。对此，法国学者和德国学者似乎也有共鸣。例如法国学者冉 · 达内教授(Jean Danet)所言，“程序无效概念系历史的生成，又随着历史的变迁而变化，现已很难三言两语勾勒出其轮廓”。① 严谨的德国刑诉法学者甚至拒绝承认诉讼行为是刑

① Jean Danet. , Brèves remarques sur la typologie et la mise en oeuvre des nullités, Actualité Juridique Pénal 2005 p. 133 et s.

事诉讼的基本范畴。当然,在比较法研究层面,我很喜欢歌德的一句名言,“你要批评指点四周风景,首先要爬上屋顶”。所以即便是一套不甚完美的理论,也值得我们作一批判式的全景研究。

刑事诉讼的合规激励模式*

陈瑞华**

摘　要:基于对民营企业加强特殊保护的考虑,我国检察机关启动了合规不起诉制度的改革探索。从合规引入公诉制度的路径来看,合规不起诉具有检察建议模式和附条件不起诉模式。从有效合规的激励效果来看,这两种模式各有利弊,但有可能成为两种并行不悖的刑事合规机制。合规不起诉制度的探索,不仅有着保护民营企业的政策考量,也有着改造民营企业经营模式、进行除罪化改造的考虑,最终实现减少和预防民营企业犯罪的积极效果,发挥检察机关在参与社会治理中的积极作用。目前,合规不起诉制度正处于探索阶段,各地检察机关进行了不少制度创新,但也面临着诸多方面的制度困境和现实难题。合规不起诉制度的推行,意味着一种以合规激励为核心的合作性司法模式在我国刑事诉讼中开始出现,对刑事诉讼理论的发展会产生深远的影响。

关键词:合规不起诉　检察建议模式　附条件不起诉模式　合规激励

---

* 本文原载于《中国法学》2020 年第 6 期。

** 陈瑞华,北京大学法学院教授。

一、问题的提出

作为一种新型的公司治理方式,企业合规是一种以避免合规风险为导向,针对违法犯罪行为进行事先防范、事中监控和事后补救的管理机制。但是,企业仅仅建立纸面上的合规体系是没有意义的。这种管理机制要得到切实有效的实施,就必须具有行政监管和刑事司法上的双重激励机制。对于那些涉嫌实施犯罪行为的企业而言,在刑事法中确立以合规换取宽大刑事处理的机制,是督促其实施有效合规计划的必要条件。其中,对于那些承诺建立或者完善合规管理体系的涉案企业,检察机关设置考验期,根据其实施合规体系的效果来决定是否对其提起公诉,这被越来越多的国家确立为一种重要的制度。迄今为止,美国确立了暂缓起诉协议和不起诉协议制度,英国、法国、澳大利亚、加拿大、新加坡等国,则仿效美国,确立了暂缓起诉协议制度。[①]

随着我国改革开放政策的深入推行,也随着国家"一带一路"计划的实施,我国企业不断受到西方国家行政监管部门乃至刑事司法机关的调查和处罚,建立企业合规计划的压力也与日俱增。我国立法机关在一些行政法规中引入了企业合规制度,一些政府监管部门也开始发布企业合规管理的国家标准。在此背景下,一些研究者开始呼吁在经济法、行政法、刑法和刑事诉讼法中确立企业合规的法律激励机制。在刑事法领域,不少学者呼吁改革单位犯罪制度,将单位责任与员工责任、高管责任加以分离,确立以合规为依据进行企业无罪抗辩的机制,并将合规作为法定的量刑情节[②];一些学者主张将企业合规引入认罪认罚从宽制度之中,检察机关对于认罪认罚的涉案企业提出宽大的量刑建议[③];还有学者和司法界人士建议借鉴西方国家的暂缓起诉协议制度,迫使涉案企业通过承诺建立合规体系来换取检察机关的相对不起诉决定[④]。尤其是在制度构建方面,越来越多的刑法学者开始青睐刑事诉讼中的附条件不起诉制度,主张将这一制度的适用范围从原来的未成年人刑事案件,

---

① 参见陈瑞华:《企业合规基本理论》,法律出版社 2020 年版,第 233－236 页。

② 参见时延安:《合规计划实施与单位的刑事归责》,载《法学杂志》2019 年第 9 期。

③ 参见李勇:《检察视角下中国刑事合规之构建》,载《国家检察官学院学报》2020 年第 4 期。

④ 参见霍敏:《探索企业犯罪司法治理新模式》,载《人民检察》2020 年第 12 期。

扩大到企业犯罪案件，并将企业建立合规机制作为对涉案企业进行监督考察的内容以及作出不起诉的根据。①

近期，我国一些地方的基层检察机关开始了合规不起诉制度的改革探索。所谓合规不起诉，是指检察机关对于那些涉嫌实施犯罪并作出认罪认罚的涉案企业，在其承诺或者实施有效合规管理体系的前提下，对其作出不起诉决定的制度。

从性质上看，合规不起诉属于相对不起诉的一种类型，企业依据刑法构成犯罪，但接受检察机关的检察建议，承诺建立合规管理体系，或者企业与检察机关达成刑事合规监管协议，接受检察机关一定期限内的合规监管，定期向检察机关报告建设合规管理体系的进展情况，因此，检察机关对该企业作出了不起诉的宽大处理，使得企业避免了被定罪判刑的结局。

从实际效果来看，通过对合规不起诉制度的实践探索，检察机关向涉案企业施加了程度不同的压力，并给予企业建立合规管理体系的明显激励，大大推动了涉案企业推进合规体系建设的动力。而那些涉嫌犯罪的企业，为避免被定罪判刑的结局，防止企业陷入经营困境，甚至出现无法上市或退市的结局，按照检察机关的要求建立合规计划，接受检察机关、行政监管部门或者被委派的合规监控人的监督指导。这属于检察机关从外部督促企业开展合规体系建设的改革尝试。

本文试图对合规不起诉改革问题进行一次初步的理论分析。根据合规被引入公诉制度的不同路径，笔者将实践中正在探索的合规不起诉分为“检察建议模式”和“附条件不起诉模式”，对这两种模式的优劣得失作出初步的评价。在此基础上，笔者将对合规不起诉改革的基本经验作出总结，概括出这一制度的积极效果。鉴于合规不起诉的改革探索刚刚起步，检察机关在此过程中遇到了多方面的制度难题，笔者对于这些主要制度难题以及可能的改革出路，将作出初步的分析和评论。合规不起诉制度属于检察机关参与社会治理

---

① 《中国刑事法杂志》刊发的多篇论文，都提出了这方面的主张和建议。参见杨帆：《企业合规中附条件不起诉立法研究》，载《中国刑事法杂志》2020 年第 3 期；欧阳本祺：《我国建立企业犯罪附条件不起诉制度的探讨》，载《中国刑事法杂志》2020 年第 3 期；时延安：《单位刑事案件的附条件不起诉与企业治理理论探讨》，载《中国刑事法杂志》2020 年第 3 期。

的新方式，通过引入合规激励机制，对传统的犯罪预防理论和企业监管理论带来重大冲击，并蕴含着发展新的法律理论的契机。

二、合规不起诉的两种模式

检察机关在探索合规不起诉过程中，创造出了两种制度模式：一是“检察建议模式”；二是“附条件不起诉模式”。前者是指检察机关在审查起诉过程中，对于犯罪情节轻微同时认罪认罚的涉案企业，在作出相对不起诉决定之后，通过提出检察建议的方式，责令其建立合规管理体系的制度。后者则是检察机关在审查起诉过程中，设立一定的考验期，对涉嫌犯罪的企业暂时不予起诉，并对企业建立刑事合规的情况进行监督考察，在期满后根据企业建立合规管理体系的进展情况，对其作出起诉或者不起诉决定的制度。[①] 这两种合规不起诉制度模式都适用于那些犯罪情节轻微，并自愿认罪认罚的涉案企业，都要求企业具有积极配合刑事执法的意愿和行动，如披露实施不法行为的直接责任人，对被害方的损失加以赔偿，补缴所偷逃的税款，上缴违法所得、犯罪工具和相关的违禁品，向行政监管部门积极缴纳罚款，等等。在适用合规不起诉制度过程中，检察机关要对企业进行必要的走访考察，调查企业的性质、经营状况、在当地的经济地位、主要商业经营模式、违法犯罪的记录等情况，还要对提起公诉对企业乃至当地经济带来的负面影响作出一定的评估。此外，检察机关经过考察评估，只有认为企业愿意采取或者承诺采取必要的补救措施的，才会提出刑事合规要求。

这两种模式在推进企业建立刑事合规体系方面，存在一些重大差异，这主要体现在责令企业建立合规体系的方式、时间、制度载体以及法律约束等方面。对于这些差异，下面作出简要的分析和评论。

（一）检察建议模式

通过提出检察建议的方式来督促涉案企业建立合规体系，这是大多数探

① 参见合规及政府监管组：《多地检察机关积极探索开展企业“刑事合规不起诉”》，载微信公众号“方达律师事务所”2020 年 8 月 26 日。

索合规不起诉的检察机关所采取的一种制度模式。检察建议是检察机关依法履行法律监督职责,参与社会治理,预防和减少违法犯罪,保护国家利益和社会公共利益的主要方式。从所发挥的法律职能来看,检察建议大体可以分为再审检察建议、纠正违法检察建议、公益诉讼检察建议、社会治理检察建议等几种主要类型。其中,社会治理检察建议是指检察机关在办理案件中发现社会治理工作存在制度不健全、管理不完善、管理存在监督漏洞、有关单位不依法及时履职需要整改消除等情形的,向有关单位或部门所提出的改进工作、完善治理的检察建议。其中,检察机关在作出不起诉决定时,对涉案企业推进合规体系建设所提出的检察建议,就属于社会治理检察建议的一种重要方式。

检察机关在作出相对不起诉决定后,向企业提出推进合规体系建设的检察建议,这是具有法律依据的。在法定的审查起诉期限内,检察机关对于涉嫌犯罪的企业,既要完成对其是否适用相对不起诉制度的审查,也要进行必要的合规调查,在作出不起诉决定的同时,向企业发出建立合规体系的检察建议。

从性质上看,检察机关在作出不起诉决定后,对涉案企业就推进刑事合规体系所提出的检察建议,属于一种社会治理检察建议。检察机关在审查起诉过程中,不是单纯地"为办案而办案",而是发现了涉案企业在投资、并购、经营、生产、销售、推广业务等环节存在管理制度的漏洞,在预防违法犯罪方面存在重大隐患,使得员工、高管、下属企业、第三方合作伙伴或者被并购企业,可能实施违法犯罪行为的,就需要通过检察建议督促其采取相关整改措施,加强内部控制体系,建立合规团队,完善风险预警防范措施,通过及时整改消除犯罪隐患。显然,这是一种通过检察建议督促企业重建治理体系的方式,是针对违法犯罪行为所采取的预防、监控和应对体系。检察机关由于在办案过程中发现企业的违法犯罪行为与其管理体系上存在密切联系,因此,通过检察建议要求企业建立一种以避免特定合规风险为目标的合规管理体系。根据企业涉案犯罪的类型,这种合规体系可以分为反走私合规体系、税收合规体系、知识产权保护合规体系、环境保护合规体系、反商业贿赂合规体系、反洗钱合规体系、金融合规体系、产品质量合规体系、数据保护合规体系等。

从提出检察建议的根据来看,检察机关在审查起诉过程中,可以对涉案企业的性质、经营情况、主要合规风险、违法犯罪经历以及起诉带来的风险等问题进行专门调查核实,可以采取查询、调取证据材料,向企业相关人员了解情况,听取被建议单位意见,咨询专业人员、相关监管部门或行业协会的意见,委托鉴定、评估、审计,现场走访、查验等相关的调查措施。经过调查核实,检察机关要写出调查终结报告。在一定程度上,这种调查核实活动具有一定的"合规内部调查"的性质。经过这种调查核实活动,检察机关可以查明与推进合规体系有关的基础事实,如违法犯罪事实、直接责任人违法犯罪事实、企业经营管理方面的制度漏洞、企业内部控制体系的缺陷等。在此基础上,检察机关针对企业管理和控制上的漏洞,才可以量身定制一套专门的合规管理体系要求。

从激励效果来看,检察机关提出建立合规体系的检察建议,是与作出不起诉决定同步展开的。检察机关一旦对企业作出不起诉决定,即意味着企业以及主要责任人都被宣告为无罪,企业不仅免受高额罚金处罚,而且还有可能保住上市、从事特许经营资格、继续从事营业等方面的资格,从而避免出现灾难性的后果,由此获得巨大的利益。因此,在宣告不起诉决定之前,检察机关对企业建立合规体系问题进行调查核实,并提出推进合规体系建设的检察建议,就形成了一种企业以实施合规计划来换取相对不起诉的局面,使得不起诉成为企业建立合规体系的重大激励机制。正因为存在这种强大的外部激励机制,涉案企业对于检察机关的检察建议才具有采纳的动力。

从督促方式来看,检察机关的检察建议对涉案企业具有一定的约束力。为加强检察建议的约束效力,最高人民检察院确立了若干项配套制度。例如,检察建议书具有正式的格式要求,包括"存在的违法情形或者应当消除的隐患""建议的具体内容及所依据的法律法规和有关文件的规定""被建议单位提出异议的期限""被建议单位书面回复落实情况的期限"等。又如,检察建议书正式发出前,要征求被建议单位的意见,允许被建议单位提出异议,征得被建议单位同意,可以公开宣告送达。再如,检察机关提出检察建议后,应要求被建议单位在收到建议书之日起两个月内作出相应处理,并书面回复检察机关。检察机关可以督促、支持和配合被建议单位落实检察建议,可以采取询问、走访、不定期会商、召开联席会议等方式。经督促无正当理由不予整改或者整改不到位的,检察机关可以报告上一级检察机关,并向上级机关、行政主管部门、行业自律组织进行通报，必要时报告同级党委、人大，通报同级政府、纪检监察机关。对于符合公益诉讼条件的，检察机关可以对有关单位提起公益诉讼。

（二）附条件不起诉模式

与“检察建议模式”不同，“附条件不起诉模式”是在借鉴西方国家暂缓起诉协议制度的基础上确立的一种合规不起诉模式。本来，“附条件不起诉”作为已经确立在我国刑事诉讼法中的制度，目前仅仅适用于轻微的未成年人刑事案件。但是，一些有志于进行合规不起诉改革探索的检察机关，认识到检察建议制度在推进企业建立刑事合规方面的局限性，于是在现行《刑事诉讼法》设定的制度框架下，将合规机制引入公诉制度之中，使之具有了“附条件不起诉”的制度形式。

1. 对企业启动合规监管程序的评估

原则上，对于涉嫌犯罪的企业是否适用合规监管程序，检察机关要对企业的性质、犯罪事实、认罪认罚情况、是否具有建设刑事合规体系的意愿等因素进行全面审查和评估。企业具有建立刑事合规体系意愿的，要向检察机关提交有效的书面合规计划。根据一些检察机关的经验，对于企业涉嫌犯罪的案件，检察官可以提前介入侦查活动，引导侦查工作，了解企业的犯罪情节、是否认罪认罚，初步甄别评估企业是否符合适用合规监管程序的启动条件。根据需要，检察机关可以聘请公安机关、市场监管部门、工商联等相关部门人员组成专家团队，召开专门听证会，对涉案企业的社会危害性、处罚适当性等问题进行综合评估，听取被害人的意见，以便确定是否启动合规监管程序。

而有些检察机关则建立了独立监控人开展刑事合规调查的制度，检察官在审查逮捕和审查起诉两个阶段，对于符合条件的企业涉嫌犯罪案件，启动企业刑事合规程序，责令企业在合理期限内聘请独立监控人协助推进刑事合规工作。独立监控人应对行业情况、企业生产经营状况、违法违规记录、可能造成的社会影响、可替代处罚措施等合规事项进行调查，并出具刑事合规调查报告。检察机关根据该项调查报告，听取公安机关、辩护人、被害人的意见，认为企业符合适用刑事合规条件的，可以作出附条件不起诉的决定，并启动刑事合规程序。

2. 合规监管协议的签署

采取附条件不起诉模式的检察机关，都建立了合规监管协议制度。所谓合规监管协议，是指检察机关与涉案企业就企业配合调查、采取补救措施、建立合规计划、接受合规监管、报告合规进展情况等所达成的协议。检察机关和涉案企业一旦签署该项协议，都要受到该项协议的约束。在考验期届满之前，检察机关认为涉案企业遵守合规监管协议，成功地推进合规计划实施的，就可以据此作出不起诉的决定。相反，涉案企业假如不履行协议条款，或者实施新的犯罪行为，或者违反监管规定的，检察机关就可以解除合规监管协议，保留向法院提起公诉的权力。可以说，企业签署合规监管协议，并严格履行该项协议的内容，是其最终获得宽大刑事处理的关键之所在。

一些检察机关要求承办检察官和刑事合规专员以检察机关的名义，与涉案企业签订合规监管协议。这一协议一般包括以下条款：一是企业承诺配合公安机关、检察机关的调查工作；二是企业承诺赔偿被害人，或者缴纳相关的行政性罚款，以达到修复受损法益的效果；三是企业按照检察机关的要求制定刑事合规计划，建立有效的合规管理体系，以达到预防犯罪的效果；四是企业指派高级管理人员或聘请律师等专业人员组建合规监管小组，监督合规计划的执行和改进，检察机关也可以聘请有合规管理经验的专业人员作为外部监管人，协助企业制定合规计划并监督计划的执行；五是企业定期向检察机关报告合规计划制定的进度；六是协议考察期限、执行协议以及违反协议的法律后果。①

3. 合规监管考验期的设置

要将企业合规纳入相对不起诉的框架之中，就需要设置一定的合规监管考验期。在这一期限内，企业按照所提交的合规计划改进管理体系，独立监控人对企业实施合规计划的进展情况进行持续监督，并向检察机关作出定期报告，检察机关也要对企业实施合规计划的效果进行监督和评估。要确保企业建立有效的合规管理体系，真正发挥预防违法犯罪的效果，检察机关所设定的

① 参见《深圳市宝安区人民检察院涉企刑事案件附条件不起诉适用办法（试行）》，内部发布稿。

考验期就应有一定的时间跨度。

对于适用附条件不起诉的企业而言，检察机关应在法定的审查起诉期限之内，为企业实施合规计划确定一个合理的考验期。例如，深圳市宝安区检察院所设定的附条件不起诉考验期为1个月至6个月。在此考验期之内，检察机关在独立监控人协助下，对企业执行合规计划的情况进行监督考察。检察机关还可以指派检察官进驻企业进行监督考察工作。[①] 又如，深圳市南山区检察院所设定的合规监督和考察期限为6个月至12个月。在此考验期之内，检察官应定期（通常为每隔2个月一次）对企业执行合规计划的情况进行监督考察，并指导其进一步完善合规计划，向检察机关提交相应的监督考察报告。[②]

4. 独立监控人的遴选和职责

独立监控人制度的引入，是合规不起诉制度探索中取得的最大突破之一。所谓独立监控人，是指那些接受检察机关的聘请，协助涉案企业推进合规管理体系建设的外部专业人员。根据检察机关试行合规不起诉的经验，独立监控人一般可以从律师、审计、会计、税务等专业工作人员中加以遴选和委任。检察机关或者司法行政机关可以经过严格遴选，设定一个具备独立监控人资格的专家库。检察机关根据特定企业涉嫌犯罪的情况，以及建立合规计划所需要的专业知识，从专家库中选出合适的独立监控人，并委派其对企业建设合规体系的情况进行调查，协助企业制定合规计划，协助检察机关监督合规计划的执行，对企业推进合规计划的情况定期出具书面监管报告，以作为检察机关作出不起诉决定的参考依据。

独立监控人应向检察机关出具书面保证，承诺恪尽职守，秉承诚实、信用、谨慎、勤勉、中立的立场，承担以下几项基本义务：一是服从检察机关的监督；二是认真、有效地实施合规监控；三是定期向检察机关报告企业合规监控情况；四是发现涉案企业未曾披露或者新出现的不合规行为，及时报告并督促其进行整改；五是对监控过程中知悉的商业秘密、案件情况和个人隐私等信息予

① 参见《深圳市宝安区人民检察院涉企刑事案件附条件不起诉适用办法（试行）》，内部发布稿。

② 参见《深圳市南山区人民检察院关于涉企业犯罪案件适用附条件不起诉试点工作方案（试行）》，内部发布稿。

以保密;六是禁止损害涉案企业的合法权益。对于违背上述义务的独立监控人,检察机关有权予以更换。①

当然,对于如何监控涉案企业推进合规体系建设问题,还有一些检察机关采用了一种替代性的改革措施。根据宁波市检察机关的改革经验,检察机关决定对企业实施合规考察的,会委托相关行政监管部门担任"企业合规的考察机关",后者监督涉案企业按照提交的合规计划进行合规体系建设,督促企业完善合规计划,跟踪企业进行制度整改和合规实施的过程,定期派员对企业合规计划的实施进行监督考察,并将考察情况向检察机关进行书面反馈,进行合规效果评估,向检察机关提交涉案企业合规考察评估报告。②

5. 考验期结束前的审查和不起诉决定

在合规监管考验期届满之前,检察机关要对涉案企业履行合规监管协议的情况进行综合审查和评估。对于企业严格遵守合规监管协议的条款,顺利执行刑事合规协议,完成了制度整改、建立合规管理体系的企业,检察机关应作出不起诉的决定,对其作出无罪处理。相反,对于拒不履行合规监管协议所确定的义务,或者不服从监督指导,或者又实施新的违法犯罪行为的企业,检察机关可以作出提起公诉的决定。

一些检察机关要求独立监控人在考验期满之前,根据其监督考察情况,出具专门的监督考察报告。检察机关经过审查该项报告,并结合监管考察的其他情况,对企业是否履行完毕刑事合规计划、是否违反监督考察规定,作出是否提起公诉的决定。还有一些检察机关要求作为合规考察机关的行政机关,在合规考察期满之前,督促企业提交完整的合规自查报告,重点围绕与企业涉嫌犯罪相关的制度建设等内容对合规计划实施效果进行评估,并向检察机关提交企业合规考察评估报告。检察机关根据考察机关的评估报告等相关材料,作出是否提起公诉的决定。

---

① 深圳市宝安区人民检察院采取了这一模式。参见《深圳市宝安区人民检察院涉企刑事案件附条件不起诉适用办法(试行)》,内部发布稿。

② 参见陈东升、王春:《"合规考察"护航民企健康发展》,载《法治日报》2020年9月23日,第4版。

(三)合规不起诉的模式选择

上述两种合规不起诉模式具有程度不同的合规激励效果。但相比之下,附条件不起诉模式更符合国际惯例,也更有助于发挥合规激励的效果。[①] 通过推行这种激励机制,检察机关可以从两个方面给予涉案企业一定的奖励:一是对于配合调查、积极补救并具有合规意愿的企业,与其签署合规监管协议,作出附条件不起诉的决定,这本身就是对该企业的一种奖励;二是通过合规监管程序,在考验期内成功执行合规计划的企业,作出不起诉决定,这成为检察机关作出的终极奖励。有了两种激励机制,涉案企业就具有了建立合规计划的强大动力;那些潜在的涉案企业,也更可能具有与检察机关达成合规监管协议的愿望。应当说,从针对涉案企业和潜在涉嫌犯罪的企业建立合规机制的激励效果来看,附条件不起诉模式具有明显的优势。

相比之下,检察建议模式对于涉案企业建立合规机制的激励作用并不明显。一方面,检察机关通常都是先对企业作出不起诉的决定,然后再送达或者宣告包含着合规要求的检察建议。至于涉案企业执行所承诺的合规计划,以及对合规计划的执行达到预期的效果,都很难换取检察机关进一步的宽大处理结果。另一方面,检察建议对于涉案企业并不具有太大的强制力。在司法实践中,被作出不起诉的无论是企业还是自然人,因为不履行检察建议而被检察机关重新提起公诉的案例,可以说是微乎其微。这说明,重新提起公诉并不是检察机关的通常选项,也难以成为检察机关对拒不履行合规计划的企业进行制约的常规手段。

尽管如此,检察建议模式契合我国的检察制度,能够发挥检察机关在参与社会治理方面的作用,因此仍然具有一些独特的制度优势。而附条件不起诉模式尽管从理论上具有一定优势,却面临着与现有制度难以兼容的问题,其实施效果也有待于法律制度的大幅度变革。在笔者看来,检察建议模式和附条件不起诉模式各有其制度局限,但也各有其发挥作用的空间。从长远角度来看,对于将企业合规机制纳入公诉制度,发挥检察机关推行合规计划的功能而

---

① 参见陈瑞华:《企业合规基本理论》,法律出版社 2020 年版,第 231 – 268 页。

言,检察建议模式和附条件不起诉模式将是两种并行不悖的制度选择。

三、合规不起诉制度探索的主要动因

最近二十年来,我国刑事司法制度出现了司法机关进行改革探索、立法机关进行制度总结的发展模式。诸如未成年人司法制度、量刑规范化制度、刑事和解制度、认罪认罚从宽制度等,都经历了这一制度形成过程。目前出现的合规不起诉制度,也属于一些基层检察机关自生自发的改革探索。那么,在我国法律没有确立刑事合规制度的情况下,检察机关为什么会启动这方面的改革探索呢?通过考察相对不起诉的实践情况,笔者发现,检察机关推行这一制度,主要有三个方面的改革动力:一是对民营企业采取特殊保护措施;二是督促民营企业对其经营模式进行合规改造;三是通过引入合规激励机制,来探索参与社会综合治理的新方式。

(一)民营企业的特殊保护

近年来,随着最高决策层反复作出保护民营企业的政治宣示[①],司法机关也将对民营企业的特殊保护列为一项新型的刑事政策。[②] 原则上,对于那些以实施犯罪为目的或者以犯罪为常业的企业而言,对其实施严刑峻罚确实是必要而正当的。但是,对于大多数偶然实施诸如虚开增值税发票、非法经营、侵犯知识产权、污染环境、商业贿赂等犯罪活动的企业而言,它们毕竟不是为实施犯罪而成立的非法组织,而是为了正常生产经营而成立的合法团体。对它们动辄采取刑事追诉行动,会带来诸多负面的影响。尤其是对在我国各地经济版图中占有较高比例的民营企业而言,这些企业的生存状况会直接关系到地方经济的发展,关系到政府的税收效益,关系到民众的就业问题,甚至关系到地方政府的政治利益。特别是一些中小微民营企业,一旦被检察机关提起公诉,被法院定罪判刑,就不仅会面临极大的经营困难,甚至有可能走向停

① 参见《中共中央国务院关于营造更好发展环境支持民营企业改革发展的意见》,载《中国市场监管报》2019 年 12 月 24 日,第 1 版。

② 参见董凡超:《最高检发布首批涉民营企业司法保护典型案例》,载微信公众号“法治日报”2019 年 1 月 17 日。

产停工和破产倒闭的结局。而一些上市企业或者拟上市企业，一旦被法院定罪，或者其法定代表人或董事被定罪，也面临被迫退市或者上市无望的后果。

正是基于对民营企业进行特殊保护的考虑，我国检察机关提出了"尽量不捕""尽量不诉""扩大适用相对不起诉"的公诉理念；公安机关则提出了防止发生"趋利性执法"和"单方面跨区域执法"的要求，防止公安机关对民营企业随意启动立案侦查程序，避免滥用查封、扣押、冻结等强制性处分措施；法院加大了启动民营企业再审程序的力度，贯彻罪刑法定和无罪推定原则，坚持定罪的法定标准和慎重适用刑事处罚的原则。

在这一社会政治背景下，检察机关将企业合规管理机制引入公诉制度之中，作出了合规不起诉的制度探索。通过这一探索，那些依照刑法已经构成犯罪的企业以及高级管理人员，可以获得以企业合规换取宽大刑事处理的机会，被作出相对不起诉的决定，避免了被法院定罪的结局。作为一种出罪机制，合规不起诉制度避免了民营企业和高级管理人员被定罪判刑的结果，使其不会被打上"犯罪企业"或"犯罪企业家"的标签，避免了企业失去交易资格、被迫退市、无法上市甚至被吊销营业执照的危险，使得企业和企业家的命运得到挽救，防止了企业可能出现的停产停工甚至破产倒闭的结果。[①] 在一定程度上，合规不起诉制度的实施不仅可以"救活一个企业"，保护当地的经济发展，而且还可以避免损害企业员工、投资人、股东、合作伙伴等善意相关者的利益。"对一个公司提起公诉，等于宣告公司死刑"，因为这种起诉会带来程度不同的"水漾效应"。[②] 而合规不起诉制度的实施，可以通过对涉案企业的特殊保护，使得大量利益相关者的利益获得有效的法律保护。

（二）民营企业经营模式的合规化改造

对于那些涉嫌犯罪的民营企业而言，仅仅强调给予平等保护或者特殊保护，还是远远不够的。毕竟，这些民营企业实施了危害社会的行为，侵害了特

① 参见陈瑞华：《企业合规制度的三个维度——比较法视野下的分析》，载《比较法研究》2019 年第 3 期。

② 参见陈瑞华：《企业合规视野下的暂缓起诉协议制度》，载《比较法研究》2020 年第 1 期。

定领域的法益,造成了程度不同的消极后果。尤其是在当前复杂的经济环境中,众多民营企业为追求高额利润,在合法与违法的边缘地带从事带有冒险性的投资和经营活动,而疏于建立完善的企业内部控制机制,对于员工、客户、第三方合作伙伴和被并购方的经营活动,缺乏必要的监管措施,甚至存在鼓励乃至放任上述商业实体从事违法犯罪活动的制度隐患。一方面,众多企业所存在的商业贿赂、侵犯知识产权、污染环境、虚开增值税发票等刑事风险,就是典型的例证。另一方面,众多从事新型业务的高科技民营企业,在设计经营模式和交易方式过程中,只注重这种经营模式和交易方式的营利性和便利性,而忽略了其中所蕴含的刑事法律风险。尤其是那些从事互联网金融、大数据征信、商业直销、商业融资等业务的民营企业,由于不注重对经营模式合规性的事先评估和实时监控,因此普遍存在触犯刑律的风险,所涉及的罪名可以涵盖诸如诈骗、非法经营、组织领导传销活动、骗取贷款、贷款诈骗、非法吸收公众存款、侵犯公民个人信息、拒不履行信息网络安全管理义务等多项罪名。刑事司法实践的经验表明,假如不对民营企业进行合规化治理,从源头上消除这些企业违法犯罪的制度原因和管理隐患,将其公司治理结构和商业模式进行"除罪化处理",那么,越来越多的企业被采取刑事立案、侦查和公诉措施,甚至被追究刑事责任,将成为一个不可避免的发展趋势。

通过进行合规不起诉制度的探索,检察机关在对涉案企业进行宽大刑事处理的同时,还采取了"源头治理"的措施,督促其在采取配合调查手段和补救措施的前提下,对企业的管理机制和经营模式进行全方位的合规化改造,消除其中的制度隐患和管理漏洞,使其减少再次发生违法犯罪行为的机会和可能。① 从制度探索实践来看,检察机关采取"检察建议模式"的,通常会责令企业提交合规承诺书,提出较为具体的整改建议,督促其搭建合规风险的防范、监控和应对体系,包括建立员工培训制度、风险评估、合规审计、实时举报等合规管理机制。对于企业所作的合规承诺,检察机关假如在作出不起诉决定后,继续进行跟踪监管,促使企业逐渐形成一种合规经营的制度和文化,那么,涉

---

①　参见孙佳:《当检察官听说企业准备不干了　检察建议助力跨境电商　保障新型小微企业复工复产》,载微信公众号"青岛市人民检察院"2020年6月15日。

案企业的“除罪化改造”也就大功告成了。[①]

相比之下，那些采取“附条件不起诉模式”的检察机关，在督促涉案企业进行合规改造方面走得更远一些。在检察机关的督促下，这些企业聘请了外部专业的合规监控人，提交了有针对性的合规监管计划，并与检察机关签署了合规监管协议。这些企业在检察机关和合规监管人的监督管理下，通过定期提交合规进展报告，接受合规监管评估，逐渐消除那些导致犯罪发生的管理漏洞和制度隐患，彻底改变旧有的商业模式和交易方式。[②] 通过这种“脱胎换骨”的合规改造工作，涉案企业有望确立合规经营的习惯和文化，企业高层重视合规管理的重要性，建立对每一项交易、经营、投资、决策活动合规性的审查，将可能发生的违法犯罪行为消灭在萌芽之中。

（三）检察机关参与社会治理的新方式

检察机关作为国家法律监督机关，不仅承担着公诉、逮捕、立案侦查等诉讼职能，还要在办案过程中贯彻社会综合治理的司法理念，探索参与社会治理的新方式。自 2014 年新一轮司法体制改革启动以来，检察机关为贯彻国家治理现代化的政治理念，逐渐开始通过提起公益诉讼、提出检察建议等方式，来参与解决社会治理中出现的新问题，堵塞社会治理中可能存在的管理漏洞和制度隐患。而检察机关推行的合规不起诉制度，就属于通过引入刑事合规机制来参与社会治理的最新探索。[③]

企业合规是一种以合规风险为导向的公司治理方式，其实施目的在于建立有效的违法犯罪行为的防控机制，确立及时识别合规风险的制度，对于已经出现的违法犯罪事件采取必要的应对措施。[④] 通过将企业合规机制引入公诉制度之中，检察机关为涉案企业确立了一种合规激励机制，使其获得建立有效合规计划的强大动力。其中，检察机关推行“检察建议模式”的，可以通过举

---

① 参见史济峰：《不起诉决定助力企业焕发生机》，载《检察日报》2020 年 6 月 12 日，第 3 版。

② 参见《肖文齐主任到深圳市龙华区人民检察院调研合规不起诉制度》，载微信公众号“广东粤通律师事务所”2020 年 9 月 3 日。

③ 参见童建明：《充分履行检察职责　努力为企业发展营造良好法治环境》，载《检察日报》2020 年 9 月 22 日，第 3 版。

④ 参见陈瑞华：《企业合规的基本问题》，载《中国法律评论》2020 年第 1 期。

行不起诉公开听证会等方式，督促企业提交合规承诺书，促使其推行合规管理机制。对于承诺建立合规机制的企业，检察机关还要进行不定期跟踪访问，审查其合规计划的执行情况，并保留对拒不履行合规承诺的企业提起公诉的权力。这种合规不起诉制度，既使得企业获得了建立合规管理机制的动力，也赋予了一定程度的制度压力。[①] 而那些采纳“附条件不起诉模式”的检察机关，在参与社会治理方面作出了更为深远的制度探索。

首先，这些检察机关建立了合规监控人制度，引入了独立的外部专业机构和专业人员协助检察机关进行合规监管工作，这是继法院确立破产管理人制度之后，我国司法机关引入外部专业力量协助企业监管的又一制度创新。

其次，检察机关经过合规调查，对于积极配合调查、采取补救措施并具有建立合规机制意愿的企业，责令其提交合规监管计划，签署合规监管协议，作出附条件不起诉的决定，这本身就属于对承诺推进合规管理的企业的一种重大奖励，也会发生吸引其他企业作出合规承诺的激励效果。

最后，在数个月的合规监管考验期内，检察机关不仅督促企业接受监督考察，而且不断地对企业执行合规计划的情况进行跟踪审查，合规监控人协助检察机关进行实时监控，定期提交合规进展报告，检察机关最终对企业接受监督考察和执行合规计划的情况进行审查评估，对于那些表现良好的企业作出不起诉的决定，从而对企业产生了极大的奖励效果。

此外，在推动企业执行合规计划的过程中，检察机关还督促企业采取配合调查措施，在认罪认罚的前提下，积极赔偿被害方的损失，足额补缴罚款和税款，这既避免了被害方与涉案企业出现矛盾激化的可能，修复了双方因犯罪发生而遭破坏的社会关系，也促使涉案企业履行应尽的赔偿和缴纳款项的义务。这本身就具有对涉案企业加以矫正和改造的效果，是检察机关消除企业犯罪隐患、参与社会治理的重要方式。

四、合规不起诉制度探索中的争议问题

检察机关尽管已经开始推行合规不起诉制度，但这种将企业合规机制引

---

① 参见孙佳:《当检察官听说企业准备不干了 检察建议助力跨境电商 保障新型小微企业复工复产》，载微信公众号“青岛市人民检察院”2020年6月15日。

入公诉制度的做法,毕竟属于一种全新的改革试验,不仅对检察机关的办案方式产生一定的冲击,也引发了一系列有待解决的制度衔接和配套问题。在改革探索过程中,一些检察机关借鉴了西方国家推行暂缓起诉协议的经验,但这种制度和经验在我国面临着“难以兼容”的问题,一些在西方被普遍推行的做法,在我国却不具有实施的可行性。要使得企业合规机制真正实现在我国的“生根落地”,就需要在保持开放容纳心态的前提下,树立创新性的改革理念,对相关制度进行必要的改造,探索出具有生命力的合规不起诉制度。在以下的讨论中,笔者拟对合规不起诉制度所面临的若干争议问题作出简要的评论。

(一)检察机关的罚款权问题

根据西方国家推行暂缓不起诉协议制度的经验,检察机关在与涉案企业签署暂缓起诉协议时,通常会责令企业在设定的考验期之内,缴纳高额的罚款。通过缴纳这种动辄数以百万、千万甚至数亿美元的天价罚款,涉案企业要为其违法犯罪行为付出高昂的代价,检察机关借此发挥替代刑事处罚的功能,使涉案企业受到严厉的经济处罚,并借此产生特殊威慑的效能。①

但在中国司法实践中,很多涉嫌犯罪的企业都是陷入经营困难的“中小微民营企业”。这些企业之所以实施诸如虚开增值税发票、生产销售假冒注册商标商品、商业贿赂、非法经营、污染环境等犯罪行为,往往是因为产品竞争力不强,企业经营陷入困境,因此根本无力承受如此高额的罚款。此外,按照我国的法律制度,行政机关享有行政处罚权,法院享有定罪量刑权,而检察机关作为国家公诉机关,既不依法享有行政罚款权,也不享有科处罚金等刑事处罚权。迄今为止,我国尚未按照整体主义的思路,建立行政处罚与刑事处罚一体化的责任制度,检察机关尚无法行使“检察罚”,法院也无法将行政处罚权纳入“法院罚”体系之中。② 结果,我国检察机关在推行合规不起诉时,就无法对涉案企业采取罚款或者罚金等经济制裁措施,而只能向行政监管机关提出

① 参见尹云霞、庄燕君、李晓霞:《企业能动性与反腐败“辐射型执法效应”——美国 FCPA 合作机制的启示》,载《交大法学》2016 年第 2 期。

② 参见袁雪石:《整体主义、放管结合、高效便民:〈行政处罚法〉修改的“新原则”》,载《华东政法大学学报》2020 年第 4 期。

科处罚款等方面的检察建议。这就大大影响了合规不起诉在替代刑事处罚方面的功能发挥。

在探索合规不起诉制度过程中,检察机关基于上述原因,通常不对涉案企业采取罚款措施,而是直接责令具有合规意愿的企业自行向被害人提供必要的赔偿,或者缴纳违法所得,补交税款,然后就可以与其签署合规监管协议了。这样做固然有其现实原因,但不对涉案企业采取罚款措施,也会存在纵容其犯罪行为的问题,既无法实现必要的惩罚功能,也无法达到特殊威慑效果。鉴于此,在合规不起诉制度发展到成熟程度时,可以考虑改革我国的行政处罚制度,建立一体化的行政处罚制度,赋予检察机关实施行政处罚的权力,对于那些由行政执法案件转化过来的刑事案件,检察机关在作出合规不起诉决定时,可以直接科处包括罚款在内的行政处罚。但即便如此,西方国家对涉案企业采取动辄科处天价罚款的做法,也并不适合我国的情况。

(二)合规监管考验期的设置问题

根据西方国家推行暂缓起诉协议制度的经验,检察机关与涉案企业达成和解协议的,通常需要设置1年至3年的考验期,企业承诺建立或者完善专项合规计划,检察机关委派合规监督官来监督和指导企业实施合规计划,合规监督官定期向检察机关报告合规管理体系的进展情况。对于主动披露犯罪事实或犯罪人的企业,检察机关可以进行适当的合规奖励,不再委派合规监督官监控企业合规计划的实施情况,但会责令企业自行定期提交专门的合规进展报告。在考验期结束之前,检察机关对企业建立或者完善合规计划的情况进行全面审核,最终决定是否提起公诉。①

但是,我国一些基层检察机关在探索合规不起诉改革过程中,通常设置了6个月至12个月的考验期。如此短的合规考验期,可能无法督促企业建立较为成熟的合规计划,也难以给合规监控人最起码的观察期和指导期,企业在建立合规计划问题上,很可能会流于形式,难以使其合规计划取得实际效果。可以说,合规监管考验期限不足的问题,已经成为合规不起诉制度改革探索的最

---

① 参见陈瑞华:《企业合规视野下的暂缓起诉协议制度》,载《比较法研究》2020年第1期。

大“瓶颈”之一。要走出这一困境,唯一可行的办法就是在合规不起诉改革探索被上升为法律制度以后,立法机关改革刑事诉讼制度,将涉嫌犯罪的企业正式纳入法定的“附条件不起诉制度”之中。对于符合附条件不起诉适用条件的企业犯罪案件,刑事诉讼法设立为期1年至3年的合规监管考验期,使其独立于审查起诉的办案期限。只有在合规考验期期满之后,检察机关才开始启动审查起诉程序,并受到法定审查起诉期限的规范。

(三)检察机关与公安机关的程序衔接问题

在很多西方国家法律制度中,对企业涉嫌实施的商事犯罪案件,通常由检察机关进行立案管辖。在企业犯罪案件发生后,检察机关作为侦查机关,可以尽快实施必要的合规调查,对符合合规监管条件的企业,尽快签署暂缓起诉协议或者不起诉协议。这种快速实施的暂缓起诉协议制度,可以避免企业受到不必要的损失,尽快进入合规监管程序,从而发挥企业合规的实施效果。

但在我国,对于企业涉嫌实施的大多数刑事案件而言,拥有立案侦查权的国家机关通常是公安机关。公安机关在动辄长达数月乃至1年以上的侦查时间里,对案件采取专门性调查活动,对有关嫌疑人采取强制措施。在很多情况下,公安机关经常对嫌疑人采取剥夺人身自由的强制措施,对涉案企业采取查封、扣押、冻结等强制性处分措施。而案件一旦进入审查起诉程序,涉案嫌疑人都已经被剥夺较长时间的人身自由,涉案企业也已经遭受了既定的强制处分措施,企业的生产、投资、研发、销售等经营活动早就受到了程度不同的影响。可以说,检察机关对企业进行必要保护、挽救和整改的最佳时机已经错过,开展合规不起诉的效果可能受到消极的影响。①

为解决这一难题,一些参与探索合规不起诉的检察机关,通过寻找现有制度的空间,利用审查批捕和提前介入的时机,尽早发现符合适用合规不起诉条件的案件,尽早与企业达成合规监管协议。尤其是借助于我国目前全面推行认罪认罚从宽制度的经验,对于涉案企业或者涉案企业高管自愿认罪认罚的

---

① 参见陈瑞华:《论企业合规的中国化问题》,载《法律科学(西北政法大学学报)》2020年第3期。

案件,在侦查阶段就开始将其纳入"特殊程序通道",大幅度缩短刑事侦查的周期,或者检察机关在侦查阶段提前介入,在责令涉案企业或涉案嫌疑人签署认罪认罚具结书的前提下,通过确定必要的考验期,与企业签署"合规监管协议"。

(四)检察机关与行政监管部门的程序衔接问题

在企业犯罪案件发生后,西方国家的检察机关和行政监管部门可以展开同步介入,同步展开刑事调查和行政监管调查,并通过协调一致的行动,与企业达成暂缓起诉协议和行政和解协议。西门子公司涉嫌违反美国反海外腐败法,以及中国中兴公司涉嫌违反美国出口管制法的案例,都呈现了这种同步调查和同步和解的经验。在西门子案件中,美国司法部和证交会与西门子公司同时达成了刑事和解协议和行政和解协议,并对西门子公司采取统一的合规监管措施。①

相比之下,我国法律制度确立了一种行政处罚前置制度,也就是先由行政监管部门对涉案企业展开行政调查,甚至作出行政处罚,对于其中涉嫌犯罪的企业,再移送刑事侦查部门进行立案侦查。在行政监管调查和刑事立案侦查程序之间,既存在一个"时间差",也存在一个程序衔接问题。检察机关在将企业合规机制纳入公诉制度时,经常面临着"孤军奋战"、无法获得行政监管部门支持和配合的问题。对于部分涉案企业而言,假如行政部门在执法程序中作出了过于严厉的行政处罚,如取消特许经营资格、取消上市资格、吊销营业执照等,那么,在案件进入刑事诉讼程序之后,检察机关就不可能吸引企业选择合规监管程序了,所谓的"合规不起诉"也就无法实施了。

另外,在目前的合规不起诉制度探索中,各地检察机关几乎普遍没有发布有效合规计划的基本标准。这就导致检察机关在确定企业是否符合合规监管条件,以及是否成功地执行合规计划方面,可能存在滥用自由裁量权的空间。当然,检察机关即便要发布有效的合规计划,也需要与相对应的行政监管部门进行配合,针对诸如商业贿赂、违反税收征管、侵犯知识产权、违反网络安全管

① 参见陈瑞华:《企业合规基本理论》,法律出版社2020年版,第127-129页。

理、污染环境、扰乱金融管理秩序、违反产品质量等方面的违法犯罪行为，发布基于专门合规风险的有效合规计划。在很大程度上，检察机关与相关行政监管部门联合发布专项合规计划，为企业制定具体可行的合规管理标准，这可能是在全面推行合规不起诉制度过程中所要解决的重大课题。

（五）独立监管人制度的有效性问题

西方国家在推行暂缓起诉协议制度过程中，创设了一种独立合规监督官或合规协调人制度，吸收外部专业人士协助检察机关监督企业的合规进展，对企业是否实施有效的合规计划作出专业性的评估。[①] 这些合规监督官或者合规协调人，尽管并不是检察机关的雇员，从被监管企业领取报酬，但其独立性和专业性大体可以得到相应的保证。当然，对于已经建立合规计划的涉案企业，检察机关也可以免除企业聘请合规监督官的义务，而代之以定期提交合规报告的制度。

我国一些检察机关在推行合规不起诉制度时，也确立了外部监控人或合规监管人的制度。这些由司法行政机关纳入名录的外部专业机构或者专业人员，要被企业聘请为合规监管人，要取得检察机关的批准，并受到检察机关的监督。但是，在领取报酬的方式上，检察机关采取了两种截然不同的制度：一是由被监管企业支付报酬[②]；二是由检察机关统一发放报酬[③]。这两种支付报酬的方式各有利弊：被监管企业支付报酬的，合规监管人可以提出较高的费用标准，但是这种直接从涉案企业领取报酬的方式，却有可能损害合规监管人的独立性。相比之下，由检察机关发放报酬的，可以避免合规监管人与被监管企业发生利益上的联系，保证其独立性，但这种报酬很可能难以具有较高的标准，可能影响合规监管人的工作积极性，甚至会导致涉案企业在实现合规监管目标方面大打折扣。

---

① 参见李玉华：《我国企业合规的刑事诉讼激励》，载《比较法研究》2020 年第 1 期。

② 深圳市宝安区人民检察院采取了这一模式。参见《深圳市宝安区人民检察院涉企刑事案件附条件不起诉适用办法（试行）》，内部发布稿。

③ 深圳市南山区人民检察院采取了这一模式。参见《深圳市南山区人民检察院关于涉企业犯罪案件适用附条件不起诉试点工作方案（试行）》，内部发布稿。

另外,合规监管人不同于一般的法律援助律师,所从事的是督促涉案企业建立专项合规计划的工作。这种工作具有高度的专业性,需要有业务精湛、执业经验丰富并享有较高威望的资深律师、会计师、审计师、税务师、工程师等参与其中,方能保证合规监管制度的顺利实施。[①] 目前,一些检察机关与当地司法行政机关进行合作,推进建立合规监管人名录的工作。但是,如何吸收优秀的外部专业人员进入合规监管人名录,如何督促这些合规监管人提供称职的合规监管工作,如何督促合规监管人遵守职业行为守则,防止出现与被监管企业发生不正当的利益输送问题,这将是一项亟须解决的重大课题。在这一方面,法院在破产清算案件中对破产管理人的监控制度,可以成为检察机关对合规监管人进行有效监督的经验。

(六)企业合规的适用对象

西方国家在实施合规机制方面有一项重要的经验,那就是"要放过涉嫌犯罪的企业,就必须严惩负有责任的自然人"。检察机关在与涉案企业达成暂缓起诉协议之后,企业要建立并实施有效的合规计划,就需要组织合规内部调查,实施有效的奖惩机制,对于负有责任的公司员工和高管,进行严厉惩戒,必要时将其送交司法机关启动刑事追诉程序。为了鼓励公司配合调查和采取补救措施,检察机关甚至对主动披露公司高管违规行为的企业,作出幅度较大的合规奖励,使其受到更为宽大的刑事处理。[②]

但在我国,很多中小型企业的法定代表人往往是公司的创始人,是决定企业发展乃至生存的灵魂人物。司法机关一旦对这些法定代表人采取羁押性强制措施,提起公诉,甚至追究刑事责任,那么,企业就有可能面临停产停工、中断资金链甚至破产倒闭的危险。与此同时,对于诸多上市公司或者拟上市公司而言,假如司法机关对公司的法定代表人或者执行董事加以定罪的话,那么,公司就可能面临上市失败甚至被迫退市的危险,对公司本身造成灾难性后果,对当地经济发展造成消极的影响。正因如此,检察机关在推行合规不起诉

---

① 参见刘健:《我院与宝安区司法局举行〈企业刑事合规协作暂行办法〉会签仪式》,载微信公众号"深圳市宝安区人民检察院"2020年8月21日。

② 参见陈瑞华:《合规视野下的企业刑事责任问题》,载《环球法律评论》2020年第1期。

制度时，就不得不考虑这种特殊情况，采取“既要放过涉案企业，也要放过涉案自然人”的激励措施，并在此基础上与企业签订刑事合规协议，推行企业合规监管措施。①

基于保护民营企业的考虑，合规不起诉不能仅仅适用于涉案企业，而且还可以扩大适用于涉嫌犯罪的民营企业家。这属于一种富有中国特色的合规监管制度。当然，为避免合规监管制度的滥用，检察机关在针对民营企业家涉嫌犯罪的案件适用合规不起诉时，还应当考虑企业是否存在监管不力、制度有漏洞、管理有隐患等方面的问题，并注意将建立合规监管机制作为消除隐患、减少漏洞、建立内部控制机制的有效举措。无论是对于企业还是对于企业家，在作出附条件不起诉和不起诉的宽大处理时，检察机关都应注重发挥合规机制在防范违法行为方面的有效作用，使得企业真正改变经营模式，实现实质上的合规化改造。②

五、合规不起诉对刑事诉讼理论的影响

合规不起诉制度的探索，意味着一种合规激励模式在我国刑事诉讼中得到确立，这种模式属于合作性司法程序的一种类型，在包含了公力合作因素和私力合作要素的同时，还具有以不起诉吸引企业实施合规机制的激励因素。由此，检察机关就可以从外部推动企业建立合规机制方面，推动企业建立一种基于合规风险的自我监管机制。相对于传统刑事诉讼制度而言，这是一种建立在合规激励基础上的协商性司法模式，改变了检察机关的公诉方式，使其通过外部监管和合规激励并用的方式，促使企业激活内部的合规管理和风险控制机制，从而发挥预防犯罪、监控违规行为以及进行制度修复的作用。

可以说，合规不起诉制度对于刑事诉讼理论的发展会带来积极的影响。

（一）合规激励效应

检察机关对协商司法理念的不断接受，是我国公诉制度发生持续改革的

---

① 参见南检新媒体：《依法适用不起诉　促进企业合规经营》，载微信公众号“深圳市南山区人民检察院”2020 年 4 月 16 日。

② 参见《宁波市检察机关关于建立涉罪企业合规考察制度的意见（试行）》，内部发布稿。

强大动力。从实质上看,任何一种协商性司法程序,都包含着一定的激励机制,也就是被追诉人通过放弃诉讼对抗,作出诉讼上的妥协,来换取司法机关较为宽大的刑事处理。我国现行的认罪认罚从宽制度,作为一种公力合作模式,其实属于一种"认罪激励模式";现行的刑事和解制度,作为一种私力合作模式,这主要是一种"赔偿激励模式"。相比之下,检察机关正在探索试行的合规不起诉制度,则属于一种"合规激励模式"。

具体而言,合规不起诉制度可以对涉案企业产生一种合规激励效应:对于承诺建立或者有效实施合规计划的企业,检察机关可以作出暂缓起诉的决定,使其获得接受合规监管的机会,或者作出不起诉的决定,使其获得无罪处理的机会,这显然是一种奖励措施。而对于那些拒绝建立合规计划或者没有按照承诺实施合规机制的企业,检察机关则可以作出提起公诉的决定,使其有可能受到定罪量刑的处理,这显然是一种惩罚性措施。①

合规不起诉制度是检察机关对协商性司法模式的最新探索。通过探索这一制度,检察机关放弃了"父权主义"的公法理念,引入了市场经济中的协商、交换和妥协的私法理念,与涉案企业达成合规监管协议,以合同管理的方式吸引并督促企业推进合规计划的实施。合规不起诉制度的实施,显示出检察机关接受了一种"互利双赢"的协商性公诉理念,采取了一种"平等协商"和"等价有偿"的市场经济思维,通过放弃提起公诉的承诺,激励涉案企业全面推行合规计划;通过设立合规监管考验期,吸引企业接受监督考察和合规监管;通过将建立合规计划的效果与不起诉的决定发生联系,来奖励成功实施合规机制的企业,惩罚那些拒绝接受监管的企业。这种将不起诉作为合规激励机制的制度探索,属于协商性公诉理念的最新发展。

(二)一种新的犯罪预防理论

传统的刑事法理论注重惩罚犯罪和保障人权双重目标的实现,强调刑事诉讼程序与执行程序在法律职能上的分离,刑事诉讼过程主要发挥"发现和甄别犯罪流水线"的功能,而刑罚执行程序则发挥教育、改造和挽救犯罪人的

---

① 参见尹云霞、李晓霞:《中国企业合规的动力及实现路径》,载《中国法律评论》2020年第3期。

功能。但是，这种理论对于企业涉嫌犯罪的案件难以具有解释力，使得司法机关可能会陷入两难境地：不对民营企业和民营企业家网开一面，就会造成灾难性的政治、经济和社会后果；但假如一味地对其采取特殊保护措施，而不对其再次犯罪的可能性加以消除的话，那么，这些企业为追逐经济利益，可能会无所不用其极，再次走上犯罪的道路，甚至会实施一些更大、更为严重的危害社会行为。①

在此背景下，合规不起诉制度应运而生，成为检察机关解决企业犯罪问题的一种方案。检察机关仿效未成年人刑事案件中的附条件不起诉制度，对企业建立了合规激励机制。在检察机关的监管下，企业针对特有风险建立专门的合规防控机制，达到自我预防违法犯罪行为发生的效果。在检察机关的制度激励下，涉案企业可以针对自己的特有合规风险，建立基本的违法犯罪防范体系。例如，企业可以对其特有合规风险进行定期评估，对客户、商业伙伴、被并购企业进行尽职调查，对员工、第三方进行定期或专门的合规培训，责令其签署合规承诺书，在企业内部建立合规政策的沟通宣传机制，使企业内部树立起合规经营的管理和文化。这种针对合规风险所实施的预防机制，可以使企业建立起对员工、客户、子公司、第三方、被并购企业的内部控制机制，明确其行为的边界，作出必要的责任切割，督促其依法依规从事经营活动。

通过推行合规不起诉制度，检察机关在放弃了“报应”和“威慑”功能的同时，督促企业建立了旨在预防犯罪再次发生的合规防控体系，将犯罪预防置于这一制度的首要目标，通过与企业签署合规监管协议、督促企业执行合规计划和对合规项目进行最终验收，来推动企业建立一套防范违法犯罪行为的管理体系。与此同时，检察机关在审查起诉过程中推动企业实施合规体系，将通过合规来预防犯罪的理念贯穿于刑事诉讼过程之中，发挥了原来由刑罚执行部门所发挥的预防犯罪职能。检察机关充分发挥了参与社会综合治理的积极作用，体现了犯罪预防和社会治理一体化的刑事司法理念。

---

① 参见时延安、孟珊：《规制、合规与刑事制裁——以食品安全为论域》，载《山东社会科学》2020年第5期。

（三）企业自我监管理论

传统的公诉制度则强调检察机关作为国家公诉机关，对于涉嫌犯罪的企业进行宽大处理，在对企业作出相对不起诉决定之后，最多提出一些较为笼统抽象的制度整改建议，而很少对企业提出全面建立合规管理机制的要求。结果，一个涉嫌违法犯罪的企业，在受到宽大的行政处罚或者刑事处理后，其经营模式和管理机制竟然没有发生任何实质性的改变，尤其是那些导致违法犯罪行为的制度漏洞和管理隐患仍然没有消除，该企业再次发生违法犯罪的可能性继续存在。①

合规不起诉制度的引入，意味着检察机关放弃了过去那种“为办案而办案”的方式，从外部推动企业启动了一种自我监管的机制。一方面，企业通过对各个经营环节的实时监控，实现自我识别违法犯罪行为的目的。一个企业建立的预防机制再完备，也无法消除所有的违法犯罪行为。在检察机关及其所聘请的外部监控人的监管下，企业需要建立类似雷达一样的实时监控机制，对企业经营的每一环节都采取合规性监控，以便及时识别和发现违规行为，并对这些违规行为作出及时处置，防止其演变成严重的犯罪行为。另一方面，企业通过必要的制度补救和及时整改措施，完成自行改造经营模式、进行自我修复的任务。在违法犯罪行为发生后，企业在进行合规内部调查的基础上，应当及时惩处负有责任的自然人，发现管理制度和内部控制上的缺陷和漏洞，并采取必要的整改措施。通过及时改造经营模式，进行制度上的及时修复，企业完善管理制度的机能就得到了激活，其自我监控、自我防范、自我管理的能力也得到显著的提升。

从检察机关推动企业自我监管的角度来看，合规不起诉制度犹如一种“传感器”，使得检察机关在提出激励方案、全程主持合规监管并对合规效果加以验收的情况下，推动了企业的自我修复进程，激活了企业实施内部控制的机制，并完成了企业在管理机制方面发生“脱胎换骨”般的变化。在一定程度

① 参见［美］菲利普·韦勒：《有效的合规计划与企业刑事诉讼》，万方译，载《财经法学》2018年第3期。

上,检察机关不必事必躬亲,也不必深入企业管理的内部,就可以督促企业启动自我监管机制,完成对违规风险的预防、监控和修复过程。或许,这就是合规不起诉制度探索的最大价值。

结　论

基于加强对民营企业特殊保护的考虑,我国检察机关启动了合规不起诉制度的改革探索。从合规引入公诉制度的路径来看,合规不起诉具有检察建议模式和附条件不起诉模式。从有效合规的激励效果来看,这两种模式各有其利弊得失,但可能成为我国检察机关引入合规机制的两种制度载体。合规不起诉制度的探索,不仅有着保护民营企业的政策考量,也有着改造民营企业经营模式、进行除罪化改造的考虑,最终实现减少和预防民营企业犯罪的积极效果,发挥检察机关在参与社会治理中的积极作用。目前,合规不起诉制度正处于探索阶段,各地检察机关进行了不少制度创新,但也面临着诸多方面的制度困境和现实难题。无论如何,合规不起诉制度的推行,意味着一种合规激励模式在我国刑事诉讼中开始出现,对刑事诉讼理论的发展会产生深远的影响。

从制度发展的角度来看,合规不起诉制度经过部分地区检察机关的探索,一旦取得积极的效果,就有可能作为一种改革经验,在全国检察机关得到普遍的推行。甚至从长远角度看,这一制度一旦具有普遍的制度价值,还有可能得到刑事诉讼法的确立,使其发挥刑事合规激励机制的作用。

只要司法机关认识到企业合规机制的独特价值,那么,就有可能通过进一步的制度探索,来发挥刑事法律对于企业合规的激励作用,使得企业具有推行合规体系的动力机制。例如,对于已经建立有效合规管理体系的企业,检察机关可以直接作出不起诉的决定,法院也可以作出无罪判决;对于具有建立合规体系意愿的企业,检察机关除了对其适用合规不起诉制度以外,还可以在量刑建议中降低量刑幅度,说服法院作出宽大的刑事处罚;法院对于建立合规计划的企业,也可以将此作为一种独立的宽大量刑情节。

当然,在探索合规不起诉制度过程中,检察机关也会面临着一些制度安排上的挑战。对于涉嫌实施相似犯罪行为的不同企业,检察机关在确定是否与其签署合规监管协议方面,肯定会享有一定的自由裁量权。但如何防止这种裁量权的滥用,确保涉案企业获得平等对待,这将是一个考验检察机关法律智慧的问题。在现行的行政监管与刑事司法相对独立的法律体制下,检察机关如何与行政监管部门保持沟通和合作,在督促企业建立专项合规计划方面取得监管部门的专业支持,使得对涉案企业的合规评估具有相对客观的标准,这也是一个亟待解决的难题。不仅如此,检察机关在有限的合规考验期内,如何督促企业建立一套行之有效的合规计划,而不是仅仅收获一堆没有成效的书面合规承诺,切实发挥企业合规在防范违法犯罪行为方面的作用,这可能是检察机关面临的最大挑战。要解决上述问题,检察机关需要在探索合规不起诉制度过程中不断总结经验,勇于试错,发现制度形成的规律,探索出一套切实有效的刑事合规机制。

法学研究中裁判文书运用的方法论检讨

——以刑事法文献为例的内容分析*

何　挺**

摘　要: 裁判文书上网为研究者提供了观察我国司法实践的便捷途径。通过对重要期刊发表的刑事法文献的内容分析发现,虽然裁判文书上网对法学研究有助推作用,但其尚不能完全满足学术研究探知经验的需求,相关研究在方法运用方面也存在短板。基于裁判文书的研究,在裁判文书获取、抽样、研究设计、数据分析与运用、研究发现与结论适用等方面,存在较多不规范之处,并且缺乏针对裁判文书这一特殊数据来源的特殊方法论关注。考虑到我国法律数据所受的现实环境制约,裁判文书仍将在较长时间内是实证研究的主要数据来源之一。因此,应当在遵循实证研究基本规范的基础上,正确看待裁判文书所能提供的信息,采取多种方式应对裁判文书总体不清、代表性存疑等问题,并迈向真正具备大数据思维的实证研究。

关键词: 裁判文书　实证研究　内容分析

一、问题的提出

2013 年 11 月,最高人民法院开通中国裁判文书网(以下简称裁判文书

---

* 本文原载于《法学研究》2022 年第 3 期。

** 何挺,北京师范大学刑事法律科学研究院教授。

网),建立全国统一的裁判文书公开平台;自 2014 年 1 月 1 日起,各级法院的生效裁判文书陆续上网公布。截至 2020 年 12 月,裁判文书网公开的裁判文书已超亿篇,访问总量超 524 亿人次,是全世界最大的裁判文书数据资源库。① 裁判文书上网无疑提供了一个观察和研究中国司法实践的绝佳窗口。一方面,裁判文书蕴含的细节信息,提供了观察司法微观实践的途径。另一方面,上网裁判文书的巨大体量为宏观概览整体状况和大样本研究提供了基本条件;裁判文书蕴含的结构化或半结构化数据所具有的价值,远超法检工作报告或者法律年鉴的寥寥数项统计数据,为所谓法律大数据提供了基本数据来源。更重要的是,运用上网裁判文书开展研究,是一个无须费力进入司法田野即可在案头探知经验的便捷途径。对于长期苦于我国逼仄的司法数据环境,或者无充足资源开展具有一定覆盖面实证研究的研究者而言,裁判文书上网无疑是经验数据来源上的重大突破和值得深度挖掘的宝藏。因此,裁判文书上网应当被视作法学研究领域的一个大事件与重大“自变量”,其必然会对我国法学研究的样态、方法和路径等产生重大影响。

裁判文书这一新的数据来源的自身特征,也对如何运用这类数据提出了新的要求。首先引起广泛关注的是上网裁判文书是否具有代表性。通过比较公开裁判文书的数量与法院结案数可以发现,虽然裁判文书上网率逐年提升,但仍然存在“选择性公开”和“部分上网”的问题,与“应上尽上”的要求仍有差距,而且不同省份、不同案由之间上网率存在较大差别。② 进言之,如果上网裁判文书不是应当公开的裁判文书的全部甚至大部,裁判文书选择性上网的实际操作隐性规则也不明晰,③那么,以上网裁判文书的全部或者部分为样本的研究能够得出可靠且普适的结论吗?有学者就认为,鉴于上述裁判文书

① 参见《中国裁判文书网:司法公开的“亿”道亮丽风景》,载中国法院网 2021 年 2 月 25 日,https://www.chinacourt.org/article/detail/2021/02/id/5821367.shtml。

② 参见马超等:《大数据分析:中国司法裁判文书上网公开报告》,载《中国法律评论》2016 年第 4 期;叶燕杰:《司法政策执行视阈下刑事裁判文书“部分上网”问题》,载《山东大学学报(哲学社会科学版)》2019 年第 2 期;杨金晶等:《裁判文书上网公开的中国实践——进展、问题与完善》,载《中国法律评论》2019 年第 6 期。

③ 有学者指出,“裁判文书上网的真实标准,至今还是一个谜”,这导致使用海量裁判文书未必能得到“科学”信息。参见程金华:《迈向科学的法律实证研究》,载《清华法学》2018 年第 4 期。

上网的“选择性偏误”，对于根据裁判文书得出的研究结论，尤其是那些依赖统计结果得出的结论，需要考虑如何才能不受到研究时未公布的裁判文书的影响。[①] 此外，裁判文书上传时间的滞后性，季末、年底“突击上传”等情况，也会影响在不同时间选取的裁判文书的代表性。

其次是裁判文书包含的具体信息能否满足实证研究的需要。具体包括三个方面：一是裁判文书包含的具体信息不充分。裁判文书不可能精确记录司法实践中影响法院审判案件的所有法律或非法律因素及其在司法实践中真实的作用效果。[②] 比如，当研究者试图揭示法官作出裁判的主观动机、思维推理时，鉴于当前刑事裁判文书说理不足、不反映推理过程的情况，适当的实证材料或许就不是裁判文书。[③] 如果裁判文书未记载或未全面准确记载研究者希望发现的经验事实，基于裁判文书的实证研究还能揭示真实经验吗？二是裁判文书上网时可能会删除一些信息从而导致数据偏差。比如，部分法院在公开裁判文书时会对当事人身份信息以外的文书内容进行删减，这使得某些依靠裁判文书对特定问题作出的分析，存在不同程度的数据偏差。[④] 三是如何将裁判文书记载的信息进行科学的操作化。裁判文书记录信息须遵循裁判文书的制作规则，不会因研究者的需求而改变。因此，裁判文书记录的信息能否代表真实经验是存在疑问的，并且可能与研究者试图研究的理论、概念存在一定距离。如何遵循实证研究的程序理性要求，通过抽象层到经验层的多维、多次下降操作，在理论与裁判文书记载的信息之间建立连接，是运用裁判文书开展研究必须要考虑的问题。[⑤]

此外，研究者还关注裁判文书与法律大数据研究的问题。一个较为一致的认识是，虽然裁判文书上网为中国的法律大数据提供了最重要的数据来源，

① 参见唐应茂：《司法公开及其决定因素：基于中国裁判文书网的数据分析》，载《清华法学》2018 年第 4 期。

② 参见左卫民、王婵媛：《基于裁判文书网的大数据法律研究：反思与前瞻》，载《华东政法大学学报》2020 年第 2 期。

③ 参见李强：《面向刑法教义学的实证研究》，载《政治与法律》2021 年第 12 期。

④ 参见左卫民：《迈向大数据法律研究》，载《法学研究》2018 年第 4 期。

⑤ 参见白建军：《法学研究中的实证发现——以刑事实证研究为例》，载《政治与法律》2019 年第 11 期。

但目前运用裁判文书的一部分研究，充其量只是“大样本”或者“大量数据”研究，与具有深层指标机器学习、数据偏差技术调校等特征的大数据研究，尚有不小差距。因此，除了今后向真正的法律大数据研究发展之外，现阶段还须注重传统“小数据”实证研究方法并遵循相应的规范要求。[①]

综上所述，虽然裁判文书上网给法学研究带来了重大利好，但研究者仍然要遵循社会科学研究的基本规范，根据裁判文书及其上网方面的特殊性，发展相应的特殊方法论。基于此，本文拟以刑事法领域发表的、运用裁判文书开展研究的文献为对象，尝试探讨下列问题：(1)运用裁判文书开展研究的基本状况如何；裁判文书上网对我国法学研究产生了什么样的影响。(2)运用裁判文书开展研究的具体方法是否科学，是否遵循了实证研究的一般规范要求。(3)运用裁判文书开展的研究是否注意到了裁判文书及其上网方面的特殊性，以及是否因此采用乃至发展了特殊的方法论。

二、研究设计与方法

(一)基本方法与文献综述

以文献为对象的研究，通常有文献计量和内容分析两种方法。文献计量法是文献计量学采用的主要研究方法，以文献的各种外部特征为对象，采用数学与统计学方法描述、评价和预测科学技术现状与发展趋势，是一种定量分析方法。[②] 文献计量法关注的文献外部特征，通常包括文献数量、作者、关键词和引证等。内容分析则是对各种信息传播形式所显示的内容进行客观、系统和定量的描述与分析。研究者通过对文献显性内容特征的系统分析，得到与之相关的潜在内容特征的推论。内容分析方法假定，在传播材料中发现的行为模式、价值观念和态度，反映出并影响着创造和接受这些材料的人们的行为、态度。[③] 与文献计量是一种纯粹的定量研究不同，内容分析被认为是一种

① 参见左卫民：《一场新的范式革命？——解读中国法律实证研究》，载《清华法学》2017 年第 3 期；程金华：《未来还未来：反思中国法律大数据的基础建设》，载《中国法律评论》2018 年第 2 期。

② 参见朱亮、孟宪学：《文献计量法与内容分析法比较研究》，载《图书馆工作与研究》2013 年第 6 期。

③ 参见风笑天：《社会研究方法》，中国人民大学出版社 2013 年版，第 208 页。

定性与定量相结合的研究方法。内容分析以定性的问题假设为出发点，通过对文献内容的定量分析，找出能反映文献内容的一些本质且易于计量的特征，将以语言表示的文献转换为以统计数字描述的资料，并从统计数据中得出定性的最终结论，以达到对文献内容更深刻、更精确的认识。① 本文旨在对运用裁判文书开展研究的文献进行系统分析，因此主要运用内容分析法，在涉及一些文献外部特征时则运用文献计量法。

在法学领域，采用文献计量或内容分析方法开展文献研究已有不少尝试。一方面是利用文献引证情况开展的研究。其中既有对高被引作者和文献的研究，②也有利用某类文献的引证数据研究某一具体问题，③还有利用引证数据对有关学科或者学术期刊进行研究。④ 在这类研究中，文献计量法占主导地位，即主要关注引证量、引证率以及相应指数，也有少数文献综合内容分析对文献引证的各方面特征通过编码进行定性与定量相结合的研究。⑤ 另一方面，通过分析文献的各方面特征，呈现法学研究的现状与问题。其中有的针对法学研究整体，⑥更多的则将研究范围限制在某个二级、三级学科乃至某一具体领域。⑦ 在这类研究中，除了文献计量，研究者还会运用其对某一领域的专业知识，在对文献的某一方面特征作出内容判断的基础上进行定量分析，例如文献所属学科与具体领域、所采用的研究方法等。有的研究还运用大数据技

① 参见刘伟：《内容分析法在公共管理学研究中的应用》，载《中国行政管理》2014 年第 6 期。

② 例如苏力：《从法学著述引证看中国法学——中国法学研究现状考察之二》，载《中国法学》2003 年第 2 期；郭旨龙：《谁是中国法学高影响论文作者——中国知网最新 H 指数的探索研究》，载苏力主编：《法律和社会科学》第 14 卷第 1 辑，法律出版社 2015 年版，第 219 页以下。

③ 例如成凡：《从竞争看引证——对当代中国法学论文引证外部学科知识的调查分析》，载《中国社会科学》2005 年第 2 期；侯猛：《中国法学的实力格局——以青年学者的引证情况为分析文本》，载《中国法律评论》2017 年第 5 期。

④ 例如刘馨宇、孙妹：《高影响因子法学期刊特征分析——基于“北大法宝—法学期刊库”引证研究》，载《政治与法律》2019 年第 2 期。

⑤ 例如左卫民：《从引证看中国刑事诉讼法学研究》，载《法学研究》2013 年第 5 期。

⑥ 例如赵磊：《当代中国法学学术生态分布——基于〈中国社会科学〉（1980～2015）法学论文的考察》，载《清华法学》2017 年第 1 期。

⑦ 例如林少伟、林斯韦：《中国商法学实证研究测评——基于 2000 年至 2015 年的法学核心期刊论文》，载《法学》2018 年第 1 期；许多奇、唐士亚：《中国财税法学研究路径审视与展望——基于 2009～2017 年 CLSCI 论文的统计分析》，载《法学》2018 年第 5 期。

术,将法学文献的部分内容作为"语料",研究法学论文"为谁而写"的问题。①

与本文研究主题更为接近的是,一些研究者对法学领域的实证研究文献进行了定量研究。赵骏、程金华主要采用文献计量方法分析了中国法学期刊刊发的法律实证研究文章的数量以及在不同学科的分布状况等,归纳总结了中国法律实证研究的实践现状及不足。② 屈茂辉采用知识图谱的方法和 citespace 软件,对以裁判文书为数据来源的法学实证研究文献的产出数量和时间、研究主体、研究领域与关键词等进行了定量分析和可视化呈现。③

整体而言,现有研究主要限于对文献外部特征的分析,对一定数量的文献进行系统的、定性定量相结合的内容分析的研究并不多见。同时,尚未发现对包括运用裁判文书开展研究在内的实证研究文献的具体内容与细节进行内容分析的研究。

(二)样本选择

本文样本来自 2014 年至 2019 年发表于 CSSCI 法学来源期刊和《中国社会科学》杂志的 2967 篇刑事法文献,从中筛选出运用裁判文书开展研究的文献 452 篇。④ 刑事法文献与运用裁判文书开展研究的文献,均通过人工审读方式筛选。所谓"运用裁判文书开展研究",是指通过裁判文书获得相应信息或数据,进而展开论述与研究。单纯提及某一案件的判决结果,或者引用指导性案例等以其他方式公布的案件的情况,不属此类。对于这一样本,需要作如下说明。

第一,以裁判文书网于 2014 年 1 月 1 日上线这一时间节点为样本选取的起点。虽然在 2014 年之前已经存在少量运用裁判文书的研究,但考虑到研究的工作量和重点关注的时间段,未将其纳入样本范围。

第二,本研究需要对文献呈现的研究方法和过程作细致评价,故对文献的

---

① 参见周翔、刘东亮:《法学研究目标受众选择的大数据分析》,载《法学研究》2020 年第 1 期。

② 参见赵骏:《中国法律实证研究的回归与超越》,载《政法论坛》2013 年第 2 期;程金华:《当代中国的法律实证研究》,载《中国法学》2015 年第 6 期。

③ 参见屈茂辉:《基于裁判文书的法学实证研究之审视》,载《现代法学》2020 年第 3 期。

④ 刑事法文献的筛选采用相对宽泛的标准,与刑事法相关的交叉研究亦被纳入。

规范性有较高要求。发表于《中国社会科学》杂志和 CSSCI 法学来源期刊的文献,其规范性和专业水平基本能够代表中国法学研究的最高水准。①

第三,研究对象限于刑事法文献,主要是基于对所需专业知识的考虑。进行内容分析,需要对文献内容作系统评价,很多编码需要研究者基于专业知识进行判断。囿于研究者自身的研究能力和专业限制,同时考虑到编码的工作量与质量,将样本限定在刑事法领域。

第四,将文献划分为不同种类是本文研究的基础。研究者使用裁判文书的方式极为多样,既可能是简单引用某一裁判文书作为司法实践例证,也可能是基于较大样本作定量研究。本文首先根据定性和定量这一基本分类,以文献运用裁判文书的方式为标准,区分定量运用、定量与定性综合运用、定性运用三大类。在定量运用中再区分三类:一是基于一定数量裁判文书提取数据而开展的描述性研究,并进一步区分为全文运用裁判文书和非全文运用裁判文书两类;②二是基于一定数量裁判文书提取数据而开展的解释性、评估性或更为复杂的研究,③这类研究均为全文运用裁判文书;三是未对一定数量裁判文书提取数据,而是基于数据库或网络平台提供的关键词搜索和分类统计功能,运用整体性的数量、比率等数据而开展的研究,这类研究都属于非全文运用裁判文书。在定量与定性综合运用中,区分全文运用裁判文书和非全文运用裁判文书两类。在定性运用中,区分个案研究和类别研究两类。上述分类及各类别文献的数量见图 1。在所有类别中,A、B、C 三类文献运用裁判文书最为充分、系统,对裁判文书数据及其研究价值有着更深程度的挖掘。

---

① CSSCI 来源期刊目录定期更新,本文以某一年度某一期刊是否被纳入 CSSCI 法学来源期刊目录为标准。

② 全文运用裁判文书是指整篇文献的逻辑架构和观点论证,均建立在裁判文书数据的基础之上;反之则指整篇文献中只有一部分内容是基于裁判文书展开的,其他部分为理论分析、教义学分析或者基于其他来源数据的分析。

③ 一般而言,按照研究目的,可将研究分为探索性、描述性、解释性和评估性四类。探索性研究是指研究者在开展系统广泛的研究之前所作的初步探索,通常用于明确问题和形成初步观点。具体到本文语境,描述性研究是指运用裁判文书数据,描述呈现刑事司法某一方面状况的研究;解释性研究通常是指在描述性研究的基础上,运用裁判文书数据解释刑事司法中不同因素之间关系的研究;评估性研究是指运用裁判文书数据,评估某项法律、政策、改革或机制的实际效果是否达到预期的研究。

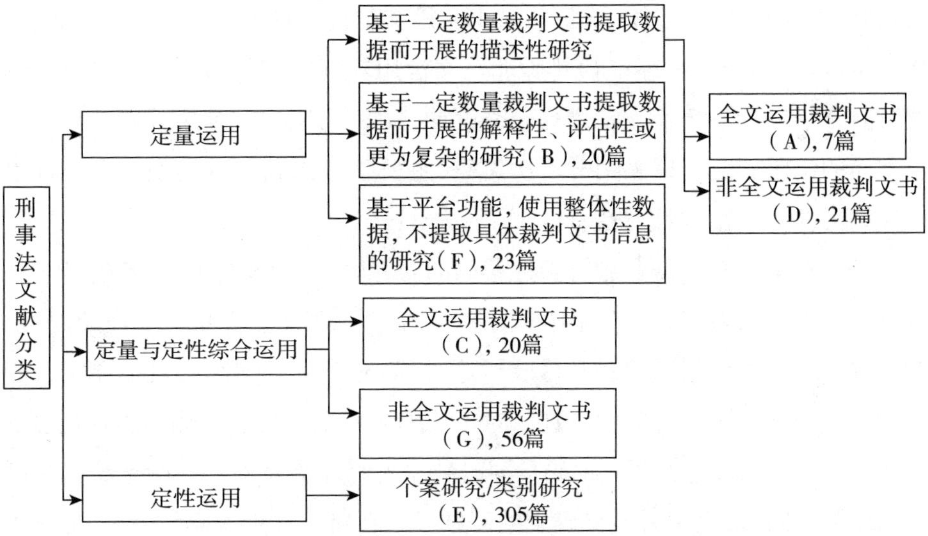

图1　刑事法文献分类

（三）编码与数据工作

内容分析在很大程度上依赖于编码。编码是将原始材料转换成标准化形式材料，以便于分析处理。编码可以分为对显性内容的编码（显性编码）和对隐性内容的编码（隐性编码），前者是指对文献可见的、表面内容的编码，后者是指对文献隐含意义的编码。隐性编码有助于开发文献的深层含义，但其代价是牺牲了可靠性和具体性，尤其当编码员多于一人时，不同的人可能采用不同的定义或标准。①

本研究以单篇文献为分析单元，制定编码表及相应的含义说明，②并对不同类型文献进行不同层次的编码：（1）对所有文献均进行发表时间、刊物、作者、研究领域及文献类型等基本信息编码；（2）除定性运用的 E 类文献外，对其余 147 篇涉及定量运用裁判文书的文献进行裁判文书获取方面的编码，包括来源、检索方式等；（3）除使用平台功能而不提取具体裁判文书数据的 F 类

① 参见[美]艾尔·巴比：《社会研究方法》，邱泽奇译，华夏出版社 2009 年版，第 323 页。

② 编码表由笔者和三名编码员共同进行三次试编码后确定，试编码针对 23 篇 A、B、C 类文献进行并作修改。

文献外，继续对 A、B、C、D、G 五类共 124 篇文献进行样本形成方面的编码，包括样本数量、抽样方法等；(4)排除非全文运用裁判文书的 D、G 类文献后，继续对 A、B、C 三类 47 篇文献进行研究设计、数据运用分析、研究发现与结论三个方面的编码。之所以采用分层次编码，主要是考虑到文献类型的多样性以保证编码的有效性和针对性。

考虑到本研究中需要进行隐性编码的内容较多，为提高编码者间信度，对编码员人数作了限制，由三名刑事法专业的二年级硕士研究生担任编码员。三位编码员全程参与试编码及修改讨论过程，充分了解编码的具体要求。同时，为提高研究的整体信度和效度，对于编码内容最全且隐性编码内容最多的 A、B、C 三类文献，均由两名编码员同时独立编码并相互检验。两名编码员的编码结果不同时，由笔者最终确定编码结果。在所有文献编码结束后，再输入数据库进行统计分析。

三、数据分析与发现

(一)运用裁判文书开展研究的整体情况

1. 整体数量与比例

如表 1 所示，自 2014 年以来，运用裁判文书开展研究的刑事法文献数量及其占全部刑事法文献的比例，始终呈现增长趋势；2019 年占比最高，达到 26.6%。这充分体现了裁判文书上网对刑事法研究的助推作用。虽然文献数量与占比呈不断增长的趋势，但更为系统运用裁判文书的 A、B、C 三类文献的数量与占比，却没有呈现出同步增长的趋势，整体上始终在低位徘徊，六年来只有 47 篇文献，仅占约 10%。这一状况说明，研究者对裁判文书的运用整体上仍处较浅层次，裁判文书上网带来的研究价值受制于研究者研究设计与数据运用等方面的能力而未得到充分挖掘，运用的广度在提升，深度却未随之同步推进(见表 1)。

表 1 2014—2019 年运用裁判文书开展研究的刑事法文献的数量与占比

年份	运用裁判文书的文献	刑事法文献	运用裁判文书的文献在刑事法文献中所占的比例	A、B、C 三类文献	A、B、C 三类文献在运用裁判文书的文献中所占的比例
2014 年	33 篇	456 篇	7.2%	3 篇	9.1%
2015 年	32 篇	471 篇	6.8%	3 篇	9.4%
2016 年	57 篇	461 篇	12.4%	11 篇	19.3%
2017 年	94 篇	544 篇	17.3%	9 篇	9.6%
2018 年	94 篇	501 篇	18.8%	13 篇	13.8%
2019 年	142 篇	534 篇	26.6%	8 篇	5.6%
合计	452 篇	2967 篇	15.2%	47 篇	10.4%

2. 具体研究领域分布

本文对文献的研究领域作了两个层次的编码。首先,编码为刑事实体法、刑事程序法、犯罪学、刑罚执行、刑事法领域内交叉研究、刑事法与其他领域交叉研究六大类。之后,在其中数量较多的实体法和程序法领域进一步作了二级编码,前者分为定罪、量刑以及定罪量刑综合三类,后者分为程序、证据以及程序证据综合三类。如表 2 所示,有如下发现:(1)从数量上说,实体法是运用裁判文书开展研究最为集中的领域,其中定罪研究文献几乎占全部刑事法文献的一半。这说明裁判文书提供的信息可能更便于开展实体法,尤其是定罪方面的研究。(2)与实体法相比,程序法领域运用裁判文书的研究不仅数量较少,且运用程度也相对较浅,只有 3 篇 A 类和 6 篇 C 类文献,没有 B 类文献。这可能说明,裁判文书记载的程序法信息不足,无法满足研究者对司法过程性内容的需求,研究者也尚未找到运用裁判文书开展程序法研究的更好方法,且更多从其他渠道取得数据。(3)文献主要集中于实体法和程序法两个部门法各自领域内。这说明研究者在面对信息内容本身较为综合的裁判文书时,仍然倾向于从某一部门法的角度切入和提取信息,刑事法学科内及学科外交叉严重不足。(4)从研究深度上说,A、B、C 三类文献在量刑领域所占比例近 50%,并显著高于其他领域。其中属于更为复杂的解释性或评估性研究的 20 篇 B 类文献中,有 15 篇集中于量刑领域。这充分说明裁判文书提供的量刑信息相对较为充分，适于开展较为复杂的统计分析。

表 2　运用裁判文书开展研究的刑事法文献的研究领域分布①

<table>
<tr><td rowspan="3">刑事实体法
(310,31)</td><td>定罪（216,7）</td><td rowspan="3">刑事程序法
(102,9)</td><td>程序(44,5)</td></tr>
<tr><td>量刑（37,18）</td><td>证据(41,3)</td></tr>
<tr><td>综合(57,6)</td><td>综合(17,1)</td></tr>
<tr><td colspan="2">犯罪学(16,3)</td><td colspan="2">刑罚执行（2,1）</td></tr>
<tr><td colspan="2">刑事法与其他领域交叉研究(13,0)</td><td colspan="2">刑事法领域内交叉研究(9,3)</td></tr>
</table>

(二)裁判文书的获取

1. 裁判文书的来源

裁判文书网上线前，研究者主要通过其他数据库获取裁判文书，或者自行搜集。裁判文书网上线后，其成为裁判文书的主要来源，但并未占据垄断地位，裁判文书来源仍具有多样性。在全部 147 篇涉及定量运用裁判文书的文献中，采用单一裁判文书来源的共 116 篇，其中 68 篇直接从裁判文书网搜集，43 篇通过其他网络平台搜集，5 篇从自有数据库搜集或自行收集；26 篇采用多样化的裁判文书来源，其中 15 篇通过裁判文书网与其他方式共同搜集裁判文书；5 篇文献未说明裁判文书来源。综上，通过裁判文书网获取全部或部分裁判文书的文献，占比为 56.5%。

2. 裁判文书的检索方式与检索范围

裁判文书网与其他网络平台通常会提供不同的检索方式，可区分为简单检索和高级检索。前者是指对裁判文书全文进行简单的关键词检索；后者是指运用平台提供的可以选择更多具体指标的检索方式，例如进行法院级别、案由、文书的不同部分等限定后再作关键词检索，有的平台还提供“包含”“排除”等逻辑选项更为复杂的检索方式。由于某一关键词在裁判文书中可能具有不同含义，或者某一法律术语在裁判文书中可能以不同面目出现，相对而言，高级检索在精确性、帮助确定所需裁判文书方面更具优势。编码发现，排

① 本表中括号内逗号前后分别为文献总数与 A、B、C 三类文献的数量。

除5篇自行收集裁判文书的文献后,在142篇文献中,采用高级检索方式的有24篇,仅占16.9%;简单检索的有60篇,占42.3%。值得关注的是,有58篇未说明检索方式,占40.8%,这与定量研究中应清楚交代样本来源的规范要求有较大差距。

研究者在检索裁判文书时会基于研究目的和研究能力等方面的考虑,对检索的范围进行一定限制,其中最主要的是地域和时间限制。如表3所示,按照裁判文书所属地域进行检索的文献共16篇,其中选择多个地域的有11篇,占68.8%。研究者作出地域限制的理由主要包括:(1)所选地域在某些方面具有代表性,常见的是以地理位置或社会经济发展程度为标准选择多个代表性地域;(2)研究便利需要,如便于结合其他数据来源进行对照;(3)在某一方面具有特殊性,如法治程度较高或者某类犯罪发生较多;(4)通常选择案件量相对较大的地域。按照裁判文书作出时间进行检索的文献共80篇,其中以年为单位的55篇,占68.8%。至于如何选择检索的时间,研究者通常将与研究相关的某一法律、政策、司法解释或其他规范性文件的实施日作为所选时间段的起点,根据所需的样本数量并考虑裁判文书的上网数量选择一定的时间段。值得注意的是,在限制地域和时间范围进行检索的文献中,有相当多未说明作出限制的原因。

表3　A、B、C、D、F、G类文献检索裁判文书的范围限制

<table>
<tr><td rowspan="4">按照地域进行检索(16)</td><td colspan="2">省级地域(8):一省(2)/多省(6)</td><td rowspan="4">未说明选择地域的原因(8)/说明选择地域的原因(8)</td></tr>
<tr><td colspan="2">市级地域(4):一市(3)/多市(1)</td></tr>
<tr><td colspan="2">基层地域(3):一个(0)/多个(3)</td></tr>
<tr><td colspan="2">省市基层混合(1)</td></tr>
<tr><td rowspan="2">按照时间进行检索(80)</td><td>最短:4个月</td><td>最长:20年</td><td rowspan="2">未说明选择时间段的原因(51)/说明选择时间段的原因(29)</td></tr>
<tr><td colspan="2">以年为单位进行限制(55):1年(16)/2年(3)/3年(6)/4年(5)/5年(6)/6—10年(12)/10年以上(7)</td></tr>
</table>

考虑到包括裁判文书网在内的网络平台收录的裁判文书处于不稳定和不断变化的状况,并且存在"突击上传"等情况,研究者进行检索的时间无疑也会影响研究对象的选择。在排除了5篇自行收集裁判文书的文献后,在142

篇定量运用裁判文书并在网络平台进行检索的文献中，只有40篇说明了检索时间，仅占28.2%。

（三）研究样本的形成

与裁判文书上网的具体方式有关，在运用裁判文书进行的研究中，通常存在三个层次的“裁判文书群”：一是司法实践中某一类裁判文书的总体，这一总体通常不可能为研究者所掌握；二是在裁判文书网等网络平台上可以检索到的某一类裁判文书的研究总体；三是对研究总体作进一步抽取而获得的研究样本。排除并不搜集裁判文书的F类文献后，本部分对124篇涉及定量研究的文献，在样本形成方面进行编码。

1. 研究者如何处理检索所得裁判文书与研究样本之间的关系

理论上，研究可分为全样本研究和抽样研究，前者不经抽样将所有对象纳入研究范围，后者则按照一定抽样方案抽取一定的对象组成研究样本。对于研究者而言，司法实践中客观存在的符合研究要求的裁判文书这一总体无法掌握，其所能掌握的只是在裁判文书网或其他平台上检索得到的研究总体。因此，对于未对检索所得裁判文书再作抽样而直接将其作为研究对象的研究，本文编码为全样本研究；[①]对于对检索所得裁判文书再作抽样从而确定研究对象的研究，则编码为抽样研究。编码发现，有92篇文献属于全样本研究，26篇属于抽样研究，有6篇无法判断是否对检索所得裁判文书进行了抽样。

2. 研究者如何处理检索所得中不符合研究要求的裁判文书

鉴于裁判文书的复杂多样性，无论在哪个平台、采用哪种检索方式，都无法确保绝对排除不符合研究要求的裁判文书，因此，研究者要进行相应的剔除工作，这种剔除有的采用人工方式，有的采用数据清洗等更为智能的方式。数据显示，绝大多数文献未说明剔除不符合研究要求的裁判文书的过程，只有48篇作了说明，占38.7%，其中全样本研究38篇、抽样研究10篇。在未说明剔除情况的文献中，实际上还包括研究者未进行大规模检索、而是主观选择部

---

① 当然，此处的“全样本研究”并不属于社会科学研究中将所有对象均纳入研究范围、研究结论具有普适性的全样本研究，还包括不少未明确说明检索方式、仅获得少量裁判文书并直接将其作为研究样本的文献，其科学性存疑。

分裁判文书进行定量研究的情况。说明了剔除情况的10篇抽样研究文献,均属于先对检索所得进行抽样、再从抽样所得中剔除不符合研究要求的裁判文书,进而形成研究样本;不存在先剔除不符合研究要求的裁判文书,再进行抽样进而形成研究样本的文献。根据一般的抽样规则,抽样应当针对符合研究要求的对象,先剔除因不符合研究要求而不应纳入的对象之后再进行抽样,其结果更符合概率论的要求。从研究可行性的角度看,这10篇文献经检索所得的样本总体数量相对较大,有的以万计,但究竟是先剔除还是先抽样,如何在可行性与科学性之间寻求平衡,还需要结合裁判文书的特殊性作进一步考量。①

3. 研究者如何看待样本规模与总体或研究总体的关系

这旨在观察研究者是否关注自己的研究对整体司法实践状况的代表程度。样本规模又称样本容量,是指样本包含的研究对象的数量。具体到本文的语境,即一项研究对多少篇裁判文书或裁判文书记载的案件、人或者罪刑关系进行了研究。基于法律适用的普遍性,研究者必然希望其研究结论能外推适用于整体,而研究结论的适用范围实际上取决于研究样本能在多大程度上代表总体或研究总体,因此,样本规模与总体或研究总体的关系就是需要关注的重点。编码发现,在124篇文献中,有9篇说明了样本规模占总体裁判文书的比例,2篇虽未说明具体比例,但说明了由于裁判文书未全部上网无法明确总体的数量等原因;对于检索所得的研究总体,研究者一般能明确其具体数量,有89篇说明了样本规模占研究总体的比例,但仍有35篇未作说明。

4. 样本的数量

样本的数量是定量研究的基础性数据,也是研究者必须明确交代的内容。在124篇文献中,有113篇说明了样本数量,但仍有11篇未明确说明,占8.9%。在说明了样本数量的文献中,样本数量最小值是10,最大值超过300万,中位数为280;样本数量为500及以下的,占63.7%。在A、B、C三类47

① 总结而言,检索、剔除、抽样进而形成研究样本的工作,在研究文献的操作中呈现为以下四种情况:检索后直接形成样本;检索后经过剔除形成样本;检索后经过抽样形成样本;检索后经过抽样再经过剔除形成样本。当然,还有很多文献缺乏对上述三项工作的明确说明,从而无法判断其样本形成情况究属何种。

篇文献中，所有文献都说明了样本数量，样本数量最小值是 14，中位数为 750；样本数量为 500 及以下的，占 38.3%。该三类文献的样本数量明显高于整体。[①] 有 19 篇文献基于具体研究需要形成了多于一个的样本库，以进行比较或者对更为特定的样本进行分析（见表 4）。

表 4　A、B、C、D、G 类文献的样本数量分布

样本数量≤50：19	100≥样本数量＞50：18	500≥样本数最＞100：35
1000≥样本数量＞500：11	2000≥样本数量＞1000：14	10000≥样本数量＞2000：9
样本数量≥10000：7		

5. 抽样研究中如何进行抽样、如何呈现抽样过程以及如何评价抽样方法

在抽样方法和规则中，概率抽样和非概率抽样是两种基本分类。概率抽样也称随机抽样，其按照概率原理进行，能够保障在一个确定的总体内每个单位被抽取的机会是一样的。概率抽样的核心是“随机”，根据概率抽样获得的样本一般被认为能够代表总体。非概率抽样也称非随机抽样，是指不按照概率原理，而是根据研究者的主观判断或条件便利等因素选择样本，非概率抽样中每个单位被抽取的机会不是相同的。[②] 对于抽样研究，研究者必须清楚呈现抽样过程以明确说明样本的质量和代表性。编码发现，26 篇抽样研究文献呈现出几个方面的情况（见表 5）：（1）在是否说明抽样方法方面，只有 3 篇详细说明了抽样方法，即读者能够明白整个抽取过程的每一步骤；有 8 篇简单说明了抽样方法，即对抽样过程有一些介绍，但未具体到每一步骤；有 15 篇未说明抽样方法和过程，而是直接表述抽取了若干份裁判文书，但该 15 篇中有 8 篇直接简单声称“随机”抽取。（2）在如何评价自己的抽样方法方面，有 16 篇表述为“随机”，有 10 篇未表述为“随机”。表述为“随机”的文献中，只有 6 篇分别使用了分层随机抽样、等距随机抽样和简单随机抽样等具体抽样方法的术语，有 10 篇未提及采用的具体抽样方法。（3）在实际抽样操作方面，表述为“随机”的文献中，只有 7 篇能判断为基本符合概率抽样的要求，占43.8%；

① 需要说明的是，此处样本数量的所指可能不同，有的文献指裁判文书的数量，有的文献指从裁判文书中提取的人（被告人、被害人）的数量，有的文献则指从裁判文书中提取的罪刑关系的数量。

② 参见仇立平：《社会研究方法》，重庆大学出版社 2015 年版，第 133、168 页。

无法判断是否随机的有 9 篇。有意思的是，在未表述为“随机”的文献中，也有 2 篇可判断为符合随机要求。

表 5　抽样研究文献的抽样方法及其呈现情况

	抽样方法的说明程度	使用的抽样方法术语	实际操作是否随机
表述为“随机”的文献(16)	详细说明(2) 简单说明(6) 未说明(8)	无术语(10)/分层随机抽样(3)/简单随机抽样(1)/等距随机抽样(1)/系统抽样(1)	随机(7) 无法判断(9)
未表述为“随机”的文献(10)	详细说明(1) 简单说明(2) 未说明(7)	无术语(7)/分层抽样(1)/等距抽样(1)/方便抽样(1)	随机(2) 非随机 (3) 无法判断(5)

(四)研究设计

研究设计主要包括文献中呈现的研究类别、文献基础、假设与变量设置等内容。非全文运用裁判文书的文献很多缺乏整体的研究设计，本部分编码仅针对全文运用裁判文书的 A、B、C 三类 47 篇文献展开。

1. 研究设计的基本类别

编码发现，在 47 篇文献中，描述性研究占半数以上(53.2%)，共 25 篇；解释性研究共 16 篇，其中 12 篇的研究主题是量刑，量刑研究在目前的解释性研究中占据绝对主导地位；有 3 篇文献评估了某一政策或措施引入的效果，可以认为属于评估性研究；另有 3 篇文献兼具两类研究目的。① 值得注意的是，没有一篇文献自我评价只是对某一问题的初步探索性研究，即使其样本数量不足 100，甚至不足 30。

2. 研究的文献基础

研究设计需要建立在已有研究的基础之上，这一点通过两个方面进行评价。一方面是对研究设计的理论基础进行探讨的程度，即对相关研究现状、其他研究者的观点和既有争议进行探讨的程度，以及这些理论探讨与研究设计

① 需要说明的是，解释性研究、评估性研究中通常会有描述性内容，描述性内容一般是服务于解释性或评估性研究的，此类文献会根据研究的整体目的编码为解释性研究或者评估性研究。只有描述性内容具有独立于解释性或评估性内容的自身价值时，才被编码为兼具两类研究目的。

的关联程度。编码发现,有 14 篇文献的理论基础探讨较好,对已有研究进行了较为深入的分析,且理论基础探讨与研究设计关联度较强;24 篇文献的理论基础探讨一般,对已有研究的分析较为简单,或者理论基础探讨与研究设计关联度较弱;有 9 篇则未作理论基础探讨,或理论基础探讨与研究设计并无关联。[①] 另一方面是研究者是否借鉴、比较了其他类似或相关研究所使用的方法,是否在已有研究的基础上对方法进行了改进。编码发现,有 10 篇文献提及了其他类似或相关研究所使用的方法,但多数文献(37 篇,占 78.7%)未提及已有研究所使用的方法。

3. 研究是否明确提出了假设

假设是以已有事实材料和科学理论为依据,就未知事实或关系提出的一种推测性说明。[②] 假设是研究中需要运用数据进行检验的有关变量或者变量之间关系的预设,是研究的起点,对研究有指导作用。定量研究,尤其是解释性研究,都应当提出相应的假设。编码显示,在 47 篇文献中,只有 10 篇明确提出了假设,并且运用从裁判文书中提取的数据对假设进行了检验。尤其值得注意的是,在 19 篇解释性研究或者兼具解释性研究的文献中,只有 8 篇明确提出了假设。

4. 是否对变量设置作了具体说明

定量研究需要明确一定数量的变量及其不同属性,围绕变量收集、分析数据,进而描述变量或者解释变量之间的关系。变量的设定及其操作化,是研究设计的核心内容。对于运用裁判文书的研究而言,变量还必须与裁判文书记载的相应信息进行对接。因此,是否清晰、明确地说明了变量设置,也是评价研究设计的重要方面。编码发现,有 23 篇文献对变量设置作了详细说明,即专门列出了所涉及的变量并说明其内涵与属性;有 9 篇对变量设置作了简单说明,即未作专门集中说明,仅在行文时提及,但读者基本能够明白变量的指涉;有 15 篇未对变量进行具体说明。值得指出的是,19 篇解释性研究或者兼具解释性研究的文献都对变量设置进行了说明,其中 14 篇为详细说明,5 篇

① 需要说明的是,绝大多数文献有对相应法律规范和司法实践背景的介绍,但仅有这些内容还不能视为对理论基础进行了探讨。

② 参见仇立平:《社会研究方法》,重庆大学出版社 2015 年版,第 109、133 页。

为简单说明。

5. 抽象概念与裁判文书所载信息是如何对接的

在运用裁判文书的研究中,除了将变量与裁判文书记载的信息对应外,如何把较为抽象的概念、理论与裁判文书记载的信息对接起来,也是研究设计及其操作化必须涵盖的内容。编码发现,在 47 篇文献中,有 13 篇涉及抽象概念,均对所涉及的抽象概念与裁判文书所载信息如何对接进行了论证说明。其中,9 篇文献的论证说明较为充分,涉及的抽象概念包括"减刑系数""刑罚强度""刑事审判共识度"等;4 篇文献的论证说明较为抽象,无法完全对接裁判文书记载的信息。

(五)数据运用与分析

对从裁判文书中提取的数据进行运用与分析,是得出研究结论的基础与依据。本部分编码针对全文运用裁判文书的 A、B、C 三类 47 篇文献展开。

1. 统计方法的层次

统计方法可以按照不同的复杂程度区分层次。一种分类是单变量统计分析与多变量统计分析,前者指对单一变量的描述,通常表现为频数、比率、均值、方差、标准差等;后者则是同时统计分析两个及以上变量,通常旨在解释、推断变量之间的关系,需要更为复杂的统计方法。法学研究者大多未接受过专业的统计训练,对于单变量统计分析通常能够理解并运用,对于多变量统计分析则存在理解与运用上的一定难度。编码发现,在 47 篇文献中,有 23 篇在单变量统计分析的基础上进一步运用了双变量甚至更多变量的统计分析。在使用多变量统计的文献中,有 20 篇使用了回归分析,包括 Logistic 回归和线性回归等,有 10 篇进行了 Pearson 相关系数分析,此外还涉及因子分析、T 检验、F 检验和卡方分析等。法学专业人员对多变量统计分析所涉及的专业统计术语和原理通常较为陌生,因此,在 23 篇运用多变量统计分析的文献中,有 16 篇尝试对所涉及的统计术语和原理作了一定说明。

2. 数据的展示方式

除了文字表述,图表是展示数据的重要方式。编码显示(见表 6),在 47 篇文献中,既有 9 篇无图无表,也有 9 篇的图表总数超过 10,图表最多的文献的图表总数为26。[①] 值得指出的是，除了普通的呈现数字的表格和常见的诸如饼状图、柱状图、折线图之外，运用较复杂统计方法并由专业统计工具生成的更复杂专业的图示极少出现，只有4篇文献在涉及回归分析和因子分析时使用了散点图和碎石图。

表6　A、B、C三类文献使用图表情况

使用表格情况	最大值12/最小值0(9篇)/均值4/中位数3
使用图示情况	最大值21/最小值0(24篇)/均值1.7/中位数0

3. 是否结合其他来源数据

鉴于单一数据来源可能存在缺陷，除了提取自裁判文书的数据外，研究者是否结合其他来源数据开展研究，也是全面评价研究科学性和质量的重要方面。编码发现，在47篇文献中，有22篇结合了其他来源数据，说明近一半研究者考虑通过多种来源的数据进行比较对照以提高研究结论的可靠性。在其他来源数据中，年鉴、各种类型的报告、官网发布等官方数据来源最多，共有13篇涉及。有10篇文献结合了研究者自行收集的其他数据，其中7篇结合访谈数据，各有2篇结合查阅案卷和问卷。另有7篇文献结合其他研究者收集的数据。

4. 大数据及相关方法的运用

虽然运用裁判文书开展的研究很多被称为法律大数据研究，但如前文所述，其中的绝大多数只能称为“大量数据”的研究。本文在编码过程中也关注研究文献在何种程度上开展了大数据研究，或者运用了大数据研究的相关技术。遗憾的是，目前只有3篇文献运用了自然语义识别技术(NLP)以及通过机器提取字段信息，与真正的大数据研究还相距甚远。

(六)研究发现与结论

研究者如何得出研究结论并加以运用，在很大程度上反映了研究者如何看待自己的研究。本部分编码针对全文运用裁判文书的A、B、C三类共47篇

① 当然，图表数量上的差异，也可能受到不同期刊对使用图表的要求不同的影响。

文献展开。

1. 如何看待研究结论的适用范围

任何一项非全样本的研究都有其适用范围,研究者应当理性看待研究结论的适用范围,并科学合理地将结论外推至适当范围。编码发现,有 21 篇文献论及研究结论的适用范围,占 44.7%;其中,有 20 篇认为研究结论可适用于超出样本的更大范围,只有 1 篇在反思研究的局限性时明确指出"研究结果能否推及到样本之外,还需作进一步的检验"。① 在 20 篇认为研究结论可适用于更大范围的文献中,有 19 篇分析了原因,主要是分析样本所具有的代表性,包括样本数量多少、抽样时选取的地域与时间段具有代表性、选取的案由具有代表性、属于随机抽样等;有的还专门针对裁判文书上网不全面的问题,分析指出这些问题不会对研究结论产生影响。②

2. 是否对比了自己的研究发现与其他实证研究发现

与类似或相关的研究发现进行对比,有助于佐证自身研究结论,或者经由可能存在的差异反思研究方法或提出更进一步的研究主题。编码发现,有 11 篇文献对比了自身研究发现与其他研究发现或结论,仅占 23.4%;其中,有 10 篇对比的是国内研究,有 1 篇同时对比了国内和国外研究。

3. 研究发现与对策建议的关系

在 47 篇文献中,有 42 篇明确提出了相应建议,占 89.4%。其中,28 篇提出了较为具体的建议,14 篇提出了较为宏观笼统的建议。进一步编码发现,在提出对策建议的文献中,有 3 篇文献的建议并非直接建立在研究发现的基础上,而是与研究发现有一定距离。

4. 对研究方法是否有所反思

受制于研究条件的限制,所有实证研究方法都存在某些方面的不足,研究结论的提出需要与对研究方法的反思相结合。编码发现,在 47 篇文献中,只有 10 篇对研究方法的局限性进行了反思,仅占 21.3%。研究者反思的内容主要包括:样本的代表性;裁判文书未记载的因素会影响研究的可靠性;裁判

① 参见王剑波:《我国受贿罪量刑地区差异问题实证研究》,载《中国法学》2016 年第 4 期。

② 此处只是客观描述文献所述内容,不代表本文认可该文献所述理由。

文书的文本挖掘可能存在误差；个别变量界定和赋值的准确性需要进一步探讨等。

四、总结、反思与展望

前述发现不仅呈现了我国刑事法领域运用裁判文书开展研究的状况，也呈现了研究者对于裁判文书及其运用的认识与理解。这些发现为本文尝试探讨的三个问题提供了事实上的依据。

（一）裁判文书上网对我国法学研究的影响

如前述发现，运用裁判文书开展研究的文献数量及其占比逐年递增，无疑反映出裁判文书上网对我国法学研究具有助推作用。其提供的接近经验的便利机会，营造的基于裁判文书“经验”开展探讨的研究氛围，已经深刻影响了我国法学研究的整体样态乃至发展路径。在运用裁判文书的刑事法文献中，相对简单的定性运用占到近七成，其中包括不少选取个别裁判文书作为例证和论据的情形，非全文运用裁判文书的研究也占据了一定比例。这些在一定程度上说明，无论研究的具体路径与方法如何，在研究视野中纳入裁判文书并尝试运用已经是一种趋势。

然而，裁判文书上网对我国法学研究的影响，仍需理性看待。裁判文书包含的信息能否满足实证研究需要的问题，就在本文的研究中得到了部分反映：其一，编码发现，刑事实体法文献占绝对主导地位，数量是程序法文献的 3 倍以上。这说明较之实体法经验事实，裁判文书中天然缺乏过程性信息，无法满足探知程序法经验事实的需要。其二，在全部刑事实体法文献中，定罪研究远超量刑研究，但在 A、B、C 三类文献中量刑研究却占绝对主导地位。这说明裁判文书记载的信息中适宜开展较系统、复杂分析的数据并不多，且多集中在与量刑相关的问题上。其三，当研究涉及抽象的理论概念时，往往也无法在裁判文书记载的信息中得到完全对应。

总体而言，虽然裁判文书是探知经验的富矿，能够为法学研究注入新的动力，但其记载信息的广度和深度有限，公开过程和公开方式上的不足也导致其经验价值进一步消减。这些都决定了裁判文书上网并不能解决法学研究面临的所有经验和数据问题,因此,超越限度过度依赖裁判文书,反而会对法学的经验研究带来负面影响。

研究文献对裁判文书的运用程度,还折射出在我国法学研究中仍要进一步倡导对经验的认知和对接。无论持何种方法论立场,研究者可能都无法否认,法学研究需要在事实与规范之间形成良性互动。虽然法学研究对接经验的方式是多元的,运用裁判文书开展研究的状况也并非效度较高的测量对接经验程度的指标,但是,在长期逼仄的数据获取环境下,面对裁判文书随手可得的便利性,尤其考虑到裁判文书对法教义学研究同样具有非常重要的价值,运用裁判文书的状况还是能够作为一个重要参照,来评价法学研究认知和对接司法实践经验的程度。如前所述,在刑事法研究中,最多时也只有约四分之一的文献运用了裁判文书这一获取最为便利的经验材料。这其中固然有裁判文书记载的信息及其公开状况无法满足研究需要等原因,但确实也在一定程度上反映出仍要进一步倡导对经验的认知与对接。

运用裁判文书开展研究的现状,还充分暴露出我国法学领域在运用社会科学研究方法方面存在短板。比如,编码发现,A、B、C 三类更为系统运用裁判文书数据的文献,其数量及占比始终在低位徘徊,这说明始终只有少数研究者具备充分挖掘裁判文书数据价值的能力。更令人担忧的是,由于对研究方法的掌握先天不足,运用裁判文书的研究在推广普及实证研究的同时,还可能制造对实证研究的认识混乱。对裁判文书的不当甚至错误运用,还可能挤占其他更为耗时费力的实证研究的空间。比如,可能错误地认为基于几千份裁判文书开展的研究要必然优于对一个基层地区几十个案件的实地调查研究。再如,错误地认为在对大量裁判文书进行分析时选用的数学工具越复杂、越深奥,其结论就越科学。①

(二)运用裁判文书开展研究的科学规范性

裁判文书属于一种特殊类型的经验材料,无论是定性使用还是定量使用,都应当遵循社会科学实证研究的基本规范要求。裁判文书样本数量上的飞

---

① 参见白建军:《论刑法教义学与实证研究》,载《法学研究》2021 年第 3 期。

涨,可能从某种程度上造成了"数量为王"的假象,但实证研究的科学性仍然建立在是否遵从研究规范这一根基之上。"科学"的内容并不是研究的题材,而是研究的方法和规则;能把所有科学研究整合起来的是其采用的方法,而不是那些用于研究的材料;科学研究遵守一系列能够确保推论有效性的规则。① 正如白建军所指出的,法学实证研究的程序理性,主要体现在呈现实证研究过程和结果的几个必备要素,即问题、已有学术成果中的竞争性理论、样本、核心概念的操作化、假设、因变量和自变量、假设的检验逻辑、分析方法、结果与发现、讨论、新的理论与问题等。这个模式为研究者提供了一条轨道,严格按这条轨道前行的,未必有出色的实证发现,但未能满足这些要素要求而偏离轨道或跳过某个环节的,就不大可能得到一个像样的实证发现。② 然而,编码发现,运用裁判文书开展的研究,至少在以下几个方面距离基本的规范要求仍有较大差距。

第一,裁判文书的获取方式交代不清甚至存在错误。"提高数据质量的首要准则是记录和报告产生数据的过程。没有这些信息,就无法保证使用标准程序分析数据进而得到无偏的推论。只有知道产生数据的过程,我们才能获得有效的描述性或因果关系推论。"③对于来源多样、浩如烟海的裁判文书,按照什么样的标准选择具体对象及其理由,无疑要交代清楚。编码显示,在定量运用裁判文书的 147 篇文献中,对于最基本的获取裁判文书的来源,有 5 篇未作交代。在非自行收集裁判文书的 142 篇文献中,约 40% 完全未说明如何检索获得裁判文书。有 50% 的文献未说明对检索的地域范围进行限制的原因,有超过 60% 的文献未说明对检索的时间段进行限制的原因。鉴于裁判文书上网的现状,检索时间对可供检索的裁判文书范围有重大影响,但在前述 142 篇文献中,超过 70% 未说明在网络平台上的检索时间。在检索的科学性方面,大多数文献采用的是关键词简单检索,但是,因受到文字表述及其他多

---

① 参见[美]加里·金等:《社会科学中的研究设计》,陈硕译,格致出版社、上海人民出版社 2014 年版,第 7 页。

② 参见白建军:《法学研究中的实证发现——以刑事实证研究为例》,载《政治与法律》2019 年第 11 期。

③ [美]加里·金等:《社会科学中的研究设计》,陈硕译,格致出版社、上海人民出版社 2014 年版,第 21 页。

样因素的影响,关键词检索的命中率较低。① 在刑事法文献中,也可以观察到因关键词简单检索导致样本代表性和结论存疑的情况。②

第二,对样本代表性和抽样方法的关注明显不足。上网裁判文书对于整体裁判文书的代表性一直存疑,其中可能存在系统偏误,从中抽取一部分作为样本又可能存在抽样误差。对于定量研究而言,此种情况下更需要关注样本的代表性。编码发现,在124篇定量研究文献中,对于样本数量,仍有约9%的文献未作明确说明;也存在不少未进行大规模检索或者未说明检索方式,主观选择部分乃至少量裁判文书开展定量研究的情况;样本数量虽然并非越多越具有代表性,但整体来看,50%文献的样本数量在280以下,超过60%文献在500以下,样本数量整体偏低;对于检索所得裁判文书,超过60%文献未说明是否以及如何剔除其中不符合研究要求的裁判文书。关注样本的代表性,还必须关注样本与总体之间的关系。所谓抽样误差正,是指样本值与总体值之间的偏差。诚然,运用裁判文书开展研究时面临的是一个总量不明确、边界不清晰的裁判文书总体,但是,已经公开并可在网络平台检索到的裁判文书研究总体的数量一般是可知的,有的情况下还有官方发布的数据等其他来源可为对照,即便如此,在124篇定量研究文献中,仍有近30%未说明样本与研究总体之间的关系。此外,抽样方法使用混乱,进一步严重影响了样本的代表性。在26篇抽样研究文献中,只有3篇详细说明了抽样方法。在将抽样表述为"随机"的16篇文献中,有8篇未说明抽样的具体方法,只有6篇说明了具体抽样术语。另有9篇无法判断样本抽取是否符合随机要求,有"随意抽样"

① 有学者指出,因为生态破坏类案件在裁判文书中被大量遮蔽,仅凭案由等关键词无法直接检索出该类案件。参见张忠民:《生态破坏的司法救济——基于5792份环境裁判文书样本的分析》,载《法学》2016年第10期。

② 一项研究使用"非法证据"这一关键词在网络平台进行简单检索获得裁判文书,经过分析得出结论:司法实践中绝大多数非法证据排除申请都能启动对证据合法性的审查,其中约有一成左右的申请得到支持从而将非法证据予以排除(参见易延友:《非法证据排除规则的中国范式——基于1459个刑事案例的分析》,载《中国社会科学》2016年第1期)。另一项时间接近但采用对多个不同层级法院进行实地调查方法的研究则发现,非法证据排除规则在实践中遇冷,不仅法院很少依职权启动非法证据排除程序,而且被告方提出启动程序申请的比例也较低,很少有证据被认定为非法并予以排除,即便被排除也难以对案件处理产生实质影响(参见左卫民:《"热"与"冷":非法证据排除规则适用的实证研究》,载《法商研究》2015年第3期)。

之嫌。

第三，A、B、C 三类 47 篇文献较为系统地运用了裁判文书，但其研究设计的多项要素缺乏或者呈现不足。首先，理论基础探讨不足。编码发现，超过 70% 的文献在理论基础探讨上需要加强。其次，对研究方法的比较参考严重不足，未从已有研究中汲取方法上的经验教训，近 80% 的文献未提及相关研究使用的方法。再次，缺乏明确的假设。尤其对解释性研究而言，缺乏明确的假设会使研究设计和数据运用缺乏起点和终点，也较难与抽象的理论相对接。只有约 20% 的文献明确提出了假设并进行了验证；在解释性研究中，明确提出假设的也仅占约 40% 。最后，对变量和概念的操作化呈现不足。对于裁判文书，研究者需要把理论上的概念、变量与裁判文书中记载的信息对接起来，进而收集裁判文书中的信息作为概念的具象表现和变量的属性。如果缺乏对变量和概念如何操作化的明确说明，研究的效度将高度存疑。编码发现，超过 30% 的文献没有对变量设置进行具体说明；一些文献对抽象概念的说明，无法完全对接裁判文书记载的信息。

第四，数据分析与运用在多个方面有待提升。首先，运用的统计分析方法整体上处于初级阶段，在 A、B、C 三类 47 篇文献中，超过 50% 开展的是单变量描述统计。其次，具体统计方法、工具的运用及对结果的解释是否合理，需要进一步观察。法学研究者缺乏统计学知识，这可能影响统计分析的科学性，甚至在运用统计分析方法时出现“硬伤”。① 本文编码虽然无法对每一项研究使用统计方法是否合理进行个别化确认，但也能观察到与统计分析科学性相关的若干现象：只有极少数文献在进行回归等某类统计分析前，会论证说明样本数据符合开展这类统计的前提要求，例如是否正态分布；用于检验结论稳定性和可靠性的稳健性检验等分析方法，只在极个别文献中有所涉及。最后，数据的呈现方式主要是常规图表，对图表的使用也存在繁简无序的问题。事实

① 这一点在域外法律实证研究中同样存在。美国学者指出，美国法律实证研究中统计分析存在“硬伤”很普遍，包括错误界定 P 值和统计显著性，对回归分析的结果进行错误的解释（例如把相关关系解释为因果关系，把无效结果解释为没有因果关系），错误应用统计检验以及忽略产生有效分析结果所需要满足的前提条件等。See Kathryn Zeiler, *The Future of Empirical Legal Scholarship: Where Might We Go From Here?*, 66(1) Journal of Legal Education 85 (2016).

上,并不是要把所有表格都放在研究报告的最终稿中,而是应该在保证向读者充分展示信息的前提下,选用尽量少的图表和表格。[①]

第五,对研究结论的认识存在偏颇。首先,研究者极少关注研究结论的适用范围以及研究结论能否外推适用。出于对象异质性的考虑,社会科学研究尤为关注基于一定范围样本开展的研究的结论能否外推到样本之外的群体。对此,除了确保样本选择的随机性等方法外,还形成了专门用于评价研究发现与结论能否外推至更大群体的效度指标——外在效度。在裁判文书本身以及研究样本的代表性存疑的情况下,如何客观评价研究结论就显得尤为重要。编码发现,在 A、B、C 三类 47 篇文献中,超过 50% 的文献没有论及研究结论的适用范围;在 21 篇论及结论适用范围的文献中,有 20 篇认为研究结论可适用于样本之外的更大范围,其中包括一些样本选取交代不清、无法判断是否随机抽样,甚至样本数量少于 200 的文献。其次,研究结论缺乏与其他研究的对话。研究结论的比较对照不仅能够互相验证,还可能催生出新的问题。编码发现,在 A、B、C 三类 47 篇文献中,只有约 20% 与其他研究的结论进行了对照。再次,编码发现,有少量文献提出的对策建议与其研究发现之间缺乏紧密关系。最后,对研究方法的反思和问题披露不足。任何研究都有局限性,研究者应该比任何人都熟知自身研究的缺点和错误。同时,研究者对同行负有的学术伦理责任也要求,研究者有责任使读者了解这些缺失。只要研究者把进行某项研究时经历过的所有困难与问题和盘托出,就可以对自己的同行,甚至对整个科学探索有所贡献。[②] 在法律领域,相关研究有可能成为司法或立法决策的基础,这一披露义务就显得更为重要,更需要在每一篇文献中提请受众注意样本选取、验证过程、结论的适用性等方面可能存在的局限性、弱点以及替代性解释和政策建议。[③] 运用裁判文书的研究同样不能回避对研究方法问题的反思和披露,而且由于裁判文书这一数据来源存在先天不足,对问题的反

---

① 参见[美]劳伦斯·纽曼:《理解社会研究——批判性思维的利器》,胡军生、王伟平译,人民邮电出版社 2015 年版,第 351 页。

② 参见[美]艾尔·巴比:《社会研究方法》,邱泽奇译,华夏出版社 2009 年版,第 323 页。

③ 参见陈若英:《中国法律经济学的实证研究:路径与挑战》,载苏力主编:《法律和社会科学》第 7 卷,法律出版社 2010 年版,第 15 页。

思和披露就显得更为重要。但是,编码显示,在A、B、C三类47篇文献中,只有约20%对研究方法的局限性进行了反思。

鉴于目前裁判文书的运用在我国法律实证研究中的重要地位,上述五个方面的问题,其实也充分反映出我国法律实证研究整体上在遵循基本研究规范方面存在严重不足。这些问题需要在今后通过对方法和技术规范的倡导、相应学术伦理规则的建立来逐步解决。

(三)运用裁判文书的特殊方法论

概括而言,裁判文书作为实证研究数据来源时,主要有两个方面的特殊性:记载的信息较多但又有明显的局限性;数量规模巨大、易于获取但代表性存疑。除了需要遵循的基本规范要求外,如何更好地运用裁判文书,还需要发展出针对这些特殊性的方法论。

第一,正确全面看待裁判文书所能提供的信息,实现多方面数据的组合。

裁判文书所能提供的信息受到多方面限制,有其天然缺陷,无法单独满足探知司法经验的所有需求,但是,裁判文书包含的信息又是包罗万象的,并有大规模数量作支撑。除了目前主要关注的罪、刑、证据等要素外,裁判文书实际上还记载了很多其他方面信息。单独来看,这些信息可能与法律研究的核心问题相距较远,但可以从学科交叉、视角交叉的不同角度,将这些信息与其他数据组合起来使用。因此,在明确裁判文书提供的信息中哪些有效可用这一前提的基础上,基于更为开放、多元和交互的视角,实现信息的多方面组合使用,能够充分挖掘裁判文书的数据价值:(1)不同学科的交叉使用。编码显示,刑事法领域内的交叉研究、刑事法与其他领域的交叉研究,数量都非常少。学科视野的扩大,可以更好地利用裁判文书中记载的有效信息。(2)与其他类别数据结合使用。不同类别的数据有各自的用途,裁判文书数据作为定量数据使用时,即使样本数量较大也只能反映数据间的相关性,要解释此种相关性,还要依靠其他素材,特别是离不开对一些典型个案的具体剖析。在克服脱离个案细节这一问题上,可以多采取定性方法与定量方法相结合。[①] (3)与其

① 参见周翔:《作为法学研究方法的大数据技术》,载《法学家》2021年第6期。

他来源的数据结合使用,包括官方数据、社会调查数据等。鉴于单一来源数据可能存在缺陷,研究者应当对基于某个单一数字系统得出的有关人类行为的任何说法都持谨慎态度,无论这个数字系统的规模有多大。[①] 但编码显示,在A、B、C 三类47 篇文献中,只有不到50% 的文献尝试结合了其他来源的数据。

第二,采取多种措施应对裁判文书总体不清和代表性存疑的问题。

在裁判文书上网尚无法做到全部公开和各地一致的情况下,裁判文书总体不清和代表性存疑的问题就是定量研究始终要考虑和应对的问题。除了对自己研究结论的适用范围保持谨慎外,可以考虑以下几个方面:(1)运用统计学工具和技术提升样本的代表性。一些研究已经开始运用事后分层方法、[②] bootstrapping 算法[③]等技术方法提升样本的代表性,这就需要法学研究者更好地与统计学等专业开展合作研究。(2)通过完善检索方式提升裁判文书检索的命中率。如前所述,关键词检索的命中率较低会直接影响样本的代表性。相对而言,基于大数据技术的检索能较好地处理同一法律术语或同一情形的汉语表达方式多样的问题,目前一些网络平台已经开始提供类似的检索服务。例如,以"要素"代替"关键词"检索,系统对术语进行语义识别,匹配到特定的知识体系中,再通过知识图谱支撑的法律认知引擎技术,在更大范围内尽可能准确匹配检索需求。[④] (3)从某种角度看,选择较小范围内全部可获得的裁判文书作为研究样本,可能要比在较大范围内选择一部分裁判文书作为研究样本更为可靠。这是因为前者能够提高数据收集率,尽可能避免抽样误差的影响,也更易于与在小范围内通过其他来源收集的数据相结合。(4)与选择一

---

① 参见[美]马修·萨尔加尼克:《计算社会学:数据时代的社会研究》,赵红梅、赵婷译,中信出版社 2019 年版,第 49 页。

② 事后分层技术的主要思想是利用关于目标总体的辅助信息,帮助改善源于样本的评估结论。这一方法被广泛用于调整有覆盖面误差的概率样本,有助于修正不平衡样本。参见前引,萨尔加尼克书,第 98 页。

③ bootstrapping 算法主要指利用有限的样本资料经由多次重复抽样,重新建立起足以代表母体样本分布的新样本。这种方法已经在运用裁判文书的研究中使用,但其科学性可能有待进一步探讨。See Y. Xia, T. Cai and H. Zhong, *Effect of Judges' Gender on Rape Sentencing: A Data Mining Approach to Analyze Judgment Documents*, 19(2) China Review 125 – 149(2019).

④ 参见华宇元典法律人工智能研究院编著:《让法律人读懂人工智能》,法律出版社 2019 年版,第 185 页。

定样本并将结论外推相比,不同样本之间或样本内的比较更值得关注。裁判文书总体不清和代表性存疑的问题,导致结论外推错误风险与法律适用普遍性之间的矛盾无法完全消除,但是,在裁判文书内部选择不同样本进行比较或在样本内部进行比较,则可以回避这一问题。例如,以不同地域或不同时间段为标准选择样本进行比较,或者采用倾向得分匹配(propensity score matching)方法选择除了某些关键自变量外其他方面可以进行对照比较的多个样本库进行比较,或者在样本内部进行部分个体与整体之间的比较。①

第三,运用裁判文书的研究应当向真正具有大数据思维的研究迈进。

编码显示,现有的研究中,除了极个别文献运用大数据相关技术处理或识别裁判文书记载的信息外,更多还是运用裁判文书来描述一种司法实践状况或者验证研究者已有的基于理论或逻辑推演出来的预设,这些都与大数据思维距离甚远。虽然法律大数据不应停留在对裁判文书的使用这一初级阶段,但裁判文书的最大优势——海量与公开,确实可以为大数据思维的研究提供最基础的前提。未来可期的一种研究路径可能是,基于对海量裁判文书的数据挖掘,由数据自行呈现出研究者并不掌握的要素、变量等之间的关联,再经由相应的研究设计并结合其他来源的数据进行验证与解释,最终助推理论发展和立法司法完善。

结　语

本文通过对运用裁判文书开展研究的刑事法文献的内容分析,尝试对裁判文书这一特殊数据来源被引入法学研究的现状及引发的问题,进行较为细致的呈现和分析。受制于内容分析方法本身的局限性和研究能力,本文可能存在如下不足:(1)内容分析法局限于考察已经呈现的传播内容,②本文将已发表文献作为研究对象,无法考察期刊发表文献的过程,文献中最后呈现的有

① 例如,为了验证个体法官的量刑倾向是否偏离于法官集体的量刑倾向这一假设,研究者收集了某一地区五类刑事案件的判决书,利用裁判文书记载的法官姓名这一数据,以审理的法官不同为标准,比较了法官个体的刑罚裁量与法官量刑集体经验。参见吴雨豪:《量刑自由裁量权的边界:集体经验、个体决策与偏差识别》,载《法学研究》2021 年第 6 期。

② 参见[美]艾尔·巴比:《社会研究方法》,邱泽奇译,华夏出版社 2009 年版,第 328 页。

关裁判文书运用状况的描述同样会受到期刊审稿标准、篇幅要求和表述方式等方面的影响，这些因素都在本文研究范围和考察能力之外。（2）隐性编码不能完全排除主观性。虽然本文采用了提高编码者间信度的方法，但隐形编码，尤其是研究设计部分涉及程度性的编码，不能完全排除编码者的主观影响。而且，由于很多文献对裁判文书运用过程语焉不详，缺少编码的充足依据也可能导致偏差。（3）本文未对单篇文献运用裁判文书是否科学进行评价。一方面，这需要结合研究主题和相关专业知识，即使限于刑事法领域也超出了笔者的能力范围；另一方面，这也并非一般内容分析研究关注的重点。

考虑到我国当前的法律数据环境，在探知司法实践经验方面，裁判文书仍将在较长时间内占据举足轻重的地位。除了呼吁提升裁判文书上网率、明确不上网的例外规则、充实裁判文书记载的内容，以提供更好的数据来源外，如何在遵循基本研究规范的基础上，针对裁判文书的特殊性，更加科学合理运用裁判文书，同样是法学研究者共同面临的课题。

刑事诉讼法解释学:范式转型与体系建构*

董　坤**

摘　要:新的时期,刑事诉讼法学研究呼唤研究方法的多元并进和研究范式的转型升级。在此背景下,研究者应将法解释学融入刑事诉讼法学研究领域,一方面,通过对法条的语词、逻辑和结构开展大量解释学研究,拉近诉讼理论与实践的距离,控制公权力滥用解释权,检验和规范司法解释等规范性文件的制定;另一方面,在吸收其他部门法既有法解释学研究成果的基础上,从解释对象、解释方法和解释原则等方面构建刑事诉讼法解释学的基本体系。在推进刑事诉讼法解释学的发展过程中,应当注意修法与法律解释的关系,注重解释学对法律修改的智力支持以及对修法的反制影响;同时,还应加强法解释学在如何应对立法不足、填补立法漏洞以及促推理论创新等方面的研究。

关键词:刑事诉讼法解释学　解释方法　解释对象　解释原则

长期以来,刑事诉讼法学关注理念、模式、主义等价值层面的抽象研究,缺乏对实践问题的积极回应和理论供给。规范与实践存在脱节,法学与法律常有隔阂。原因之一即在于既往刑事诉讼法学的研究过于专注观念层面的价值分析和比较借鉴,对于法解释学的功能、体系以及方法等问题缺乏深入研究。

---

* 本文原载于《比较法研究》2021 年第 4 期。

** 董坤,中国社会科学院法学研究所研究员。

新的时期,刑事诉讼法学研究呼唤研究方法的多元并进和研究范式的转型升级。鉴于此,本文拟对刑事诉讼法解释学的基本问题展开论述,以推动刑事诉讼法解释学的构建与发展。

一、刑事诉讼法学研究方法的转型呼唤法解释学的融入

法学方法是一系列关于法律运用和操作的技巧,对这些技巧的抽象和系统研究便构成法学方法论。法学方法论通常包括一般性原则和各种具体的研究方法。前者构成了法学方法论体系的理论基础,如唯物辩证法;后者是在方法论原则指导下的具体方法研究,如价值分析法、实证分析法等,这些具体方法在解决法律问题时扮演着极为重要的角色,[①]适用于各个部门法以及各类性质的法律,具有概括性、一般性和普遍性的特点。纵观我国刑事诉讼法学研究方法的发展,大致可分为三个阶段。

(一)初创时期研究方法的缺失

中华人民共和国成立初期,百废待兴,法制从国民党时期的旧法统转向对社会主义阵营中苏联法制的借鉴。在1979年《中华人民共和国刑事诉讼法》(以下简称《刑事诉讼法》)制定之前,刑事诉讼法学的研究与整个法学的研究一样基本采用的是阶级分析方法,即将刑事诉讼法学和其他法学一道视为统治阶级进行专政的工具,强调刑事诉讼法学的党性、阶级性特质,否定和批判一切"资产阶级国家刑事诉讼"和"国民党反动政府的刑事诉讼"中诸如无罪推定、审判独立、自由心证等原则和制度,全面肯定"苏维埃刑事诉讼"和"人民民主国家的刑事诉讼"中的程序和规则。"当一种研究方法被无限地上升为意识形态的价值判断标准,并将其普遍化为全能的研究方法时,这种方法就丧失了其作为研究方法本应具有的工具性和手段性,甚至成为一种研究领域中的'霸权'话语。当研究者已经没有可以针对不同问题选择不同研究方法的可能时,其作为研究方法本身的价值也就微乎其微了。"[②]这一时期,阶级分析方法

---

① 参见张文显主编:《法理学》,法律出版社1997年版,第16页以下。

② 樊崇义、夏红:《刑事诉讼法学研究方法的转型——兼论在刑事诉讼法学研究中使用实证研究方法的意义》,载《中国刑事法杂志》2006年第5期。

的一枝独秀意味着刑事诉讼法学研究领域还没有出现真正的研究方法。

进入 20 世纪 80 年代,刑事诉讼法学研究在运用阶级分析法的同时开始围绕 1979 年第一部《刑事诉讼法》的创制而展开,基本的研究内容是以立法为导向,廓清刑事诉讼法的基本概念和诉讼流程。立法创制与法学研究在互动中前行,立法、释法、普法成为刑事诉讼法学者的主要工作。由于整个法学体系还在孕育初创期,刑事诉讼法作为部门法还在为获得学界以及实务部门的认可而努力,一切都在试错摸索,相应的研究方法还未引起足够的关注。所以,初创时期的刑事诉讼法学研究方法整体有所欠缺,并未有十分明显的方法论标识。

(二)成长时期价值分析法和比较分析法的兴起

20 世纪 90 年代,比较法学和价值法学在中国法学界异军突起,成为当时最流行的研究范式。[①] 随着我国第一部《刑事诉讼法》的出台实施及其学科地位的确立巩固,刑事诉讼法学的研究内容和研究对象也从概念特点、诉讼流程的创设转向理念、价值、原则、模式等较为宏观抽象的元问题。研究方法主要为价值分析法,即通过对刑事诉讼法独立价值、理念的归纳、分析和提炼,试图摆脱程序法对实体法单纯的依附性地位和工具性价值。而作为价值分析的基本对象——理念、价值、原则、主义等则主要以域外刑事诉讼为借鉴。由此,比较分析法在 20 世纪 90 年代也逐渐成为刑事诉讼法学研究中较为青睐的研究方法。大量的学术译著和专业论文相继涌现。[②] 域外特别是英美法系国家的人权保障价值、正当程序理念、当事人对抗主义相继被引入我国,助力价值分析法的研究走向深入,共同推动程序法研究从幕后走向台前,不断提升自身的学科地位和独立品格。

然而,随着研究的深入,价值分析法和比较分析法开始遭遇"瓶颈"。首先,就价值分析法而言,刑事诉讼价值、理念、主义、模式方面的研究对于厚植

---

① 参见何永军:《中国法学研究方法简史》,载《中国社会科学报》2020 年 12 月 30 日,第 4 版。

② 樊崇义教授对刊载于《法学研究》和《中国法学》上的有关刑事诉讼法学方面的论文所使用的研究方法进行了调查,结果显示 1994 年发表的文章中有 20% 使用了比较方法,1995 年使用比例增加到 50%,直到 2005 年的其他年份中,使用比较方法的比例基本上保持在 40% 以上,其中 2001 年甚至达到了 77%。参见樊崇义、夏红:《刑事诉讼法学研究方法的转型——兼论在刑事诉讼法学研究中使用实证研究方法的意义》,载《中国刑事法杂志》2006 年第 5 期。

程序正义理念和程序独立价值有相当大的教化和形塑效果。经过立法的修改，一些理念、价值也在具体的条文中被融入吸收，对于保障人权、公正司法确实发挥了积极重要的作用。但是法律不可能频繁修改，“宜粗不宜细”的修法思路使法律规范不能及时关注到司法一线的方方面面。宏大叙事过后，司法人员终须面临现实中活生生的司法实践和千差万别的刑事个案。此时，用“大词”直面现实中的司法问题会有“屠龙之术”无法下手的感觉。宏大叙事与具体实践的距离也导致传统刑事诉讼法学的研究成果无法对现实问题有直接的解释力或提供较理想的决案参考，最终的研究亦蜕变为“非实践性、非科学性样态”。[①] 其次，就比较分析法而言，西方理念制度的频繁引入和介绍，似乎已让国人有些“司空见惯”“消化不良”。有学者在反思中国刑事诉讼法学研究方法时就指出：“迄今为止，中国刑事诉讼法学的研究仍然表现出过度浓厚的比较法色彩，‘言必提英美、欧陆’，研究任何一个问题首先关注国外的情况，而对相关中国问题的根源、症结与场景缺乏深入的观察与剖析。”[②]众所周知，一些域外理念、价值和规则的出现往往是某个国家和地区长期的历史、文化、经济、社会诸多因素聚合累积演变的结果，同时辅之以各种盘根错节、内在交织的制度机制的保障供给，可谓共生共存，牵一发而动全身，将某一制度理念简单剥离，直接嫁接到我国刑事司法制度或诉讼程序内并非必然就能生根发芽、枝繁叶茂，水土不服、橘生淮北的情况还是时有发生，甚至多有发生。

（三）发展时期多元化研究方法的勃兴

鉴于价值分析法和比较分析法的局限逐渐显现，进入 21 世纪，刑事诉讼法学的研究从更多的宏大叙事和域外借鉴转向对国内本土化的司法实践的近景观察，强调世界的眼光、中国的问题，坚持问题导向，力图通过汲取国内本土资源，针对本国刑事诉讼运行中的具体现象和现实问题展开研究，作出回应。特别是近十年来，研究方法日趋多元，如以访谈参与、案例收集、数据统计、数

① 参见左卫民：《实践法学：中国刑事诉讼法学研究的新方向》，载《法学研究》2012 年第 5 期。

② 陈卫东：《从刑诉法修改看刑诉法学研究方法的转型》，载《法学研究》2012 年第 5 期。

理分析等为手段的实证研究方法；[①]从经验事实上升到“概念”“理论”“模式”，实现一种“惊心动魄的跳跃”式的社会科学的研究方法；[②]围绕刑事诉讼法的立法精神、立法背景及指导思想等而展开的历史研究方法；[③]被广泛使用的比较研究方法也从既往的盲从回归理性，借由关注中国问题出发，通过对相关域外制度机制的考察，系统而非局部、细致而非泛化、具体而非一般地回应中国实践，助推相关制度规则的发展。同时，借鉴其他学科理论成果融入法学研究的研究范式日渐兴起，经济学、心理学、社会学等学科与刑事诉讼法学的交叉研究越来越多。随着大数据、人工智能在法学领域研究的“升温”，更加多元的研究方法和研究工具被运用。这其中作为法学方法论下具体研究方法之一的刑事诉讼法解释学也开始勃兴。[④]

德国法学大儒萨维尼曾言：“解释法律，系法律学之开端，并为其基础，系一项科学性的工作，但又为一种艺术。”[⑤]衡诸其他部门法，诸如宪法、民法、刑法的解释学或称教义学[⑥]研究已较为成熟，甚至有的已成“老生常谈”，但刑事诉讼法解释学却少有问津，甚至被长期忽略、冷落、排斥。“热”与“冷”的反差说明法解释学在刑事诉讼法学研究中的不发达，而这种不发达也恰恰意味着刑事诉讼法学学科发展的不成熟。“事实上，注释刑事诉讼法学、规范刑事诉

---

① 实证研究方法的高层次发展阶段亦可称为实践法学，其不仅要注重借鉴社会学传统的访谈、参与式观察等定性实证研究方法，更要注重借鉴最近几十年来在社会学、经济学、统计学等领域兴起和发展的数理分析等定量方法，进行更为科学、精致的研究。参见左卫民：《实践法学：中国刑事诉讼法学研究的新方向》，载《法学研究》2012 年第 5 期。

② 参见陈瑞华：《刑事诉讼：如何形成“中国模式”》，载《检察日报》2019 年 3 月 23 日，第 3 版。

③ 参见尹茂国：《历史研究方法对刑事诉讼法学研究方法体系的意义》，载《吉林省教育学院学报（上旬）》2015 年第 5 期。

④ 参见万毅：《刑事诉讼法解释论》，载《中国法学》2007 年第 2 期；吉冠浩：《刑诉法研习中法教义学之提倡——以〈相对合理主义〉为切入》，载《中国刑事法杂志》2013 年第 6 期；孙远：《刑事诉讼法解释问题研究》，法律出版社 2016 年版；汪海燕等：《刑事诉讼法解释研究》，中国政法大学出版社 2017 年版。

⑤ Savigny, System des heutigen römischen Rechts, I, 1840, S. 206. 转引自王泽鉴：《法律思维与民法实例：请求权基础理论体系》，中国政法大学出版社 2001 年版，第 212 页。

⑥ 张明楷教授认为，刑法教义学就是刑法解释学，不要试图在刑法解释学之外再建立一门刑法教义学。解释学永远是刑法学的本体，对个别刑法条文的批判并不排斥在刑法教义学之外。笔者赞同这一观点，认为刑事诉讼法解释学与刑事诉讼法教义学两者亦无本质区别，本文对刑事诉讼法解释学的相关论述也可视为对刑事诉讼法教义学的研究。相关论述参见张明楷：《也论刑法教义学的立场——与冯军教授商榷》，载《中外法学》2014 年第 2 期。

讼法学的研究能够直接产出解决中国问题、推进中国法治进步的知识产品，是立法者撰写法律条文、执法者严格执法、司法者依法作出判决的直接根据，理应成为刑事诉讼法学者必须加以熟练掌握的基本方法。”①“毋庸置疑，我们的时代是解释的时代。从自然科学到社会科学、人文科学，再到艺术，有大量的数据显示，解释成为20世纪后期重要的研究主题。在法律中，‘向解释学转向’的重要性怎么估计也不过分。”②理论研究的深入有赖于法律解释学的昌盛。在刑事诉讼法学研究方法的转型期，学界似乎也已经意识到，长期以来刑事诉讼法学侧重学理、制度规范等知识层面的研究，忽视经验、实践层面的归纳、总结和提炼，导致理论研究不能解答司法实践提出的具体问题，也不能提供解决现实问题的可操作路径，更没有通过对司法判例的评析促推“具体的法治”。刑事诉讼法学的研究方法有必要从观念层面的独占转向技术层面的倾斜。而法律解释学作为重要的技术性研究方法应当在今后的刑事诉讼法学研究中有一席之地，成为刑事诉讼法学研究范式转换的助推器。

二、推动刑事诉讼法解释学发展的重要意义

有学者指出，将法解释学引入刑事诉讼法学对于创新理论研究、提供有力分析工具、重构理论研究范式等都有积极作用。③ 除此以外，笔者认为，刑事诉讼法解释学的发展壮大对于拉近诉讼理论与实践的距离，控制公权力滥用话语解释权，检验和规范司法解释等规范性文件的制定等也有十分重要且独特的意义。

（一）沟通刑事诉讼法学研究与司法实践的桥梁

刑事诉讼法学是一门实践性、操作性很强的学科，其规定的制度、规则和程序都与诉讼活动密切相关。将刑事诉讼法适用于各类刑事案件常常会衍生出各种现实性问题。然而，长期以来，刑事诉讼法学的研究大多以价值分析、

① 陈卫东：《从刑诉法修改看刑诉法学研究方法的转型》，载《法学研究》2012年第5期。

② ［美］丹尼斯·M.帕特森：《法律与真理》，陈锐译，中国法制出版社2007年版，第104页。

③ 参见万毅：《刑事诉讼法解释论》，载《中国法学》2007年第2期；孙远：《刑事诉讼法解释问题研究》，法律出版社2016年版，第1－8页。

比较研究为主线，关注模式、主义的建构与重塑，强调域外制度、规则的引入和借鉴。这种理论研究固然有其自身价值，但相关成果对于办案一线的司法人员而言似乎过于“高大上”，以致最终因不接地气、话语隔阂而被视为“假大空”的无用论。[①] 为了弥补理论供给上的不足，立法与司法开始通过不断修订法律和制定司法解释为司法实践“补血充电”。

不容否认，频繁修法和司法造法对于弥合规范与实践之间的裂痕确实能发挥一定的作用，但这仅是从法律规范层面作出的修补，规范的表达永远是不完善和滞后的，抽象性和事前性的特点决定了其无法预料实际案件中发生的所有情况。毕竟，社会发展日新月异，社会关系纷繁复杂，立法者无法对所有错综交织的社会关系提供一一对应的法律规范，也无法为司法人员提供数量庞大、事无巨细的法律条文。要真正解决上述问题，须引入法解释学，通过解释方法和解释规则将刑事诉讼的立法原意、规则意涵行诸个案，为司法人员就办案中的具体问题提供明确的解释学进路和处理方案。说到底，刑事诉讼法解释学就是连接立法与司法，沟通规范与实践的坚实桥梁。

举例而言，我国刑事诉讼二审程序奉行上诉不加刑原则。一审宣判后，如果仅有被告人一方上诉，二审法院不得加重被告人的刑罚。这一原则在理论上也称为不利益变更禁止原则，即被告人不能因为单方上诉而“获得一个更不利之判决，反而导致其不敢上诉，因而，不利益变更禁止原则之产生，乃基于不使被告畏惧上诉而妨碍其上诉权之行使之政策性考量”。[②] 虽然上诉不加刑原则在 1979 年《刑事诉讼法》制定之初即已规定，[③]但在实践中，二审法院常以发回原审法院重审的方式，由原审法院变相加重被告人刑罚，规避上诉不加刑的规定。有研究者对此现象作出了较为精当的分析：“因被告人上诉而发回重审案件源于被告人的上诉，派生于第二审程序，具有双重特征，这就决

---

① 笔者无意贬低上述研究方法和研究成果，而且认为很多比较分析和价值分析方法对于立法和司法确实有着潜移默化的积极作用。但不容否认，这其中的不少研究成果乃至研究的话语体系确实偏离了中国的现实语境，以致成为“水中月”“镜中花”。

② 参见黄朝义：《刑事诉讼法》，台北，新学林出版股份有限公司 2009 年版，第 671、672 页。

③ 1979 年《刑事诉讼法》第 137 条规定：“第二审人民法院审判被告人或者他的法定代理人、辩护人、近亲属上诉的案件，不得加重被告人的刑罚。人民检察院提出抗诉或者自诉人提出上诉的，不受前款规定的限制。”

定了其与上诉不加刑原则具有特殊的关系。这种特殊关系要求我们在实践中,既要坚持上诉不加刑原则,保障被告人充分行使上诉权,又不能脱离刑事诉讼总的原则和价值观念的指导,做到上诉不加刑原则与实事求是、有错必纠原则的兼顾。"[①]2012 年,在《刑事诉讼法》第二次修改时,立法机关即在第 226 条(2018 年《刑事诉讼法》第 237 条)增加了发回原审不加刑的规定。具言之,在检察院未抗诉的情况下,原审法院对二审法院发回重审的案件应延续上诉不加刑的原则,不得加重被告人的刑罚,但同时作出限制,即只有在发现新的犯罪事实,检察院补充起诉的,原审法院可加重被告人的刑罚。修法至此,上诉不加刑原则被规避的疏漏似乎已为修法所封堵,然而,在纷繁复杂、千差万别的个案中,条文语义的射程范围仍然难以涵盖一些极为特殊的情形。2020 年笔者在某地中院调研时就发现一例案件,该案案情如下:张三涉嫌多次奸淫幼女李四(11 岁),构成强奸罪,一审判处有期徒刑 8 年;多次猥亵儿童王五(12 岁),犯猥亵儿童罪,判处有期徒刑 4 年;数罪并罚决定执行有期徒刑 11 年。一审宣判后,被告人不服提出上诉。二审法院审理时发现一审遗漏了对被告人奸淫幼女致人精神残疾的从重处罚情节的评价,认为一审量刑畸轻,应予改判。然而,由于检察院未予抗诉,根据《刑事诉讼法》的规定,二审法院不得直接改判加刑,也不得将案件发回重审后由一审法院重审加刑。唯一的处理方法就是启动审判监督程序再审改判。但由于再审程序启动较为复杂,工作量大,且再审不利于原审被告人,启动更为慎重,故二审法官提出一新思路:因被告人强奸致人精神残疾,属于奸淫幼女情节恶劣的情形,可能判处无期徒刑以上刑罚,应由中级人民法院一审,故本案存在审级管辖错误。二审中级人民法院可以程序严重违法为由裁定撤销原判发回一审,然后由基层一审法院报请移送中级人民法院一审。一旦由中级人民法院作为一审法院审理该案,按照《刑事诉讼法》第 237 条的规定,由于中级人民法院不是发回重审的"原审法院",所以不受"发回原审不加刑"的限制,可在审理后直接改判加刑。

应当说,上述二审法院改变管辖的做法确实"巧妙地"绕过了刑事诉讼法对发回"原审法院"重新审判不得加刑的规定,最终的加刑也至少在形式上没

① 陈卫东等:《被告人上诉发回重审后可否加重刑罚》,载《人民检察》2009 年第 24 期。

有违反法条文义,但这种做法却与立法目的背道而驰。在法解释方法的运用上,文义解释,即对法律文本的字面含义所进行的解释,是优先适用的规则。当文义解释出现复数结论或无法表达真实含义的时候,则需进一步探究立法目的和立法意旨,通过综合运用论理解释方法,如体系解释、历史解释、目的解释等确定法条的准确含义。只有符合立法目的和意旨的解释才是妥当的解释。[①] 2012 年《刑事诉讼法》修改时增加"发回原审不加刑"的条文,目的是避免利用将案件发回重审变相加重被告人刑罚的情况发生,保证上诉不加刑原则的贯彻落实,维护被告人依法充分行使上诉权。[②] 本案中,在仅有被告人一方上诉的情况下,二审法院在发回重审后通过级别管辖的变更刻意回避由"原审法院"一审,其实是想摆脱"发回原审法院不加刑"的条文限制,仍以发回重审的方式达到变相加刑的目的。从目的解释出发,肇因于被告人单方上诉的案件,最终的裁判仍然给被告人带来不利的加重处罚,这显属变相压制、剥夺被告人的上诉权,有违上诉不加刑原则和立法目的。因此,无论办案机关如何煞费苦心,通过各种程序上的操作跳脱法条文义的射程范围,当套用解释学的基本方法将立法目的付诸个案实践,这些变通做法、规避手段就会被否定。试想,如果上述条文瑕疵,被立法者加以修补,将"发回原审法院不加刑"改为"发回原审地法院不加刑",以避免地方法院通过级别管辖的调整变相加刑。那么今后是否还会出现,二审法院通过发回重审以移送管辖的方式,指定由"原审地"以外的异地法院一审来规避新法条的情形呢? 法律文义的射程范围是有限的,但运用解释学的基本方法却能将立法原意、目的和精神无限扩展到文义射程的边缘地带,有效填补缝隙和缺漏。这正是刑事诉讼法解释学对司法实践作出的贡献。

值得注意的是,在 2021 年最高人民法院修订《关于适用〈中华人民共和国刑事诉讼法〉的解释》(以下简称《高法解释》)时,曾有意见建议在《高法解释》第 14 条中增加一款:"中级人民法院审理二审案件时,发现被告人应当被判处无期徒刑以上刑罚,基层人民法院没有管辖权的,应当撤销原判,发回原审人民法院重新审判,由原审人民法院请求移送中级人民法院审判,并通知同

---

① 参见汪海燕:《刑事诉讼法解释论纲》,载《清华法学》2013 年第 6 期。

② 参见郎胜主编:《中华人民共和国刑事诉讼法修改与适用》,新华出版社 2012 年版,第 397 页。

级人民检察院和当事人,将起诉材料退回同级人民检察院。"该款规定与笔者提及的案例如出一辙,但最高人民法院经审慎研究认为,鉴于增修条文所涉问题较为复杂,不宜一概而论,最终并未作出明确规定。其中一个重要的理由就是"对于人民检察院未提出抗诉的二审案件,以发回重审,之后由原审法院请求移送中级法院审判的方式解决原审法院级别管辖不当的问题,容易引发违反上诉不加刑原则的争议"。[①] 可见,司法机关也在通过法解释学的基本方法回应"准立法"中涉及的实践问题。

综上,在刑事诉讼法学的研究中,无论是运用比较借鉴还是价值分析的研究方法,仅能得出制度、规范以及实践做法不周延、不完善、不正当的结论,但难以形成进一步的约束措施,最终只能回到"修法"的对策法学结果。刑事诉讼法解释学则展现出一定的理论优越性,其能够做到"研究结论"与"法律适用"乃至"实践改革"的方法一致性,为司法实践提供切实的理论智识,拉近立法与司法,连接规范与实践,将纸面上的法落实到行动中的法,最大限度地发挥法律的实际效果。

(二)限制刑事诉讼中公权滥用的重要路径

刑事诉讼是代表国家的人民法院、人民检察院和公安机关等依照法定程序,对犯罪嫌疑人、被告人追诉犯罪的活动。犯罪是犯罪人对国家和社会的对抗,而追诉犯罪又是国家对犯罪人对抗社会的严厉回应。长期以来,刑事诉讼中充斥着国家与个人之间的激烈博弈和对抗,斗争哲学、竞技性司法一度成为刑事诉讼法学中具有标志性的热词。刑事诉讼中以国家强权为后盾的公权机关大多处于强势地位,可能会出现对诉讼参与人滥用权力侵犯人权的情形。至于权力滥用的方式,就包括利用话语权任意对法律条文作出排他性的利己解释。而法解释学恰恰能够通过设定解释规则和方法约束公安司法人员在个案中的曲意释法,限制解释权的滥用。诚如有学者所言:"由于法官的自由裁量权会随规则不确定性程度的增加而呈现出扩张的趋势,解释方法就被当作

① 参见李少平主编:《最高人民法院关于适用〈中华人民共和国刑事诉讼法〉的解释理解与适用》,人民法院出版社2021年版,第152页。

一套程序性指令来填补因规则不确定而出现的约束力真空。”①从这套程序性指令所发挥的实际作用看,“它缩小了可能的判决选择的圈子,刻画了问题的特征,并使之系统化,确定了相关性,提供了论证模式”。② 总之,法解释学通过创设解释规则,并辅以充分的说理性论证可以最大限度地约束曲意释法现象的发生,为限制公权任意侵害民权提供了现实的可能性路径。例如,2012年《刑事诉讼法》为了充分保障辩方会见权,规定:“辩护律师会见犯罪嫌疑人、被告人时不被监听。”对于“监听”一词,公安等部门的同志曾解释为“不通过设备监听”。言外之意是允许“人在场监听”。③ 这一解释显然与1996年《刑事诉讼法》第96条中侦查机关可以在会见时派员在场的规定照应衔接,有“借尸还魂”之嫌,虽然对于侦查机关发现线索、深挖余罪有较大便利,但与修法初衷却背道而驰。从2012年《刑事诉讼法》对“辩护与代理”一章的修法目的看,主要就是完善辩护制度,保障辩护权的充分行使,解决律师的“三难”问题。以“会见难”为例,1996年第一次修订后的《刑事诉讼法》第96条中规定,在侦查阶段,“律师会见在押的犯罪嫌疑人,侦查机关根据案件情况和需要可派员在场”。这一规定在司法实践中严重限制了律师与犯罪嫌疑人会见的有效性。因为有侦查人员在场,就能听到律师会见时的谈话内容,犯罪嫌疑人自然会顾虑重重,不敢对律师吐露实情。由于无法与律师充分交换讯息,会见徒具形式。由此,立法机关才在2012年修法时增加了会见时“不被监听”的条文,目的就是充分保障辩护律师与犯罪嫌疑人之间谈话的私密性,不为第三方知悉。所以,“不被监听”正确的解释是“包括有关机关不得派员在场,不得通过任何方式监听律师会见时的谈话内容,也不得对律师会见进行秘密录音”。④ 上述分析运用文义解释和历史解释的方法,清晰勾画出“不被监听”条文的立法由来,阐明了其立法真意和立法精神,在解决认识分歧的同时,更是避免了侦查机关在办案中对辩护方会见权可能的侵害。2012年修法之后,公

---

① 桑本谦:《法律解释的困境》,载《法学研究》2004年第5期。

② 参见[德]阿尔图·考夫曼、[德]温弗里德·哈斯默尔主编:《当代法哲学和法律理论导论》,郑永流译,法律出版社2002年版,第285页。

③ 参见王丽丽、孟澍菲:《新律师法:叫好之后还有隐忧》,载《检察日报》2008年1月21日,第6版。

④ 参见郎胜主编:《中华人民共和国刑事诉讼法修改与适用》,新华出版社2012年版,第95页。

安部修订的《公安机关办理刑事案件程序规定》即对上述解释作出肯认:“辩护律师会见犯罪嫌疑人时,公安机关不得监听,不得派员在场。”

再如,2018 年修改的《刑事诉讼法》将认罪认罚从宽制度上升为法律规范,第 174 条第 1 款规定:“犯罪嫌疑人自愿认罪,同意量刑建议和程序适用的,应当在辩护人或者值班律师在场的情况下签署认罪认罚具结书。”之所以辩护人或者值班律师要在犯罪嫌疑人签署具结书时在场,一是可以向犯罪嫌疑人释法说理,使其能够认识到认罪认罚的性质和法律后果,在权衡利弊得失后作出正确选择;二是监督检察机关的办案活动,防止检察人员给犯罪嫌疑人施加不当的压力,影响其认罪认罚的自愿性。从实践来看,检察机关大都能够确保签署具结书时有辩护人或值班律师在场。但也有部分律师反映,在其办理的一些案件中,已明确反对犯罪嫌疑人认罪认罚,却在未被解除委托的情况下,被通知犯罪嫌疑人已经签署了认罪认罚具结书,在场的则是检察机关安排的值班律师。他们认为,检察机关这种“暗渡陈仓”的方式违反了法律的规定,也侵犯了辩护人的知情权和辩护权。检察机关则认为,第 174 条第 1 款已规定,犯罪嫌疑人签署具结书时,是辩护人“或者”值班律师在场,所以只要二者有其一,程序即合法。换言之,即使犯罪嫌疑人委托了辩护人,也可以在辩护人不在场的情况下,由值班律师协助犯罪嫌疑人签署具结书。检察机关从文义解释出发,将条文中“或者”前后的辩护人与值班律师等同视之,作等价解释,看似合理,但若结合体系解释的方法,则显属谬误。《刑事诉讼法》第 36 条第 1 款规定:“……犯罪嫌疑人、被告人没有委托辩护人,法律援助机构没有指派律师为其提供辩护的,由值班律师为犯罪嫌疑人、被告人提供法律咨询、程序选择建议、申请变更强制措施、对案件处理提出意见等法律帮助。”据此,只有在犯罪嫌疑人没有辩护人的情况下,才有值班律师提供法律帮助的可能。所以,犯罪嫌疑人在签署具结书时,辩护人或者值班律师的在场是轻重有别、先后有序的。如果犯罪嫌疑人已经委托或通过法律援助获得了辩护人,只要其没有解除委托或者拒绝辩护,就没有值班律师出场的可能。检察机关仅在“或者”一词上做文章,认为值班律师可直接替代辩护人,可能是忽略了对法条整体的体系性思考,更可能是在考核压力下力求在办案中更多地适用认罪认罚从宽制度。但这种片面解释,“强推”犯罪嫌疑人认罪认罚的方式,不仅有变相压制甚至架空辩护权之嫌，还体现了解释权力行使中的随意。值得庆幸的是，最高人民检察院发现了这一情况，纠正了曲意释法下的错误做法。2020 年 12 月，最高人民检察院印发《关于认真学习贯彻十三届全国人大常委会第二十二次会议对〈最高人民检察院关于人民检察院适用认罪认罚从宽制度情况的报告〉的审议意见的通知》第 7 条规定："……认罪认罚案件签署具结书时，犯罪嫌疑人有辩护人的，应当由辩护人在场见证具结，严禁绕开辩护人，安排值班律师代为具结见证……"

（三）检验和规范司法解释等规范性文件制定的重要工具

不同于其他国家，我国的最高司法机关——最高人民检察院和最高人民法院都可以就具体的法律适用问题对立法机关制定的法律作出司法解释。司法解释的效力位阶低于法律，却有极强的拘束力和执行力。"在立法的过程中要听取各方面的意见，最后经全国人大常委会或全体人大代表审议、表决通过；而司法解释是各部门自己制定、通过，听取意见的范围有限，其中有意无意地会带有部门利益的烙印，带有部门扩权的倾向。"[①]众所周知，"法治国家中刑事诉讼法责无旁贷的任务，便是以一套'诉讼规则'来规制并厘清追诉程序中国家与个人之间权利与义务的界限，使双方有所适从，一方面便利国家完成其追诉惩罚的功能，另一方面提供个人有效的权利保障，以防范国家方面无根无据或者不合比例的过度干预"。[②] 在权力与权利交织对抗的刑事诉讼领域，司法解释的部门主义色彩可能更为明显，会不同程度地存在扩权（力）和限权（利）的倾向。例如，对诉讼行为的运用、强制性措施的实施以及当事人的权利保障等就存在司法解释有意扩充公权、缩减责任，限制民权、增设义务等情形。但是，司法解释的依据是法律条文，制定也必然要符合立法的目的、原则和精神，违背法意的自我扩权和限权必然会因越权解释或严重超纲的"创造性解释"[③]而被否定删改。至于检验、评判的工具和标尺，自然离不开法解释

---

① 陈光中、于增尊：《关于修改后〈刑事诉讼法〉司法解释若干问题的思考》，载《法学》2012 年第 11 期。

② 参见林钰雄：《刑事诉讼法》（上册），新学林出版股份有限公司 2019 年版，第 9 页。

③ 王莹：《中国刑法教义学：经验、反思与建构》，载《法学家》2020 年第 3 期。

学的基本原则和方法。

例如,2012 年最高人民法院在修订《高法解释》时曾规定,被告人被判处死刑立即执行的上诉案件应当开庭审理;但是,被告人被判处死刑缓期执行的上诉案件,有条件的,应当开庭审理。言外之意,被告人被判处死缓的上诉案件,二审不是必须开庭。这与《刑事诉讼法》有关"被告人被判处死刑的上诉案件,二审法院应当开庭审理"的规定产生了适用上的分歧。在二审应当开庭审理的规定中,最高人民法院将"死刑"限定在死刑立即执行的案件,不包括死缓案件。但在学理上,"死刑是剥夺犯罪人生命的刑罚方法,包括立即执行与缓期二年执行两种情况"。① 死缓只是死刑的一种适用制度或执行方式。所以,二审审理死缓案件也应当开庭。对此争议,其实可以利用法解释学的解释方法对条文中"死刑"的含义进行界定。根据同一解释规则,"同一概念在同一法律部门内部,甚至在不同的法律部门之中,都应当尽可能保持含义的一致"。② 一方面这是法律体系内部协调性、一致性的需要,另一方面是为了确保文义解释的客观性和可预测性。我国《刑事诉讼法》中多次使用"死刑"一词,例如,中级人民法院管辖、强制辩护以及讯问中应当录音录像等都规定适用于可能判处无期徒刑、"死刑"的案件。众所周知,单就刑罚程度的高低排序看,死刑缓期执行居于无期徒刑和死刑立即执行之间。如果立法以刑罚的轻重为标准划定案件范围,当规定了低点的无期徒刑案件,又规定了高点的死刑立即执行案件,居于其间的死刑缓期执行案件便不可能被排除在案件范围外,因为这不合逻辑。所以,上述条文中的"死刑"既包括死刑立即执行,也包括死刑缓期二年执行。"当没有明确反对的词语时,语词的可理解性就意味着,语词在同一文本中应具有同一含义,从而能够被得以理解。"③据此,二审应当开庭审理的条文中涉及的"死刑"一词应与上述几个条文中的"死刑"含义保持一致,包括死刑立即执行和死刑缓期执行。当然,在《刑事诉讼法》中

① 参见张明楷:《刑法学》(上),法律出版社 2016 年版,第 528 页。

② 参见王利明:《法律解释学导论——以民法为视角》,法律出版社 2017 年版,第 276 页。

③ See E. Kellaway, *Principles of Legal Interpretation of Statutes*, Contracts and Wills 74 (Butterworths 1995). 转引自王利明:《法律解释学导论——以民法为视角》,法律出版社 2017 年版,第 277 页。

涉及死刑复核以及死刑执行的条文时,死刑一词的含义则又限缩为死刑立即执行的情形。这往往是同一解释规则的例外,用语的相对性所致。① "语言在语境中具有生命。"②语境不同,用语的含义就会发生变化。语境常常与条文的表述、结构以及上下文关系紧密关联。《刑事诉讼法》在"死刑复核程序"一章和"执行"编中的同一条文或前后条文之间既用了"死刑"一词,又用了"死刑缓期二年执行"的表述,用语针对不同的主体、不同的情形和对象,结合这些条文的前后关系以及条文的内在结构,"死刑"一词的含义只能包括"死刑立即执行"的情形,否则,立法没有必要再专门提及"死刑缓期二年执行",这其实就是前文提及的"反对的词语"。因为有它的出现才限缩了"死刑"的外延范围。从二审应当开庭审理的规定看,上下条文以及相关条文本身并未在"死刑"一词外再提及"死刑缓期二年执行"。所以,《刑事诉讼法》规定的二审应当开庭审理的"被告人被判处死刑的上诉案件"中"死刑"的含义应包括死刑立即执行和死刑缓期执行两种情形。2012 年《高法解释》对"死刑"范围的限缩解释有违立法原意,存在变通二审审理方式、为高级人民法院二审减负之嫌。正是认识到原有司法解释中的错误,2021 年最高人民法院再次修订《高法解释》时即对第 393 条作出修正,将二审应当开庭的范围由死刑立即执行案件扩展到死缓案件。

三、刑事诉讼法解释学的基本体系

在刑事诉讼法解释学的知识体系中,解释主体、③对象、原则以及具体方

① 参见张明楷:《刑法分则的解释原理》(下),中国人民大学出版社 2011 年版,第 778 页以下。

② [英]蒂莫西·A. O. 恩迪科特:《法律中的模糊性》,程朝阳译,北京大学出版社 2010 年版,第 22 页。

③ 关于刑事诉讼法的解释主体也确有一些争议,但争议更多体现的是刑事诉讼中的权力划分,是一种司法体制上的问题,而非理论层面或者说技术层面的解释问题。虽然不同解释主体对法条理解的不同会直接影响刑事诉讼程序的实际运行效果,但如何分配解释权的问题已超出本文针对刑事诉讼法解释学的讨论范围。故对此不再讨论。从笔者占有的资料看,就理论研究层面而言,任何人都可以作出学理解释。但从司法实践看,作出具有法律效力的解释的主体包括作出立法解释的全国人大常委会、作出司法解释的最高人民法院和最高人民检察院。此外,公检法机关在司法个案中拥有一定的解释权。诚如德国学者托马斯·魏根特所言:"德国的刑法和刑事诉讼法是由适用和执行法律的机关解释的——它们是警察、检察官和法院。"但需要注意的是,在同一案件中,法官的解释应具有终局性,其效力高于警察和检察官所作的解释,这是由审判权的终局性所决定的。相关论述参见[德]托马斯·魏根特:《德国刑事诉讼程序》,岳礼玲、温小洁译,中国政法大学出版社 2004 年版,第 9 页;另见万毅:《刑事诉讼法解释论》,载《中国法学》2007 年第 2 期。

法都是其重要内容。囿于篇幅,本文仅就其中对刑事诉讼法学有特殊性或存在争议的内容展开论说。

(一)解释对象

刑事诉讼法解释学的研究对象就是指“解释什么”的问题。一般认为,刑事诉讼法的法律文本系当然的解释重点,其他涉及刑事诉讼的法律,如刑法、监察法、检察官法、法官法等的相关条文也应成为解释的对象。例如,《监察法》第48条规定:“监察机关在调查贪污贿赂、失职渎职等职务犯罪案件过程中,被调查人逃匿或者死亡,有必要继续调查的,经省级以上监察机关批准,应当继续调查并作出结论。被调查人逃匿,在通缉一年后不能到案,或者死亡的,由监察机关提请人民检察院依照法定程序,向人民法院提出没收违法所得的申请。”《刑事诉讼法》第298条第1款规定,犯罪嫌疑人、被告人逃匿、死亡违法所得没收程序的案件适用范围包括“贪污贿赂犯罪、恐怖活动犯罪等重大犯罪案件”。两相比较,《刑事诉讼法》第298条第1款中“等”应作等外解释,至少包括监察机关调查的“失职渎职等职务犯罪案件”,但由于该条在“等”字后又加了“重大犯罪案件”的程度限定,故有必要对《监察法》第48条规定的“贪污贿赂、失职渎职等职务犯罪案件”也作同等程度的限缩解释,以确保“两法”在案件程序衔接上的一致性和协调性。

除了法律,有关《刑事诉讼法》的司法解释乃至重要的规范性文件也应成为解释对象。这主要是源于《刑事诉讼法》的条文过于“稀少”“简洁”,需要大量的司法解释和规范性文件予以补充。而且,由于司法解释和规范性文件具有同等的法律效力,已成为司法实践中案件处理的直接依据,某种程度上是“准立法”,因而对它们有加强解释的现实性和必要性。诚如前文所言,目前,一些司法解释条文和规范性文件存在对法条理解的偏误,制定中也存在部门主义倾向,需要通过解释检验其是否符合法律文本的目的、原则和精神,以便进一步修正、完善。若最终这些解释规范成为将来立法的“重要蓝本”,此前的解释性研究和规范也能起到重要的把关作用。

（二）解释方法

一般认为，法律解释的方法包括文义解释、体系解释、历史解释、目的解释等。由于各种书籍、论文对此作出的相关论述已浩如烟海，故本文不予赘述，但围绕解释方法仍有两个争议问题需要回应。

1. 解释方法与解释结果

就目前来看，不少解释学的书籍将文义解释、体系解释、历史解释、目的解释、比较解释、社会学解释以及严格解释（平义解释）、扩张解释（扩大解释）、限缩解释（缩小解释）、反面解释（反对解释）、当然解释等都视为解释方法，一定程度上引发了解释方法的混乱。张明楷教授曾对解释方法进行重构，将严格解释、扩张解释、限缩解释等列为解释技巧，将文义解释、体系解释、历史解释、比较解释、目的解释等归为解释理由。"对一个刑法条文中的某个概念的解释，只能采用一种解释技巧，但采用哪一种解释技巧，取决于解释理由，而解释理由是可以多种多样的。"①按照这一思路，笔者发现上述罗列的众多解释方法其实是按照不同的标准所作的分类。比如，严格解释、扩大解释、限缩解释其实是按照解释结果进行的分类；而文义解释、体系解释、历史解释、目的解释等则是为了达到上述解释结果采用的具体方法。一般来说，解释结果之间是不能相容的，一种解释方法只能达到一种解释结果，但运用不同的解释方法却可以支持同一解释结果。

举例来说，《刑事诉讼法》第 71 条第 1 款第 1 项规定，"未经执行机关批准不得离开居住的市、县"。该条涉及犯罪嫌疑人、被告人在取保候审期间的活动范围，其中，"县"是指行政区划中的县，对此没有太大争议。至于"市"的含义则有不同理解。有人认为这里的"市"就是指"县级市"。因为根据同类解释规则，条文中的"市"和"县"用顿号隔开，意味着顿号前后的字词具有性质或效果上的等价性。然而，若将"市"简单解释为"县级市"，会产生两个疑问：其一，运用文义解释剖析整个条文的语句结构，如果"市"仅指县级市，虽可与顿号后的"县"并列适用，但却缺少了其他可等价并列的"区""旗"等，这

① 张明楷：《刑法学》（上），法律出版社 2016 年版，第 34 页。

种列举未尽的立法表述为何不在文末加“等”字煞尾？其二，遵循体系解释的基本规则，如果这里的市是指“县级市”，那么为了确保整个法律的内在协调性与一致性，参照本法中其他条文的立法技术，就应该明确表达为“县级市”。因为，《刑事诉讼法》中其他涉及“市”的条文，都有具体指代。如第265条第5款规定：“在交付执行前，暂予监外执行由交付执行的人民法院决定，在交付执行后，暂予监外执行由监狱或者看守所提出书面意见，报省级以上监狱管理机关或者设区的市一级以上公安机关批准。”再如，第22条规定：“高级人民法院管辖的第一审刑事案件，是全省（自治区、直辖市）性的重大刑事案件。”为何第71条中的“市”却没有明确的范围限定？综合上述两点疑问，《刑事诉讼法》第71条第1款第1项中的“市”并不是仅指“县级市”，而是对行政区划中所有“市”的统称，包括直辖市、设区的市、不设区的市以及县级市。其实，遵循历史解释的方法，全国人大常委会法工委早在2012年《刑事诉讼法》修改时就在相关的法律解读中对取保候审中的“市”作出解释，所谓“市”是指“直辖市、设区的市的城市市区和县级市的辖区”。①

上述例证展现了解释方法与解释结果之间的内在关系。笔者运用文义解释、体系解释以及历史解释的方法实现了对条文严格解释的同一结果。但不容否认，“在具体个案中，当数个解释方法分别导出对立的结论时，为了决定应采哪一种解释，方法论长久以来都在努力试着订出各种解释方法间的抽象顺位”，②这就是解释方法的排序问题。

2. 解释方法的排序

针对具体解释方法的应用排序，众多研究得出的结论是：文义解释具有优先性，当通过文义解释无法得出妥当性结论或解释结论可能是复数时，则采用体系解释、历史解释或目的解释的方式。故解释方法的基本排序是：文义解

① 参见郎胜主编：《中华人民共和国刑事诉讼法修改与适用》，新华出版社2012年版，第157页。

② 参见［德］英格博格·普珀：《法学思维小学堂——法律人的6堂思维训练课》，蔡圣伟译，北京大学出版社2011年版，第78页。

释—体系解释—历史解释—目的解释—其他解释方法。[①] 之所以如此设置，除了确定解释结果、明确解释结论外，一方面是因为文义解释和体系解释更加依赖于法律条文的内容和结构，它们是依据法律文本所传递的文字、标点、语法等符号信息来确定法律意义的解释方法，具有恪守规则的形式主义特征；而历史解释、目的解释等解释方法与法律文本的距离较远，通常还要考虑立法意图、公共政策、主流公众意见和常识意义上的公平正义观等多重因素，符合实质主义的特点，背后多是价值权衡和价值判断。"在运用解释方法的过程中，喜好价值判断的惯性极易导致解释者对解释方法进行选择性使用，简单化地跳跃至目的解释等价值判断层面的解释方法。过度依赖目的解释与价值权衡等解释方法事实上经常进行的工作是法的续造，与立法本身的界限非常模糊，长此以往反而不利于法律解释技术的发展。"[②]另一方面，建立解释方法运用的排序位阶具有一定的法经济学意义。排序靠前的文义解释、体系解释运用起来相对简单，需要考虑较少的解释因素，所以耗费的信息成本低，解释的透明度大，解释结果容易预测；而排序靠后的解释方法较为复杂，解释需要考虑的因素多，耗费的信息成本也高，解释透明度小，解释结果也较难以预测。[③]

然而，解释方法的排序逻辑虽然在某种程度上体现了司法对形式合理性的追求，但解释方法的实践逻辑常常出现解释方法追随解释结果，解释结果反制解释方法的情形。"所谓的解释方法实际作用是对已发现的创造性补充内容进行事后的理由说明。"[④]这导致了人们对解释方法排序意义的质疑。但其实，"只要法教义学论证的起点即实定法规范本身在社会中被普遍接受，以此出发进行概念体系上逻辑自洽的论证，且在社会中能够进行自由的商谈对规范及其标准进行持续检验，就可以认为法教义学能够正确运作"，[⑤]解释方法

① 有关解释方法的顺序总结可参见周光权：《刑法解释方法位阶性的质疑》，载《法学研究》2014年第5期；梁根林：《罪刑法定视域中的刑法适用解释》，载《中国法学》2004年第3期；程雷：《刑事诉讼法律解释方法的顺序规则初探——以反对强迫自证其罪原则与应当如实回答之关系为范例的分析》，载《中国刑事法杂志》2018年第1期。

② 程雷：《刑事诉讼法律解释方法的顺序规则初探——以反对强迫自证其罪原则与应当如实回答之关系为范例的分析》，载《中国刑事法杂志》2018年第1期。

③ 参见桑本谦：《法律解释的困境》，载《法学研究》2004年第5期。

④ ［德］拉德布鲁赫：《法学导论》，米健、朱林译，中国大百科全书出版社1997年版，第107页。

⑤ 参见王莹：《中国刑法教义学：经验、反思与建构》，载《法学家》2020年第3期。

就具有了独立的价值和意义，具有科学性。所以，笔者坚持法律解释方法排序必要说，并认为在当下的刑事诉讼法解释中方法的排序还具有其现实意义。

一是限制解释权的扩张。目前有关解释方法的排序体现了形式逻辑向实质逻辑的渐进，解释方法距离法律文本的中心区域越远，文本之外介入考量的因素就越多，解释的空间就越大。设置这样一套解释方法的排序，可以最大限度地限制解释权的随意扩张。某种程度上，若能辅之以解释方法选择和运用的公开性说理，就能对解释者以“结果预见”影响解释方法的现象起到一定的限制作用。

二是实现解释结论的正当性和妥当性。法律文本是裁判的依据，将其作为法律解释的共识性前提，解释的结论最容易得到社会大众的认同。从这个角度说，不脱离法律文本的解释更容易构筑结论的正当性基础。当然，结论的正当性并不意味着结论的妥当性。很多时候，常常是文义解释、体系解释的结论并不妥当，才转向了历史解释和目的解释。但越是排序靠后，越意味着解释方法对法律文本的依赖性、关注度不高，脱离文本任意解释的可能性就越大，就算最后的解释结论看似妥当，也可能会侵蚀结论的正当性基础。“司法方案的功利性权衡最终要受到当下所有法律材料的限制，被法官看好的某一司法方案如果找不到法律上的理由（哪怕是牵强的理由）予以支持，法官也只好忍痛割爱。”①所以，坚持解释方法有序可循其实是在解释的妥当性和正当性之间形成必要的牵制，确保解释结论兼具形式合理性与实质合理性。

三是增强解释的规则意识和程序意识。长期以来，我国“重实体、轻程序”的倾向较为严重，在解释的过程中也常常出现“重解释结论、轻解释过程”的情形。为此，有必要通过解释方法的排序形成基本的适用规则，以促进解释者逐渐养成良好的规则意识和程序意识。

（三）解释原则

不少研究者都曾对解释原则作出归纳总结，结合刑事诉讼法以及司法活动的特质，笔者将刑事诉讼法的解释原则归纳为必要性原则、忠实法律文本原

---

① 桑本谦：《法律解释的困境》，载《法学研究》2004 年第 5 期。

则、合目的性原则和公平正义原则。

1. 必要性原则

解释的必要性原则，就是指清晰的法律文本无须再作解释。“如果法律没有不明之处，就不存在解释的问题，因为在这种情况下，解释不仅无益，甚至是有害的。”①但是，由于语词的模糊性和多义性，法律用语基本都有解释的空间。所以，清晰的法律文本中所谓的“清晰”本身就值得解释。笔者认为，必要性原则真正的适用空间在于对某些语词、术语的解释，立法已作出明确解释的，就无须再进行其他解释，可直接援引适用。例如《刑事诉讼法》第108条对诉讼参与人的范围作了明确限定，包括当事人、法定代理人、诉讼代理人、辩护人、证人、鉴定人和翻译人员。据此，刑事诉讼中出现的诸如取保候审中的保证人，对勘验、检查、搜查、扣押等侦查行为进行见证的见证人以及庭审中对鉴定意见提出意见的有专门知识的人就不属于诉讼参与人。

值得注意的是，其他法律中涉及的语词、术语的解释能否直接适用于《刑事诉讼法》的解释？笔者认为，为了确保整个法律体系内在的统一性和协调性，原则上应当直接适用。例如，2018年，立法机关对《刑事诉讼法》进行了第三次修改。为了完善与国家监察体制改革的衔接，立法调整了检察机关的侦查职权，删去检察机关对贪污贿赂等案件行使侦查权的规定，但在第19条中规定，“人民检察院在对诉讼活动实行法律监督中发现的司法工作人员利用职权实施的非法拘禁、刑讯逼供、非法搜查等侵犯公民权利、损害司法公正的犯罪，可以由人民检察院立案侦查”。在对刑诉法修正案（草案）进行讨论时曾有人提出，监察人员在对职务违法或职务犯罪调查过程中也可能出现侮辱、打骂、虐待、体罚被调查人和涉案人员的情形，如果构成犯罪的，检察机关可否立案侦查。简言之，条文中的“司法工作人员”是否包括监察人员。对此疑问，可直接依照我国《刑法》第94条，即“本法所称司法工作人员，是指有侦查、检察、审判、监管职责的工作人员”作出判断，得出检察机关不能对司法工作人员之外的监察人员立案侦查的结论，无须再作过多解释。而且，实践中，监察人员都是在监察程序中行使职权，也不可能在《刑事诉讼法》第19条规

① ［法］亨利·莱维·布律尔：《法律社会学》，许钧译，上海人民出版社1987年版，第69页。

定的"诉讼活动"中实施上述犯罪。如果监察人员实施了侵犯公民权利、损害司法公正的犯罪,就应由监察机关内部监督、立案调查。

2. 忠实法律文本原则

法律条文几经修改,很多用词、句式乃至标点都是仔细推敲、反复斟酌的,不少条文的遣词造句也很有考究。法律不是嘲弄的对象。法律的执行者不能总是抱有怀疑和批判的心态对待法律文本,也不得随意假定立法者在制定法律时考虑不周或者犯下错误,以一种自认为高明的姿态去解释法律。法律解释的重要原则就是忠实于法律文本,不得随意超越文本、文义作越权解释。例如,《刑事诉讼法》第 59 条第 2 款规定:"现有证据材料不能证明证据收集的合法性的,人民检察院可以提请人民法院通知有关侦查人员或者其他人员出庭说明情况;人民法院可以通知有关侦查人员或者其他人员出庭说明情况。有关侦查人员或者其他人员也可以要求出庭说明情况。经人民法院通知,有关人员应当出庭。"为了证明取证的合法性,立法规定了参与取证的侦查人员可以出庭说明情况的举证方式。但既有的研究和实践大多将此规定视为警察出庭作证的一种情形。可是,法条明文规定侦查人员是"出庭说明情况",而非《刑事诉讼法》第 192 条第 2 款规定的"人民警察就其执行职务时目击的犯罪情况作为证人出庭作证……"从文义解释出发,侦查人员出庭说明情况不等同于出庭作证,其身份不是证人,也不适用有关证人出庭作证的一系列权利义务的规定。详言之,如果侦查人员不出庭说明情况,法院不能因其不出庭而动用强制证人到庭的手段;侦查人员也不是必然要接受辩护方的诘问,如果其在说明情况时有虚构事实的情形,也不会遭致伪证罪的刑事追责。当然,如果侦查人员因出庭说明情况面临现实危险或因交通、住宿、就餐要支出部分费用的,也不享有证人保护和经济补偿的机会和权利。至于立法为何在此规定侦查人员出庭仅是"说明情况",笔者曾撰文指出,主要目的还是在当下的大背景下,尽量降低侦查人员因出庭带来过多的负担,鼓励警察积极出庭澄清法庭对取证合法性的疑问。[①]这是立法机关在考虑中国的现实情况、权衡各项因素后作出的妥协,是立法完

---

① 参见董坤:《侦查人员出庭说明情况问题研究——从〈刑事诉讼法〉第 57 条第 2 款切入》,载《法学》2017 年第 3 期。

善的一个渐进过程。但如果超越法律文本,直接将侦查人员出庭说明情况等同于出庭作证,将侦查人员视为证人,即属超越法条基本文义的过度解读。

3. 合目的性原则

法律由文字、语法和标点构成。文字的表达总是有限的,在文字含义的边缘常常会出现语义模糊或表达歧义。如果拘泥于文字确实无法得出妥当结论的,则须借助立法的目的和精神,作出遵循立法原意的解释。例如,《刑事诉讼法》第 48 条规定:"辩护律师对在执业活动中知悉的委托人的有关情况和信息,有权予以保密……"有研究者提出,如果将条文中的"有权予以保密"视为赋权性规定,那么辩护律师是否可以单方弃权,将执业中知悉的有关情况和信息告知公安司法机关?该疑问是对"有权"作出文义解释后提出的,看似符合逻辑,但结论显属谬误。若照此理解和操作,必然会破坏委托人和辩护律师之间的信赖关系,不利于辩护权的发展和完善,与立法意图也背道而驰。《刑事诉讼法》第 48 条规定"有权予以保密"的目的和意图应结合第 110 条第 1 款的规定作体系解释。第 110 条第 1 款规定:"任何单位和个人发现有犯罪事实或者犯罪嫌疑人,有权利也有义务向公安机关、人民检察院或者人民法院报案或者举报。"立法其实规定了任何单位和个人向公安司法机关告知犯罪事实或犯罪嫌疑人的义务。但如果这其中也包括辩护律师,对于委托人而言,无疑会侵犯他们对辩护律师的信赖利益。试想如果以后辩护律师可随意在办案中将知晓的案件情况或信息告知公安司法机关,谁还会找律师辩护?辩护制度的发展将走向何方?为此,第 48 条就专门规定了辩护律师的一项"豁免权",即免除向公安司法机关告知义务的"权利"。但对于委托人而言则实为一项义务,即不能违背与委托人之间信赖关系的保密义务。总之,"有权"确实是一项"权利",但对其解释时一定要准确把握权利行使的对象,才能真正忠实于法律文本后的立法目的和精神。当然,坚持合目的性原则的法律解释决不能完全脱离文本、超越文义,甚至另辟蹊径。"法律解释不能脱离立法者的目的,但是它应当是文本所表示出来的立法者的意图,解释者不能脱离这一意图随意进行解释。"①

① 王利明:《法律解释学》,中国人民大学出版社 2016 年版,第 76 页。

4. 公平正义原则

解释的终极就是价值的判断和取舍。当解释出现复数或不同的解释方法得出相异的结论时，选择哪种解释结论，背后其实就是价值判断的结果，至于如何判断则应当坚持公平正义原则。公平正义原则是法律解释的最后底线。解释者必须心中充满正义，解释才能入情入理，结论才能为社会接受。然而，"正义有着一张普洛透斯似的脸，变幻无常、随时可呈不同形状并具有极不相同的面貌"。[①] 如何解释才算遵循公平正义，笔者认为，坚持公平正义的解释原则就是要尽可能遵循或贴近社会大众朴素的正义情感和一般的价值判断。"在法律背后支撑法律的不只是国家强制力，还有社会公认的价值体系，社会公众对公平、公正和秩序的渴求。法律要维护当下的社会公众认同的公正、公平和秩序观念，法律的解释必然要以当下的价值观念为核心。"[②]德沃金在《法律帝国》中提到的埃尔默案是研究法律解释经常提及的经典案例。如果严格按照当时的法律规定，毒死祖父的埃尔默仍然会因是祖父遗嘱的唯一受益人而获得遗产。[③] 法官难以逾越法律规定中的文字含义去剥夺埃尔默对遗产的继承，但如果就此作罢显然又无法令人心安，也无法为社会接受。因为这有违朴素的公平正义感。因此，一条古老的法谚"任何人不能从其自身的过错中受益"被援引，文义解释让位于目的解释，案件得到了妥当的处理。

四、刑事诉讼法解释学研究需要回应的几个问题

目前，刑事诉讼法解释学的研究已经有了些许成果，但对于该领域的研究和发展仍然有一些认识误区需要澄清和回应。

（一）误区一：频繁修法没有为刑事诉讼法解释学提供生存空间

德国著名法学家基尔希曼曾言："立法者的三个更正词就可以使所有的

① 参见[美]E·博登海默：《法理学：法律哲学与法律方法》，邓正来译，中国政法大学出版社2004年版，第261页。

② 刘延和：《刑法解释与适用研究》，法律出版社2016年版，第7页。

③ 参见桑本谦：《法律解释的困境》，载《法学研究》2004年第5期。

文献成为废纸。”①一些研究者提出，在当下《刑事诉讼法》及其司法解释频繁修改的背景下，解释对象的变动并不利于法解释学的生存发展。陈兴良教授就认为：“就部门法而言，无疑应当以部门法教义学为主要的知识形态，而部门法学的社科法学研究知识则起到补充作用。……当然，不能排除不同的部门法因法律发展阶段的不同，而在一个特定时期或是以社科法学研究为主……例如我国当前的刑事诉讼法领域，虽然法典已经颁布，但处于频繁的修订当中。尤其是在司法改革的背景下，刑事司法制度建设仍然是当务之急。在这种情况下，在刑事诉讼法研究中，以价值为导向的社科法学研究还是占主导地位的，而法教义学研究则发展迟缓。”②

上述观点确有一定的道理。但如前文所言，不断修法的现象恰恰源于法解释学的孱弱和解释技术的落后。首先，如果一经发现法律的缺陷或不周延，就动辄修法，必然会陷入无休止的“修法论”怪圈。“法律的制定者是人不是神，法律不可能没有缺陷。因此，发现法律的缺陷不是什么成就，将有缺陷的法条解释得没有缺陷才是智慧。”③当下，恰恰需要引入刑事诉讼法解释学来维护法的安定性，抑制频繁修法的现象。其次，即使在快速修法的时代，也可以发现，刑事诉讼法的修改更多的是在对法律条文作“增项”而非对既有条文作过多的“改动”。所以，立法的延续性决定了解释工作不是在做“无用功”。一些解释结论仍然对实践具有长久的实用价值。最后，即使在法解释学发展较为成熟的刑法学领域，法典的修改也从未停下脚步，反而频度更快。但就算是对法律频繁修改，背后也常常隐含着解释学的助力。很多时候，正是解释方法在规范与实践的互动中才暴露出立法条文的不周延和不严谨。当解释已经无能为力时，其为修法就带来了有说服力的理由和正当性根据。诚如有研究者所言，基尔希曼的名言其实意味着他踩在了法律进化论的台阶上。“既然立法者可以创造规则，自然也可以修改规则。既然法学家们可以认识到立法存在的漏洞、歧义和矛盾，那么立法者自然也可以至少借助法学的‘评注、释

① ［德］J. H. 冯·基尔希曼：《作为科学的法学的无价值性——在柏林法学会的演讲》，赵阳译，载《比较法研究》2004 年第 1 期。

② 陈兴良：《教义刑法学》，中国人民大学出版社 2017 年版，“第三版出版说明”，第 16 页。

③ 张明楷：《刑法格言的展开》，北京大学出版社 2013 年版，第 8 页。

义、专著、解析、思辨、论文以及案例'了解这些缺陷的存在。基尔希曼用词的严谨就在此处体现:他说的是'三个更正词',而非'三个词的改动'。更正意味着立法文本的改变填补了漏洞、消除了歧义、调和了矛盾。"①

(二)误区二:条文缺憾没有为刑事诉讼法解释学提供发展平台

有观点认为,高水平的立法技术、系统完备的法律规范是解释的基础。但目前刑事诉讼法条文粗疏,立法技术不高,问题症结颇多,这为解释学的发展设置了重重障碍,故在刑事诉讼法学研究领域引入法解释学为时尚早。笔者认为这一观点实属对解释学的认识误区。

首先,刑事诉讼法解释学的对象不仅限于法律条文,还包括体量庞大的司法解释,它们已经成为司法实践中重要的办案依据,具有法律效力,是"准立法",也是未来立法的重要参考和草案蓝本。对它们的解释重要且必要,不应忽略。所以条文不足或稀少其实是个伪命题,这源于对法解释学的研究对象认识不足。②

其次,法律不可能完美,只能不断完善。但需要注意的是,到底是立法本身确有众多不完善之处,还是解释技术的极度匮乏,导致人们对立法条文的缺漏产生了认知错觉,这本身就是一个值得怀疑和深思的问题。很多时候,可能恰恰是对法解释学缺少必要的关注,以及解释方法的欠缺和应用不当,才导致呈现在法律不完备论者面前的法律"满目疮痍"。法律的完善其实是立法者、司法者以及法学研究者的共同任务。当法律不完备、立法有缺陷时,法律解释学可以用来"发现"问题,而立法则被用来适时"解决"问题。当法律较为完备时,则不需要大幅修改,法律解释学可以用来作为法律内在调和的重要手段和机制,拓展法律外延,为司法适用提供具体的裁判指引。总之,有法律即有解

---

① 朱明哲:《从19世纪三次演讲看"法典化时代"的法律观》,载《清华法学》2019年第3期。

② 当然,质疑者可能会追问,现有的司法解释有部门化倾向,且质量参差不齐,其能否在"程序法定"原则下担当起被解释的重任。对此问题,笔者在前文中已经提及,法解释学不仅有解释法律规范的功能,更有检验和规范法律以及司法解释的作用,法解释学不仅仅是将法律规范奉为"圭臬""教义",解释中本身即带有批判和校正。相关论述可参见谢澍:《刑事诉讼法教义学:学术憧憬抑或理论迷雾》,载《中国法律评论》2016年第1期;张明楷:《也论刑法教义学的立场——与冯军教授商榷》,载《中外法学》2014年第2期。

释。法无解释,不得适用。法律文本与法律解释相互作用,立法、司法与法学研究相互协作才能共同推进法治的完善和发展。

(三)误区三:法解释学难以生产刑事诉讼新理论

有研究者曾对法解释学的创新性提出质疑:“解释往往只能关注个别问题,而不可能发现存于问题间之更大更广的关联,更不能妄言发现蕴藏其间的原理;同时,缺乏体系化之总结过去、演绎新知的功能,刑事诉讼法学研究也就失去了进一步发展法律的基础。”①

换言之,上述观点认为,法律解释只是在运用形式逻辑和归纳推理再现立法者的原意,没有提供新的理论智识,不能生产新的理论。其实,法解释学并非对法律文本的简单说明和一般注解,而是以系统思维构建规范的法律体系。体系解释的方法首先就作出了表率。而且,如果作深入了解就会发现,创造在法律解释中是必不可少的。不少法律概念的创设、法学理论的创新恰恰是法解释学作用的结果。为了解释法律条文中文字、语词以及语句结构的意涵,阐明不同条文间的内在逻辑关系,法解释学需要创制新的概念串联统合众多条文,也需要构建理论模型为实践适用法律规范提供科学的工具理性。例如,在刑法学中,以构成要件为中心的犯罪论体系,就是一个定罪的理论模型,其恰恰是德国学者创造的刑法解释学的成果。德国学者认为:“在信条学中,关键是要看到规定的真正对象所具有的结构和实质,因为借助单纯的理论虚构的形象或者关键词,人们并不能得出一般有效的结论。在这些结论从‘行为刑法’和‘罪责刑法’的基本原则中,模式性地为犯罪的一般条件,塑造出由此产生的各种体系性结论时,就有可能在这个中心领域中成为一种通用的刑法科学。这种刑法科学就可以为国内的立法者和法院阐明,应当如何合乎逻辑地看待总则的法律形象,并由此提供明确的和具有归类能力的概念。”②概言之,在犯罪论体系中采用的一系列概念,如构成要件、违法阻却、罪责等,都是刑法所没有规定的。刑法只是规定了行为、客体、结果、正当防卫、故意与过失等内

---

① 谢澍:《刑事诉讼法教义学:学术憧憬抑或理论迷雾》,载《中国法律评论》2016 年第 1 期。

② [德]汉斯·约阿希姆·希尔施:《关于德国现代刑法信条学的现状》,王世洲、苏颖霞译,载北京大学德国研究中心编:《北大德国研究》第 2 卷,北京大学出版社 2007 年版,第 187 页。

容,而由法解释学创造的犯罪论体系恰好将这些刑法规范统合于一个理论构想,即在构成要件下形成了一个统一的知识体系,为定罪活动提供理性工具。[①] 刑事诉讼法领域也有类似情形。孙远教授在对欧陆刑事诉讼法学中的"诉讼标的"考察后指出:"诉讼标的并非法定概念,而是法学研究的成果。但是,这一概念的直接功能恰恰是对法律加以解释适用。"[②]可见,刑事诉讼法理论的创新和发展不仅需要比较法学、社科法学的助力,还需要法解释学的推动。

同时,很多法律一经出台,就脱离了立法者,随着时代的发展不断成长出新的意涵。既有条文结合当下时代,常常会萌发出新的法律精神和理论内涵。这绝不是对既有法律文本的背离,恰是对它们的继承和发展。因此,时代的发展和解释学的深入恰恰是理论创见的重要方式。"法律随时代更替而变化,同时代的解释就是最好的解释,而且在法律上最有力。"新的时代的解释结论常常就是新的创见,也是对理论的发展和深化。所以,"理解永远是一个无限的、不断反复、不断更新的过程,历史和文化传统就在这一次又一次的理解中得到继承和发展。因此,解释者完全没有必要因顾虑'盲目先见'的影响而缩手缩脚,不敢提出自己创造性的见解"。[③] 因为,解释永远会在创造的进程中闪光。

五、结语

刑事诉讼法学是一门实践性、操作性很强的学科,但其对与实践紧密相关的法解释学研究方法的运用却不常见。究其根源,可能缘于"法典万能主义"和"法律虚无主义"的不同研究立场。前者将法律制定视为解决问题的终点,最终使刑事诉讼法学的研究演变为对策性研究;后者则忽略法律条文的重要意义,将刑事诉讼法学研究视为社会科学研究的分支。两种立场间其实缺乏一条"技术性"的中间路线,即法解释学的立场和方法。而法解释学的重要价

---

① 参见陈兴良:《立法论的思考与司法论的思考——刑法方法论之一》,载《人民检察》2009 年第 21 期。

② 孙远:《刑事诉讼法解释问题研究》,法律出版社 2016 年版,第 3 页。

③ 参见董洪利:《古籍的阐释》,辽宁教育出版社 1993 年版,第 80 页。

值恰恰在于,解释者可以通过解释的“技术”将复杂且抽象的价值赋予到具体的法律概念或法律条文之中。这样一方面可以避免频繁修法背后所表现出的“价值立场”的动摇,另一方面可以实现法律适用的稳定性和可预见性。尤其是在刑事诉讼法领域,每一项解释都可能会改变“权力与权利”的格局架构和内在关系,可谓兹事体大。鉴于此,本文在社科法学、对策法学、实证法学外提供了一种微观化、技术化的视角,希冀通过对刑事诉讼法解释学的引入,改变以往“重学轻术”或“褒学抑术”的研究现状;通过对刑事诉讼法解释学研究对象、基本原则以及具体方法的深层剖析,构建刑事诉讼法解释学的体系框架,为推进刑事诉讼法解释学的长足发展,以及刑事诉讼法学研究范式的转型升级和研究方法的多元并进作出一定的理论贡献。

第三部分　学术争鸣

刑事印证证明新探*

龙宗智**

摘　要:刑事印证证明是指在刑事诉讼中利用不同证据内含信息的同一性来证明待证事实,这里的同一性包括信息内容的同一与指向的同一。印证证明既适用于个别证据的判断,也适用于证据的综合判断,还适用于对证据真实性、合法性和相关性的判断;其作用机理一是真理(真实)融贯论,二是真理(真实)符合论,三是归纳逻辑与溯因推理;其考量因素包括参与印证的证据的品质、数量、清晰度,是否存在客观性证据尤其是隐蔽性证据,是否符合经验法则,是否合理嵌入整体的事实构造,以及是否存在合理差异等。实践中对印证证明的误用表现为:违法取证,强求印证;只看印证事实,忽略对案件的"综观式验证";违背证明规律,忽略心证功能。印证模式的改革方向是坚持印证主导,加强心证功能,注重追证作用,发挥验证功效。

关键词:印证　证明模式　证明方法　融贯论　符合论

笔者在2004年就中国刑事诉讼的证明模式是印证模式,以及印证模式的形成缘由、意义和局限性突破,作了一定的论证。[①] 印证模式理论在学界和实

---

* 本文原载于《法学研究》2017年第2期。

** 龙宗智,四川大学法学院教授。

① 参见龙宗智:《印证与自由心证——我国刑事诉讼证明模式》,载《法学研究》2004年第2期。

务界引起了较大反响,并引发了后续研究,但这些研究多属于拓展性、深化型研究,未对印证模式理论作整体性批判。而近期周洪波的《中国刑事印证理论批判》一文,对印证模式理论进行了全面批判,其认为,“印证”一词在刑事司法实务中不断流行,并有“泛滥之势”。而且有关研究存在不少问题,主要包括:“印证”之理解不合常识且较为混乱,无法清晰标识我国刑事证明方法的模式特征;对证明方法模式的归因未得要领;未能澄清证明方法的应有规范立场,因而无力促成现实的合理化变革。[①]

笔者不认为周洪波的论证能够从根本上撼动印证证明作为中国刑事证明基本方法的地位,但该文确实提示了一些在印证证明研究上需要注意的问题。此外,笔者也认为印证模式存在弊端,应予以“谨慎的突破”。[②] 十余年的实践证明弊端的确存在,印证证明简单化甚至庸俗化的情况未能有效克服,甚至在某些方面有“泛滥之势”。近期的司法改革为谨慎突破印证模式创造了一定的条件,但如何突破固有模式的局限,仍然需要探索。为此,本文对印证证明问题作进一步梳理,希望能以一种理论自觉,推动我国刑事证明方式适度变革。

一、印证模式研究成果梳理

印证模式理论提出后,随着司法解释等规范性文件对印证方法的肯定和强调,以及刑事司法实践对印证证明的重视,学界和实务界对印证证明问题进行了深入探讨。此类研究主要在以下几方面展开:

一是论证印证证明方法的原理、价值及合理性。由于学者和实务工作者对印证证明方法的合理性及应用价值普遍持肯定态度(即使指出其适用弊端者亦同),所以,相当一部分研究是探讨其方法原理,论证其意义及合理性。如李建明认为,证据相互印证原理是司法理性主义的“题中应有之义”;印证模式内含实体公正与程序公正两项基本价值;证据相互印证反映了事物本身的规律,符合诉讼认识规律,是经过司法实践检验的经验理性;印证模式与自

---

① 参见周洪波:《中国刑事印证理论批判》,载《法学研究》2015 年第 6 期。

② 参见龙宗智:《印证与自由心证——我国刑事诉讼证明模式》,载《法学研究》2004 年第 2 期。

由心证相兼容,其应用的重点与难点在于把握证据相互印证的合理限度。①相对于学者,实务工作者对印证模式更持肯定态度和积极评价。②

二是探讨印证证明的规则和方法。如陈瑞华认为,印证证明规则在我国刑事诉讼中主要作用于三个领域,即确定自相矛盾的言词证据的证明力,审查案件是否达到法定证明标准,以及判断被告人供述是否得到补强。在此基础上,他区分了作为证明方法的印证和作为证明标准的印证,指出证据相互印证规则强调根据两个以上具有独立信息源的证据进行认定,注重证据信息的相互验证,避免仅凭孤证定案。他进一步指出证据相互印证规则虽有其合理性与适用必要性,但在目前以案卷为中心的裁判方式下,法院很少关注证据的合法性问题,该规则的适用也会产生一些负面效果。③

三是分析印证证明方法在司法实践中的应用,既包括对实践应用中普遍性问题的分析,④也包括对印证证明在某类案件、某类证据的审查中或某个诉讼阶段的适用分析。⑤

四是研究印证模式的局限性及改革完善。如谢小剑较早提出印证模式以被告人口供为印证机制的中心,忽视对单个证据的独立审查,可能不利于发现真相。因此,要重新认识客观真实的证明标准,建立对单个证据的独立审查方法和对被告人供述自愿性的保障机制和激励机制;诉讼证明应当转为由证到供的相互印证。⑥ 谢澍则借助法社会学、法经济学方法评价刑事证明模式,认为以印证为中心的整体主义证明模式,与现行刑事诉讼模式存在共振关系;将

① 参见李建明:《刑事证据相互印证的合理性与合理限度》,载《法学研究》2005 年第 6 期。

② 参见李勇:《坚守印证证明模式》,载《检察日报》2015 年 7 月 9 日,第 3 版;吕青:《论相互印证——我国刑事诉讼证明模式的现实路径》,载《山东审判》2008 年第 2 期。

③ 参见陈瑞华:《论证据相互印证规则》,载《法商研究》2012 年第 1 期。

④ 参见朱德宏:《刑事证据相互印证的实践形态解析》,载《国家检察官学院学报》2008 年第 2 期;邹俊豪、赖国东:《印证证明模式在实践中的运用探析》,载《中国检察官》2011 年第 4 期;张媛:《司法实践中如何掌握刑事证据相互印证的合理限度》,载《北京政法职业学院学报》2012 年第 1 期。

⑤ 参见黄士元:《我国"印证证明模式"对商业贿赂犯罪惩治的影响》,载《法学论坛》2006 年第 5 期;牛克乾:《证据相互印证规则与死刑案件事实的细节认定》,载《人民司法》2010 年第 14 期;聂昭伟、阳桂凤:《根据共犯互为印证的供述定案时应慎重适用死刑》,载《人民司法》2013 年第 10 期;周鑫:《法庭辩论中的印证和对特殊事实的证明》,载《逻辑与语言学习》1991 年第 3 期;郭文利:《刑事司法印证式采纳言词笔录实践之反思》,载《证据科学》2015 年第 6 期。

⑥ 参见谢小剑:《我国刑事诉讼相互印证的证明模式》,载《现代法学》2004 年第 6 期;谢小剑:《刑诉法修改下相互印证的证明模式》,载《中国刑事法杂志》2013 年第 5 期。

来的模式转型应以建构“以证据裁判为主、自由心证为辅”的中国模式为目标。[①] 左卫民基于对一系列刑事错案原因的分析，指出印证模式“实际上是一种适应权力垄断的司法体制(诉讼体系)和侦查中心主义(及与之相配套的书面审理模式)的自我相对理性化的技术机制，是一种缺乏正当程序支撑的、非精细化的证明模式”；应将程序规则与证明机制融为一体，构建“有着正当程序支撑的印证模式”。[②]

梳理对印证模式和方法的研究，可以总结出几点基本共识。第一，证明模式是一个值得关注的、具有理论意义和实践价值的问题。提出“证明模式”概念和论题的意义是，在程序法和证据制度背景下探讨证明的路径和方法，关注证明方法的实践样态与效用，对诉讼证明进行政策指导和方法指引，实现证明制度及相关制度的改革完善。第二，中国的刑事诉讼证明模式是印证模式，这已经为学术研究、司法解释等规范性文件以及刑事证明实践所证实。除了印证方法在证明技术上的价值外，这也与我国刑事诉讼实践中通常实行非直接、非言辞的审理方式、审理与裁判相脱离的审决结构，以及主导的哲学真实(真理)观等因素相关。第三，印证证明虽有其合理性与价值，但对其过度强调或运用不当，也会产生负面效应。因此，应注意合理的运用方式及限度，提供相应的制度保障。

迄今为止的研究也存在一些不足。第一，对印证证明的含义解读仍然不太精确，这在相当程度上影响了印证证明应用的准确性与合理性。第二，对印证证明发挥证明作用的机理，仍然在方法论上缺乏有说服力的论证，这导致一方面对印证证明的效用缺乏有效解释，另一方面使得在运用印证方法时，难以从方法原理上判断其运用的合理限度和适当方式。第三，对印证证明的适用范围及适用的技术性要求还缺乏精确指导。比如，对于证据的相关性、客观性、合法性判断是否都适用印证证明，合理、有效的印证证明需要考虑哪些要素、达到何种标准等，或者缺乏分析，或者相关分析缺乏系统性、全面性和准确性。第四，需要进一步研究对印证模式及相关制度、程序的改革。尤其是就印

① 参见谢澍:《刑事司法证明模式:样态、逻辑与转型》,载《中国刑事法杂志》2013 年第 11 期。

② 参见左卫民:《“印证”证明模式反思与重塑:基于中国刑事错案的反思》,载《中国法学》2016 年第 1 期。

证模式及方法的改革,还需要更为系统、深入,同时符合司法现状及防止错案现实需要的研究。

二、印证证明的内涵、适用对象及比较研究

(一)印证证明的内涵

如何准确界定印证证明的内涵,是反思印证证明首先需要解决的问题。《辞海》解释"印"为"彼此符合。如:印证、心心相印"①。《新华字典》解释"印证"为"相互证明"。② 笔者认为,两种解释结合起来,似能更完整地表达"印证"的字词规定性及用语含义:印证,即(证明材料)相互证明、彼此符合。刘畅指出,"与现代汉语中的大多数论理词不同,'印证'是一个土生土长的中文词,并不与某个特定的西语词对应";"一个印证要称其为印证,总在于此印证之外、之后还有彼印证。印证的效力着落在印证的广度、厚度上"。他还分析了印证与证明的几点区别,尤其指出证明是与事实相符,因此具有保真性和结论的唯一性;而印证是证据资料之间具有符合性,因此不能保证结论必然为真,也不能保证结论的唯一性。如"专家的分析印证了我对未来走势的判断",而这不能证明我的判断为真。③ 这些在哲学方法论上对印证概念的分析,对我们的研究很有启发。

笔者在《印证与自由心证》一文中未特别界定"印证"一词,但指出了印证的一个基本特性:不同证据内含信息的同一性。④ 以此为据定义证据学意义上的印证,是指利用不同证据内含信息的同一性来证明待证事实,同时亦指采用此种方法而形成的证明关系与证明状态。对这一概念的理解,应注意两个基本点:其一,证据量呈复数而非单一。印证是指证据之间的关系,印证的前提是存在两个以上的不同证据,且这些证据的信息源独立,从而产生"证据间性",构成比较的基础,因此"孤证不立"——单一证据不成立印证。在日常用语中,外部证据与认识主体内心判断的一致,有时也被称为"印证"。但在证

① 《辞海》,上海辞书出版社1979年版,第405页。
② 参见《新华字典》,商务印书馆1998年版,第585页。
③ 参见刘畅:《证明与印证》,载《世界哲学》2011年第3期。
④ 参见龙宗智:《印证与自由心证——我国刑事诉讼证明模式》,载《法学研究》2004年第2期。

据学中,不能将此类判断界定为印证。因为外部证据与内心判断的一致,其前提是证据的单一性,其方法是一种具有"心证"特征的方法,即判断者通过经验法则认识该项证据,从而建立对特定事实的认识。这也就是印证的外部性与心证的内省性的区别。其二,印证发生效力的关键是同一性,即不同证据所含信息的同一性。首先,印证方法的关注点是证据内含的信息,即证据所反映的事实。在此基础上,运用印证方法的关键是通过对照比较发现信息的同一性。这里的同一性既指所含信息的内容同一,也包括信息的指向同一、协调一致,即证据间虽有证据信息形式、信息量以及直接证明对象和内容的区别,但彼此协调、信息指向一致,相互支撑和加强,从而有助于证明待证事实。[①] 前者,即信息内容同一,如杀人案嫌疑人所供作案过程与现场目击证人证言对案件事实经过的描述相同。后者,即信息指向同一,如被害人伤痕鉴定意见是为害人为特定锐器所伤,现场发现与伤痕形成相符的刀具,则该物证与鉴定意见形成印证关系。这种指向同一既包括就案件基本事实指向同一,也包括就作案对象、时空要素、作案方法、工具以及作案人等案件事实具体构成要素指向同一。

2012 年最高人民法院《关于适用〈中华人民共和国刑事诉讼法〉的解释》(以下简称《刑事诉讼法解释》)第 105 条,就依靠间接证据认定被告人有罪的条件规定:"证据之间相互印证,不存在无法排除的矛盾和无法解释的疑问。"这里所指印证是指在没有直接证据的情况下,间接证据之间的相互印证。间接证据的特征是不能单独直接说明案件主要事实,而必须结合其他证据,通过推论证明案件主要事实。在推论的情况下,通常不是不同证据信息内容的同一,而是信息指向的同一。如被告人有作案动机、有作案时间和条件,还在现场留下了作案痕迹、物证等,均从不同角度、以不同方式指向被告人作案这一基本事实。这些证据之间的印证即属信息指向同一的印证。因此,信息内容同一的印证可以对信息内容进行直接比较,这属于直接印证;信息指向同一的印证则需要借助信息筛选、语言概括以及证据推论等方法,才能进行信息比

① 《刑事诉讼法解释》第 104 条第 3 款就证据作为定案根据作出规定,"证据之间具有内在联系,共同指向同一待证事实"。这为"指向同一"型印证提供了规范依据。

较,发现印证关系,这属于间接印证。除上述分类,还可以对印证证明作其他分类:其一,根据印证的证明效力,分为“强印证”与“弱印证”;其二,根据印证证据的来源和数量,分为“二元印证”与“多元印证”;其三,根据印证的性质与印证分析的难度,分为“简单印证”与“复杂印证”。两个证据直接印证,即信息同一的印证,为简单印证;多个证据相互印证,其间可能既有信息内容同一也有信息指向同一,而且同一性之中又有差异,这可以看作“复杂印证”。

(二)印证证明的适用对象

印证证明作为诉讼证明的基本方法,其适用的对象和范围实与证明的对象和范围一致。也就是说,除了自由证明中个别可依单一证据证明的事实,其余自由证明的证明对象以及全部需要采用严格证明方法证明的待证事实,均适用印证证明方法。因此,其证明范围包括实体法事实、程序法事实及证据事实。案件事实的综合判断也以证据印证为基本方法,因为单一证据不足以认定案件基本事实。不过,就某些特别类型的证据,能否依单一证据确定基本事实或关键事实,亦需讨论。如嫌疑人实施有作案现场的犯罪,如抢劫、杀人、伤害、交通肇事等犯罪行为,有清晰、完整、内容全面的录像证据,能否据此确认案件基本事实?笔者认为,清晰、完整、内容全面的录像证据作为具有客观性和充分的案件事实再现力的直接证据,是回溯事实的最佳方式,确实有很强的证明力。但是,只要属于严格证明,就要达到证据确实、充分的证明标准,就仍需其他证据对其可靠性进行佐证。如果发现证据之间存在矛盾,还需进一步搜集证据,排除矛盾或对其作出合理解释。因此,“孤证不立”这一证据法原则仍适用于视听资料证据。

不过,印证证明虽有普遍适用价值,但对其的制度性强调和实践重视,主要是在证明发生困难、遇到疑难的情况下。考察国外刑事诉讼,对印证性证明方法(corroborate)[①]的强调,突出体现在传闻证据的使用以及证言可靠性的判断上。以欧洲人权法院的判例为例。欧洲人权法院在1996年针对“道尔森诉荷兰案”的裁决中,确立了使用传闻证言的一个底线性规则,即“唯一或决定性规则”。根据这一规则,如果传闻证言是定罪的唯一或决定性根据,那么,对传闻证言的准用必然违反《欧洲人权公约》第6条第1款对公正审判权的规定,以及第6条第3款(d)对质询问权的规定。本案中,在判断不到庭证人R的证言是否属于唯一或决定性的定罪根据时,欧洲人权法院认为其判断标准是该证言是否被其他证据印证。[②] 欧洲人权法院在2011年“阿尔·赫瓦贾与塔赫尔诉英国案”的大法庭裁决中,提到苏格兰地区关于传闻证言准用的立法实践,指出:“无论多么可信,除了根据特定的明文规定的例外,在苏格兰的刑事诉讼中,对任何人的定罪都不能建立在无印证的证人证言之上。”[③] 欧洲人权法院在2015年“夏茨夏西维利诉德国案”的大法庭裁决中,就该案的定罪理由提及:“在检验证人证言的精确性时,地方法院还有大量的印证性证据,包括传闻证言和通过针对申请人的监控手段而获取的可靠物证。”[④]由此可见,印证性证据的意义首先是使传闻证言不是唯一的定罪根据,同时也用于检验证言的客观性,从而增强定罪证据体系的可靠性及定罪的正当性。

观察分析我国刑事诉讼证明制度和实践可以发现,印证证明的必要性存在于一切需要证据证明的法律空间中,由此形成了一条保证事实认定可靠性的一般性证据规则:案件事实与证据事实不能凭借单一证据证明,而要有其他证据印证。同时,与国外的情况相似,证明制度与实践对印证规则的特别强调,主要是在证据认定和事实认定出现疑难的情况下。实践中常见的首先是

---

① 英语corroborate意指通过提供信息或者证据来支持或者帮助证明某一陈述、理论等,这与印证的含义大体一致,因此本文将corroborate译为“印证”,但其常被译为“佐证”“补强”。corroborate与“印证”的区别是,前者一般特指某一或某些证据对特定证据或特定事实命题的支持作用,即具有“他向性”特征;而后者不论主辅,表达“相互支持”与“相互证明”之意,但也可以用于表达对某一证据或事实命题的佐证、补强,如现场物证印证了口供。

② See Doorson v. the Netherlands - 20524/92 Judgment 26. 3. 1996. , at 80.

③ Al - Khawaja and Tahery v. the United Kingdom [GC] - 26766/05 and 22228/06 Judgment 15. 12. 2011, at 63.

④ Schatschaschwili v. Germany [GC] - 9154/10 Judgment 15. 12. 2015, at 91.

人证可靠性的判断,但因我国刑事诉讼法尚未建立传闻证言规则,①也就未如国外般建立使用传闻证言的印证规则。而在我国刑事诉讼中,庭前供证尤其是侦查阶段的供述和证言,可以笔录形式在诉讼中作为定案依据,所以,在被告翻供、证人翻证的情况下,庭审供证与庭前供证的取舍是证据判断中一个重要的疑难问题。由此,建立了被告翻供、证人翻证情况下的证据采信规则,即以印证为中心,参酌其他证明因素的采证规则。②

《刑事诉讼法解释》还就某些特殊证言提出印证要求。其第109条规定:“下列证据应当慎重使用,有其他证据印证的,可以采信:(一)生理上、精神上有缺陷,对案件事实的认知和表达存在一定困难,但尚未丧失正确认知、表达能力的被害人、证人和被告人所作的陈述、证言和供述;(二)与被告人有亲属关系或者其他密切关系的证人所作的有利于被告人的证言,或者与被告人有利害冲突的证人所作的不利于被告人的证言。”其第105条、第106条对没有直接证据、仅凭间接证据定案时的印证要求,以及根据口供发现可印证的隐蔽性证据时的定案问题,都作了特别规定。根据以上规定,可以概括出对印证证明的另一项要求:在出现证据之间矛盾以及其他判断困难的情况下,尤其在人证真实性的判断上,应当注意运用印证方法。

研究印证证明的适用对象,还涉及证据要素的判断是否均适用印证方法的问题。首先,证据真实性的判断尤其是人证真实性的判断,需要采用印证证明。而且《刑事诉讼法解释》第104条第1款规定,“对证据的真实性,应当综合全案证据进行审查”。其次,证据的合法性在发生争议的情况下亦需印证

① 根据2012年《刑事诉讼法》第190条的规定,对未到庭的证人的证言笔录,应当当庭宣读,即允许庭前获取的书面证言进入法庭作为诉讼证据。

② 《刑事诉讼法解释》第78条第2款规定:“证人当庭作出的证言与其庭前证言矛盾,证人能够作出合理解释,并有相关证据印证的,应当采信其庭审证言;不能作出合理解释,而其庭前证言有其他证据印证的,可以采信其庭前证言。”第83条规定:审查被告人供述和辩解,应当结合控辩双方提供的所有证据以及被告人的全部供述和辩解进行(第1款)。被告人庭审中翻供,但不能合理说明翻供原因或者其辩解与全案证据矛盾,而其庭前供述与其他证据相互印证的,可以采信其庭前供述(第2款)。被告人庭前供述和辩解存在反复,但庭审中供认,且与其他证据相互印证的,可以采信其庭审供述;被告人庭前供述和辩解存在反复,庭审中不供认,且无其他证据与庭前供述印证的,不得采信其庭前供述(第3款)。据此,对证言之间矛盾及翻供的处理,关键的判定要素为是否有其他相关证据印证,同时应考虑出现证言之间矛盾和翻供的理由能否得到合理解释。就口供的判断而言,还应考虑供述的稳定性(庭前供述和辩解是否“存在反复”)。

证明。不过,合法性的证明系程序性证明,与要件事实证明的标准可以有区别,如能就程序合法性排除合理怀疑,并非一律要求印证。不过,为限制办案机关自我证明的效力,《刑事诉讼法解释》第 101 条第 2 款作了特别的印证要求:公诉人提交的取证过程合法的说明材料,"不能单独作为证明取证过程合法的根据"。最后,证据相关性的确认是否需要采用印证方法,是一个值得探讨的问题。相关性判断是一种经验判断,"法官们在裁定大多数相关性问题时大概都根据:①关于所提证据的'感觉';②已确立的司法判例或法典化规则,如果有的话。法官有时对证据有一种感觉、一种直觉的反应,其基础是他们的经验、常识,以及有关世界变化方式的知识"[①]。因此,某一证据的相关性首先依靠"心证",即根据经验法则(特殊情况下根据法律和判例)进行判断。但证据相关性的有无及大小的确证,仍需要其他证据佐证,因此印证方法也适用于相关性判断。

(三)印证模式的比较研究

西方证据学关于证明方式历来有"原子模式"(或"原子主义")与"整体模式"(或"整体主义")之说。这两种模式均以个别证据的证据能力和证明力审查为前提,其主要区别是:在对一个"证据群"的证明力进行评估时,原子模式是将其分解成单独的"项",赋予每一项一个独立的证明价值,通过证据的链接、补强、聚合,建构"推论链条",并结合概率进行判断,即在一系列"离散式推论"的基础上,将各个证据项的证明力以某种方式叠加,以实现事实认定;而整体模式的证据评价是轮廓性的或者整体性的,不赞成分解证据群,而是"将证据群作为一个整体、一个完成形态或布局来加以考察,并用一种与分析方法背道而驰的方式来对其整体证明力或可信性加以评估"。[②] 英美证据学的主流是原子主义的证据分析,典型方法如图示法证据分析方法。[③] 不过

---

① [美]乔恩· R. 华尔兹:《刑事证据大全》,何家弘等译,中国人民公安大学出版社 2004 年版,第 83 页。

② 参见[英]威廉·特文宁:《反思证据:开拓性论著》,吴洪淇等译,中国人民大学出版社 2015 年版,第 320 页。

③ 关于图示法证据分析方法,参见[美]特伦斯·安德森等:《证据分析》,张保生等译,中国人民大学出版社 2012 年版,第 156 页以下。

据学者考察，英美的司法实践尤其是陪审团审判实践，也常常采用整体主义的证据分析方法。因为原子主义的图示法等分析方法过于烦琐，难以被普通民众组成的陪审团掌握，而且在图示分析中有较多假设也易受质疑。① 达马斯卡也认为，英美法庭的事实认定更具有原子主义的特点，而大陆法系更倾向于整体主义："按照原子主义证据提出方式，英美陪审团给出的是无须说明事实认定结果及其理由的神秘莫测的裁决。在对证据做出更为整体主义的处理之后，大陆法系法官作出了一个指明事实认定结果并作出解释的判决。"②

我国的印证模式与上述两种模式既有区别也有相同之处。不能否认的是，印证模式着眼于证据群内证据间的关系，更趋向于整体主义的证据分析，但实际上二者并无明确的对应关系，因为二者划分及界定制度模式的逻辑标准不同。原子模式与整体模式解决的是证明路径问题，而印证模式回答的是证明方法问题。原子模式与整体模式根据证明路径的不同而划分出不同的证据分析方式：由分到总的证据分析，还是直接采取整体分析。并且，两种模式都要求大证据群或者被分解后的小证据群内部各证据间圆融贯通，以及证据群之间（就原子模式而言）信息协调一致。也就是说，这两种模式都有印证的要求，即无论原子模式还是整体模式，"在对某一理论或故事之可信性或似真性上都接受了类似的标准：它必须与无争议的或确定的特定事实相协调；它必须是内部一致的；它必须是融贯的，而且它必须与一个特定社会中那些被分别称为'一般经验'、'事情的一般发展过程'、'常识性概括'或'知识库'的东西相符合"③。

从证据判断的根据即判准原则而言，印证模式与原子模式似乎更为接近。一般认为，现代大陆法系的证据制度在证据判断上采"自由心证"原则，该原则内含证据证明力判断的"自由判断原则"及证明标准上的"内心确信"原则。达马斯卡指出，"整体主义的证明制度求助于内心信念或类似的精神状态，原

---

① 参见［英］威廉·特文宁：《证据理论：边沁与威格摩尔》，吴洪淇、杜国栋译，中国人民大学出版社2015年版，第283页。

② ［美］米尔吉安·R.达马斯卡：《比较法视野中的证据制度》，吴宏耀等译，中国人民公安大学出版社2006年版，第69页以下。

③ ［英］威廉·特文宁：《反思证据：开拓性论著》，吴洪淇等译，中国人民大学出版社2015年版，第322页。

子主义的证明制度则往往参考外在的标准,如面对相同的信息,一个理性的人所作的判断”①。“理性人”假设可以说是英美法哲学设定的法律评判的基本标准。② 而印证模式是相对于典型的自由心证模式而言的,强调外部的、客观的可印证性,而非内部的、主观的心证状态(“内心确信”或“排除合理怀疑”)。因此,就判定标准而言,印证模式更接近于原子主义的外在标准,而有别于整体主义“求助于内心信念或类似的精神状态”。当然,即使是原子主义的“一般理性人”标准,也因“排除合理怀疑”的主观标准设定而不可避免地带有某种“心证”特征,但这与印证模式强调证据间的外部“印证”、回避事实判断者的“心证”仍有区别。

三、印证证明的作用机理

印证证明的构成及证明力的发挥在于证据数量,更在于非同源证据信息的一致性。为什么两个以上的证据所证一致就有如此强大的证明力,甚至形成了印证模式?这就需要探索印证证明的作用机理。只有探明其作用机理,才能从根本上说明印证证明的力量所在,也才能发现其局限性,并奠定应用印证方法的理论基础。

(一)真理(真实)融贯论

印证证明需以单个证据为基础,但其方法运用不是将证据视为“原子式的存在”,而是关注证据间的关系及其性质,即以比较的方式发现证据信息的同一性或非同一性。而探讨不同证据相互关系的性质,正是真理融贯论所采用的基本方法。真理融贯论的基本观点是,真理是某个系统中各个命题之间的融贯性即协调一致性的体现。真理融贯论者认为:“一个陈述(或命题)的真理性在于它和它所在的那个陈述系统(或体系)的无矛盾性;亦即认为只有

---

① [美]米尔吉安· R. 达马斯卡:《比较法视野中的证据制度》,吴宏耀等译,中国人民公安大学出版社 2006 年版,第 78 页。

② 法律意义上的“理性人”设定,要求注意当事人的认识和行为在特定情景中的“普遍可能性”。参见[美]迈克尔· D. 贝勒斯:《法律的原则——一个规范的分析》,张文显等译,中国大百科全书出版社 1996 年版,第 7 页。

内部协调融洽、融会贯通的知识系统，或者和这个系统没有矛盾的命题，才是真理。”[①]而印证的事实之所以被认定为案件事实真相，正是因为某一证据所反映的案件事实，在其他证据中也得到一致性的反映；即使反映的具体形式有区别，但这些证据联合起来形成了一个逻辑上一致的系统，因而使特定的事实命题得以证立。

真理融贯论在证据学上的意义尤为明显。证据学探索已经发生的事实即历史事实，而历史事实不能以实验手段再现并由此获得经验感知，而只能通过历史事实所留下的痕迹（主观印象痕迹和客观物质痕迹）进行回溯，这些痕迹就是证据。证据裁判除了对原子式的证据作个别判断，更强调证据间的融贯性即信息一致性，并以这种一致性确立事实认定的基础。而且，从论证方式上看，事实证明中的印证要求体现出对综观性证立方式的追求，这一点也是融贯论的方法特征，即“以整体信念的‘真’或‘有效’来证立单个信念的‘真’或‘有效’”[②]。由此可见，真理融贯论是印证证明最直接、也最有说服力的哲学理据。

在证据学领域，麦考密克对真理融贯论与证据分析的关系发表了有影响力的观点。他将法律论证中的真理融贯论分为两个方面：描述性（或“叙述性”）融贯和规范性融贯。描述性融贯属于证据分析问题。在司法裁判过程中，描述性融贯的检验可以分两个层次进行：首先是观察各证据间是否融贯。如实物证据和鉴定文书，如果它们都能够真实反映过去的事实，那么，它们应该可以连接起来，彼此之间并无矛盾与冲突，看起来像一个融贯的整体。不过，为了进行法律推理，需要将间接证据的内容转化为法律陈述，才能满足逻辑三段论的形式要求。在此基础上，应对这些关于过去事实的陈述进行另一层次的融贯性检验，即该法律陈述与我们关于人类行为因果关系和动机的普遍信念相融贯，并且与一系列其他具有内在融贯性的特定事实命题相融贯，其中某些命题是建立在当下的感知基础上的。[③] 在上述两个层次的检验中，第

① 陈中立：《简论真理的两个尺度》，载《人文杂志》1986年第5期。

② 侯学勇：《融贯性论证的整体性面向》，载《政法论丛》2009年第2期。

③ 参见［英］尼尔·麦考密克：《法律推理与法律理论》，姜峰译，法律出版社2005年版，第198页；侯学勇：《麦考密克论融贯》，载《政法论坛》2008年第2期。

一层次是检验证据间的相互印证关系，以获得具有融贯性的证据体系；第二层次是要求对证据的法律陈述需符合经验法则，与已经查明的事实相协调。应当说，第二个层次已经不是单纯的真理融贯论了，而是已经具有真理符合论的因素。

（二）真理（真实）符合论

首先，应当看到，真理融贯论真理观有其局限性。如果对“形式真理”进行证明，真理融贯论应当是有效的，因为在这种知识体系中的分析命题，就其本质而言不过是命题之间的形式变换。如果一个分析命题存在明显的自相矛盾和逻辑上的不连贯，那它自然不能作为一种形式真理出现。但就事实认定这种“经验真理”的思维过程而言，真理融贯论的解释效力会受到质疑。“经验真理是以综合命题为依据的，它不仅要合乎命题的语言条件和逻辑条件，而且还必须对实在有所描述，即必须以命题描述的事实为最终的基础和根据。离开了使命题为真的事实条件，即使所有命题都是彼此融贯的，也不能说明它们就一定是真的。其次，命题之间的融贯性与不矛盾性只是构成真理的一种必要条件而非充分条件。如果真理融贯论者坚持要以命题的自我融贯作为真理的标准，放弃一切经验观察的要素和条件，可以想见的一个后果就是，神话同样能够被视之为一种实际的真理体系。因为只要有相应的假设条件，要使神话在一个命题系统中做到自我融贯，并非是一件十分困难的事。最后，退一步说，任何一个融贯系统的基础部分也不是自己的融贯性所能够保证的，正相反，这种融贯性必须借助于该系统的基础部分才能得到合理的说明。无论从哪一个方面来看，都必须承认，归根到底是一个事件的实际发生这个事实才使得描述这一事件的命题能够为真；否则，命题可能确实是彼此融贯的，但却可能都是假的。”①

上述对真理融贯论真理观局限性的分析，恰好能说明印证证明的局限性。印证证明是以证据之间的信息一致性为事实命题的立论根据，但这一方法本身不包含对事实进行必要和可能的经验观察。而有效的印证证明不应脱离必

---

① 曾志：《西方知识论哲学中的真理融贯论》，载《社会科学辑刊》2005 年第 1 期。

要的经验观察，包括事实判定者对原始证据的直接审查（直接言词原则）以及尽可能通过证据再现事实情节，如通过人证、视听资料、鉴定意见等使事实认定具有一定的经验观察要素。同时，证明中还应当注意任一融贯系统的基础是证据本身的可靠性，即证据作为案件客观事实的产物，它所携带的关于案件事实的信息未被扭曲，而这种可靠性也不是真理融贯论本身能够处理的。也就是说，若片面、过度强调真理融贯论，就有可能损害证明的客观基础及证据事实的客观性。因此，将真理符合论作为印证证明的另一理论基础，以弥补真理融贯论之不足，保证事实认定的客观性，是十分必要的。奎因对真理符合论作了一个简单的解说："融贯论说，真理之所以是真理，只是因为它们联合起来形成了一个逻辑上一致的系统。符合论说，真理之所以是真理，是因为它们符合实在。"他强调二者的互补性："融贯论和符合论，如果正确地加以对待的话，并不是互相对立的真理理论，而是真理理论的两个互相补充的方面。如何最明智地利用我们的线索来达到真理，这是真理理论的融贯方面所关心的；而真理和它们所论及的东西的关系是什么样的，则是真理理论的符合方面所关心的。"①

真理符合论承认人的认识应当反映客观实在，因此，其将客观真实作为认识的终极目的，一方面注意对具有逻辑一致性的证据进行客观验证；另一方面充分注意融贯体系的证据基础，要求每一证据来源于事实，具有可靠性，未被扭曲。因此，在符合论中，因果关系发挥着重要作用，即证据应当来源于事实。在证据学中，案件事实与证据之间存在因果关系，即证据是因案件发生而留下的主观印象痕迹（人证）和客观物质痕迹（物证、书证）。证明过程应当保证这种因果关系的存在且不被扭曲，因此对每一个证据都应关注其"溯因逻辑"。如果证据与事实间均存在客观的因果关系且未被扭曲，那么，这些证据就能协调一致地反映特定的事实面相，就能保证其为事实真相。这也是保证印证证明具有强大证明能力的关键。例如，嫌疑人所供作案事实与现场勘查反映的情况相印证，与现场物证相印证，如果能够排除嫌疑人是由其他渠道获知信息，那么，根据这些证据足以认定嫌疑人所供事实为真。倘若嫌疑人所供系不

① W. V. Quine, *Quiddities: An Intermittently Philosophical Dictionary*, Cambridge, 1987, p. 205.

为他人(包括侦查人员)知悉的隐蔽性证据信息,且其供述与物证相印证,则其供述具有更高的事实可靠性。

真理(真实)是人对客观事物的认识,因此经验方法是真理符合论真理观的基本方法。就证据学而言,直接与间接的经验观察(包括技术手段的运用)以及运用经验法则进行证据和事实判断,就是经验方法的实现路径。真理符合论可以看作证据学中"客观真实论"的哲学基础,而证据真实是一种"法律真实",即协调一致的证据所反映的事实,其主要根据是真理融贯论。但是,证据判断者应当在法律框架内不懈追求客观真实,因为客观真实是实现公正裁判的基础,其本身就是司法公正最重要的体现。因此,运用真理融贯论即印证方法,不能脱离真理符合论的要求。

(三)归纳逻辑与溯因推理

如果说真理融贯论与真理符合论是印证证明的认识论,则归纳逻辑与溯因推理可列入其方法论,作为印证证明的主要逻辑方法。①

归纳逻辑是证据综合判断所使用的一种基本逻辑方法,也是印证证明的主要逻辑管道。特文宁称:"所主张事实之概率判断的形成和证成所适用的典型推理模式是归纳。"②归纳论证就许多个别的事例或分论点,归纳出它们共有的特性,得出一个一般性的结论。这是一种由个别性知识引出一般性知识的推理。印证证明寻求证据间的融贯性,需要运用归纳论证方法。归纳法在印证证明中的运用主要经过三个步骤:一是基于特定的认识目的,选择确定包含相关信息的代表性例证;二是比较例证信息并发现其一致性与矛盾性;三是在信息比较的基础上归纳、概括得出一般性结论。这种选择—比较—归纳概括的逻辑方法,正是印证证明所采用的方法。

然而,印证方法不能简单地归结为归纳法。印证方法运用归纳逻辑的特

---

① 特伦斯·安德森等将证明过程使用的逻辑方法和原则概括为"溯因、归纳和演绎",参见[美]特伦斯·安德森等:《证据分析》,张保生等译,中国人民大学出版社 2012 年版,第 126 页以下。对单个证据作演绎推理是印证证明的前提条件,而对多个证据进行归纳推理才是印证方法直接借助的逻辑管道,因此,笔者将归纳逻辑和溯因推理作为印证证明的基本逻辑方法。

② [英]威廉·特文宁:《证据理论:边沁与威格摩尔》,吴洪淇、杜国栋译,中国人民大学出版社 2015 年版,第 21 页。

点主要在于其复杂的辩证思维，而不是简单地以相同性得出结论。一是印证证明寻求的信息一致性不是简单的相同性，也包括信息内容的相互协调，如人证与物证的表象不同、内容不同，但其所含信息却可能相互协调。二是印证证明不仅需要一致性，也承认适度的区别。如前所述，印证间有差别是证明的常态，其间依赖的是一种辩证思维而非或是或非的形式逻辑思维。而从证明效力及力度看，归纳法的效力取决于例证的广度与厚度，例证数量越大、越接近穷尽，结论越可靠。印证证明的效力虽然也受证据数量的影响，但主要不取决于证明资料的广度和厚度以及相关例证的穷尽性，而主要在于印证证据的质量。根据归纳推理凭借两个证据的相同性就得出一般性结论，显然属于论据不足，但如果通过溯因推理解决了证明基础的问题，足以保证参与印证的证据来源于案件事实本身且未被扭曲，那么，两个证据印证得出的事实命题的确定性即可能达到合理的可接受程度。例如，在贿赂犯罪的场合，如果证据信息未被扭曲，行贿人所称行贿数额、时间、地点、原因以及具体情节，与受贿人所供一致或基本一致，那么，在一般情况下就足以支持对贿赂犯罪事实的认定。因为，如果是自然陈述，那么在概率上，这些事实要素因猜测等偶然原因而出现信息重合的可能性就极低。再如，根据口供发现某些隐蔽性证据，如发现了侦查人员经长期搜索都没有找到的被罪犯藏匿的凶器，这种口供与物证信息契合，其证明作用已大大超过证据量单纯相加的证明力。因为，在这种场合，基本可以证明有罪供述来源于事实本身——口供信息产生的原因在于供述主体就是作案人，除非存在供述人从其他渠道获知该信息的可能性。

出现上述效力区别的原因就是印证证明中以查明证据来源可靠性为目的的溯因推理发挥了基础性作用，而这是归纳法所不具备的。溯因推理着眼于证据与案件事实之间的因果关系，这正是为实现真理符合论的要求而需要借助的逻辑方法。而经验方法，除了直接感知并作出判断外，也是通过溯因推理来实现的。由此可见，归纳推理可以看作真理融贯论的主要逻辑方法，而真理符合论的认识要求则需借助溯因推理来实现。

四、印证证明有效性的主要约束条件及考量因素

通过以上对证明机理的分析，我们可以认识到印证证明的有效性受一定

的条件制约。如果相应的条件不具备,印证证明不仅难以发挥证明效力,甚至可能误导事实判定者,导致冤假错案。

影响印证证明效力最重要的因素,是参与印证的证据的品质,其中的关键是印证证据来源的自然性即非扭曲性。一旦证据信息在其源头被扭曲、被污染,证据并非基于案件事实的自然因果关系而形成,印证就丧失了意义,而且会导致误判。为了保障证据与案件事实之间存在这种自然因果关系,需要建立一系列证据规则,如禁止以非法方法获取证据、排除传闻以防止传闻(包括书面证言)扭曲证据信息且导致不能有效质证检验,以及使用书证原件(最佳证据规则)等。其中,排除以非法、不正当方式获取的人证,以及防止传闻证据(包括书面证言)的不当使用,尤其重要。然而,令人遗憾的是,由于对公权力仍缺乏有效制约,禁止以非法方法获取证据以及禁止使用以非法方法获取的证据,还在相当程度上流于形式,这是影响我国刑事案件证明质量的重大因素之一。同时,在我国刑事诉讼中还没有贯彻直接言辞原则,不能有效排除庭前不可靠的书面证言等传闻证据,保证印证证据品质的证据制度仍亟待完善。

参与印证的证据数量对印证效力也有一定影响。具有印证关系的证据数量大,即印证具备必要的"广度"与"厚度",可形成多重印证,这当然可以提高事实认定的可靠性。影响证据印证效力的证据数量主要是指不同信息源的证据数量,这些证据从不同角度指向同一事实。如果信息源相同或类似,则印证效力有限。如非法集资案中被害人陈述的事实仅能证明集资原因等有限事实,此时只需要一些具有代表性的被害人作证即可,而不必每一名被害人均提供证言。因为印证证明达到一定程度即已满足证明标准,具备合理的可接受性,再增加证据量已无必要。而且考虑到诉讼经济原则,也不宜过度使用取证资源。

印证信息的清晰度也是印证效力的一个考量因素。这种清晰度主要取决于:其一,证据信息内容是否含糊不清、不确定。如有的证人称"好像是""可能是";有的人证不稳定,导致信息不够确定;有的痕迹模糊,对其他证据的印证缺乏足够的力量;有的证据缺乏明确的指向,可以作多重解释;等等。其二,是否有包括案件事实细节在内的具体情节的印证。在排除人为因素的情况下,不仅有基本事实框架的印证,而且有具体情节乃至案件事实细节的印证,就能大大增强印证的说服力。①

是否有客观性证据尤其是隐蔽性证据参与印证,亦需要注意。② 如被告人杀人作案,不仅有口供或证言,还有被告人在现场留下的血迹、带指印的凶器等客观证据印证。反之,只有证言、口供等主观证据印证,缺乏客观证据支持,印证效力就可能有疑问。而不为非作案人所知的某些隐蔽性证据,一旦和口供相印证,其证明效力更是高于其他印证。因为隐蔽性物证通常系作案者以外之人不知晓的证据,通常也不为侦查人员知晓,提供隐蔽性证据信息的口供很难被取证活动污染,口供真实的可能性很高,因此《刑事诉讼法解释》就此种印证的效力作了特别规定。③

印证证据反映的事实是否符合经验法则,也是重要的考量因素。经验法则是指人们从生活经验归纳获得的关于事物因果关系或属性状态的法则或知识,既包括由一般人日常生活经验归纳所得的常识,也包括某些专门性知识,如科学、技术、艺术、商业等领域的知识等。经验法则虽由个体经验所得,但又超越个体经验,通过无数个体的反复体验,最终上升为超越个体的对事物的规律性普遍认识,因此,将其作为证据判断的依据、检验证据客观性的标准,具有合理性与正当性。

印证事实是否与案件的其他证据、事实相矛盾,是否合理嵌入整体的事实构造,也是检验印证事实客观性的重要方法。证据相互印证所反映的要件事实,尤其是其中的关键事实(通常是指向嫌疑人及其犯罪行为的事实),应当与全案事实证据相协调。例如,从相关大量事实可以证明,某大型国企领导是

---

① 牛克乾法官就该院核准的一起死刑案件的证据印证分析指出:死刑案件的事实认定不仅应该高度重视关键事实,同时也要关注事实细节:"一方面,细节决定成败,没有准确的事实细节,可能导致关键事实出错,注重细节必定会大大减少犯大错、办错案的几率;另一方面,事实细节本身也是案件质量的重要体现。……刑事法官在认定死刑案件的事实细节时,也必须自觉、自主地贯彻证据相互印证规则。"参见牛克乾:《证据相互印证规则与死刑案件事实的细节认定》,载《人民司法》2010 年第 14 期。

② 关于隐蔽性证据的实践价值及其使用上的风险,参见秦宗文:《刑事隐蔽性证据规则研究》,载《法学研究》2016 年第 3 期。

③ 《刑事诉讼法解释》第 106 条规定:"根据被告人的供述、指认提取到了隐蔽性很强的物证、书证,且被告人的供述与其他证明犯罪事实发生的证据相互印证,并排除串供、逼供、诱供等可能性的,可以认定被告人有罪。"

一名行事十分谨慎的官员，其即使通过职务行为牟利，也宁愿违纪而不愿违法。而印证性人证所反映的指控事实却称其伙同两名关系并不亲近的企业家合谋贪污巨额公款，而且行为实施后其个人获利甚少，此种共同贪污情形完全不符合其作为“理性人”一贯行事谨慎的行为逻辑。因此，这种指控事实虽有人证相印证，但对其印证信息的可靠性却不免会产生合理怀疑。

在进行印证证明时还应注意相互印证之中是否存在合理差异，是否存在“印证过度”。运用印证证明，既要防止印证不足而导致事实真伪不明，也要警惕“印证过度”——不同证据间的信息印证度过高，缺乏合理差异，违背经验法则。不同证据虽然因同样来自案件事实而使其信息具有同一性，但不同证据的信息生成条件、保存状况、再现方式以及其他影响因素均有不同，因此在常态下，不同证据的证据信息彼此间应存在某种差异，否则就有可能系受人为因素影响而形成。例如，对几年前甚至更长久时间前发生的事情，嫌疑人的供述与证人证言高度一致，甚至在一系列细节上也没有差异。这种不正常的情况，通常与取证时指供、诱供有关。①

五、印证模式的实践反思与改革契机

在我国刑事司法实践中，“印证”一词已成为流行话语，证据间的印证已被视为完成证明的主要模式，甚至诸多司法解释等规范性文件也经常将印证作为证据审查的基本方法和标准。周洪波就认为，刑事印证理论已经对我国刑事司法实践产生了越来越大的影响，这种理论影响实践的巨大效果在我国并不多见。② 从实践效果看，印证模式的实践推演对保证刑事案件质量确实发挥了重要的基础性作用。但也要看到，近年来的实践中存在过度强调印证以及印证运用简单化的倾向，对刑事证明产生了负面影响。

一是在印证模式的压力下违法取证，强求印证，甚至人为制造印证证据。

---

① 关于印证证明中合理差异的论述，参见龙宗智：《试论证据矛盾及矛盾分析法》，载《中国法学》2007 年第 4 期。

② 周洪波、左卫民均描述了近年来司法解释等规范性文件提出印证要求的情况，说明司法机关高度重视印证证明在证据判断中的作用。参见周洪波：《中国刑事印证理论批判》，载《法学研究》2015 年第 6 期；左卫民：《“印证”证明模式反思与重塑：基于中国刑事错案的反思》，载《中国法学》2016 年第 1 期。

如前所述,印证证明的关键是参与印证的证据来源于案件事实而未被人为扭曲。但多年以来,在我国的刑事证明实践中,办案人员对这一基本要求注意不够、保障不足。办案人员为求印证,有时不惜以非法方式取证,扭曲证据信息。已揭露的一系列冤假错案,均反映了运用印证方法时的这一最大错误。

结合近期司法实践,笔者认为,尤其值得注意的是职务犯罪案件证明活动中的印证证据扭曲问题。职务犯罪案件中印证方法运用失当,与此类案件的侦查难以获取客观性证据,口供和证言的相互印证经常起决定性作用有关。而人证的客观性、稳定性不足,最容易出现证据扭曲问题。从制度上看,出现这一问题也是因为职务犯罪的取证机制为证据的人为扭曲提供了较大空间。我国目前的职务犯罪查处机制是,重大案件通常是纪检监察程序前置,而对于此过程中的取证(包括强制措施的运用)却缺乏必要的正当程序保障,司法机关无权也无力对其实施司法监督和审查。为克服此类案件侦查中的取证困难,立法上特别规定了指定居所监视居住,并由职务犯罪侦查机关自行决定。此类强制措施固然有利于侦查取证,但也容易为不当取证提供契机。

二是在印证模式的影响下过分看重印证事实,忽略对案件的综观式验证。由于证明活动中的“印证依赖”,实践中存在一种倾向:重视相互印证尤其是主要证据的相互印证,却忽略印证事实与其他证据的协调、与确凿事实的协调,以及与经验法则的协调。从近年来揭露的一系列冤假错案看,这些案件有一个共同特点:指控事实均有一定的印证证据支持,尤其是口供与现场情况的印证、口供与重要证言的印证,这使得办案人员认为定案条件已经具备,从而忽略了对全案证据的综合分析与验证。如浙江张氏叔侄案,由于获得了嫌疑人的有罪供述,且相互之间基本印证、与现场情况基本印证,加上“狱侦”证人的指控证言,办案单位即认为已经达到“证据确实、充分”。但案件中存在的矛盾与不合情理之处,如与被害人尸检发现的体内物证不能形成同一认定,从被认定为作案现场的车内空间未发现任何具有指控意义的痕迹物证,以及嫌疑人反常的作案方式、叔侄协作强奸的反伦常行为等,均有悖经验法则,且不能得到合理解释。这种以主要证据的印证性为中心,忽略全案综观式验证的证据运用,最终酿成错案。

三是忽略心证功能,违背证明规律。印证模式具有注重“外部性”、轻视

"内省性"的形式化倾向,法官、检察官在诉讼实践中不敢也不善于作心证分析。忽略心证功能在实践中带来两方面的负面效应。一方面,使某些依证据体系外观具备定案条件但存在内在合理怀疑的案件被不当定案。可以说,部分冤假错案即有此特征。这些冤假错案均系有印证证据的案件,但就作案原因、作案条件、作案行为及后果等,总存在一些重大矛盾,并可能妨碍心证的确定。但在印证模式之下,此类案件仍被定案。另一方面,对某些足以建立心证但全案证据印证性程度不高,或某些重要情节的印证略有欠缺的案件,不敢起诉或不敢作有罪判决。这种情况虽属个别现象,但仍值得重视。因为在强调司法责任制,强调案件质量,同时加强司法人权保障的背景下,这方面的情况将日益突出。

需要说明的是,上述弊端并非印证证明固有的问题,而是我国刑事证明采行印证模式,对印证方法过度强调和不当应用的结果。印证模式有其深刻的制度及思想根源,故仍需坚持,但对其进行改革也是必要的。近年来,我国刑事诉讼的证明观念已有变化、相关司法制度和程序制度也有所调整,应当说改革印证模式已有一定的条件支持。

一是证据事实观的转变。印证模式的一个重要特点是持客观主义的认识立场,排斥证明过程的主观心证要素,其理论基础系客观真实论。但通过这些年的学术研讨,学界及实务界已经普遍认识到以回溯证明方式实现的事实认定,虽然要努力追求客观真实,但受证明的性质、特点、条件及法律程序限制,只能实现法律程序内的相对真实;而且认识到,证明过程是一种主观思维过程,以心证的确立为实现证明要求的标志,因此,诉讼证明所实现的真实实际上只是具有合理的可接受性的真实,是裁判者内心确认的真实。可见,对证明活动中主观要素的确认,为诉讼证明突破印证模式,使用心证方法提供了观念基础。

二是证明标准的调整。随着证据事实观的逐步转变,刑事诉讼证明的主观标准也受到重视。2012 年《刑事诉讼法》引入"排除合理怀疑",将其作为具体解释和评价"证据确实、充分"的一项标准。此举有两点意义:(1)提供多元视角,在注意外部印证性的同时,也注意"内省性",审视证据或证据体系给判断者留下了何种印象,这种印象的性质是什么,由此能更有利于把握证据和证据体系的意义。(2)提供一种思维方法,解决“证据确实、充分”难以成为证明方法、可操作性不足的问题,而这种方法就是发现、验证和排除疑点从而建立心证的方法。①

三是司法责任制的推进。“审理者裁判、裁判者负责”的司法责任制为发挥“心证”的作用创造了制度条件。形成印证模式的主要原因之一是审理与裁判的分离。对于未参加案件庭审、未直接感受证据的裁判者而言,在论证事实时其唯一的说服方法就是证据印证。只有实现了审理与裁判的统一,法官才能依据心证作出裁判,从而有效发挥心证的作用。新一轮司法改革以建立司法责任制为核心任务,增强审理与裁判的统一,这为心证功能的发挥创造了一定的条件。此外,在裁判文书中展开心证形成过程——对主观确信予以论证并将其作为判断事实认定合理有据的一种重要方法——的改革也已初现端倪。

四是推动“以审判为中心”与庭审实质化改革,改善法官形成心证的条件,提升心证证明的有效性。非言辞、非直接的审理方式是导致产生印证模式的重要原因,而只有庭审实质化,尤其是对直接人证的法庭审查,才能改善心证形成条件,打破印证“一统天下”的局面。“推进以审判为中心的诉讼制度改革”以发挥庭审功能、实现实质化审理为重点,为此必须完善证人、鉴定人出庭制度,对有争议的原始人证进行直接质证。如能有效推进此项改革,将为法庭提供鲜活生动的证据信息,为法官合理、有效地形成心证创造必要条件。

六、印证、心证、追证与验证——证明方式变革之道

印证模式的改革完善势在必行,且具有可行性,但仍需思考改革的路径和方法。左卫民近期提出将程序规则与证明机制融为一体的改革思路,重点以对抗性诉讼程序机制来保证证明活动的正当性与合理性,同时发挥法官心证的作用,建立“对抗/自由”的证明模式。② 应当说,这种改革思路是有益且可能有效的。但笔者认为,程序规则的融入不能代替基于证据学本身的改革,而

① 参见龙宗智:《中国法语境中的“排除合理怀疑”》,载《中外法学》2012 年第 6 期。

② 参见左卫民:《“印证”证明模式反思与重塑:基于中国刑事错案的反思》,载《中国法学》2016 年第 1 期。

就证明方法与模式本身进行反思，并由此引致此种方法与模式的改革完善，是克服印证模式弊端，提高刑事证明质量的根本。为此，本文提出以下改革路径与方法。

（一）坚持印证主导

按照不同的逻辑标准，刑事证明可以区分为不同类型的多种方法，但最具基础性也最具普遍适用价值的一种分类是：刑事证明是依靠单一证据自身的证明价值，还是依赖多个证据相互印证的证明功能。前者追求的是单一证据自身的合情理性、合逻辑性，力求实现经验上合理的可接受性。比较而言，这种证明方法虽然有价值，但无论是就证据本身真实性、合法性的证明，还是用于证明案件事实，其证明力都相对单薄，蕴含着较大的证明风险。而印证证明因为复数的证据量且证据间相互支撑，能形成较为稳定的证据构造，因此，在证据来源的可靠性等给定条件不变的情况下，印证性证据审查相较于单一证据审查，无疑具有更重要的方法论地位。而且，从长期的司法实践看，印证证明在我国的刑事证明中一直发挥着无可争议的主导作用。再者，考虑到我国司法实务人员在业务素质与司法品性上还难以得到充分信赖，而且这种情况还将持续相当长的时间，因此，未来仍将非常依赖印证证明这种趋于证明客观性的方法。

坚持印证主导包括两个方面：一是坚持将印证方法作为个别证据真实性、合法性审查的主要方法。尤其是对于有争议的证据，应将证据间的相互印证作为证据审查的主要方法和判定标准。二是坚持将印证方法作为案件事实认定，即事实综合判断的主要方法。在证据的综合判断上，只有符合印证规则，才能认定案件事实清楚、证据确实充分。

在坚持印证主导的同时，对印证方法作更为深入的理解以促使其精准化，亦十分必要。首先，需要进一步研究和掌握印证证明的机理，认识其证明价值、适用的条件及局限。其次，应当研究印证方法与心证方法等其他证明方法的关系，研究证据印证与证据差异的关系，保证印证方法的合理应用，避免其过度及不当适用。在此基础上，应当区别不同证明任务和证明对象，确定不同的印证适用方法与标准。如对于速裁案件、简易程序案件、普通程序案件以及死刑案件,证据的印证度可以有所区别;在诉讼的不同阶段,如侦查启动、强制措施适用、审查起诉和有罪判决等,印证度亦可有所区别;对于客观要件事实与主观要件事实以及程序法事实,在印证度上亦允许存在差别。

(二)加强心证功能

"心证"即实现"内心确信",同时亦须"排除合理怀疑"。心证既为证明方法,亦为证据标准,其特点是主观的"内省性"——事实判断者基于自身经验进行证据感知和思维,从而建立内心确信。在建立心证的过程中,经验法则发挥着关键作用,推论、联想、直觉等逻辑与非逻辑方法也势必介入证据思维,尤其是基于经验的直觉具有十分重要的作用,因此单一证据(孤证)亦可能初步建立心证。如有经验的预审员,通常从嫌疑人的供述(包括供述内容与情态证据)即可判断其真实可靠与否。当然,这种心证通常不至"确信无疑"。

主张加强心证功能。首先是因为证据思维的性质本身具有主观性。历史事实不可逆的性质使证据思维必然是一种回溯思维,并以经验上合理的可接受性作为事实判断的标准。这种标准即为心证,即内心确信或排除合理怀疑的主观性标准。即使是证据间的印证,也必须接受司法人员的主观判断,并以证据间的印证作用于司法人员的主观认识,从而形成心证。其次是因为司法条件的限制导致证据资源有限,需要通过强化心证功能来减轻印证模式对司法证明活动的压力。印证证明以证据的充分性为基础,故印证模式对证据资源有较高要求。而随着刑事程序中人权保障制度的发展,法律程序对证据搜集的约束越发严格,若继续严格贯彻印证模式,将使证据资源不足的问题更为突出。在此种背景下,为了节约证据资源,同时为了在底线正义之上实现打击犯罪的任务,就需要强化心证功能,弥补印证模式的不足。同时,这也是为了避免有印证无心证,从而违背经验法则导致冤错案件。

加强心证功能。首先,需要确立刑事证明中的主观标准,即以"排除合理怀疑"来解释和充实案件事实清楚、证据确实充分的证明标准。犯罪要件事实的认定既要求证据间的客观印证,也要求司法人员的主观心证。客观印证只是必要条件,只有加上主观心证,才构成定罪的充分条件。因此,即使证据间存在某种印证关系,但只要司法人员对要件事实的成立存在合理怀疑,就不能定罪处罚。

其次，需要强调间接证据与间接事实对案件主要事实的推论，加强经验法则的应用。间接证据和间接事实是关于案件部分事实情节的证据和事实，以及案件背景因素、关联因素等可以影响主要事实判断的证据和事实。例如，证明运输毒品案件中嫌疑人的“明知”，最好的方法是嫌疑人运输毒品的事实与嫌疑人知情的供述以及证人（如“上线”“下线”涉案人员）证言相互印证。但实践中此类案件获得主观状态的直接印证证据难度较大，故可根据运输毒品的路线、方式，嫌疑人作案次数，嫌疑人主观认知能力等因素进行推论，由此排除合理怀疑，建立心证。而依靠间接证据和间接事实进行推论，经验法则是基础。因此，在证明实践中，应当加强对经验法则的运用，同时注意检验运用经验法则的合理性，保证心证的合理性。

最后，可调整部分案件的印证要求乃至证明标准，提高打击犯罪的效率。其一，对于适用认罪认罚从宽制度的案件，可以适当降低客观印证的证明要求，采用形成裁判者内心确信的心证标准认定事实、适用法律，以降低司法资源消耗，提高诉讼效率。其二，对于因被告人认罪而适用简易程序的案件以及适用速裁程序处理的案件，也可以降低客观印证的证明要求，采用心证标准定案。①

（三）注重追证作用

印证证明发挥功效的前提和关键，是参与印证的证据本身的质量。而多年来的司法实践教训表明，已形成印证体系的案件出现冤错主要是因为参与印证的证据不具有客观真实性。因此，加强对印证证据群，尤其是其中主要证据的来源的追寻，保证其真实可靠性，是运用印证方法的关键环节。

在证据的审查判断中，追证首先意味着向前追查证据来源，防止证据被人

① 笔者认为，形成内心确信的心证标准就是“排除合理怀疑”的证明标准；而案件事实清楚、证据确实充分的证明标准与“排除合理怀疑”的证明标准，仍然存在证明程度上的区别；前者要求客观印证且加上主观心证，但在客观印证略有不足的情况下，仍然有可能达到后者的证明标准。对此，学界的认识有分歧，但《刑事诉讼法解释》第 64 条规定：“认定被告人有罪和对被告人从重处罚，适用证据确实、充分的证明标准。”这似乎表明“证据确实、充分”与“排除合理怀疑”是有所区别的。对二者关系的分析，参见龙宗智：《中国法语境中的“排除合理怀疑”》，载《中外法学》2012 年第 6 期。

为扭曲，其主要方法包括对证据来源作合法性审查及客观性审查。合法性审查主要是程序审查，即审查证据的形成是否涉嫌采用非法手段。此项审查的重点是人证，因为人证作为主观性证据，若取证程序不合法，如采取刑讯逼供以及威胁、引诱、欺骗等不合法的方式取证，就极易形成虚假证据，从而在根本上破坏印证证明的证据基础。有效的合法性审查须以实施非法证据排除规则为保障，即一旦出现对非法获取人证的合理怀疑，就应当排除与非法取证手段有因果关系的证据，包括所谓"重复自白"。审查物证类证据时，客观性审查是最重要的追证方式。如审查人证笔录，要看其是否记录了陈述者的真实意思（如采用全程录音录像进行对比等），是否存在指名问供、指事问供等情况；审查电子数据、视听资料，要注意是否存在删改、变造等妨碍客观性的情况；等等。

追证的另一方面内容是所谓"后追"，即对形成刑事裁判的证据基础进行审查和检验。刑事裁判采纳的证据及认定的事实，需接受上诉审控辩双方以及上诉审法官的审查检验，并接受社会的监督。为了使相关各方能够有效追踪刑事裁判的心证形成过程，裁判文书应展开法官形成心证的根据和管道。当然，这一要求仅针对在证据事实上有争议的案件。这是防止刑事裁判独断，加强刑事裁判的正当性基础以及强化防错机制的有效措施。

（四）发挥验证功效

针对现实弊端改善印证证明，要求印证的事实应能得到验证，使其合理嵌入整体的证据构造，具体包括以下两项要求：

其一，由人证即主观证据形成的印证事实，能够被客观证据或客观事实验证。这一点对于以人证作为定案主要证据的案件尤为重要。如在强奸、抢劫、杀人等犯罪案件中，由口供与证言印证而形成的案件事实，应当接受现场勘验与痕迹物证的客观验证，尤其是具有明确指向性的痕迹物证，如被告人指纹、血迹、毛发、体液以及被害人尸体及死因、体伤状况等，都具有较强的验证作用。在贿赂犯罪案件中，查明赃款的来源、受贿后赃款的去向等，也是重要的验证手段。此外，客观验证也包括已确认的客观事实的验证。如被告人的作案时间和时机等已被现有证据证明无误的事实，也可作为对印证事实进行客观验证的重要工具。

应当承认，在证明资源有限的情况下，并非每一案件印证证明的事实都具有客观验证的条件，但为了保证案件质量，在操作中应注意以下两点：一是有条件验证的案件缺乏客观验证或者验证后出现证据矛盾的，不能认定有罪，这是防止冤假错案的客观要求。二是重罪案件若缺乏客观验证，仅凭口供及证言等主观证据确定关键事实的，原则上不能判处极刑，以防案件出错又丧失纠错机会。这一要求已在一些司法机关的办案实践中成为证据规则，①对此应予以普遍确认并推行。

其二，局部印证事实应与案件整体事实证据相协调，使印证证据合理嵌入整体的证据构造。证据判断包括单个证据判断及证据的综合判断，而综合判断又可分为关于局部要件事实的证据群判断（第一步综合判断）以及全案证据的综合判断（第二步综合判断）。证据印证首先是局部要件事实的印证，其次才是案件整体事实的印证与协调。在运用印证方法时应当注意，局部要件事实的证据印证，尤其是关键性要件事实（如杀人案中的杀人行为、受贿案中的收受贿赂行为）的证据印证固然重要，但不能对其进行孤立判断，而应当在第二步综合判断中，纳入整体的证据构造，以其他证据、事实验证某一局部要件事实的客观性。而整体性的证据分析，一是要看印证事实有无反证挑战。如嫌疑人的现场作案事实有证据印证，但其他证据反映嫌疑人缺乏作案时间。二是要看印证事实与已证明的案内其他事实是否协调，不存在不能合理解释、不能有效解决的矛盾。如有证据印证嫌疑人实施了故意犯罪行为，但其缺乏犯罪动机，作案原因不能得到合理解释。可见，对于局部印证事实，即使是关键性要件事实有证据印证，但其若与整体的证据及事实构造不相协调，即不符合证据判断的综观式协调要求，就不能简单地以要件事实获得印证为由认定案件已达到有罪证明标准。

---

① 如浙江省检察机关公诉部门自2011年以来，在死刑案件的证据审查中，从以被告人供述为中心的言词引导审查模式，转变到以客观性证据为核心的审查模式，保证了死刑案件的办案质量。参见客观性证据审查模式改革课题组、陈云龙：《探索审查模式改革　确保死刑案件质量——以客观性证据为核心的死刑案件审查模式探索为例》，载《人民检察》2013年第5期。

中国刑事印证理论的再批判与超越*

周洪波**

摘　要:近年来学界对印证证明展开了第二轮热烈讨论,这一轮讨论的深度看起来有较大的拓伸,但至今没有合适的模式理论来澄清最初的基本问题:什么是中国刑事证明方法在比较法上的类型差异及其成因?什么是其应有的转型方向?因此,亟须寻找替代性的模式理论来消解对印证的迷思。在比较法上准确描述实然的中国刑事证明模式,应当着眼于认识论维度,以明晰证明标准的比较法差异为基点,以建构推理逻辑所用的事理、证据事实、证据关系构造以及推理结论认知判断等的类型差异为基本分析对象,并区分规范要求和实践惯习两个层面:在规范上,宜将常规形态称为客观推断模式,其区别于其他法治国家的证明标准所匹配的情理推断模式;在实践上,可将常见的惯习做法标识为准客观推断表象化—情理推断后台化。证明模式的转型方向应是情理推断的一般正当化/公开化及其规范化。

关键词:中国刑事证明模式　印证理论　替代性理论

---

*　本文原载于《中外法学》2019 年第 5 期。

**　周洪波,对外经济贸易大学法学院教授。

引言:一个亟须实现的理论期待

围绕“印证”这一主题展开研究,是中国刑事诉讼法学界持续十多年的一道独特风景线。这种研究大致可以分为两轮:第一轮,始于2004年龙宗智教授发表论文《印证与自由心证——我国刑事诉讼证明模式》(以下简称《印证与自由心证》)。[①] 该文的基本观点是:在实然层面,中国刑事证明(方法)模式为一种印证证明模式,从而区别于其他法治国家典型的自由心证模式,是自由心证的一种亚类型;在应然层面,需要对印证证明进行“谨慎突破”,适当借鉴其他法治国家的自由心证的一些做法。这种观点在第一轮的研究中得到了普遍的肯定,尽管有学者认为印证模式不是中国特有的证明模式而是一种普适性的证明模式,有学者认为印证只不过是中国刑事模式的表象而非其深层本质特征,也有个别学者认为印证只是一种个别性的证明方法而不能总括性地标识中国刑事证明模式等。第一轮研究所促成的一种整体理论印象是:印证证明是中国刑事证明的基本模式,尽管应当适当借鉴其他法治国家的自由心证方法,但其在规范上仍然是事实认定之具体判断标准的较好指南。这种理论印象对司法实践产生了极大的(不当)影响,使“印证”成为一些重要的司法解释文本的“关键词”和审判实践中的流行语。第二轮,起于2015年年底拙文《中国刑事印证理论批判》(以下简称《批判》)的发表[②]和2016年年初左卫民教授发表论文《“印证”证明模式反思与重塑——基于中国刑事错案的反思》(以下简称《反思与重塑》)[③]。《批判》对印证理论进行了全面深入的反思与批判,指出其在实然层面无力用印证模式来表征中国刑事证明方法在比较法上的类型特征,也未说清楚其类型独特性之成因,更无法在应然层面指明其应有的转型方向。《反思与重塑》将印证模式与近年来高度关注并“刺痛”很多人神经的错案关联起来,认为其是导致错案的重要成因,并指出应当通过正当程序机制的建构来对印证模式进行程序化改造从而促进其得到合理运用。

---

① 参见龙宗智:《印证与自由心证——我国刑事诉讼证明模式》,载《法学研究》2004年第2期。

② 参见周洪波:《中国刑事印证理论批判》,载《法学研究》2015年第6期。

③ 参见左卫民:《“印证”证明模式反思与重塑:基于中国刑事错案的反思》,载《中国法学》2016年第1期。

正是这些前所未有的“尖锐”批判，刺激起了第二轮的热烈讨论。在新一轮的讨论中，既有批判性的研究，也有龙宗智教授和其他一些学者的辩护性研究，两相比较，似乎后者占据了上风，认为印证模式能够标识中国刑事证明模式并应肯定其在实践中的重要性这种印证理论仍然显得“振振有词”。笔者在《批判》中指出，《印证与自由心证》的意义在于其凸显了一个极为重要的问题意识，即需要通过证明方法模式的研究来对证明标准进行具象化的呈现，并以此来分析中国刑事证明方法在比较法上的类型独特性及其成因与转型问题；就此而论，第一轮的研究并不成功，龙宗智教授和其他学者都没有提出分析问题的有效理论工具，因而需要寻找替代性的刑事证明模式理论。令人遗憾的是，第二轮的研究深度貌似有较大的拓伸，但是，无论是辩护性的研究还是批判性的研究，都是不成功的，都未有效回应印证研究最初缘起时的核心问题意识。可以说，对印证模式的理论有效性和实践重要性仍然存在太多的迷思，至今还未见到有效的证明模式理论，《批判》中提出期待替代性模式理论的出现，犹如“等待戈多”一般。

托克维尔曾言，征服人心的常常是一些错误但简单的概念，而不是正确但复杂的概念。[①] 对于中国刑事证明模式来说，“印证”正是这种“蛊惑人心”的简单但错误的概念。消解对印证的迷思，寻找替代性的刑事证明模式理论无疑是一个亟须实现的期待，因为，如果已有的不当理论言说的误导性得不到消解，那么，不仅中国刑事证据制度和实践的老问题得不到纠正，而且，随着中国刑事司法改革的推展，又会增加许多新问题。一种研究能否取得成功，关键在于是否有清醒的问题意识和正确的问思路向。就如何正确标识中国刑事证明模式的类型独特性而言，正确问思路向是，证明模式的类型学应着眼于认识论的维度，以明晰必然为真的事实确信与或然为真的事实确信这两种证明标准的比较法差异为基点，以二者对应在证明方法上建构推理逻辑所用的事理、证据事实、证据关系构造和推理结论认知判断等的类型差异为基本分析对象，并区分证明模式的规范要求和实践惯习。本文将在归正问题意识与明晰问思路

① 参见［法］阿列克西·德·托克维尔：《论美国的民主》，曹冬雪译，译林出版社2012年版，第102页。

向的基础上,来清理《批判》之后的印证模式理论的辩护性研究和批判性研究存在的问题,并提出替代性的刑事证明模式理论。

一、刑事印证研究的新进展

从印证研究缘起时的问题意识来看,围绕这一主题展开争鸣所应关怀的核心问题有三个:第一,印证所指为何,其能否标识中国刑事证明模式,并说明其在比较法上的独特性?第二,哪些因素造成了中国刑事证明模式的独特性?第三,对中国传统证明模式的反思性规范立场应当是什么?在第二个问题上,第二轮的研究并没有什么新进展,其基本观点与之前的大体一致,所以,在这里就不再对这方面的研究专门赘述(因为我之前已经对这方面的问题进行了清理,所以,后面也就不再专门分析这方面的问题)。下面仅就其他两个方面的问题来梳理《批判》之后的印证研究的基本观点。

(一)刑事证明模式的实然研究

对于印证所指为何,龙宗智教授对其之前不太明确的说法进行了明晰(实际的理解并没有变化)。龙宗智教授指出,其之前所说的“不同证据内含信息的同一性”这一印证内涵,既包括信息的内容同一,也包括信息的内容不同但指向同一、协调一致,前者为直接印证,后者为间接印证。① 另有学者也强调,印证是指“信息源独立”的多个证据构成“证明指向同一”的证据间关系。② 这些说法的实质意涵都差不多,也基本上代表了后来研究者的普遍观点。对于这种意义上理解的印证,在实然层面能否标识中国刑事证明方法模式,并说明其在比较法上的独特性,第二轮相关研究的代表性观点是:

其一,延续之前的流行见解,仍然坚持认为印证模式是中国刑事证明模式的基本标识,新的进展只是对印证模式的特征、原理等做了一些进一步的解读。比如,龙宗智教授认为,我的批判并不能“从根本上撼动印证证明作为中国刑事证明方法的基本地位”,“中国刑事诉讼证明模式为印证模式,这已经

① 参见龙宗智:《刑事印证证明新探》,载《法学研究》2017 年第 2 期。

② 参见万旭:《刑事印证的概念限定与功能反思》,载江溯主编:《刑事法评论》第 41 卷,北京大学出版社 2018 年版,第 353 –357 页。

为学术研究、司法解释等规范性文件以及刑事证明实践所证实”。当然，龙宗智教授也承认，由于印证还没有得到理论上的精细解读，影响了其在实践中的合理运用，因此，他在新近的研究中指出：印证的作用机理是，从强调证据之间的协调一致来说，真理融贯论是其主要哲学根据，从诉讼证明又应不懈追求客观真实来说，真理符合论也是其不能脱离的哲学根据；在逻辑方法上，前者对应的是归纳推理，后者对应的是溯因推理。印证有效性的约束条件及考量因素主要包括：参与印证的证据品质，其中的关键是证据来源的自然性而非扭曲性；印证的证据数量；印证信息的清晰度；是否有客观性证据尤其是隐蔽性证据参与印证；印证反映的事实是否符合经验法则；相互印证中是否存在合理差异，是否存在“印证过度”。在实践中，印证已被视为完成证明的主要模式，但也存在过度强调印证以及印证运用的简单化、扭曲化等问题。从比较法学的视野来看，印证模式与西方证据学上的原子模式和整体模式既有区别也有相同之处，就着眼于证据群内证据间的关系而言，印证模式趋向于整体主义的证据分析，就着眼于证据判断的根据之客观性而言，印证模式更趋向于原子模式。① 有学者在分析了印证的内涵之基础上认为，印证是中国的刑事证明模式，但并不是中国特有的一种证明模式，因为，印证是证据推理和司法证明的普遍经验法则，体现了人类共享的思维模式；中国与其他国家的不同，只在于后者一般没有对经验法则进行明文规定。② 有学者在对印证的制度定位、运作原理、认知动力和哲学教义进行分析的基础上认为，印证是“中国贡献于世界司法制度的宝贵财富”，因为其符合科学的适用原理，所以也具有世界性的普适意义，印证模式理论也是中国为世界证据法学作出的独特贡献。③

其二，肯定中国刑事证明模式是印证模式，但否认其是自由心证的一种亚类型。比如，有学者认为中国在证据证明力的审查判断上属于印证模式，但同时似乎认为其不属于自由心证模式，其理由是，尽管具体的司法裁判中存在法官运用（自由）心证的现象，但是立法上并没有确立自由心证，而且自由心证还曾一度遭到学术批判；另外，其指出，印证在实践中存在一些典型的问题：一

① 参见龙宗智：《刑事印证证明新探》，载《法学研究》2017 年第 2 期。

② 参见薛爱昌：《为作为证明方法的“印证”辩护》，载《法学研究》2018 年第 6 期。

③ 参见栗峥：《印证的证明原理与理论塑造》，载《中国法学》2019 年第 1 期。

是将或然性的经验法则普适化，二是重视证立、轻视证伪，三是过于依赖直接证据。[①] 有学者认为，中国刑事证明模式属于印证模式，但不属于自由心证的亚类型，其与欧陆自由心证制度在证据自由、证明力自由评价、判决责任伦理等方面有根本的区别。[②]

其三，认为印证模式只能标识中国刑事证明模式的“部分”特征。比如，有学者认为，印证只是一种证据分析方法，其与作为裁判方式的自由心证并不是相对的范畴，然而，其在实践中被异化为一种证明模式或裁判方式，从而严重排挤了自由心证的存在空间。[③] 按此论述，中国的刑事证明模式在规范上应该是一种自由心证模式，而在实践中是一种印证模式。有学者认为，如果把证明模式与诉讼模式勾连起来，可以把证明模式分为印证模式和质证模式，前者侧重于证明标准层面讨论问题，是一种同向支持性证明方式，受到职权主义诉讼模式的重视，而后者侧重于庭审的证明方式，是对对方举出的证据进行质疑和质问，受到当事人主义诉讼模式的重视；2012 年最高人民法院关于《刑事诉讼法》的解释性规定对印证和质证做了同样的强调。[④] 按此论述，中国的刑事证明模式应该是印证模式和质证模式的混合体，而且这种混合体在各个现代国家的刑事诉讼中都普遍存在，只是侧重点各有不同而已，中国则较为侧重于印证模式。

其四，否认印证能够标识中国刑事证明模式，但没有提出新的模式标识。比如，有学者认为，印证只是一种初级的证据分析方法或证据审查判断方法，其与证明标准有别，实现了印证并不等于完成了证明，因此，印证不是完全证明意义上的“证明模式”（事实认定方式）。另外，该论者认为，证明标准是抽象的，不可能将其具体化，因此，没有必要将印证研究与证明标准勾连起来，期

① 参见蔡元培：《论印证与心证之融合——印证模式的漏洞及其弥补》，载《法律科学（西北政法大学学报）》2016 年第 3 期。

② 参见施鹏鹏：《刑事裁判中的自由心证——论中国刑事证明体系的变革》，载《政法论坛》2018 年第 4 期。

③ 参见杨波：《审判中心下印证证明模式之反思》，载《法律科学（西北政法大学学报）》2017 年第 3 期。

④ 参见陆而启：《重返证明模式的理论框架》，载《贵州民族大学学报（哲学社会科学版）》2017 年第 6 期。

望以印证来将证明标准具象化是不切实际的。[①] 按此论述,无论规范上还是在司法实践上,都不能用印证来标识中国刑事证明模式。

其五,否认印证能够标识中国刑事证明模式,同时提出了新的模式标识。比如,有学者认为:一方面,印证,既可以是认识论意义上的一种经验法则,也可以是法律层面的证据规则,然而,印证只是证据审查判断所用经验法则之一,印证规则也只是限制主观认知的规则之一,因此,将中国刑事证明模式称为印证模式是以偏概全。另一方面,中国的刑事证明模式在本质上属于自由心证模式,因为,事实认定始终离不开"个人"的经验和逻辑推理,自由心证与印证并不矛盾,中国与域外的区别主要表现为,中国较为凸显证据规则意义上的印证,而域外更多体现为经验法则意义上的印证。[②] 有学者认为:从刑事证据推理科学化的角度,将中国刑事证据推理模式或证明模式称为"日常思维模式",该模式包括"发现"和"印证"两个环节,其区别于精密论证模式;这种模式是人类长期司法经验的结晶,也为目前多数国家所采用,区别只在于实现方式各不相同而已。[③] 有学者认为,中国刑事证明模式应当定义为"以印证为中心的整体主义证明模式",或简称为"亚整体主义证明模式"。中国刑事证明所强调的印证具有整体主义的外观特征,即如整体主义的证明模式那样强调个别证据的证明力和证明价值源于其和其他证据的关联,但其更多的是关注"形式"的整体而非"实质"的整体。中国刑事证明虽然非常强调印证,但印证并不是模式本身,而只是作为一种证据分析方法而居于模式中心的主要特征。[④]

(二)刑事证明模式的反思性规范立场研究

在应然层面,关于证明模式的反思性规范立场,第二轮的代表性研究是:

---

① 参见王星译:《"印证理论"的表象与实质——以事实认定为视角》,载《环球法律评论》2018 年第 5 期。

② 参见汪海燕:《印证:经验法则、证据规则与证明模式》,载《当代法学》2018 年第 4 期。

③ 参见封利强:《我国刑事证据推理模式的转型:从日常思维到精密论证》,载《中国法学》2016 年第 6 期。

④ 参见谢澍:《迈向"整体主义"——我国刑事司法证明模式之转型逻辑》,载《法制与社会发展》2018 年第 3 期。

其一,论证坚持印证的必要性和方法。有学者认为:印证模式不是错案的成因,其良好应用可以减少错案的生成,但鉴于之前的理论混乱和误解,有必要对其从本体论的视角进行修正和完善,即印证证明,是对确定事实不断追寻的证明方法,具有对象特定性和信息完整性的特征;其基本原理是命题论、过程论、融贯论、科学论,其中,命题论是理论前提,过程论和融贯论是对印证过程和方法的技术及程度要求,科学论构成了印证的最终目标和理论归宿;按照不同的标准,印证可以分为不同的类型,且有不同的适用条件。[①] 有学者认为:证据整体主义的优越性、作为"真"之标准的融贯论说明印证作为一种诉讼证明方法的合理性,人类的认知限度表明印证作为证明方法的必要性。印证并非"真实"的充分条件,依据证据相互印证作出的判断并不意味着一定是正确的。印证要发挥"真"之标准或方法的作用的前提条件是:证据来源的独立性、可靠性、全面性,证据种类的多样性,证据数量的充分性和证据质量的关键性,证据的初始可信性,在前述条件下,更高的印证意味着更高的真实可能性;保障辩方的举证、质证权,推进审判中心主义、庭审实质化改革,贯彻直接言词原则等,是实现印证运用合理化的重要外部条件。[②]

其二,与第一轮研究的主流见解一样,主张将印证与心证结合来对印证模式进行改造,新的进展只是就二者结合的必要性和方法增加了一些更为具体的说法。比如,龙宗智教授认为:第一,坚持印证主导。其运用在认识论上要符合印证的作用机理和逻辑方法、有效性条件等(前文已述,此略),在法律应用上包括两个方面:一方面,应当坚持将印证既作为个别证据真实性、合法性审查的主要方法,也作为事实综合判断的主要方法;另一方面,应当区别不同的证明任务和对象,确定不同的印证适用方法和标准。第二,加强心证功能。"心证"即实现"内心确信",其既为证明方法,也为证据标准,其特点是主观的"内省性",即事实判断者基于"自身经验"进行证据感知和思维,从而建立内心确信。认定犯罪事实,客观印证只是必要条件,只有加上主观心证,才构成充分条件。相应地,首先,应确立主观证明标准,即以"排除合理怀疑"来解释

① 参见杨继文:《印证证明的理性构建——从刑事错案治理论争出发》,载《法制与社会发展》2016 年第 6 期。

② 参见薛爱昌:《为作为证明方法的"印证"辩护》,载《法学研究》2018 年第 6 期。

"案件事实清楚,证据确实、充分";其次,需要强调从间接证据与间接事实(案件部分事实情节的证据和事实,以及案件背景因素、关联因素等可以影响主要事实判断的证据和事实)对主要事实的推论,加强经验法则的应用;最后,为提高打击犯罪的效率,对部分案件可降低客观印证标准,采用心证标准定案。第三,注重追证作用。一方面,要向前追查证据来源,对来源的合法性和客观性进行审查,防止证据被人为扭曲;另一方面,要对作为裁判基础的证据进行"后追",即对裁判采纳的证据和事实要接受上诉审的审查检验和社会监督。第四,发挥验证功效。一方面,人证即主观证据形成的印证事实,一般要能被客观证据或客观事实所验证;另一方面,局部印证事实应与案件整体事实和证据相协调,使印证证据能嵌入整体的证据构造。① 值得指出的是,与之前的说法相比,龙宗智教授在印证和心证之外追加了追证和验证两个证明要素,但其实质上都是印证的具体运用方法,所以其提出的证明模式转型方向在本质上还是一种印证与心证结合的模式。有学者指出,随着排除合理怀疑的落实和审判中心主义的推进,我国应由印证模式走向印证与心证融合的"混合模式",使主观判断与客观判断、外部审查与内部审查相结合。② 有学者认为,应当让印证回归证据分析方法、自由心证回归裁判方式,并实现二者的有机结合,在促进印证规则的精细化和科学化的同时,实现事实裁判的自由心证;审判中心主义的改革要求相应的证明实质化,这将逐渐为裁判者的自由心证提供完备的实现条件。③ 有学者认为,从印证在中国的法律化来看,存在印证功能的不当扩张,这会带来不当提高证据采信标准或定罪标准、制造虚假印证等风险,因此,有必要在厘清印证的内涵,明确其法律定位,限制其适用范围,取消一些不必要的印证规定的同时,进一步协调印证与心证的关系,为心证留下足够的空间,让裁判者敢于坚持心证。④ 有学者指出,在刑事证明和事实认定中,应当在摆正印证位置的基础上发挥其应有的作用,其在本质上只是一种初

① 参见龙宗智:《刑事印证证明新探》,载《法学研究》2017 年第 2 期。

② 参见蔡元培:《论印证与心证之融合——印证模式的漏洞及其弥补》,载《法律科学(西北政法大学学报)》2016 年第 3 期。

③ 参见杨波:《审判中心下印证证明模式之反思》,载《法律科学(西北政法大学学报)》2017 年第 3 期。

④ 参见吴洪淇:《印证的功能扩张与理论解析》,载《当代法学》2018 年第 3 期。

级的证据分析方法，实现印证并不意味着完成证明，事实裁判离不开裁判者的个体主观认知判断，因此，需要自由心证制度为此提供保障。[①] 有学者从对裁判者分析证据的原子主义和整体主义之心证模式的解析指出，印证证明模式或印证规则与非法证据排除规则之间存在冲突，前者容易导致后者被架空，致使非法证据难以被有效排除，因此，不能以印证规则来确定证据的合法性问题，而是应当在正确对待裁判者的心证之基础上，协调好印证与心证的关系，不能单纯依赖于以印证来排除心证，而是应当注重以直接言词原则、案卷分离和程序审查优先等程序机制来规制心证。[②]

其三，提出了其他的印证模式改造论。一是正当程序化的印证模式或印证规则论。有学者指出，实践中印证模式的扭曲运用导致了错案，因此应当建构有正当程序支撑的印证模式，具体路径是：实现取证过程的充分正当化；确保整个诉讼过程中证据信息传递的完整性；推进印证机制的精细化和正当化；允许裁判者在事实认定过程中进行自由心证。[③] 有学者认为，自由心证容易导致错判的风险，以程序机制防止错案会产生较高的司法成本，基于我国司法资源有限的状况，不能片面地引入自由心证或正当程序，而是应当重视有一定程序保障的印证规则的建构；程序机制与印证规则都有利于促进案件真实的发现，但在一个制度体系的整体配置中二者一般是一种此消彼长的关系，在兼顾二者的重要性的前提下，应当区分案件类型确立不同强度的程序保障与印证规则，比如，对严重暴力犯罪采取高标准的程序保障与精细化的印证规则，对证据难以取得的案件采取高标准的程序保障与宽松的印证规则。[④] 二是印证加最佳解释推理论。有学者认为印证模式存在呆板与机械等缺陷，因此，可以在一定条件下引入最佳解释推理，作为弥补印证漏洞的一种新的证明模式；

---

① 参见王星译：《“印证理论”的表象与实质——以事实认定为视角》，载《环球法律评论》2018年第5期。

② 参见牟绿叶：《论非法证据排除规则和印证证明模式的冲突及弥合路径》，载《中外法学》2017年第4期。

③ 参见左卫民：《“印证”证明模式反思与重塑：基于中国刑事错案的反思》，载《中国法学》2016年第1期。

④ 参见向燕：《“印证”证明与事实认定——以印证规则与程序机制的互动结构为视角》，载《政法论坛》2017年第6期。

最佳解释推理可以检验印证、解释孤证、加强心证，而且与印证具有相容性，其在司法中的应用原理是：裁判者采信某个证据，是因为他认为目前对该证据的解释是最有说服力的、最能接受的，如果不采信，则是认为还有比这更有说服力的解释。[①] 有学者也认为，印证模式在证据外延、证明方式和标准等方面的规定过于狭隘，应当用最佳解释推理理论来对其进行改造。[②] 三是印证与质证合理选择与结合论。认为印证模式与质证模式并存的论者主张，在以审判为中心的诉讼制度改革背景下，应当针对不同程序阶段、不同案件类型对两种模式进行契合情境的选择，在不能偏废、相伴而生的情况下实现各有侧重和取舍。[③] 四是印证加信念理性和可靠主义。有学者指出，印证是中国司法证明的传统模式，具有独特的制度生命力，但其是一种不完备的证明，因而应当补充信念理性作为心理认知基础，补充可靠主义为哲学教义，从而实现司法证明的科学化。[④]

其四，提出以新的证明模式来替代传统证明模式，无论传统模式被标识为印证模式还是其他模式。比如，有学者因为认为印证模式与自由心证模式有根本的区别，所以主张中国刑事证明体系应引入自由心证以替代客观印证，确立证据自由及证明力评价制度，强调法官的裁判义务，适度降低证明标准，赋予法官必要的职务保障。[⑤] 将中国刑事证明模式标识为“日常思维模式”的论者认为，现有模式存在自发性、粗放性和跳跃性等问题，应当在加强相关法律从业者职业训练和完善合议制度、裁判说理制度的基础上，转向一种精密论证模式，该模式是在批判吸收威格莫尔分析法和图尔敏模型的合理之处并结合国情进行的本土化改造，其推理过程包括目标事实版本的确立、证据推理模型

---

① 参见罗维鹏：《印证与最佳解释推理——刑事证明模式的多元发展》，载《法学家》2017 年第 5 期。

② 参见向燕：《论司法证明中的最佳解释推理》，载《法制与社会发展》2019 年第 5 期。

③ 参见陆而启：《重返证明模式的理论框架》，载《贵州民族大学学报（哲学社会科学版）》2017 年第 6 期。

④ 参见栗峥：《印证的证明原理与理论塑造》，载《中国法学》2019 年第 1 期。

⑤ 参见施鹏鹏：《刑事裁判中的自由心证——论中国刑事证明体系的变革》，载《政法论坛》2018 年第 4 期。

的建构以及证据总体分量等的评估三个步骤。① 将中国刑事证明模式标识为“亚整体主义证明模式”的论者认为，应该在“以审判为中心”的诉讼制度改革等背景因素的支持下转向一种真正的“整体主义证明模式”，并分析了转型进路的四个维度；②其所说的转型进路，通俗地说就是：要在法律构成要件的意义上来对复合性（复杂性）的待证事实进行必要区分，从而对各个证据进行有针对性的审查，而不能对所有证据进行含混的“整体打包”处理；要符合证据判断的知识规律，为经验法则运用所需的自由心证保留制度空间，而不能“粗暴”地将经验法则法定化；要通过正当程序的保障，使控辩双方的证据都能够充分地进入审查视野，而不能出现对证据的偏向和忽视；要有合理的程序来促进裁判者的理性判断，避免不当的程序构型加剧裁判者的认知偏差。

二、刑事印证新研究的主要问题

尽管对印证的第二轮研究在理论深度上看起来有了相对较大的拓伸，但是，笔者在《批判》一文中指出的之前印证研究存在的一些要害问题却没有得到回应，因此，一些老问题在新的研究中依然存在，而随着一些新说法的提出，则又增加了一些新问题。从根本上来说，第二轮研究仍然没有提出正确的模式理论来标识中国刑事证明模式的比较法特征和指明其应有的转型方向。

（一）刑事证明模式实然研究的主要问题

首先，第二轮研究逐渐脱离了印证研究缘起时最为核心的问题意识，在此意义上可以说，许多研究都“跑题”了。印证研究缘起时最为重要的问题意识是，如何通过证明模式的类型比较来说明中国刑事证明模式在比较法的独特性。之所以如此说，是因为，中国与其他法治国家在刑事证明方法方面的确存在着一些重大的差异，说清楚这些现实差异，无疑是我们分析其存在的问题和改革方向的基础。质言之，只有当我们知道自己是什么，才知道该不该改变自

---

① 参见封利强：《我国刑事证据推理模式的转型：从日常思维到精密论证》，载《中国法学》2016年第6期。

② 参见谢澍：《迈向“整体主义”——我国刑事司法证明模式之转型逻辑》，载《法制与社会发展》2018年第3期。

己,以及如何改变自己。第二轮研究逐渐“跑题”的主要表现是:第一,有些学者往往着眼于强调印证或其他某种证明方法或证明模式的普适性,以及中国与其他法治国家在这方面的共性,这显然是遗忘了真正需要研究的问题是证明模式的差异。第二,有些研究迷思于印证本身,而忽视了印证理论话语本身所要回应的问题。比如,有些学者正确认识到了印证只是一种个别性的具体证明方法,而不能用来其标识作为完全证明的证明模式,质言之,作为完全证明的证明模式所包含的证明方法一般不局限于印证这一种,然而,很可能正是因为其把印证本身当成了研究对象,而忘了印证理论话语本身要回应的问题,所以,其在正确地将印证从一种证明模式降格为一种具体的个别性证明方法后,没有进一步去思考用什么样的证明模式来标识中国刑事证明模式的类型差异。第三,有些学者将印证模式与西方证据(法)学上的原子主义模式和整体主义模式关联起来进行对比性的研究,误导了证明模式的比较法研究。所谓原子主义模式和整体主义模式,只是用来分析特定的诉讼环节所使用的一些证据分析方法,而不是分别对应于英美法系国家和大陆法系国家的诉讼证明模式。原子主义模式主要是适用于如何规定证据的可采性或证据能力时所使用的一种证据分析方法,而整体主义主要是裁判者在进行事实认定时所普遍使用的一种证据分析方法。可以说,不管这方面的关联性对比研究是否正确,都不是证明模式的比较法研究,其对中国刑事证明模式的比较法研究不仅没有任何实质助益,反而还可能产生不应有的误导。

其次,没有将证明模式的类型标识限定在认识论的维度,提出了一些不恰当的模式标签。龙宗智教授所提出的印证模式,是一种认识论意义上的证明模式,所欲表征的是完成法律规定的证明要求之证明方法的认识论原理和证据使用的类型特征,①因此,要在其所开启的问题意识中进行争论,就应当在认识论(原理)的维度来讨论证明模式的标识问题。超出认识论的维度来讨论证明模式标识的表现如,有些论者提出的所谓质证模式、日常思维模式等。在认识论的意义上,普遍的共识是印证与孤证相对,而不与质证相对。质证,无疑是一种证明的行为方式,而不是一种认识论(原理)模型;当然,也并不是

① 参见龙宗智:《印证与自由心证——我国刑事诉讼证明模式》,载《法学研究》2004 年第 2 期。

不可以将印证与质证相对，若如此，二者都应是在证明的行为意义上而言，即前者为一种正向证明行为，后者为一种反向证明行为。有论者提出的日常思维模式，是与精密论证模式相对，这种模式称谓无疑是表征模式的发展程度，即其较为粗疏而不够精密，因而，也不能表达证明模式本身的认识论原理特征。因此，这些研究在问思路向上无疑都是"跑偏"了，尽管其可能具有一定的启发意义，但实际的后果却是制造了研究的混乱。

最后，没有正确处理证明模式与证明标准的关系以及看清后者对前者的影响，导致了一些似是而非的说法和混乱的争议，也没有重视甚至是没有看到刑事证明方法上的一些重大的比较法差异，并提出正确的证明模式理论对其进行呈现。龙宗智教授所开启的证明模式讨论，不仅是在认识论意义上，而且是在完全证明的意义上，即证明模式意指实现了证明标准要求的完全证明之证明类型构造。如果把证明标准比作目的地，那么，证明方法就是达到目的地的路径，目的地不同，路径也必然不同，在此意义上，证明标准的类型对证明模式的形态具有根本性的影响。就刑事证明标准而言，从中国刑事证明标准的法律话语理解历史，①以及当下的一些司法话语来看，②其与其他法治国家的确存在本质的类型差异，而不仅仅是表达的不同，即前者在法律上强调的是常识和科学意义上的"必然真实"，不同于后者的"或然真实"。因此，比较中国与其他法治国家的刑事证明模式理论，在根本上要以证明标准的比较法差异为立基点，从证明标准的差异来观察证明模式的不同。然而，因为多数学者几乎一直说不清刑事证明标准的性质以及中西差异，所以，也就无法将证明模式的研究锚定于证明标准这个关键的立基点上，继而说清楚二者的关系。这方面的表现主要有：

其一，脱离开证明标准来讨论证明方法，使问思路向脱离了必要的出发点。所谓"证明标准建构的乌托邦"，③此说只有在欲将证明标准的运用当成

---

① 参见樊崇义主编：《刑事诉讼法学研究综述与评价》，中国政法大学出版社 1991 年版，第190－203 页。

② 参见周洪波：《"以事实为根据"——刑事诉讼的定罪基本原则》，载《四川大学学报（哲学社会科学版）》2008 年第 5 期。

③ 参见张卫平：《证明标准建构的乌托邦》，载《法学研究》2003 年第 4 期。

天平刻度尺一样具体、现成的意义上才是有效的，并不能说证明标准不能进行相对的具体化，否则，事实认定就成了纯粹的黑箱操作和掷骰子游戏。

其二，没有厘清证明模式与证明方法之间的区别，导致了一些似是而非的说法和混乱的争议。证明模式，是具有总括性的证明方法类型，其可以包括多种具体的个别性证明方法；龙宗智教授所言的证明模式是在一种完全证明意义上的总括性证明方法类型。证明方法，多是指具体的个别性证明方法，在少数情况下也可以在总括性的意义上言说一种证明模式。在此意义上，印证只是一种具体的个别性证明方法，而不是一种完全证明意义上的总括性证明模式。然而，龙宗智教授以及其他一些为印证之重要性进行辩护的论者，多有理解上的混乱和似是而非的说法。从他们的论述来看，其有时将印证当成一种个别性的证明方法，有时又将其当成一种总括性的证明模式——有意识地试图通过印证本身来表达证明标准的要求。

其三，不能完整地看到证明模式的比较法差异，因而也不能以正确的模式标签来进行有效呈现。印证模式理论的问题之一是，在其他法治国家，依据“孤证”定案的情况并不是普遍现象，其依据多个证据定案时所依据的证据类型常常与中国有重大的不同，显然印证模式无法表征出这种比较法上的差异。所谓的以印证为中心的整体主义模式或亚整体主义模式，论者无非想表达中国刑事证明是一种不正常或不合理的依据多个证据综合定案的模式；从印证所能承载的（仅有）意涵是依据多个证据综合判断定案来说，其提出的模式标签与印证模式在意涵承载能力上并没有本质的区别，可以说是一种“换了个马甲”的印证模式。另外，自由心证这一标签，只能标识中国与其他法治国家在裁判者是否有自由心证权力方面的区别，而无法表征前述的比较法差异，因此，其在比较法上也不是证明模式的一个合适标签（尽管其可以作为一个区别于法定证据制度的历史比较标签）。

其四，无视中国刑事证明模式的比较法独特性，也未有效区分中国刑事证明模式的规范要求和实践惯习。对于中国刑事证明的一般标准的法律表述来说，最为具体的是“结论具有唯一性”，这种标准无疑与其他法治国家的盖然性标准是有本质区别的。在很长一段时间里，我们都肯定这种区别，但近年来越来越多的观念是无视这种区别。当下，普遍的流行见解是认为诉讼证明只可能实现盖然性的真。① 可以说,正是这种对证明标准的流行看法,导致一些学者(不当地)将中国刑事证明模式的规范要求也归类为一种自由心证模式。显然,“结论具有唯一性”这种高标准要求不可能在司法实践中得到普遍遵循,因此,证明模式的规范要求和实践惯习存在普遍的差异,相应地,在标识中国刑事证明模式时,就应当对证明模式的规范要求和实践形态进行必要的区分。值得注意的是,中国刑事证明模式的实践形态,既不是将规范模式进行分量“扣减”的简单变体,也不是直接使用其他法治国家的证明模式,而是因为受到证明标准合法性话语的规限,使得实践形态表现为两种模式的杂糅状态。然而,因为多数学者说不清楚证明标准的性质,所以,在分析证明模式时也就没有对规范要求和实践形态作出应有的正确区分,并进行恰当的标识。

(二)刑事印证反思性规范立场研究的主要问题

首先,虽然有些论者为坚持印证或印证主导进行辩护,但是,因为其对印证的认知和言说存在着许多问题,所以,其期待的印证规范功能是很难实现的。

其一,为印证之重要性辩护的论者多认为(期待),相对于“案件事实清楚,证据确实、充分”“排除合理怀疑”等这些抽象的证明标准,印证能够发挥更为具体的规范作用,然而,因为对印证的定位和对证明标准的理解多较为含混,所以,不仅印证规则或话语可能起不到论者所期待的规范作用,反而可能会带来操作上的混乱。对印证的性质,有些学者将其理解为个别性的证明方法,有些学者将其理解为证明模式,而有些学者则在两种理解之间飘忽游移;不同的理解无疑会带来事实认定标准的高低把握不同。即便是把印证理解为一种个别性的证明方法,如果对证明标准本身的理解不同,也会导致对作为经验法则或规则的印证②的不同理解,即如果将证明标准理解为“结论具有唯一性”的必然真实,那么,印证一般是完成证明标准的一种内在要求,也就是说,即便没有印证的法律规则,在认识论的经验法则之意义上也要求实现印证,而

---

① 参见张保生:《事实、证据与事实认定》,载《中国社会科学》2017 年第 8 期。

② 印证作为经验法则与规则的区别,可参见汪海燕:《印证:经验法则、证据规则与证明模式》,载《当代法学》2018 年第 4 期。

且印证还必须达到法定的证明标准；在这种情况下，印证规则的有无都没有实质的区别，因为印证还会作为一种经验法则的要求而存在，或者说是作为一种隐性的证据规则而存在。如果将证明标准理解为或然真实，则印证并不是完成证明标准的一种内在要求，在这种情况下，印证规则的规定就是对自由心证的事实确信之外增设的一个事实认定条件限制。对印证定位和证明标准的理解不同，相应地，也就会导致对印证规则的不同理解。比如，最高人民法院《关于适用〈中华人民共和国刑事诉讼法〉的解释》（以下简称《刑事诉讼法解释》）第83条规定的"被告人庭前供述和辩解存在反复，但庭审中供认，且与其他证据相互印证的，可以采信其庭审供述"如将印证理解为一种个别性的证明方法，要采信庭前供述，除了印证之外，还需结合证明标准进行判定，而且，证明标准理解不同，往往也会导致结论不同，但是，如将印证理解为证明模式，则有印证就会采信庭前供述。显然，在对印证本身以及证明标准的理解较为含混的情况下，印证的运用很容易出现混乱局面。

其二，证据相互印证的要求，至多只能发挥要求两个以上的证据构成相同的证明指向这一规范功能，然而，论者在为印证张目时，为其"附加"了很多阐释，从而期待其发挥更多的规范功能，但是，因为在这些阐释中，有些虽具体但却是一些"额外"的证据判断方法或条件，而不是可以从"印证"中推演出来的认知要素，而有些则是一些更为抽象的"背景"观念，所以，其期望都是不切实际的。印证的证据来源是否独立、可靠、全面，印证的程度是否充分等，都不是印证方法本身能够解答的，而是需要借助于其他的认识论要素和判断方法，非要把这些"额外"的要素和方法装进印证里面去，并不会对印证本身的实践运用提供更多的帮助。此外，引入了一些抽象说法来说明印证的作用机理或操作技术，是大而无当的。从证明标准转向证明模式的研究，是一种研究的具体化路向；诉讼证明在认识论上所依据的基本要素一般包括作为证据事实与待证事实之间的推理依据的关系性事理（通常称为经验法则、逻辑，也有一些学者将其称为推论性证据）、证据事实、建构推理逻辑的证据关系构造和推理结论的认知判断（通常所谓的心证）等，因此，对证明模式进行研究应有的具体化路径是分析诉讼证明的几个基本要素的属性和特征，对证明模式进行比较研究的应有路径是比较研究几个基本要素的类型及其特征差异。在此意义上，论者们讨论印证的运用原理或方法时所援引的所谓融贯论、符合论、归纳推理、溯因推理、命题论、过程论和科学论等都是一些比“案件事实清楚，证据确实、充分”“排除合理怀疑”等证明标准表述更为抽象或宽泛的论说，没有任何具体化的意义。尤其值得注意的是，这些抽象或宽泛的说法，多是一些知识论上的“通约性”背景观念，而不具有比较研究的工具意义。

其次，主张将心证与印证结合来改造印证的论说存在的主要问题是：其一，心证与印证并不构成相对的范畴，因此，改革主张是似是而非的。人对对象性的世界认识始终离不开人的主观认知——心证，这是为印证进行辩护的论者自己都承认的，因此，证据是否构成相互印证，并不是纯粹外在的，其也是认知的一个结果。在此意义上，以心证来补充印证就是一种不知所云的改革主张。其二，如果说所有事实判断都离不开心证，构成对比的应是心证的自由与不自由，许多论者心里实际所想的其实是以自由心证来补充印证，即便如此，已有的论述也并不能帮助我们明白“借用”自由心证所需要的制度前提，以及如何“借用”与自由心证相关联的事实认定方法。一方面，心证自由和不自由是对应于中国与其他法治国家的刑事证明模式特征之一，造成这种差异的根本成因是证明标准的类型不同，然而，因为许多论者都错误地直接将心证与自由心证画等号，而且没有看到或不承认不同制度在证明标准上的类型差异及其与心证类型的关系，所以没有看到，要使心证从不自由变得自由，必须要以改变证明标准为制度前提；另一方面，因为心证的两种类型并不能标识整体性的证明模式差异，而已有的研究基本上还没有论及与心证的自由与不自由相关联的一些重要的证明方法差异，所以，正如笔者在《批判》中已经指出的，已有的研究对如何“借用”自由心证的方法并没有提供什么有效的具体指导，这样一来，自由心证的运用很可能就会沦落为自由擅断。

再次，在心证之外寻找通过其他方法来改造印证模式的论说存在的问题是：其一，主张以正当程序改造所谓的印证模式，或是主张重视一定程序保障的印证规则，以及主张看重印证模式的同时也要重视质证模式等，其对传统证明模式的批评和改革方案都属于一些“外在批评”和“题外话”。不可否认，这些改革方案在一定程度上有利于促进事实的准确认定，但是，由于都是在认识论维度之外来提出对传统证明模式的改造方案，没有看到理论上的印证模式欠缺对传统证明模式的标识能力，因而并没有看到传统证明模式在认识论意义上存在的问题，在此意义上，并没有真正进入印证研究缘起时的问题意识的核心地带。其二，主张印证加最佳解释推理的改革方案，没有认识到在特定意义上最佳解释推理与传统证明模式（论者认为其是印证模式）是凿枘不投的。因为最佳解释推理只能实现或然真实的证明结论，而传统证明模式在规范上要求实现“唯一性”的结论，所以，在没有改变证明标准的情况下，引入最佳解释推理是没有制度空间的。其三，主张印证加信念理性和可靠主义的改革方案，是大而无当的。一方面，信念理性、可靠主义比诉讼法上的证明标准更为抽象。另一方面，其与融贯论类似，都是在主客观二元论的困扰下，在本体论的意义上为一般意义上的知识论提供有效辩护的哲学理论，把其引入诉讼证明是“多虑”了，也易生混乱。

最后，主张以其他模式来替代传统证明模式的论说存在的问题是：其一，主张以自由心证模式替代传统证明模式（被认为是印证模式）的论者，与前面主张以心证改造印证的论者一样，都没有看到自由心证存在的制度前提，以及与自由心证相关联的一些重要的证明方法特征，所以，其同样不能告诉我们如何去合理运用自由心证。其二，以精密论证模式替代日常思维模式的主张，与前述以正当程序、质证等改造印证的主张一样，都是在认识论维度之外来讨论证明模式的改革问题，所以，也没有发现传统证明模式的“内在”问题和提出相应的对策。其三，迈向整体主义模式的主张，从标签的内涵来看其实是一种印证合理化的主张，而从其改革路径的论述来看，还杂糅了以自由心证、正当程序改造印证的主张，因此，为印证辩护的论说存在的问题和以自由心证、正当程序改造印证的论说存在的问题，在其身上也同样存在。

三、刑事证明模式的替代性理论

由印证研究所引起的中国刑事证明模式研究所关切的要害问题是，为什么个案的某些证据情形在中国无法认定犯罪，而在其他法治国家却可以认定？这一问题在本质上就是证明标准的问题。因此，由印证研究所引发的证明模式研究就应当从证明标准的独特性这一观测点来审视中国刑事证明方法的类型独特性。当然，在中国与其他法治国家的比较法语境中，证明标准对证明方法的影响是最为根本性的,而司法体制和程序构造等的影响都相对次之。基于此,本文提出的替代性模式理论是:在实然层面,中国刑事证明模式在规范上的常规形态宜称为客观推断模式,其区别于其他法治国家的证明标准所匹配的情理推断模式;其实践惯习宜称为准客观推断表象化—情理推断后台化的形态。在应然层面,改革取向应是情理推断的一般公开化/正当化及其规范化。

（一）一些前提性的说明

首先,将分别对应于中国和其他法治国家之一般性刑事证明标准的证明模式称为客观推断模式和情理推断模式,这种区分是有效的,其理论前提是两种证明标准的确存在实质的类型差异。客观推断模式实现的证明结论是必然真实,即是常识和科学意义上的不可错的、不得不相信的事实确信;情理推断模式实现的证明结论是或然真实,即是在情理上为真但客观上可能错误的事实确信。之所以在这里要为这种区分的有效性进行专门的辩护,是因为,当前中外证据法学界都有一种流布甚广的观念,即认为任何诉讼证明都不可能实现必然真实(或客观真实、绝对真实)。按这种观念,在诉讼证明中就不可能有客观推断这种证明模式。这种观念貌似有理,是因为论者找了一些"高大上"的哲学说辞来作为论据,然而实际的情况是,其对哲学话语的援引都属于误用。毋庸置疑,这种观念无疑违背了明显的常识直觉,比如,在一些个案的证据情形中,根据监控录像或视频,能够确信录像所记录的事实(如发生了交通车辆的碰撞、杀人行为、盗窃行为等)必然属实。

其次,之所以两种模式的称谓以"推断"为共同的关键词,在于通过推断认定事实是诉讼证明的核心特征,用于推理的事理之属性和类型为何、与其紧密关联的结论判断特征为何是诉讼争议中的关键议题。诉讼证明一般是对过往事实而非当前事实的证明,因此,证明的基本认知结构是依据当前可观察的事实和事理(不同事实现象之间的因果关系原理)进行推理,然后再进行结论的认知判断。证据是摆在面前的"显在"事实,因此其一般不会成为诉讼争议的对象。事理是诉讼之前的日常生活中直接经验或间接学习到的一些规律性知识,其非当下可见且类型多样,所以,在具体运用就是讼争多核心问题。因此,以推断为关键词能够抓住诉讼证明的关键点,从而集中问题分析的焦点。

再次,情理推断在实质上与学理上所说的最佳解释推理、似真推理基本相同,但在称谓上无疑比后两者更佳。除了前者更容易被常识所理解和更符合日常表达习惯之外,还因为:情理推断是一种实质称谓,能够表达推理所依据的基础即常情常理,而其他两者都是一种形式称谓,不能表达推理依据这一重要内容的意涵。

最后,情理推断在实质上与学理上所说的最佳解释推理、似真推理基本相同,但在称谓上无疑比后两者更佳。除了前者更容易被常识所理解和更符合日常表达习惯之外,还因为,情理推断是一种实质称谓,能够表达推理所依据的基础即常情常理,而其他两者都是一种形式称谓,不能表达推理依据这一重要内容的意涵。

(二)客观推断模式的比较法特征

第一,在客观推断模式中,用来建立推理关系的事理是一种"客观事理",不同于情理推断模式所用的常情常理。需要明确的是,诉讼证明中的推理所用的事理,不是哲学上一般所说的不限时空的普遍命题,而是属于金岳霖所说的限于特定时空的普遍命题或普及命题,[①]也就是有学者所说的"普通命题",[②]因此,有些事理可以具有推理上的必然性。所谓客观事理,就是其是一种具有必然性的客观自然事理或规律(知识)。这种客观自然事理能够排除因人的行为选择和感知的主观性而使证据对多个事实构成证明指向的可能性,换言之,它能够使证据事实与特定的待证事实之间建立必然的推理证明关系。比如,根据特定的历史时代照片不可能被篡改的自然规律,从被告人在特定的时间出现在案发现场这一照片的证据事实,可以必然推断出被告人曾经到过案发现场。在诉讼证明中,客观事理的运用分为两种状态:一种是期望实现但还未实现客观推断的证明过程中,客观事理处在潜在被运用的状态,即逻辑上分析其可能会被用到;另一种是已经实现了客观推断的证明,客观事理就

① 关于这种命题的分析,请参见金岳霖:《知识论》(下册),商务印书馆 1983 年版,第 836 - 837、872 页。

② 参见彭漪涟:《事实论》,上海社会科学出版社 1996 年版,第 145 - 150 页。

处在实际被运用的状态。与客观事理不同，常情常理是一种日常生活中常见（而非必见）的自然事理和社会生活事理；因为这种事理只是在过往的同样情景中常见而非必见的某一相同事实而积累的规律性认识，所以不是必然性的事理，而只是或然性的事理。① 比如，在一起盗窃案诉讼中，被告人多次偷窃的事实会使人认为其有偷窃的习惯，因而容易认为其实施了被诉的盗窃行为。诉讼中运用的自然事理，有的具有必然性，有的只具有或然性；其或然性，或是因为自然事理本身就是或然性的，或是因为虽然本身具有必然性但还未被认知和确定。诉讼中运用的社会生活事理，是由社会文化所塑造或个人性情所引导的行为习惯，因为文化对人的规限都是软性的，人始终都具有超越习惯的行为选择性，所以，其始终是或然性的，相应地，其也就只能被用于情理推断模式中。

第二，在相关证据的范围方面，客观推断模式要窄于情理推断模式；在相关证据的形态上，前者局限于静态证据，而后者既有静态证据，也有动态证据。客观推断模式所用的证据，需要证据具有对待证事实能够构成客观推断的潜力或实际能力。与此不同，情理推断中所用的证据不需要具备这种潜力或实际能力。从诉讼证明一般是对过往历史事实的证明来说，证据都是过去事实（之现象）的发生或存在而所留下的一种“痕迹”事实，在此意义上，客观推断模式与情理推断模式的相关证据范围的不同，在本质上就是生成证据的原因性事实范围的不同。从前面对两种模式所用事理类型的分析来看，客观推断模式中的证据与待证事实之间应当是具有可能或实际的客观自然事理关系，那么，其相关证据应是可能或实际为待证事实的存在或发生而生成的“痕迹”事实。在情理推断模式中，除了前述“痕迹”事实是相关证据之外，还包括与待证事实在社会情理上可能或实际构成因果关系的其他事实的存在或发生而生成的“痕迹”事实。在情理推断的具体运用中，一般是首先用前一类证据来进行证明，只有当前一类证据不足以达到证明目的时才会用后一类证据来辅助加强证明的作用，在此意义上，可以将前者称为实质证据，将后者称为辅助

① 值得注意的是，不能将这里所说的常情常理与前述区别于哲学形而上学意义上的常识混为一谈。可以这样说，常情常理是常识意义上的常见的因而是或然性的事理，而常识上的事理既有必然性的客观事理，也有或然性的常情常理。

证据。证明犯罪事实的辅助证据如,引起犯罪行为的动机性事实的"痕迹"证据,以及犯罪行为后的"善后"行为的"痕迹"证据。[①] 在客观推断模式中,所谓的辅助证据只能起到破案线索的作用,即作为寻找实质证据之功用。[②] 比如,在一个杀人案诉讼的犯罪事实(非量刑事实)是否成立的证明中,一个是某人声称目击了犯罪行为,一个是某人声称目击了被告人与被害人案发之前一个月的某天打了一架,如果是客观推断模式,就只有前一个证词可以作为证据使用,而如果是情理推断模式,则两个目击证词都可以成为证据。基于证据能否固定下来转移利用而不改变证据事实的内容,可以将证据区分为静态证据和动态证据,由此来看,实质证据一般是静态证据,而辅助证据则既有静态证据和动态证据。辅助证据中的动态证据主要就是证人的作证表现,之所以这类证据具有动态性,是因为这些证据要使其能够得到自然呈现,要基于法庭的临时性提问而获得,而不能重复获取,而且按常规的书面法庭记录和书面判决,这些证据也是无法重复表现和利用的。正是因为存在这方面的区别,所以,中国制度语境中所理解的证据范围要比其他法治国家局限得多。

第三,在建构推理逻辑的证据关系构造方面,客观推断模式没有情理推断模式多样。两种模式的区别主要是:其一,对于实质证据意义上的"孤证"情形,前者一般不能认定事实,但后者却可以。这是因为,一般情况下,孤证都不能对特定的待证事实构成客观推断的证明。之所以后者可以认定事实,这是因为,一方面,情理推断所要求的证明标准低,往往一个实质证据也可以形成合情的事实确信;另一方面,其实际证据运用多不是"孤证"定案,而是同时借助了许多辅助证据。其二,在依据多个证据综合判断认定事实时,证据的组合也多有区别。比如:(1)前者所依据的多个证据都是实质证据,而后者多是同时有实质证据和辅助证据。典型的情形是,对言词证据的使用,在前者需要其他实质证据尤其是实物性实质证据的印证或佐证才能作为定案证据,而后者却可以结合与作证人的诚实性和作证能力有关的辅助证据来进行认定。(2)认定事实的实质证据仅有言词证据时,前者要求各言词证据要有来源的

① 参见[英]理查德·梅:《刑事证据》,王丽等译,法律出版社2007年版,第5-8页。

② 关于实质证据与辅助证据的详细论述,请参见周洪波:《实质证据与辅助证据》,载《法学研究》2011年第3期。

“独立性”(包括作证人与案件利益的独立性和与其他作证人之间的独立性),而后者则不必有如此要求。之所以有这样的区别,是因为,没有独立性就不可能形成客观推断,而非独立性的言词证据往往也可以产生情理推断的事实确信。(3)前者认定事实是对证据的证明力要进行黑白分明、非此即彼的判断,而后者却可以对证据进行灰色性的、混合的利用。这种区别的原理是,当一方的主张能够得到所提供证据的客观推断证明时,另一方的主张及其证据的证明力就必然是不能成立的,因而裁判时就是完全肯定前者而否定后者;在情理推断模式中,事实确信并不是必然真实的,而是一种灰色性的事实判定,在这种情况下,事实确信的形成往往是支持性证据的正向证明价值和反对性证据的负向证明价值(证明目标是反对对方事实主张,反而是起到了强化对方事实主张的作用,这就是所谓的“搬起石头砸自己的脚”)的累积效果,也就是说,在支持一方事实主张时,不仅是以其所提供的证据作为依据,也利用了对方证据的“瑕疵”。

第四,在心证的类型方面,客观推断模式所用心证的特征是不自由、不具有动态性,不同于情理推断模式的心证常常可以有自由和进行动态调整。客观推断模式的心证不自由的原理是:当对待证事实形成唯一结论的证明时,显然任何人都应当承认结论的真实性,因而不允许个人作出不同的判断;另外,在诉讼证明过程中,哪些事实是实质证据也是由必然性的客观自然事理所决定的,因此,证据是否具有相关性的判断也是没有个人自由心证空间的。其心证不具有动态性是因为,某一待证事实的证明形成必然真实的心证结论时,无论后面再出现多少证据,都不会改变结论,否则,之前的心证结论就不是必然真实的。情理推断模式的心证有一定自由的原理是,因为常情常理的或然性程度不具有数学百分比的明晰性,所以,无论是证据相关性的判断,还是最终的事实确信,其心证都有一定模糊性,因而在一定程度上允许裁判者作出不同于其他人的判断。其心证具有动态性的原理是:一定的证据使裁判者形成合情的事实确信,因为这种确信是或然性真实,所以,当出现一定的新证据时,事实确信又可能产生动摇,然后在有进一步的新证据的情况下,又可能形成事实确信,只要事实确信是一种合情的事实确信,这种确信、动摇,再确信、再动摇的过程在理论上就有可能持续下去。这就是社会认知心理学上所说的或然性认知判断的“锚定—调整”特征。①

（三）准客观推断表象化—情理推断后台化的基本特征

从司法实践来说，中国刑事证明的实践惯习形态呈现为一种准客观推断表象化—情理推断后台化，其称谓所蕴含的基本特征主要是：

其一，基于证据的局限，“结论具有唯一性”这种必然真实的法定证明标准在多数情况下都是难以实现的，但为了有效惩处犯罪，又不得不在没有达到法定证明标准的情况下作出事实认定，因此，情理推断模式的普遍运用就是客观存在的司法现实，然而，因为受到法定证明标准这种合法性话语的规限，情理推断模式又不可能被堂而皇之地运用，所以，一般情况下，公开的事实认定和证据运用就只能按客观推断模式进行叙事，相应地，情理推断模式就处在一种可用而不可说、隐于（自由）心证的“潜伏”状态。在此意义上可以说，中国刑事证明实践的普遍惯习是一种“说一套，做一套”的形态。其典型表现就是：在判决书中，裁判者多是把事实认定的结论表达得很客观，似乎没有任何自由心证的成分，提及的证据多是限于实质证据，但是，仔细分析事实认定结论则多不具有“唯一性”，而是裁判者个人的合情确信；为了使有罪认定看起来是客观推断，所以在判决书中，或多是只提及被采信的控方证据，而不提可能构成合理怀疑的辩方证据，或是虽有提及但也是以不具有相关性、不符合事实的说辞简单粗暴地将其否定掉；对言词证据的采信条件，多是表达为有其他实质证据的印证或佐证，但通过笔者对裁判者的访谈调研，他们大多承认采信言词证据往往借助了作证人的品格、作证表现等辅助证据。

其二，因为对“结论具有唯一性”或常说的“客观真实”“绝对真实”等证明标准的研究一直停留在一种较为空泛、抽象的局面，较为缺乏对证明标准所对应的证明模式特征的精细解读，相应地，对客观推断模式的特征认识就基本上停留在一种常识“直觉”或“感觉”的状态；所以，司法实践中所公开言说的客观推断模式就不是一种标准形态，因而对实践惯习形态的称谓需要在客观

① 参见［美］雷德·海斯蒂、［美］罗宾·道斯：《不确定世界的理性选择——判断与决策心理学》（第2版），谢晓非、李纾等译，人民邮电出版社2013年版，第73－86页。

推断表象化—情理推断后台化之前加一个“准”字进行限定——其意就是,本来不具有正当性的情理推断模式的某些方法偶尔会被公开运用和言说。这表现为两个方面:一方面,被公开言说的辅助证据一般是那种在常识“直觉”上不容易被分辨类型的证据,而明显属于辅助证据的则处于一种用而不说的状态。前者如,犯罪行为的动机行为、准备行为所留下的“痕迹”证据;其之所以不能明显分辨证据类型,既是因为其原因行为与待证的犯罪行为之间在现象上往往是一种“连续体”,也因为这些证据往往也是需要证明的量刑事实的实质证据,因而被悄悄地“一证两用”。后者如,作证人的品格证据、作证表现等;这些证据的类型之所以较好分辨,是因为其明显不能保证待证事实(作证人言词内容所指事实)必然真实。另一方面,一些明显不能够形成客观推断的实质证据情形,不会作出肯定的事实认定。典型的情形是:单一的言词证据,如只有被告人陈述,或只有一个证人的证言;虽有多个言词证据,但不具有独立性,如同一个人在不同时间地点的多次陈述、多个同案犯(所谓的“污点证人”)的证词等。

其三,尽可能地实现事实认定的准确性无疑是办案实务人员的基本心理——因为谁都不愿意随意出错,所以,为了使事实认定结论尽可能准确和具有合理的可接受性,办案人员(不局限于裁判者)一般都会以合情的事实确信作出犯罪事实“认定”。这种模式的裁判结论不是法定的“结论具有唯一性”,但因为是合情的事实确信,所以,也不能简单地说是“疑罪从有”。在未达到法定证明标准的意义上是“疑罪从有”,但从合情的事实确信来说,裁判者在自由心证的意义上是没有怀疑的,因而又不是“疑罪从有”(其他法治国家对“疑罪从无”的理解,也是以合情的事实确信为标准而言)。出于谨慎起见,这种有罪认定往往在量刑上会进行一种“打折”处理,比如,本该判死刑立即执行的实际判处死缓。值得特别指出的是,即便那些事后发现的错案,当初的有罪认定往往也不是办案实务人员简单粗暴的“疑罪从有”作为,而是其个人的内心有了合情的有罪确信,只不过这种有罪确信在客观上是可错的而已。

其四,由于情理推断运用处在一种“潜伏”状态,因而没有办法对其进行合理化的规范,所以其运用具有一定的随意性。典型情形:一是有时事实确信在根本上是基于一般认为证明力较为薄弱的辅助证据,在有了这样的事实确信之后，然后再去“找”（有时不惜使用非法取证的方法）实质证据来“做成”看起来具有客观推断的样子。比如，轰动全国的佘祥林案件最初的有罪判决就是这种情形。当初促成有罪判决的关键因素就是，佘祥林的妻子的家属基于二人的日常生活关系不好的事实而在情理上确信佘祥林因嫌弃妻子而杀人，因而强烈要求公安司法机关将被告人绳之以法，进而促成了佘祥林因受刑讯逼供而作出了有罪供述。[①] 二是有时虽然事实认定看起来符合客观推断的一些形式条件，裁判者按情理推断未形成事实确信，但仍然作出了有罪认定，质言之，是一种疑罪从有的裁判。

（四）刑事证明模式的转型方向

分析至此，自然的结论就是，中国刑事证明的合理化改革取向是情理推断模式的一般公开化/正当化及其规范化。对此，需要说明的是：

第一，中国刑事证明的合理化改革取向，不是以新的模式替代传统模式，而是让已经普遍“潜伏”存在的证明模式“浮出水面”，也就是，一般性地将普遍在后台运用的情理推断模式推到前台来，使其公开化/正当化。所谓一般性地公开化/正当化，就是将情理推断模式作为一种常规的证明模式，而不局限于已有做法将情理推断作为例外性的证明模式。之所以说情理推断模式已经是中国刑事证明的一种例外性模式，是从中国法律上有法律推定的规定来说的——法律推定就是情理推断的法定化，是不同于按一般证明标准认定事实的例外方法。所谓改革取向不是一种模式替代另一种模式，其意还在于客观推断模式的合法性并没有被否定，而只是不对情理推断模式进行常规性的合法性排斥。因为证明标准只是认定事实的最低标准，而实际的事实认定在个别情况下也可能高于证明标准而达到必然真实，因而也会运用到客观推断模式。在其他法治国家也是一样，会同样运用到两种模式。要使情理推断模式成为中国刑事司法的常规证明模式，关键的法律技术就是在证明标准上抛弃“结论具有唯一性”这种说法，按或然真实的意涵来理解“案件事实清楚，证据

---

① 参见顾永忠主编：《中国疑难名案程序与证据问题研究》，北京大学出版社2008年版，第45－81页。

确实、充分”“排除合理怀疑”等法律话语。

第二，情理推断的一般公开化/正当化，不仅是我们不得不接受的法律命运，而且因其在事实认定的准确性方面具有自我强化的机能，所以也有较强的现实合理性和有效性。不确定性，是所有生命形式都必须面对的事实，因此，理性的反应，不是去逃避不确定性，而是在不确定性的情景中做出恰当的行动。① 情理推断模式在中国刑事司法中的普遍运用，正说明了刑事司法也不得不接受不确定性，按或然真实来认定犯罪事实，但其“后台化”的运作也说明我们没有对刑事司法中的不确定性作出恰当的反应。刑事司法中接受不确定性的恰当反应，也不是通过法律推定这种例外的方法。在中国，法律推定是为接受或然真实的裁判结论所开的一个口子，与此不同，其他法治国家的基本意图是将其作为避免裁量权滥用的法律技术。当然，使用法律推定这种立法技术，在接受或然真实及其对应的情理推断的运用的同时，也就否定了裁判者的自由心证权力。情理推断的合理化运用更多的是要依赖于裁判者根据具体的证据情形依自由心证而作出，而不能依赖于法律推定这种有限的例外方法。较长时期以来，中国法律话语层面对或然真实以及相应的情理推断模式的普遍排除，其根本的原因就是担心造成错案。就此而言，我们必须要认识到，情理推断的普遍运用一般具有事实认定准确性方面的自我强化机能——这就是，情理推断本身的结论是或然真实，具有一定的不准确性，但是，裁判推理所依据的常情常理具有规范引导功能，会引导人们在（法律）生活中尽量按常情常理来行事，这样一来，情理推断的事实认定就会有更高的准确性。因此，也不必对情理推断的运用风险过于恐慌。

第三，虽然情理推断的运用对于裁判者的自由心证具有极大的依赖性，但也需要通过一定的证据规则和程序规则对其进行适当的规范。根据社会心理学的研究，不确定性的认识判断会相伴一些普遍性的认知偏差和错误风险。比如，在“锚定—调整”这一认知过程中，容易过早锚定，也容易过早结束调

① 参见[美]丹尼尔·卡尼曼等编：《不确定状况下的判断：启发式和偏差》，方文、吴新利等译，中国人民大学出版社 2013 年版，第 569 页。

整。[①] 这种认知特征,在刑事证明中就是,容易过早地在一些薄弱的证据情形下形成事实确信,事实确信形成后不容易为被新证据所动摇。正是因为存在这些认识偏差和错误风险,所以,对情理推断的运用进行一定的规范是必要的,而不能像边沁所极端主张的那样完全使其成为一种自然的运用。证据规则和程序规则是规范情理推断运用的两种方式,二者的不同是:前者主要表现为证据资格规则和证明力规则,其目的是对认知过程的直接干预,避免正常人都容易犯的一些认知偏差和错误风险,所以其规范功能偏实质化。后者主要是使控辩双方保持平等、裁判者保持中立,其目的是保障裁判者能够以理性和良心来运用自由心证作出公正的事实认定,因为其不直接干预认知过程,所以,其规范功能偏形式化。从情理推断与自由心证的紧密关系来说,其规范引导应该主要倚重于程序规则,而不是证据规则。当然,证据规则和程序规则的建设,在中国都还任重道远。需要强调的是,情理推断的结论在本质上是或然性的,所以,对情理推断的规范,可以减少一些冤假错案的发生,但并不能杜绝其发生。对此,我们不能有不切实际的幻想。

结语:期待刑事证明实践走出迷途

有学者言:“没有什么比一个好的理论更具实用性。”[②]无疑,好的理论是照亮前行道路的光亮。证明模式理论是解说证据法之整体范型的理论,其对于证据法之理解的重要性,就犹如诉讼模式理论对于诉讼法之理解的重要性。因此,好的刑事证明模式理论无疑是刑事证明实践走上正途的一束最重要的亮光。然而,因为至今不能很好地分辨中国刑事证明模式在比较法上的类型独特性,以及这种独特性所产生的制度效应,可以说,我们一直都还没有一个好的证据法学理论。在这种情况下,多年来的理论成果积累常常不是带来学术进步和认知澄明,反而是制造了许多学术混乱和认知迷雾,因此也使刑事证明实践陷入了迷途。

---

① 参见[美]丹尼尔·卡尼曼:《思考,快与慢》,胡晓姣、李爱民、何梦莹译,中信出版社 2012 年版,第 102 页。

② [美]保罗·H. 罗宾逊:《归咎的刑事责任》,王志远、陈琦译,知识产权出版社 2016 年版,第 20 页。

中国刑事证明实践所陷迷途是:在宏观层面,仍然不知改革的基本走向在何方。如前所述,证明标准是决定证明模式的基点,在此意义上,证明标准选择决定着证据法改革的基本面相和走向,在这方面,当下充满着混乱和矛盾。混乱是,有些人认为法定的一般证明标准是必然真实,而有的却认为是或然真实。毫无疑问的是,法定的一般证明标准"结论具有唯一性"意指必然真实,但从司法规律来说,无疑应当对其进行改革,然而,令人忧虑的是,当下却表现出一种矛盾心态,一方面,理论和实务常常强调的是诉讼证据的局限和人的认识能力局限,进而主张降低证明标准;另一方面,在近年来如何防止冤假错案成了普遍高度关切的一个问题,面对于此,又想抓住"结论具有唯一性"这一标准不放。在微观层面,逐渐出现了规则表述上的似是而非和理解的混乱。应该说,在没有对刑事证据规则进行改革之前,中国刑事证据规则虽然粗疏但其内在逻辑基本上是顺畅的,在普遍主张学习和借鉴其他法治国家的证据法及其相关理论之前,我们对自身规则的理解也是基本清晰的。但是,在一知半解的学习、借鉴和改革的过程中,就逐步出现了规则表述的似是而非和理解的混乱,即将匹配于不同证明模式的规则"混搭"在一起、误置可出现于不同证明模式的规则、话语的模式语境意涵。

诚愿这里的研究能够成为照进中国刑事证明实践迷途的一束亮光,而不是制造更多的黑影和迷雾。

印证、最佳解释推理与争议事实证明方法*

——兼与周洪波教授商榷

罗维鹏**

摘　要：情理推断和客观推断不足以区分中外刑事证明模式的差异。所谓的“准客观推断表象化—情理推断后台化”和“情理推断的一般公开化/正当化及其规范化”不宜作为印证的替代理论。“两化”的实质仍是最佳解释推理。最佳解释推理作为争议事实证明的内在机制并不分国界，只是中外在规范层面对最佳解释推理的条件有不同要求。中国的法律最佳解释推理以印证为条件。最佳解释推理对争议事实证明的方法论意义可以通过相应的指控策略、辩护策略和裁判策略实现。

关键词：刑事证明　事实认定　印证　最佳解释推理

《中国刑事印证理论批判》（以下简称《批判》）曾指出，“印证”等术语无法标识我国刑事证明模式的整体特征，期待其他的替代理论。① 经过一番讨论，《中国刑事印证理论的再批判与超越》（以下简称《再批判》）再道：“第二轮的研究仍然没有提出正确的模式理论来标识中国刑事印证模式的比较法特

---

* 本文原载于《法学家》2021 年第 2 期。

** 罗维鹏，西南财经大学法学院讲师。

① 参见周洪波：《中国刑事印证理论批判》，载《法学研究》2015 年第 6 期。

征和指明其应有的转型方向。”①从批判印证的问题意识来看,《再批判》与《批判》一脉相承,探讨“为什么不是印证”以及“不是印证而是什么”两大问题。《再批判》认为中国刑事证明模式在规范层面的常规形态是“准客观推断表象化—情理推断后台化”,在应然层面是“情理推断的一般公开化/正当化及其规范化”(以下简称“两化”理论)。② 这真的是印证的替代理论吗?本文认为,该论断还有商榷的空间。《再批判》似乎误解了其重要论点——印证与最佳解释推理的关系,进而不仅导致“两化”理论不够自洽,反而说明我国刑事证明模式的发展方向应是最佳解释推理。《再批判》引发了本文对印证与最佳解释推理关系的继续思考,在不改变我国刑事证明制度的前提下,探讨最佳解释推理对争议事实证明的方法论意义。

一、“两化”理论的贡献与局限

既然要用准确、易懂的术语描述中国的刑事证明模式,那么称“准客观推理表象化—情理推断后台化”比“印证”更能让人接受,恐怕并不见得。至少从字面上看,“印证”是一个单独的语词,而“准客观推理表象化—情理推断后台化”是一个自造的短语,后者更加拗口。当然,表述只是形式问题,重要的是从本质上审慎考察“两化”理论。

(一)“两化”理论的主要贡献

第一,“准客观推断表象化—情理推断后台化”描述了我国刑事证明模式的内在机制。其一,“准客观推断表象化”显示我国刑事证明模式的客观性一面,有别于“整体主义”。在比较法上,事实认定的原子模式强调事实认定的智力过程可以分解为独立部分,证明力取决于个别存在的单个证据和离散式的系列推论,最终的事实认定由彼此分离的证明力以某种叠加的方式聚合而成。整体模式强调证明力取决于所有输入信息材料之间的相互作用。③ 前者

---

① 周洪波:《中国刑事印证理论的再批判与超越》,载《中外法学》2019 年第 5 期。

② 同上注。

③ 参见[美]米尔吉安·R. 达马斯卡:《比较法视野中的证据制度》,吴宏耀、魏晓娜等译,中国人民公安大学出版社 2006 年版,第 68 – 69 页。

中，法官受意志因素的影响较小，而在后者中受整体思考和各种意志因素的影响较大，有学者故将整体模式视作印证的原型，指出我国应是“亚整体主义证明模式”[①]、类似于“整体主义”。[②] 但是，原子主义模式和整体主义模式只是在特定诉讼环节使用的证据分析方法，而不是与英美法系国家和大陆法系国家一一对应的诉讼证明模式。[③] 换言之，在具体证明问题上，英美法国家和大陆法国家都可以有原子模式或者整体模式，原子模式、整体模式与印证模式不是并列的概念。印证在于描述证据之间、证据与案件事实之间的证明关系与证明状态，印证证明过程中既可能涉及原子模式，也可能涉及整体模式。[④] 又由于我国刑事证明理念受唯物主义认识论影响较深，导致证明逻辑强调客观为真的前提，证明过程倾向于演绎性。这种证明逻辑反映到证据构造上，即排斥法官对证据进行主观判断，追求待证事实可以在证据中自现，而且要求在证据之间相互印证的情况下自现。对此，大体如《再批判》所述，我国刑事证明模式表现为客观推断，追求证明结论的必然真实。[⑤]

其二，“情理推断后台化”描述了我国刑事证明模式的主观性一面，有别于“自由心证”。大陆法系自由心证主义强调事实认定应包含法官的主观确信。[⑥] 英美法系虽然没有自由心证的概念，但在理性主义传统下，主张证据相关性的检验是逻辑性或一般经验性的问题而不是官方规则的问题。[⑦] 例如，《美国联邦证据规则》第401条、第402条原则上规定一切相关的证据具有可采性，具体情况由法官自由裁量，即采纳任何相关证据的自由证明制度。[⑧] 这些国家强调法官在事实认定过程中的选择权，自由心证已成为规范层面的证

① 谢澍：《迈向“整体主义”——我国刑事司法证明模式之转型逻辑》，载《法制与社会发展》2018年第3期。

② 参见牟绿叶：《论非法证据排除规则和印证证明模式的冲突及弥合路径》，载《中外法学》2017年第4期。

③ 参见周洪波：《中国刑事印证理论的再批判与超越》，载《中外法学》2019年第5期。

④ 参见龙宗智：《印证证明新探》，载《法学研究》2017年第2期。

⑤ 参见周洪波：《中国刑事印证理论的再批判与超越》，载《中外法学》2019年第5期。

⑥ 参见［德］克劳思·罗科信：《刑事诉讼法》，吴丽琪译，法律出版社2003年版，第118页。

⑦ 参见［英］威廉·特文宁：《证据理论：边沁与威格摩尔》，吴洪淇、杜国栋译，中国人民大学出版社2015年版，第99页。

⑧ 参见［美］罗纳德·J. 艾伦、［美］理查德·B. 库恩斯、［美］埃莉诺·斯威夫特：《证据法：文本、问题与案例》，张保生等译，高等教育出版社2006年版，第149页。

明模式。在我国,虽然刑事诉讼法及司法解释规定了认定案件事实应当结合全案证据综合判断,推理应当符合逻辑和经验,但并不意味我国在规范层面确立了自由心证制度。我国证据规则没有像德国、日本、法国等大陆法系国家那样明确规定自由心证,反而对不同证据的证明力作了区分,还有意将法官内心确信的标准法定化,形成以印证为标志的“新法定证据主义”。[①] 所以,只能说我国刑事证明模式大体属于自由心证,而在运用印证的多数情况下,法官心证的空间并不充分,其反而会因积极心证承担较大的责任风险和心理压力。当然,我国法官也不全是法律的自动售货机,有时也将情理作为裁判的根据,只不过将情理作为裁判根据时一般是非公开的,处在可用而不可说的“潜伏”状态。[②] 我国法官的自由心证与其他国家那种明面上的自由心证区别明显,自由心证在我国是一种后台化的情理推断。

其三,准“客观推断表象化”和“情理推断后台化”描绘了我国不同刑事案件事实认定过程的现实图景。首先,在证据充分或者直接证据之间的客观推断,这是印证的主要场域。其次,在证据不够充分或者间接证据之间的“客观推断表象化—情理推断后台化”,这是我国刑事证明标准中主(排除合理怀疑)、客(证据确实、充分)观要素关系的写照,但起作用的仍是印证。最后,“准”客观推断表象化—情理推断后台化是异化了的事实认定模式,导致表面的客观推断容易被利用为后台情理推断的包装工具,先得出情理推断结论再反向寻找证据,造成虚假印证,导致冤假错案。[③] 正如“张氏叔侄”案,“当客观化的印证标准与主观心证相互冲突的时候,事实认定者为了自身的职业安全会更倾向于相信印证的事实,从而去获得一种‘虚假’的确定性”[④]。

第二,“情理推断的一般正当化/公开化及其规范化”指出我国刑事证明模式转型的方向。自《批判》以来,学界为消除印证的机械性做了很多努力,旨在印证的过程中加强心证功能。[⑤] 如有学者认为:“将印证方法从印证模式

① 参见陈瑞华:《以限制证据证明力为核心的新法定证据主义》,载《法学研究》2012 年第 6 期。

② 参见周洪波:《中国刑事印证理论的再批判与超越》,载《中外法学》2019 年第 5 期。

③ 参见左卫民:《“印证”证明模式反思与重塑:基于中国刑事错案的反思》,载《中国法学》2016 年第 1 期。

④ 吴洪淇:《印证的功能扩张与理论解析》,载《当代法学》2018 年第 3 期。

⑤ 参见龙宗智:《刑事印证证明新探》,载《法学研究》2017 年第 2 期。

的规范限制中解放出来还原回其证明方法的价值中立，通过融合心证，将印证的外部性和自由心证的内省性进行结合，形成更能兼顾内省的证明。”[①]有学者认为，“进一步协调印证与心证的关系，为心证留下足够的空间，让法官敢于坚持心证”[②]。也有学者认为，应当引入多元“求真”即自由心证来弥补特殊证据构造下印证规则的“失灵”。[③] 还有学者建议在立法上“基于主观性的立场，以排除合理怀疑置换案件事实清楚、证据确实充分，明确排除合理怀疑作为证明标准的正式地位”[④]。为了提高法官的证据分析能力，确实可以考虑在制度上将排除合理怀疑明确作为证明标准。不过，重申排除合理怀疑只是手段，根本目的还在于将实践中潜伏的情理推断推向表面，使其变得可言说，提倡法官认定案件事实时应关注经验法则的运用，通过规则的方式引导法官运用间接证据进行符合逻辑和经验的证据推理。

（二）“两化”理论的逻辑矛盾

从一些矛盾的论述中我们不能有效得出“两化”就是替代理论的结论。按照《再批判》的思路，其矛盾如下：

第一，“情理推断公开化/正当化”是替代理论，又不是替代理论。从《批判》到《再批判》，主线是为中国刑事证明模式寻找更准确的标识即替代理论，但从完成情况来看，该构想未能实现。《再批判》承认“中国刑事证明的合理化改革取向，不是以新的模式替代传统模式，而是让已经普遍‘潜伏’存在的证明模式‘浮出水面’，也就是，一般性地将普遍在后台运用的情理推断模式推到前台来，使其公开化/正当化”[⑤]。那岂不是提出了一个不是替代理论的“替代理论”？所谓的“情理推断公开化/正当化”本意还是强调法官在认定案件事实过程中应当发挥心证的作用，法律应当为法官根据证据自主地进行推断和认定事实提供制度支持。通俗地讲，仍然是将心证与客观推断（印证）

---

① 胡铭、邱士辉：《司法证明中的印证规则与事实认知》，载《浙江学刊》2018 年第 3 期。

② 吴洪淇：《印证的功能扩张与理论解析》，载《当代法学》2018 年第 3 期。

③ 参见向燕：《性侵未成年人案件证明疑难问题研究——兼论我国刑事证明模式从印证到多元“求真”的制度转型》，载《法学家》2019 年第 4 期。

④ 杨波：《我国刑事证明标准印证化之批判》，载《法学》2017 年第 8 期。

⑤ 周洪波：《中国刑事印证理论的再批判与超越》，载《中外法学》2019 年第 5 期。

融合。

第二，情理推断规范化是规范目标，却没有规范空间。这是“两化”理论最大的问题。笔者曾论述：“最佳解释推理在本质上，既是法官内心确信的产生机制，也是合理怀疑的排除机制，可以解决印证模式的呆板和机械等缺陷，有助于我们更加清晰地认识和把握刑事证明的规律。”[①]周洪波教授质疑道：“在没有改变证明标准的情况下，引入最佳解释推理是没有制度空间的。”[②]在他看来，有制度空间的只有“情理推断的一般正当化/公开化及其规范化”。然而，综观《再批判》，不仅没有支持这一结论，反而出现一个自相矛盾的论证：“引入最佳解释推理是没有制度空间的”，“情理推断在实质上与学理所说的最佳解释推理、似真推理基本相同”。[③] 既然“情理推断”与“最佳解释推理”基本相同，那么引入情理推断岂不也就没有制度空间，又何以论说我国刑事证明模式的转型方向应是“情理推断规范化”呢？

（三）“两化”理论的认识误区

分析可知，“两化”理论基于两个前提：一是司法证明获得必然性结论是可能的；二是司法证明中的或然性结论是需要的。本文赞同以上前提，但认为由其得到的具体论断有待商榷。

第一，误将情理推断理解为独立的证明模式。《再批判》以客观事理和情理作为区别点，指出域外法治国家形成以常情、常理为根据，结论具有或然性的情理推断模式，而我国是以客观事理为根据，追求结论唯一性的客观推断模式。其实不然，一方面，情理推断没有区分中外证明模式的比较法特征。中外刑事证明模式只是表现为客观推断和情理推断，但法官通过证据认定案件事实的过程的本质都是溯因推理。根据因果关系可能性法则的溯因，即情理推断，而根据因果关系必然性法则的溯因，即客观推断。无论情理推断还是客观推断都不改变其逻辑性质，结论都是似真的，不分国界。只不过，国内外对溯因推理中前提和结论的确定性的接受程度不同，但不能因此将事实认定的似

① 罗维鹏：《印证与最佳解释推理——刑事证明模式的多元发展》，载《法学家》2017 年第 5 期。
② 周洪波：《中国刑事印证理论的再批判与超越》，载《中外法学》2019 年第 5 期。
③ 参见周洪波：《中国刑事印证理论的再批判与超越》，载《中外法学》2019 年第 5 期。

真性在我国就理解为演绎性。比如,即使根据清晰拍到被告人作案过程的监控录像认定事实,内在逻辑上仍是溯因。另一方面,情理推断没有与最佳解释推理区分的认识论特征。因为,情理推断就是最佳解释推理。首先,情理推断是根据或然性前提的推理,在具体运用中与最佳解释推理的功能相同。[①] 其次,在学术史上,情理推断没有超出溯因推理的范围,溯因推理是最佳解释推理的前身,最佳解释推理是溯因推理的进一步发展,两者一致。[②] 况且,《再批判》也承认其所谓的情理推断就是最佳解释推理,只是称谓不同。

第二,误将最佳解释推理理解为改造印证的理论。《再批判》与其他一些学者一样,误以为最佳解释推理和印证之间是替代关系。例如,《再批判》将最佳解释推理界定为印证的“改造论”。[③] 还有学者指出:“最佳解释推理理论随之进入我们的研究视野,成为部分学者所主张的用于替代印证证明模式的理论。”[④]但事实上,笔者原文只字未提“替代”和“改造”,反而说明印证与最佳解释具有相容性。显然,此类论断犯了稻草人谬误。实际上,最佳解释推理通过比较竞争性假说对证据的解释力,最终选择被证据最有力支持的假说作为结论,该过程符合人类一般的事实发现逻辑和司法证明实践。例如,控辩双方的主张本质上属于对证据的竞争性解释,法官的任务就是选择一个可信度较高的解释,该解释经法定程序认定为最佳解释后,即案件事实。

(四)“两化”理论的未尽之处

《再批判》最终指出情理推断需要一定的证据规则和程序规则加以规范,但对需要的证据规则和程序规则究竟是什么,却仅以“使控辩双方保持平等、裁判者保持中立”一笔带过。[⑤] “两化”理论没有对我们期待的如何通过情理推断完善印证模式作出回答。当然,答案也并不能从“两化”理论及相似研究

---

① 参见[美]G. 波利亚:《数学与猜想——合情推理模式》,李志尧等译,科学出版社 2001 年版,第 34 - 39 页。

② 参见王航赞:《溯因推理与最佳说明的推理》,载《哲学动态》2013 年第 5 期。

③ 参见周洪波:《中国刑事印证理论的再批判与超越》,载《中外法学》2019 年第 5 期。

④ 向燕:《论司法证明中的最佳解释推理》,载《法制与社会发展》2019 年第 5 期。该文引注 43 误读了笔者关于印证与最佳解释推理关系的观点。

⑤ 参见周洪波:《中国刑事印证理论的再批判与超越》,载《中外法学》2019 年第 5 期。

中得出。如何完善印证模式这一话题，除非在规范层面彻底改变相关的诉讼制度，否则所谓的转变诉讼真实观、加强辩方阅卷权、会见权、调查取证权的保障、完善法庭举证质证方式、贯彻直接言词原则、落实裁判说理制度等建议都只能泛泛而谈或者系长远之计。此外，情理推断是否有必要规范化还成问题。本文赞同《再批判》关于应在司法证明中加强情理推断的观点，但认为时下不是必然要加紧制度建设，而应首先说明情理推断（最佳解释推理）如何在证明过程中发挥作用，否则在没有厘清情理推断与印证的关系的情况下就进行规范建构是盲目的。

二、印证与最佳解释推理的深层关系澄清

将最佳解释推理引入司法证明的正当性已被国内外不少学者接受。① 问题是，在印证占主导的现实情况下如何发挥最佳解释推理的作用？

（一）最佳解释推理：争议事实证明的内在机制

在争议事实的证明中，法官通过分析不同证据来推理案件事实，法律没有设置先验的免证事实，因果关系也不发生必然作用。这与科学发现一样，都是运用证据为人们理解世界建立一种解释。② 将争议事实证明的内在机制界定为寻求最佳解释的推理，理由如下：

第一，最佳解释推理是不确定状况下一般的认知规律。最佳解释推理是决定对证据而言什么样的解释可以合理确信并相信为真的说明性推理。③“人们在推断已知假说为真时遵从了一个前提：该假说比其它假说更好地给

---

① 参见张保生：《事实、证据与事实认定》，载《中国社会科学》2017 年第 8 期。See Michael S. Pardo, Ronald J. Allen, *Juridical Proof and The Best Explanation*, Law and Philosophy, Vol. 27:3, p. 233 – 242(2008); Floris Bex, Douglas Walton, *Burdens and Standards of Proof for Inference to The Best Explanation: Three Cases Studies*, Law, Probability and Risk, Vol. 11, p. 125 – 131(2012); Kola Abimbola, *Abductive Reasoning in Law: Taxonomy and Inference to The Best Explanation*, Cardozo Law Review, Vol. 22, p. 1686(2001); Nancy Pennington, Reid Hastie, *Reasoning in Explanation – Based Decision*, Cognition, Vol. 49, p. 125 – 130(1993).

② 参见［墨］阿托卡·阿丽色达：《溯因推理：从逻辑探究发现与解释》，魏屹东、宋禄华译，科学出版社 2016 年版，第 21 页。

③ 参见王航赞：《溯因推理与最佳说明的推理》，载《哲学动态》2013 年第 5 期。

证据提供了'最佳'解释"[①]。彼得·利普顿指出,基于我们的资料和背景信念,我们推出的某种为真的东西,为我们的资料提供了竞争性解释中的最佳解释。[②] 在形式结构上,最佳解释推理(IBE)的表达式如下:

IBE:C 为资料之和(事实、观察到的现象、给定的情形);

A 为 C 之说明(如选择 A 就可说明 C);

其他假说均不能像 A 那么好地说明 C;

所以,A 为真。[③]

假设我们看到一个人的手在碰到炉子之后迅速缩回,又看到他的手受伤了,我们会得到"疼痛"这个事实判断,但即使我们正确,"疼痛"对我们而言也只是推断。但为什么我们都会相信它?就是因为,"疼痛"是对上述证据的最佳解释。[④] 最佳解释推理从"看上去为真"的前提出发得出似真结论,也称为"似真推理"或者"合情推理"。

最佳解释推理包含三个关键操作:一是提出假说。以"雪地里的脚印"为例,人们的认知模式分为"推理优先"和"说明优先",当我们看到雪地里的脚印便自然得到"因为有人来过"的信念时就是推理优先。这是最简单、最基本的认知模式,"因为"一词引导的具体信念取决于先前的信念库,如"雪地里的印迹是有人来过留下的",所以结论的可靠性取决于具体信念与信念库的符合度。缺点是我们难以保证一开始从信息库中选择的信念为真,而且严重低估了说明上的考虑在推理中的作用。在"说明优先"情况下,首先得到的不是结论,而是"可能"引导的各种对现象的假说,如"可能有人来过""可能有猴子穿着人的鞋走过""可能有环境艺术家刻意所为"等。如果假说为真,现象便

---

① Gilbert H. Harman, *The Inference to the Best Explanation*, The Philosophical Review, Vol. 74:1, p. 89(1965).

② See Peter Lipton, *Inference to the Best Explanation*, London: Routledge Press, 2004, p. 57.

③ 参见王航赞:《寻求最佳说明的推理——访彼得·里普顿教授》,载《哲学动态》2006 年第 11 期。

④ See Gilbert H. Harman, *The Inference to the Best Explanation*, The Philosophical Review, Vol. 74:1, p. 93(1965).

得到解释,如果该解释可以被接受,也就实现了假说向结论的过渡。[①] 因此,最佳解释推理的首要工作是提出各种潜在假说,推理活动在假说达到一定数量时开始。

二是挖掘中间引理。人们的推理活动往往建立在一个"中间引理(Lemmas)"之上,中间引理有助于判断什么样的假说可用于最佳解释推理。[②] 在"疼痛"的例子中,中间引理即"人会在突然疼痛的状态下缩手",它反过来为我们为什么相信"疼痛"是最佳解释提供了根据。哈曼等学者没有明确定义"中间引理"。本文认为,中间引理指的是在推理中联结前提与结论的隐含条件,也就是斯蒂芬·图尔敏在建构论证模型时提出的"理据"概念,[③]包括科学命题和常识命题,法律人称之"经验法则"。中间引理是推理中容易被省略的具有高度盖然性的大前提,不少学者都忽视了中间引理的作用,误以为最佳解释推理只包含"确定假说"和"选择假说"两个步骤,从而指责最佳解释推理过于主观。相反,离开中间引理的限制,潜在假说将是无条件的,只有在中间引理的作用下,我们才能评价潜在假说的可靠性,一个假说才能被真正纳入推理中竞争性假说的范围内。在"盗窃 iPhoneX"的例子中,面对现象(证据):"家中发现被盗的 iPhoneX"、"被告人急需一笔钱还债"和"证人称被告人问他是否需要 iPhoneX",有的学者只看到"确定潜在假说"和"选择最佳假说"两个步骤。[④] 其实还有一个思维步骤:挖掘支撑假说"被告人实施了盗窃"的中间引理,在本案就是"一个人在急需用钱又没有其它办法的时候很可能去盗窃"。中间引理的似真性没有否定最佳解释推理的可靠性,因为最佳解释推理作为一种似真推理,虽然既不是演绎有效的也不是强归纳的,但如果前提的似真性够强,在结构上也是成立的。[⑤]

---

① 参见罗维鹏:《归纳推理的说明论辩护——读彼得·利普顿的〈最佳说明的推理〉》,载《哲学分析》2017 年第 3 期。

② See Gilbert H. Harman, *The Inference to the Best Explanation*, The Philosophical Review, Vol. 74:1, p. 91(1965).

③ See Stephen E. Toulmin, *The Uses of Argument*, Cambridge University Press, 2003, p. 91 – 93.

④ 参见向燕:《论司法证明中的最佳解释推理》,载《法制与社会发展》2019 年第 5 期。

⑤ See Douglas N. Walton, *Legal Argumentation and Evidence*, Pennsylvania State University Press, 2002, p. 207.

三是选择最佳解释。首先,何为“最佳”? 这一问题颇有争议。利普顿认为“最佳的”不等于“最可能的(likeliest)”,而是“最可爱的(loveliest)”,我们可以通过“最可爱的”概念来判断“最可能”。[①] 然而“最可爱的”标准仍然抽象。现实中,我们无法也没有必要预设一个绝对标准,况且最佳解释推理本就是可废止的。[②] 出于推理实践的考虑,可以将“最佳的”理解为表达似真假说的“可接受度”,以表明“在某种程度上看起来为真且导致了我们的认同”。我们以“最佳的”陈述的命题为前提进行推论,然后暂时认同所得结论,直到有理由怀疑该结论并不似真。[③] 从“可接受性”角度评价“最佳”的关键在于前提的似真性和中间引理的似真性,前者由现象本身、认识者的素质和认知环境决定,后者由其为一般人所接受的普遍程度决定,可以通过出现反例的频率加强和削弱。其次,如何“选择”? 在利普顿看来,选择最佳解释的方法就是回答“为什么是 A 引起了现象 C,而不是 B”[④]。换言之,在最佳解释推理语境下,“选择”是指确定 A 假说比 B 假说更值得接受的理由,蕴含“论辩—说服”的对话结构:先由对现象提出假说的一方提供理由说明该假说似然为真,反对方不仅要提出有根据的其他竞争性假说,还要就为什么不是之前的假说提供理由;如此循环,直到一方提不出充分理由而不得不接受对方的假说。

第二,争议事实证明是典型的不确定性认知。一切有关证据的法律观点在最终裁判之前都只是对证据的解释,正因为各方对证据有不同的解释,才会产生事实争议。况且,即使是裁判认定的事实,也难说是真理意义的绝对真实。因此,争议事实的证明过程也就是法官评价和选择最佳解释的过程。逻辑学家道格拉斯·沃尔顿指出:“似真推理应该作为法律证据中最常用、最重

① See Peter Lipton, “*Replies*”, Philosophy and Phenomenological Research, Vol. 74:2, p. 459 (2007).

② 参见魏斌:《似真性、概然性与似真推理》,载《自然辩证法研究》2018 年第 11 期。

③ See Douglas N. Walton, *Legal Argumentation and Evidence*, Pennsylvania State University Press, 2002, p. 220.

④ Peter Lipton, *Inference to the Best Explanation*, Routledge Press, 2004, p. 33 – 36.

要的推理类型。”[①]数学家波利亚也指出：“律师的案情论证属于合情推理。”[②]“我们对证人证言的相信，正是基于它是对该证言的最合理解释。如果我们认为他的证言还有其它可能的解释，我们就会失去信任。”[③]实践表明，法官拿到案卷后，首先是了解控辩双方的主张，再去审查证据，之后开庭调查核实，最后作出裁判。就是说，首先由有提出竞争性解释义务的一方对证据提出潜在假说，之后基于竞争性解释蕴含的背景信息进行相应的推理，最后由法官选择其认为的对证据的最佳解释，如是否有理由接受辩方对证据的解释为合理的解释，或者是否可以认定控方对证据的解释仅仅是合理解释中的一个。如果解释都不够充分，法官将对承担证明责任的一方作出不利评价。[④]

第三，最佳解释推理符合我国刑事证明模式完善的方向。从我国刑事证明领域发生的几次重要学术讨论来看，“客观真实与法律真实”、“证据属性之争”和“刑事印证证明的批判与辩护”都与如何界定通过证据认定案件事实过程的性质有关，目前真理论、概率论已不再能满足需求。以 2012 年《刑事诉讼法》将排除合理怀疑纳入证明标准为标志，学界认识到主观判断在事实认定中的重要性，“客观真实”不过是法官可以接受的“内心确信的真实”。完善我国刑事证明模式的关键是加强心证，在证据思维中发挥经验法则的作用，结合推论、联想、直觉等逻辑与非逻辑的方法综合认定事实。[⑤] 例如，摆脱过度客观化的重罪案件证据裁判，在证明过程中建立说服机制，控辩双方可以为彼此对抗的事实主张构建“合理故事”，法官需要在两套充满矛盾甚至截然相反的事实主张中辨别出“最佳解释”。[⑥] 允许在多种印证指向的待证事实之间展

---

① Douglas N. Walton, *Legal Argumentation and Evidence*, Pennsylvania State University Press, 2002, p. 212.

② [美]G. 波利亚：《数学与猜想——数学中的归纳和类比》，李心灿等译，科学出版社 2001 年版，第 4 页。

③ Gilbert H. Harman, *The Inference to the Best Explanation*, The Philosophical Review, Vol. 74:1, p. 89(1965).

④ See Michael S. Pardo, Ronald J. Allen, *Juridical Proof and The Best Explanation*, Law and Philosophy, Vol. 27:3, p. 238(2008).

⑤ 参见龙宗智：《刑事印证证明新探》，载《法学研究》2017 年第 2 期。

⑥ 参见左卫民：《反思过度客观化的重罪案件证据裁判》，载《法律科学(西北政法大学学报)》2019 年第 1 期。

开竞争,法官纵观俯察,深思究竟哪一方能够影响自己,或者法官突破控辩双方的印证,生发出自己的印证版本。[①]《再批判》主张的"情理推断的一般公开化/正当化及其规范化"与此观点一致。

(二)印证:争议事实证明的技术工具

证据之间相互印证可以将内在的事实认定机制技术化。"印证证明模式要求事实裁判者在审查认定证据和案件事实时,持极为谨慎的态度,禁止在无其他证据印证的情况下,对孤立的证据草率加以认定采用,盲目认定事实,这体现了程序理性的要求,有利于防止错案。"[②]因为,印证对证据数量和证据质量均有要求。在数量方面,如《刑事诉讼法》第 55 条规定:"……只有被告人供述,没有其它证据的,不能认定被告人有罪和处以刑罚。"印证要求至少有两个所含信息具有同一性的独立证据,孤证一般不能认定事实。在以一定证据数量为保证的情况下,"证据与证据之间能够彼此印证,产生的证明价值要大于两个证据作为个体本身的证明力之和"[③]。在质量方面,印证既是对单个证据证明力的评价方法,也是对证据体系的综合评价方法。例如,《人民法院办理刑事案件第一审普通程序法庭调查规程(试行)》第 45 条规定:"对于经过控辩双方质证的证据,法庭应当结合控辩双方质证意见,从证据与待证事实的关联程度、证据之间的印证联系、证据自身的真实性程度等方面,综合判断证据能否作为定案的根据。"

第一,印证为证明提供根据。不要求任何印证而完全依靠内心确信的司法裁判是不可靠的,也是不现实的。现阶段我国未建立传闻证据规则,不禁止证人的庭前证言和书面证言,那么如果证人证言相互矛盾,法官该如何采信?理论上,证言虽然相互矛盾但也都是对证据的潜在假说,在不考虑其提出背景的情况下,这样的潜在假说可以有任意多,那么就不可能确定"最佳的"。法官也不愿在这种情况下裁判,完全的自由心证在客观上会增加法官承担司法

① 参见胡铭、邱士辉:《司法证明中的印证规则与事实认知》,载《浙江学刊》2018 年第 3 期。

② 李勇:《坚守印证证明模式》,载《检察日报》2015 年 7 月 9 日,第 3 版。

③ 吴洪淇:《印证的功能扩张与理论解析》,载《当代法学》2018 年第 3 期。

责任的风险，反而是带有“新法定证据主义”的印证模式对实践有积极意义。[①] 况且，没有实证研究证明印证是错判的根源。

第二，印证降低错判风险。印证以概率叠列为逻辑基础，即两个或多个大概率事件同时发生是一个小概率事件。例如，证据 A 是在一根在尸体旁发现的头发，证据 B 是尸体上的被告人血迹。仅从证据 A 或者证据 B 并不能证明被害人系被告人所杀，因为不能排除头发和血迹只是偶然存在。若综合证据 A 和证据 B，将不能再简单地说“尸体旁既有被告人头发又有被告人血迹”也是偶然。[②] 印证以证伪的方式在该例中发挥排除合理怀疑的功能。任何单个证据都可能有多种解释或者纯属偶然，但不同证据同时指向同一命题时，“同时出现”就不太可能是偶然，那么该待证命题具有高度似真性。印证的证伪作用对证据分析的实践价值更大，由此产生的内心确信也更加准确。

第三，印证加强事后监督的操作性。通过证据认定案件事实的过程属于可废止推理，关键在于指出并纠正之前事实认定的错误。现实地讲，印证是行之有效的方法和标准，使已决事实的事后评价成为可能及可操作化。印证评价的不是法官当时在“想什么”而是当时的证据“有什么”以及增加新证据是否能推翻之前的印证体系。如此一来，除法官自由心证的部分之外，印证使对证明的外部评价更有针对性。

（三）争议事实的最佳解释推理以印证为条件

在自由心证体系下，“法律最佳解释推理”（LIBE）的基本结构可以表达如下：

LIBE：E 为证据（没有伪造或非法取得）；

$H, \cdots, H_n$ 是对 E 的解释（就 E 所提的不同诉讼主张）；

在诉讼期间没有其他解释能比 H 更好地解释 E；

所以，H（可接受）为真。

仍以“盗窃案”为例，2001 年 10 月 27 日凌晨，犯罪分子翻墙进入 602 号

① 参见陈瑞华：《以限制证据证明力为核心的新法定证据主义》，载《法学研究》2012 年第 6 期。

② 参见栗峥：《印证的证明原理与理论塑造》，载《中国法学》2019 年第 1 期。

房间，盗走2000元现金和手机一部。失主报案后，公安机关在现场勘查时从602号房间窗台上提取指纹一枚。当时未能破案。但在2002年3月28日凌晨，犯罪嫌疑人冯某翻窗进入该宾馆608房间时被该房旅客当场抓获，送公安机关处理。经审讯，冯某供认翻窗进入608号房的目的是行窃。冯某被抓获后，经公安机关鉴定，2001年10月27日602号房盗窃案窗台指纹系冯某所留，并查实冯某于2001年10月26日晚入住该宾馆601号房。但冯某拒不供认2001年10月27日凌晨盗窃过602号房间，未查获赃物也未发现其销赃情况。当时的主要证据有：E_1“留在窗台上的嫌疑人的指印，且指纹方向是从外向内符合入室盗窃特征”；E_2“602号房被盗当晚冯某入住与602相邻的601号房的证明”；E_3“冯某于2002年3月28日翻窗进入608号房间行窃，其作案手段与2001年10月27日盗窃手段一致”。当时有学者指出该案证据的印证性不足，在我国不能定罪；而在典型的自由心证的国家，基于经验法则和内心确信，该案具备定罪的可能性。①

从表面证据看，E_1、E_2为间接证据，E_3为品格证据，均不能单独认定602房盗窃系冯某所为。值得说明的是，这是从逻辑证明的角度判断不能认定冯某实施盗窃，不存在法域差异，因为三个证据均不能演绎有效地得出“一定为真”的结论。所谓在自由心证体制下可以认定冯某盗窃，则是从法律证明的角度得到“相信为真”的似真结论。似真推理过程是：针对证据E（E是E_1、E_2、E_3组成的体系）有H_1、H_2、H_3对E作了不同解释（如H_1“冯某以相同的手段盗窃了602号房”；H_2“2001年10月26日晚冯某住601号房只是踩点，指纹系那时所留”；H_3“2001年10月26日晚冯某只是恰巧住601号房，指纹系无意摸到窗户所留”），在诉讼期间没有其他解释能比H_1更好地解释E，所以逻辑上似然为真的H_1在法律上可以接受为事实。

LIBE在我国面临的特殊问题是，法官一般不会直接比较每个解释的好坏，而会提出一个新问题：“如果选择某一解释，是否有证据可以印证它？”因此，我国刑事证明制度和司法习惯限定了潜在证据解释的范围，比如法官要调查是否存在602号房盗窃也系冯某所为的其他证据。例如，增加新证据E_4

① 参见龙宗智：《印证与自由心证——我国刑事诉讼证明模式》，载《法学研究》2004年第2期。

(口供)"冯某承认自己在 2001 年 10 月 27 日凌晨翻入 602 房"和新证据 E_5(物证)"冯某住处查获的被盗手机"。证据 E_4、E_5 为原证据体系 E 提供了印证,进而认定 H_1 成立。

因此,印证与最佳解释推理的深层次关系,即争议事实的证明符合最佳解释推理机制,在寻求最佳解释的过程中,假说和结论的可靠性必须以外部证据的印证性为支撑,具有印证支持的假说才能作为最佳解释推理中使用的竞争性假说,被认定为最佳解释的假说同样应是有印证支持的假说。

印证的具体功能就是在不同证据之间搭建融贯关系和符合关系,帮助法官判断证据的价值。印证规则的不同表达式如下:①

C_1(多证据融贯关系):E,…,E_n 是指向同一 H 的不同证据;
E,…,E_n 所含的信息互不冲突、不排斥;
E,…,E_n 为真(没有伪造或非法取得);
所以,H(可接受)为真。

C_2(单证据符合关系):E 是待审查的证据(多为言词证据);
E_1,…,E_n 是与 E 指向同一 H 的其他证据;
E 描述的细节与 E,…,E_n 一致,E、E_1,…,En 为真;
所以,H(可接受)为真。

印证规则已被法律及司法解释确立,成为保障法官准确认定争议事实的重要司法技术。但本质上,以 C_1、C_2 为逻辑基础的印证只是最佳解释推理的一部分。在争议事实的最佳解释推理中,印证规则限定了潜在假说的范围,只有符合印证条件的假说才允许被比较。这是我国法律对实践中潜在使用的最佳解释推理所作的规制,使法官内在的心理活动可被评价。融合印证与最佳解释推理,中国的法律最佳解释推理(CLIBE)可结构化为以下形式:

CLIBE:E 为证据(没有伪造或非法取得的单个证据或证据体系);
基于 C_1、C_2 的 H,…,H_n 是对 E 的解释;

① 参见罗维鹏:《印证与最佳解释推理——刑事证明模式的多元发展》,载《法学家》2017 年第 5 期。

在诉讼期间没有其他解释能比 H 更好地解释 E；

所以，H(可接受)为真。

CLIBE 与 LIBE 的区别在于，我国刑事证明体系对潜在假说也提出了似真要求和证据要求，使得我国刑事证明模式与典型的自由心证模式明显不同，似是自由心证的"亚类型"。CLIBE 更能描述我国刑事证明的内在逻辑，并且能与经典的最佳解释推理形式(IBE)和一般的法律最佳解释推理(LIBE)有所区分。

一方面，诉讼中的潜在假说不是任意的，而应具备形式要素和内容要素。凡是根据 C_1、C_2所得的假说即在形式上符合证明要求。内容要素取决于实体法规定，如果实体法规定了引起法律责任的具体行为方式，那么证据解释就应与该行为特征有关，而且应优于与该行为无关的其他解释。例如，针对诽谤罪的控诉，控方为证明"被告人有恶意"，不仅要就证据提出能够说明"被告人有恶意"的解释，还要说明相比于不包含"被告人有恶意"的解释，它是清晰可信的解释。[①]

另一方面，"在诉讼期间没有其他解释能比 H 更好地解释 E"是产生内心确信的真正环节。一些学者误以为我国刑事证明没有心证空间，就是因为没能准确界定和描述法官心证作用的场域，误以为自由心证发生在 CLIBE 的第二步。但实际上，心证在 CLIBE 的第三步发挥锚定作用，法官认定事实需要以控辩双方对证据的陈述为基础，必须相信其中一些陈述，否则永远无法认定事实，所以法官在决定相信谁和怀疑谁时，先要评估控方提出的案件叙事是否合理，之后考虑这种叙事是否可借由证据锚定在某些常识信念上，即在大多数情况下人们普遍认为这些信念是正确的。[②] 所谓的"锚定"，是指分析一个假说为什么比另一个假说更好。例如，一家餐厅经理在后半夜回家，当他离开汽车去开车库门的时候被两个蒙面人拦住并抢劫。警察在现场发现一块深灰色的布片，这块布片或许是蒙面人用来蒙面的。之后警察讯问附近村子的几个

---

① See Michael S. Pardo, Ronald J. Allen, *Juridical Proof and The Best Explanation*, Law and Philosophy, Vol. 27:3, p. 240(2008).

② 参见[荷]威廉·A. 瓦格纳、[荷]彼得·J. 范科本、[荷]汉斯·F. M. 克罗伯格:《锚定叙事理论——刑事证据心理学》，卢俐利译，中国政法大学出版社 2019 年版，第 9－13 页。

人，发现其中有一个人有一件大衣，大衣里面有一个洞，洞的大小与之前布块的大小和布料完全吻合，随即有大衣的人被列为嫌疑人。假设本案不存在伪造证据的情况，对于证据“现场的布料”和“有洞的大衣”，可以产生一个解释H：“有大衣的人参与抢劫”。H的可靠性可以根据C_1、C_2评价，但如何说它比其他解释更好，则还需嵌套一个评价“最佳解释”的推理：其一，“如果H为真，‘现场的布料’和‘有洞的大衣’是很容易理解的”。因为我们可以想象一个急需面具而手头没有合适布料的人会从他的大衣上割下一块布来用，而后在仓皇逃走时丢失了面具。所以，有理由相信H。否则，如果这个人没有打算实施非法活动，为什么会从自己的大衣上割下一大块布？这块布为什么又恰巧出现在犯罪现场呢？所以其二：“如果H非真，‘现场的布料’和‘有洞的大衣’是很令人费解的”。最后，如果假说H为真，证据E是很容易理解的；如果H非真，根据其他假说，证据E就显得很费解。法官选择H为“最佳解释”的推理过程如下：①

选择规则X：带有H的E很可信；
没有H的E几乎不可信；
<u>E为真（没有伪造或者非法取得）；</u>
所以，H更可信。

综上所述，受印证的影响，中国的法律最佳解释推理，完整结构如下：

（CLIBE）E为证据；
基于印证（C_1、C_2）的H，…，H_n是对E的解释；
<u>根据X，在诉讼期间没有其他解释能比H更好地解释E；</u>
所以，H（可接受）为真。

三、争议事实最佳解释推理的实践方法

在诉讼条件下如何获得对证据“最佳的”的解释，这是发挥CLIBE作用的

① 参见［美］G. 波利亚：《数学与猜想——合情推理模式》，李志尧等译，科学出版社2001年版，第35页。

关键。

(一)指控策略

心理学中"信念持续现象"体现在诉讼中,即首先提出的主张对审判的影响巨大以至于后续审判很难彻底推翻先前的判断。[①] 那么,控方可以将首先提出诉讼主张对法官产生的心理优势作为指控策略,结合最佳解释推理采取客观化的方法表达观点。

一是提出完整的证据解释。控方证据解释既要将证据数量最大化,又要将证据信息量最大化,充分揭示案件细节信息。首先,证据解释涉及的证据越多,它越容易被接受;相反,不能说明多数证据的解释很难令人相信。[②] 如果一个解释仅对个别证据有效,而不能解释为什么还有其他证据甚至与其他证据有矛盾,意味着案件尚未达到起诉标准。其次,一个解释既要包含与定罪有关的"做了什么"的信息,也要包含"怎么做"和"为何做"这样的背景信息。[③] 针对实体法要件,证据解释原则上应能回答"谁在什么时间怎样实施了什么行为?"在个案中,有时还需要回答"为什么是被告人实施了犯罪行为,而不可能是其他人?"等问题。

二是提出清晰的证据解释。控方在起诉中指明的犯罪系被告人所为及其理由都是对证据的解释,既要向法官证成公诉意见,也要合理地回应辩方质疑。鉴于先提指控的一方对案件的定性有重要的影响,控方的证据解释应当是明确的、唯一的,无须再解释的回答"谁在什么时间怎样实施了什么行为?"这一问题。虽然不要求控方穷尽一切解释,但要考虑其他解释的可能性,如果不止一个解释可以合理地说明证据,则不宜以此作为公诉意见。[④] 技术上,控

---

① 参见[荷]威廉·A. 瓦格纳、[荷]彼得·J. 范科本、[荷]汉斯·F. M. 克罗伯格:《锚定叙事理论——刑事证据心理学》,卢俐利译,中国政法大学出版社 2019 年版,第 72 - 73 页。

② See Nancy Pennington, Reid Hastie, *Reasoning in Explanation - Based Decision*, Cognition, Vol. 49, p. 129(1993).

③ 参见[荷]威廉·A. 瓦格纳、[荷]彼得·J. 范科本、[荷]汉斯·F. M. 克罗伯格:《锚定叙事理论——刑事证据心理学》,卢俐利译,中国政法大学出版社 2019 年版,第 292 页。

④ See Kola Abimbola, *Abductive Reasoning in Law: Taxonomy and Inference to The Best Explanation*, Cardozo Law Review, Vol. 22, p. 1689(2001).

方不宜使用“可能”“好像”等语言解释证据，也要避免修辞性的逻辑谬误。

三是提出可靠的证据解释。最佳解释推理中假说为证据提供解释，反过来证据证明了假说，属于良性的“自我证明”。[①] 司法证明应当避免这种良性循环异化成“循环论证”。既然一个解释是控方基于证据提出的，那么证据必然会为该解释提供一定的支持，但司法证明不止于此，控方还有义务将被告人构成犯罪的事实证明到排除合理怀疑的标准。因此，控方可以借助 CLIBE 规则，从说理的角度发挥印证在最佳解释推理中的作用，将印证作为加强推理强度的方法，而非以印证为主线再去加强印证本身的强度。特别是，跳出将证明等同于印证的固有思维，证明活动不止于证据之间形成了印证关系，还要为印证为什么能够支持主张提供充分的理由。针对辩方的质疑，也可通过“选择规则 X”排除合理怀疑。最后，控方不要试图证明无法证明的事项或者脱离证据提出解释，尤其是对非必须证明事项的过度证明只会让观点和理由更易遭到对方的攻击。[②]

（二）辩护策略

基于最佳解释推理，辩方的最佳策略不是直接证明被告人无罪，而是论证有罪指控并不似真。例如，说明控方的解释不能成立或者证明控方解释不符合经验法则，再或者提出另一种更为似真的解释。第一种方法虽然最直接，成本也最高。实践中，控辩双方总是处于不对等的地位，辩方很难完全否定指控意见。单纯论证证据不足以证明被告人有罪的辩护对法官没有什么作用，因为法院不是真的在寻找严格的证明逻辑，而只是要确信案件已经排除合理怀疑。[③]

辩方宜利用排除合理怀疑制度选择后两种辩护策略，在不彻底否定控方

---

① See Peter Lipton, *Inference to the Best Explanation*, Routledge Press, 2004, p. 24, 55 – 56.

② 参见［澳］安德鲁·帕尔玛：《证明——如何进行庭前证据分析》，林诗蕴等译，中国检察出版社 2015 年版，第 57 页。

③ 参见［荷］威廉·A. 瓦格纳、［荷］彼得·J. 范科本、［荷］汉斯·F. M. 克罗伯格：《锚定叙事理论——刑事证据心理学》，卢俐利译，中国政法大学出版社 2019 年版，第 249 页。

解释的情况下建构更能被法庭接受的新解释。[①] 这种将焦点“是不是被告人”转向“是否可能不是被告人”的辩护思维与控方思维相反，属于主观化的方法。辩方可利用抽象的主观状态不易被证实也不易被证伪的特点打开重新解释证据的空间。面对同一(组)证据，如果证据本身没有争议，那么辩方只能在该证据“为什么存在”的问题上寻求突破，把问题关联到被告人的内心活动，将解释证据的重心引向动机，再通过提出证据印证新解释的方法达到辩护效果。

这种方法较适用于“故意”“过失”“自愿”“被迫”等主观要素的证明。第一步，从主观方面对同一(组)证据提出与控方解释相竞争的新解释，指出不可能是被告人作案或者还有其他人作案的可能性。第二步，在动机方面说明新解释的可接受性，比如从被告人系“善意”和“有因”等方面向法庭说明证据“为什么”呈现为当前状态。其中，“善意”是指被告人行为与证据相关的原因并非出于故意犯罪的意图而是由其他非犯罪意图所致，“有因”是指虽然不能完全否定行为人的犯罪意图，但导致犯罪的原因还有其他的免责事由，如正当防卫和紧急避险。一旦辩方在此问题上提出证据，控方就要承担反驳的证明责任。[②] 第三步，使用客观证据进一步支撑新解释的可靠性。辩方需要为新解释提供证据支持，跳出证据与解释之间的“自我证明”，寻找其他证据来印证新的解释。新解释虽然也是对已有证据的解释，但由于法官接触控方观点在先，辩方想要提出新解释以纠正法官之前的初步心证，除了提出竞争性解释还必须通过其他证据加强说服力，否则新解释只能被视为一种推理甚至被当作“套路辩”，效果可能适得其反。

(三)裁判策略

第一，通过庭前阅卷形成初步心证。争议事实的最佳解释推理从证据开始，为保证推理的有效性，法官拿到案卷材料后可以采用“倒叙式”和“正叙

---

① See Terence J. Anderson, David Schum, William Twining, *Analysis of Evidence*, Cambridge University Press, 2005, p. 99.

② 参见[澳]安德鲁·帕尔玛：《证明——如何进行庭前证据分析》，林诗蕴等译，中国检察出版社2015年版，第54页。

式"的设问法了解控辩观点。其一,倒叙审查控方证据。从起诉书指控的罪名入手,初步判断构成犯罪的实体性要件需要哪些证据证明,以及还需要哪些与犯罪构成要件事实相关的其他证据。倒叙的目的是,在证据标准上审查要件事实所需的证据在质量和数量上是否符合法律要求。其二,正叙审查辩方证据。根据辩护意见所提的"事实和理由",设问"辩方是否对证据提出了新的解释?""该解释是否有证据支持?"

根据情况,法官具体可以使用"要件法""时序法""叙事法"等方法分析证据。"要件法"是一种比较快速的方法,但偏向形式审查,由法官根据经验判断控方是否提交了与定罪量刑有关的证据,如盗窃案有无现场痕迹、犯罪工具、赃款、赃物等物证,有无证明被告人身份的书证,有无目击证人、扭送群众、购赃人等的证言,并且从证据合法性角度审查取证过程是否违法或者有瑕疵。"时序法"是把所有与案件相关事项按照发生的顺序排列,绘制清晰的时间线来还原案发过程。[①] 如通过设问"案件发生的时候被告人在哪里?在做什么?"可以初步判断不同被告人在同一案件中的身份地位、同一被告人的不同行为之间的关系、不同待证事实之间的逻辑关系等问题。法官还可以通过时序法审查证过程的合法性。"叙事法"是相对复杂的分析方法,要求法官暂时抛开案卷材料,通过设问"案件事实为什么会是这样,而不是那样?"的方式将证据置于宏观的背景下考察,结合经验法则综合判断控辩观点的合理性。

第二,通过法庭调查形成内心确信。法官不是臆断地选择控辩双方对案件证据的解释何者是最佳的,而是要想办法弄清楚控方的解释是否是唯一合理的解释,是否足以解释有关证据的一切疑问。[②] 根据庭审实质化的要求,法官应在兼听和发问中综合认定争议事实。例如,假说 H 如何决定性地优于其他竞争性假说?假说 H 作为对证据的解释,其自身有多好,又是否独立于其他竞争性假说?有多大把握说已经穷尽所有合理解释?原始数据是否优质?

---

① See Terence J. Anderson, David Schum, William Twining, *Analysis of Evidence*, Cambridge University Press, 2005, p. 148.

② See Larry Laudan, *Strange Bedfellows: Inference to the Best Explanation and the Criminal Standard of Proof*, International Journal of Evidence and Proof, Vol. 11:4, p. 301 (2008).

最终结论达到什么程度可以不必继续收集信息?①

一是调查控辩解释的合理性。CLIBE 表明生活中的最佳解释推理与司法领域的最佳解释推理有根本的不同,前者基于一切可能的潜在假说,而后者仅限于实体法的规定且有印证基础的潜在假说。法官不必穷尽关于证据的一切解释,但要考虑合理解释。② 尽管最佳解释推理强调事实认定中的主观判断,但法官应将其自由心证置于既有解释的选择上(CLIBE 的第三个条件),而在解释产生的阶段(C_1、C_2、CLIBE 的第二个条件)应当保持客观,以纠问的方式要求控辩双方为自己的事实主张陈述理由。原则上,“合理解释”应当简洁和蕴含细节,“简洁”指一个解释的例外越多,涉及的中间引理越多,其合理性越低。“蕴含细节”是指一个越能详细地回答与证据有关的“为什么”问题,其越合理。

二是在合理解释中选择最佳解释。有学者认为,法官可以超越控辩双方的观点去建构自己的证据解释,并将其作为最佳解释。③ 这种做法有违裁判的中立性,风险较大且不合我国国情。那么,法官在寻求最佳解释推理的过程中如何发挥心证的作用? 本文认为,应采取一种保守的立场,即法官不应积极地建构自己的最佳解释,而应当依职权将澄清疑点的责任分配给控辩一方,引导双方发表质证意见。

这就涉及证明责任的动态分配,前提是准确理解刑事证明责任,不能一概认为是“控方承担证明被告人有罪的责任”。证明责任的具体含义有三:一是“举证责任或者提出证据的责任”,即一方应提出证据证明某一事实存在或不存在,否则应接受不利后果;二是“说服责任”,即一方有责任将事实证明到法律要求的程度以说服法官相信,否则应接受不利后果;三是“防御责任”,即一方有责任提供证据反驳对方于己不利的主张,否则应接受不利后果。④ 区别

① See John R. Josephson, Susan G. Josephson, *Abduction Inference: Computation, Philosophy, Technology*, Cambridge University Press, 1994, p. 14.

② See Kola Abimbola, *Abductive Reasoning in Law: Taxonomy and Inference to The Best Explanation*, Cardozo Law Review, Vol. 22, p. 1689(2001).

③ See Michael S. Pardo, Ronald J. Allen, *Juridical Proof and The Best Explanation*, Law and Philosophy, Vol. 27:3, p. 234(2008).

④ See H. Parkken, G. Sartor, *A Logical Analysis if Burdens of Proof*, H. Kaptein, H. Parkken & B. Verheij eds., Legal Evidenle and Proof: Statistics, Stories, Logic, Applied Legal Philosophy Series, Farnham Ashgate Publishing, 2009, p. 224 - 227.

在于,举证责任方提出证据并没有将之后的说服责任转移给对方,而是让对方负防御责任。防御责任和说服责任是相对的,但防御责任不由法律规定,而取决于法律推理的可废止性,其在控辩双方不停转换,是否完成取决于一方的预期目标是否实现。

具体而言,作为首先提出证据解释的控方应承担说服责任,这是法定责任,并且应当排除合理怀疑地证明该解释系合理解释中具有唯一性的最佳解释。如果辩方提出竞争性解释,证明责任和证明标准如何分配? 实践中,被告人承担一定的证明责任,既是现实情况,也是合理分担司法成本及发现事实的需要,不违背无罪推定原则。而且特定情形下被告人承担证明责任并不免除控方的说服责任。需要指出,法官应区别对待辩方承担证明责任的情形。对于提出的新解释,如无罪主张、犯罪阻却事由、程序瑕疵等,这应要求辩方承担提供相关材料或证据的举证责任。对于反驳控方的解释,如果辩方从逻辑和经验的角度指出控方证明的漏洞,此时承担防御责任。后者的目的是产生合理怀疑,一般不承担举证责任,但是如果合理怀疑以某些事实为基础,辩方应当承担举证责任。以上,辩方承担的举证责任应理解为"提出证据的责任",法官不可反向地以辩方未提出证据就认定被告人有罪,因为被告人是否有罪取决于控方承担的说服责任是否达到证明标准。庭审中,法官可以"为什么是这样,而不是那样"为焦点组织法庭辩论。

最后,如果基于防御责任认定最佳解释,应特别注意防御责任没有独立的证明标准,排除合理怀疑不完全适用于防御责任。[①] 防御责任的不利后果由哪一方承担,这是法官自由心证的范围,如根据"选择规则 X"进行推理。同时,决定相信哪一方的具体标准不同。选择控方解释为最佳解释,是因为控方在诉讼中排除了一切与该解释有关的合理怀疑,结论在当前条件下具有唯一性。选择辩方解释为最佳解释,不是因为辩方解释是唯一的,而是因为控方不能证伪辩方解释的合理性。就是说,勿以排除合理怀疑的标准严格要求辩方,辩方对证据的解释达到盖然性标准即是完成了防御。

---

① See H. Parkken, G. Sartor, *A Logical Analysis if Burdens of Proof*, H. Kaptein, H. Parkken & B. Verheij eds., Legal Evidenle and Proof: Statistics, Stories, Logic, Applied Legal Philosophy Series, Farnham Ashgate Publishing, 2009, p. 227.

第四部分　实证研究

地方法院庭审实质化改革实证研究*

左卫民**

摘　要:庭审实质化改革是诉讼制度改革的重要内容。A市两级法院试点改革的实证研究显示,庭审实质化在一定程度上得到了增强,但尚未型构出理想的控辩举证与对抗,庭审结构未发生根本性变化,审判与审前的关系和功能并未明显转型,审判中心未能充分确立。这一现象背后既有技术层面的原因,也与改革未触及司法结构层面、配套措施不到位等问题相关。未来改革需要进一步调整思路,强调审判的决定性作用,进行系统性司法改革。而庭审实质化作为审判中心的一项重要内容,其推行应以争议案件为适用对象,推动关键证人充分出庭且法庭证据尤其口头证据效力优先,解决控辩审三方"法律语言"与出庭人员"生活语言"之间的矛盾,确定以对抗性为主调的可操作方案与具体机制。

关键词:以审判为中心　庭审实质化　诉讼制度改革　司法改革　实证研究

一、问题的提出

如何推进以审判为中心的诉讼制度改革,是理论界与实务界高度关注与

---

* 本文原载于《中国社会科学》2018年第6期。

** 左卫民,四川大学法学院教授。

热烈讨论的重要问题。[①] 而庭审实质化被最高人民法院相关负责人认为是推进以审判为中心的诉讼制度改革的重要路径，[②]有学者就庭审实质化的内涵予以界定，认为庭审实质化的核心为被告人刑事责任在审判阶段通过庭审解决，并将庭审实质化视为“以审判为中心的诉讼制度改革”的落脚点，[③]有学者认为“推动庭审实质化为构建审判中心主义的突破口与主要抓手，应沿着现实的进路，渐次展开我国刑事司法改革”[④]。还有学者认为“以审判为中心的诉讼制度改革突出了庭审实质化的实质要求”。[⑤] 正是基于这样的理论认知，部分地方司法机关选择了庭审实质化试点作为突破口，推进以审判为中心的诉讼制度改革。

诉讼制度改革是一项系统工程，考察以庭审实质化为代表的改革实践，分析其中的问题，总结其中的规律，归纳其中的理论，可以为深化诉讼制度改革乃至司法体制改革提供理论资源。

二、研究样本的选取

本项研究所关注的 A 市中级人民法院（以下简称 A 市中院），为全国范围内率先探索与开展刑事庭审实质化改革试点工作的法院，也是迄今为止全

① 《中共中央关于全面推进依法治国若干重大问题的决定》（人民出版社 2014 年版）提出，“推进以审判为中心的诉讼制度改革，确保侦查、审查起诉的案件事实证据经得起法律的检验”。（第 23 页）与此相关的代表性论述参见陈光中、步洋洋：《审判中心与相关诉讼制度改革初探》，载《政法论坛》2015 年第 2 期；魏晓娜：《以审判为中心的刑事诉讼制度改革》，载《法学研究》2015 年第 4 期；卞建林、谢澍：《“以审判为中心”视野下的诉讼关系》，载《国家检察官学院学报》2016 年第 1 期；汪海燕：《论刑事庭审实质化》，载《中国社会科学》2015 年第 2 期；熊秋红：《刑事庭审实质化与审判方式改革》，载《比较法研究》2016 年第 5 期；等等。

② “庭审是审判的关键环节、主要方式，只有坚持以庭审为中心，确实发挥庭审的判决性作用，才能推动建立以审判为中心的诉讼制度。”

③ 参见汪海燕：《论刑事庭审实质化》，载《中国社会科学》2015 年第 2 期。

④ 胡铭：《审判中心、庭审实质化与刑事司法改革——基于庭审实录和裁判文书的实证研究》，载《法学家》2016 年第 4 期。

⑤ 参见熊秋红：《刑事庭审实质化与审判方式改革》，载《比较法研究》2016 年第 5 期。

国为数不多的试点法院。[①] A 市法院通过建立“点上庭审示范、线上类案指导、面上内外协同”的试点工作体系，确立了以繁简分流、轻案快办为前提，以必要充分的庭前准备为基础，以证据排非、人证出庭、综合人证为重点，以专业化审判、静默化管控、信息化服务为支持的改革操作模式，并出台了包括庭前会议、非法证据排除、证人出庭、证据开示、举证规则等内容在内的一系列庭审实质化试点文件和制度规范，基本覆盖了审判阶段的整个诉讼流程。从 2015 年 2 月至今，A 市中院的庭审实质化试点改革工作已取得重要进展和积极成果，并得到中央层面相关机关的肯定，所形成的“A 市经验”已在全省、全国范围内推广。[②] 这说明 A 市中院试点改革在本就铺开范围有限的庭审实质化试点工作中具有重要的理论价值与研究意义。因而，选择 A 市两级法院为研究对象，以其所积累的经验素材与改革经验为基础展开实证研究，期望对庭审实质化改革与未来进路提供些许有参考价值的理论资源。

有鉴于此，笔者所带领的课题组（以下简称课题组）就 A 市两级法院的庭审实质化试点情况进行了调研，收集整理了 A 市两级法院有关庭审实质化试点的规范性文件、工作办法、方案；观摩并记录了若干试点案件的庭审过程；对试点法院的相关人员进行了访谈；整理统计了相关数据。[③] 通过以上方法，课

① 除 A 市法院外，山西省高级人民法院于 2017 年 3 月启动了庭审实质化改革试点，针对刑事庭审证据调查制度完善、健全非法证据排除程序等 12 个重点项目，分别在 45 家法院先行先试。但较之于 A 市法院自 2015 年以来的成熟试点情况，山西省的试点内容尚处于起步状态，因而不被纳入本文主要研究范围。（参见马超、王志堂：《刑事庭审实质化改革的山西实践》，载《法制日报》2017 年 8 月 8 日，第 3 版）此外，浙江省温州市中级人民法院在先前庭审中心与证人出庭改革试点工作的基础上，于 2017 年年初正式启动庭审实质化试点改革。但温州市中级人民法院的改革其实主要集中在推动证人出庭作证与案件繁简分流之上。（参见温萱：《温州一场让庭审更具“实战化”的改革》，载《人民法院报》2016 年 5 月 9 日，第 5 版）另外，全国与四川省的不少法院也开始根据中央有关部门的相关规定与精神开始推行庭审实质化改革，这些改革尚处于推进与摸索阶段。

② A 市法院试点工作之间，得到中央政法委、最高人民法院、最高人民检察院、四川省政法委等部门的肯定批示，并予以极大关注；在中央政法委第三次全国政法干部学习讲座视频会议上，A 市法院刑事庭审实质化改革被着重强调；最高人民法院《刑事审判参考》全文刊载了该项改革调研报告与操作规范；A 市所在省法院、省委政法委相继于 2016 年 3 月、8 月召开推进会，以 A 市法院的刑事庭审实质化改革为范本，在全省法院和全省政法系统一体推进改革试点，截至 2016 年年底，全省已有 94 个基层法院启动刑事庭审实质化改革。

③ 本文所选取的实证数据虽然看似为 A 市两级法院局部的试点数据，似乎属于对“小数据”的收集、整理、分析，但如上文所述，A 市法院的试点本身就属于全国范围内寥寥数个庭审实质化试点中最为全面与成熟的试点单位，并且对 A 市法院的试点情况判断已经超出单纯的描述性的实证分析，而是辅之于专业内容予以判断，从这一意义上，本文所运用的实证分析显著区分于对小数据的描述性分析。有关实证研究的解读观点，参见左卫民：《一场新的范式革命？——解读中国法律实证研究》，载《清华法学》2017 年第 3 期。

题组获取了较为充分的实证材料,基本能够满足研究的需要。基于这些经验材料和数据,课题组以“证据质证在法庭、案件事实查明在法庭、诉辩意见发表在法庭、裁判理由形成在法庭”为标准,对A市两级法院的庭审实质化改革试点情况进行了较为全面、深入的考察,重点关注两个方面的问题:一是“庭审实质化”改革试点是否带来了庭审实质化,二是庭审实质化改革带动“审判中心化”的实际效果如何。

自2015年2月开始庭审实质化改革试点至2016年4月,A市两级法院共审结一审刑事案件约1.5万件。① 在此期间,A市两级法院共选取102起案件作为庭审实质化改革的试点案件(以下简称示范庭)。为了评估改革试点效果,A市两级法院还选择了91起案件事实、证据情节大致类似的案件与试点案件进行比较(以下简称对比庭)。② 为了对应A市两级法院一审刑事案件的案件类型,A市两级法院尽量对示范庭案件和对比庭案件作了相对均衡的选择,既考虑选择相同或类似案件,也尽量做到各类型案件在数量上的衡平(见表1)。

表1 案件类型及所占比例③

单位:%

类别	侵犯财产罪	妨害社会管理秩序罪	危害公共安全罪	侵犯公民人身权利、民主权利罪	破坏社会主义市场经济秩序罪	其他案件类型
A市全年案件类型比例	38.28	26.04	19.65	8.98	4.37	2.70
示范庭案件类型比例	33.33	20.59	9.80	25.49	6.86	3.92
对比庭案件类型比例	34.07	18.68	8.79	26.37	7.69	4.40

① 据2016年《A市中级人民法院工作报告》,2015年A市共审结一审刑事案件14,575件。

② 所谓示范庭案件,是指A市两级法院界定并选取若干在本院具有一定争议性或重大案件进行试验,在这些案件的审理过程中着重强化庭审的作用、突出法官在庭审中的作用与地位、增强辩护效果等。对比庭案件即选择同示范庭案件相同或类似案件类型、未推进庭审实质化改革的普通刑事案件,便于同示范庭案件进行比较。截至2017年2月,试点示范庭案件数量已达454件,但限于时间因素,课题组选择了2015年2月至2016年4月的示范庭案件进行实证研究,其中少数基层法院所选取的简易程序示范庭案件并未列为本项研究重点。需要指出的是,虽然2016年5月至2017年2月的案件未被纳入本次研究,但据笔者观察,这些庭审实质化案件相关情形整体上与前期并无太大差异,从而不影响本文结论的作出。

③ 此处统计基数为A市全年14,575件一审刑事案件,示范庭102起刑事案件及对比庭91起刑事案件。

鉴于示范庭与对比庭案卷材料存在不同程度缺失(见表2),为确保研究材料特别是数据的全面性与可比性,本文的分析对象主要集中于案卷材料齐全或大体齐全的示范庭与对比庭案件。因此,下文各部分数据分析的统计基数可能略有差异,但整体上不会对分析结果产生显著影响。

表2　示范庭及对比庭材料情况

单位:件

类别	主要材料①均齐全	仅缺庭前会议记录	仅缺庭审笔录	仅缺判决书	缺判决书、庭审会议笔录	缺庭前会议笔录、庭审笔录	主要材料均缺	总计
示范庭	65	9	4	3	3	4	14	102
对比庭	57	2	23	2	0	0	7	91

此外,从各法院案件数量看,在所有示范庭与对比庭案件中,来源于A市中院的案件分别占比20.59%和18.68%,中级人民院同20个基层人民法院的案件数量相比呈数量优势。需要特别说明的是,在102件示范庭案件中,适用普通程序审理96件,适用简易程序审理6件;而在91件对比庭案件中,适用普通程序审理53件,适用简易程序审理38件。由于普通程序与简易程序庭审差异显著,且适用简易程序案件似乎不应成为实质化审判案件,为了更精准地体现庭审实质化的实施情况,课题组在统计各项数据时区分了普通程序与简易程序。但因应庭审实质化的改革目的,故将不再对适用简易程序案件进行详细论析。② 除了区分普通程序与简易程序之外,课题组还统计了示范

① 限于示范庭与对比庭汇编材料总量篇幅,A市中院所收集的各示范庭材料并不包括全案卷宗,而仅为起诉书、辩护意见、庭前会议记录、庭审笔录、判决书,本调研报告所指主要案件材料包括庭前会议笔录、庭审笔录、判决书,对于本调研报告所需统计的数据而言,这些案卷材料虽然有限,但也基本能从中获取较为全面与有价值的基本信息。

② 统计显示,在示范庭6起适用简易程序审理的案件中律师辩护率为50%;就被告人认罪情况而言,4起案件的被告人为完全认罪,2起案件的被告人为部分认罪;4件案件证人出庭作证,并有2起案件召开了庭前会议。相较之下,对比庭38起简易程序案件中有94.74%的被告人完全认罪,5.26%的案件被告人部分认罪,21.05%的案件有辩护律师参与,对比庭并无庭前会议及证人出庭案件。就法院采辩护意见的数据来看,示范庭案件中均为部分采纳辩护意见,对比庭有45.45%的案件法官全部采纳辩护意见,36.36%的案件为部分采纳辩护意见。但显然因为示范庭,简易示范案件已变得不简易了。

庭及对比庭的被告人认罪情况,以便更为全面地把握试点的总体情况。统计显示,示范庭案件中被告人完全不认罪的案件占24.69%,认罪但有重大争议案件为34.57%,[①]有22.22%的案件属于被告人认罪但有少数争议,有18.52%的案件为被告人完全认罪案件。而对比庭中被告人完全不认罪案件占比20.41%,认罪但有重大争议案件为14.29%,认罪但有少数争议案件为28.57%,完全认罪案件为36.73%(见表3)。这些数据表明,示范庭及对比庭在完全认罪案件与认罪但有重大争议案件的比例上差异较为明显,但庭审实质化与否对被告人是否完全不认罪影响程度有限,二者数据相差并不显著。

表3　普通程序示范庭及对比庭被告人认罪认罚情况统计结果[②]

单位:%

类别	完全认罪案件比例	认罪但有重大争议案件比例			认罪但有少数争议案件比例	完全不认罪案件比例
		认罪但对起诉事实有重大争议	认罪但对证据合法性有重大争议	认罪但对量刑情节有重大争议		
示范庭	18.52	20.99	4.94	8.64	22.22	24.69
对比庭	36.73	10.20	0	4.09	28.57	20.41

三、变与不变:庭审实质化改革的试点实践

本部分所要尝试研究与解答的问题是,庭审实质化改革试点究竟对证人出庭、证据调查、律师辩护效果以及庭前会议召开、非法证据排除等有何具体影响。进言之,庭审是否实现、在多大程度上实现了实质化,以及实质化的庭审是否促进审判中心化。实证考察发现,改革试点对庭审实质化有一定的促进作用,但实质化程度并不充分,距以审判为中心的诉讼制度改革目标似乎尚远。

---

① 认罪但有重大争议案件包括认罪但对起诉事实有重大争议、认罪但对证据合法性有重大争议、认罪但对量刑情节有重大争议。

② 可以通过现有材料查明证人出庭情况的示范庭案件为81件,对比庭案件为49件。特别注意的是,本表统计的案卷中,有部分案件是多被告人或者一被告被控多罪的情况。因此,为了确定被告人认罪情况与庭审情况的关系,本表的统计结果是:一案中,部分被告人认罪,部分被告人不认罪或者认罪但有异议时,以异议最大为统计参考值,例如在某多被告案件中,一名被告人完全不认罪,另一名被告人认罪但有少数争议,其他被告人完全认罪,则在统计时列入“完全不认罪”一列。

(一)证人出庭

实证考察发现,证人出庭率显著增加,但重要证人普遍出庭惯例尚未形成,部分证人出庭价值有限。证言书面化以及言词证据提供者不出庭是我国刑事庭审虚化的重要表征。虽然1996年与2012年的两次《刑事诉讼法》修改均致力于推动证人、鉴定人、被害人等出庭作证,但实践中这些主体出庭作证率仍然很低。那么,庭审实质化试点改革对证人出庭有何促进呢?对此,相关数据有所揭示。一方面,如表4所示,庭审实质化改革试点较为显著地提升了证人出庭率。在试点案件中,有证人出庭的示范庭案件比例高达65.17%,而对比庭案件的证人出庭率仅为5%。这似乎表明证人出庭率的提高与庭审实质化改革有着显著的相关性。特别是争议案件证人、关键证人出庭比分别达到72.92%、37.50%,较对比庭变化极大。从案件证人总数为统计基数来看,示范庭案件中出庭作证的证人数量达全部证人总数的21.33%,而对比庭案件的相应数据则仅有0.89%。值得注意的是,平均到个案,每个示范庭案件中约有1.37名证人出庭,对比庭这一数据则为0.05名。这一事实表明,即便在强化证人出庭的改革试点中,证人出庭的普遍性依然相当有限,每起案件中出庭证人数量亦较少。[①] 在示范庭争议案件中,有证人出庭的案件虽然多达72.92%,但其中有必要出庭的关键、争议证人却仅占37.50%。基于此,似乎可以认为,庭审实

表4　普通程序示范庭及对比庭证人出庭人数及比例[②]

类别	证人出庭案件数量	证人出庭案件比	平均每起案件出庭证人数量	案件证人总数[③]	出庭证人人数	证人出庭比	争议案件证人出庭比[④]	争议案件关键证人出庭比[⑤]
示范庭	58	65.17%	1.37	572	122	21.33%	72.92%	37.50%
对比庭	2	5.00%	0.05	336	3	0.89%	0	0

① 在示范庭证人出庭案件中,个案出庭证人最多达到7名。

② 可以通过现有材料查明证人出庭情况的案件示范庭为89件,对比庭为40件,本表的统计基数即为此。

③ 案件证人总人数通过查阅庭审笔录及判决书获得。

④ 此处的争议案件是指被告人不认罪案件,或虽然认罪但持重大异议的案件。

⑤ 此处的关键证人指对案件定罪量刑有重要影响,且控辩一方或双方对其书面证言持异议的证人。

质化改革试点远未达到证人尤其是有争议的关键证人普遍出庭的要求。在这一点上，我们与域外法治发达国家刑事诉讼中关键、争议证人普遍出庭的情形差距较大。

表 5　普通程序示范庭及对比庭证人出庭类型统计

单位：%

类别	出庭证人性质及比例		出庭证人类型及比例①			
	控方证人	辩方证人	关键且争议	关键且非争议	争议且非关键	非争议非关键
示范庭	81.97	18.03	49.18	20.49	26.23	4.10
对比庭	33.33	66.67	33.33	0	66.67	0

另一方面，从表 5 的数据看，出庭证人的出庭价值与必要性值得商榷。对出庭证人的类型化进行分析发现，示范庭案件中关键且有争议的证人出庭比例为 49.18%，约占全部出庭证人的一半。但属于非争议且非关键的证人类型比例为 4.10%，非争议且关键的证人比例为 20.49%，非关键且有争议的证人比例为 26.23%。这一数据表明，虽然在示范庭案件中有价值且有必要出庭的证人出庭比例较高，但仍有约一半的证人无必要出庭或出庭价值有限。因此，如何正确把握证人出庭标准、提高出庭证人的作证价值是控辩审三方亟须解决的问题。例如，关键且非争议证人出庭率明显上升、争议且非关键证人出庭率的下降便显示了更看重关键性而非争议性的实务倾向。进言之，示范庭出庭的 122 名证人中大多属于控方证人，约占出庭证人总数的 81.97%。同时，绝大多数出庭证人尤其控方证人的证言与其庭前证言并无多少差异，法官在定案时依然以庭前证言为主要根据，当庭证言往往只起佐证的作用。这也从另一个侧面显示其出庭作证的价值较为有限。当然，从逻辑层面而言，控

① 关键且争议证人的判断标准主要在于该证人证言是否对定罪量刑有重大影响，且控辩一方或双方对其证言有争议，即不仅要符合该证人所作的证言内容直接证明罪与非罪或证明具备法定量刑情节，还要同时符合控辩一方或双方对其证言的真实性、合法性、关联性有异议的情况；关键且非争议证人即指虽然该证人证言对案件定罪量刑起到重要影响，但控辩一方或双方并未对其证言内容提出争议；争议且非关键证人是指虽然该证人证言并未对案件事实及量刑产生重大影响，但控辩一方或双方对该证人证言有异议；非争议非关键证人的判断标准为虽然该证人证言对案件定罪量刑有一定的影响，或可能加强控方或辩方的事实主张，但作用极有限，甚至缺乏价值，如证明被告人平时邻里关系如何等。

方证人普遍出庭有利于辩方的质证和辩论,避免庭审流于形式,从而有助于实现庭审实质化。但控方证人出庭整体上有利于控方,控方主张可能更容易为法庭所采纳。①

(二)证据调查

实证调查发现,证据调查相对具体化,庭审激烈程度有所提高,但辩方质证意见采纳情况变化不大。证据调查是认定案件事实的关键环节,证据调查具体与否既表征着庭审在认定事实方面的实质化程度,也反映着庭审对抗的激烈程度。既有刑事庭审虚化表现之一便是证据调查的形式化,庭审实质化改革试点是否改变了这一点? 表6、表7数据显示,示范庭中证据调查的详细举证率、庭审对抗激烈程度均较高,详细举证案件与较为激烈庭审案件的比例分别达到79.76%与43.83%,而对比庭相应的数据则为59.57%与17.02%,二者差异明显。这在一定程度上表明,庭审实质化改革试点促进了证据相对充分的展示与论证,从而有助于对案件事实的质疑和审查。尤其值得指出的是,辩方对证据提出实质性质证意见的案件比例示范庭为83.33%,而对比庭案件比例仅为46.81%;另外,在示范庭案件中,辩方对证据无重大异议的案件比例仅为16.67%,而对比庭的这一数据则高达53.19%。可见,庭审实质化改革试点促进了辩方在证据调查阶段的积极辩护。但是,课题组在实地调研中也发现,相关证据调查机制与方式存在一定问题,这突出体现在出庭作证的人士(包括证人、鉴定人、被害人甚至被告人)常常难以充分理解、回应专业法律人士(控、辩、审)以“法言法语”提出的问题,不能准确给出有法律意义的回答与证词,从而使得口头化的证据调查进行得不顺利,进而还影响证据调查具体化的实际价值与效率。

① 虽然也有利于辩护方的质证,但通常辩护方很难从控方证人处寻找到案件的突破口。

表 6　普通程序示范庭及对比庭举证质证情况统计结果①

单位:%

类别	举证情况		质证情况	
	详细举证的案件比例②	简化举证的案件比例③	辩方提出实质质证案件比例④	辩方无重大异议或被告人自行辩护无重大异议案件比例
示范庭	79.76	20.24	83.33	16.67
对比庭	59.57	40.43	46.81	53.19

表 7　普通程序示范庭及对比庭庭审激烈程度及质证采信情况统计结果⑤

单位:%

类别	庭审激烈程度⑥			法院对辩方质证采信情况		
	较激烈	一般激烈	不激烈	全部采纳	部分采纳	未采纳
示范庭	43.83	42.47	13.70	31.43	38.57	30.00
对比庭	17.02	44.68	38.30	22.73	45.45	31.82

还需要指出的是,与预期不同,详细举证并未带来激烈对抗的庭审。示范庭详细举证比例为79.76%,而庭审交锋激烈的比例则为43.83%,二者之差约为36%。这在一定程度上表明,详细举证并不必然提高庭审对抗的激烈程度,其原因或许与相当一部分举证所针对的事实缺乏争议有关。另外,法院对辩方质证意见的采信情况也并没有因为证据调查的相对具体化而发生根本改

① 可以通过现有数据查明证据调查情况的案件数量示范庭为84件,对比庭为47件。

② 详细举证程度的判断标准为:控方是否对案件定罪量刑起关键作用的证据、争议证据进行详细的举证,但需要注意的是,详细举证并非对某一证据从头至尾式的举证,而是选择关键性内容进行详细宣读。

③ 简单举证程度的判断标准为:若控方仅通过宣读证据目录、概括要点式举证,则属于简化举证。

④ 辩方提出实质质证即辩方为对案件定罪量刑起到关键作用的证据或争议证据进行具有实质内容的质证。

⑤ 律师在庭审中的质证主要围绕着控方举证证据的客观性、关联性、合法性展开,此处统计的为控辩双方举证质证环节及法官对辩方质证内容的采信情况。

⑥ 控辩活跃程度标准:庭审中积极质证、质证关键证据、出庭证人有关键或争议证人、质证证据较多(质证证据3个以上)。符合以上标准之一为一般激烈,符合两种以上标准为较激烈,不符合任意条件为不激烈。

变。如表7数据所示，一方面，示范庭中对辩方质证意见全部采纳的案件比例为31.43%，而对比庭这一数据为22.73%，示范庭相较于对比庭法院全部采纳辩方质证意见的比例有一定提高；另一方面，示范庭部分采纳质证意见的比例为38.57%，反而低于对比庭45.45%的部分采纳比，而不采纳辩方质证意见率示范庭与对比庭基本持平。质言之，尽管示范庭庭审对抗激烈程度有所增加，且示范庭对辩方质证意见的全部采纳率也有一定提升，但并未体现出充分的促进作用。因此，笔者认为，控方案卷对庭审结果依然具有较大影响力。

（三）律师庭审参与度与辩护效果

实证调查发现，律师庭审参与度提升，辩护整体效果改观不明显。就程序技术角度而言，律师的有效参与可以使法庭调查与质证更具专业性、对抗性，从而更有可能推动庭审实质化的实现。因此，律师辩护率与辩护效果也是考察庭审实质化效果的重要指标。总体而言，示范庭和对比庭律师辩护率相差不大，示范庭律师辩护率为83.9%，而对比庭这一数据为81.63%。[①] 这与试点改革主导者想比较均有律师辩护情形下庭审实质化效果如何的思路有关。访谈得知，有辩护律师参与被视为推行庭审实质化试点的重要参考因素。相应地，为了作相同条件下的比较，选择对比庭案件时也优先考虑了律师参与。因而，示范庭与对比庭案件中的辩护率均普遍高于一般刑事案件。[②] 尽管示范庭与对比庭案件的律师辩护率并不能反映中国刑事辩护率的实际情况，但考虑到实质化庭审在没有律师有效参与的前提下很可能会沦为形式，比较试点案件与对比案件的律师参与状态与效果还是有意义的。

考察发现，示范庭与对比庭的辩护内容有着明显区别。如表8所示，对比庭辩护内容集中于法定从宽、酌定从宽情节，二者占总辩护内容的77.67%，

---

① 此处辩护率的计算是以被告人总量为基数计算，但以案件为统计基数计算，示范庭绝大多数案件均有辩护律师。

② 实证研究发现，通常情况下律师参与一审案件的情况在中级人民法院和基层人民法院分别大约为90%、30%（参见左卫民：《中国应当构建什么样的刑事法律援助制度》，载《中国法学》2013年第1期）。

但无罪辩护甚少，取证违法的程序性辩护也只占全部辩护内容的6.80%。相较之下，虽然示范庭案件有69.56%的辩护内容也集中在法定从宽与酌定从宽情节上，但认为被告人不构成犯罪的辩护意见占比为5.59%，取证违法的辩护意见内容比例为12.43%。这表明示范庭中律师辩护积极性较高，提出的辩护意见种类更加丰富，针对控诉主张的对抗性更强，也更有利于被告人。据此似乎可以推断，在庭审实质化的试点改革中，律师的辩护行为与效用显得更为积极与明显。

表8　普通程序示范庭及对比庭律师辩护内容情况统计①

单位：%

类别	法定从宽情节	酌定从宽情节	构成轻罪	不构成犯罪	取证违法
示范庭	29.19	40.37	12.42	5.59	12.43
对比庭	29.13	48.54	11.65	3.88	6.80

就辩护意见采纳情况而言，②表9显示，示范庭辩护意见全部采纳的比例为15.07%、部分采纳的比例为56.16%，未采纳的比例为28.77%；而对比庭相应的数据分别为43.21%、34.29%与22.50%。为何示范庭案件全部采纳辩护意见的比例更低、部分采纳与未采纳辩护意见比例反而更高呢？笔者认为，其中的原因可能在于示范庭辩护意见更具有对抗性，如示范庭辩护意见中无罪辩护与主张排除非法证据的比例均高于对比庭，而对比庭案件辩护意见则集中于从轻、减轻被告人刑罚，这些意见更易得到支持。这从辩护意见对被告人刑罚结果影响的数据也能得到印证。相关数据显示，示范庭中采纳辩护意见案件中有88.83%的被告人最终得以从轻处罚，8.07%的被告人得到减轻处罚，2.48%的被告人被无罪释放，0.62%的被告人免予刑事处罚；对比庭中采纳辩护意见后得以从轻处罚的被告人比例则高达98.06%。这说明示范庭在无罪、免除、减轻方面的采纳率高于对比庭。但无论是示范庭还是对比庭，大部分案件的裁判结果依然着重于采纳从轻处罚的辩护意见。整体而言，

① 由于有多被告人案件存在，针对各被告人的辩护意见不尽相同，为使统计更为精准，故表8与表9的统计基数为被告人数量而非案件数量，可以查证的示范庭被告人数量为161名，对比庭为103名。

② 此处的辩护意见是指法庭辩论阶段所提出的综合性辩护意见。

庭审辩护实质性效果差异性并不是特别显著。

表9　普通程序示范庭及对比庭律师辩护效果情况统计

单位：%

类别	辩护意见采纳情况及相应比例			采纳辩护意见案件被告人刑罚情况及相应比例			
	全部采纳	部分采纳	未采纳	无罪	减轻	从轻	免除
示范庭	15.07	56.16	28.77	2.48	8.07	88.83	0.62
对比庭	43.21	34.29	22.50	0	1.94	98.06	0

（四）定罪量刑的主要依据

实证调查发现，定罪量刑的主要依据仍为庭前的书面证据，当庭口头证据作用有限。在既有的"案卷主义"刑事审判模式下，庭审以展示、论证、质疑案卷为中心而展开，这一固有审判模式是否在实质化庭审中有所改变？实证研究表明，虽然有所改变，但程度较为轻微。表10数据显示，就证据对定罪量刑的影响程度而言，示范庭被告人庭前供述与书面证人证言对定罪量刑起到相当关键的作用，占比分别为20.39%与20.07%。对比庭中这两类证据与示范庭差异不大，数据分别为18.85%与19.89%。可见，不论是示范庭还是对比庭，对定罪量刑起关键作用的证据依然是被告人庭前供述与书面证人证言，庭审实质化改革并未明显改变固有的审判模式。比较而言，虽然示范庭当庭类证言的作用要高于对比庭，如当庭证人证言的关键性占比为6.25%，对比庭仅为0.52%，但同书面证言20.07%的关键占比横向对比后不难发现，即便在实质化庭审试点下的示范庭中，当庭证据的重要性依然难以凸显，庭前书面证据在定罪量刑方面呈现出极为显著的影响。整体而言，在强化证人、鉴定人等出庭的试点案件中，以庭前被告人供述和证人证言为主的书面证据对法官定罪量刑的影响依然强大。

表 10　对定罪量刑起到关键作用的各证据比例统计情况①

单位:%

类别	证人证言②	被害人陈述③		被告人供述④		鉴定意见⑤		
	当庭证言	书面证言	当庭陈述	书面陈述	当庭供述	庭前供述	当庭鉴定意见	书面鉴定意见
示范庭	6.25	20.07	1.32	9.87	3.29	20.39	1.32	11.51
对比庭	0.52	19.89	0	14.14	3.66	18.85	0	9.95

(五)庭前会议

实证调查发现,庭前会议召开普遍化,但实际发挥效果有限。刑事诉讼法规定庭前会议的主要目的在于尽可能地消除庭审过程中可能出现的程序障碍,从而确保案件能够集中审理。但从当前庭前会议的运行实践看,立法对庭前会议所预设的功能目标,与其在司法实践中发挥的效果存在一定断裂。⑥ A市两级法院庭审实质化试点改革重点之一就是强化庭前会议的召开,以促使实质化的庭审高效与集中进行。表11的统计数据显示,示范庭和对比庭召开庭前会议案件的情况差异明显,示范庭召开庭前会议的比例达80.46%,而对比庭仅为2.04%。⑦ 显然,庭前会议的召开与庭审实质化改革之间具有显著的相关性。从庭前会议发起主体看,对比庭中召开的唯一一次庭前会议由

① 可以通过判决书查知证据对定罪量刑起到关键作用的案件示范庭为74件,对比庭为43件。为了排除证据数量因素的干扰,此处统计以案件数量为基数,即统计个案中各类证据的关键作用大小,仅以该类证据类型计数,而不计其具体数量。课题组在对定罪量刑影响程度进行判断时,进行了如下区分:对定罪量刑起到关键作用的证据即该证据所证明的事实直接证明影响罪名是否成立,或直接证明被告人具备法定量刑情节,例如被告人的合法供述、遭受直接侵害的被害人陈述、目击证人的证人证言,都对定罪量刑起到关键作用。

② 对定罪量刑起到关键作用的证人证言,如案件目击证人的证言。

③ 对定罪量刑起到关键作用的被害人陈述主要为故意伤害、抢劫、诈骗等案件类型中的直接被害人。

④ 虽然案件中被告人也进行了当庭供述,但在最终判决书中依然以被告人庭前书面口供为主要认定依据。

⑤ 对定罪量刑起到关键作用的鉴定意见,如被害人死亡原因鉴定、被害人伤情鉴定等。

⑥ 参见左卫民:《未完成的变革——刑事庭前会议实证研究》,载《中外法学》2015年第2期。

⑦ 对比庭中仅有一起案件召开了庭前会议,故对比庭庭前会议情况的统计结果不具备较大的参考意义。

法院依职权启动，而示范庭则以法院发起为主、辩方申请为辅，控方无一例申请召开。笔者认为，法院依职权积极召开庭前会议的目的多为整理案件争议点、确定出庭证人名单等事项，以提高事实审效率；而辩方申请召开庭前会议主要目的在于维护被告人权利，特别是为了排除非法证据；相较之下控方态度消极，主要在于既有的庭前会议并未对控方的庭审活动产生实质影响。当然，这也与庭前会议程序设计的“职权性”、法官对庭前会议运用的“策略化”等有关。

具体而言，示范庭中因庭前证据开示、争议点整理等原因召开庭前会议的情形大幅度提升，这反映出庭前会议在促进事实认定与法律适用方面具有更加明晰的作用。表 11 数据显示，以庭前证据开示为目的而召开庭前会议的案件占比为 37.01%，而整理案件争议点占比 14.17%，以排除非法证据为召开目的占比为 13.39%。由此可见，在对抗式下庭前会议中较多发生的庭前证据交换、争议点整理、非法证据排除等问题，在我国从曾经较少涉及开始发生转变。[①] 但示范庭中为解决程序性事项而召开庭前会议的案件比例为 56.69%，庭前会议中程序性事项在庭审中效力得到确立所占比为 67.35%，而整理争议点最终得到确定的占比为 32.65%。可见，在庭审中效力得到确立的庭前会议决议依然更多在于程序性事项，有关案件争议点的确定等实体问题虽然在庭前会议中予以讨论，但并未形成确定结论，不少问题还是在庭审中最终解决。可以说，虽然示范庭案件有着 80.46% 的庭前会议召开率，但这样高频度召开的庭前会议所发挥的争议点确定作用并未达到预期，似乎“为开而开”的情形不少。

① 参见左卫民：《未完成的变革——刑事庭前会议实证研究》，载《中外法学》2015 年第 2 期。

表11　普通程序示范庭及对比庭庭前会议召开情况统计结果①

单位:%

类别	召开庭前会议案件比例	庭前会议发起主体占比②			庭前会议召开目的占比				庭前会议决议在庭审中得到效力确认的事项占比③	
		法院依职权发起	辩方申请召开	控方申请召开	庭前证据交换	解决程序性事项	整理案件争议点	排除非法证据	程序性事项得到确立	争议点得到确定
示范庭	80.46	91.38	8.62	0	37.01	56.69	14.17	13.39	67.35	32.65
对比庭	2.04	100	0	0	0	0	0	100	100	0

(六)非法证据排除

实证调查发现,非法证据排除申请增多,但实际排除依然偏少。非法证据排除是学界与实务部门长期关注的热门话题,但与此形成强烈对比的是非法证据排除现实的冷清:不仅法院很少依职权启动非法证据排除程序,而且被告方提出启动程序申请的比例也较低,即使依被告方申请启动,法官展开调查的积极性也不高。④ 那么,在庭审实质化改革中,这一情况是否有所改变?由表12可知,示范庭申请排非的案件比例为21.43%,而对比庭则为4.44%,且示范庭与对比庭所申请排除的证据均为被告人庭前供述。鉴于示范庭案件中被告人提出排非申请的比例显著高于对比庭,似乎可以认为,庭审实质化改革明显提升了非法证据排除申请的比例。值得注意的是,示范庭在庭前会议中提出非法证据排除申请的比例较高,但在庭前会议阶段予以排除的案件仅占全部申请的11.11%。由于刑事诉讼法并未对庭前会议解决事项的范围、解决到何种程度、庭前会议中的证据异议及达成协议的效力与法庭调查关系等问

① 可以通过现有材料查明庭前会议情况的案件数量示范庭为87件,对比庭为49件。

② 有12起示范庭案件虽然召开庭前会议,但根据现有材料无法获知发起主体。

③ 庭前会议的决议在庭审中得到效力确定表现在如对庭前会议中已经讨论过的程序性事项予以省略,或继续沿用庭前会议中所整理的争议点,或对庭前会议中所申请调取新的证据等事项在庭审中进行确定。

④ 参见左卫民:《"热"与"冷":非法证据排除规则适用的实证研究》,载《法商研究》2015年第3期。

题作出明确规定,[①]法院往往还是要在庭审中审查与决定。数据显示,示范庭在庭审中对排非申请予以审查的案件比例高达88.89%,而对比庭则是全部排非申请均在庭审中进行审查。

表12　普通程序示范庭及对比庭非法证据排除申请及调查情况统计[②]

单位:%

类别	被告人提出排非申请的案件比例	庭前会议中排除非法证据案件占全部申请排非案件比例	庭审中审查非法证据申请的案件比例	非法证据排除调查手段		
				侦查人员出庭	播放录音录像	出示体检报告
示范庭	21.43	11.11	88.89	58.62	17.24	24.14
对比庭	4.44	0	100	0	50.00	50.00

大量申请排非案件是如何在庭审中展开的呢?如表12所示,试点中法官开庭调查排非申请时有58.62%的案件由侦查人员出庭说明证据的合法性,有17.24%的案件在庭审中播放同步录音录像,24.14%的案件通过出示体检报告的方式证明证据合法性。相较之下,对比庭非法证据排除调查中侦查人员并未出庭,仅通过播放讯问录像与出具体检报告来证明证据合法性,这也从侧面印证了上文提出的庭审实质化改革促进了侦查人员出庭的判断。这也表明,侦查人员出庭作证并接受辩方质询是查明证据合法性常见且相对有效的一种方式,尽管这种有效性的充分程度尚难评断。从非法证据实际排除的情况看,示范庭中有68.75%申请排非案件法官并未将相关证据排除。这说明虽然被告人提出排非申请的积极性较高,但法官不会轻易作出排除证据的决定。从排除证据后对案件处理结果的影响而言,表13显示,排除被告人庭前非法口供对案件定罪量刑产生了一定的影响。具体而言,有14.29%的示范庭案件的排非对案件定罪量刑有重大影响,但也有28.57%的案件虽然排除了非法口供,却对定罪量刑的影响程度并不显著。不管怎样,示范庭确实排除了非法证据,而且这样的排除对庭审结果也有一定影响,从而说明庭审实质化改革在某

① 参见左卫民:《未完成的变革——刑事庭前会议实证研究》,载《中外法学》2015年第2期。最高人民法院在《关于全面推进以审判为中心的刑事诉讼制度改革的实施意见》中也仅规定法院可以在庭前会议中对被告人及其辩护人申请排除非法证据核实情况、听取意见。

② 可以通过案件材料查明非法证据排除情况的案件数量示范庭为84件,对比庭为45件。

种程度上促进了非法证据的排除。

表 13　普通程序示范庭及对比庭非法证据排除情况及对案件处理结果的影响

单位:%

类别	庭前会议发起主体占比			庭前会议召开目的占比		
	全部排除	部分排除①	不排除	对定罪量刑有重大影响②	对定罪量刑有一定影响③	对定罪量刑影响轻微甚至无影响
示范庭	12.5	18.75	68.75	14.29	57.14	28.57
对比庭	0	50	50	0	100	0

四、有效但有限:改革效果评述及原因探寻

基于前文的描述与分析,笔者认为,A 市两级法院推行的庭审实质化改革试点在一定程度上改变了既有庭审的内容与形式,使得庭审的激烈与对抗程度增强,并对裁判结果产生了一定影响。但总体来看,A 市两级法院庭审实质化改革试点属于一种局部式、非彻底化的改革,而非“另起炉灶”式的结构性变革,未使庭审结构发生根本性转变。相应地,改革效果存在局限性不可避免。可以说,庭审实质化改革虽然有效但却有限。下文将对此展开论述,并对其背后原因作出深度剖析。

(一)庭审实现有限但不充分的实质化

从数据反映的情况看,庭审实质化示范庭的庭审环节确实相对更为灵活,庭审对抗程度相比以往有所增强,对裁判结果也产生了一定的影响。这表明庭审的实质化在一定程度上明显增强,但这是否意味着庭审实现了充分实质化?笔者认为,似乎不能轻易得出肯定结论。

首先,示范庭庭审尚未实现充分言词化,庭审的决定性效果并未充分凸

---

① 有辩护律师对案件数个非法证据均提出了排非申请,但法院仅支持其中部分证据的排非请求。

② 此处的重大影响是指排除被告人口供后被告人刑罚有着重要的变化,即刑罚的科级下降至少一级,但需要注意的是,示范庭中并无因为非法口供排除而对被告人宣告无罪或免予刑事处罚的案件。

③ 此处的一定影响是指排除被告人口供后被告人在法定量刑范围内得以从轻处罚。

显。这主要体现在大量的案卷证据作为主要证据在庭审中被出示,且其对定罪量刑的影响依然显著。庭审实质化要求庭审对案件的实体处理具有决定性作用,即定罪量刑形成于庭审过程中的证据调查与法庭辩论。从目前数据所反映的情况来看,虽然示范庭庭审的庭前会议召开、证人出庭、举证质证等程序与环节较以往均有明显改观,但从裁判结果来看,控方书面证据的出示与采纳数量、比例依然处于高位,对法官定罪量刑起关键作用的证据还是以书面证据为主。比如,示范庭中对定罪量刑起到最为关键作用的被告人庭前供述与书面证人证言分别占比 20.39% 与 20.07% ,而被告人当庭供述与证人当庭证言在关键作用方面所对应的数据分别为 3.29% 与 6.25% 。同样,在对比庭中,被告人庭前供述与书面证人证言的关键作用最为明显。这些书面证据尽管在庭审中或许得到重点或全面宣读,也有相关的举证说明与质证,但这样的证据调查方式在具体性、生动性、可质证性等方面的效果远远不及出庭作证的效果。就辩护意见对被告人最终刑罚的影响而言,示范庭在采纳辩护意见的案件中有 88.83% 的被告人得以从轻处罚,8.07% 的案件被告人被减轻了刑罚,有 2.48% 的被告人被宣告无罪,有 0.62% 的被告人被免予刑事处罚;而对比庭案件中并无一起被告人无罪释放或免予刑事处罚的案例,采纳辩护意见后被告人得到从轻处罚的比例高达 98.06% ,有 1.94% 的被告人被减轻处罚。

其次,示范庭庭审尚未呈现充分对抗化的景象,庭审结构未发生实质性变化。所谓未充分对抗化,是指控辩双方对他方举证与法律见解的争论都只是在少数方面有限展开。众所周知,实质化庭审的一个重要标志是控辩双方充分平等对抗、相互制衡。但从数据所反映的情况来看远非如此:一方面,示范庭控方举证调查仍占优势地位,辩方的相对弱势地位并未得到明显改观。例如,示范庭 81.97% 的案件出庭证人为控方证人,而且辩方通常很难从控方证人证言寻找到案件的突破口。另一方面,辩方的辩护活动呈现出一种局部性、有限性的特征,辩方在证据调查中的举证依然稀少,而质证积极性虽有所提升,但往往并非广泛质证、有力且有效质证。课题组在现场观摩庭审中发现,质证方(主要是辩方)质证的技巧、方法显得有所不足,而质证的相关性不强、重复质询的情形也屡见不鲜。相应地,质证的效果也就非常有限了。同时,示范庭辩方的辩护意见多集中于法定从宽、酌定从宽情节、取证违法(这三项辩护意见共占辩护内容的 81.99%),而不是普遍通过积极调查、质疑基本事实来证明被告人无罪或者罪轻。这导致的后果是控方主张和证据很容易被法院接受与采纳。

再次,示范庭庭审并未实现充分的详细化。未详细化的庭审集中体现在控方举证除部分尤其少数关键或争议证据外,基本上均是概括性或选择性、要点式举证。许多案件的庭审过程整体上还是控方略式举证,示范庭中仍然有 20.24% 的案件属于简化举证,其他案件中控方庭审中的举证方式往往也是详细举证与简化举证相并用,简化举证略多。课题组对示范庭庭审的观摩还发现,举证方(往往是控方)的"主询问"在相关性、针对性、证明性等方面有所欠缺,以至于在庭审中经常出现法官要求控辩双方在举证完成之后概括、归纳陈述自己举证要点的情形。这无疑是对控辩双方举证询问(讯问)不足的补救。显然,上述举证方式给辩方的有效质证带来了障碍,也会令庭审辩护效果大打折扣。因此,整体而言,庭审证据调查形式因素颇多,精细化不足,并未达到预期目标。

最后,同样重要的是,庭审实质化带来的一系列指标性程序变化,究竟是试点带来的"自然效应",还是改革本身的"规定动作"? 这一点不敢妄下断言。诸如高辩护率、高申请排非率、高庭前会议率并未导致相应的程序后果,如充分的辩护效果、高排非率、高争议明确率,这似乎暗示"程序动作"与"程序效果"有着相当背离。以后果论,若干实质化改革的"程序动作"似乎更多是"动作"而已。笔者认为,这与改革预设颇有关系:试点之初便设定若干欲大力达至的指标,如庭前会议率、证人出庭率,甚至鼓励提出排除非法证据等。如此一来,相关的程序指标很容易发生变化,而程序后果由于涉及实质内容则不会轻易发生改变。

(二)改革效果有限的原因

上文分析表明,A 市两级法院的庭审实质化试点改革的效果较为有限,是否真正实现了庭审的"实质化",进而推动了审判的"中心化",似乎较难轻易给出肯定答案。这其中的原因是多方面的,既有技术层面的原因,也有结构层面的原因,还存在配套措施不到位的问题。

在技术层面,首先,改革对象有所误选。自1996年《刑事诉讼法》修改开始,中国通过一系列制度变革已经促使大多数一审刑事案件尤其基层法院一审刑事案件的审判程序大幅简易化。最高人民法院《关于全面推进以审判为中心的刑事诉讼制度改革的实施意见》又特别强调了扩大刑事速裁程序的适用范围且明确刑事速裁案件应当当庭审判,简易程序案件一般应当庭宣判。这再次显示,对于可能适用刑事速裁程序或简易程序的大部分案件而言,并不具备实质化庭审的必要。从试点目的出发,庭审实质化改革应筛选有必要试行实质化庭审的案件作为试点对象。但遗憾的是,A市两级法院所选择的示范庭案件中控辩双方争议较小的案件并不少见,甚至在试点开始一段时间还有适用简易程序的案件。由于适用简易程序的案件本身事实清楚、证据充分,似乎并不具备实质化庭审的条件,也无这方面的必要。可以说,把案件事实争议较小甚至适用简易程序的案件作为试点对象犯了前提性的选择错误。这本身也与A市中院制定的刑事庭审实质化改革试点实施方案中试点适用案件范围的要求相悖。①

统计显示,示范庭案件中被告人完全不认罪的案件仅占24.69%,认罪但有重大争议案件比例为34.57%,而有超过四成的示范庭案件被告人完全认罪或案件争议较小。这意味着大量示范庭案件尤其是普通程序审判的案件其实并不满足充分对抗的前提,从而难以显现庭审实质化改革的有效性。事实上,对于被告人认罪或者基本认罪的普通程序案件,并无在庭审环节展开实质化审判的必要。从上文所述数据来看,在这些认罪案件或争议较小的案件中强化证人出庭、庭前会议等程序的实际效果并不理想,甚至这些程序本身就显得"多余",更遑论产生预期作用。总之,试点对象选择恰当与否直接关乎改革目的之实现,也影响改革的效果。笔者认为,A市两级法院在案件选择上即试点对象的确立上存在一定偏差,并未完全选择被告不认罪的案件作为庭审实质化试点改革对象,甚至出于可以理解的因素有意回避了如职务犯罪与非

① 即要求开庭的案件主要限于控辩双方对案件事实认定较难、证据争议较大的一审案件;对符合"轻罪快处"审理机制及被告人全部认罪的简单案件以及职务犯罪案件,不适用刑事庭审实质化要求,通过推行繁简分流和专业化审判相结合,建立"难案精审、简案快办"的合理格局(参见2016年A市中院《全省法院刑事庭审实质化改革工作推进会资料汇编》,第19页)。

法吸收公众存款案件等往往争议较大案件，相反选择了不少控辩双方并无太多争议的案件，甚至部分法院还随机选择案件。试点对象本身理性规划有限，致使改革效果有限。

其次，证据调查方式改革探索不成熟。一直以来，中国的刑事庭审在很大程度上就是宣读与审查书面证据，各方主体也习惯了这样的庭审。然而，庭审实质化改革所要求的是一种现场式、言词化的证据调查与证明方式，几乎完全迥异于以往展示经过“裁剪”的书面证据的审判模式。从某种意义上讲，如何通过口头化方式引出证据进而展开法庭调查、查明案件事实，对控辩审三方可能都是亟待破解的难题。尽管试点中示范庭审判时控方详细举证与辩方实质质证均占较高比例，但从证据调查方式而言，依然没有摆脱规范化不足、有效化欠缺的窠臼，这在对出庭证人、鉴定人的调查上表现得尤为明显。虽然示范庭关键性证人出庭作证相对较多，但从庭审记录反映的情况看，辩方对其质询的力度与效果并不理想。同样，控方对如何询问辩方证人也无成熟、有效的机制。事实上，为什么要调查证人证言、怎么样调查证人证言以及取得什么样的效果，这是关涉庭审实质化改革效果的关键性技术问题。从实践看，证人证言的调查方式因人而异、因案而异；同时，主询问和反询问区分不明确，询问与质证也没有差异化、有效化的规范机制。控辩双方似乎也缺乏必要的出庭准备，举证一方只是大致澄清与说明情况，但如何具体、有效地澄清与说明却并不清楚。相应地，在庭审中以什么样的方式进行质证也没有形成成熟、有效的操作机制，最终效果不甚明朗。尤其在大多数被告人与证人本身都不充分明了当庭讯问（询问）含义的现实下，专业法律人士（控、辩、审）在如何使用“法言法语”调查出庭人士（证人、鉴定人、被告人等）形成法律化的口头证据时，普遍面临出庭人士难以充分理解调查（讯问与询问）的准确含义并作出清楚、准确法律回答的尴尬局面。当然，我们也注意到，A 市法院针对这一问题也通过不同的方式不断地推进与完善证据调查的方式，提高证据调查的技巧，如法官时常要求举证方在口头询问证人之后概括询问内容与证明目的，以化解“法律语言”与“生活语言”之间的矛盾，实现有效率的举证。

最后，关键证人出庭比例依然不高。证人出庭率极低一直是影响庭审实质化的重要因素。可以说，只要应该出庭作证的证人尤其是对案件事实认定关键且存在争议的证人不出庭作证，庭审实质化就可能无从谈起。然而，从试点改革的情况看，证人的出庭率仍不理想，用公诉人宣读书面证言替代证人出庭证言的情形在庭审中依然普遍。从示范庭的数据看，虽然以案件为统计基数的证人出庭率显著提高，高达 65.17%，但若以案件证人总数为统计基数看，出庭证人的比例仅为 21.33%。同时，通过细分示范庭出庭证人后发现，所有出庭证人中仅有 49.18% 的证人属于法条界定中的有必要出庭证人，而争议案件中关键证人的出庭比仅为 37.50%。也就是说，试点改革虽然强化了证人出庭，但必须出庭证人尤其是争议案件中关键证人的出庭情况并未得到实质性改善。事实上，很多出庭证人对案件事实认定并无实质意义，控辩双方也无争议。这样的证人出庭除了提高出庭率之外，似乎并无太大意义。

从结构层面而言，以下问题值得注意：

第一，审前与庭审证据关系并未改革。斩断庭前书面证据与庭审的直接链接是庭审实质化改革的重要目标，这需要改变目前的庭前与庭审的证据关系结构。虽然在试点改革中通过强化庭前会议的召开，促使庭审高效化与对抗化，但从对法官最终裁判影响程度的统计中可以看到，示范庭中对定罪量刑起到关键作用的证据以被告人庭前供述和书面证人证言为主，分别占全部关键性证据的 20.39% 与 20.07%，对比庭中这两项数据同样占有相近的高比例，对应的数据为 18.85% 与 19.89%。这表明审判证据的固有采信结构在试点改革中并未发生实质性改变：法官的裁判还是以庭前书面证据为主，证人当庭证言的优势证明力并未得到体现，被告人当庭陈述也并未得到更多重视，法官依然依赖庭前书面证据。毫无疑问，实质化庭审的意义因此而受到了极大的限制。这也从侧面证实了庭审实质化试点改革并未彻底撼动当下已经固化的刑事审判结构。

第二，控辩审的诉讼构造未改变。可以说，以审判为中心的庭审实质化改革是整体性、彻底性的改革，甚至是必须对现有的控辩、控侦、控审的关系结构进行根本上的调整与变革。从试点改革的情况看，A 市两级法院似乎没有也无法从诉讼结构上考虑审判中心化改革，更多只是从技术层面关注证人出庭、法庭质证和律师辩护这三个方面，并未通盘考虑诉讼结构层面的改革。因此，试点改革与庭审实质化所要求的诉讼结构变革存在较大距离，甚至未有多少触及。也正因如此,即便示范庭案件在证人出庭、法庭举证与质证等方面较之以往有一定的改善,刑事诉讼中固有的控、辩、审三方关系也未能发生根本性变化。因此,示范庭中控方在庭审中的强势地位依然显著,辩方仍难以与之对抗,法官据以定罪量刑的依据也以书面材料为主。总之,虽然庭审的各种技术指标数据有所提高,但改革试点并未带来彻底性的改变。就此而言,改革试点似乎陷入"头痛医头、脚痛医脚"的误区,而非釜底抽薪式的根本性变革。

目前改革效果有限,在很大程度上还与相关配套、支持机制建设不足有一定的关系。一方面,繁简分流的程序机制未能合理构建并充分运行。尽管程序从简、从快的改革思路与相关举措(如速裁程序、认罪认罚的相关规定)层出不穷,但由于我国在立法层面并无类似于英美国家的辩诉交易制度或大陆法系国家的刑事处罚令程序,可以在控辩双方合意的前提下简化案件处理。或许正是类似制度的缺乏,导致无论案情多么清晰明了、控辩双方是否达成合意,审判程序都必须按部就班进行。可以说,实践中繁简分流机制构建的不彻底导致法院无法集中力量,将有限的资源投入被告人不认罪、关键证据存疑的案件审理之中。令人欣慰的是,在认罪认罚从宽的改革背景下,A 市两级法院在庭审实质化试点改革过程中对此有所涉及并出台了一系列文件。[①] 当务之急是需要将这些经过试点后可推广的繁简分流经验尽快上升到立法层面,放权给合议庭或者独任法官依法快速处理案件,以充分缓解推行庭审实质化改革带来的案件处理压力。

另一方面,保障审判人员独立办案的机制不完善。庭审实质化改革需要防止各种内、外部因素影响法官独立办案,同时也要避免出现"审而不判、判而不审"的现象,让庭审真正发挥对定罪和量刑的决定作用。当前,虽然初步建立了一系列保障审判人员独立办案的机制,比如领导干部干预司法活动、插手具体案件处理的记录、通报和责任追究机制,错案追究责任制和办案质量终身负责制,等等,但这些机制目前还处于完善之中,落实尚需时日。同时,公、检、法一体化,互相配合多于制约的体制结构维持不变。这使得强势的侦控机

① 例如,出台了《A 市依法快速办理轻微刑事案件的实施细则(试行)》《A 市中级人民法院关于刑事案件繁简分流的若干规定(讨论稿)》《A 市中级人民法院关于刑事案件分流和专业化审判的实施办法》。

关能够对审判机关产生较大影响。在此情况下,庭审实质化改革的效果必然会受到相当影响。

五、关于庭审实质化的进一步思考

庭审实质化改革是当下极为热门但也是值得反思的议题,尤其在“以审判为中心的诉讼制度改革”的一些基本问题尚未形成定论的情况下,确实有必要在实证考察的基础上,提炼出推进庭审实质化改革真正有效的措施,从而推动以审判为中心的实现。其中,笔者认为,关键在于处理好以下方面的关系。

其一,应处理好地方首创试点与顶层系统设计的关系。需要指出,试点的成效与局限均与处理这一对关系时的成功与不足相关。一方面,面对如何实现以审判为中心这一宏大改革命题,A 市法院在自己权限范围内充分发挥地方首创精神,作了破题的积极努力并取得显著成就。事实上,审判中心主义如何实现,中央并未在开始时便给出确定、详细的操作性方案,而是由 A 市中院在中央确立的改革框架下自主、具体探索实践的,此后成为中央顶层设计的地方实践样板。这充分显示发挥地方首创精神对中央顶层设计的积极样板意义,昭示了成功改革的一种中国路径:中央指方向,地方搞操作。另一方面,也正是因为审判中心化改革的宏大,作为地方法院的中级人民法院在推动改革过程中力所不逮,很多问题的解决已远远超出它所能支配的实际资源与自身的权力范围。从 A 市的实践看,虽然有地方政法委的积极介入、推进,检察机关与公安机关也从被动配合转向积极适应,但由于各个机构与主体的利益、观点不同,以及改革必然带来权力构造变化,它们对庭审实质化试点改革并未形成充分统一的认识,各自的行动策略也存在一定差异,最终造成改革的效果有限。这其实意味着推进庭审实质化改革,继而实现以审判为中心,需要有更高的权力主体介入与更多的权力资源投入,需要有超越地方与法院的整体性顶层设计与充分共识。由此,A 市中院试点实践中那种铺得开、深不下的问题方能解决。

其二,处理好程序的技术化改革与体制的整体性改革之关系,以司法的整体改革而非庭审改革为着力点与突破口。笔者认为,庭审实质化改革是一种在司法领域尤其是审判领域展开的有限改革举措,并不能成为以审判为中心改革的主要抓手,未来应更多关注以法院为中心的司法体制层面的改革,确保裁判权力的实质性和独立性。自党的十八届四中全会提出推进以审判为中心的诉讼制度改革以来,学者们在理论层面对此改革议题进行了深入探讨。一些学者似乎认为,推进以审判为中心的诉讼制度改革仅是程序法或者诉讼法改革的问题,并不涉及宏观司法体制或者制度的调整。目前实践中以审判为中心的改革似乎正是在这样的认知判断下展开,且囿于法院自身的权力边界而集中于庭审变革。作为本文研究对象的 A 市两级法院的试点改革就是典型代表。但笔者认为,无论是学界对以审判为中心诉讼制度改革的理论诠释,还是实践中以法院为主推进的以审判为中心的试点改革,都可能存在认识误区,从而将"庭审实质化"作为以审判为中心改革的突破口或关键抓手。这可能正是庭审实质化改革存在诸多客观牵制以及侦、诉机构相对消极的认识层面的原因。事实上,以审判为中心与庭审实质化是不同的概念,认为二者可以等同的看法,或者认为通过庭审实质化可以实现审判"中心化"的观点都值得商榷,甚至本身可能就属于错误认识。A 市两级法院试点的情况已在一定程度上昭示了以庭审实质化为抓手来推进审判中心化所面临的困境:无论庭审动作如何多,庭审结果还是建基于书面案卷,侦、诉、审一体化、流水化作业般的大诉讼、大司法构架依然巍然屹立,未有丝毫松动。

显然,改革必须转换视角,另寻路径。笔者的建议是,采用自上而下的体制改革模式,并做好顶层设计,即由中央统领公、检、法、司各部门,在克服部门本位与利益羁绊的基础上设计改革方案,推行大司法整体层面的大变革。此变革的关键是司法体制改革,具体内容是以法院为中心推动司法改革,将侦控机关置于诉讼当事人(指控人)的位置。其实,从逻辑上讲,"以审判为中心"自然也必然要求区分中心与非中心的诉讼阶段,强调审判在整个诉讼过程中的中心地位,其主要着眼点是侦、诉、审三大诉讼阶段之间的结构关系调整以及相应的功能转变,它涉及的是更为宏观的刑事诉讼结构甚至是体制问题。① 包括 A 市在内的很多庭审实质化试点改革主要着眼于审判机关内部如何进行审判活动,进而对被告人定罪判刑,以及决定其他有关诉讼事项的活动原

① 参见左卫民:《审判如何成为中心:误区与正道》,载《法学》2016 年第 6 期。

则。[①] 相应地，改革中心在于决策性或者实质性的审判活动必须而且只能在庭审中展开，而不涉及审判与非审判的诉讼结构关系调整。质言之，现在的庭审实质化改革更多涉及的是微观层面审判机制的技术性问题，而非司法体制层面上的调整。然而，以审判为中心与庭审实质化不能画等号，推行庭审实质化也不必然实现以审判为中心，因为忽略司法体制层面的改革难以真正推进以审判为中心的改革。[②] 所以，未来必须有超越法院层面的顶层设计，并推行有利于以法院为中心的宏观司法体制改革，着力塑造审判阶段与审前阶段的主从模式，以确保法官行使审判权力的实质性和独立性。

其三，处理好改革重点对象与非重点对象之间的关系。笔者认为，当下改革似未能明确和区分改革重点对象与非重点对象。鉴于实践中被告人认罪或对基本事实争议不大的案件占多数，大多数案件其实并无"实质化庭审"的必要。这也是在现实必要性层面对庭审实质化改革提出的疑问。未来应该以不认罪案件尤其是职务犯罪案件和可能判处重刑的案件作为改革的重点对象。原因在于这些案件的控辩双方对案件事实的分歧较大，争论较为激烈。另外，职务犯罪案件往往高度依赖主观性证据，主要是被告人供述和证人证言，但这类证据具有高度的不稳定性，被告人容易翻供，证人也可能改变证言。同时，职务犯罪也是律师辩护最为普遍和愿意积极辩护的案件，控辩双方极易形成对抗化的局面。而被告人可能被判处重刑的案件不仅具有上述职务犯罪案件的特征，而且与被告人可能被剥夺生命权或长期自由紧密相关，司法实践尤应慎重，以避免酿成不可挽回的冤假错案。

然而，当前试点改革有意选择了一些没有争议或争议较小的案件，回避了改革的真正、重点对象。将有争议的案件尤其是职务犯罪案件与被告人可能被判处重刑的案件作为改革对象，庭审环节可能出现相当复杂的对抗问题，不仅改革的必要性更大，也能更好地观察与评估改革的操作机制及效果，提出有充分实效性的庭审实质化机制。否则，在争议有限的案件中试点形成的庭审实质化机制可能无法推行于对抗激烈的案件，改革形同在"低强度"的情形下

① 参见顾永忠：《试论庭审中心主义》，载《法律适用》2014 年第 12 期。
② 参见左卫民：《审判如何成为中心：误区与正道》，载《法学》2016 年第 6 期。

“温吞”而可能“失真”。实际上，在以审判为中心的整体架构下，实质化的庭审应该只适用于一小部分案件，主要是控辩双方争议较大的案件，而非普遍适用。不宜将庭审实质化当作审判中心主义改革的主要方式，其仅是少数情况下的例外。也就是说，对于被告人大部分认罪、具有一定争议的案件以及适用简易程序审理的案件，都不应纳入庭审实质化改革的对象范围。庭审实质化改革主要适用于被告人完全不认罪或者大部分不认罪的案件，而这类案件可能占所有刑事案总量的1% ~10%。总之，包括A市在内的试点改革整体上值得肯定，但未来我们想还要真正、彻底突破就必须正视被告人不认罪的案件，尤其是职务犯罪案件和被告人可能判处重刑的案件。

其四，处理好实质化庭审与非中心的审前阶段之关系。其重心在于，树立以当庭证据定案的制度，消除庭前案卷证据的功效。笔者认为，以审判为中心背景下的庭审实质化改革关注的要点就是“庭审”，而重视庭审其实在历次刑事诉讼立法中已被反复提及，但实践依然回归或者变相回归“传统”的审判模式，即不管立法与司法解释如何规定，审判实践基本还是依照侦查机关制作的卷宗定案。解决此问题的关键其实还是推动证人出庭作证尤其是控辩双方有争议的关键证人出庭作证，并强化当庭证言在认定事实方面的关键作用，相应地应淡化乃至阻隔庭前书面证言的定案效力，而强化当庭证言的效力。实际上，如果庭审实质化改革不能解决证人尤其是有争议的关键证人的出庭问题及其效力，庭审实质化改革的推进就可能会举步维艰，继而陷入以往循环性重复改革的困境之中。

在党的十八届四中全会强调以审判为中心改革的大前提下，地方法院展开的庭审实质化改革再次着重强调证人出庭，这是一个正确的改革方向。事实上，改革实践也表明，庭审实质化改革有限地推动了关键证人的出庭。根据以往证人出庭改革“失败”的经验，笔者认为，在庭审实质化的进一步改革的过程中，需要找准证人出庭问题的突破点，这就是要着重解决有争议的关键证人出庭，尤其是控辩双方或者辩方要求出庭的有争议的关键证人，并原则上以当庭证据为主要裁判依据。如此才可能促成控辩双方积极对抗，实现庭审实质化的改革目的。

其五，处理好“书面惯习”与“口头化改革”之间的关系，确立言词化、对抗化与职权性相结合的可操作具体机制。当下的庭审实质化实践已经显示出专业司法人士长期惯习展开具有高度控制性、书面化的法律化操作方式，在实质化庭审中一旦尝试转换成“口头化”的方式，立马导致诉讼各方在如何展开“口头化”方式上的多样化、差异化乃至混乱化、低效化。其中最大的一个问题便是，专业法律人士在尝试用口头化“法律语言”去调查、形成证据内容时，时常不能为证言提供者充分理解并恰当给出准确且同样“法律化”的回应。显然“法律语言”与“生活语言”之间存在鸿沟、“书面惯习”与“口头化改革”之间不匹配。在此现实下，庭审实质化的未来之路如何实现？笔者认为，应当在争议案件中探索与推进系统、具体、可操作化、有实效且切合中国实际的证据调查模式，以“生活化”与“法律化”兼具、自主性与控制化兼有的方式展开调查。在不断实践、试错、考察中进行总结与提升，以进一步完善我国刑事庭审的证据调查操作机制。具体而言，可考虑确定对抗模式与职权主义相结合的庭审模式，改变当下控辩双方地位悬殊而导致控方占主导地位、辩方相对弱小的现状。法官应在中立、无偏向化的立场下，发挥控制庭审、主动调查询问的职权功能，但控辩双方应更为积极展开举证、质证，控方应在庭审中以适当引导的方式详细举证；相应地，辩方应作出详细、针对化的质证，以实现向对抗式转变的庭审模式。

总体而言，作为全国范围内率先试点单位，A 市两级法院将庭审实质化作为实现审判中心主义的中心要义，将规范庭前程序、强化证人出庭、完善庭审证据调查等措施作为庭审实质化改革的落脚点，总体上值得肯定。笔者通过实证考察发现，较之于一般庭审，A 市两级法院所作出的试点尝试所展现出的是较为规范化、适度对抗式的庭审格局，所取得的改革成绩可圈可点。但也必须指出，受制于多种因素，试点改革并未显示出全面、充分、长远、整体的效果；若从庭审结构角度考量，这一庭审实质化试点并未触及问题的本质。可以说，庭审实质化的改革成功与否，除却技术层面的设计与安排，更重要的是将固有的司法结构予以再次审视和调整，否则将无法摆脱技术操作层面改革难以破解体制结构问题的困局。对于庭审实质化在我国未来如何全面展开，基层的有效试点与初步尝试无疑是中央顶层设计的基础，而当下业已或正在进行中的地方试点有待中央层面的全力支持和有效吸收，应从全局和整体的角度推进诉讼制度改革，最终发挥法院在定罪量刑中的决定性作用。

轻罪治理的实证分析和司法路径选择*

代桂霞** 冯 君***

摘 要:从1997年《刑法》公布以来二十余年的刑事立法进程,梳理轻罪立法走向;以1999年以来的犯罪结构变化,观察轻罪化犯罪态势,分析我国轻罪治理的立法基础和社会基础。结合轻罪治理的实践难题和理论争议,提出司法改革路径,包括设置合理的入罪标准,限制轻罪立法的适用范围;完善出罪细则,降低对裁量权的依赖;提升非监禁强制措施、非监禁刑的适用;建立轻微犯罪犯罪记录封存及前科报告消除制度,防止实质的重刑化趋势和犯罪“标签”泛化;更新司法人员司法理念,增强轻罪治理意识。期待通过综合施策,提升我国司法领域的轻罪治理能力和水平。

关键词:轻罪立法 犯罪结构变化 轻罪治理 司法理念 封存犯罪记录

当前,对于轻罪治理概念有两种界定:一是指刑事立法上的轻罪及其配套司法制度建设。周光权教授①、何荣功教授②持此观点。二是指犯罪学上的轻

---

* 本文原载于《西南政法大学学报》2021年第5期。

** 代桂霞,湖北省武汉市东西湖区人民检察院第六检察部主任。

*** 冯君,湖北省武汉市东西湖区人民检察院第六检察部检察官。

① 参见周光权:《论通过增设轻罪实现妥当的处罚——积极刑法立法观的再阐释》,载《比较法研究》2020年第6期。

② 参见何荣功:《我国轻罪立法的体系思考》,载《中外法学》2018年第5期。

罪及其司法处遇措施,吴宏耀教授①、刘传稿教授②持此观点。本文认为,轻罪治理可以涵盖上述两个范畴。二者互为补充。在我国轻罪立法进程加快和犯罪种类结构变化的大情形之下,将两种主张加以综合考量具有较强的服务司法的实践价值。

一、轻罪治理的基础

(一)犯罪结构变化

1979年《刑法》具有“小而重”的特点,129个罪名大部分是重罪。1997年《刑法》修订后,罪名总量明显增多,但依旧保留了重罪的主基调。1998年12月29日至2020年12月26日,全国人大常委会先后通过1个单行刑法,11个《刑法修正案》对1997年《刑法》进行修正,涉及228个条目,187项刑法条文(之一、之二等与具体法条不重复评价),新增罪名79个,新增专门条目的特殊规定2个。以平均每两年一次的频率对1997年《刑法》进行修正,修正内容几乎覆盖1997年《刑法》一半的条文,显现积极有为的立法态势。

纵观近20年来我国刑事立法活动,尤其是《刑法修正案(八)》之后十多年立法活动,我国刑法立法具有如下特征:一是轻罪数量增加,犯罪圈层扩大;二是预防性司法理念明显,犯罪门槛降低。呈现出明显的轻罪治理特征。

1. 轻罪设置增加

对“轻罪”和“轻罪治理”两个概念需要进行区分。我国刑事立法未明文规定“轻罪”概念,实际上“轻罪”是一个学术概念。一般来说,学术上界定的轻罪,是指法定最低刑为3年以上有期徒刑以外的犯罪。③ 而“轻罪治理”系新型规制现象,是积极刑法立法观和刑法功能扩张在刑罚规范上的“投射”。它的大致含义是指近年来刑事立法通过降低犯罪门槛,即将部分原本由行政法或其他规范调整的行为升格为犯罪并形成的规范体系,以此实现社会治理

---

① 参见吴宏耀等:《大家谈:新时代检察基础理论的重点问题》,载《国家检察官学院学报》2021年第1期。

② 参见刘传稿:《犯罪化语境下的轻罪治理——基于〈刑法修正案(十一)〉的分析》,载《北京联合大学学报(人文社会科学版)》2021年第2期。

③ 参见张明楷:《刑法学》(第5版),法律出版社2016年版,第92页。

的目标。[①] 本文讨论的轻罪遵循传统理论领域的轻罪定义，即法定最低刑为3年以上有期徒刑以外的犯罪。

据统计，单行刑法和11个《刑法修正案》中近80%的新增罪名集中于轻罪，即法定最低刑为3年以上有期徒刑以外犯罪。例如，《刑法修正案（九）》增设的第280条之一："使用虚假身份证件、盗用身份证件罪"法定刑为拘役或者管制，并处或者单处罚金。

轻罪的配置贯穿刑法修正案，从《刑法修正案（四）》《刑法修正案（五）》中已见端倪，在《刑法修正案（九）》中达到峰值。大量原来不被列为犯罪的行为被纳入刑法规制，犯罪圈层扩大，[②]如冒名顶替罪、虚假诉讼罪等。

2. 预防性司法彰显

除大量增设轻罪外，早期化保护、前置化处罚的预防性司法理念特征明显，犯罪门槛在一定程度有所下降。有学者认为，整部《刑法修正案（十一）》就是积极预防性刑法观的立法实践。[③] 主要表现为以下四个方面。

（1）部分民事纠纷及行政法、治安管理处罚法所规制的行为被纳入刑法规制范畴，如增设"拒不支付劳动报酬罪""催收非法债务罪""危险驾驶罪""扰乱国家机关工作秩序罪""虚开发票罪"等。

（2）部分犯罪从结果犯扩充到危险犯、行为犯，法益观发生转变。例如，删除《刑法》第219条"侵犯商业秘密罪"中"给商业秘密的权利人造成重大损失的""造成特别严重后果的"犯罪结果构成要件，将"侵犯商业秘密罪"由结果犯修正为行为犯；又如，增设"危险作业罪""高空抛物罪"等。

（3）部分犯罪预备行为实行行为化、帮助行为正犯化，扩大了犯罪的治理圈层，如增设"帮助信息网络犯罪活动罪""准备实施恐怖活动罪"等。

（4）社会转型下新的社会关系被纳入刑法规制范畴，如增设"侵犯公民个人信息罪""非法植入基因编辑、克隆胚胎罪""拒不履行信息网络安全管理义务罪"等。

犯罪门槛下降和轻罪数量增加有其合理性：其一，社会转型过程中带来大

---

① 参见何荣功：《我国轻罪立法的体系思考》，载《中外法学》2018年第5期。

② 参见周光权：《论通过增设轻罪实现妥当的处罚——积极刑法立法观的再阐释》，载《比较法研究》2020年第6期。

③ 参见刘艳红：《化解积极刑法观正当性危机的有效立法——〈刑法修正案（十一）〉生物安全犯罪立法总置评》，载《政治与法律》2021年第7期。

量“失范”现象，亟待新的规范予以调整，如“侵犯公民个人信息罪”“非法植入基因编辑、克隆胚胎罪”等。其二，对传统“结果导向”的法益观导致部分违法行为难以有效遏制，由此可能造成更大的危害后果。如增设“妨害药品管理罪”就是对“生产、销售、提供劣药罪”进行立法补充，切实加强对药品生产、销售、提供的监管。其三，部分行为丧失道德底线，其他社会管控手段难以有效遏制[①]，容易引发其他严重危害结果。如拒不支付劳动报酬行为入刑前，农民工索要工钱导致的突发事件已引起社会关注。其四，犯罪低龄化也有多发态势。如“4·29 杀人、截肢、焚尸重大命案”[②]，2010 年“白某杰连续抢劫、杀人致 9 人死亡案”[③]等一系列恶性案件冲击着社会大众对未成年人犯罪的认知。有关刑法修正案对未成年人责任能力进行了修正。改革开放以来，我国经济高速发展、社会加速变革，新型社会关系不断出现，刑法的广泛适应性特征要求刑法具备社会发展兜底功能，刑事立法扩张在所难免。

从国际上看，当今世界上一些国家在最近二十年来也大多倾向于采取积极的刑事立法观，使得刑法逐步从法益保护为主且保障自由转向兼顾社会防卫功能的法律策略，刑事政策发展的总体趋势是处罚形式和手段日益扩张与严厉。[④]

致力于完善轻罪刑事立法，一方面符合日新月异的社会发展局面，为具有兜底性功能的刑事立法“工具箱”扩容；另一方面可弥补成文法固化的不足并为刑法适用预留一定的活性空间，为社会治理提供保障。

（二）罪刑关系变化

我国犯罪结构发生变化，呈现轻罪率与轻刑率“双升”，重罪率与重刑率“双降”态势，轻刑率占比接近 80%。

---

① 参见周光权：《论通过增设轻罪实现妥当的处罚——积极刑法立法观的再阐释》，载《比较法研究》2020 年第 6 期。

② 参见张安浩：《四未成年人杀人焚尸》，载新浪网，https://news.sina.com.cn/c/2006-05-10/03008880261s.shtml。

③ 参见张勇：《17 岁通缉犯白某杰落网涉嫌参与抢劫杀死 9 人（图）》，载搜狐新闻，http://news.sohu.com/20100806/n274025040.shtml。

④ 参见周光权：《论通过增设轻罪实现妥当的处罚——积极刑法立法观的再阐释》，载《比较法研究》2020 年第 6 期。

1. 基数分析

二十多年来我国犯罪轻刑率大幅提升，比率接近 80%，犯罪种类结构具有明显的轻刑化趋势。2020 年 5 月 25 日最高人民检察院工作报告统计（见图 2）：1999 年至 2019 年，检察机关起诉严重暴力犯罪从 16.2 万人降至 6 万人，年均下降 4.8%；被判处 3 年有期徒刑以上刑罚的占比从 45.4% 降至 21.3%。[①] 也就是说，20 多年来轻刑率从 1999 年的 54.6% 上升到 2019 年的 78.4%，我国犯罪轻刑率大幅提升。

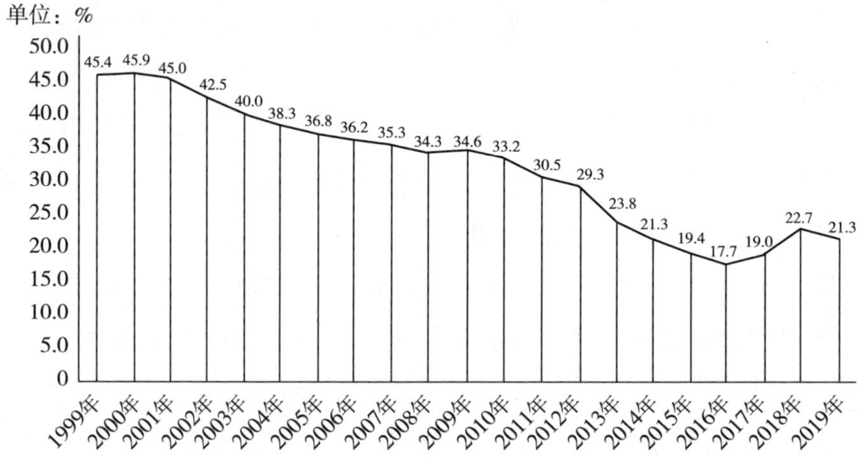

图 2　20 年来判处 3 年有期徒刑以上刑罚比例变化

图片来源：最高人民检察院微信公众号［2020 年 5 月 25 日发布，最高人民检察院工作报告（审议版）］。

同时，根据《中国法律年鉴》全国法院审理刑事案件被告人判决生效情况统计表（见表 1），2017 年至 2019 年定罪判决（含免予刑事处罚判决）判处一年以下有期徒刑、缓刑、拘役、管制、单处附加刑及免予刑事处罚的人数占到了生效判决人数 60% 以上。

① 最高人民检察院：《最高人民检察院工作报告——2020 年 5 月 25 日在第十三届全国人民代表大会第三次会议上》，载中华人民共和国最高人民检察院网，https://www.spp.gov.cn/gzbg/202006/t20200601_463798.shtml。

表1　2017年至2019年全国法院审理刑事案件被告人判决生效情况统计

年份	生效判决人数/人	不满1年/人	拘役/人	缓刑/人	管制/人	罚金/人	剥夺政治权利/人	驱逐出境/人	免予刑事处罚/人	一年以下有期徒刑、缓刑、拘役、管制、单处附加刑及免予刑事处罚/人	一年以下刑罚比例/%
2017年	264,094	9072	83,870	97,154	670	145	3	4	3032	193,950	73.44
2018年	1,430,091	276,566	198,508	401,127	7503	9733	12	11	16,711	910,171	63.64
2019年	1,661,235	294,356	258,293	409,103	5860	10,742	9	138	21,593	1,000,094	60.20

资料来源：历年中国法律年鉴。

二十多年来，我国犯罪结构发生深刻变化，重刑率大幅降低，轻刑率大幅提升，3年有期徒刑以下的轻刑占比近80%，不满1年的微刑占比超60%。

2. 罪名分析

严重暴力犯罪的数量和占比逐年下降，以危险驾驶罪为代表的新型犯罪数量与占比逐步上升。根据《中国法律年鉴》公安机关发布的故意杀人、抢劫、强奸三类犯罪数量及占比例，二十多年间危及人身安全的犯罪比例明显下降（见表2）。此与2020年5月25日最高人民检察院工作报告及最高人民检察院微信公众号发布的20年严重暴力犯罪变化图相契合：1999年至2019年，检察机关起诉严重暴力犯罪从16.2万人降至6万人，年均下降4.8%。

表2　1999年至2019年全国公安机关刑事案件分类统计

年份	刑事案件立案数/人	故意杀人/人	比重/%	抢劫/人	比重/%	强奸/人	比重/%
1999年	2,249,319	27,426	1.22	198,607	8.83	39,435	1.75
2000年	3,639,307	28,429	0.78	309,818	8.52	35,819	0.98
2001年	4,457,579	27,501	0.62	352,216	7.90	40,600	0.91
2002年	4,336,712	26,276	0.61	354,926	8.18	38,209	0.88
2003年	4,393,893	24,393	0.56	340,077	7.74	40,088	0.91
2004年	4,718,122	24,711	0.52	341,908	7.25	36,175	0.77
2005年	4,648,401	20,770	0.45	332,196	7.15	33,710	0.73
2006年	4,653,265	17,936	0.39	309,872	6.66	32,352	0.70

续表

年份	刑事案件立案数/人	故意杀人/人	比重/%	抢劫/人	比重/%	强奸/人	比重/%
2007 年	4,807,517	16,119	0.34	292,549	6.09	31,883	0.66
2008 年	4,884,960	14,811	0.30	276,372	5.66	30,248	0.62
2009 年	5,579,915	14,667	0.26	283,243	5.08	33,286	0.60
2010 年	5,969,892	13,410	0.22	237,258	3.97	33,696	0.56
2011 年	6,005,037	12,013	0.20	202,647	3.38	33,336	0.56
2012 年	6,551,440	11,286	0.17	180,159	2.75	33,835	0.52
2013 年	6,598,247	10,640	0.16	146,193	2.22	34,102	0.52
2014 年	6,539,692	10,083	0.15	111187	1.70	33,417	0.51
2015 年	7,174,037	9200	0.13	86,747	1.21	29,948	0.42
2016 年	6,427,533	8634	0.13	61,428	0.96	27,767	0.43
2017 年	5,482,570	7990	0.15	39,230	0.72	27,664	0.50
2018 年	5,069,231	7526	0.15	25,413	0.50	29,807	0.59
2019 年	4,862,443	7379	0.15	17,106	0.35	33,827	0.70

资料来源:历年中国法律年鉴。

与此同时,以危险驾驶罪为代表的新型犯罪却呈逐步上升态势。根据 2020 年 5 月 25 日最高人民检察院工作报告:新类型犯罪增多,"醉酒驾驶"取代盗窃成为刑事追究第一犯罪,扰乱市场秩序犯罪增长 19.4 倍,生产、销售伪劣商品犯罪增长 34.6 倍,侵犯知识产权犯罪增长 56.6 倍。① 如卢建平教授所言:我国的犯罪现象呈现出明显的"双降""双升"趋势,即八类严重暴力犯罪的数量和占比逐年下降、刑事犯罪的重刑率也稳步下降,而以危险驾驶罪为

① 最高人民检察院:《最高人民检察院工作报告——2020 年 5 月 25 日在第十三届全国人民代表大会第三次会议上》,载中华人民共和国最高人民检察院网,https://www.spp.gov.cn/gzbg/t20200601_463798.shtml。

代表的轻微犯罪数量与占比逐步上升，轻刑率也一路上扬。①

(三)轻罪增多归因

现阶段的轻罪立法加快并不是产生“双降”“双升”犯罪结构变化的主要原因。轻罪立法主要始于2011年《刑法修正案(八)》，且在2020年《刑法修正案(十一)》中集中体现。但犯罪结构的变化趋势早于1999年就已显现，且逐步延续到2021年。这是一个不断变化的过程。从故意杀人、抢劫、强奸犯罪20年数值变化可见一斑。具体而言，犯罪种类结构的变化主要是经济社会发展、道德水平变化、社会治安管理等多因素综合作用的结果。

当前严重暴力犯罪率降低，但轻罪明显增多，需要刑法予以保护的新型法益也在增多，轻罪立法是对当前犯罪态势下刑法的积极应对；当然，轻罪立法在一定意义上也使得刑法中犯罪轻刑化特征更突出。根据最高人民检察院公布的主要办案数据，《刑法修正案(十一)》于2021年3月1日实施后，截至2021年6月全国检察机关共起诉“催收非法债务罪”307人、“高空抛物罪”108人，“危险驾驶罪”99人、“妨害安全驾驶罪”88人，从中可见端倪。

2020年5月25日《最高人民检察院工作报告》表明：严重暴力犯罪及重刑率下降，反映了社会治安形势持续好转；新型危害社会管理秩序犯罪上升，表明社会治理进入新阶段，人民群众对社会发展内涵有了新期待。当前轻罪的存量已是实然状态，刑法治理迫在眉睫。

二、轻罪治理的难点

(一)如何积极回应轻罪治理

犯罪结构变化需要加强轻罪治理，但部分地方司法机关的反映仍稍显滞后。此主要表现在：一是“捕后轻缓刑率”过高；二是不起诉率偏低；三是非监禁刑适用率过低。

---

① 参见卢建平：《刑事政策视野中的认罪认罚从宽》，载《中外法学》2017年第4期。

1.“捕后轻缓刑率”居高不下

捕后轻缓刑是指犯罪嫌疑人被执行逮捕后，经人民法院判处管制、拘役、3 年以下有期徒刑缓刑、单处附加刑以及免予刑事处罚的情形。以各地检察机关官网发布数据为例：山东省潍坊市临朐县人民检察院 2012 年至 2015 年 8 月总体轻缓刑率为 34.3%。①

陕西省渭南市华阴市人民检察院 2017 年捕后轻缓刑率为 44.44%，2018 年为 30.23%，2019 年为 58.24%。② 陕西省榆林市神木市人民检察院 2018 年 1 月至 2020 年 8 月底捕后轻缓刑率为 20.74%。③ 从办案实践中收集的相关数据看，当前部分地区捕后轻缓率大体在 10%。

在犯罪结构变化的大背景下，犯罪行为的恶性程度和犯罪分子的人身危险性都有较大变化，目前捕后轻缓刑数值仍有下降空间，“构罪即捕”的观念和做法亟须转变，对于不具有逮捕条件，采取取保候审、监视居住等方式足以防止其社会危害性的轻罪犯罪嫌疑人，不应当采取逮捕的强制措施。

2. 不起诉适用率有待提升

如表 3 所示，2013 年至 2015 年，我国酌定不起诉的使用率一直保持在 3% 左右，至 2018 年有显著提升。2020 年“酌定不起诉”及“附条件不起诉”率约为11.43%，较 2015 年提升 7.74%。与此同时，免予刑事处罚的比例相应降低，从 2015 年的 1.45% 下降至 2020 年的 0.76%（约），说明近 3 年不起诉工作得到了加强，但仍有进一步改进的空间。

---

① 参见张明媚、栾鹏远：《临朐县检察院捕后轻刑案件分析》，载山东省潍坊市临朐县人民检察院网 2015 年 10 月 15 日，http://linqu.wfjcy.gov.cn/detail.jsp? id = 4115。

② 参见陕西省渭南市华阴市人民检察院：《捕后判处轻刑案件特点分析及解决对策》，载陕西省渭南市华阴市人民检察院网 2020 年 6 月 3 日，http://www.sn.jcy.gov.cn/wnshy/xxyd/202006/t20200611_174754.html。

③ 参见陕西省榆林市神木市人民检察院：《捕后判处轻刑案件专题分析》，载陕西省榆林市神木市人民检察院网，http://www.sn.jcy.gov.cn/ylssms/xwzx/jcyw/202010/t20201020_194410.html。

表 3　不起诉适用情况

年份	起诉人数/人	不起诉人数/人	不起诉率/%	酌定附条件不诉数/人	酌定不起诉（附条件率）/%	免予刑事处罚人数/人	免予刑事处罚占起诉人数比例/%
2013 年	1,324,404	67,820	4.87	51,393	3.69	19,231	1.45
2014 年	1,391,225	75,487	5.15	52,218	3.56	19,253	1.38
2015 年	1,390,933	76,567	5.22	50,787	3.46	18,020	1.30
……							
2018 年	1,692,846	136,970	7.49%	102,572	5.61%	16,711	0.99%
2019 年	1,818,808	190,258	9.47	148,849	7.41	21,593	1.19
2020 年	1,572,971	249,312	13.68	约 208,312	约 11.43	约 12,000	约 0.76

资料来源：历年最高人民检察院工作报告、最高人民法院工作报告、中国法律年鉴及最高人民检察院官网发布的主要办案数据。

相较于世界上一些国家，我国不诉率处于较低水平。例如，日本 2007 年的起诉犹豫率为 58.3%①；美国 2000 年 75 个城市因重罪指控而被逮捕的人中，检察官完全撤销案件的比例占 26%②。

我国司法实践中，比较典型的酌定不起诉案件为亲属、邻里之间的轻伤害案件，且取得赔偿谅解的情形。此类案件诉诸法庭不但不利于缓和社会矛盾，且为后续的亲属关系、邻里关系埋下更大的隐患。同时，还有一类案件值得注意，即部分大学生、无业人员在禁渔期，以法律禁用的方式，如炸鱼、使用"密眼网"捕捞江河湖海里面的鱼虾，捕捞数量不大，未造成严重后果，应当考虑是否有必要移送人民法院判决。

轻罪治理时代，随着刑法的网格更加细密，我们必须认识到，轻罪立法的目的更多是防患于未然，而非增设犯罪。在诉与不诉之间，既要严格执行法律规定，也要考虑犯罪的相当性和刑事处罚的必要性。例如，"王某军无证收购玉米案"由判决认定为非法经营罪到再审改判无罪，说明在类似案件中慎用刑法的必要性。轻罪治理提前下，我国不起诉适用率还可进一步提升。

① 参见[日]田口守一：《刑事诉讼法》（第 5 版），张凌、于秀峰译，中国政法大学出版社 2010 年版，第 128 页。

② 参见[美]约书亚·德雷斯勒、[美]艾伦·C. 迈克尔斯：《美国刑事诉讼法精解》第 2 卷（第 4 版），魏晓娜译，北京大学出版社 2009 年版，第 114 - 115 页。

3. 监禁刑适用率仍然较高

非监禁刑包括缓刑、管制、单处附加刑、免予刑事处罚等种类。如表 4 所示,《中国法律年鉴》和最高人民检察院微信公众号发布数据显示:2015 年起我国轻刑率稳定在 80% 左右;2010 年至 2019 年 10 年间,我国非监禁刑适用率一直保持在 30% 左右。犯罪种类结构已然发生变化,而非监禁刑适用持续保持较低水平,这反映出我国在轻罪治理的方式上还不能完全满足现实的需求。一段时间以来,在宽严相济的刑事司法政策指导下,在司法机关和社会各界的共同努力下,重刑和死刑的适用得到了严格控制,但监禁刑依然是主要的治理手段,非监禁刑的适用范围仍然有待进一步扩大。①

表 4　非监禁刑适用情况

年份	2010 年	2011 年	2012 年	2013 年	2014 年	2015 年	2016 年	2017 年	2018 年	2019 年
生效判决/个	1,007,419	1,051,638	1,174,133	1,158,609	1,184,562	1,232,695	1,220,645	264,094	1,430,091	1,661,235
非监禁刑总数/人	321,788	364,532	410,731	415,214	423,559	416,364	419,609	101,008	435,097	447,445
非监禁刑比例	31.94%	34.66%	34.98%	35.84%	35.76%	33.78%	34.38%	38.25%	30.42%	26.93%
轻刑率	66.80%	69.50%	70.70%	76.20%	78.70%	80.60%	82.30%	81.00%	77.30%	78.70%

资料来源:历年中国法律年鉴和最高人民检察院公众号。

(二)理念与诉讼制度的转型

罪刑相适应理念的强化,适应了社会发展及犯罪态势变化,促进了司法实务转型;也可以说是从刑事司法理念和刑事诉讼制度上对轻罪治理予以了积极回应。这种变化主要表现在:一是宽严相济和少捕、慎诉、慎押司法理念构建;二是非监禁强制措施、非监禁刑、多元处理措施的完善。

1. 罪刑相适应理念的强化

2007 年 1 月和 2010 年 2 月,最高人民检察院、最高人民法院相继发布了最高人民检察院《关于在检察工作中贯彻宽严相济刑事司法政策的若干意见》、最高人民法院《关于贯彻宽严相济刑事政策的若干意见》,确立了"区别对待,该宽则宽,当严则严"的宽严相济刑事司法政策。

根据我国现阶段社会状况和立法基础,在轻罪治理背景下,2021 年 4 月

① 参见卢建平:《我国犯罪治理的大数据与大趋势》,载《人民检察》2016 年第 9 期。

最高人民检察院发布了《“十四五”时期检察工作发展规划》，明确提出要“全面贯彻宽严相济刑事政策，落实少捕慎诉慎押司法理念”，强调了审慎适用监禁措施的必要性和多元化处遇措施的意义和作用。从国际上看，这一举措也与联合国《公民权利和政治权利国际公约》第9条规定的“审前羁押不应当作为一般规则，而应当作为例外”相适应。

从“严厉打击”到“宽严相济刑事司法政策”，再到“少捕慎诉慎押司法理念”，我国刑事司法理念不断适应社会发展的调整需要，为我国现阶段的轻罪治理工作提供了理论支撑。

2. 轻罪治理诉讼制度改革

我国虽然没有对轻、重罪作分层立法规定，但现有法律框架可以容纳轻、重罪分层的治理，轻罪治理贯穿刑事实体法和程序法全过程。推进以非监禁措施、多元处遇、繁简分流为代表的轻罪治理诉讼制度改革表现在：一是限制适用监禁强制措施，如逮捕的条件限制适用，建立羁押必要性审查制度；二是进一步完善相对不起诉、附条件不起诉、刑事和解、从业禁止等处遇措施；三是非监禁刑制度得以完善，如2019年通过《社区矫正法》；四是实现繁简分流，建立认罪认罚从宽制度和速裁制度等。轻、重罪分层犯罪治理的思路贯穿刑法适用和刑事诉讼全过程。

三、轻罪治理的理性自觉

随着轻罪增多成为实然状态，我们要保持理性自觉，要考虑如何避免刑法手段对社会治理的过度介入，以及如何合理限制司法裁量权。

（一）避免刑事法律过度介入

轻罪治理如何避免刑法对社会治理的过度介入是一个值得研究的课题。如《刑法》增设“危险驾驶罪”后，2019年经起诉和判决的“危险驾驶罪”人数居所有犯罪之首。打击危险驾驶行为固有其必要性，但对各类犯罪的预防打击与某类犯罪高发之间的关系是否合理，是否存在刑法打击“门槛过低”等问题值得我们探讨。

（二）应对裁量权面临的质疑

有学者认为，如果过分依赖刑事司法手段限制刑罚适用，则司法机关可能会拥有过大的自由裁量权。在这种机制下，"犯罪的界定与刑法执行之间的区别远不像人们所想象的那样重要与具有实质意义""刑事司法体系的真正立法者是检察官而不是立法者"。如果司法实践中，将最终是否构成犯罪的决定权实质性地赋予人民警察和检察官，可能与我国罪刑法定原则不符[①]，也违背了公、检、法三机关分工负责、互相配合、相互制约原则。此外，在司法实践中一些习惯性做法，如"构罪即捕""构罪即诉"等，其合理性也值得商榷。从区分轻、重罪的治理结构来说，采取与轻罪相关的非监禁强制措施、非监禁刑是否就等于放纵犯罪？这一观念值得反思。

面对关于司法裁量权的质疑，需要作出明确的出罪、非监禁刑具体规定，以保障法官和检察官依法行使职权。

四、轻罪治理的司法路径选择

（一）合理设置入罪标准

设置合理的入罪标准，有利于限制轻罪立法的适用范围。法律应当与社会实际相符合。从我国传统法律文化来说，倚重刑法手段的观念至今没有彻底被根除；在某些司法人员的潜意识中也可能存在某种倚重刑法手段的陈旧观念。刑法重器是社会治理的重要手段，这是毫无疑义的；但综合运用多种手段加强社会治理是当代社会的一大特征。刑法要适应这一趋势就要在惩罚犯罪的同时，注重提升犯罪预防效果。单一的刑罚手段，其治理效能势必受到一定的限制。

这种思路与轻罪治理的立法趋势并不冲突。轻罪立法下，犯罪门槛降低，犯罪圈层扩大，意味着部分原本未纳入刑法规制的行为纳入了刑法规制，但不意味着行为一经实施就必然构成犯罪。某行为是否构成犯罪应当考虑刑罚的

① 参见何荣功：《我国轻罪立法的体系思考》，载《中外法学》2018年第5期。

当罚性，即入罪标准问题。司法实践中，已采取多种措施加以调整。主要由司法解释、立案标准等进行调整。例如，2011年《刑法修正案（八）》第22条增设《刑法》第133条之一"危险驾驶罪"，在道路上醉酒驾驶机动车行为正式入刑。2013年最高人民法院、最高人民检察院、公安部《关于办理醉酒驾驶机动车刑事案件适用法律若干问题的意见》发布，就"醉酒驾驶机动车"的血液酒精含量进行界定，并对从重处罚情形、数罪并罚情形等进行详细规定。

刑法手段的终极性要求刑法立法和司法要慎之又慎，同时必须设置合理的入罪标准，以限制轻罪法条的适用范围。具体而言：一方面，对于部分新增犯罪，亟待出台具有操作指引的司法解释，以划定犯罪的边界，如对"高空抛物罪"要规定具体的入罪标准；另一方面，对于现有的相关立案标准要根据实际情形的变化作优化调整，以适应新的社会状况，如对"危险驾驶罪"的入罪标准仍然需要进一步优化。

新的社会关系和权益保护的现实需求推动着刑事立法的进程，但刑法的终极性要求运用入罪标准精确调节刑法的司法适用。

（二）补充完善出罪细则

为体现国家对刑事被追诉者人权的尊重和保护，避免刑法过度介入社会生活，各国均制定了限定刑罚适用的人权保护机制，即出罪机制。如日本的起诉犹豫制度，以及《德国刑事诉讼法》第153—154条和第376条规定的检察官在多种情形下可以不提出指控、[①]《英国皇家检察官准则》以第6.5条规定的构成犯罪但不予起诉的参考因素。[②]

我国已建立较为完善的以附条件不起诉、酌定不起诉制度为主体的出罪机制，但具体的出罪细则并不完善。现有出罪规定主要限于：第一种情形，刑法、司法解释等直接规定将相关行为不作为犯罪处理的情形。如最高人民法院、最高人民检察《关于办理盗窃刑事案件适用法律若干问题的解释》第8条规定：偷拿家庭成员或者近亲属的财物，获得谅解的，一般可以不认为是犯罪。

---

① 参见文铭、曹丽丽：《中德起诉裁量权比较研究》，载《合作经济与科技》2009年第3期。

② 参见［英］约翰·斯普莱克：《英国刑事诉讼程序》（第9版），徐美君、杨立涛译，中国人民大学出版社2006年版，第95页。

最高人民法院、最高人民检察院《关于办理赌博刑事案件具体应用法律若干问题的解释》第 9 条规定：不以营利为目的，进行带有少量财物输赢的娱乐互动，以及提供棋牌室等娱乐场所只收取正常的场所和服务费用的经营行为等，不以赌博论处。第二种情形，刑事司法政策规定根据不起诉因素酌定。如最高人民检察院《关于在检察工作中贯彻宽严相济刑事司法政策的若干意见》第 12 条规定："对因人民内部矛盾引发的轻微刑事案件依法从宽处理。对因亲友、邻里及同学同事之间纠纷引发的轻微刑事案件，要本着'冤家宜解不宜结'的精神，着重从化解矛盾、解决纠纷的角度正确处理。对于轻微刑事案件中犯罪嫌疑人认罪悔过、赔礼道歉、积极赔偿损失并得到被害人谅解或者双方达成和解并切实履行，社会危害性不大的，可以依法不予逮捕或者不起诉……"第三种情形，部分检察机关出台的起诉裁量指导意见。如山东省临沂市临沭县人民检察院《关于对部分犯罪情节轻微案件适用不起诉指导意见（试行）》，列举了交通肇事罪、危险驾驶罪、故意伤害罪、非法拘禁罪等 7 种常见罪名的不起诉适用标准。①

但总体来说，现有出罪规定偏少，且不够完善。在"构罪即诉"等传统司法观念及对于"不诉案件重点评查"的内部司法审查机制下，轻罪逮捕率和轻罪起诉率过高，导致刑法适用效果偏离预定轨道；同时起诉自由裁量权过大可能面临某种质疑和批评，使得司法人员对出罪裁量存有疑虑，担心因放纵犯罪被追责，也导致了司法实务中出罪制度的适用不理想。

但仍有一些成功经验值得推广。在出台了起诉裁量指导意见的一些地方检察机关中，因司法机关公信力提升和规范化适用，针对司法人员个人起诉裁量合理性的质疑减少，减轻了司法人员出罪裁量压力。这是保障司法人员起诉裁量充分行使的有益尝试。但此类指导意见尚属部分地区的司法尝试，未在全国范围内复制推广，不少地区的起诉工作中缺少类似裁量指南；同时，相关程序性规定也不够健全，起诉裁量指导意见大多根据当地司法机关、执法机关的经验总结而成，多数未经过严密的专家论证或社会听证等程序，上级机关

① 系统管理员：《临沭县院制定实施〈关于对部分犯罪情节轻微案件适用不起诉指导意见（试行）〉》，载临沭县人民检察院网 2020 年 3 月 19 日，www. lsx. lyjc. gov. cn//news/294. html。

的指导工作也有待进一步加强。实际上，起诉裁量指导意见在适用尺度、适用效果上存在地方性差异。例如，部分地区血液酒精含量80毫克/100毫升提起公诉，部分地区血液酒精含量120毫克/100毫升以下却属于相对不起诉适用范畴。在智慧司法和大数据背景下，这种地方性差异叠加网络传播的集聚效应，可能会引发舆情，由此使得公众或当事人对司法裁判公正性、统一性、同罪同罚产生怀疑。

在轻罪立法背景下，随着犯罪圈层的扩大，有必要从三个方面加快出罪规则的构建，以降低对起诉裁量权的依赖，真正扩大不起诉的规范适用：一是制定全国统一适用的具有普遍适用效力的出罪指南规则，从指导原则、出罪条件、入罪的刚性规定等方面进行界定，保证出罪规则的一致性；二是制定符合当地实际的操作性程序性实施细则，保障各地在司法过程中科学合理地适用该规则；三是强化下级检察机关出罪操作标准和程序的报备，并加强上级检察机关对下级检察机关制定和实施出罪操作标准和程序的指导，确保各地方实施的出罪规则的规范性和统一性。

（三）逐步减少在押比例

当前我国轻罪占比达80%，危及人身安全的恶性犯罪比例持续降低，新型危害社会管理秩序犯罪比例大幅提升，犯罪结构和刑罚结构逐渐轻缓化，提升非监禁强制措施、非监禁刑的适用具有现实必要性。一是从遵循诉讼活动客观规律而言，轻微犯罪社会危险性和人身危害性较低，对社会关系的破坏较小，其产生妨害司法活动的风险也较低，适用羁押强制措施、监禁刑不具有迫切性和必要性；二是从恢复性司法角度出发，采取非监禁强制措施、非监禁刑有利于推动犯罪当事人社会矛盾的化解、降低罪行轻微的犯罪分子回归社会的成本，还有利于预防监禁场所的交叉感染，且针对特定犯罪违法人员，非羁押措施的适用在教育感化作用上往往大于监禁的作用；三是人身自由是《宪法》赋予公民的基本权利，针对社会危害性较小，不具有监禁必要性的轻微犯罪，采取非监禁强制措施、非监禁刑是保障公民基本权利的务实之举；也是轻罪治理刑事司法的必然选择，是罪责刑相适应的刑法基本原则要求，与宽严相济刑事政策、少捕慎诉慎押司法理念相符合。为逐步减少在押人员比例，应当努力细化非监禁强制措施及缓刑的适用情形，统一非监禁强制措施及缓刑的适用标准，提高非监禁强制措施及缓刑的适用比例；同时，对非监禁强制措施及缓刑适用中出现的问题及时梳理，并提出对策，以真正提高非监禁强制措施及非监禁刑的适用率。①

（四）建立前科消灭制度

《刑法》第 100 条第 1 款规定了成年人前科报告制度。但对于轻罪而言，由于不属于“重大恶性犯罪”，犯罪行为人也已经不再是传统刑法学意义上具有人身危险性的“犯罪分子”。② 犯罪形态和刑事诉讼制度发生了巨大变革。随着刑事轻罪立法的扩张，轻微犯罪的刑罚执行后的处遇也面临新的情况：触犯刑法被判轻罪的人员在刑罚执行完毕，如果采取相关措施对该类人员的工作、生活、婚姻是否会持续产生一定的影响，这种影响的必要性和限度如何把握？2011 年颁行的《刑法修正案（八）》有条件地取消了未成年人的这一义务，为在我国建立适当的前科消灭制度奠定了基础。《刑事诉讼法》第 286 条增设了未成年人犯罪记录的封存和查询条款。虽然上述规定仅适用于被判处 5 年有期徒刑以下未成年人，但亦是我国轻罪前科封存及前科报告消除制度的一项积极尝试。为成年人轻微罪犯罪记录封存及前科报告消除提供了契机。可以参考上述规定的对犯罪的轻微罪人员实行犯罪记录封存制度，并建立有条件的前科消灭制度，为有轻罪犯罪记录的人员避免前科带来的负面影响，使这些人能够平等地享有与其他正常人一样的权利，使其真正改过自新，回归社会。

（五）更新轻罪司法理念

除完善相关顶层设计和工作机制外，司法人员理念更新也不可或缺。一方面，出罪、非监禁细则出于文本意义的限制，不能穷尽所有情形，加之客观情

---

① 参见刘传稿：《犯罪化语境下的轻罪治理——基于〈刑法修正案（十一）〉的分析》，载《北京联合大学学报（人文社会科学版）》2021 年第 2 期。

② 参见吴宏耀：《轻罪治理与刑事检察制度的时代转型》，载《国家检察官学院学报》2021 年第 1 期。

势在变化，需要在适用中加以调适，并对成熟的经验加以定型，这有利于进一步修订和完善出罪细则。另一方面，轻罪治理问题始终离不开司法人员的自由裁量，承载着司法人员的使命担当和为民情怀。需要与时俱进地更新轻罪司法理念，更好地将刑法手段融入国家治理的整体格局。

五、结语

综上所述，轻罪立法、犯罪结构变化的立法与社会现实需要广大司法人员加以密切关注，要不断地克服传统的“重打击轻保护”“重实体轻程序”的观念，严格执行“宽严相济”“少捕慎诉慎押”的刑事政策。在具体司法实践中，要认真落实“少捕慎诉慎押”的司法原则，将多元化轻罪处遇模式作为新时代、新阶段中服务刑法社会治理整体需要的有力工具。要将刑事治理融入社会治理，对在轻罪治理中取得良好社会效果的个人及组织予以激励，从而强化司法理念转型的内生动力，推动我国刑事司法的整体转型和整体效能发挥，让人民群众在每一个案件中感受到公平正义。要按照中央政法工作会议关于深化刑事诉讼制度改革的要求“完善刑事案件分流机制，推进认罪认罚从宽制度试点，构建中国特色轻罪诉讼制度体系，推进以审判为中心的刑事诉讼制度改革”。

轻罪治理作为中国特色刑事司法制度体系的重要内容，体现了对刑事立法、犯罪结构变化的积极回应，是实现实质公平和社会正义的必然选择。要立足实际，积极探索轻罪治理的检察理论创新和实践路径，不断深化认识，采取措施，贯彻以人民为中心的司法理念，实现刑事司法政治效果、法律效果、社会效果相统一。

司法改革背景下的少年法庭发展路径

——基于对部分省市法院少年法庭的实地考察*

北京市高级人民法院少年法庭改革调研课题组**

摘　要：少年审判在未成年人司法保护、促进未成年人健康成长方面发挥了重要作用。我国逐步探索建立了一套具有中国特色的少年审判方式，培养了一支专业素质较高、作风优良的少年审判队伍。在当前全面推进司法改革的大背景下，少年法庭工作已走到改革的十字路口，尤其随着内设机构改革陆续启动，少年法庭正面临新的困难和挑战。少年法庭改革的路径选择，总体来看，主要有三种模式：集中管辖模式、综合审判模式和少年家事合一模式。通过比较分析，提出了少年家事合一模式框架设计的具体构想。

关键词：少年法庭　司法改革　家事合一

引　言

少年司法是衡量司法文明进步程度的重要指标，对推动全社会关注青少年权益保护发挥着引领作用。加强少年法庭工作，是法院践行司法为民宗旨的必然要求，也是深化司法体制改革，促进审判体系和审判能力现代化的应有

---

* 本文原载于《预防青少年犯罪研究》2019 年第 4 期。

** 课题主持人：慕平、安凤德；课题负责人：赵德云；执笔人：宋莹、郭威；课题参与人：张农荣、单国钧、祁欢、李倩、陈轶。

之义。

三十多年来，在党和政府的关心支持下，在几代法院人的共同努力下，我国少年法庭工作在探索中不断发展。目前全国法院共设立少年法庭2300多个，形成了一支由7000余名法官组成的少年审判专业队伍，涌现出尚秀云、李其宏等许多优秀法官。少年法庭共判处未成年犯150余万人，先后探索创立了圆桌审判、法庭教育、社会调查、合适成年人到场、心理评估干预、轻罪记录封存、判后回访，以及“政法一条龙”“社会一条龙”等制度机制，教育、挽救了一大批失足未成年人，为维护社会稳定、保护未成年人健康成长作出了重要贡献，得到了社会各界的广泛认同，也打造了中国少年司法的经验和范本。

当前我国未成年人保护和犯罪预防工作依然严峻，必须从社会稳定发展和国家安全的战略高度，通盘考虑未成年人保护和少年司法发展问题。① 在全面推进司法改革的大背景下，少年法庭工作已走到改革的十字路口，正面临着新的困难和挑战，如何顺应改革潮流更上层楼，在新的历史时期建设好、运用好少年法庭，发展好少年司法的中国特色经验，更好地服务和保障未成年人健康成长，成为摆在我们面前的一个重大课题。

一、现状检视：少年法庭发展面临的突出问题

1. 理论和审判实务研究尚不深入

少年审判能否成为一个独立的审判业务类别，关键在于少年司法是否具有特殊性。然而时至今日，理论界、实务界对于少年司法独特价值问题的理论研究仍不够深入，研究方法和结论尚浮于表面，说服力不强。尤其是对少年审判业务的独立性、内部运行机制等问题研究尚不够系统化；对少年审判案外延伸工作正当性和可行性的法理依据研究还不透彻。由于欠缺科学的理论支撑，对于少年法庭的发展方向，目前认识还不统一，导致改革迟迟不能破局。

2. 顶层制度设计尚不健全

虽然我国在少年司法的发展过程中，逐步加强了未成年人立法工作，《未

① 参见胡云腾：《论全面依法治国背景下少年法庭的改革与发展——基于域外少年司法制度比较研究》，载《中国青年社会科学》2016年第1期。

成年人保护法》和《预防未成年人犯罪法》先后出台,《刑事诉讼法》增加了未成年人刑事案件诉讼程序的专章规定等,但这些规范是在成人司法框架下的"修补"或者"微调",在顶层设计层面尚缺乏相对独立的、科学完整的少年审判制度体系乃至少年司法制度体系。此外,相较于涉少刑事审判,涉少民事、行政审判[①]的法律制度更加不健全,其特殊制度仍处于实践摸索阶段,尚无可以遵循的成熟做法。

3. 组织模式亟待明确

自2006年最高人民法院推行综合审判试点工作[②]至今,我国对少年审判的组织模式仍没有确定明晰的发展方向,以至于形成多种组织模式。目前,全国各地法院的少年审判组织模式多达六种,包括未成年人案件合议庭、未成年人刑事案件审判庭、青少年刑事案件审判庭、未成年人案件综合审判庭、少年家事审判庭(家事少年审判庭)以及跨区域集中管辖的未成年人案件审判庭。[③] 由于组织机构发展方向不够明确,许多法院认识不统一,或各行其是,或迟疑观望,不利于深化少年法庭制度机制改革。

4. 受案范围尚不统一

不仅各地法院的少年审判组织模式各不相同,各地法院少年法庭的受案范围也五花八门。有的仅受理被告人是未成年人的刑事案件,有的还将被害人是未成年人的刑事案件纳入,有的则将部分民事案件也纳入,还有的将涉及未成年人权益保护的所有刑事、民事、行政案件都纳入少年法庭审理范围;有

---

① 因涉少行政案件数量所占比例极其微小,在全部涉少案件中所占比例不到1%,故不作单独讨论。

② 为了全面、综合保护未成年人合法权益,也为了拓展少年法庭的审判范围,2006年最高人民法院在全国推动独立建制的未成年人综合审判庭试点工作;2012年,经中央政法委同意,增加32个中级人民法院参与试点工作。参见胡云腾:《论全面依法治国背景下少年法庭的改革与发展——基于域外少年司法制度比较研究》,载《中国青年社会科学》2016年第1期。

③ 未成年人案件合议庭一般为刑庭内单独设立的合议庭;未成年人刑事案件审判庭为专门审理未成年人刑事案件的庭室;青少年刑事案件审判庭是在一般未成年人刑事案件中加入被告人为特定年龄的成年青年人;未成年人案件综合审判庭是审理涉及未成年人刑事、民事、行政案件(部分法院还审理未成年人减刑、假释案件)的专门审判庭;少年家事审判庭是2016年5月根据最高人民法院确定的108家中、基层人民法院开展家事审判改革试点成立的将家事案件和未成年人案件统一管辖的专门审判庭;跨区域集中管辖未成年人案件审判庭是指将涉及未成年人的刑事、民事案件跨区域指定一个法院专门管辖审判的专门审判庭。

的法院不区分是否涉及未成年人利益，统一将离婚案件归入少年法庭审理范围，有的甚至将民间借贷等商事案件和知识产权案件也归入少年法庭审理范围。这些做法虽一时解决了少年法庭案件数量过少的问题，但也削弱了少年审判的特色。由于缺少统一的受案规范，上下级法院审判业务必然不能良好对应衔接，在业务指导等方面难免脱节。以某中级人民法院少年法庭为例，其审理的涉及未成年人利益的分家析产和法定继承等二审案件，来源于辖区一审法院各民事审判庭；而其辖区有的基层少年法庭审理的离婚案件，上诉后则移送至该中级人民法院的民庭。这种上下级法院少年法庭受案范围的不一致，容易导致审判业务的多头指导或缺乏指导，影响法律适用的统一。

5. 案件数量相对不足

由于近年来未成年人犯罪率整体呈下降趋势，加之随着《刑事诉讼法》关于检察机关附条件不起诉制度的确立，少年法庭受理刑事案件数量正在逐年减少。以全国法院少年法庭判处未成年犯的数量为例，2015 年判处 43,800 余人，2016 年下降至 35,000 余人。北京市少年法庭 2014 年共审理刑事案件 1148 件，民事案件 2859 件；2015 年审理刑事案件 1099 件，民事案件 3189 件；2016 年审理刑事案件 782 件，民事案件 3746 件；2017 年审理刑事案件 716 件，民事案件 4565 件。少年法庭审理的案件总量和法官人均结案都明显低于全市法院平均值。由于案件数量相对不足，有的少年法庭人员被调整到其他业务庭室，有的少年法庭为了满足案件数量的要求，将一些与未成年人权益联系不大甚至毫无关联的案件调整到少年法庭审理，冲淡了少年审判的特色，影响了少年司法制度的发展。

6. 机构建制受到改革冲击

在司法体制改革中，很多地方没有将少年法庭改革纳入改革总体布局中通盘考虑。近几年由于涉少案件减少，许多法院的少年法庭已经撤并。随着内设机构改革的推进，绝大部分基层法院少年审判庭可能面临裁撤的风险，面对这种形势，多数法院尚无明确对策。如果简单撤并、削减，又不找新的出路，则可能带来少年司法的理念逐步淡化，已经建立起来的专业队伍逐步流失，初步构建起来的社会关护体系逐渐解构等问题。

7. 考核评价不尽合理

少年司法制度要求法官在办案的同时,还要开展社会调查、法庭教育、回访帮教、法治宣传教育等案外延伸工作和社会事务性工作,这些工作量可能是普通案件审判的工作量的几倍多,而且周期长、难度大、耗时费力,成效难显。但绝大多数法院仍单纯以办案数量为标准考评少年法庭工作,并未将庭外延伸工作纳入考评体系,少年法庭法官在业绩考核方面一直处于尴尬的地位。

8. 审判队伍缺乏稳定性

少年法庭自创建以来,始终受到人员流动过于频繁的困扰。特别是法官员额制改革中,确定法官员额的标准主要是案件数量,由此造成少年法庭入额法官较少。加之受案源不足、机构不稳、考核不科学等因素的影响,一些法院从事少年审判的法官工作热情受挫,而调动频繁则导致专业化建设滞后,影响少年审判工作的发展。

二、溯本求源:少年审判之特殊性分析

少年对于民族的重要性、少年本身的特殊性、少年司法的特殊性等,决定了少年审判应当从普通成人审判中独立出来。尊重少年审判特殊性,保证其独立性,是少年审判稳定、健康发展的必然要求。

1. 审判对象特殊:未成年人的幼弱性[①]与可塑性

未成年人的健康成长,关系家庭的和谐、社会的稳定,影响国家的竞争力和民族的未来。应当从国家安全的战略高度、从确保党和国家事业后继有人的高度、从贯彻以人民为中心的发展思想的高度,看待未成年人健康成长的重要性。

大量神经科学和行为学的当代研究成果表明,人类大脑的发育一直持续到25岁左右,那时候最后一块发育的区域是前额叶,而前额叶具有阻止人们作出轻率、冲动决定的作用。[②] 未成年人发育尚未完全成熟、分辨和控制能力相对较弱,人生观和世界观尚未形成,具有很强的可塑性,其在心智、理性、体

---

① 参见吴鹏飞、余鹏峰:《"惩治性侵害未成年人犯罪意见"若干问题评析——以儿童权利保护为视角》,载《理论与改革》2014年第4期。

② 参见姚建龙:《少年法院的学理论证与方案设计》,上海社会科学院出版社2014年版,第1页。

力等方面均较成人处于弱势，需要得到有别于成人的对待，特别是国家、家庭、社会以及相关机构的关心、帮助和爱护。充分发挥少年审判职能，努力为青少年创造良好的家庭、校园和社会环境，保障青少年健康、幸福成长，也是人民法院义不容辞的责任。

2. 审判理念特殊：国家亲权与儿童利益最大化

少年司法的理论基石是少年司法理念，国家亲权理念和儿童最大利益原则是少年司法独特的思想基础。

"国家亲权"这一核心指导理念，强调国家承担对未成年人的保护和教育责任，国家是未成年人最高和最后的监护人，得以父母般角色依儿童最大利益原则便宜行事。儿童最大利益原则是一项国际性原则，强调儿童的利益应当得到独立保护，儿童的需求应当得到首要考虑和尽量满足，各方应努力为儿童利益的实现创造条件、提供便利。在上述理论的指导下，少年司法一方面要强化国家的主体责任，对于侵害未成年人合法权益的行为，应适当主动干预；另一方面要充分尊重少年的人格独立性，从少年的角度评价少年的行为，在奉行一般社会价值观念的基础上，充分考虑少年人格和行为的特殊性，对少年行为与成人行为采取不同的定性准则和不同的措施。从少年审判看，在刑事领域，要更加突出教育、感化、挽救的功能，更加关注犯罪的未成年人如何经过司法程序更好地回归社会；少年案件的处理应首先考虑到社会对这些处于特殊状态中的儿童的"补偿和救助"；少年司法的程序设计应当人性化，遵循少用监禁、司法人员专业化、特别的审判方式、适应少年身心发育特点、保护隐私等原则，实体上体现出非刑事化、个别化、轻刑化和特别保护的原则，以利于实现教育和挽救的目的。在民事领域，突出对未成年人合法权益的特殊优先保护，构建职权主义诉讼模式，保障未成年人在诉讼中的意见表达权，让法官拥有更强的探明权和诉讼程序的控制权，使未成年人权益受到侵害时，公权力能够及时、有效介入，并作出回应。

3. 审判方式、方法特殊：职权探知主义与司法职能延伸

少年审判方式与一般审判方式的消极、中立特征形成了鲜明对比：一是在审判方式上，更加注重适用符合未成年人生理和心理特点的方式进行；二是在工作内容上，不仅注重查明案件本身的事实，更需要深入了解导致未成年人违

法犯罪的原因，未成年人自身的困境、家庭的责任、未成年人的生存状况等案件背后的问题，从而利用专业能力，对接政府多个部门、联合社会多方力量为未成年人化解困境；三是在干预方式上，少年审判工作更加注重公权力的主动介入，法院的审判职能贯穿整个案件审理过程中，并适当延伸至案件审理之外，全方位地对涉案未成年人进行综合保护；四是在工作体系上，更加注重司法机关、行政机关和社会力量的沟通联系，通过“政法一条龙”“社会一条龙”的工作机制，整合未成年人保护的各类资源。

此外，从与国际接轨的角度讲，以专门的少年审判机构处理少年案件，已经成为世界各国和地区的普遍性做法。如德国采用的是专门少年法庭的形式，日本采用的是家庭法院形式，美国综合采用专门法庭、少年法院、家庭法院等多元并存形式，我国台湾地区则采用的是少年及家事法院与专门少年及家事法庭结合的形式①。我国已经加入《儿童权利公约》《联合国少年司法最低限度标准规则》②等涉及少年保护的国际公约，建立独立、专门的少年审判机构，既是履行国际义务，也有利于使我国少年司法制度融入世界潮流。

三、困境突破：少年法庭改革路径与设计

基于少年审判的特殊性、专业性和相对独立性，选择少年法庭的发展路径应当首先着力于组织机构的改革。当前，司法体制改革已进入深水期，少年审判组织机构到底应以哪种模式作为未来发展的主流方向，已成为少年法庭发展道路上最亟待解决的“瓶颈”问题。

（一）少年法庭机构改革的原则

一是遵循少年司法规律，以完善中国特色社会主义少年司法制度为目标，主要体现在对未成年人的特殊保护和少年审判组织的相对独立、少年司法人

---

① 参见姚建龙：《少年法院的学理论证与方案设计》，上海社会科学院出版社2014年版，第114页。

② 该规则第1.6条规定，“应逐步建立和协调少年司法机关，以便提高和保持这些工作机关人员的能力”；第2.3条规定，“应努力在每个国家司法管辖权范围内制定一套专门适用于少年犯的法律、规则和规定，并建立授权实施少年司法的机构和机关”。

员的专业性上。二是遵循人民法院司法改革总的要求和部署,与当前中央确定的法官员额制、司法责任制、以审判为中心的诉讼制度改革等各项司法改革目标相一致,坚持在法律与司法政策的框架内改革。三是坚持问题导向和区别对待,既有利于解决影响少年审判发展的"瓶颈"问题,又有利于优化司法资源配置,降低司法成本。四是有利于少年审判组织内部整体架构的统一管理、上下衔接,以及与外部社会力量(尤其是社会服务支持体系)的协调对接。

(二)少年法庭机构改革的模式对比

结合实践中较有代表性的少年法庭模式,选取三种较有全局性和前瞻性的模式予以比较分析。

1. 集中管辖模式

这种模式在原有的少年审判庭的基础上,将分散于各基层人民法院的涉少案件集中到某些特定法院少年法庭审理,从而进一步体现少年司法的专业化和集约化。这种模式的优势在于:第一,能较好保持少年审判的特色,使业务分工更加细致,审判指导和管理更加便利,有利于提高少年审判的专业水平。第二,能够增加少年法庭的收案量(综合审判庭已审理少量民事案件),解决少年法庭案件数量过少的问题,使审判资源配置得到优化,审判效率得到提高。第三,改革有法律依据,最高人民法院《关于适用〈中华人民共和国刑事诉讼法〉的解释》第465条规定,"对未成年人刑事案件,必要时,上级人民法院可以根据刑事诉讼法第二十六条的规定,指定下级人民法院将案件移送其他人民法院审判",同时这种改革模式还能够为探索建立少年专门法院积累经验。

这种模式的问题和难点在于:第一,改革的力度不大,对法院全部审判格局的影响较小,在调整内设机构改革中,恐难以成为一类专业审判。第二,集中管辖需要与检察机关协调一致,且会在一定程度上影响当事人诉讼的便利性。第三,在实际操作中,集中管辖的少年法庭通常需要设在案件量较多的法院,如此将造成这些法院案件数量进一步增多、审判资源更为紧张。

从我国实践看,1998年江苏省连云港市率先在全国试行对少年犯罪案件集中指定管辖。此后,江苏、上海等省市部分法院开始实行将未成年被告人刑事案件指定到某些法院集中审理制度。目前,海南省海口市、宁夏回族自治区银川市、山西省大同市、安徽省芜湖市、甘肃省庆阳市、吉林省辽源市已向前迈进,各建立了由一家基层检察院和基层法院对应的指定管辖集中起诉集中审理制度。[①] 但上述集中管辖基本是停留在少年刑事审判层面,涉及综合审判层面的尚无相对成熟的经验。实地考察中,采取该模式的少年法庭反映,集中管辖优势在于解决刑事案件数量,集中刑事审判力量,但在被告人跨区关押、押解、开庭、开展社会调查、回访帮教等方面存在不便;在与公安、检察机关的工作衔接上也存在一定困难;在司法保护和法治宣传方面,也因与各区教育、团委、妇联、民政等职能部门跨区衔接上的困难而无法顺利开展。

2. 综合审判模式

这种模式是在现有综合审判组织架构的基础上,进一步适当调整,统一受案范围,使得三级法院在组织架构、人员管理、业务指导与培训上形成严密的统一。

这种模式的优势在于:由于现有综合审判模式已发展到一定规模,积累了较丰富的经验,故只需在最高人民法院和高级人民法院层面对少年法庭进一步科学研究、确定受案范围,各辖区中级、基层人民法院按照要求跟进,从司法成本的投入来看,调整范围最小,人员变动最少,最为节约司法资源;同时能够形成三级少年法庭的统一架构,较好地完成对少年特色制度的延续、创新以及与社会力量的对接,较为全面地保护未成年人合法权益。

这种模式的问题和难点在于:第一,科学的受案范围难以确定。如果盲目扩大受案范围,部分案由可能不符合少年司法的理念与要求,仅仅为了解决“吃不饱”问题削弱少年司法特色得不偿失;如果严格限定受案范围,以现有的人员编制还是会面临案件量不足的问题;况且,法院情况各不相同,案由虽然能统一,但各法院少年法庭面临的案件量可能不一样,易导致“多的太多,少的不够”的局面。第二,与家事审判工作机制存在重叠。家事审判改革内容涵盖了未成年人权益保护,确立的审判理念、工作机制与少年法庭相近,推

① 参见王建平:《关于少年审判改革的前瞻性思考》,载《上海法治报》2016 年 11 月 16 日,第 B5 版。

进的社会观护、心理疏导、判后帮扶回访等特色工作也与少年法庭有诸多共同之处。因此，在此模式下，将出现少年审判与家事审判就相似工作内容各自搭建机制平台、重复探索的局面，一方面提高了司法改革成本，不利于司法资源优化配置；另一方面分散了未成年人社会保护力量，不利于未成年人社会保护资源的集约化建设。第三，如果少年法庭改革的近期目标是抓住司法改革契机，推动少年法庭顺应改革潮流更上层楼，那么综合审判模式可能因趋于保守而错过此番改革的调整良机。

实地考察中发现，实行综合审判模式，确有更加全面保护未成年人合法权益的优势。一些案件数足以支撑独立机构的法院保留了综合审判模式。但随着传统涉少案件数量下降，为了解决案源不足的问题，也有部分已经采用综合审判模式的少年法庭正逐步扩大受案范围，将涉未成年子女抚养的离婚、同居关系等纠纷纳入少年法庭审理，形成了较以往进一步拓展的新型综合审判模式，如重庆市第五中级人民法院及其部分辖区法院等。而广州市中级人民法院、三明市中级人民法院等部分原综合审判庭试点法院，则出于对案件数量、考评机制的制约和优化资源配置、深化家事审判改革等因素的考虑，已将家事案件划归少年庭审理，发展为家少合一模式。

3. 少年与家事合一模式

这种模式是指设立少年家事审判庭或者家事少年审判庭，负责审理涉未成年人案件和家事案件。这种“合一”不是“谁吃掉谁”，而是要做到“合而不同”，也就是少年审判与家事审判虽然合在一起，但是内部保持相对独立性。[①]家事审判与少年审判的互通性是二者一体化发展的基础。第一，家事审判与少年审判理念相通。二者都遵循恢复性司法理念，家事审判重视社会秩序和家庭伦理关系的修复与弥合，与少年审判长期坚持的柔性司法、恢复性司法理念不谋而合；都重视保护弱者，家事审判倡导关注对儿童、妇女、老人等弱者的保护，少年司法主张特殊、优先、全面保护未成年人权益；都坚持以人为本理念，家事审判追求司法人文关怀，少年法庭注重未成年人的主体地位，全面关

---

① 上海政法学院刑事司法学院姚建龙教授将少年和家事“合而不同”的特点概括为16个字：“理念相通、程序相近、资源共享、相对独立”，摘自姚建龙教授在北京法院少年法庭成立三十周年未成年人审判研讨会上的发言《关于坚持、完善、改革、发展少年法庭的三点建议》。

注未成年人身份利益、人格利益、情感利益和财产权益。第二,家事审判与少年审判原则相近。二者都坚持“儿童利益最大化”原则,不仅体现在案件本身的裁判,也体现在寓助于审方面;都以职权主义为主导,家事审判出于保护弱势群体、维护社会公益的目的,倡导构建以法官为主导的职权探知诉讼模式,这与少年司法基于“国家亲权”基础上的职权主义模式异曲同工;都坚持家庭本位原则,家事审判以维护婚姻家庭的和谐稳定、家庭成员的共同利益为主要内容,尽可能地维护原有家庭和婚姻关系的稳定,这与少年审判领域“家庭是孩子的第一所学校,父母是孩子的第一任老师”“挽救一个孩子就是挽救一个家庭”等共识相得益彰;都坚持多元化解决原则,家事纠纷多元化解决原则与少年审判长期坚持的“两条龙”机制殊途同归。第三,家事审判与少年审判程序共通。二者都注重心理疏导,家事审判改革着力引入心理疏导制度,缓解案件当事人负面情绪,引导当事人回归理性诉讼,这与少年法庭运用心理疏导机制帮助未成年人缓解心理危机、引导未成年人家长改善亲子关系等实践相得益彰;都采取社会观护,家事审判大多配备家事调查官作为审判辅助人员,协助调查家事纠纷,调节家事关系,为案件处理提供依据,而涉少民事案件中的社会观护,也旨在通过专业社工组织对未成年人家庭教养环境等相关因素开展调查,形成访视报告协助法官调解或裁判。二者都重视法庭教育,家事审判可根据案件审理情况在庭审小结、调解、宣判等多个环节,针对当事人违背社会道德等行为进行批评教育,以倡导正确的婚姻家庭观,推进社会文明建设,而法庭教育、亲职教育也是少年法庭颇具特色的工作。

这种模式的积极意义在于:第一,有利于最大限度地保护未成年人合法权益,有助于维护家庭稳定。未成年人案件的发生,与家庭监护失当、家庭关系紧张等密切相关,修复破损婚姻、维护家庭稳定的家事审判功能,有利于更好地保护未成年人身心健康,促进家庭和睦,引领良好家风,也符合我国文化传统。第二,有利于资源共享,优势互补。少年法庭有机构、有人员、有经验,案件数量相对不多,而家事审判改革刚启动,机构少、人员少、案件多,在此情形下如能整合二者资源,少年审判将会为家事审判提供相对完善的既有机制和经验[①],有利于形成强强联合、互补之势。第三,有利于解决案件划分和司法资源配置问题。这种模式精简了机构,也符合员额制的人员选拔要求;避免了少年审判与家事审判"业务交叉""多头指导"等问题;将缓解少年法庭因案源不足而导致的地位弱化、职能异化等问题。第四,符合国际司法发展趋势。从国际上看,少年与家事合一是发展趋势[②],既有利于少年审判长远发展,也便于国家和地区间学习交流。

这种模式的问题和难点在于:第一,前期需要投入一定的司法成本。少年与家事的合一涉及法院内部及外部、机构及人员的调整变动,少年司法的"两条龙"衔接需要做好准备,人员及编制的安排需要提前做好测算。第二,法律理念和适用仍存在一定差异。虽然家事和少年有理念相通之处,但亦有所区别,人员和理念的彻底融合不可能一蹴而就,需要一个过程;家事案件中仍有大量是非涉少案件,庭内专业法官会议以及统一法律适用方面仍可能存在一定分歧。第三,涉少审判组织在保持"合而不同"的独立性方面可能存在难度。由于家事案件数量巨大,如果人员配备不齐、考评机制不健全,在一定时期内,可能出现重家事、轻少年,家事审判冲淡少年审判等问题。

在考察交流中,采取该模式的少年法庭普遍反映:该模式有利于将保护未成年人权益延伸至家事案件,对家事案件中的妇女、老人和未成年人予以特殊、优先保护;将教育挽救延伸至家事案件,形成调解和修复家庭关系的一些做法;将社会调查机制延伸至一部分婚姻家庭纠纷,形成家事调查机制;将未成年人的社会关护体系延伸至一部分需要保护的家庭成员,予以司法救助、心理疏导等。但该模式也存在人员配备不齐、考评机制不健全的情况下重家事、轻少年,一定程度上冲淡少年特色的问题,此外由于离婚纠纷矛盾尖锐,家事法官面临精神压力大和职业风险性高的问题。

---

① 例如,北京法院少年法庭,通过多年的探索,在涉少民事审判特色工作机制方面已形成相对成熟的配套体系和平台:北京市高级人民法院与团市委、社工组织合作搭建涉少民事社会观护平台;与市青少年法律与心理咨询服务中心共同合作心理干预机制;与"中国人权发展基金会"合作设立"未成年人司法救助基金";通过微信公众号、新闻发布会、微电影、网络直播等方式搭建法治宣传教育平台。

② 例如,美国纽约州家事法院管辖涉及家庭生活的所有事项,特别是犯罪少年和受忽视少年案件;韩国、日本的家事法院由家事部和少年部组成,统一管辖和处理婚姻家庭、少年犯罪及权益保护案件。

基于对北京、上海、重庆、江苏、四川、广东、福建等地实地考察及对三种模式的对比分析、利弊权衡，我们认为，少年与家事合一，不仅有利于对未成年人的特殊、优先保护，还有利于从根源治理、预防未成年人犯罪，既符合当前最高人民法院家事审判改革目标，也益于整合资源，最大限度发挥各自的司法效用，总体而言利大于弊。同时，改革也不宜“一刀切”地作统一要求，而应结合地方实际因地制宜，对于推广少家模式尚不具备条件的地区，也可根据案件数量、职能任务和内设机构设置确定其他少年法庭发展模式。

（三）少年家事合一模式的框架设计

少年法庭改革既要立足实际，也要具有前瞻性，为未来工作发展创造条件，预留空间。出于由点及面、循序推进的考虑，我们认为，成立少年家事审判庭，可通过先行试点、逐步规范的方式推进，具体设想如下。

1. 受案范围

合理的受案范围是审判庭得以高效运转的关键。试点法院可探索受理两大类案件：一是涉少案件，涉少案件又分为涉少刑事案件①，涉少民事案件（含涉少家事案件）②，未成年人减刑、假释案件以及未成年人行政诉讼案件③。其中，涉少民事案件的划分标准为：未成年人权益④受到侵害或身心健康可能受到侵害，需要实行特殊司法保护的民事案件。二是其他家事案件⑤。需要注

---

① 具体包括：①被告人实施被指控的犯罪时不满18周岁的案件；②侵害未成年人人身权利的刑事案件；③被告人实施被指控的犯罪时已满18周岁，且系在校学生的案件。

② 具体包括：①侵权人或者被侵权人是未成年人的人格权纠纷案件；②涉少婚姻家庭纠纷案件；③侵权人或者被侵权人是未成年人的侵权责任纠纷案件（不包括被侵权人为成年人且死亡的情况下，未成年人仅因是被侵权人家属而参与诉讼的案件）；④适用特殊程序的涉少案件；⑤涉及未成年人的人身安全保护令案件。

③ 涉及由行政机关作出的与未成年人权利义务有关的行政纠纷案件，包括不服行政机关作出的户籍处理决定、要求行政机关履行法定职责等案件。

④ 此处的“权益”主要指人身权利，对于仅侵害或可能侵害未成年人财产权利的案件，虽然涉及未成年人，但不需要特殊司法保护的案件，如某些盗窃未成年人财物的刑事案件，或继承纠纷、分家析产纠纷等纯粹以财产为争议标的的民事案件，则不宜纳入少年家事审判庭审理。

⑤ 指除前述涉少婚姻家庭纠纷外的其他家事特点相对突出的婚姻家庭纠纷案件，具体包括：①身份关系案件，即离婚、婚姻无效纠纷等确认、解除亲属关系或身份关系的案件；②基于身份关系产生的财产争议案件，如赡养费、继承纠纷等案件；③涉及家庭利益的非诉案件，如宣告失踪、宣告死亡等案件。

意的是，由于家事案件数量巨大，而全国家事审判改革目前尚处于梳理、探索的进程中，家事案件纳入少家法庭时，宜遵循“先紧后松”原则，即先纳入家事特点相对突出的案件，再逐步对家事案件与其他民事案件进行细化切分，防止受案范围巨量扩张而冲淡少年家事法庭的特色。

2. 组织架构

少年与家事案件的合并，必然对人员配备和机构设置提出新的要求。在具体机构设置方面，既要有利于推动少年与家事理念、方法的融合，也要保持少年审判的相对独立性和专业性。首先，审判组织划分为两大类：涉少案件审判组和其他家事案件审判组。涉少案件审判组应由审理涉少案件经验丰富的专业法官组成，内部也可划分为多个合议庭。其次，设立少年家事审判专业法官会议制，定期召开会议指导法官及时统一裁判尺度，解决司法实践中的疑难杂症，推动少年家事审判的融合发展。再次，设立审判辅助事务室，条件成熟的可进一步划分为调查保护室、心理辅导室、观护员室等，旨在发挥其辅助支持延伸功能和培养少年家事专业。最后，高级人民法院可成立少年家事审判改革领导小组，由主管院长和专业法官组成，也可引进专家学者参加，统一研究部署协调少年家事改革工作。时机成熟时，最高人民法院、高级人民法院还可成立独立建制的少年家事审判庭，负责统一指导少年和家事审判工作，将少年家事审判理念、工作机制、特色制度自上而下贯彻落实，并及时总结经验，推动制度完善和巩固改革成果。

3. 审判管理

考评内容具有导向性，是审判管理中的“指挥棒”。少年法庭除履行普通意义上的审判职能外，还承担大量审判延伸工作，而且周期长、难度大、耗时费力，成效难显。而在少年和家事合并模式下，其职能延伸工作必然相应增强，如果缺乏科学考评，对法官的积极性就缺乏正向引导，也不利于体现专业化审判的特色和价值。实地考察中，我们发现部分法院在这方面已有积极的探索，将法治宣传、审判延伸工作纳入考评①，一定程度上激励了法官的积极性。我

① 例如，三明市中级人民法院设置少年家事案件折算比例，1 件少年家事案件相当于 2 件普通案件、进校园讲授法治课 3 场相当于 1 件普通案件、8 场以上的增计 2 件案件工作量。

们建议,在以下两种审判管理模式中选择其一:一是建立少年审判独立考评体系,充分体现审判延伸和参与社会治安综合治理等方面投入的工作,而不以案件量、结案率为主要标准;二是在统一管理的考评体系中设置权重或者系数,科学合理地体现司法延伸工作,分配与其重要意义和开展难度相匹配的权重分值。目前,第一种模式尚缺乏可借鉴的成熟经验,故可先采取第二种模式,待时机成熟时,再采取第一种模式,在考评体系中充分体现少年法庭工作的特殊性和工作量。

4. 队伍建设

少年家事审判庭的人员配备和管理,应当坚持法官单独选拔、单独培训、单独考核。首先,建立专门的法官准入机制和员额标准,选任精通审判业务、调解能力强,具备心理学、社会学、教育学知识,熟悉未成年人身心特点及少年、家事审判规律,善于做未成年人思想道德工作、家庭矛盾调解工作,热爱未成年人权益保护工作的法官。其次,在指导和培训中突出少年家事审判的特色,强化未成年人保护的理念,定期对从事少年家事审判的法官及司法辅助人员进行包括家事审判、调解技能、心理学、法庭教育、法治宣传等多方面的系统培训,确保专业化审判团队的适岗性。[①] 最后,鉴于少年家事案件涉及大量延伸工作,需要社会力量深度参与和融合,故应探索各类人员职能清单,配备符合少年家事审判的调查官、调解员、心理咨询师等专职辅助人员,还应探索通过引入社工、社会团体工作人员和政府向社会购买服务等方式充实司法辅助人员[②]。

毋庸讳言,适时推广少年家事合一的组织模式,是为远期建立独立的少年家事法院积累经验。目前家事审判改革方兴未艾,虽然案件数量较大,但在程序规则方面尚不如少年审判发展成熟,故当务之急是尽快研究出台相应细则,建立符合少年家事审判规律的诉讼程序,让未成年人的合法权益得到更有力的保护。在未来少年家事法院体系中,立法上应有“少年家事法院法”,涵盖家事案件以及涉少刑事、民事、行政案件的实体与程序上的各种规定。此外,

---

① 参见方芳:《我国少年家事审判制度的构建》,载《中国青年社会科学》2016 年第 5 期。

② 其中,对于心理咨询师等针对性较强的专业辅助人员,可在少年和家事上再作区分。

伴随儿童福利制度的发展，少年家事法院还可以负责与未成年人权利保护有关的早期干预措施的裁定和监督执行，实现对未成年人的行为矫治，为监护制度提供有力支持。[①]

四、结语

在设计少年法庭发展的理想模式的同时，还需正视现实情况，尤其是随着内设机构改革陆续启动，少年法庭改革需要在专业化审判和行政资源综合优化配置之间寻求平衡。高级、中级人民法院应当尽可能保留少年（家事）专门审判机构，统一对其培训、指导，保持少年审判独特理念。内设机构改革以后，基层人民法院的少年法庭将可能面临三种调整情况：留、并、撤。一是留，有条件的法院，特别是有历史传统优势的法院，如上海市长宁区人民法院、北京市海淀区人民法院等，应当保留少年（家事）专门审判机构。因人民法庭不受内设机构改革的数量限制，可探索城区人民法庭专业化（少年法庭）发展道路。二是并，主要是和家事合并，是少年法庭发展较为理想的模式，此处不再赘述。三是撤，对于采取前两种方式不具备条件的法院，可采取少年审判团队的方式，同时应当保留“少年”或“未成年”称号，对外仍可使用“少年法庭”称号。但是，无论怎样改革，需要强调的是，少年审判的组织和人员，应当以专业团队的形式保留下来，已经建立起来的未成年人社会关护体系应当继续巩固和发展。少年法庭尽管规模不大，但社会认可度高，效果好。从它诞生以来，始终得到党委政府的关心、社会各界的支持，人民群众的充分认可。因此，我们应该坚定信心，坚持少年司法的理念不能放弃，少年审判的传统不能丢。

少年法庭机构改革，需要在最高人民法院的统一指导下，加强顶层设计，希望在下一步深化改革中，进一步明确少年法庭职能定位和改革整体方案，从发展模式、组织机构、受案范围、人员配备、审判管理等方面统筹布局，为少年法庭改革指明方向，给予指导。

---

① 参见代秋影：《关于在司法改革背景下进一步加强未成年人审判专门机构建设的建议》，载《司法决策参考》2015 年第 59 期。

第五部分　域外研究

诉讼参与者视角下的辩诉交易*

杨先德**

引论:作为美国刑事司法常态的辩诉交易

不知道从何时起,英美律政剧成了中国法律人的流行文化大餐。《十二怒汉》《控方证人》《杀死一只知更鸟》这些经典法律题材影片,也是法学院老师经常推荐给学生了解英美法律文化的窗口。这些作品的共同特点是,核心舞台是法庭,法庭的核心是由 12 个没有专业法律知识的普通人组成的陪审团。为了影响和说服陪审团,检察官和律师分庭抗礼、唇枪舌剑,语言表达艺术和情绪渲染效果被发挥到极致,庭审扣人心弦、跌宕起伏,极具戏剧性和可观赏性。这些影视作品脍炙人口、备受欢迎,与英美法系刑事司法活动的对抗性特征不无关系。对抗制体系下,整个刑事诉讼活动的"原型是一场竞赛或纠纷:诉辩双方在一位相对被动的裁决者面前展开竞争,而后者的主要任务是要作出一项判决",控辩方主导着大部分的诉讼活动,这也被称为"纠纷解决式"诉讼程序。① 与对抗制相对应的是欧陆的职权主义刑事司法体系。在达玛什卡看来,职权主义体系下,刑事诉讼"结构基本上类似于一项官方调查",

---

* 本文原载于[美]斯蒂芬诺斯·毕贝斯:《庭审之外的辩诉交易》,杨先德、廖钰译,中国法制出版社 2018 年版,译者序。

** 杨先德,最高人民检察院第一检察厅检察官助理。

① [美]米尔伊安·R. 达玛什卡:《司法和国家权力的多种面孔——比较法视野中的法律程序》,郑戈译,中国政法大学出版社 2015 年版,第 4 页。与对抗制相对应的是欧陆的职权主义刑事司法体系。在达玛什卡看来,职权主义体系下,刑事诉讼"结构基本上类似于一项官方调查",大多数诉讼活动是由官员们推动的,这也称为"官方调查式"诉讼程序。

大多数诉讼活动是由官员们推动的，这也称为“官方调查式”诉讼程序。但是教科书和影视作品所呈现的英美刑事司法图景绝非司法实践的常态。相反，在美国，绝大部分案件未经过完整的陪审团审判就实现了定罪量刑。替代陪审团审判的最主要的案件处理方式是辩诉交易（plea bargaining）。比如，在美国联邦犯罪案件中，每年大约有96%的案件通过辩诉交易结案。据美国量刑委员会统计的数据，2005—2009年，在联邦犯罪中，每年大约有96%的案件是通过辩诉交易的方式解决的。①

（一）什么是辩诉交易

根据《布莱克法律词典》（第9版）的定义，辩诉交易是指“检察官和刑事被告人之间协商达成的协议，协议中被告人对较轻的指控或多项指控中的一项做有罪答辩（guilty plea），换取检察官一定让步，这些让步通常包括更宽大的量刑或者对部分指控的撤销”②。辩诉交易的本质是被告人以放弃各项宪法权利为代价，与控方就指控和量刑等事项达成协议，并经法官审查和认可后，在不经历完整的庭审的情况下了结案件的一种刑事诉讼程序。在美国，若通过辩诉交易程序处理案件，被告人至少要放弃以下宪法权利：不得强迫自证其罪的权利、陪审团审判权、对质和交叉询问权、强制取得对自己有利的证人权、作证权、上诉权等。

《美国检察官手册》中设置了三种类型的辩诉交易形式：“指控协议”（charging agreement），是指政府同意放弃部分指控或降格指控；“量刑协议”（sentencing agreement），是指政府同意一定的量刑建议；“混合协议”（mixed agreement），是指政府同意进行指控和量刑两种交易。③《美国联邦刑事诉讼规则》对辩诉交易规则进行了更为细致的规定，即在答辩协议中，只要被告人对某一项指控或者某项较轻的或相关的指控作有罪答辩或不争辩答辩（plea

---

① 据美国量刑委员会统计的数据，2005—2009年，在联邦犯罪中，每年大约有96%的案件是通过辩诉交易的方式解决的。US Sentencing Commission, Data and Statistic, http://www.ussc.gov/Data_and_Statistics/index.cfm。

② Black's Law Dictionary, 9th ed. West Group, 2009.

③ 参见美国联邦司法部：U. S. Attorneys' Manual § 9.27.400, http://www.justice.gov/usao/eousa/foia_reading_room/usam。

of nolo contendere），控辩双方就可以作如下约定：（1）检察官将不提起或者将撤销其他指控；（2）检察官将就适当的特定量刑、量刑区间，或者量刑指南的某条规定、某项刑事政策或某项量刑因素不适用于本案向法院提出建议，或者检察官同意将不会就被告人的同类要求向法庭提出反对意见，此类建议和要求对法庭没有约束力；（3）检察官同意某些具体的刑期或量刑区间对处理该案是适当的，或者同意量刑指南的某条规定、某项刑事政策或某项量刑因素不适用于本案。一旦法庭接受答辩协议，此类建议或要求就对法庭有约束力。①

（二）辩诉交易简史

与陪审团审判的公开性、对抗性和程序复杂性相比，辩诉交易似乎是秘密的、协作式的和简易的。这种看似完全背离美国宪法设计的诉讼程序是如何发展而来的呢？辩诉交易在美国的发展史比较复杂曲折。在19世纪之前，辩诉交易在美国就已经出现，但那时还是比较零星和隐蔽的，到了19世纪其才作为一种制度实践越来越多地展现在人们面前。尤其是美国内战之后，辩诉交易在美国迅猛发展，逐渐成为一种主导诉讼程序。辩诉交易虽然在实践中大量运用，但在相当长一段时间，美国的法院，尤其是高级别的法院对辩诉交易的合宪性问题一直持批评、回避或迟疑不决的态度。直到1970年，美国联邦最高法院才在布拉迪诉美国案［Brady v. United States，397 U. S. 742 (1970)］中正式承认辩诉交易的合宪性。自此以后，辩诉交易在美国又经历了大发展。美国最高法院陆续作出了多个与辩诉交易有关的重要判例，解决了有罪答辩自愿性、辩诉交易中的律师有效帮助等焦点问题，辩诉交易的制度规则逐渐丰富和完善。如今，辩诉交易在美国刑事司法中的重要性不容小觑，正如美国学者指出的，“在很大程度上，控辩双方交易决定了谁蹲监狱以及蹲多久。这就是辩诉交易。它不是刑事司法体系的附属物，它就是刑事司法体系本身”②。

关于辩诉交易为何能在美国产生，众说纷纭。著名学者阿尔舒勒

① See Federal Rules of Criminal Procedure, Rule 11c(1).

② See Scott & Stuntz, *Plea Bargaining As Contract*, 101 Yale Law Journal 1909, 1912(1992).

(Alschuler)认为,“辩诉交易体系的发展很大程度上是环境的产物,而不是人为选择的产物”,这些环境因素包括:犯罪增加,案件量上升;刑法扩张和刑罚的严厉化;庭审程序的漫长和复杂化;司法资源的有限等。① 制度总是人们在特定环境下作出的有意无意的选择,在两个多世纪的发展进程中,随着不同诉讼参与者的角色、认知的转变,各参与者之间逐渐形成了一种“共谋”,最终共同推进辩诉交易成为一种主导诉讼程序。接下来,结合本书内容,笔者从不同诉讼参与者的角度展现这一进程,揭示影响辩诉交易发展运作的因素。

一、辩诉交易中的检察官

美国学者认为,检察官统治着美国刑事司法体系。② 这句话用在辩诉交易背景下再适当不过,检察官无疑是辩诉交易程序的主要推动者和主导者。下面从动因、能力和角色冲突三个角度介绍检察官在辩诉交易中的作用。

(一)检察官进行辩诉交易的动因

关于美国检察官偏爱辩诉交易的动机,比较盛行的有两方面解释。一方面是追求效率。如今的美国检察官,尤其是大都市的检察官,案件量压力一直存在。案件量大意味着如果每个案件都要通过庭审完成指控和定罪,检察官将不堪重负。正如本书所指出的,好逸恶劳的本性也会迫使检察官寻找定罪捷径,以便减轻负担,获得更多闲暇。③ 而如果检察官薪酬太低,报酬与付出不成比例,则会加强寻找捷径的倾向。19 世纪,美国大多数检察官是兼职的,薪水有限,他们会本能地希望在指控案件上花更少的时间,以便有更多时间从事其他职业。但是,即使美国检察官的收入不断提高,专职检察官越来越多,随着案件量的增加,倾向于通过辩诉交易快速结案的趋势也未改变。因此,从某种角度讲,辩诉交易来自检察官的人性本能。另一方面是追求定罪率。

---

① See Albert W. Alschuler, *The Prosecutor's Role in the Plea Bargaining*, 36 The University of Chicago Law Review, 50(1968).

② 参见[美]艾瑞克·卢拉、[英]玛丽安·L. 韦德主编:《跨国视角下的检察官》,杨先德译,法律出版社 2016 年版,第 1 页。

③ See Stephanos Bibas, *Plea Bargaining outside of the Shadow of Trial*, 117 Harvard Law Review, 2470 - 2471(2004).

"辩诉交易给予检察官们迅速、确定且相对容易的胜诉。"[①]在美国,虽然早期检察官(相当于检察长)非民选产生,但是定罪率仍然是重要业务指标。到了19世纪后期,随着大部分检察官由普选产生,检察官职业的政治属性更强,民选检察官希望通过高定罪率在政治仕途上"更上一层楼"。特别是对于那些证据不足、定罪有风险的案件,"半块面包比没有面包强",通过辩诉交易实现定罪,显然比不起诉或指控失败的效果要好。而只要通过辩诉交易达成的定罪量刑并非离谱到有违选民的朴素正义感的程度,选民就不在意检察官是通过什么方式将罪犯绳之以法的。

(二)检察官有进行辩诉交易的能力

辩诉交易过程归根结底是一个控辩博弈的过程,博弈的结果取决于博弈双方手中的筹码、工具以及对博弈策略的选择。从美国检察官角度讲,这种谈判能力包括如下两方面。

一是程序法上不受控制的指控裁量权。在美国,按照控审分离的诉讼分权原则,检察官垄断指控权,检察官享有指控或不指控、指控谁、以什么罪名指控以及指控什么事实等不受他人干涉的裁量权。费希尔在研究中发现,19世纪初,在马萨诸塞州的禁酒类犯罪案件中就出现了辩诉交易。按照当时的法律,这些案件中存在多项犯罪事实,检察官可以放弃对部分犯罪事实的指控。而马萨诸塞州立法机关很快发现了检察官这一不受控制的起诉裁量权,并通过立法的方式剥夺了这种指控裁量权,规定不起诉必须经过法官批准,相关的辩诉交易量也就随之下降。但是失去了这种指控裁量权,检察官在实践中又发展出了"中止诉讼"、缓刑等制度,检察官的裁量权,尤其是轻罪案件中的裁量权并未减少。[②] 就美国而言,时至今日,检察官依旧享有绝对的指控裁量权,且几乎不受控制。

二是实体法上巨大的指控裁量权空间。(1)不断扩张的刑法扩大了检察

---

① [美]乔治·费希尔:《辩诉交易的胜利——美国辩诉交易史》,郭志媛译,中国政法大学出版社2012年版,第36页。

② 参见[美]乔治·费希尔:《辩诉交易的胜利——美国辩诉交易史》,郭志媛译,中国政法大学出版社2012年版,第38-83页。

官的指控裁量权。[①] 就某一类案件,实体法规定了多种指控可能,包括多种罪名和不同等级的指控。例如,在禁酒类案件中,违法销售酒类过程中的多种行为可能触犯多个罪名,检察官可以提起多项指控也可以仅指控部分;再如,在谋杀类案件中,分为一级谋杀、二级谋杀,检察官可以根据案件事实和证据情况决定提起何种等级的指控。(2)量刑制度为检察官提供了有效的交易工具。一方面严厉的刑罚有利于交易。"当庭审后的量刑足够严厉,量刑减让就会变得有胁迫性",[②]尤其是在死刑案件中,对于不认罪但经过陪审团审判就很可能被判处死刑的被告人来说,认罪从而避免死刑是最明智的选择。20世纪70年代以后,以法定最低刑制度为代表的量刑制度的出现,使得刑罚越来越严厉,同期,辩诉交易率也不断上升。另一方面量刑越缺乏弹性越有利于交易。缺乏弹性的量刑制度使得检察官提出的交易条件更具有确定性,被告人接受交易后的收益更具有可预期性。如果量刑制度较为宽松,留给法官的自由裁量空间很大,检察官无法提供可预期的交易条件,被告人就会出于多种原因甘冒风险,选择庭审。就美国而言,量刑指南制度旨在确保量刑统一和均衡,但它客观上压缩了法官的量刑裁量权,使得量刑权从法官转移到了检察官。

(三)检察官在辩诉交易中的角色冲突

阿尔舒勒认为,检察官在辩诉交易中扮演的角色是多重的:作为案件管理者,要确保以最快、最有效的方式处理完案件,避免案件积压和处理迟延;作为公诉人,要确保定罪和量刑最大化,确保在交易的结果与庭审预期结果之间实现平衡;作为法官,要做"正确的事",即确保对被告人公正处理;作为立法者,要根据个案把握刑事政策,调整过于严厉或不合理的刑法规定。[③] 实践中,到底哪种角色及其考虑的因素在辩诉交易中起主要作用,并不确定,但可以确定

① 参见[美]达瑞尔·K. 布朗:《辩诉交易时代美国检察官的权力和义务》,载[美]艾瑞克·卢拉、[英]玛丽安·L. 韦德主编:《跨国视角下的检察官》,杨先德译,法律出版社2016年版,第198页。

② [美]达瑞尔·K. 布朗:《辩诉交易时代美国检察官的权力和义务》,载[美]艾瑞克·卢拉、[英]玛丽安·L. 韦德主编:《跨国视角下的检察官》,杨先德译,法律出版社2016年版,第195页。

③ See Albert W. Alschuler, *The Prosecutor's Role in the Plea Bargaining*, 36 The University of Chicago Law Review, 50, 52 – 54 (1968).

的是这些角色和因素的影响之间会经常出现冲突。

检察官可能会为了快速结案和达成交易，放弃对公正的追求。比如，在策略上，为了给被告人更大的压力，检察官会选择过度指控（overcharging），其中包括横向过度指控（horizontal overcharging），即将被告人的一个行为分解为多个行为分别指控；以及纵向过度指控（vertical overcharging），即升格指控。[①]检察官可能为了迫使被告人认罪，在证据不足的案件的谈判中，虚张声势、威胁恐吓，甚至虚构事实；也可能在事实清楚、证据确实充分的案件中，为了快速结案，滥用刑事政策裁量权，给予过于宽大的量刑减让。这些都背离了公正原则，有损司法公信。

二、辩诉交易中的辩护律师

辩护律师被认为是辩诉交易体系公正性的关键。[②] 以下从辩护律师在辩诉交易中的作用、辩护律师进行辩诉交易的动因以及角色冲突三个方面展开说明。

（一）律师在辩诉交易中的作用

获得律师帮助权是美国宪法赋予被告人的法定权利。辩护律师的帮助主要起到加强被告人在辩诉交易中的谈判地位的作用。主要体现在以下两个方面。

一是律师帮助有利于制约警方和检察官的不当行为，避免控方采取刑讯逼供、威胁、引诱等方式逼迫被告人作有罪答辩。研究表明，在早期辩诉交易中，律师介入较少的情况下，被告人认罪的比例很高，但是在19世纪最初几十年，随着律师辩护率增加，被告人认罪率下降，选择庭审的比例随之上升。辩护律师的参与对检察官形成制约，除非控方能够给予更高回报，否则被告人不

---

① See Albert W. Alschuler, *The Prosecutor's Role in the Plea Bargaining*, 36 The University of Chicago Law Review, p. 87 – 89.

② See Stephanos Bibas, *Plea Bargaining outside of the Shadow of Trial*, 117 Harvard Law Review, 2545(2004).

太可能作有罪答辩，这对辩诉交易制度发展形成压力。①

二是辩护律师可以为被告人提供专业帮助，纠正被告人认知偏差，确保被告人能够自由、理智地作出答辩选择。近年来，美国最高法院更加注重对被告人在辩诉交易中的律师帮助权的保护，将原本围绕庭审展开的律师无效帮助规则，扩展适用到辩诉交易活动中。最高法院给出的理由是："现实情况是辩诉交易已经成为刑事司法体系运行的中心，因而辩护律师在辩诉交易过程中负有义务，这项义务就是确保被告人在刑事诉讼程序的所有阶段获得第六修正案所要求的充分的律师帮助。"②如果律师在辩诉交易中未提供有效帮助，则被告人同样可以主张撤销交易，进行重新审理等。例如，在帕迪拉诉肯塔基州一案中，美国最高法院认定，由于在辩诉交易中，律师没有将定罪后会被驱逐出境的严重后果告诉被告人，侵犯了被告人获得有效的律师帮助的权利。③在密苏里诉弗莱伊案中，法庭认定，弗莱伊的律师没有告知弗莱伊控方提供的一项对他有利的答辩要约，使他错过了辩诉交易的机会，未能有效履行律师帮助职责。④ 在拉弗乐诉库珀案中，法庭认定，如果被告人因为律师的不良建议而拒绝了对其有利的答辩要约，进而接受庭审并导致更加严厉的量刑，他就应该享有救济权。⑤

（二）辩护律师进行辩诉交易的动因

辩护律师进行辩诉交易的动因与检察官非常类似，但又有所区别。在追求效率方面，律师追求效率也可能是为了早日结案，以便获得更多闲暇，但更

---

① 参见［美］乔治·费希尔：《辩诉交易的胜利——美国辩诉交易史》，郭志媛译，中国政法大学出版社 2012 年版，第 90－93 页。

② Missouri v. Frye，132 S. Ct. 1399，1408（2012）.

③ Padilla v. Kentucky，130 S. Ct. 1478（2010）. 出生在洪都拉斯的约瑟·帕迪拉（Jose Padilla），是美国永久性合法居民，因运输大麻被逮捕，尽管他已经在美国度过了整个成年时期，并且越战期间在美国军队服役，但是帕迪拉在肯塔基州法院的有罪答辩使得他必然要被引渡回洪都拉斯。帕迪拉的律师在这方面并没有提供有效的法律意见。在讨论作有罪答辩的利弊时，辩护律师不仅没有告知他定罪将导致被驱逐出境的事实，而且肯定地（也是错误地）告诉帕迪拉："不需要担心自己的移民地位问题，因为他已经在这个国家待太久了。"

④ Missouri v. Frye，132 S. Ct. 1399，1404（2012）.

⑤ Lafler v. Cooper，132 S. Ct. 1376，1383（2012）.

主要的还是出于经济动机。律师作为营利主体,其提供的服务在很大程度上是“一分钱一分货”。一般情况下,律师费越低,律师愿意为案件投入的精力就越少,就越可能接受辩诉交易,以便快速结案再接更多案件。律师费的计算方法也会影响律师的勤勉程度,比方说,拿固定工资或计件收费的律师更倾向于快速结案,以便接更多的案件,而按工时收费且费用丰厚的律师则会花更多时间处理案件。[①] 而对于拿着固定工资、案件量压力同样很大的公设辩护人来说,其快速结案的动机与检察官就非常类似了。[②] 在 Gideon v. Wainwright 一案中,美国最高法院正式确立了穷人都享有指定律师帮助的权利。公设辩护人制度正是旨在解决贫穷被告人的律师帮助权问题,公设辩护人在公设辩护人办公室工作,后者是国家经费支持的公共机构。公设辩护人是一份固定职业,区别于由法官临时指派的私人职业律师。在追求胜诉方面,检察官追求胜诉既是为了维护荣誉,也是为了确保政绩,而对声誉就意味着市场的辩护律师来说,追求胜诉或者说避免败诉也在情理之中。尤其是疑难案件,面对不确定的庭审,律师接受辩诉交易,从而避免庭审失败,可以维护自己的声誉。娴熟的辩诉交易谈判技巧、有利的辩诉交易结果,对于律师来说,与庭审取得的胜诉并无二致。

(三)辩护律师在辩诉交易中的角色冲突

辩护律师在辩诉交易中的角色也是多重的:作为代理人,他要维护当事人的利益;作为法律共同体的成员,他对维护司法体系的公平正义也负有义务;作为营利主体,他要实现经济效益最大化。但是这三个角色在辩诉交易中常常存在冲突。正如上文所述,辩护律师主要起到加强被告人在辩诉交易中的谈判地位的作用,这正是其维护当事人利益的最主要方式。但是事实上,辩护律师有自己的利益,尤其是经济利益。律师维护当事人的利益与捍卫自己的

① See Stephanos Bibas, *Plea Bargaining outside of the Shadow of Trial*, 117 Harvard Law Review, 2476 - 2479(2004).

② 在 Gideon v. Wainwright 一案中,美国最高法院正式确立了穷人都享有指定律师帮助的权利。公设辩护人制度正是旨在解决贫穷被告人的律师帮助权问题,公设辩护人在公设辩护人办公室工作,后者是国家经费支持的公共机构。公设辩护人是一份固定职业,区别于由法官临时指派的私人职业律师。

利益之间经常会出现冲突。律师为了能够快速结案,也会像检察官那样用尽各种办法迫使当事人作认罪答辩。如果被告人不认罪,律师会极力说服他,还会不惜歪曲事实和证据,给出错误的建议,甚至利用被告人的家人向其施压等。[①] 在美国,刑事犯罪不断增多,而大部分罪犯都是穷人,支付不起昂贵的律师费,律师投入更多精力并进入庭审的经济动力不足,这使得他们更倾向于让当事人选择辩诉交易,虽然有时候进入庭审更符合当事人利益。

辩护律师有时候也会为了维护与检察官和法官的良好关系,而屈从于检察官和法官。比如,公设辩护人往往要与检察官和法官保持良好关系,因此更愿意配合检察官和法官的工作,这加大了交易的可能性,研究也表明公设辩护人比私人聘请律师达成的辩护交易率更高。[②] 当然,有时候保持良好关系对自己的当事人也有利。有些情况下,被告人确实是无辜的,但是基于各种原因,被告人也可能认罪,以尽快摆脱刑事司法程序。此时,如果律师认为被告人是无辜的,庭审胜算就会很高,而律师将面临伦理选择困境,即是尊重当事人的意见还是为了捍卫司法公正让自己的当事人将程序进行到底。类似的冲突和矛盾在辩诉交易中会大量存在,在整体上影响辩诉交易的公正性和整个司法的权威。

三、辩诉交易中的法官

刑事案件的最终结果终究还是“法官说了算”,辩诉交易如果无法获得法官的认可,控辩协议就是“一张废纸”。接下来从法官对辩诉交易态度的演变、法官在辩诉交易中的作用及其角色冲突三个方面展开分析。

(一)法官对辩诉交易态度的演变

历史地看,美国法官对辩诉交易的态度是复杂的、不断变化的,经历了由最初的坚决抵制到逐渐默许、配合,再到正式承认和认可的发展过程。

---

① See Albert W. Alschuler, *The Defense Attorney's Role in Plea Bargaining*, 84 The Yale Law Journal, 1191 - 1193(1975).

② See Stephanos Bibas, *Plea Bargaining outside of the Shadow of Trial*, 117 Harvard Law Review, 2480(2004).

1. 早期的坚决抵制

法官在早期抵制辩诉交易的因素包括：首先，法官缺乏接受辩诉交易的动机。19 世纪早期，法官处理的案件量并不大，他们的收入也比检察官高很多，因此缺乏快速结案的动机。其次，法官出于维护职业尊严而抵制辩诉交易。法官们认为，没有经过庭审而定罪违背自己的职责和原则，而检察官对量刑权的操控也使得法官感到权力和职业尊严受到侵犯。最后，法官对有罪答辩持消极态度。在普通法的大部分历史中，英美法系法院并不鼓励认罪答辩，庭审被认为是“对正义的最安全的检验”。① 法官不愿意接受有罪答辩的原因是多方面的，比如认为被告人的有罪答辩是不可信、不谨慎的，早期的重罪案件中大量规定了死刑，法官并不愿意仅基于被告人的认罪而对其定罪等。②

2. 实践中的逐渐接受

随着时间发展，多种因素使得法官逐渐接受了辩诉交易实践。首先，是案件量压力。一般认为，法官逐渐接受辩诉交易与犯罪增加不无关系，比如美国内战后犯罪的增加、刑法的扩张、20 世纪七八十年代犯罪的飙升以及随之而来的刑罚严厉化都导致了案件量上升，法官在案件量压力下，逐步接受以辩诉交易的方式快速结案。其次，法官权力和职业尊严被侵犯的顾虑逐步得到克服。比如，在缓刑制度中发展出了中立的缓刑官制度，可以为法官是否作出缓刑决定提供较为客观和足够的信息。再如，检察官量刑建议制度逐步完善，赋予法官在否决交易之前允许被告人撤回答辩的权力，使得法官至少在形式上仍然处于超然、中立地位并享有最终决定权。③ 再次，量刑制度改革大幅压缩法官量刑权，不接受辩诉交易已无多大意义。20 世纪 70 年代后，美国法官在滥用量刑裁量权和量刑不均衡方面遭遇的批评越来越多，催生了量刑指南等制度。在量刑指南制度下，定罪后的量刑空间是有限的，法官试图否决控辩协

---

① See Albert W. Alschuler, *The Prosecutor's Role in the Plea Bargaining*, 36 The University of Chicago Law Review, 50(1968).

② See Albert Alschuler, *Plea Bargaining and Its History*, 79 Columbia Law Review, 11(1979).

③ 参见[美]乔治·费希尔：《辩诉交易的胜利——美国辩诉交易史》，郭志媛译，中国政法大学出版社 2012 年版，第 119－132 页。

议的空间和余地并不大。[①] 最后，对抗制的充分发展使得法官拒绝辩诉交易缺乏根据。美国学者菲利(Malcolm M. Feeley)认为，辩诉交易的繁荣与对抗制发展高度相关，斗争、对抗和协商、妥协是紧密关联的。辩诉交易并未否定对抗制程序，相反，随着正当程序要求的增多、控辩双方可获得的资源的增加以及实体刑法的扩张，对抗和合作的机会同时增加了。[②] 辩诉交易与对抗制依托的制度基础是一样的，对抗制强调的是当事人主义，法官可以接受对抗制司法，也就没有理由拒绝控辩协商达成的结果。在充分的对抗制诉讼构造下，法官否定辩诉交易的合理性并不充分。

3. 最高法院的最终认可

在早期，辩诉交易在基层司法实践中的盛行并没有很快得到较高级别的司法机关(主要是各州的最高法院)的认可，相反遭受到了很多批判，被认为是与魔鬼的交易，是对正义的出卖。[③]

直到1970年，美国联邦最高法院在布拉迪诉美国案中最终正式承认辩诉交易的合宪性。在布拉迪诉美国案中，联邦最高法院要解决的一个核心争议是，控方通过许诺给予宽大处理来影响和激励被告人做有罪答辩是否违反《美国联邦宪法第五修正案》(不得自证其罪条款)。在本案中，联邦最高法院肯定辩诉交易的合宪性，其论证逻辑是，辩诉交易是刑法实施过程中必然会出现的现象，“我们所处理的问题(辩诉交易)是刑法及其实施中固有的问题，并不是宪法禁止的，因为在个案中，刑法本身赋予了法官或陪审团在量刑时很宽泛的选择权，也因为政府(控方)和被告人通常都认为排除法定最高刑是有利的”[④]。在美国最高法院看来，辩诉交易可以达到控辩双方互利双赢的局面。“对于无罪开释希望渺茫的被告人来说，有罪答辩和限制可能的刑罚的好处是明显的，这样可以减少曝光，可以立即开始服刑改造，这样一来，庭审造成的

---

① 参见[美]达瑞尔·K. 布朗:《辩诉交易时代美国检察官的权力和义务》，载[美]艾瑞克·卢拉、[英]玛丽安·L. 韦德主编:《跨国视角下的检察官》，杨先德译，王新环审校，法律出版社2016年版，第176－179页。

② See Malcolm M. Feeley, *Plea Bargaining and the Structure of the Criminal Process*, The Justice System Journal, Winter 1982, 340.

③ See Albert Alschuler, *Plea Bargaining and Its History*, 79 Columbia Law Review, 19－24(1979).

④ Brady v. United States, 397 U. S. 742, 751－52(1970).

实际负担被消除了。对于政府来说,有罪答辩也有好处。认罪后立即科处刑罚可以有效地实现刑罚目标,而通过避免庭审,节省下来的稀缺的司法资源可以被投入那些对被告人是否有罪存在实质争议或重大疑问的案件中。”①美国最高法院进一步认为:“可以对有罪答辩的盛行作出解释并不必然表明那些答辩或者产生那些答辩的体制本身是值得认可的。但是我们并不认为,政府和被告人能够互利双赢,而且被告人愿意认罪并希望在短期内接受矫正改造,争取早日回归社会的这种做法是违宪的。”②

(二)法官在辩诉交易中的作用

按照《美国联邦刑事诉讼规则》,法官不能直接参与到控辩双方的答辩谈判当中,其在辩诉交易程序中起到的主要作用是司法审查。③ 司法审查的重点主要包括被告人的答辩是在自愿、知情和理智的情况下作出的,且答辩有事实基础。控辩双方如果达成协议,必须在公开的法庭中披露协议,若基于正当理由,法官也可以允许在法官室(法官个人工作空间)里披露协议。被告人如果作了有罪答辩或不争辩答辩,法官必须在公开的法庭上,向被告人告知和询问有关事项,主要包括:被告人要知晓和理解如果其做伪证或虚假陈述,控方可以利用被告人在誓言下所作的任何陈述来反对他。被告人要知晓和理解其享有做无罪答辩、获得陪审团审判、获得律师帮助、与证人对质和交叉询问、不被强迫自证其罪、强制获得证人出庭等庭审权利。被告人要知晓和理解一旦法庭接受有罪答辩或不争辩答辩,被告人即放弃上述权利。被告人要知晓和理解其所做答辩的每一项指控的性质、可能的最高刑罚、最低刑罚、法官量刑时要考虑的因素、参考的规定,以及如果定罪则非美国公民可能面临被驱逐出境、拒绝再次入境等后果。④ 法官必须在公开的法庭中就答辩的自愿性亲自询问被告人,以便确定被告人不是因为受到“暴力、威胁或允诺(除了控方在

---

① Brady v. United States, 397 U. S. 742, 752 – 53(1970).

② Brady v. United States, 397 U. S. 742, 752 – 53(1970).

③ Federal Rules of Criminal Procedure, Rule 11 c(1).

④ Federal Rules of Criminal Procedure, Rule 11 b(1).

答辩协议中所做的允诺)”而作出答辩。[1] 法庭在接受被告人的答辩之前,还要确定被告人的答辩有事实基础。[2] 当然这种事实基础并不需要达到像经过庭审那样确切的程度,只要双方没有大的分歧或者不是明显缺乏事实基础即可。

(三)法官在辩诉交易中的角色冲突

一般认为,法官在辩诉交易中角色更加单纯一些,即中立裁判者。上文已经提到现在的美国法官也有案件量压力,作为案件管理者,以辩诉交易的方式实现快速结案符合组织利益,也符合个人利益。法官有结案压力,其并不希望每个案子都开庭审理,尤其是事实清楚、简单的案件。有时,律师会背离规定的要求,积极参与到辩诉交易中,在检察官、法官之间斡旋。[3] 法官通常并不喜欢那些吹毛求疵、持对抗性立场的辩护律师会认为这些律师是在给法庭找麻烦。尤其是事实清楚、证据充分的简单案件,法官会本能地认为,这种案子根本就不应该摆到自己案头上。那些要求进行大量的证据开示或者提起大量动议的律师的当事人,可能会遭受到法官的“报复”,因此丧失部分或者全部的量刑折扣。[4] 这种做法显然对辩护律师的辩护策略形成不当的压力,最终会损害司法公信力和司法公正。此外,为了快速结案,法官可能会放松对控辩协议的审查,他们对案件的审查成了走过场。这导致法官对那些证据不足、存在非法证据,甚至被告人是无辜者的案件,起不到司法审查的作用,最终也不利于司法公正。

四、辩诉交易中的被告人

被告人是刑事司法中最重要的角色,一切诉讼活动都要围绕对他的公正处理进行。下文将从被告人接受辩诉交易的动因、影响其判断的因素和无辜

---

① Federal Rules of Criminal Procedure, Rule 11 b(2).

② See Federal Rules of Criminal Procedure, Rule 11 b(3).

③ See Albert W. Alschuler, *The Trial Judge's Role in Plea Bargaining*, Part I, 76 Columia Law Review, 1099 - 1103(1976).

④ See Stephanos Bibas, *Plea Bargaining outside of the Shadow of Trial*, 117 HarvardLaw Review, 2486(2004).

者的认罪风险三个角度展开分析。

(一)被告人进行辩诉交易的动因

被告人在刑事诉讼中的最大利益是脱罪或者获得较轻的刑罚,是选择庭审还是选择辩诉交易完全取决于哪种方式对其更有利。如果选择辩诉交易,则意味着要认罪。被告人选择认罪,原因是多方面的,“对于有些人来说,认识到自己犯法本身构成他们认罪认罚的充分理由。对于有些人来说,政府所施加的逮捕和指控行为,可以迫使和刺激他们认罪。而在有些案件中,提起指控后不断积累的证据也会使得被告人和辩护律师认识到庭审会给被告人及其家人带来极大的痛苦和花费,是不值当的”。[①] 因此,在很多情况下,选择认罪,获得从宽处理,完全符合被告人的个人利益,而且在一些案件中早认罪比晚认罪要好。

(二)影响被告人作出正确判断的因素

理论上讲,是否认罪,提出或接受什么样的交易条件,完全取决于被告人自己的判断。但是事实上影响被告人作出符合自己利益的判断的因素有很多。一是被告人自身的认知水平影响自己的判断。理论上,被告人是对自己的案情最了解的人。但是随着现代刑法和诉讼规则的复杂化、专业化,被告人的知识储备影响认知水平,他们对自己的行为是否构成犯罪、构成什么犯罪、将面临什么样的刑罚并非总能作出理性的判断。本文的研究表明,被告人的一些心理因素也影响被告人的认知水平。自利心理、盲目乐观、心理障碍、风险意识等可能导致被告人在辩诉交易程序中出现认知偏差,从而作出非理性的决定。研究还表明,年轻人、初犯、智力较低的人、穷人等更容易对案件过于自信和乐观,更愿意在庭上赌一把,更容易选择庭审,而等待他们的可能是更加严厉的判罚。[②] 而那些惯犯、重罪在身的人,因为知道自己在劫难逃或者过去的经验使自己对刑事司法体系有所了解,往往会选择接受答辩,接受宽大的

① Brady v. United States, 397 U.S. 742, 750 (1970).

② See Stephanos Bibas, *Plea Bargaining outside of the Shadow of Trial*, 117 HarvardLaw Review, 2496 - 2527 (2004).

处理,这样就在认知水平不同的被告人之间形成了量刑不均。二是专业人士的负面作用影响被告人的判断。理论上讲,在刑事诉讼中,辩护律师提供专业服务,法官和检察官追求客观公正,都可以保障被告人理性地作出利弊权衡。但是正如上文分析的,实际情形并非如此。在刑事司法逐渐演变为由检察官、辩护律师这些专业人士主导的诉讼活动后,被告人居于边缘地位,被告人的意见和决定很大程度上为专业人士所左右。而这些专业人士自身的利益会使得他们背离应该承担的法律义务。比如,检察官和辩护人与被告人遭受的诉讼结果并非完全切身相关,且存在快速结案的经济动机,他们会给被告人传达更多接受交易的压力,甚至不惜歪曲事实,虚假陈述。事实上,在越来越多的案件中,被告人只能做有罪答辩,接受控方的交易条件。三是诉讼规则的发展也会迫使被告人认罪。按说诉讼规则的发展是为了确保案件得到公正处理。比如,随着被告人享有不自证其罪的权利,在庭上被告人可以保持沉默、不作证,提交证据、交叉询问和进行辩护完全由辩护人主导,从而保障被告人不会被迫认罪。但是研究表明,实践中被告人行使不自证其罪的权利对其没有什么好处,陪审团和法官可能本能地质疑那些不敢作证的人,尤其是有着前科劣迹的被告人,为了避免陷入庭上作证与不作证的尴尬,只好选择接受辩诉交易,从而避免庭审带来的不确定性和可能的更加严厉的刑罚。①

(三)无辜者在辩诉交易中认罪的风险

这里要着重强调辩诉交易与冤假错案的关系问题。美国的经验表明,在辩诉交易中,无辜者也有被迫认罪的风险。辩诉交易在过去几十年的高歌猛进与美国刑法的严厉化、法定最低刑制度和量刑指引制度有很大关系,享有广泛的自由裁量权的检察官在日趋严酷的刑法体系中所掌握的"武器"越来越多,在与辩方的闭门谈判中具有压倒性优势,这打破了契约自由或自治理论包装下的控辩平衡假象,在这种制度下,即使是无辜的被告人,也可能迫于压力,趋利避害地选择认罪,而这些案件不会受到陪审团和法官的有效审查,最终会

---

① 参见[美]乔治·费希尔:《辩诉交易的胜利——美国辩诉交易史》,郭志媛译,中国政法大学出版社2012年版,第96－97页。

造成冤假错案。[①] 比如,在轻微犯罪中,长期的审前羁押可能导致的刑期倒挂,迫使一些被告人选择用认罪获得控方的"实报实销",早日重获自由。有时,面对控方的过度指控,被告人选择就其中部分罪名认罪,而这些罪名所指向的事实证据不足,甚至子虚乌有。有时,在一些定罪有很大争议的案件中,控方过分宽大的许诺本身构成一种"胁迫",让嫌疑人不得不"两害相权取其轻"。而在极少数案件中,一些非案件本身的因素与从宽制度结合可以达成迫使无辜被告人认罪的目的。不论是经过庭审被定罪,还是在辩诉交易中选择认罪,无辜者被定罪的结果对司法公正都是最大的损害。

---

① See Jed S. Rakoff, *Why Innocent People Plead Guilty*, http://www. nybooks. com/articles/2014/11/20/why - innocent - people - plead - guilty/。

法律移植与接种效应：美国刑事诉讼程序如何影响欧洲大陆[*]

[意]伊丽萨贝塔·格兰德[**]著

施鹏鹏[***]　徐嘉敏[****]译

这篇文章是对欧洲刑事诉讼程序已经“美国化”这一普遍观点的批评。在过去几十年中，欧洲大陆刑事诉讼程序进行了广泛的改革，美国对抗制度经常成为改革的参考模型。尽管如此，本文表明，法律移植并没有使美国法律制度在欧洲实际扩散，亦没有使欧洲刑事诉讼体系更加对抗，相反它产生了截然不同的结果，即强化了非对抗性大陆法的结构和信条。本文推测，这引发了本文所称的“接种效应”(inoculation effect)，即理论上可以解释为葛兰西主义意义上的“反霸权”运动。

为了证明本文的观点，本文讨论了移植过来的美国刑事诉讼程序中的某些特征对接受方欧洲的刑事诉讼制度的影响。学习法律移植的学生声称这些特征让大陆法的诉讼程序更加“对抗”，包括由(警察和)公诉人(public prosecutor)(代替大陆法传统的预审法官)进行的审前调查、证据排除规则、交叉询问以及陪审团审判。

---

* 因本刊出版篇幅所限，本文脚注从略，具体内容可查阅施鹏鹏主编：《现代刑事诉讼模式：对话与冲突》，中国政法大学出版社 2020 年版，第 180－212 页。

** 伊丽萨贝塔·格兰德(Elisabetta Grande)，意大利东方皮埃蒙特大学大学(Università degli Studi del Piemonte Orientale)比较法教授。

*** 施鹏鹏，中国政法大学证据科学研究院教授。

**** 徐嘉敏，中国政法大学法硕学院 2017 级硕士研究生。

本文对通说的批评表明,引入的对抗式法律机制不是简单地"在转化中迷失",换言之应依据接受方体系的非对抗性风格进行重新诠释。相反,它们有效强化了自由、非对抗式诉讼程序的最本质特征,即由公正第三方官方调查真相。这也就是为何将美国对抗式诉讼的一小部分"注射到"欧陆诉讼程序的"肌体"中就如同"接种"一般。确实,正如"接种"的机理,它似乎产生了能够使后者更加抵抗未来任何真正美国化的"抗体"。也就是说,它反对未来任何对抗性、当事人控制的竞争体系的移植。

引　言

(一)主张

本文主张,将美国某些对抗性法律特征注入欧洲大陆刑事诉讼程序既不是一个简单的法律"移植"的例子,也不能解释为完全的移植。在这篇文章中,笔者设想这样的"注射"是对欧陆体系进行的"免疫接种",以对抗未来任何真正的对抗性转变。

沿着之前开始的分析路径,本文证明了引入的美国对抗性特征并不能简单地适应接收方体系的非对抗性风格,相应地应改变它们原有的对抗性特征。对抗性法律特征不是通过简单的"翻译"为非对抗性风格就结束了"迷失在翻译中",而是通过加强接受国的第三方官方寻求真相的公正性,进而强化非对抗性结构的信条来实现的。因此,通过加强它们的官方控制的调查程序的基础,法律转移似乎产生了"接种效应"。

接种是指将一小部分有机体注射到肌体内以刺激抗体的产生——通过使肌体对注射的有机体产生免疫,以此阻止未来更大程度地扩散相同的有机体。同样的道理,本文认为,将小剂量的对抗性法律特征注入欧陆刑事诉讼体系能加强它们的非对抗性结构,因此这似乎产生了"抗体",其能够抵制未来任何对抗性程序扩散到它们的法律"肌体"中。故而,本文的解释弘扬了法律学术的路线,在广义的葛兰西反霸权思想中,该路线关注于接受国有意或无意地抵制法律转移。"接种效应"不仅仅是一种抵抗的模式,还发展成为完全的反霸权模式,因此本文认为它具有预测潜力。

(二)法律移植的焦点

在艾伦·沃森(Alan Watson)于1974年首次明确研究法律移植之后不久,这个问题就成为比较法学研究的一个典型问题。从那以后,比较法学者就从未停止过考虑将法律规范、法律运动、法律观点、规范性构造以及概念范畴从一个法律体系扩散到另一个法律体系,从而试图描述他们正在观察的现象,并了解法律移植如何以及为何发生。他们注意到不同的法律渊源涉及了不同的法律移植。移植有时是在立法层面进行的,有时是在法院层面进行,有时则主要或仅在原则层面进行。有时候,法律跨越了各种来源,这好似比较法术语中的"共振峰"(译者注,意大利比较法学家萨科在其《比较法导论》1992年第5版中提出了一个他命名为"法律共振峰"(Legal formants)的学说。"共振峰"一词引自语音学,指声腔的共振频率),比如当一国的法院采用——或相反地,影响——另一个国家的原则或立法。

随着时间的推移,"法律移植"这个术语得到了其他术语的补充,如"法律变迁""法律流通""法律输入/输出""法律嫁接""法律迁徙",甚至是"法律翻译"或"法律刺激",以此来表明法律移植与将外国的法律解决方案纯粹直接地并入接受国体系很少相一致。大多数时候,在其到达"接受方的制度背景"时,引入的法律机制最终会被无效化、被修改、被扭曲或被改造,这通常会导致一些新的东西从原始模式中产生,然后又可能反向循环到原始产品的制度背景。因此,一些文献引入了法律体系中"污染"的概念——而不是一种体系对另一种体系的"模仿"——将其作为法律规范和解决方案流通的结果。

为了找出能够解释法律移植发生的原因,比较法学者进行了各种尝试。随着时间的推移,他们指出了诸如强加、效率、机会、威望和霸权等概念,这些概念经常提供超越输出国体系中单纯的政治或经济权力的解释。他们注意到,法律扩散不再是简单的对一国军事和经济权力的反映;相反,从葛兰西观点来看,它与大范围的文化霸权密切联系。

在过去的几十年间,欧洲刑事诉讼程序经历了大规模的改革,美国的对抗制经常成为改革的参考模式。由公诉人(和警察)进行的预审调查(与传统欧陆法系中由调查法官进行的司法审前调查截然不同)、证据排除规则、交叉询问,以及陪审团审判等法律制度从美国刑事诉讼体系走向欧洲刑事诉讼体系,这使得后者——欧洲经常被认为如此——看起来更加具有"对抗性"。

这种来自美国体系中法律制度的扩散真的最终会导致欧洲体系更加对抗?是否可以相信,与此相反,一旦嵌入新的背景,美国的法律特征就会丧失与原始模型的相似之处?在第二种情况下,我们能否认为它们的引入并没有改变接受方欧洲的刑事诉讼程序的非对抗性结构,而与之相适应的,加强了寻求真相的欧陆方式的非对抗性?在这种情况下,美国法律制度在欧洲刑事诉讼体系中流通的结果是什么?本文试图回答这些问题,同时完全避免术语的争论——移植、变迁、流通、借用、输入、转移或迁移——何者才能更好地涵盖从一个体系到另一个体系的法律要素充满活力的广泛而复杂的现象。以一种可交换的方式来使用提到过的所有概念,本文观察到欧洲大陆刑事诉讼程序所谓的"美国化"现象。

第一部分,本文将简要概述在笔者看来对抗性和非对抗性法律制度有何不同。事实上,在试图了解所谓的欧洲大陆刑事诉讼程序"美国化"的过程中,本文将其建立在"探戈正义"(tango justice)和"伦巴正义"(rumba justice)之间的区别之上进行论述。第二部分,该部分反过来考虑了流传到欧洲的多样的美国法典型特征,以此来表明它们并未将欧洲大陆的刑事诉讼程序转变为对抗路线,而是强化了非对抗性的基本原则。在这一努力中,本文将对西班牙法律体系中的陪审团审判仅作简单介绍,因为在另一篇文章中已经更加全面地讨论了这个话题。最后,本文将基于"接种"这个观点得出几点结论,这些结论可能是"移植"的一种矛盾性结果。

一、探戈正义 VS 伦巴正义:刑事诉讼程序的两种模式

(一)英美法系和大陆法系的刑事诉讼程序:最大的分歧

为了评估美国法典型特征对欧洲大陆体系的影响,我们需要将对抗制模式和非对抗制模式之间的差异作为更加突出的焦点。这两者的初步并列应使我们能够明智地审视这些制度,质疑欧洲刑事诉讼程序美国化的程序如调查法官的废除、证据排除规则的扩大、交叉询问的引入以及陪审团审判制度。

达马斯卡教授将韦伯理想模式应用于刑事诉讼程序的比较研究，据此两个竞争性的程序模式可以围绕特征间的差异进行有效组织，这种特征区分了一方面是当事人控制的竞技和另一方面是官方控制的调查。他认为，对抗制模式和非对抗制模式之间的主要区别在于当事人和法官在事实调查过程中扮演的独特角色。在对抗制模式中，双方当事人要表达他们之间的争议，并负责证据的呈现；而在非对抗制模式中，发现事实真相是法院工作人员的职责。

当事人和法官各自角色之间的差异反映了截然不同的寻求真相的方式。从第三方寻求真相能获得中立的观点出发，非对抗制模式认为追求正义需要法官在判定刑事责任时尽可能接近客观事实真相。相比之下，对抗制基于这样的假设，认为任何第三方对事实的重构都是存有偏见的且非客观的，并且认为由非当事方寻求真相是不可实现的。因此，在法律程序中寻求真相需要脱离原始的认知实践，并通过当事人双方的公平对抗来予以追求，即每一方在被动的审判者面前宣扬他的故事。其结果是对事实不同的见解，它不是客观的，事实上是对真相的两种解释之间对抗的产物：它可以被描述为一个解释性的事实，以此来指出它对真相重构的客观性存有怀疑。

对抗制中真相发现(enterprise)的“相关”性产生了笔者在其他作品中称之为“探戈正义”的想法。就像探戈舞需要两人(仅限两人)共舞一样，在对抗这一概念下，它需要两方当事人产生与事实真相等同的现实重构。相比之下(会在后面更深入地讨论这一点)，在非对抗制中，正义的替代概念可以与伦巴舞(在古巴版本中)的隐喻联系在一起。就像伦巴舞一样，在“伦巴正义”中，各种舞者——被告、被告的律师、检察官、受害者、有时公诉人(只要符合一系列要求，如西班牙，就允许与犯罪无关的私人第三方参与)或民事第三方被告(代替被定罪且资不抵债的被告承担损害赔偿责任的人，如意大利或西班牙)以及最后的法官和非专业法官(lay assessors)或陪审员——共同追求客观真相。

(二)如何发生？分歧产生的历史原因

1. 探戈正义的出现

上述非对抗和对抗模式之间的分歧，即在刑事诉讼程序中对事实真相的非当事方和辩方的搜查之间的分歧，并没有回溯到法律体系的轨迹之中。相反，与许多相关的制度差异一样，这是相对最近的。它起源于18世纪末19世纪初，与古典自由主义信条相随而生。在此之后，英美法程序（以审查证人和被告为特点的法官，深深地影响了陪审团的裁决并支配了诉讼）和大陆法程序共享非常相似的非对抗性承诺（commitment），以寻求客观真相。

在19世纪转折时期的英国和美国，对客观性保持怀疑态度的普遍古典自由主义，再结合它对保持国家"公正"的渴望，要求对刑事诉讼程序进行重构，将其作为双方间的争议——控方和辩方（通常被视作私人一方）——双方要在一个几乎不参与调查基本事实的被动法官面前追求他们的对立利益。新的秩序（order）信赖双方通过公平竞争以发现事实真相的效力，以此取代从前对第三方事实调查机制的依赖。古典自由主义的意识形态认为人类世界难以做到中立和客观，据此，如果将其赋予高度不被信任的政府官员，则这种客观和中立更值得怀疑。一个解释性事实源自两个对现实单方面论述（均不具有完整的真相）的公平对抗，它取代了通过中立调查而确定的客观真相。鉴于此种转变，公平便成为正义的替代品，它取代了客观事实的"不可能"发现。

2. 伦巴正义是对自由主义意识形态批评的回应

可以肯定的是，传统自由主义信条对寻求真相过程中"中立"调查的观点所发起的攻击并没有让欧洲大陆黯然失色。然而，欧洲大陆的律师拒绝放弃在刑事诉讼中寻求客观（"实质性"或"本体论"）真相的想法，他们以不同的方式回应了相同的批评。

自19世纪初以来，呈现秘密性、单方性和官方性的调查程序正在不断改变，它曾主导欧陆刑事诉讼程序长达半个多世纪。在200多年的历程中，欧陆体系不懈地修改它们的刑事诉讼程序，以应对官方寻求真相可能缺乏中立性的问题。很明显，调查越是单方面，破坏真相寻求者的公正性的风险就越高。从这个角度来看，1808年《法国刑事调查法典》（d'instruction Criminelle）在新的、所谓的刑事诉讼"混合"制度中引入了另外两个主体——检察官和辩护律师——这是使官方调查更加集中化、多元化、公正化的第一步。

"二战"后，许多旨在增加官方寻求真相者的中立性的变化被引入各种各样的欧陆刑事诉讼制度中。通过当时新生的欧洲人权法院的紧张工作，这些变化得以被提倡。随着时间的推移,欧洲人权法院的判例法导致了欧洲刑事诉讼程序模式的产生,该模式曾一度以司法能动性和增加参与者的程序性权利为特征。欧洲各地的大陆体系都放弃了传统的由国家官员垄断的调查模式,转而采用多边调查方式。本着这种精神,辩护律师在刑事诉讼审前调查阶段被赋予了一种权利,他不仅有权自由地查看档案,而且经常出现在多种程序性活动场合,有时甚至可以提供反证和抗辩。此外,许多国家的被告和一些国家——包括西班牙、法国和意大利——的受害者被允许参与到审前调查环节,一旦被拒绝,他们有权诉诸上诉以获得正式的答复。通过赋予被告和受害者更多参与到官方控制的调查程序的权利,欧洲体系中的事实调查从单边调查转变为集合性(enterprise)调查。众多参加者的积极参与为预审调查提供了一种复合性的外部观点,这增强了负责调查的官员的公正性。在德国,辩护律师有权自己调查(尽管在法国,辩护律师试图积极地参与证据的收集,但仍面临因不当影响证人或唆使证人作伪证而受到控诉的风险)。意大利走得更远。2000 年 12 月以后,它将一个由两种平行(但相互关联)的审前调查制度合法化,该制度是由官方调查程序和由辩方私人进行的调查程序组成的。

此外,在欧陆体系中,强化的辩护权存在感更强,并加强辩方在庭审中展示论据和证据的权利,这为官方全面搜查真相提供了更严肃的多元化方法。

作为刑事诉讼程序中的一种内部检查机制——与多个参与者参与的对真相的官方调查所提供的外部约束形成对比——其进行了其他改革,旨在增加官方搜查的中立性。在西班牙,与法国、意大利和葡萄牙一样,它将调查法官排除在审判庭小组(panel)之外(甚至在该职位被取消之前,这些国家中的部分国家亦将其排除在外),这有助于将政府的调查权力分割,并导致决策过程中观点的多样性。

同样的原理也适用于法国。2000 年,法国就拘留问题建立了由法官作出自由或拘留决定的制度(des libertis et de la ditention with decision - making power),不再由调查法官行使该权力。再或者如意大利,负责审前阶段的官方有了分化(以前是统一的)。事实上,在意大利,审前调查的司法权力现在归属于与以往不同的法官[“调查法官”(*gip*)],而不是由负责决定被告是否必须接受审判的审前听证法官[“初审法官”(*gup*)]享有。同样,内部多元理论释明了审判庭不同成员被授予了获得审前调查卷宗的不同途径。比如在法国，重罪法庭（assize court）中只有主审法官才能完全接触到卷宗，这与其他法官和非专业法官不同。在德国，非专业法官——陪审员——对调查卷宗并不了解。

通过限制审前调查活动获得官方卷宗中的证据在审判时的使用，其他改革措施同样促进事实发现者观点的多样性，从而鼓励审判法庭对事实形成新的理解，尽可能不受任何参与先前诉讼阶段政府官员的意见的影响。此外，在欧陆体系中，刑事审判法院上诉监督的旧传统进一步将官方调查权力碎片化，增加决策者的数量以提高内部观点的多样性。

将刑事案件中的外部和内部观点相结合，会有效地把大陆程序从官方单边调查机制转化为多元调查机制，这使得欧陆司法——以跳舞作比喻——类似于古巴版本的伦巴舞。事实上，在欧陆刑事诉讼程序中，不同数量的舞者为发现事实这一共同目的（enterprise）而一起舞蹈，有时单独，有时又以团体身份进行表演，在这过程中舞者的角色会发生转变和连续的替换。这是对17世纪末以来由英国经典自由主义提出的对第三方调查的“中立性问题”的回应。据此，欧陆世界仍然认为中立性在刑事诉讼程序中是可以获得的。它从来没有用解释性事实的调查来取代客观事实的调查。官员要不偏不倚地、尽可能认真地对真相的调查工作负责。

即使在对抗体系中的一些非常典型的法律特征已经渗入大陆体系，如警察/公诉人的调查取代了预审法官（the examining magistrate）的调查，证据排除规则、交叉询问证人和陪审团制度等特征，这种情况依然正确吗？或者相反，正如经常争论的那样，这些转移到欧洲土地上的传统美国法律制度机制已经使欧陆体系更加对抗了吗？如果第一个问题的回答是肯定的，那么我们能否断言，与前面提到过的旨在增加官方调查中立性的改革相一致，对抗性机制的引入甚至强化了接受国的非对抗性程序结构？最后，如果是这种情况，我们是否可以预测转移的“免疫效应”可以对抗未来任何对抗性改革？换句话说，我们能否断言，将少量对抗性法律特征注入非对抗背景能使后者更加抵抗未来任何的对抗性转变？

在试图回答这些问题以证明笔者的观点时，本文将在下一部分对转移到欧洲大陆刑事诉讼程序的每一种美国对抗性法律特征依次进行讨论。

二、面对法律转移时的探戈正义和伦巴正义

(一)欧洲大陆调查法官的废除

1. 英美检察官:非正式的私人演员

与“探戈正义”观念相一致,美国体系中的检察官是作为一方当事人,即作为被告的对手,当然,他方的调查(与警察一起)必然要与任何司法活动完全分开。可以肯定的是,尽管将其称为“政府”或“国家”,该体系都尽可能地将检察官塑造为私人演员。英格兰的公诉制度遭到强烈的、长达几个世纪的抵制——一直持续到20世纪末皇家检察署(the Crown Prosecution Service)成立——就是这种现象的象征。实际上,正如海伊(Hay)和斯奈德(Snyder)所总结的那样,“起诉的结果对于国家的政治自由非常重要以至于不能将其委托给行政机构”。事实上,英国早期法律史上,与中央政府有联系的皇室检察官(law officers)很少起诉。而且,尽管从16世纪开始通过治安法官(the justice of the peace)(一个与中央权威有松散联系的人物)获得了调查与辩论角色,“很长的一段时间,直到进入了19世纪”,但事实上,起诉人的角色主要——至少在正式意义上——是留给受害者的。之后,在19世纪,一支由中央政府组建的专职政府人员队伍——英国警察部队——成立了。他们行使检察官的职能,尽管官方并没有赋予他们该职能。相反,他们是代表国家行事的私人一方。海伊和斯奈德发现“虽然起诉是以官方名义提起的,但从政治意识形态以及法律上看,起诉被视为私人主体之间的对抗性诉讼”。赋予警察私人角色实际上意味着将政府和警察相分离以及国家从预审调查中分离,因此,它意味着在审前调查阶段赋予国家中立和脱离的形象。此外,在审判中,国家只可能与从19世纪开始就扮演着被动角色的法院有联系。相比之下,在殖民地,“对权力强大的美国政府的发展带来很多其他影响,特别是在革命和杰克逊时期”。然而,美国公诉人的出现及其对起诉的垄断,可以更好地被解释为是对自诉的阶级不平等性的民主创新,而不是将政府与国家紧密联系的举措。事实上,与欧洲大陆的检察官相比,美国地区检察官保持了强大的私人

姿态。其不是政府机构人员,不属于官僚主义和高度等级化结构中的一部分,其与将自己与政府联系的欧洲大陆官员有着不同的行事方式。美国检察官不是私人律师,也不是政治家,只是暂时性扮演官方的角色。其代表的是人民——在州一级选举他的人民——而不是中央集权国家的政府。作为人民代表——从康德学派的意义上讲,整个社会的利益是个人利益的总和——在共同理解的基础上,检察官就是受害人的律师:其追求的是受害者私人一方的利益而不是国家行政部门的利益。当然,在美国刑事审判中,由于缺乏私诉当事人(partie civile),这种理解受到强烈的鼓励;而在欧陆刑事审判中,自主参与的受害者不会怀疑检察官和国家之间有直接联系。此外,美国检察官与受害者律师之间的潜在关联似乎对前者享有的宽泛且不可挑战的自由裁量权进行了解释,由于这种自由裁量权本身固有的私人性质,检察官有权决定不提起诉讼。事实上,作为审判中受害者的代表,美国检察官"是受害者的支持者",进而成为受害者不受监管的检察垄断的继承人。可以肯定的是,美国检察官在决定是否起诉时享有无可争议的自由裁量权,而欧陆体系中并不存在与之相同的替代物。事实上,受害者恰恰可以作为一个独立自主的一方(与美国不同),挑战检察官以各种方式作出的不起诉决定。

2. 作为非当事人的官方主体的欧洲检察官

德国(1975年)、葡萄牙(1987年)和意大利(1988年)均废除了负责预审调查的核心人物——预审法官(或调查法官)。此举很容易被解释为职权主义刑事诉讼程序迈向"美国化"和"对抗化"的一步,因为调查法官一直被认为是职权主义制度的一个鲜明特征。然而,虽然现在检察官在调查活动中缺乏司法权威,但他们从未成为诉讼中的一方,而且十分坚定地保持非当事人立场。德国和葡萄牙显然是这样,检察官作为中立且客观的调查人员,收集证据用来支持或反对被告的主张,并参与到诉讼程序中以期发现事实真相并获得一个公正的结果。意大利的情况也是如此,自1988年以来,意大利的欧陆程序制度最具"美国化"。将意大利检察官定义为诉讼程序中的一方是极具误导性的,因为大多数检察官充当着模棱两可的角色,在很多方面要向被告提供帮助。而且,就像德国和葡萄牙的检察官一样,意大利检察官可以在审判中提议对被告无罪释放,或之后依其主张提出上诉。意大利、德国和葡萄牙的检察官没有放松与国家的紧密联系,他们属于官僚结构的一部分,这使得他们具有强烈的国家机关特性。

3. 总结

总之,在欧陆几个司法管辖区取消调查法官之后,既没有诉讼程序"对抗化"(包含各方主体的程序的出现)的出现,也没有出现美国体系中典型的个人自由免于国家起诉的潜在信息。"探戈正义"的原则并没有流入欧洲大陆的刑事诉讼程序,而是加强了公正发现真相的"伦巴正义"方式。通过废除调查法官而实现的调查和司法职能的彻底分离,完全达到了提高内部观点多样性的目标,而这种多样性是作出确定和公正判决的基础。它将检察官的职权限于收集将在审判时提出的证据的活动,这与以前由调查法官进行的证据收集活动截然不同。因此,改革通过取消对证据的权威性预审司法评估,赋予了审判法官在对证据评估时以更大的自主权。总而言之,通过增加刑事案件中的内部观点,强化了"伦巴正义"方式,可以说是将注入非对抗性结构中的对抗性风格转变为抵抗未来任何对抗性立场的试剂。

(二)欧洲大陆证据排除规则的美国化

朗本教授早在多年前就指出了美国律师和欧陆律师对证据法的态度有多么的不同:坐在审判法庭、民事法庭或刑事法庭,你会听到律师不断打断庭审以提出依据证据规则的反对意见。这些话语非常熟悉,它们已经传入流行文化中。闭上你的眼睛,你可以听到佩里·梅森、"洛城法网"或类似电视节目的主角踱着方步,激烈地反对:"不相关!""传闻!""意见!""诱导性发问!"跨越海峡,进入法国或意大利或瑞典的法庭,你听不到这些。二十多年后,我们可以发现,朗本教授的观点并不完全正确。

几个欧洲大陆国家已经引入了仿照美国体系的证据排除规则。例如,葡萄牙、意大利和西班牙采用了传闻证据规则。意大利和德国引入了所谓的米兰达规则,排除了被告人在没有被告知有权保持沉默时获得的供述。意大利、德国和西班牙——以不同方式和不同条款——颁布了以非法手段获得的证据不可采规则,如通过非法窃听获得的证据。在西班牙,有时在德国,非法搜查获得的"果实"不可采。此外,在严重侵犯个人宪法权利的特殊情况下,证据的“毒树之果”学说（据此，来源于非法证据的证据也是非法的）也传入了德国。

这种引入是否修改了接收国体系的证据法的基本原则，从而使它们更加对抗？或者，我们能否认为，欧陆的非对抗性制度背景，根据其不同的需求，已经改变了美国证据排除规则的结构？如果确实是这样，那么这种引入甚至加强了非对抗性，即以“伦巴正义”寻求真相，从而使其成为可能抗衡任何未来“对抗化”的抗体？

1. 美国的证据排除规则：对抗性原理

在普通法世界里，证据法似乎是对抗性刑事诉讼的一个孩子，而不是赛耶所称的“陪审团的孩子”。如果我们接受郎本的现代普通证据法兴起的重构，这种重构与英国对抗性程序同时出现，我们必须要同意他这一观点，即由于陪审制度起源于 12 世纪，那么起源于 18 世纪末的普通法审判法官的新型被动立场导致了证据排除规则的产生。有必要对那时享有自主权的事实审判者的理性采取事前控制，这是一种新的需求，它解释了陪审员要免受会对裁决造成不利影响的证据的影响。在以前的刑事诉讼中，法官深深地影响了陪审团的裁决并主导了诉讼进程，“法官不需要任何如可采性规则一样的笨拙的手段来使陪审团服从”，因为“陪审团轻易披露裁决理由的传统……使法院能够对裁决理由进行调查，从而标识陪审团的错误并予以纠正”。因此，郎本解释道，“传闻证据和先前的定罪证据的收集与现代大陆体系一样自由”，此处所提及的是他们在 1978 年看到的大陆体系。

18 世纪“缺乏经验又沉默寡言”的陪审团从受到被动性对抗程序压力的审判法官中解放，这种解放解释了证据排除规则在实践中的工作方式。然而，对抗性程序似乎也是造成大部分规则存在的原因。

在对抗制中，证据法在制定公平竞争的规则方面起着关键性作用，它使“探戈正义”成功产生解释性事实。美国证据法通过确保平衡诉讼当事人在证据收集阶段的优势来平衡竞技领域，从而给予当事人平等陈述对现实看法的机会。在双方对峙的背景下，对于强大的一方来说，利用强加于弱小对手的认罪是不公平的。前者通过非法搜查、扣押或非法监听等滥用权力的行为获得了不正当优势，并以此来对抗后者同样是不公平的，这是为解释性事实所不能容忍的。任何一方当事人都没有机会直接且仔细地审查另一方的证人(证人可能受过集中训练和指示),这同样会不公平地阻止一方向对方提出怀疑。允许传闻证言也被认为是不公平的,因为传闻证人重新产生的话语不能被对方检验,“对方通常有理由相信庭外讲话的人是他的对手的隐藏盟友——一个避免挑战法庭的盟友”①。在所有上述情况中,双方的竞技与中世纪时期对重罪提起上诉一样具有偏见。那个时期,两名斗士中只有一人能得到马匹和一把剑。因此,从美国的视角来看,对抗性公平重点强调真相发现的过程和许多证据排除规则,诸如传闻证据规则、反对自证其罪的特权(以及补强证据规则、强制程序和交叉询问),甚至非法取证规则似乎(也)是为此目的而设计的。

当然,上述情况并不忽视这样一个事实,即尊重对抗性公平也会带来其他令人满意的附带效应。有时候,顺从于对抗性公平会形成对现实更精确的重构。例如,排除胁迫认罪也会排除虚假认罪(当然事实并不总是如此)。再如,通过交叉询问来检验对方证人证言的准确性和可靠性,或者通过要求第一手证人证言而不是传闻证据来促进真实性。然而,这个目标也并不总是可以实现的,因为由技巧娴熟的律师进行的交叉询问可以动摇虚假和真实的证词;如果原始证人死亡,为促进事实调查的准确性,会有条件地允许传闻证言而不是禁止传闻证言。其他时候,(在笔者看来)主要旨在实现对抗性公平的证据排除规则会产生不同的附带结果:对执法部门的惩戒(disciplinary)效果,希望可威慑这些执法部门在未来不会滥用权力侵犯每一位公民的权利。

与对抗方法的原则相一致,美国体系中的证据排除规则通常只是有条件地适用:只有当事人援引,它们才会生效。因为假定诉讼当事人知道什么是对他们最有利的,而且由于没有人能对此有更好地认识,所以任何人,特别是不被信任的国家官员都不能将其观点强加给对方。这就是为什么即使理论上法官有主动排除证据的权力,但他们也很少这样做的原因。而且无论如何,他们从来没有责任对不可采的证据提出异议以补救当事人的失败。舞者大多自己

① Damaška, *Private Prosecution, and the State*, in Douglas Hay & Francis Snyder eds., Policing and Prosecution in Britain 1750 – 1850, Clarendon Press, 1989, p. 80.

起草剧本,这样做的结果就是被告被视为一个自由个体,他们能够在证据安排方面,继而在自己的案件中自由地作出战略选择。

2. 欧洲大陆的证据排除规则:保护性原理

就欧洲大陆体系来说,它设计了证据法规用于管理和限制官方寻求实体性事实的行为。因此,在大陆法系中,证据排除规则似乎主要关注保护官方寻求真相的准确性:对那些被认为阻止追求客观事实的证据,他们予以禁止。然而,正如德国联邦法院曾经表示的那样,"不惜任何代价寻求真相不是刑事诉讼的原则",所以在欧陆体系中,官方必须在越来越尊重人格尊严的限制内追求事实真相。他们必须防止侵犯被告人的基本人权,即使这会导致与明显的实质真相相背离。因此,不同于在美国发挥作用的原理,该原理似乎解释了欧洲大陆证据排除规则的特殊存在。不是对抗性公平原理赋予它们生命,而是保障官方事实调查准确性的旧目标赋予其生命,许多不可采规则对准确性的检测意味着要排除那些被认为不可靠的证据。例如,排除匿名文件或在社区口口相传的证词、排除传闻证据规则;甚至是排除通过谎言探测器、麻醉(心理)分析等可能影响被告的自主决定的方式获得的被告陈述的规则(尽管在这种情况下——由于上述原因——这个原理混合了保护被告尊严的原理仅在一定程度上成立,如下所述),欧陆法系的各个司法管辖区都能找到这些规则。此外,保护被告免于因"肮脏"(dirty)而不被接受和寻求客观事实是一种更加新颖的愿望,这种愿望激发了其他排除规则。特别是采用排除规则的情况,如米兰达式规则、排除非法扣押或非法窃听证据的规则。

与对抗性原理相反的保护性原理似乎引发了欧陆体系的证据排除规则,它解释了为什么欧洲证据规则——与美国的情况恰恰相反——大体上是由法官负责寻找客观事实、由法官负责保护被告以及为什么原则上它不能被单方面放弃取代。在欧陆刑事诉讼程序中,"引入"的排除规则失去了原有的对抗性原理,在非对抗性背景下运作的它们获得了与之相一致的不同原理。根据不同的保护原理,遵守排除规则主要是法院的责任,因为当事人始终可以提出不可采的问题,他们原则上不能通过提出相关异议来修改排除规则。在那些体系中,法官不仅以寻求客观事实的名义,而且以给予被告官方保护的名义,保留了依职权提出法定排除规则的权力和责任。这些规则,不是各方当事人自由表达所起草的剧本，它与各方的意愿无关。如在意大利传闻禁止的情况下，即使当事人可以通过不否决传闻证人的方式来允许其出庭作证，法官——以“伦巴正义”寻找真相时——可以代替当事人依职权要求原始证人出庭作证。

此外，在非对抗背景下，正义与中立的第三方与寻找客观事实相关联，它不等同于“对抗性公平”，此背景下必须确保证据框架尽可能完整。接下来，满足裁决者调查需求的愿望故而是最重要的。相应地，欧洲大陆法体系通常仍然承认传闻证据的准入（以及秘密收集的证人的庭外证言），前提是原来的声明者或证人因死亡、精神疾病或其他因素导致无法重复先前的声明，在任何时候都不能出庭。

3. 认知框架下的排除对比判决论证基础上的排除

此外，在欧陆背景下——法官没有转变为被动性，分支裁决机构一般会空缺，并且有罪或无罪的裁决（即使当裁决者全部或部分由非专业人士代表）不是以一种神秘的形式作出，而总是会进行公开的论证——“引入的”排除规则以一种不同于原始背景下的（美国背景下的）方式运作。在美国，不可采的证据从裁决者（陪审团）的认知中排除。相反，“接受国”从法院作出判决的论证基础中排除了该证据。也就是说，欧洲大陆体系中的证据排除规则并没有将事实的检验者从不可采证据的影响中隔离；而是阻止了意识到存在可排除证据的裁决者在决定被告有罪或无罪时考虑该证据。由于欧陆法官（甚至西班牙陪审团）不同于美国陪审团，他们必须出具书面的用以证明有罪或无罪的理由，所以违反证据排除规则的行为应该在上诉时得到纠正。然而，正如托马斯·魏根德（Thomas Weigend）所指出的那样：因此排除证据需要（事实的审判者）将相关信息从他们的头脑中删除，以及在虚构的而不是已知事实的基础上作出判断。即使法官愿意服从法律的要求和忽视需被排除的信息，他们在心理上也很难作出一个与他所知的案件的“真实”事实无关的决定……因此证据的排除只会使法院更难证明可能受到“排除的”证据的影响的判决的合理性。真正地排除裁决者接触的证据似乎是一种非比寻常的解决办法。因此，欧陆排除规则制度不能提供，用一个比较证据法专家的话来说，“在制度的黑色天鹅绒上，普通法排除规则的珠宝可以充分展示其潜力和魅力”。欧陆体系排除规则相对美国体系的排除规则，在实际操作层面存在这一重要的功能差异，该差异的存在为将它们冠以相同标签的误导性同音异议的这种说法提供了支持。

4. 总结

总而言之，在欧陆制度背景下，"引入的"排除规则似乎丧失了原有的对抗性公平原理，即丧失了它们与当事人自由决定证据安排以适应战术利益的想法的联系。此外，虽然保留了与美国排除规则相同的名称，但排除规则在欧洲大陆体系中以完全不同的方式运作。虽然不可采的证据不会被排除在事实审判者的认知框架之外，但是会从事实审判者的书面推理中消除。因此，接受方的制度背景似乎根据其不同需求，已经高度修改了"引入的"美国排除规则的原始结构。

然而，初级审判阶段的出现致力于在刑事诉讼程序中当着所有参与者采纳证据，正如在意大利和西班牙发生的那样（以及与以美国体系为模型引入证据法相联系的国家），它的出现对欧陆体系造成了影响。事实上，在当今欧陆刑事诉讼程序中，专门用于压制证据并与采证阶段相分离的正式预审程序，增加了许多"舞者"的参与，用以决定在审判中何种证据材料被采纳——这在以前主要是由法官单独执行的。

因此，证据规则最终远不仅使法官担任裁判者的角色，欧洲背景下的证据规则允许在质疑证据可采性的关键性预审活动中为"伦巴正义"的"舞者"提供更大的空间。总之，通过增加官方调查的多元角色，"引入的"特征不仅适应了接收体系的非对抗性风格；而且，与过去许多旨在应对第三方寻求真相的"中立性"问题的改革相一致，它加强了非对抗性的、由官方控制的调查程序的公正性。反过来，这赋予能抵抗未来任何欧陆刑事诉讼程序"美国化"的移植可预测接种效应以多样性。

（三）欧洲大陆刑事诉讼中的交叉询问制度

1956 年，埃德蒙 · S. 摩根（Edmund S. Morgan）将交叉询问权描述为"除普通法体系外的其他审判体系不了解的一项权利"。然而，欧陆刑事诉讼程序相当广泛地引入了交叉询问制度，用来向证人，有时还包括专家和当事人提问。例如，在西班牙、葡萄牙和意大利，由双方代表进行的直接和交叉询问成为询问证人的一种独特方法。在其他国家，如德国，这只是一种附属的询问方式，因为原则上，询问证人和被告仍然由（主审）法官进行。

正如一位学者所定义的这种“程序的革命性变化”是否引发了采用它的欧洲体系的“对抗化”？或者，而是将它列为另一种装置，该装置最终向加强非对抗式寻求真相中注入更多动力以符合“伦巴正义”的方法？

1. 美国双边事实认定结构中的交叉询问

作为质疑证人和被告人的一种风格，直接和交叉询问是对法官在美国对抗制诉讼事实认定过程中的被动性最具戏剧性和象征性的表达。这是刑事诉讼结构的象征，即争议的双方——检察官和被告（更多地被认为是私人当事人）在一名官员面前追求他们的对立利益的结构，这名官员仅仅是一名裁判员，并没有参与事实上的事实调查。因此，保持合理距离（an arms - length model）的模式是对抗制刑事诉讼的最佳表现形式，它可以确保个人从国家获得最大自由。双方——只有双方——参与到事实认定的发现过程的“探戈正义”，其精髓在旧有的刑事上诉中反对任何一方，然而现在用现代的论证技术代替旧的实体力量。

在一个像美国一样由当事人控制的竞技体系中，交叉询问是检验证人可靠性唯一有效的提问手段，证人必须将一方或另一方作为他的盟友与其保持密切的联系。证人和专家证人在审判之前一贯受到训练，因而会怀疑他们有虚假或歪曲的证词，这种嫌疑直到他们成功通过了娴熟的交叉询问才能消除。

在真相源于各方相对立意见的体系中，阻止其中一方通过高效的交叉询问方式提出自己的观点不仅会是不公平的，而且也会阻碍这种解释性事实的发现。这就是美国法律抵制庭外书面证词并且如果不能完成交叉询问就将排除直接证词甚至宣布审判无效的原因。然而，在各方根据自己的战术需求塑造自己的案子的对抗制中，对抗性公平总是可以被单方面放弃，其结果就是如果一方这样想的话，另一方证人的证言将完全不受挑战。

2. 欧洲大陆参与型事实认定结构中的交叉询问

在传统的欧洲大陆刑事诉讼程序中，作为程序领导者而不是当事人的（首席）法官负责向被告、证人和专家询问。这与法院必须履行的事实认定职责及寻求实质性事实的义务相一致。因此,这是一种询问的风格,它代表法院有责任在审判时确保发现所有真相的必要信息。直接和交叉询问技术无论是强制性的,还是基于当事人的请求,甚至作为询问证人的默认手段,是否改变了采用它的欧洲大陆体系中的非对抗性司法事实认定责任?它是否像美国体系那样将法官限制在被动裁决者的角色里?它是否将提问证人转化为双方的对决?

可以肯定的是,当以交叉询问为基础的技术登陆欧洲大陆时,欧洲大陆形成了一个在采证阶段以法院为中心的程序。尽管欧洲各国对此有不同的限制,但是如提出证据的职责(和权力)仍然是法院职权的一部分——然而法院与该程序中的所有其他积极参与者分享该责任。与法院在采证阶段发挥的中心作用相一致,欧陆体系的交叉询问技术并没有将法官限制在仅作为询问证人过程中的裁判者的角色。它也不会将询问证人转化为双方对决——就像在美国发生的那样。它只是在询问证人的关键活动中增加了不同的"伦巴舞者"角色。因此,到欧洲大陆的这次"旅行"深刻地改变了交叉询问技术,将其转化为一种"集体表演",在这场表演中"伦巴舞者"向证人询问以寻求客观事实。法院包括非专业法官或陪审员(西班牙就是这种情况)往往主动介入询问证人的活动。此外,有超过两名参与者会参与到直接和交叉询问中,这与"伦巴正义"中有两名以上"舞者"的观点相一致。事实上,以下任何一方都可以参与交叉询问证人:控方、被告、基于欧陆体系的民事主体(可以包括因犯罪遭受损失的人和受害者);自诉人(在诉讼程序中拥有与简单的民事主体不同权利的受害者);公诉人(如前所述,与犯罪无关的私人第三方只要符合一系列要求即可参与);任何民事第三方被告(被告被定罪且无偿还能力时代表被告承担赔偿责任的人;在意大利或西班牙的刑事诉讼中允许他们参与)。因此,一个"舞者"代替另一个"舞者"可能介入的询问会使任何个人战略选择无效,这种战略选择是放弃交叉询问另一方证人的机会。

另外,欧洲大陆体系的交叉询问似乎并不是挑战表面不可靠证人可信度的一种不可或缺的手段,因为他如美国发生的一样,与对抗中的一方有联系。事实上,公正的官员在证据收集和事实认定过程中的大量参与及没有审前训练的实践(或者至少相较美国没有那么激烈的形式)减少了对手的紧张情绪。

考虑到单方歪曲信息的风险较低,所以通过侵略性和破坏性的交叉询问来检验证词精确性的必要性并不令人信服。

此外,证人与诉讼当事人之间缺乏强有力的(partisan)联系,特别是诉讼当事人通常是最有权利的一方(检察官),这种联系的缺乏解释了当因证人突然不能到场导致交叉询问不能完成时,通常(即使不是没有争议的)会考虑直接询问。如上所述,它还解释了欧陆体系为了满足法院在寻求实质性事实时的认知需要,可能会特别允许庭外书面证词。在非对抗制中,事实认定者必须以书面方式提供完全合理的判断,而且上诉法院总是会对此进行监督。这可以防止事实认定者高估当事人各方未对峙的证据。因此,从欧陆的角度来看,使用各方尚未对峙的证词带来的对公平的牺牲并不一定妨碍审判级事实认定者的公正决定。

3. 总结

总而言之,当交叉询问制度登陆欧洲时,它并没有发展出像美国刑事诉讼中典型的双边事实认定结构,这种结构作为一种对抗技术,能从存有偏见的证人那里诱发解释性事实。引入欧洲大陆后,交叉询问技术仍然作为使对方证人失信的手段,但多方"表演者"的参与实质上改变了其强烈的对抗性特征。作为实现多个主体能更自主和更直接参与到询问证人活动中的方法,它改进了参与式事实认定方案。因此,在欧洲大陆,与"伦巴正义"的原则相一致,(直接和)交叉询问作为询问证人的风格,服务于提高调查的多元性,进而提高官方第三方寻求客观真相公正性的目的——而不是服务于像"探戈正义"一样的,通过竞技来寻找解释性事实的目的。

最后,对抗性交叉询问制度向欧洲大陆刑事诉讼程序的注入加强了接受国非对抗性结构的基础。从这个意义上说,这种移植也可以被解释为是应对未来任何对抗性转变的"接种"。

(四)西班牙陪审团审判

1995年5月22日,西班牙议会通过了《陪审法院组织法》,该法于1995年11月24日生效,恢复了在特定刑事案件中的陪审团审判。西班牙的陪审法院只对少数罪行拥有管辖权。1996年5月27日,西班牙陪审团开始审理新法律下的第一批案件。

1995年《西班牙陪审法院组织法》引入“英美陪审团形式”，这种引入是否产生了西班牙刑事诉讼的美国化？它是否将西班牙体系，至少部分地，从“伦巴正义”转变为“探戈正义”体制？或者相反，通过增加一个新的“表演者”到参与式事实认定模式，西班牙陪审团是否丰富了“舞蹈者”人数从而提高对事实调查的观点的多样性，反过来强化了“伦巴正义”的非对抗性基础？

1. 集体寻求真相，陪审团能动性以及陪审团裁决作为西班牙陪审团审判的(集体产物)：一些评论和一个参照

笔者在一项研究中试图回答前面的问题，在这里只涉及对这个问题的深入分析。在那项研究中，笔者认为虽然它经常被描绘成英美进口品，但陪审团审判——与19世纪欧陆传统的典型混合陪审团审判相反——在西班牙的运作方式完全不同于美国。

首先，新的陪审团制度并没有将西班牙刑事审判从第三方寻求真相转变为两方且只有两方当事人完全控制事实认定活动的竞技。因此，它并没有将西班牙刑事诉讼程序从“伦巴正义”转变为“探戈正义”体系。实际上，与美国不同，西班牙陪审团审判法官(治安法官，magistrate president 或 magistrado－presidente)不仅是在一方当事人控制证据展示程序中检察官和被告之间法庭竞技的裁判者，亦不被认为是被动的裁决者。

西班牙陪审团不是两方诉讼当事人在被动的审判者面前根据自己的利益形成争议的竞技，它更类似于有许多“演员”参与的多元调查。这些“演员”包括检察官(可以通过要求无罪释放而介入以支持被告)、被告人、受害人(自诉人)、公诉人(或公民起诉人)、任何民事第三方被告、主审法官和陪审员(他们积极参与到集体寻求真相中)。所有人都扮演着积极又流畅的角色并共同对实质性事实进行探索，这些角色舞动时的步伐绝对令人惊讶，他们如此流畅以至于自诉人也可以要求对被告无罪释放。

其次，与美国陪审团不同，西班牙陪审团并不象征从政府获得最终自由。美国审判中的陪审团是真正独立的，因为它排除了任何司法介入审议决定中(当然除了指导性的无罪裁决)。而西班牙陪审团有权发出大量秘密的普遍裁决，难以通过对定罪提起上诉来挑战这些裁决，也不可能在无罪情况下向它

们提出怀疑。这传达了这样的信息:陪审团是个人对抗国家的捍卫者。允许陪审团作出真正的最终无罪裁决给予了被告免于国家压迫的愿望,因为没有国家官员有权再次质疑陪审团的决定。这个基本原理的极端版本是陪审团的无效化权力,即使面对无可辩驳的证据可证明被告有罪,甚至无视明确的司法指导,陪审团也可以最终作出无罪决定。

相比之下,西班牙陪审员并不享有相同程度的从国家参与决策中获得自主性和独立性。在参与式体制下,这在美国体系中是难以想象的,陪审团裁决是一种共同协作的成果,其中涉及了所有以不同的角色和身份参与的“伦巴正义”的“舞者”。事实上,西班牙陪审员通过投票表决的形式决定事实命题或有关裁决形式(objeto del veredicto)问题的清单,这是在法官与其他每个审判参与者的共同参加下制定的。此外,与美国陪审团不同,西班牙陪审团必须对结论提供合理解释,这与第三方追求客观真相相一致并符合始终要求第三方认定结果的逻辑和理论得到司法确认的“伦巴正义”的方法。如果陪审团的理由不够充分,根据1995年《西班牙陪审法院组织法》第63(1)(d)条或第63(1)(e)条,裁决会被首席监督治安法官(supervising magistrate - president)退回给陪审员或可能被上诉到区域最高法院而更改。即使是无罪裁决也同样适用,从而防止了陪审团的无效权力。

2. 总结

正如笔者在其他地方通过更广泛的分析所释明,作为将对抗性特征注入非对抗程序如何使得接受者体系的非对抗结构更加稳健的进一步例证,陪审团审判的引入——而不是让西班牙的刑事诉讼程序更加对抗——似乎加强了“伦巴正义”体制的非对抗性特征。它在参与型事实认定程序活动中增加了陪审团角色,扩大了“舞者”的数量。这样做的结果就是增加了对事实调查观点的多样性,从而提供了更加动态和多元化的努力以使第三方寻求事实更加公正。最后,更强大的伦巴司法方法可以更好地配置西班牙刑事诉讼,以抵抗未来任何向探戈司法体系的转变。

三、一些结论性意见

在从美国向欧洲大陆法系转移的过程中,程序性特征,如检察官(和警察)的调查取代调查法官(examining magistrate)的调查、证据排除规则和交叉询问证人等与陪审团审判一样,最终在新的制度背景下被高度修改,改变了它们原有的功能和性质。它们失去了对抗性原理以及美国模式下的那些特征,这些特征与对抗性条件下的自由刑事诉讼理念紧密联系。它们的引入并没有引起接受体系拒绝官方控制调查这一概念,而且与原来的美国模式不同,转移后的法律机制即使通过将对程序的权力和控制委托给当事人也无益于保护被告免受政府的能动性。然而,这些转移特征并不是简单地将它们的"译文"构成非对抗性风格。它们被引入欧洲大陆刑事体系是作为强化非对抗程序的最本质特征的手段运作的,即强化官方第三方寻求客观真相。事实上,以前欧陆改革旨在解决古典自由主义信条提出的第三方调查真相的"中立性问题",与此相一致,引入的特征有效地使调查更加多元化、参与性和动态性并且因此更加公正。这有助于保护个人免受垄断——因而独裁——的官方对真相的调查,从而使得接受国制度背景更加自由,而不是更加对抗。从这个意义上说,转移实际上增强了刑事诉讼自由理念的实施——这并不是根据对抗逻辑,而是根据非对抗逻辑。

因此,这些美国特征到欧洲的这趟"旅行"并没有创造出对抗性的"探戈正义",它们通过强化非对抗性"伦巴正义"的信条,似乎令人意外地导致了能抵抗未来可能被对抗模式颠覆的"接种"效应以及从国家获得最大自由的最基本自由意识形态的产生。正如向人体接种少部分有机体以刺激肌体产生抗体从而抵御侵入的所有有机体一样,将一小部分美国对抗程序注入欧洲大陆体系已经加强了其公正的、官方控制的调查程序的基础,并且可能已经产生了抗体能有效对抗美国对抗性、当事人控制的竞技体系在未来大规模的"入侵"。

此外,在叙述层面(这与操作层面一样重要),通过将受到美国启发(即使被修改)的法律特征合并到其刑事诉讼程序中,欧洲大陆国家设法加强其先进且自由的刑事司法体系的全球合法性。事实上,面对依然持续的英美霸权主义论调,其给非对抗程序留下使人联想的审讯时期压迫性程序的印象,一些典型的"美国的"法律特征的"输入"帮助欧洲大陆程序删除了审讯标签。在葛兰西亚反霸权运动中,为了未来将采用一种全新的对抗模式进一步减少了这些制度的需求,以便被(特别是被具有全球影响力的普通法律师)视为充分保护个人自由和人权。

总之,对美国的一些程序性特征的接受可以说提升了欧洲体系作为积极政权的形象。然而,欧洲大陆体系并没有采纳美国对抗性的“探戈正义”,而是加强了它们的非对抗性“伦巴正义”,这种方式保护被告能够对抗独裁国家。它们立即拒绝了真正的对抗性转变并且使自己对未来任何“美国化”产生免疫。

欧陆语境下的美国刑事诉讼程序*

［西班牙］马尔·吉梅诺·布尔纳**著

施鹏鹏***　丛嘉雯****译

“如果我是无辜的，我更愿意在大陆法系的法庭接受审判，但如果我是有罪的，则更愿意在普通法系的法庭接受审判。”

一、导论

在欧陆和美国，存在两种不同的法律传统：英美法系（普通法系）和大陆法系。这两种法系已经逐渐发展成现在所谓的当事人主义和职权主义的刑事制度。大陆法系的传统是以人为中心，立足罗马法的传统；而普通法系的传统则是以裁判为中心，在诺曼公爵（Normans）征服英伦三岛后才开始其历史进程。之于前者，成文法催生了职权主义类型的诉讼程序，这种程序对于许多熟悉当事人主义诉讼程序的职业或业余人士而言具有许多负面含义。而在欧陆及其他地方使用的当事人主义诉讼程序这一概念，主要指立足于英国普通法传统的言辞刑事诉讼程序。

较之于欧陆和拉美国家，这些不同的法律传统及其历史渊源，造成了诸多

* 因本刊出版篇幅所限，本文脚注从略，具体内容可查阅施鹏鹏主编：《现代刑事诉讼模式：对话与冲突》，中国政法大学出版社 2020 年版，第 213－253 页。

** 马尔·吉梅诺·布尔纳（Mar Jimeno－Bulnes），芝加哥肯特法学院访修法学教授（2011—2012）、布尔戈斯大学（西班牙）诉讼法全职教授。

*** 施鹏鹏，中国政法大学证据科学研究院教授。

**** 丛嘉雯，中国政法大学证据科学研究院 2017 级司法文明方向研究生。

程序上的差异,并极大影响了美国和英国的刑事司法。较之于欧陆和拉美国家,这些不同的法律传统及其历史渊源,造成了诸多程序上的差异,并极大影响了美国和英国的刑事司法。与民事诉讼相比,刑事诉讼独特的一面是潜在的政治化。这引发了对不同刑事司法模式及其偏好的讨论,其中当事人主义模式因其对抗性而成为最佳选择。但应当指出的是,目前世界上没有"纯粹"的刑事诉讼程序。事实上,所有的刑事制度都是不同法律传统相互交流和结合的产物。除此之外,由于世界上存在众多刑事诉讼程序模式,加上美国法律制度的特殊影响,现行刑事诉讼程序似乎出现了趋同化。这种现象表明了一种观念:当事人主义模式和职权主义模式之间的传统区别应不复存在。此外,欧陆也不是只有一套刑事诉讼程序,相反每个欧陆国家都设有不同的刑事诉讼程序,这些程序各有特点。这也是不应区分两种诉讼模式的另一个原因。

虽然当事人主义模式和职权主义模式是刑事诉讼的主要机制,但学者们也提出过许多其他的二分模式。(这些模式)绝大部分(即便不是全部)参考了美国、英国以及欧陆现行的刑事诉讼程序。例如,帕克(Packer)所提出的正当程序模式和犯罪控制模式,以及格里菲斯(Griffiths)所提出的家庭模式和战斗模式。格里菲斯承认,无论是帕克提出的模式,还是他自己所提出的模式,更像是"观点"或"解释",而不是严格的刑事诉讼程序模式。所有这些模式都带有某种意识形态的方法,这引发了学者们的一些批判。达马斯卡(Damaška)所提出的两种刑事诉讼模式广为人知,这两种诉讼模式的区分尽管考虑到了社会学和政治学的因素,但意识形态的影响却较为衰微。达马斯卡将刑事诉讼模式区分为科层模式和协作模式(有别于职权主义模式和当事人主义模式),每种模式对应着不同的政治和司法组织理念,与判决确定性和统一性的重要程度相关。

多年前,尤其是在20世纪60年代,美国和欧陆的学者们对这些问题投以了极大的关注,试图阐明这一主题,并对背后根源性的原理进行祛魅。尽管职权主义刑事诉讼模式带有诸多负面评价,但一些学者还是分析了欧陆经验,尝试给饱受诟病的美国刑事司法制度寻求某种有效的补救措施。相反,有些学者则试图消解欧美在刑事司法领域的差距。特别是他们认为理论和司法实践总存在差异,真正的欧陆刑事诉讼程序与美国的刑事诉讼程序非常接近,远非人们此前所设想的。学者们参照了当时在欧陆实施的一些刑事诉讼程序,并据此提出了美国刑事司法的替代模式。鉴于欧陆司法实践(与美国)的相似性以及美国所面临的司法不公,学者间产生了学术争议。

诚然,有些人也许会认为,围绕美国、英国及欧陆所实施的两种刑事诉讼模式展开讨论是过时的学术争议命题,此前的学者已然对此展开过深入的研讨。即使不在法律界,一般的社会公众也仍存在某种根深蒂固的误解。尤其是当大陆法系和普通法系这两种法律传统发生相互作用时,这一误解便应景而生。例如,当美国公民在欧陆受到起诉和审判时,这种相互影响便会产生,反之亦然。典型的一个案例便是,2009 年 12 月在意大利进行的阿曼达·诺克斯审判。媒体对该审判的报道导致美国的公众认为,意大利的正当程序标准远低于美国,即便两名被告人随后提起上诉,并被无罪释放。这进一步表明,对刑事诉讼及其不同模式的学术讨论非常有必要。

本文的目的是深入了解美国当事人主义刑事诉讼与欧陆职权主义刑事诉讼之间的传统区别,并研判既有概念及其所蕴含之理念的现代相关性。有人也许会追问,为证明两种刑事诉讼模式的趋同化,或者为确立绝对的孰优孰劣,是否应放弃这些表述(此处指当事人主义与职权主义),即便抹平两种程序差异的理解原本便不准确。但本文的目的便是澄清某些误解,尤其是对"职权主义"诉讼程序的误解,并对"当事人主义"诉讼程序的地位进行更清晰的解读。

本文的结构如下:第二部分讨论了两种诉讼模式的历史背景、理论及特征,并思考了第三种模式的建构。第三部分介绍了与术语问题相关的概念背景和不同刑事诉讼模式的特点。紧接着是对既有概念及相对立特征的讨论。第四部分提供了一些案例,介绍了美国及欧陆刑事诉讼在庭前调查和审判阶段的相互影响。最后,第五部分是一些总结性评论。

二、历史背景:两种还是三种刑事诉讼模式

历史上刑事诉讼模式的数量仍然存在争议。一些学者提出了二分法,另一些学者则提出三分法。学者们倾向于依地域及学术背景发表观点,因此美国的学者主张二分法,反对欧陆学者所主张的混合模式。在欧陆,主张第三种

模式有着悠久的历史。特别是1808年法国所通过的《重罪法典》(Napeolenic Code d'Instruction Criminelle),被誉为混合模式的里程碑和起点。如果我们对这种混合刑事诉讼模式或制度作研判,就不可避免地得出结论:所有的刑事诉讼程序,不仅是欧陆的,还包括英美的,可能均属于同一类型。下文将讨论几种主要的刑事诉讼模式,包括作简要的历史概述,从神明裁判作为获取有罪或无罪证据的手段开始。

(一)当事人主义

所谓当事人主义模式,与职权主义模式是相对的,似乎与英国普通法和陪审团制度的适用有关。但在历史上,古罗马的刑事诉讼程序也被描述为当事人主义的基本模式。这一模式取代了司法决斗和神明裁判,后两者于1219年为亨利三世所最终禁止。普通法出现于12世纪的英国。在此之前,英国适用王室裁判制度,该裁判制度自盎格鲁萨克逊国王及两大国家裁判机构(大法官法庭和财税法庭)设立以来便存在。王室法院的裁判为格兰威尔(Glanvill)和布莱克顿(Bracton)对英国法律及惯例的编纂工作奠定了基础。第一辑于亨利二世统治时期颁布,是对英国既有法律的汇编,也因此使亨利二世被誉为"普通法之父"。第一辑汇编了"令状法"并附有拉丁文的评论,是普通法惯例非常重要的组成部分。

当时,查明卷入每一起犯罪案件(指控)的有罪当事人,由社区负责。如果负责查明案件的责任人未能在王室法官面前将涉案当事人呈交,则整个社区都将受到某种公共报复。这些社区代表组成了大陪审团。大陪审团制度在克拉伦登和北安普敦的巡回法庭里成为强制性规定。克拉伦登巡回法庭以及随后的北安普敦巡回法庭创设了一种新的制度:每个社区组成一个负责指控的机构,名为"控诉陪审团",由12名"善良合法的公民"组成。这个机构后来更换了一个更熟悉及现代的名称:大陪审团(控诉陪审团)。由12名宣誓说出真相的公民组成的机构称为陪审团(curate),已经宣誓的机构成员称为陪审员(juratores)。

宣誓作证,即在神明面前宣誓承诺说出真相(veredictum),这种做法非常古老,且不限于英国。事实上,这种审讯方式似乎起源于斯堪的纳维亚和旧加洛林帝国。毫不奇怪的是，宣誓作证在诺曼底地区也适用。征服者威廉(William the Conqueror)在所汇编的"末日审判书"(Doomsday Book)中同样有控诉陪审团的记载。但在亨利二世统治前，陪审团并非解决私人纠纷的机构。(陪审制)最先适用于入侵私人领地的行为。需要提醒的是，大陪审团或者控诉陪审团依然是收集"证据"的手段，而非解决争端的"审判"。大陪审团的任务是审查"起诉书"中的资料，以决定是否有充分的证据对被告人进行审判。

有观点认为，这种由社区启动的私人指控，与"犯罪行为不仅侵犯了国家本身，也侵犯了社区成员"这一理念紧密相关。这就意味着刑事审判与私人诉讼之间有一定的相似性。确实，负责调查犯罪并依个人认知提出指控的陪审团逐渐演变成为现代陪审团，并在陪审团审判的背景下听取证人证言。但可能是这种最原始的大陪审团或者控诉陪审团，形成了当事人主义刑事诉讼本质上的对抗性。这一点颇为有趣，因为存在陪审团审判通常被视为是当事人主义诉讼模式的核心所在。陪审团成为英国自由的首要元素，因为被告人有权选择接受陪审团审判。而这一接受陪审团审判的权利同样被写入英国的《权利法案》(1689年)，后来传播到欧陆和美国。大陪审团作为指控机构，在英国一直持续到1933年。而直到今天，大陪审团依然是美国的指控机构，且专门载入《美国联邦宪法第五修正案》中。

(二)职权主义

所谓的职权主义模式往往带有负面含义，这是因为宗教裁判使用了酷刑：从13世纪屠杀欧洲的狂热异教徒(特别是法国南部)，到15世纪末的西班牙达到了顶峰。"职权主义"的称谓源自"调查"(inquest)一词，指将所查明的事实做成书面汇编材料。但必须指出的是，调查(inquisition或inquest)并不专属于职权主义模式，在历史上也不是第一次出现。事实上，在11世纪欧洲的某些地方，存在另一种调查(称为pesquisa)，用以规避早期的神明裁判。真正重要的是，公权力机构(无论是王室或者教会)负责调查犯罪，并有权决定施以刑罚。

尽管职权主义模式并非起源于教会，但毋庸讳言，天主教会确实是第一个拥有适用职权主义诉讼程序的法定机构，因为（教会的）官方指控被推定为有效。职权主义诉讼程序诞生于12世纪末，立足于教会法。在此之前，教会法适用早期罗马法中的当事人主义诉讼程序。依这种诉讼模式（职权主义诉讼模式），司法官或法官有权对犯罪案件进行客观的调查，而无须等待正式的起诉。这种官方、官僚化的调查由必须绝对保密的书面卷宗所构成，这大概是职权主义诉讼程序最重要的特征之一。

由于当时法学家和知识分子对罗马法和教会法的研究，职权主义刑事诉讼程序从意大利北部传播到法国和德国。尤其是博洛尼亚大学和欧洲其他学校建立后更促成了这一传播。职权主义诉讼程序的成功，也与司法管理本身的专业化及与日益增加的司法知识有关。因此，出现了一种复杂且技术化的新型证据法，即法定证据制度。定罪甚至是指控形式，都成为法官关心的问题，因此极有必要设立更好的证据标准以及更明确的程序规则。当时最重要的一句格言便是任何判决均应根据指控和证据作出。法官的判决受这样的证据规则的约束。这主要是出于辩护方的利益考虑，以对程序的秘密性进行平衡。事实上，法定证据也是职权主义诉讼程序的另一个重要特征。

职权主义诉讼程序在15世纪和16世纪的欧洲得以逐渐发展，出台了若干法令，并以1670年的《法国刑事法令》为标志达到顶峰。1670年《法国刑事法令》是柯尔柏（Colbert）以及他的叔叔普索（Pussort）在路易十四（1643—1715年）这位最伟大的专制主义支持者统治时期所启动的法典化计划的成果。这部法令在当时甚至被称为《路易法典》。《法国刑事法令》在16世纪、17世纪以及18世纪主导着法国的司法实践，直到法国大革命后才被取代。有趣的是，法令总结了职权主义程序的主要特点。依据《法国刑事法令》，预审被认为是刑事诉讼的灵魂所在，其目的是为被告人的有罪判决或无罪判决做准备。简言之，职权主义的特点如下：程序（预审程序）书面且秘密；侦查的任务由法官或法庭负责，没有明确区分指控和司法职能；适用法定证据制度，可对被告人进行强制讯问（口供），被告人作供述时应宣誓，必要时可对其适用酷刑；设有上诉途径；被告人有权向上级法院提起上诉。

(三)混合式

如前所述,第三种模式(混合模式)并未被法律学者普遍接受。事实上,第三种模式的存在便意味着其他两种模式的消亡,因为全世界所有的刑事诉讼程序均是不同程度的半当事人主义和半职权主义,即属于这第三种模式。但它还是被囊括在诉讼模式的讨论范围之列,因为第三种模式的出现标志着欧陆刑事诉讼历史发展的转折点,使其与前所论及的传统职权主义模式区分开来。这很大程度上是由于1808年《法国重罪法典》的颁布。这部法典在拿破仑时代之后极大影响并扩及其他许多欧陆国家。《法国重罪法典》代表着一个净化版的职权主义诉讼程序。因此,法国人将它视为一个全新刑事诉讼模式的里程碑。这一新型的诉讼体系将早期的职权主义模式和法国大革命时期所引入的英国当事人主义模式的一些特征相结合。一些学者认为,这一诉讼体系是1670年《法国刑事法令》与英国刑事诉讼程序之间的折中。

当然,第三种模式最重要的一项变化是检察官和预审法官的分离:检察官是公共利益的代表,而法官是司法职权的代表。事实上,指控任务交由专门的公职人员来完成。这些公职人员担任公诉人。对他们而言,原则上当事人最多仅是司法辅助人员。相反,法官主导案件的调查。因此,设立负责案件调查的预审法官或者司法官,是欧陆刑事诉讼的独特特征。在当时,这一制度事实的逻辑解释是不能将调查权交给警察。而将调查权交给检察官也是毫无意义的,因为《法国重罪法典》的主要目的是将控诉职能与调查职能和审判职能区分开来。事实上,设立独立于警察和检察官的预审法官,其唯一价值是确保司法公正。

这一诉讼体系的综合性体现在它将刑事诉讼分为两个阶段,每个阶段各自沿袭前述当事人主义和职权主义模式的特点。第一个阶段称为初步调查、调查或者预审,与前所论及的预审法官相联系。这一阶段具有职权主义模式的特点,呈书面性和秘密性,其目的是准备进一步的审判(卷宗)。该阶段不能委托辩护律师。第二个阶段便是审判阶段,遵循当事人主义模式的指导原则,包括言辞原则、公开原则以及当事人之间的对抗原则。在这种情况下,法定证据制度为自由心证制度所取代。审判在法院或法庭内进行,英国的陪审团理念转至欧洲,这是法国革命热潮的进一步后续结果。

这种混合体系存在于拿破仑法典之中,并传播至欧陆其他国家,尤其是德国、意大利和西班牙。这一模式所蕴含的特质远比法兰西征服本身更持久,且至今依然占有一席之地。在当时,整个欧陆均设有公诉机关,模仿设立的刑事诉讼程序分为前述两个阶段,甚至也设立了陪审团制度,尽管形式并不相同。正是在这个时候,德国颁布了 1877 年的《司法组织法典》和《刑事诉讼法典》,意大利颁布了 1865 年的《刑事诉讼法典》,西班牙颁布了 1872 年和 1882 年的《刑事诉讼法》,其中 1882 年的《刑事诉讼法》迄今仍在西班牙适用。所有这些法典在刚开始的时候均保留着预审法官的设置和特点。从根本而论,预审法官可以主导刑事诉讼的第一个调查阶段,并为审判做准备。在这一背景下,司法调查与警务机关所进行的调查(如果确实有)完全分开,这是所有欧陆刑事诉讼程序的共同特征。

三、术语问题和主要特征:当事人主义刑事诉讼抑或对抗式刑事诉讼

在介绍了当事人主义刑事诉讼模式和职权主义刑事诉讼模式各自的历史背景后,我们现在可以探讨术语问题以及两种刑事诉讼模式最根本的特征。传统上认为这两种诉讼模式的特征是完全相反的。两种诉讼模式都有其特定的地理内涵,它们各自在特定的地域或司法管辖区中占据主导地位,且与不同法系呈明显的关联。例如,英国和美国的当事人主义制度遵循普通法的传统,而欧陆国家的职权主义则遵循大陆法系的传统。还应考虑到,在职权主义背景下存在许多不同的欧陆刑事诉讼程序。英国和美国所实行的当事人主义同样存在区别,两个国家的刑事诉讼均各自存在一些独一无二的特征。

在讨论术语时所提出的第一个问题涉及全球范围内所使用的“当事人主义”和“职权主义”标签。在论及职权主义模式时,许多质疑之声扑面而来,职权主义的负面含义仍然存在。这种负面评价的关联性源自普通法国家的一些误解,尤其是对大陆法系国家所实施之刑事诉讼程序的误解。这些误解通常与被告人所感受到的有罪推定而非无罪推定有关,也与未有陪审团审判所导致的整个程序不公有关。当然,时下这两种观点均是完全错误的,曾经所使用过的“职权主义”这一表述如今应该仅指欧陆法官整体上的积极作用。这种

司法参与不仅应理解为预审法官既有的司法调查权，也应理解为（甚至更为重要）随着刑事审判的发展司法能动性有着明显的体现。

正如一位学者所言，职权主义的含义本身便与这种程序的本质相悖，今天的职权主义诉讼程序应理解为正当的法律程序。在欧陆所有国家的宪法规则以及超国家的欧盟法律文本中，正当法律程序均被认为是首要原则。在美国，刑事诉讼在《美国联邦宪法第六修正案》的框架下运行，公正程序的标准以相同的方式、在相同的程度上呈现。这尤其体现在沃伦最高法院时代所谓的“刑事诉讼革命”，其中最佳的例子当数美国联邦最高法院在米兰达起诉亚利桑那州一案中的判决。因此，讨论职权主义刑事诉讼程序在术语使用上便存在矛盾。这个术语本身应当予以废止，以更专门、更具描述性的术语取而代之。正如相关学术研究所建议的，参照欧陆模式，也为了将之与英美的刑事诉讼程序区分开来，这一术语或可称为调查型的刑事诉讼程序（investigative criminal procedure）。

但当事人主义刑事诉讼的表述往往很难准确阐明其含义，因为根据字面意思，当代英美和欧陆的刑事诉讼程序均具有当事人主义的特征。事实上，所有刑事诉讼模式均包含正式的指控（古罗马模式意义上的，因为当事人主义的英文表述为“accusatorial”，词源中有“accusation”，即指控，故作者有此表述。译者注），且在当今的背景下均区分了检控职能和裁判职能。尽管很多学者尝试澄清这一概念（当事人主义）及其与对抗式诉讼（adversariness）本身的关系，但当事人主义刑事诉讼模式已成为欧陆学者迷恋的一个根源。它创设了某种当事人主义的原则，甚至被描述为一种政治口号。在这一背景下，欧陆学术界期待从北美寻求如何重建本国最佳刑事程序的灵感，但英美尤其是美国的学术界则对对抗制诉讼表示失望，并重新评估了他们对欧陆刑事诉讼的研究路径。

“对抗式刑事诉讼”（adversarial criminal procedure）这一术语更加准确和具体，直指英美刑事诉讼的特征，并将之与欧陆模式区别开来。更进一步讲，对抗式是更准确的表述，尽管在使用中经常等同于当事人主义。一些学者还是尝试赋予这两个术语不同的含义。但区分这两个术语也不是特别普遍，大多数相关领域的学者在相同意义上使用这两个术语。另外，这两种程序的特征通常与普通法传统的刑事诉讼相关。如果说当事人主义模式在美国和欧陆之间的界限模糊不清,则用这一表述来指代英美的刑事诉讼程序模式显得不够明晰。本文建议使用"对抗式诉讼"这一表述,用于明确指代英国和美国的刑事诉讼。使用这个术语(对抗式诉讼)更能反映法庭情景,以及不同诉讼参与者的潜在价值和行为。

有学者认为,英美法系尤其是美国刑事诉讼的对抗式特征,促使双方当事人进行激烈对抗,他们在中立、消极的判决者前讲述己方的故事。这一理念尤其体现在审判阶段,以当事人为中心,而不同于以法官为中心的欧陆刑事诉讼。在对抗式的背景下,控、辩双方对庭审的控制和管理至关重要,双方必须进行举证。因此,有学者认为,在对抗式诉讼中,某种律师化(lawyerization)成为主导。诉讼中通常包括一些业余人士(陪审团),但往往仅设一名专业法官,而非一名消极或中立的法官担任裁判者。事实上,根据美国联邦和州的判例,正如《美国联邦宪法第六修正案》所保障的,对抗式诉讼被认为是合适的正当法律程序。

这种对抗式诉讼与正当法律程序的相关性主要体现在:控辩双方在对抗的框架下建构并向法庭呈现两个独立的案件。双方均必须收集己方的证据,以在对抗式诉讼模式下说服消极的裁判者(陪审员)。因此,法律规定了复杂的证据规则,以试图简化诉讼程序,协助裁判者进行推论。因此,在对抗式诉讼的背景之下,证据开示这一概念非常重要。相反,这在欧陆刑事诉讼程序中未有规定。在欧陆,双方当事人可以在初步调查(及预审)阶段的一开始便查阅卷宗(与特定案件有关的唯一材料或记录)。

向法庭呈现案件的方法也对事实认定理论产生重要影响。寻求真相仅在审判程序之中。审判是寻求真相的最佳场所,但并非总通过对抗式的方法来获得完整的真相。一直有观点认为,对抗式诉讼通常(即便不总是)更关注胜诉,而非发现真相。似乎寻求真相或确定"真正发生了什么"(实质真实)并不是对抗式刑事诉讼的目标。相反,存在一个更重要的价值:审判的公正是为了解决犯罪冲突。对抗式诉讼程序与非对抗式诉讼程序甚至因不同的目标和价值而有不同的证明方法。查明真相的理念是对抗式刑事诉讼与欧陆非对抗式刑事诉讼最大的区别之一。预审法官(或者现在许多欧陆国家的检察官)负责案件的官方调查,并创立侦查卷宗,这是欧陆当下非对抗式刑事诉讼与对抗式刑事诉讼的另一个重大区别。

最后,对抗式诉讼制度与非对抗式诉讼制度之间的另一个重要区别通常涉及被告人在刑事诉讼中的作用,特别是与查明真相的过程相关。可以看到,被告人在对抗式刑事诉讼中被视为应受保护的审判主体或者一方当事人,并享有免于自我归罪的特权(正如米兰达规则所解释的那样,尽管在 Berghuis v. Tompkins 一案的判例中限制了其适用范围)。相反,被告人在非对抗式的诉讼程序中被视为一个客体,凸显了“职权主义”一词最负面的含义。在职权主义诉讼制度下,被告人的供述是所有类型证据中最为重要的(又称为证据之王,regina probatorum)。被告人的供述被视为最重要的信息来源。对抗式刑事诉讼则通常采用其他的取证方式,以替代被告人的声明或供述。这方面最佳的例证便是对证人的交叉询问,因为检察官和辩护律师代表着不同的当事人和案件,于是出现了某种证人指导(witness coaching)。

四、英美与欧陆刑事诉讼之间的相互影响

在介绍了普通法和大陆法各自传统下、与其制度起源相一致的对抗式刑事诉讼与非对抗式刑事诉讼的特征后,本文将探讨这些差异是否依然存在于当下的欧陆及英美的刑事诉讼中,特别是涉及对抗式诉讼与所谓职权主义诉讼之间的相关差异。近年来,美国的法律制度在欧洲的影响越来越大,特别是美国刑事诉讼中无处不在的辩诉交易制度,我们将在下文中详细讨论。事实上,英美刑事诉讼的一些传统特征,可能在非对抗制的欧陆刑事诉讼中出现。因此,由于相互影响,两个传统诉讼模式之间的界限日益模糊,对抗制与非对抗制(或者调查型的刑事诉讼)的趋同化似乎有足够充分的依据。

(一)审前调查

所有国家的刑事诉讼,无论是欧陆、英美还是世界其他国家,均始于警察的调查。警察是第一批进入犯罪现场的人员。事实上,他们是(案件)进入刑事司法程序的“守门人”,因此他们也有权签发刑事案件通知(notitia criminis)。在这一背景下,英美和欧陆刑事诉讼程序(分别奉行所谓的当事人

主义和职权主义法律制度)在接收该通知并最终负责启动刑事诉讼的主体存在不同。这个接收人将最终负责庭前调查。在欧陆,刑事诉讼第一个阶段的主导者通常是司法机关,即调查法官(预审法官),而不是英美模式下的检察官,或是某些情况下的警察。

一些欧陆国家将刑事诉讼的掌控权交给政府机构,而不是法官。尤其是德国,自 1975 年废除预审法官后,庭前调查的控制权便交由检察官。意大利在 1988 年后,初步调查法官(giudice delle indagini preliminary)成为监督司法调查过程的负责主体。当前,预审法官存在于法国、西班牙等国家。尽管法国进行了一些改革尝试,试图取代这一司法职权机构,但预审法官仍然存在,与自由与羁押法官并存。西班牙颁布了一项法案,废除了这种司法调查。如果说未设预审法官是当事人主义诉讼制度的一般特征,我们也可以说,欧陆刑诉学界正在重新审视这一制度(预审制度)。

区分这两种刑事诉讼模式的另一个特征是控方行使刑事公诉权的强度(level)。公诉裁量权原则通常与英美的刑事诉讼相关,尤其是在美国,失控的公诉裁量权当下正受到热议。这与欧陆模式形成鲜明对比:自"罪行法定"成为立法后,强制起诉便在欧陆成为主导性的一般规则。但这种起诉裁量权也可在一些欧陆国家的刑事诉讼法典中找到痕迹:公诉便宜主义逐渐引入欧陆各国,至少是作为一种例外规则。法国的情况便是如此,检察官有权酌情进行轻罪化处理。本质上,重罪可能降为轻罪,案件的管辖随即发生变化:从适用重罪法院的陪审团审判,转向轻罪法院由职业法官组成合议庭进行审判,且无须经过预审。相反,检察官也可依被害人之请求启动刑事诉讼,将民事责任转化为刑事责任。德国设有更宽泛的起诉裁量权,与强制起诉原则并存。意大利在 1988 年《刑事诉讼法典》颁布后将一些对抗制的要素引入了意大利的刑事诉讼程序。相反,西班牙依然遵循罪刑法定原则并严格贯彻强制起诉制度,同时保留了任何公民均可提起私人诉讼的制度,而不仅局限于受害人。

设有非法证据排除规则是对抗式刑事诉讼的另一构成要素,尤其是在美国。本质上,非法证据排除规则要求,"凡被法院或立法机关认定为警察取证程序非法的,所获得的所有证据应予以排除"。非法证据排除规则以权利保障为核心,适用于不当获取的证据。该规则专门针对警方,因为它起源于美国对警察的国家控制力度匮乏，这与欧陆法律制度中的层级结构形成鲜明对比。非法证据排除规则的一个里程碑判例当数“马普诉俄亥俄州”（Mapp v. Ohio）。美国联邦最高法院在该案中对非法证据排除规则进行了拓展：不仅依《美国联邦宪法第十四修正案》中的正当程序条款在各州法院适用，且扩及违反宪法其他条款而获取的证据。尽管如此，非法证据排除规则更广泛的适用范围，与《美国联邦宪法第四修正案》的保障性规定有关，特别是涉及“不合理的搜查和扣押”。虽然非法证据排除规则有助于将非法获取的证据（经常被认为是“毒树之果”）排除在庭审之外，但一些学者和实务人员仍然对该规则提出怀疑，认为非法证据排除规则的运行使打击犯罪成为障碍赛跑。

而欧陆法律体系中的刑事诉讼法典则规定了类似的规则，禁止非法获取证据，以及非法获取的证据不可采。例如，法国设有程序无效制度，涉及住宅搜查、身份检查和电话窃听等，如果相关侦查行为未遵循法律的规定，则后果便是在卷宗（侦查卷宗）中删除这一证据。此外，《德国刑事诉讼法典》也规定，无论何时使用暴力或非法威胁，所获取的证据均不可采。总体而言，违反保护被告人基本程序权利规则而获取的证据，应立即予以排除。这同样适用于未经正当司法授权而进行的非法搜查、扣押或电话窃听而获取的证据。而意大利和西班牙的法律制度设有禁止使用这种非法获取之证据的一般性条款。在这两个国家，这种一般性的规则适用于所有类型的程序（而不仅是刑事诉讼），任何侵害基本权利而获取的所有类型的证据均应予以排除。相反，在英国，刑事诉讼程序可分为当事人主义和/或职权主义，与科层式和协作式的国家结构相对应，其对于不当获取的证据未设一般性的排除规则，而是由法院对不公正获取的证据适用证据排除的自由裁量权。

庭前调查让位于预设证据（预设证据指在案件发生前便预先设定的证据，这是大陆法系证据法的一个重要概念，传统上主要用于民事诉讼。译者注），这成为刑事诉讼的一个重要方面，主要原因有二：首先，因现代技术和科学知识，专家或者有些案件中的警察可运用更先进、准确的调查技术，这对于事实认定至关重要。这方面最佳的例证便是法庭科学中的 DNA 分析，一般意义上的司法鉴定也可纳入其中。其次，新犯罪事实的出现让位于更复杂的犯罪形式，刑事诉讼必须予以应对。因此，有必要更广泛使用多数具有入侵性质的侦查措施,这些措施往往涉及公民的基本权利。具体而言,这些调查措施包括搜查和扣押、电讯或网络监控(如窃听),甚至是调查手段,如警察进行的拉网式调查、侦查陷阱或其他专门的调查行为。随着新犯罪形式的出现,如恐怖主义和有组织犯罪,丰富这些调查手段便有了极佳的理由。

(二)审判阶段

审判阶段被认为是对抗式刑事诉讼"皇冠上的明珠",尤其对于美国的刑事司法更是如此,是控辩双方在各方面角力的阶段。《美国联邦宪法第六修正案》所规定的对质权条款,赋予被告人与不利证人当面对质的权利,创设了在交叉询问中应履行的基本义务,这可以说是美国对抗式审判最具特色的特征。通常而论,证明必须达到最高的证明标准,即排除合理怀疑,检控方方能请求对被告人进行定罪。有观点认为,欧陆刑事诉讼并不存在交叉询问权,因为审判中的所有问题均通过案件的庭审法官或者合议庭提出。但这一说法并不完全准确,因为一些欧洲国家的立法也确立了交叉询问制度,特别是法国、德国、意大利和西班牙。西班牙 1882 年的《刑事诉讼法》迄今依然有效。最后,交叉询问还明确规定在欧洲和国际性的法律文件中,如《欧洲人权公约》在欧洲国家也均适用。

对抗制的另一个传统特征是接受陪审团审判的权利。接受陪审团审判的权利在欧洲国家几乎不存在,更不用说像《美国联邦宪法第六修正案》以及刑事诉讼所作的重要规定。但刑事诉讼也设有平民裁判,通常采用混合法庭模式。有些国家也采用英美陪审团模式,如西班牙。法国、德国、意大利和葡萄牙的刑事诉讼立法也采用这种混合法庭模式,平民参审员和职业法官在庭审中互动。但在过去几十年,陪审团法庭呈衰微之势。相反,西班牙在 1995 年受普通法制度的启发确立了陪审团模式,其所呈现的独特制度特色可追溯至早期的司法史。这些特征与理性判决的要求相关,使西班牙陪审团制度成为欧陆刑事诉讼模式背景下独一无二的存在。自从引入该制度后,尽管很多学者、实务人员和法庭本身均持反对意见,但西班牙陪审团审判的运行方式已经非常接近于英美的陪审团模式。

美国对欧陆刑事诉讼最具影响也是极具争议的一项制度,便是辩诉交易制度。这是一种认罪答辩机制,被认为是对抗式刑事诉讼模式的产物。辩诉交易是对抗式诉讼模式的产物,因为它立足于以当事人为中心的刑事诉讼程序,实践的考量往往有利于这种程序处置。因此,如果检察官和被告人或者更准确地说与辩护律师之间不能协商一致,则会产生某种类似于民事司法体系中纠纷解决机制的契约,即辩诉交易。基于对抗式诉讼复杂且耗时的属性,这种替代机制现在已是美国法庭的一般规则。

事实上,美国刑事诉讼存在两种层叠的制度。现有两种司法审判模式:(1)陪审团审判,更为复杂,但应作为一般规则;(2)辩诉交易,更为简单的模式。辩诉交易作为陪审团审判的替代方式,对于被告人、检察官和法官而言均是有利的交易。尽管未有任何司法干预或监督,但辩诉交易为超负荷运行的司法裁判提供了一种快速解决的方案。如前所述,“被告人放弃了接受审判的权利,以换取更宽容的刑事制裁”,与此同时,“检察官也没有必要证明被告有罪,法庭无须对案件作出判决”。基于这一原因,美国联邦最高法院基于管理上的优点(administrative convenience)承认了辩诉交易的合宪性。经济的视角同样为辩诉交易的存在提供了根本的支撑,因为在美国的刑事司法体系中,90%以上的刑事案件通过辩诉交易解决。

由于支持者和改革者的推动,甚至是贬损者间接地影响,辩诉交易传到了欧洲大陆,而后者的刑事诉讼程序是以法官为中心。尽管源于外部,但可以说“合意型程序已迈出成功的一步”,辩诉交易制度时下已在法国、德国、意大利和西班牙设立。事实上,所有欧陆刑事诉讼均适用罪刑法定原则(nulla poena sine lege),以法官为中心,未有认罪答辩的概念。但辩诉交易又是“起诉便宜原则”(或酌情起诉原则)的另一个表现。当下,辩诉交易在欧陆刑事诉讼中作为例外的规则运行。与其美国刑事司法制度中所存在的原因相同,辩诉交易制度在欧陆也受到了欢迎。

在这一背景下,尽管法国、德国、意大利和西班牙的辩诉交易规则不可避免地(与美国辩诉交易)存在逻辑差异,但有别于普通法系的共同点是,辩诉交易均需要进行司法监督,检察官和辩护律师之间所达成的交易协议应进行必要的听审。这种司法监督旨在保证交易的公正性,并避免美国辩诉交易中所出现的一些问题,特别是因未有律师协助以及面临检察官所施加的压力,被告人更易于接受认罪答辩。司法机关应是刑事诉讼最重要的捍卫者，而不仅仅只是保持沉默，就像对抗式诉讼一样。

五、结论

本文介绍了普通法传统和大陆法传统下不同刑事诉讼模式的起源，以及对抗式刑事诉讼和非对抗式刑事诉讼的一些具体特征，可以看到，对抗式诉讼的某些特征已经在不同程度上对欧陆刑事诉讼程序产生了影响。因此可以说，直到目前为止，欧洲大陆的司法正受到美国刑事诉讼某些方面的单向影响。对此现象的最佳解释是美国刑事诉讼模式具有可论证的优越性。这一论证试图将自己扩展成中世纪的某种共同法（ius commune）。欧陆诸国的刑事系统均愿意逐渐更具对抗性，所设计的改革通常也希望他们的司法制度能朝着这一理想目标迈进。

但也有担心这样的法律移植能否在一个外部的刑事诉讼模式中生存并发展，因为它的原则和功能与原始的模式并不相同。法律制度精密，不易移植到不同的法律体（corpus iuris）。在这种情况下，如果刑事诉讼属于不同的法律体系，则难度将增加。法律移植最佳的范例无疑是辩诉交易，其不仅扩展到欧陆诸国的刑事诉讼程序中，还扩展到诸如国际刑事法院等国际机构。事实上，国际刑事法院所运行的刑事诉讼程序表明了法律传统的趋同化，这是一种兼具对抗制和非对抗制要素的特殊模式。

诚然，有人可能会追问，是否有必要区分国际刑事诉讼和国内刑事诉讼的不同特点。但最应普遍关注的并不是刑事诉讼的形式分类，而是原则或价值的分类，尤其是有助于提升程序公正的原则和价值。这个目标并不容易实现，但应坚持且持续努力。有学者认为，公正审判权不仅适用于被告人，也适用于国家。笔者认为，国家作为司法裁判的主要提供者，因为享有司法管辖权（potestas），所以有义务保障程序公正。考虑到此点，大致理想的刑事诉讼确实是一项真正的挑战。基于此，美国刑事审判所体现出来的对抗式制度似乎是理想的刑事诉讼模式。

但美国刑事司法制度的各种不足也已呈现，当下正进行激辩。考虑到对抗式诉讼以及双方当事人在刑事审判中的作用，学者们描绘了一幅悲观的画面:检察官更关心胜诉,而非正义。此外,辩护律师的履职力度也往往与被告人所能提供的金钱数量有关。毫无疑问,法院待办的案件数量对于贫困的被告人而言更为不利,后者由法庭指派的律师或者公设律师进行辩护。因此,刑事法院被视为“将时间作为唯一严肃交易筹码的市场”。

在对抗式诉讼已然成为理想诉讼模式的同时,也有必要指出,一些对抗式诉讼的标签在当下已消失。例如,尽管(当事人)依“对质权条款”有权进行交叉询问,但在某些情况下,证人的庭外陈述亦具有可采性。证据开示规则在“布雷迪诉马里兰州”(Brady v. Maryland)一案中得到了发展。联邦最高法院在本案中判定,检察官有义务披露尚未被发现(正如本案的情况)且对被告人有利的证据。事实上,执业律师和学者们的批判已经解决了这个缺陷。但美国联邦最高法院尚未对此事项作出明确判决。法律共同体的期待是联邦最高法院规定检察官强制披露有利于被告人证据的标准。

如果说在对抗式审判中尚应关注公正以及是否遵守正当法律程序的问题,那么通过认罪答辩或者辩诉交易来规避审判的做法便引发了高度的质疑。之于前文所论及的未有律师参与或者被告人被迫接受认罪交易的问题,联邦最高法院在判决中进行了讨论,建议设立更广泛的辩护权。至少应对这一重要的被告人保障机制进行更好的设定,这在辩诉交易的背景之下显得尤为重要。尽管学者们提出了一些替代方案,但联邦和州法院的辩诉交易数量依然高居不下。在此问题上的结论是,美国的刑事司法通过辩诉交易的方式进行了设定,而非对抗式审判,后者是可复制的理想模式。

这就催生了效率问题:理想的对抗式审判并不总是高效的,但效率也是司法裁判的基本要素。这是一个老问题,20 世纪初便有学者提出了若干相关案例。因此,上述补救方法的出现,如辩诉交易制度,应作为备用的“排气阀”,永远不能替代公正的审判。如果审判作为刑事诉讼的核心所在是如此复杂和烦琐,那么审判管理将变得异常困难,这便有足够的理由重新修订整个刑事诉讼程序。事实上,法律程序本身应该是一种手段而不是目的。为使刑法有效,在任何时候均可以回想,“一个国家文明的品质在很大程度上可以通过其实施刑法的方法来衡量”。

第六部分 书 评

《争鸣与思辨——刑事诉讼模式经典论文选译》评述[*]

虞　平[**]　郭志媛[***]

该书的形成源于编者多年来对刑事诉讼制度的思考。

美国学者非常关心刑事程序中的具体问题，对制度的理论框架很少有人关注。原因很简单，美国法学界多年来受到法律现实主义的影响，对解决实际问题的兴趣远远超过抽象的理论阐释。所以我们经常看到美国法学教授非常专业和细致，对问题的研究深度和精度也往往令人叹为观止，他们的研究对解决具体问题非常有用，至于理论构思或者宏大叙事在美国学者那里却常常付诸阙如。然而，这并不意味着美国学者对重大理论问题完全没有兴趣，在涉及基本价值观和制度实用性时，美国学术界也有着经久不息的争论。有些争论甚至是非常思辨的，糅合了不同思维观点的激烈碰撞，对不同法律制度的建制有很大的益处。美国刑事法学界有关刑事诉讼模式和制度建构的讨论就是这样一例。

对刑事诉讼模式和制度建构的讨论涉及范围远远大于刑事法律，甚至超出法律制度本身。首先，它关乎到社会控制问题，是一个社会决定用什么方式对待社会异常行为（反社会行为）以实现社会控制的根本性问题；其次，它涉

---

* 本文原载于虞平、郭志媛编译：《争鸣与思辨——刑事诉讼模式经典论文选译》，北京大学出版社 2013 年版，导言。

** 虞平，美国华盛顿大学比较法学博士。

*** 郭志媛，中国政法大学刑事司法学院教授。

及个人与国家的总体关系，它要决定当国家权力与个人权利发生激烈冲突时（以国家名义剥夺个人人身自由乃至生命），划出的国家权力行使的界限和个人权利受到法律保护的底线；对这些问题的不同回答直接决定了不同社会采用不同的刑事诉讼模式。

与此同时，另外一个更有趣的文化学意义上的问题是，现代刑事诉讼制度是西方法治化进程的一个产物，对中国而言是舶来品。近代中国为何在与西方交往（或者不如说是冲突）过程中接受了这一制度？这本身就是一个非常值得探讨的问题。换句话说，用西方法治理念研究中国刑事诉讼制度的实然和应然问题也大大超出了刑事诉讼制度本身，它牵涉到法律文化的移植、转化以及内化的复杂过程。

法律文化能否移植他国，长期以来困扰着学术界，并考验着不同社会制度下的政治家的智慧。人类历史表明：任何一种制度，无论是从本土衍生发展而来，还是从异族文化借鉴甚至照搬过来，都不是一成不变的。制度的产生和变迁有着其所在社会的现实环境和历史的原因，也有社会需求和外部压力的因素。以中国为例，现代法律制度的引进和建立主要是近代一系列的历史事件所造成的，特别是在与西方列强接触、交往、冲突乃至战争过程中形成的。以下试图从历史的角度着手，希冀从中得到一些启示。

一、与西方的法律冲突：失落的刑事司法价值观

早在 14 世纪、15 世纪，无论在物质的丰富程度上，还是在制度的人性化方面，中国均为当之无愧的先进文明之邦。当时来中国的西方传教士在回国后通过著作和口述传播了发生在东方的美妙故事，对文艺复兴时期的欧洲产生了巨大的影响。以伏尔泰为首的思想家们在各自的著述中盛赞中国古老文明，并以此鞭笞中世纪以来野蛮的欧洲社会及政治制度，开一代启蒙思想之先河。当然，这中间不乏传教士们对中国文化和制度的误解和美化，以及希望通过对理想化中国的制度介绍来激发欧洲走出野蛮的中世纪的美好愿望。但是，毋庸置疑的是，即使是唐宋以降的专制制度本身并不具有现代民主和人权的基本因素，与欧洲当时黑暗野蛮的统治相比，中国文明也要更加符合人性，这也是启蒙思想家推崇中国的根本原因之一。

这种状态维持到康乾盛世后期,当马戛尔尼爵士(Lord George Macartney)带着英国国王乔治三世的谦卑信件来觐见乾隆皇帝要求与天朝通商并建交时,他得到的回应竟是十分傲慢的拒绝和藐视。此后,西方在多次与中国打交道未能成功之后,通过战争开启了中国近现代丧权辱国的痛苦历史。

一方面,我们看到西方列强通过炮舰强迫中国签订了不平等条约,在中国攫取了巨额利益,违反了人类良知甚至当时的国际准则;另一方面,从景仰古老中国文明到视中国为俎上之鱼肉,西方对中国的看法究竟为何在数百年内有如此重大的转变?难道仅仅是人性之恶、利己主义驱使?

仔细比较欧洲和中国在不同历史阶段的文明程度有助于我们对后来发生的一系列事件的理解。在14世纪、15世纪,中国经历了大唐盛世,社会制度逐渐完备,虽然皇权至高无上,但是皇权的运用并非毫无限制。在帝王年代,依照儒家伦理以及天人合一的世界观,掌大位之人必须辅之以德,无德者当去其位。这种古老的思想在西方也不乏赞同者,柏拉图就认为最佳的政治体制是哲学王(道德上完善的人)统治国家。不同的是,柏拉图等西贤认为以哲学王统治世界的情况几乎不可能。而在中国,这是两千多年封建体制下的主旋律。落实在制度层面上,我们以皇权为中心,以儒家伦理为指导原则,祖祖辈辈延续了一种独特的人治制度。如果说皇权是一头肆无忌惮的野兽,而儒家伦理则是拴住这头野兽的一条巨大绳索。通观中国历史,当儒家伦理有效地束缚了皇权及官僚恣意纵横的时候,中国便出现了政治清明、国泰民安的局面,反之,则民不聊生、天下大乱,便会开始政权更迭"一治一乱"的周期循环。而中世纪来到中国的传教士们正好遇到了一个理想的中国,加上他们对欧洲窒息人性的专制政权的憎恶,自然憧憬能在欧洲效仿中国。需要注意的是,那时候欧洲主要的思想家尚未提出改革社会的方案,换句话说,那时的欧洲尚未出现贝卡利亚、洛克、霍布斯、卢梭、孟德斯鸠等思想家,而这些人的思想才真正影响了后来的欧洲和北美,也主导了当今世界政治制度的发展。

从刑事司法层面上看,虽然当时的中国还是衙门审案,没有辩护律师,酷刑时常在庭审中使用,但是司法审级层层把关,重大案件特别是死刑案件甚至可以上达天庭,由皇帝本人干预,加上各地官僚勤政爱民(儒家伦理的要求),天下比较太平。反观欧洲,以王权和教皇权力为核心,各国政府为了维系统治不择手段，肆无忌惮地盘剥民众，聚敛财物，在司法层面上，神判酷刑无所不在，冤狱腐败比比皆是。显然，与中国相比，欧洲缺乏一条拴住王权和皇权的政治伦理绳索。天下苍生怨声载道、社会乱象丛生。

数百年后，当欧洲经历了文艺复兴和思想启蒙运动，特别是在贝卡利亚、洛克、孟德斯鸠、卢梭等人开启的刑事制度人道运动之后，在涉及个人基本权利的制度设计上已经有了革命性的变化。至少在制度层面上，欧洲已经摒弃了酷刑做法，并通过法国大革命、美国独立战争等重大历史事件，将英国大宪章以来提倡的基本人权在制度上固定下来。而这时的中国基本还停留在几个世纪前，不同的是政治清明度在急剧下降，官僚腐败、皇帝昏庸，以致民怨沸腾，这与欧洲的朝气向上形成了一个鲜明的对比。这种制度性的反差在涉及在华外国人的刑事审判上就显得尤为突出，也给列强觊觎中国、瓜分市场提供了绝佳的借口。

中外冲突首先集中在一系列外国人与中国司法制度的碰撞上，其中最为著名的就是发生在1821年的“Terranova”事件上。Terranova是一个意大利水手，为美国籍船只“艾米丽”(Emily)号工作，他被控失手杀死了一位中国妇人。虽然事实并不清楚：到底是该妇人自己不慎落水死亡，还是Terranova意外将其碰落水中。当出现人命关天的案件后，广东番禺知县便要求美方交出凶手，否则将无限期扣留美国船只。美方船长迫于商业考虑(船上装满了鸦片)，交出了Terranova，但是要求中方能够公平审理。然而经过两次审判，包括一次在中国衙门内的没有外国人旁听的审理，Terranova被处以绞刑并被执行。在两次审理中，既没有辩护律师，也没有对证据的审核和辩论，在庭审中有关事实的陈述也是充满了矛盾，疑点重重，这个案件震惊了西方。经过数百年启蒙运动和制度性革命，他们心目中的刑事司法制度是一个人道理性的制度，理应给被告人一个公平申辩的机会，即使所控事实成立，按照罪刑相适应原则，顶多也是误杀，罪不至死。死刑的判决实在是与已具雏形的欧美现代刑事司法制度格格不入。在中国以后的各类不平等条约签订过程中，Terranova案件一直被广泛引用为建立领事裁判权的重要依据或者说是借口。

在与西方列强因鸦片贸易而发生的战争结束后，中国突然发现无法在自己的领土上行使完整的司法主权。西方列强除了打破中国的闭关自守国策，强行开埠通商外，还迫使中国接受了丧权辱国的领事裁判权，或称“治外法权”（extraterritoriality），即外国政府在华势力范围内，尤其在租界内由其本国领事来处理涉及本国人的法律纠纷，包括刑事犯罪问题。如果来自不同国家的外国人发生了纠纷，需由该不同外国人所在国驻华领事组成审判庭审理解决，而涉及华人与外国人的纠纷则由所谓的会审公廨之类的华洋混合法庭（mixed court）审理。列强提出建立领事裁判权的主要依据就是中国当时的法律制度不符合西方的文明标准，依照中国法律由中国官员裁决纠纷无法保证公平。在自己领土内无法行使司法审判权对于满清政府而言是大失颜面的，而对整个民族来说更是莫大的侮辱。

自1843年《中英五口通商章程》中首次规定领事裁判权后，各国陆续在中国建立了各自的治外法权。满清政府迫于朝廷内外的压力，一直试图取消领事裁判权。在与列强的交涉中，清廷得到的答复逐渐清晰起来：只要中国建立起符合西方标准的法律制度，西方各国就会放弃领事裁判权。这种答复不仅是一种口头许诺，而且还有现实方面的例证。1899年日本因为建立了现代法律制度，和平顺利地解除了美国等国享有的领事裁判权。具有讽刺意义的是，日本摆脱治外法权的过程也正是其打败大清帝国的过程。日本的经验给内外交困的清廷注入了一服清醒剂：为什么不能效仿日本走自强的道路，通过建立西方式的法律制度来摆脱治外法权？很快，政府就开始了政治改革，其中最为重要的举措之一就是建立西方式的现代法律制度，从《钦定宪法大纲》到《大清新刑律》，虽然清廷希望新体制体现皇权的延续，但大多数改革均是模仿甚至照搬西方国家的法律制度。为了早日恢复司法主权，清廷还延聘了日本法律专家，希望能够借助他们的经验，尽快建立新的法律体制，早日取消领事裁判权。在改革法律的同时，中国与列强之间有关领事裁判权问题的交涉一直从未停止过。为此，列强曾经组织过华盛顿会议专门审理中国提出的撤销领事裁判权的要求，遗憾的是每次会议的结论都是中国尚未建立符合西方的法律制度，因此不能取消领事裁判权。①

---

① 有关华盛顿会议审核中国法律制度的详细介绍，See George W. Keeton, *The Progress of Law Reform in China*, Journal of Comparative Legislation and International Law, 3rd Ser, Vol. 19, No. 4. (1937), p. 197 – 211。

清末法律改革的最终失败固然与清廷抱残守缺、不能顺应潮流有关,而帝国绵延千年的传统包袱也是滞碍新制度建立的重要因素。但是追根溯源,我们不难看出:摆脱领事裁判权、恢复司法主权是清廷乃至民国政府进行法制改革的重要动因,至于法治本身是否为中国需要,法律的价值观是否值得推崇在整个社会并未深入地探讨,也未得到社会精英的深刻关注。法律改革的“动机不纯”可以说是导致清末及近代法治改革失败的最大原因之一。最终,各国在华领事裁判权还是因为盟国需要中国积极参与二次大战,才于1943年战争白热化中主动加以取消,中国才得以恢复司法主权。以后的故事大家耳熟能详,国共内战直到中华人民共和国成立,我们很少有机会重新思考是否需要法治。直至20世纪80年代改革开放后,中国与国际社会有了前所未有的深度接触,我们才开始认真思考什么是法治,什么是符合人性的刑事司法制度,以及法治对社会健康发展的重要作用。回顾清末法律改革,它发端于对刑事司法制度反思的窘境,但是直到一百多年后的今天,我们从某种程度上说依然徘徊在与清末对同样问题解决方案的苦苦思索上(虽然程度上有所不同)。正是在这个意义上,本书讨论的刑事诉讼模式及其价值观对继续深化刑事诉讼程序的改革有着重要的现实意义。

二、法律移植与刑事诉讼模式研究的重要意义

刑事诉讼模式的研究肇始于美国著名学者赫伯特·帕克(Herbert L. Packer),他于1963年发表的“两种刑事诉讼模式”给当时比较沉闷的学术界打入一剂强心针,引发了有关刑事诉讼的激烈讨论。当时美国联邦最高法院在沃伦大法官的领导下,开展了一场深刻的司法人权革命。通过判例,最高法院确立了一系列旨在保护被告人诉讼权利的规则,米兰达警告、法律帮助权以及限制警察执法滥权的很多规则就是在这个时期产生的。帕克为了诠释当时的刑事司法制度走向,提出了著名的两种刑事诉讼模式理论。

帕克认为存在两种不同的刑事诉讼程序模式:犯罪控制(crime control)模式和正当程序(due process)模式。在犯罪控制模式下,效率是一个至高无上的目标。它要求所有国家机关以最大的限度、在第一时间抓获并惩罚犯罪分子,为了达到这一目标,所有的司法力量必须投入如何逮捕羁押犯罪分子以

及用最快的速度定罪量刑，并且这种定罪量刑具有终极性——不容有太多的程序性的挑战。在此模式下，各国家机关的关系也必须要以配合为主，整个刑事程序如同一条生产流水线（assembly line），而定罪量刑就是这条流水线的最终产品。

在正当程序模式下，公平和正义是刑事程序追求的主要目标。它对刑事程序中的准确性要求更高，不认为效率是最为重要的价值观。相反，它认为刑事程序中“发现事实”（fact – finding）是非常困难的，所以为了确保事实的准确性，就需要采取各种措施防止出现差错和误判。与犯罪控制模式的生产流水线相比，正当程序模式更像一场跨栏比赛（obstacle course）：法律设置了许多标准，犹如一道道障碍，跨栏选手要想跑到终点，就必须克服（跨过）所有的障碍（法律准则）。与传统的西方政治哲学相吻合，正当程序模式对国家权力是深具疑心的，为了保护个人权利，防止公权力的滥用，这些制度性的“障碍”是必须的，相比之下，效率就显得不那么重要。

帕克深知诉讼模式研究对实践具有重要意义，它为人们在研究刑事诉讼程序时提供了一个平台。他的两种模式理论并非绝对对立的。用他自己的语言来说，世界上并不存在两种绝对的模式。他提出这两种模式只是要警醒世人：我们在考虑刑事司法权力的使用和配置时，必须要兼顾到这两种模式所代表的截然不同的价值观。事实上，在美国历史上也不存在两种水火不容的刑事程序模式，只不过在不同的历史阶段，这两种模式所代表的价值观互有胜负及消长，反映在刑事程序上则是，有时候刑事程序的效率受到更大的关注，而有时候则个人权利保护得到强调。例如，20 世纪五六十年代，由于民权运动的蓬勃发展，个人权利在刑事诉讼中受到极大的重视，沃伦法院在保护被告人和嫌疑人的权利方面作出了极大的贡献。而到了 20 世纪 70 年代伯格法院时期，刑事诉讼程序则开始朝着效率方面修正。这些均说明在不同的时代社会对刑事程序的关注点不同。

犯罪控制模式和正当程序模式理论自产生至今，饱受各种非议，但是其生命力之强是任何刑事诉讼理论难望其项背的。究其原因，是它客观地分析评述了刑事司法制度下的相互冲突和竞争的不同价值观，给后人分析刑事司法制度（包括新式司法权的配置）提供了绝佳的理性思维平台。

不仅如此，诉讼模式的引入还具有重要的方法论价值。如罗奇教授所言："模式提供了一种妥善处理刑事诉讼复杂性的有效方法，它们允许简化细节而突出共同的主题及发展趋势。"模式的构建为我们探讨刑事诉讼的实际运行、刑事司法的价值取向以及人们思考并谈论刑事司法的方式提供了一种可评价的话语。由于模式是一种经过简化、抽象所形成的样式，它所反映的不是系统或过程原型的全部特征，但能够描述出原型的本质特征，因而模式分析法具有高度的抽象性和概括性。通过这一概念，人们对刑事诉讼程序的观察从角度上有别于过去：不再将所有诉讼参与者的权利、义务、责任以及所有诉讼环节都纳入分析的视野，也不再过于关注诉讼程序的细枝末节，以至于"只见树木，不见森林"，而是真正从纯粹"诉讼"的角度，将控诉、辩护、裁判三方主体的地位作为分析的重心，将三方的法律关系作为诉讼程序的整体框架。如今，诉讼模式已经与诉讼目的、诉讼价值等范畴一起，成为学者们研究具体诉讼制度、诉讼程序时的重要理论分析工具。特别是在进行比较法研究和法律移植过程中，由于其分析方法的优势而受到研究者的普遍青睐并被广泛运用。

诉讼模式所反映的某一诉讼制度的本质特征不仅能够折射出该制度深层次的精神、理念，而且体现为一系列具体的程序、规则和制度，是刑事诉讼法学研究体系中连接抽象理念与具体制度设置的中介。从更广阔的视角来看，刑事诉讼模式高度抽象、概括了其所代表的刑事诉讼制度，因而在研究刑事诉讼制度与其所在社会背景下各种具体因素（包括政治权力结构、经济因素、文化传统因素等）的互动关系时，其也是一种有力的分析工具。

三、中国刑事诉讼模式研究的现状与局限

中国刑事诉讼理论界对诉讼模式的研究始于 20 世纪 80 年代，李心鉴博士的专著《刑事诉讼构造论》是系统研究诉讼模式的代表作，他的最大贡献在于介绍了美国和日本刑事诉讼模式的多种学说和流派，从而引发了中国学者对该问题的思考与探索。诉讼模式这一研究范畴的引入，使得中国刑事诉讼法学得以走出注释法学藩篱，并逐步向理性思辨发展。

诉讼模式的变革是根本性的、全局性的变革，属于牵一发而动全身的改革。"刑事诉讼构造是刑事诉讼法学中的一个基本范畴，其研究对象与整个

刑事诉讼格局的设计密切相关,其科学合理与否将会对刑事诉讼的立法与司法产生深远的影响。"①关于刑事诉讼构造问题的研究突破了过去西方学者对刑事诉讼基本类型归属问题的研究局限,在研究的过程中充分注意到以我国实际存在的制度为原型,将刑事诉讼构造问题与刑事诉讼阶段、刑事诉讼主体、刑事诉讼职能等理论范畴结合起来,使之更加贴近和反映中国司法实践的状况,从而为司法改革提供了有力的参考,为刑事诉讼立法的完善提出了建设性的意见。

在中国学者的研究中,诉讼模式与诉讼构造、诉讼结构是同义词。《刑事诉讼构造论》出版之前,"诉讼结构问题在我们的理论研究中却长期被忽视,而且即使论及,也往往循着国外诉讼法学的思路,将其简单地归结为当事人主义与职权主义等既定结构模式,缺乏更基本更深入且具创新意义的思考"②。

李心鉴博士指出现代刑事诉讼构造的发源地在美国。帕克的犯罪控制模式和正当程序模式学说深入地研究了美国刑事诉讼构造在理念上和在实际运作中的两种倾向。他不仅较为详尽地介绍了帕克的两种模式学说,而且也提到帕克模式学说所引起的争论。例如,格里菲斯反驳帕克的两种模式均属于"争斗模式",并提出与之相对立的"家庭模式";戈尔茨坦仍然坚持传统的纠问模式与弹劾模式;达马斯卡提出的职权纠明模式与当事人抗争模式、阶层模式与同位模式学说,则在正面研究刑诉构造基本类型的同时,以刑诉构造背后起决定作用的不同的意识形态、诉讼目的、权力结构形式为研究重点,将刑事诉讼构造理论引入一个崭新的境界。

受到上述著作的启迪,中国刑事诉讼学者先后提出了线形结构与三角形结构(等腰三角形、正三角形)、流水作业结构与"以裁判为中心"的结构、纵向结构和横向结构等富有创见的学说,为深化刑事诉讼法学的理论研究、更好地理解刑事诉讼实践以及有针对性地进行法律改革、适当进行法律移植提供了强有力的理论支撑。

最早提出两重结构说的是龙宗智教授,他认为刑事诉讼中存在两种结构,

---

① 陈瑞华:《刑事诉讼的前沿问题》(第3版),中国人民大学出版社2011年版。

② 李心鉴:《刑事诉讼构造论》,中国政法大学出版社1992年版。

一种是“三角结构”,一种是“线形结构”。所谓三角结构,是指在刑事诉讼的控、辩、审“三方组合”中,原告和被告形成一定的诉讼对抗,法官则是居于其间、居于其上的仲裁者,由此而形成一个正三角形结构。龙宗智认为,“这种三角结构,正是‘诉讼’结构区别于‘命令——服从’这种行政管理结构的特质与特征”。“三角结构”的应有之义包括控审分离、控辩对抗以及司法中立、至上。所谓线形结构,是指国家设置警、检、法机关分别承担一定职能,刑事案件按特定程序由侦查、起诉到审判递传。在三机关之间实际存在一种“工序关系”,即线形关系。

龙宗智认为,线形结构,是刑事诉讼构造区别于民事诉讼、行政诉讼构造的特征。公、检、法三机关在刑事诉讼中“分工负责,互相配合,互相制约”就是我国刑诉法对这种线性关系的一种注释。两重结构说实际上是从不同角度观察刑事诉讼得出的结论,现代各国均兼采三角、线形两种结构。不过,由于历史传统、社会结构形式和政治文化不同等原因,各国对上述一般结构的具体采纳方式不同,从而形成实际刑事诉讼结构的不同类型。两重结构说的贡献在于看到审判阶段控、辩、审关系与整个刑事诉讼过程中控、辩、审关系的区别,其“三角结构”是对审判阶段诉讼构造的描述,而“线形结构”则是从诉讼阶段的进程来看,将刑事诉讼视为一种“双方组合”两重结构说既注意到诉讼构造与行政管理结构的区别,也指出了刑事诉讼构造与民事诉讼和行政诉讼构造的不同,实际上是后来刑事诉讼横向构造与纵向构造学说的雏形。

继两重结构说之后较有影响的另一有关刑事诉讼模式的学说是陈瑞华教授提出的“以裁判为中心”的诉讼模式与流水作业式的诉讼模式学说,以及与此相关联的刑事诉讼横向构造和纵向构造学说。根据陈瑞华教授的观点,横向构造强调的是控、辩、审三方在各个程序的横断面,尤其是在审判程序中的静态关系,纵向构造则强调控、辩、审三方在整个诉讼程序流程中的动态关系。由于以往的研究者多将关注点放在控、辩、审三方之地位与相互关系上,且常常将这三方的法律关系置于某一横向的程序平面上进行分析,刑事诉讼的纵向结构问题一直未能受到应有的重视。而相对刑事诉讼的横向构造而言,由公、检、法三机关的关系所体现的纵向构造恰恰代表了中国刑事诉讼程序的主要特点,其中的问题也更为集中、更为严重,因此研究刑事诉讼的纵向构造显得尤为重要。

以纵向构造为背景并受到帕克模式论的影响,陈瑞华教授将中国现行刑事诉讼概括为“流水作业式”的构造,将侦查、起诉和审判比作工厂生产车间的三道工序,公、检、法在这三个环节上分别进行流水作业式操作,通过前后接力、互相配合和互相补充的活动,共同致力于实现刑事诉讼法的任务。与此同时,陈瑞华教授认为现代法治国家的刑事诉讼在纵向上表现为“以裁判为中心”的诉讼构造。根据西方国家普遍遵行的司法最终裁决原则和控审分离原则,司法机构的裁判活动应当居于刑事诉讼的中心,这是将诉讼活动区别于行政活动甚至准军事活动的典型诉讼特征。“以裁判为中心”的诉讼构造具有如下特点:第一,司法机构介入侦查,并负责就所有涉及个人基本权益的事项进行司法授权和审查;第二,权益受到限制或剥夺的公民可申请法院的程序性裁判;第三,法院对检察机关的起诉或者不起诉决定可以进行司法审查;第四,法院通过法庭审判,可以对审前活动的合法性继续进行司法审查;第五,控方案卷材料对法院不具有任何预定的法律效力,法庭通过直接听审作出独立裁判;第六,法院与检察机构在组织和运作方式上具有极为明显的区别。

将刑事诉讼构造区分为横向构造与纵向构造表明中国学者对刑事诉讼模式的理论研究已经走向深入,从关注控、辩、审三方的静态关系发展到关注控、辩、审三方在动态诉讼程序中的相互关系。此外,随着被害人保护运动在中国的兴起,刑事诉讼法学界的研究者也已经开始思考加强被害人权利保护对传统诉讼模式学说带来的冲击与挑战。该现象与美国在 20 世纪 90 年代末由被害人权利保护的宪法修正案引发的关于刑事诉讼模式的争论极为相像。但是理论上对于被害人参与给诉讼模式带来的变化尚未形成较为成熟的学说。

任何理论研究的成果如果不能有益于司法改革,就只能沦为空谈。上述刑事诉讼模式的学说对于指导中国的刑事司法改革已经并将继续发挥重要的指导作用。例如,从刑事诉讼的横向构造来看,中国原有的刑事诉讼,特别是刑事审判程序具有职权主义的特征,因此 1996 年修正的《刑事诉讼法》吸收了英美对抗制的一些因素,削弱了法官的职权作用,增强了控辩双方的对抗。这一改革使中国的审判程序从职权主义向当事人主义靠近。但是,仅仅改变“横向构造”,而在中国刑事诉讼整体构造(尤其是其中的“纵向构造”)保持不变的情况下，诸如审判方式的改革就只具有极为有限的意义，也不会产生明显的积极效果。因此，理论研究揭示了我国在过去二十年间刑事诉讼改革成效不明显的主要原因，说明了刑事司法改革必须是整体上协调一致地、有系统地改革。

四、两次刑事诉讼法修改中刑事诉讼模式的变迁

中国自1979年颁布第一部《刑事诉讼法》以来，分别于1996年和2012年对其进行了两次较大的修正。以1979年《刑事诉讼法》为基础建构的刑事诉讼模式，具有典型的职权主义诉讼模式特征：在刑事诉讼中，侦查、控诉机关的权力强大，侦查手段广泛、多样，使用灵活，限制极少；被告人在侦、控阶段诉讼权利受到局限，不允许延请律师帮助，没有保持沉默的权利；审判阶段，法院依职权主动调查案件事实，以积极姿态出现，始终占据主导地位；人民法院与人民检察院关系过度紧密，使控审关系界限不清，抑制了辩护权能作用的发挥；等等。1996年《刑事诉讼法》对原刑事诉讼法的修改共有143处，删除了2条，增加了63条，修改了70条，是《刑事诉讼法》的第一次大修。该次对《刑事诉讼法》的修正引进、吸收了诸多当事人主义刑事诉讼模式的内容，使我国刑事诉讼模式发生了变革，出现了“当事人主义化”趋势。具体表现在：在侦查、控诉阶段，取消了公安机关的收容审查权和检察机关的免予起诉权，削弱了侦控机关的权力，侦控权力的行使受到一定限制；提高了诉讼参与人尤其是当事人的诉讼地位，犯罪嫌疑人在被侦查机关传讯后，即可聘请律师予以帮助，被告人从被审查起诉时起，便可委托律师充当辩护人；检察机关不予起诉的案件，被害人有足够证据的，可以径行向人民法院提起诉讼；在审判阶段，实行对抗式法庭审判，举证责任由控、辩双方承担，审判工作主要通过控、辩双方的举证、质证、辩论等活动展开，审判者的职权性作用淡化，仲裁性作用加强；等等。

以上改革使我国刑事诉讼模式更加民主和科学，然而在实践中，有些改革并未得到切实贯彻实施。例如，为了切断侦查与审判的联系，防止法官预断，使庭审实质化，1996年《刑事诉讼法》将公诉案件的庭前审查程序由实体性审查改成程序性审查，与此相适应，人民检察院提起公诉时向法院移送的案卷范

围也由全案移送改为有限制的移送，仅移送起诉书、证据目录、证人名单、主要证据的复印件和照片。这一改革的初衷是良好的，但是由于立法技术上的缺陷，主要证据的范围长期以来界定不清，又因为未预见到实务部门对此改革的抵触，后者普遍认为复印件移送主义是人力、财力和时间的浪费。更主要的是，复印件移送主义导致律师阅卷范围明显受到限制，使本就举步维艰的刑事辩护愈加困难。诸多原因使得 1996 年《刑事诉讼法》关于起诉移送案卷范围的改革基本上未能实现其预期目标。也正因如此，2012 年《刑事诉讼法》的再次修改又恢复了提起公诉时移送全部案卷和证据的做法。

2012 年，中国又对《刑事诉讼法》进行了第二次大修改，此次修正增、删、改共计 149 条，其中增加 66 条，修改 82 条，删除 1 条，修法规模甚巨，引起的社会关注也比第一次大修有过之而无不及。本次《刑事诉讼法》修改的内容主要包括：(1)在刑事诉讼法中增加“尊重和保障人权”的规定，使之成为整部刑事诉讼法的指导原则。(2)改革完善辩护制度，一方面确认了侦查阶段律师的“辩护人”地位，强调辩护人的责任是实体辩护与程序辩护并重；另一方面改善了辩护律师的会见程序、扩大了辩护人的阅卷范围，更为重要的是，扩大了法律援助适用的阶段和案件范围，进一步保障了犯罪嫌疑人、被告人获得律师帮助的权利。(3)完善证据制度，确立非法证据排除规则，细化证明标准。(4)改革完善侦查讯问程序，一方面要求犯罪嫌疑人被拘留后应当在 24 小时内送看守所羁押，侦查人员讯问犯罪嫌疑人，应当在看守所内进行；另一方面要求对于可能判处无期徒刑、死刑的案件或者其他重大犯罪案件的讯问过程进行全程录音录像。(5)完善证人、鉴定人出庭作证制度，加强了证人、鉴定人的保护，规定了证人作证的补偿机制。(6)扩大了简易程序适用范围，凡是基层法院管辖的刑事案件，只要符合事实清楚、证据充分，被告人认罪并同意适用简易程序，即可适用简易程序进行审判。这就使无期徒刑以下的所有刑事案件均有适用简易程序的可能性，极大地扩张了简易程序的适用范围，有望使刑事案件切实实现繁简分流。(7)完善了第二审程序和死刑复核程序，明确二审应当开庭审理的案件范围，死刑复核程序实行调查讯问式的审理方式。这两个程序的改革都遵循了审判程序应当具备诉讼化特征的思路。(8)增设了四种特别程序，包括未成年人刑事案件诉讼程序，当事人和解的公诉案件诉讼程序，犯罪嫌疑人、被告人逃匿、死亡案件违法所得的没收程序以及依法不负刑事责任的暴力型精神病人的强制医疗程序。

上述改革均以加强刑事诉讼中的人权保障，提高刑事诉讼的民主性、科学性为价值目标，在一定程度上仍然沿着“当事人主义化”的路线前行。然而，本次刑事诉讼法的修改也体现出加强惩罚犯罪、为专门机关扩权的倾向，主要体现在：(1)对监视居住规定了有别于取保候审的独立适用条件，增加对特定案件适用指定居所监视居住。虽然立法的初衷是扩大羁押替代措施的适用，降低审前羁押率，但是由于指定居所监视居住不限于无固定住处的人，对于涉嫌危害国家安全犯罪、恐怖活动犯罪、特别重大的贿赂犯罪都可以适用，因此其在实践中极有可能演化成一种变相的羁押。(2)增设技术侦查和秘密侦查手段，强化了侦查能力。修正后的《刑事诉讼法》增设了“技术侦查”一节，规定了技术侦查、秘密侦查等特殊侦查手段，虽然这一方面使特殊侦查手段的运用纳入法治轨道，但是同时也明确允许侦查机关采用特殊侦查手段侦破案件。(3)增设犯罪嫌疑人、被告人逃匿、死亡案件违法所得的没收程序，加大了严惩腐败犯罪和恐怖活动犯罪的力度。(4)在个别方面加强法院的职权作用。例如，修正后的《刑事诉讼法》规定：“公诉人、当事人或者辩护人、诉讼代理人对证人证言有异议，且该证人证言对案件定罪量刑有重大影响，人民法院认为证人有必要出庭作证的，证人应当出庭作证。”①这一规定实际上将是否要求证人出庭作证的决定权交给了人民法院，因为即使控辩双方对证人证言有异议并要求证人出庭作证，但法院认为没有必要的，仍然无须通知证人出庭作证。(5)延长了第一审和第二审程序的审理期限，并赋予最高人民法院无限期延长审理期限的绝对权力。这一规定意在应对某些特殊案件，但是由于司法实践中，审判期限往往等同于羁押期限，延长审限同时也就延长了羁押期限，由此可能侵犯被告人的合法权益。

综上所述，从中国《刑事诉讼法》的两次修正经历来看，1996 年的修法带有更多的法治理想主义色彩，基于对当事人主义诉讼模式的青睐，在修法中进行了大量的法律移植，因此当事人主义化的特征极其明显。与之相较，2012

---

① 2012 年《刑事诉讼法》第 187 条第 1 款。

年修法则呈现出截然不同的特点，经过上次修法在实践中的检验，中国的法律改革逐步趋于理性，尽管借鉴域外经验仍然是修法中必不可少的一个步骤，但是法律移植显然不再是修法的主要来源或者模式。本次修法更多关注的是解决司法实践中存在的问题，而不是中国刑事诉讼的模式定位与发展走向。修法中的许多方案甚至既非来自当事人主义，也非来自职权主义，而是中国特色的本土化模式。

五、他山之石、可以攻玉：该书导读

如上所述，对刑事诉讼模式的系统探讨滥觞于美国，与美国当时的社会政治历史背景有着深刻的关联。20 世纪 80 年代以来中国法学界对此予以关注，至 20 世纪 90 年代开始加以系统研究，并引起广泛的讨论。这种理论的探讨没有仅仅停留在书面上，而是和 1996 年的《刑事诉讼法》修改紧密地结合起来，对中国刑事诉讼法学界研究和司法实践产生了深远的影响。

然而，毋庸置疑的是，我们刑事诉讼法学界在研究以及运用刑事诉讼模式理论的同时，囿于文献和语言，对美国这场刑事诉讼模式的讨论未能窥见全貌。这从国内讨论《刑事诉讼法》修改的众多文章中得以佐证：相当多数的文章在讨论《刑事诉讼法》的修改以及中国未来刑事司法制度改革时，常常在他人已经深入研究过的领域或问题上作简单的、低层次的重复，甚至对一些基本理论茫然无知。大多数学者对于帕克的两种刑事诉讼模式理论耳熟能详，但是对其他美国学者与帕克论争的部分就知之甚少，甚至浑然不觉。帕克文章诞生的第一天就吸引了众多的反对者和支持者，经过多年的争论，已经积累了极为丰富的视角和理论。与其说帕克对刑事诉讼制度研究的最大贡献是他提出了两种刑事诉讼模式，倒不如说他的两种模式论激发了人们对整个制度的彻底反思，通过不同价值观的交锋和多种视野的交汇，揭示了刑事诉讼制度以及其赖以生存的整个社会制度的本质及其内在的逻辑。正是在这个意义上说，中国刑事诉讼法学的学术研究还有待进一步的发展及深入。

有鉴于此，编者在分析美国长达 40 年的刑事诉讼模式论争的基础上，精选了 20 篇有关这一主题的经典文章以飨读者，并期望通过系统介绍这些年的有关争论，为中国刑事诉讼法学的进一步思考已经完成的和将要进行的刑事司法制度改革提供深度的资料和理论基础。

该书主要沿着两条脉络来安排:一是对刑事诉讼的“价值模式”的讨论。该线索从帕克提出的两种刑事诉讼模式开始,从以个人权利为主轴的正当程序模式和以社会控制与防卫为核心的犯罪控制模式入手,讨论刑事诉讼制度应当建立在什么样价值观基础上。二是对刑事诉讼的“制度模式”的讨论。这条脉络主要是围绕模式的外在表现,即对抗制和纠问制的论争。两条脉络既有关联又有所区别,但是最终还是归结为一个基础,就是无论是什么样的价值模式和制度形式均是服务于某一特定社会基本价值观的。

在刑事诉讼价值模式论争中,该书以帕克的《刑事诉讼的两种模式》开头,引出对现代刑事诉讼程序模式的具体讨论。有关该文的具体内容前面有所提及,此处不再赘述。但有一点需要强调的是,帕克有关两种模式的论点是有制度性前提的,即以他本人的话来说就是,两种模式均是建立在认定犯罪的程序和什么是犯罪这一实体问题应当分离,而前者应当先于后者之上的;并且,在决定是否运用司法权力追究犯罪嫌疑人时,警察和检察官具有广泛的自由裁量权;政府调查和惩罚犯罪存在权力方面的限制;最后,整个刑事诉讼模式是建立在对抗制的基础上的,即被告一方被允许运用法律积极为自己辩护,而刑事司法制度的设置,无论是哪种模式均允许被告人一方合理运用法律规则的空间,这种制度模式依赖于诉讼双方积极地在整个程序中运用法律规则进行对抗。这些前提看似平实普通,但是比较不同文化和社会制度下的刑事诉讼制度,我们就会发现,如果不具备这些前提条件,粗糙地借用刑事诉讼模式中的那些设置,就会效果不彰甚至适得其反。我们看到对抗制保护个人权利的一面,却忽略了中国并不存在对抗制基础,结果为了限制先入为主而不再移送案卷的做法反而变成了削弱律师辩护能力的一个障碍。同理,我们寄希望于刑事程序与犯罪定义相对分离也因为我国刑事制度高度行政化而落空,我们在侦查阶段对犯罪嫌疑人的证据固定和法庭上缺乏直接言词原则直接导致了很大程度上模糊了程序和实体问题的区隔。所以,在很大程度上,对抗制改革未能成功与其改革所需的制度性前提缺失有着密切的关系。

帕克的文章甫面世即遭到耶鲁大学年轻的格里菲斯教授的全面批驳。格里菲斯在其著名的《刑事程序中的理念或刑事诉讼的第三种“模式”》中指出,帕克的两种模式是建立在“竞技(或者说是战斗)”的前提之下的,本身就有很大的局限性。[①] 用他的话来说,帕克只是提出了一种模式,即竞技模式,它是一种意识形态,把罪犯看成敌人,只能惩罚罪犯和将其排除出社会。这一模式忽略了与犯罪相关的周边问题,比如说为什么存在对罪犯的挽救和帮助,特别是对青少年罪犯的挽救;为什么还会对精神病患者免除或减轻处罚。如果只使用竞技模式,罪犯一旦定罪就和社会失去了关联,被永久性地排除在社会之外。他形容这种制度只是加强了美国当时固有的视犯罪为洪水猛兽的意识形态,并服务于美国中产阶级的利益。他提出了刑事诉讼的“家庭模式”,在该模式下,社会继续关注罪犯定罪后的利用,并希望他们能够回归社会,国家和罪犯的关系是接近家庭式的关系,不仅要在定罪后对罪犯予以关注,也在适当的时候与罪犯实现符合社会利用的和解。格里菲斯炮火四射的、富有激情的抨击虽然咄咄逼人,但是确实给刑事诉讼模式的讨论一开始就增添了丰富的色彩,并引起更多的深入思考。

耶鲁大学著名教授戈尔茨坦(Abraham S. Goldstein)很快就从帕克的文章中嗅出了问题的可能症结。他认为,帕克过度强调刑事诉讼模式对犯罪问题解决的程序意义,而没有足够关注程序是不可能与实体截然分开这个实质性问题。他试图从弹劾制(accusatorial)/对抗制和纠问制两种制度的比较来分析帕克两种模式的缺陷,他认为帕克的两种模式纯粹建立在弹劾制和对抗制的基础之上,完全没有考虑到纠问制的特点。有意思的是,他对弹劾制和对抗制作了细致的区分,认为两个名词虽然经常混用却不能混为一谈。并且,戈尔茨坦列举了纠问制的种种特点,提出以国家积极介入案件调查和审理为特色的纠问制模式可以为美国刑事诉讼制度改革提供借鉴作用。

菲利(Malcolm M. Feeley)教授是美国著名的政治学和法律社会学家,他涉猎的领域极为广泛,在讨论中提出了另一个视角,即从制度的目标和功能角度看待刑事诉讼模式。这一方式完全超出了法律规范的界限。通常情况下,法律专家喜欢从法律规范对个人行为的影响方面着手,并有倾向假定法律规范一定能够影响行为朝着规范指定的方向发展。然而,菲利从社会学和行为

① 竞技模式(battle model)也译为“战斗”或者“争斗”模式。

学角度列举了可能影响个人行为的诸多复杂的因素,包括司法官员的自由裁量权在诸多不同目的的规则作用下,有着极大的灵活运用空间。因此,菲利呼吁人们在重视规则的同时,不要忘记还有不同动机的规则执行机构和个人。

来自英国的利(L. H. Leigh)教授认为,所有的刑事诉讼模式都是在效率和公平之间寻求一个平衡点。他在总结当时欧洲大陆法国家的刑事诉讼模式之后,对英国需要的改革提出了一些参考性意见。他指出即使在英美两个同属普通法的国家,刑事诉讼模式所要达到的目标也不完全一致。在英国,追究案件事实真相还是庭审的主要功能,至于保护被告人的权益则体现在程序的其他环节。在这一点上,英国制度与欧陆的制度更加接近。最后,他也注意到了欧洲大陆法国家在刑事诉讼上也越来越重视普通法所强调的那些个人的基本权利。

为了从不同文化视角看帕克提出的两种刑事诉讼模式,我们选择了日本东京大学法学院的专家富特(Daniel Foote)教授的有关日本刑事诉讼制度的评析。第二次世界大战后美国全面改变了日本的政治法律制度,给人的印象是它的法律制度已经美国化。但是其刑事诉讼模式却与美国有着天壤之别。用富特教授的话说,日本是一个"宽宥仁慈的家长制"模式的刑事诉讼模式国家。在此体系下,日本的犯罪率很低,破案率奇高,而且法庭的定罪率高达99.8%。富特教授受格里菲斯的"家庭模式"的启发,将日本的制度描述为以家长式仁爱为中心的刑事司法制度,这种制度的基础与美国等西方国家完全不同,它至少有五个特点:一是人们对刑事司法官员的高度信任;二是社会对解决案件的高度合作,包括最后让犯罪人重新融入社会;三是人们对某些核心价值观的认识高度一致;四是相对较高的破案率;五是犯罪率非常低。这些都是宽宥仁慈家长制的制度基础,是帕克两种刑事诉讼模式所不具备的。

富特教授的观点至少给了我们一个启示:不同的文化社会传统在刑事诉讼模式的选择和建立过程中起着至关重要的作用,犯罪控制模式和正当程序模式未必适用于日本,而日本式家长制模式也绝对不能贸然施加于美国。

贝洛夫(Douglas Evan Beloof)教授从另外一个角度提出了被害人参与刑事诉讼的问题。被害人在刑事程序中受到集中的关注是20世纪70年代以后的事情。此前对刑事诉讼的研究基本聚焦在国家和被告人身上:国家惩罚犯罪的效率以及被告人价值至上的两极价值观。除此之外,贝洛夫提出还应该加上被害人至上的价值,形成三元的刑事诉讼模式。他的观点实际上反映了美国乃至整个世界在过去三四十年里风起云涌的被害人运动给刑事诉讼制度带来的影响。在帕克研究刑事诉讼模式的时候,人们尚未注意到被害人的问题。后来随着民众对被害人关注的加大,以及对被害人学研究的加深,人们注意到如果不予被害人以适当的地位,就会极大削弱刑事诉讼在社会控制中的意义。大量的研究表明,很多被害人并不报案,不报案的结果直接导致了社会对犯罪事实情况缺乏了解,没有这些了解就不可能提高破案率,也不可能真正保护社会。贝洛夫提出让刑事诉讼程序反映被害人的地位和作用,从侦查、起诉,到庭审、定罪和量刑以及上诉均要保护被害人,这三种价值同时体现的刑事诉讼模式极大地丰富了帕克的两种刑事诉讼模式的理论。

多伦多大学的肯特·罗奇(Kent Roach)教授则更进一步将被害人模式划分为两个不同的模式:被害人惩罚模式和被害人非惩罚模式。前者侧重刑事制裁和刑罚以保护受害人的权利,而后者强调预防犯罪以及恢复性司法价值观以使得刑罚的痛苦降低到最小。罗奇进一步指出帕克的两种模式不能解释某些新型案件,对妇女儿童是被害人案件也没有予以适当考虑。在刑事诉讼模式设计中,除了看到被告人个人权利与社会犯罪控制需求的紧张关系,也需要看到被害人权利保护与正当程序价值之间的矛盾。他还得出有趣的结论,正当程序价值要求的结果在美国导致了监狱人口的大增,加强了对犯罪的控制,采取这种做法不如更多地考虑被害人权利,通过对被害人权利的切实保护而实现对犯罪的控制。

上述文章集中在对帕克两种刑事诉讼模式理论的直接反驳、赞成以及扩充之上,是学术界多年来乐此不疲的永恒话题。与之平行而相关的另一条线索则是就对抗制和纠问制孰优孰劣以及如何融合问题,它占据了学者们的另外一大半的注意力。这一线索的本质我们认为是对刑事诉讼“制度模式”的研究。在此我们精选了这一争论的12篇经典文章,以供国内学术界参考。

提到比较刑事诉讼法学,无人不晓前南斯拉夫籍的著名耶鲁大学教授达马斯卡(Mirjan R. Damaska)。他除了在人品上为人尊重外,在研究大陆法系法律制度上堪称美国学术界的泰斗。他的很多作品已经翻译成中文,该书选择了他对刑事诉讼研究的代表作之一《权力结构与比较刑事诉讼》一文作为美国学者讨论对抗制和纠问制优劣的基础。达马斯卡的视角是非常独特的，他撇开了传统学者从外在形式看待两种制度（成文法 v. 案例法），提出了从科层（官僚体系）及协作体系两个截然不同的组织结构来看待大陆法和普通法的刑事诉讼程序。科层体系主要和大陆法系紧密相联，它强调决策的确定性，追求政策的统一。在制度运行过程中呈现决策的向心倾向，具体表现在集权化倾向严重，官员们等级森严，并且规则标准缺乏灵活性。相反，协作体系则主要体现在普通法系中，它要求官员们对具体案件的具体情况予以关注，而非强调统一的决策。该体系在决策上表现为离心倾向，没有一个中心机构为所有的程序参与者制定一个统一的规则，这个体系也不存在一个统一的官僚体制，各级官员之间的决策更像是协调式的，因此规则的形成及其表现也是灵活的。在英美普通法系下，这种协作体系更好地表现在法官之间以及各级司法官员之间存在一种松散灵活的自治关系，而非如大陆法系严格的上下级关系。

用达马斯卡的观点去分析纠问制和对抗制的不同特点更加清晰地解释了为什么在纠问制下程序依赖于卷宗和有控制的官方调查，而对抗制下的程序则更关注法官消极主持下的庭审程序。达马斯卡还进一步从意识形态上说开去，解释了卢埃林及格里菲斯的家长型和距离型刑事司法，并且从英国古典自由主义的有限政府理论源头寻找答案，对我们拓展思维有非常重要的启发作用。

美国西北大学法学院的古德帕斯特（Gary Goodpaster）教授在系统阐释对抗制理论基础方面作了非常有意义的尝试，他的文章可以说是概括对抗制基础的高度精炼但又不失之枯燥的少有精品。他首先区分了对抗制在刑事和民事诉讼上的不同，指出刑事对抗制更加受到规则的约束。他列举了刑事对抗制的种种特点，指出它是一种反映实体法律规范并为公众所接受的裁决而设计的程序。它旨在查明事实真相，保障公正裁决，保护公民免受政府的侵犯。古德帕斯特教授一针见血地指出必须要区分两类事实真相，依照公平程序得出的真相未必与现实生活中的真相相一致，而对抗制需要关注的是在公平程序下调查后得到的真相。他将对抗制下的刑事审判看作一项调查活动和竞赛的综合审判，强调达到公正并不保证查明真相。该文还研究了支持对抗制的诸多理论,包括权利保护理论、动机交换理论、规范理论以及整合各种理论的社会学理论。文章最后提出了一个对我们今天讨论中国刑事诉讼模式有着重大启迪的结论:“刑事审判最根本的需要是以社会可接受和运用的方式和结果来进行裁判。如果刑事裁决是通过本身就符合占主流地位的根本性的社会信仰和观念的程序而得出的,它们就是可以接受的。”

马文 · E. 弗兰克尔(Marvin E. Frankel)既是学者型的法官,又是法官式的学者,在长达 13 年的联邦法官和三十多年的学者及律师的生涯中,他形成了从不同角度看刑事诉讼程序的习惯。他 1975 年发表的这篇著名论文代表了美国历史上公开挑战对抗制的最为著名的文献之一。在这篇文章中,他指控对抗制将“发现事实真相”放在太低的位置,应当要予以纠正。他提出了一系列的改革方案,包括彻底改革对抗制的思路,将追求事实真相当作刑事审判的最高目标,并将追求事实真相作为控辩双方律师的职业责任。对此,他批评美国律师协会当时公布的有关律师职业道德准则没有反映出律师对事实真相的责任。为此,他提出律师在代理案件时应当保证向法庭和对方律师提供相关证人的存在,应阻止己方当事人和证人在法庭上说谎,并不为了胜诉目的而质疑对方的证人。弗兰克尔的提议引起轩然大波,他将追究事实真相的责任施加在刑事辩护律师上的做法直接挑战了美国刑事辩护律师作为当事人“热衷辩护人”这一基本概念的底线,也由此也引发了三十多年的有关刑事辩护律师道德准则的论战。

弗兰克尔的批评实际上是意有所指的,他对对抗制以及律师职业道德的抨击直接针对了蒙罗 · H. 弗里德曼(Monroe H. Freedman)一直以来倡导的理论。当时乔治 · 华盛顿大学的弗里德曼教授是美国律师职业道德方面的最大权威之一,也是对抗制的坚定维护者。他提出的著名的美国刑事辩护律师应当面对和回答的“三个最困难问题”的理论在美国学术和实务界引起极大的争议。按照弗里德曼的观点,称职的刑事辩护律师应当对下列三个问题的答案是肯定的:(1)目的在于破坏一个你明知会讲真话的对方证人的可信度和可靠性的交叉询问是否合适?(2)明知一名证人会作伪证继续让他作证是否合适?(3)律师有理由相信提供给当事人的法律知识会促使他作伪证时,继续为当事人提供法律建议是否合适?而这个正是弗兰克尔所反对的。

针对弗兰克尔的批判，弗里德曼作了一个针锋相对的回应。他指出弗兰克尔批评对抗制虽有几分道理，但是其结论是错误的。从大背景上看，对抗制是自由主义对抗国家权力的一个产物，它所关心的远远不是事实真相，而是个人的尊严。他列举了美国宪法保护个人权利的条文以及最高法院的很多判决来印证美国的政治、法律制度本身赋予律师保护当事人的利益，而非协助法庭揭示案件的真相。

弗里德曼对弗兰克尔的回应还集中体现在他1999年一篇系统介绍美国对抗制在法制体系中地位的文章，即《美国宪法化的对抗制研究》。在这篇文章中，他全面论述了对抗制的宪法基础，并指出其与个人的尊严和权利有着密切的关系。他还旁征博引了政治学理论和当代世界各国政治现实，以证明对抗制本身存在的合理基础。在论述对抗制合理性过程中，弗里德曼特别针对弗兰克尔所诟病的对抗制在发现事实真相上面存在内在逻辑缺陷的指控，坚持对抗制过程依然是发现事实真相的有效途径，它即使不是最佳的揭示事实真相的方法，至少也是不错的选择，因此无论从保护个人对抗国家权力恣意纵横上，还是从发掘事实真相上，对抗制都是较佳的选择。

弗兰克尔孜孜不倦地为修正对抗制而努力。他不失时机地对弗里德曼的文章作了严厉的反驳，指出自己所关心的不是要推翻对抗制，取之以纠问制，而是如何在现有的对抗制基础上改正已有的错误，将发现真相作为审理的主要线索。他特别提到主流观点对弗里德曼最为著名的三个最困难的职业道德问题的答案已经与20世纪60年代大不相同，甚至弗里德曼本人也作了修正。虽然两位著名学者在论战中带有十足的火药味，但是我们还是可以看出双方论战的诸多严谨和认真之处。

科罗拉多大学的皮兹（William T. Pizzi）教授是当代批评对抗制的另一位重量级人物。在此，我们选择了他的代表作《不追求真相的审判》中的两个章节以及另一篇谈论被害人权利在对抗制中的反思。皮兹1999年在《不追求真相的审判》中比较了不同国家的刑事诉讼制度，对美国对抗制的低效率运作提出了尖锐的批评。在经历了著名橄榄球运动员辛普森（O. J. Simpson）等案件后，美国社会对律师帮助“坏人”开脱罪名的行为极其不满，学术界也对律师过度辩护产生了反弹。可以说，皮兹的批评代表了自弗兰克尔以来新一轮对对抗制的抨击。他继承了弗兰克尔就对抗制不追究事实真相这一特点作了细致的分析，认为刑事辩护律师太过于在法庭上表演，目的在于追求案件的胜诉，并且认为法官在审判过程中的弱势地位是造成审判效率低下，案件偏离查明事实真相的另外一大原因。陪审团主宰案件的最后结局，而法官量刑权力很小（有量刑指南限制）①，案件的实际结果很大程度上被检察官和辩护律师所操控。在论述被害人的时候，皮兹走得更远，他提出要对《美国联邦宪法第六修正案》作出修改以保护被害人的权利。他认为美国被害人在刑事程序中被忽略的情况太过严重，通过宪法将他们的地位固定下来，不仅有利于保护被害人，也有利于改变过度惩罚犯罪人的现象。

针对对抗制下美国警察和检察官在案件调查和起诉方面的自由裁量权过大以及法庭审理依赖辩诉交易的弊端，戈尔茨坦和马库斯（Martin Marcus）早在20世纪70年代便研究了大陆法系的三个主要国家（法国、德国和意大利）的司法监督和控制问题，试图寻求其中的答案。然而，在细致分析了这三个国家如何解决对司法自由裁量权进行控制的问题后，他们得出结论：三个主要纠问制国家实际上对司法自由裁量权的监督与其说是通过制度性的限制，还不如说是通过司法官员对理念以及与理念相关假设的坚持上。换句话说，两种不同的制度在这方面面临同样的问题，这与是纠问制还是对抗制无关，说纠问制更好地实现了司法监督是无从谈起的。

戈尔茨坦和马库斯的论点激起了兰本（John H. Langbein）和温雷伯（Lloyd L. Weinreb）的强烈反对。他们认为戈尔茨坦与马库斯的研究在方法论上有缺陷，曲解了欧洲的制度，因而具有误导性。兰本和温雷伯的反驳限于对德国和法国制度的研究，他们认为，戈尔茨坦和马库斯的研究在资料占有和对现实比较方面做得不够，在德国和法国有很多做法值得美国借鉴，特别是简易程序不仅仅具有快速处理案件的便捷性，而且更为重要的是它还更公正准确地查清了事实真相。其文章强调要放弃偏好自己习惯的制度的做法。戈尔茨坦和马库斯对兰本和温雷伯的批评作了简短的回应，认为不能仅仅从形式

---

① 美国联邦即各州自20世纪80年代进行了量刑改革后，各种量刑指南约束了法官的自由裁量权，直到2005年，美国联邦法院在Blakely v. Washington一案中，判决联邦量刑指南只是作为法官量刑的参考之后，这种情况才有所改观。

上学习大陆法系,需要厘清具体学习的内容。

事实上,无论是戈尔茨坦还是兰本都是对抗制的不同程度的批评者,他们对美国对抗制进行细致分析、批判之余,对如何从比较法的角度借鉴大陆法作了有益的尝试。尽管双方对借鉴的部分和分析问题的角度有所不同,但是总体结论并无太大差别。

在如何具体借鉴大陆法系这个问题上,德国学者魏根特(Thomas Weigand)从大陆法系内部观点出发贡献了自己的意见。其文章标题为《解决美国症结的大陆方案:以欧洲刑事诉讼程序作为法律改革的模型》。他开宗明义指出美国的刑事诉讼模式出了问题,在穷尽自身补救方案之后,不得不寻求外部借鉴渠道。在批评了兰本和温雷伯对欧洲大陆法的误解和诠释之后,他得出了与之完全不同的结论:欧洲大陆法国家(他主要以法国和德国作为大陆法的代表)并不存在统一的侦查和起诉裁量制度,在这方面这些国家和美国制度的差别不大。而大陆法和美国法律制度在审判上则有着巨大的差异。

虽然美国和法国及德国都存在"简易程序"和普通程序的区别,但是德国和法国几乎不存在美国式的简易程序——辩诉交易。美国的问题在于它的"简易程序——辩诉交易"与普通程序差别太大,而德、法两国则没有那么大的差别。这与美国的犯罪率高,法院承担处理刑事案件压力有关,因此在辩诉交易过程中存在欺诈和压力,迫使被告人接受辩诉交易。要想解决这一点,除了提供尽可能公正的审判程序外,法院审理结构也需要改革,包括减少证据环节的烦琐,简化陪审团的选任程序甚至取消陪审团判断事实的权力,以及赋予法官更加积极的地位和作用,等等。总之,如果要改变美国对抗制中的种种弊端,美国的改革者必须要正视所要付出的代价。

综观美国学术界主流意见,虽然有些学者对刑事诉讼中的对抗制持强烈的批评态度,并且有时非常极端,但是总体而言,学术界对对抗制本身作为一种基本诉讼制度应当予以保留已是不争的事实,大家对于对抗制存在诸多问题也有一致看法,只是对如何改进对抗制的意见有所分歧。通过上述的争论,我们可以看出,在不太注重抽象理论争论的美国刑事法学界,诉讼模式(无论是价值模式还是制度模式)的争论是学术论争的一个亮点,它给美国刑事诉讼法改革提供了一个改革的激励,尤其在遇到重大社会事件(如辛普森案件)时,常常会激发新一轮改革的动议。事实上,美国经历的对辩诉交易制度的不断修正,通过联邦最高法院判例对被告人权利的扩大和修正,以及证据展示及被害人权利的扩充,无不与这种争论有关。

最后需要说明的是,作为美国刑事诉讼法模式争论的一个重要参照体系——大陆法系在过去的50年里有了重大的变化。自20世纪70年代末80年代初开始,席卷意大利、西班牙、法国、德国的刑事诉讼法改革也使得欧洲大陆法国家在刑事诉讼模式上更加靠近美国的对抗制。事实上,美国通过其国际地位和积极参与联合国人权和法律机制的建设,包括国际刑事法院建立,大大影响了其他国家的刑事司法制度。许多发生在亚洲国家和地区的刑事诉讼法变化,反映了美国这一影响。在此,我们提醒读者在阅读这些历史性的学术文章时,要时时牢记它们的时代背景。因为,某些有关大陆法国家刑事司法制度的描述和评论已经时过境迁,不再具有现实的意义。

学术文章浩如烟海,斟酌遴选实属不易,其中定有疏漏和偏颇,敬请读者见谅;翻译质量囿于译者和编者水平及时间,舛误挂漏在所难免,欢迎同仁批评指正。唯冀通过翻译激发国内学术界同仁深入研究相关问题,在未来的刑事诉讼法改革中能从价值和制度的设计上有更加透彻全面的考虑,则编者、译者幸甚。

证据法的理性传统与理论维度

——威廉·特文宁的证据理论解读*

吴洪淇**

摘　要:在过去四十多年,英美证据法学研究无论在研究重点还是在研究方法一直处于深刻的转型之中。在这一转型过程中,威廉·特文宁对证据法长期的法理学追问占据着极其独特的枢纽地位。以特文宁的知识活动为主线、以其证据理论思想为样本来加以剖析,厘清法理学本身的反思性机制和整体性视野对证据法学研究所具有的指引与重构价值。特文宁对证据法的法理学追问既源于宏大时代背景的挑战,同时也与个人学科背景和知识素养密切相关。他所系统总结的英美证据法学的理性主义传统、司法证明的分析方法以及"诉讼中的信息"的系统知识框架都已经成为英美证据法理论的重要贡献。证据法哲理化研究在我国方兴未艾,特文宁的证据理论及其对证据法法律维度的知识活动可以为当前的证据法哲理化研究提供重要的智识资源和示范效应。

关键词:证据法　司法证明　法理学　特文宁　哲理化

---

* 本文原载于《法学评论》2016 年第 5 期。

** 吴洪淇,北京大学法学院研究员。

引言:认真对待特文宁

从 20 世纪 60 年代开始,英美证据法学界开始了一场深刻的知识转型。① 这场至今还在延续当中的知识转型深刻地影响了英美证据法学界,甚至波及到欧洲大陆诉讼和证据法学界。② 在这场知识转型当中,来自英国的威廉·特文宁(William Twining)扮演着非常独特的角色。2008 年,美国法学院协会证据法分会将首届威格莫尔终身成就奖颁发给了两位著名的证据法学家:一位是美国德高望重的魏因斯坦(Weinstein)法官,另一位则是特文宁。与前者作为纯粹的证据法专家不同的是,特文宁具有双重的身份:既是证据法学者又是法理学者,甚至应该说他首先是一名法理学者,然后才是证据法学者。这一独特的双重身份使得他在证据法领域的研究呈现出独特的理论面向,借用另一位美国证据法学家皮特·蒂勒斯的话:"特文宁已经在证据研究的转型过程中扮演了重要的角色。他已经为证据研究作出了独特的贡献,而且他的贡献已经为这个正在风云突变的领域打上独特的印记,一个在未来的几十年中依然可以被清晰感觉到的印记。"③而这一印记之所以独特,就在于特文宁从 20 世纪 70 年代以来以一名法理学家的身份对证据法领域进行了持续不懈的探索。

对于英美证据法的这场知识转型来说,特文宁扮演着三重身份:第一重身份是观察者,他对英美证据法的思想传统给予了系统的整理与总结;第二重身份是参与者,他通过对证据分析方法尤其是叙事法的研究成为英美证据法知识转型过程的重要组成部分;第三重身份则是组织者,特文宁通过有意识的学

① 关于英美证据法的这场知识转型的一个详细综述,see Rogers C. Park & Michael J. Saks, *Evidence Scholarship Reconsidered: Results of the Interdisciplinary Turn*, Boston College Law Review, volume 47。

② See Johannes F. Nijboer, *Current Issues in Evidence and Procedure: Comparative Comments from a Continental Perspective*, International Commentary on Evidence, Vol. 6, No. 2.

③ Peter Tillers, *Introduction of William Twining*, Steon Hall Law Review, Vol. 38:871.

术组织活动推动了英美证据法这场知识转型活动。[①] 因此,从某种意义上说,在英美证据法的这场知识转型过程中,特文宁扮演着枢纽的角色,其证据理论与贡献值得证据法学界来认真对待。[②] 首先还是让我们来认识一下特文宁。威廉·特文宁,英国伦敦大学学院奎恩法理学讲席荣休教授。1934 年出生于乌干达,青年时期曾分别在英国牛津大学(B. A.)和美国芝加哥大学(J. D.)受过教育,先后在非洲、欧洲、美洲、亚洲的 10 余个国家任教。这一段丰富的经历用他自己的戏言就是"有着一个殖民地的童年,一个反殖民主义的青年,一个新殖民主义的职业开端和一个后殖民主义的中年"。[③] 他早年深受牛津法理学派的影响,1955 年赴美学习后开始深入研究以卢埃林、弗兰克为代表的现实主义法理学。1972 年在英国华威大学任教时根据法学院的要求,每一位教师都必须以更宏大的视角选择某一学科进行反思,于是特文宁便从此开始与证据法结下不解之缘。在对证据法进行研究的同时,特文宁在法理学领域也取得了令人瞩目的成果:主要代表作包括《全球化与法律理论》(2000 年)、《伟大法学家集市》以及《一般法理学》。[④] 毫无疑问,这样一个独特的学术背景对特文宁研究证据法的立场、进路与方法都产生了深刻的影响。

本文选择特文宁来作为样本借以管窥英美证据法的这场知识转型,主要基于以下三个原因:第一,从研究活动所涵盖的时间范围来看,特文宁从法理

① 其在证据法领域的工作主要体现在其三部著作中,这三部著作分别是:William Twining, *Theories of Evidence:Bentham and Wigmore*, Stanford University Press, 1985; William Twining, *Rethinking Evdence:Exploratory Essays*, second edition, Cambridge University Press, 2006; Terence Anderson, David Schum & William Twining, *Analysis of Evidence*, second edition, Cambridge University Press, 2006。这三部著作均已被翻译成中文,参见[美]特伦斯·安德森、[美]戴维·舒姆、[英]威廉·特文宁:《证据分析》(第 2 版),张保生等译,中国人民大学出版社 2012 年版;[英]威廉·特文宁:《证据理论:边沁与威格摩尔》,吴洪淇、杜国栋译,中国人民大学出版社 2015 年版;[英]威廉·特文宁:《反思证据:开拓性论著》(第 2 版),吴洪淇等译,中国人民大学出版社 2015 年版。

② See Paul Roberts, *Rethinking the Law of Evidence:A Twenty – First Century Agenda for Teaching and Research*, Current Legal Problems, (2002) 55(1).

③ 对特文宁的一个深入访谈, see Raymundo GAMA, *Interview with William Twining*, http://www.ucl.ac.uk/laws/academics/profiles/twining/ALICANTEINTERVIEW10Jan2010.pdf。

④ 其中,《全球化与法律理论》已被译为中文,参见[英]威廉·推宁:《全球化与法律理论》,钱向阳译,中国大百科全书出版社 2009 年版。关于《全球化与法律理论》的一个评论,参见於兴中:《威斯特伐利亚二重奏、黑箱操作及法学的北强南弱——威廉·推宁对西方法学的反思与批判》,载《法学家茶座》第 21 辑,山东人民出版社 2008 年版。

学研究开始转向证据法理论研究的时候恰恰是证据法知识开始发生转型的节点。从其证据法知识活动所涵盖的时间来看,特文宁几乎涵盖了英美证据法知识转型的全部过程。第二,从其学术影响力的角度来看,特文宁在过去四十多年的英美证据法研究中占据了独特的核心地位,其证据理论从法学理论的高度宏观映现了英美证据法理论研究在过去40年乃至更长时间段内的进展。第三,特文宁的证据法学研究本身就是证据法与法理学跨学科的产物,这对于证据法跨学科研究来说本身就极具样本意义。证据法早期的跨学科研究常常是以证据法学者与其他学科学者之间的合作来展开的,比较典型的代表如20世纪初期耶鲁大学证据法学者罗伯特·梅纳德·哈钦斯与心理学家唐纳德·施莱辛格之间的合作。① 而像特文宁这样本身兼具法理学与证据法学背景的学者则相对少见,两种不同的学科背景将会产生何种效应这本身便是值得观察的现象。因此,本文以特文宁四十余年来的知识活动为主线,通过阐释其证据理论了解英美证据法知识转型的主体脉络,同时也可以通过证据法哲理化的这样一个英美版本,对我国方兴未艾的证据法哲理化活动提供一点启示。

一、证据法理论化的时代背景

1972年,在一场有关英国刑事证据改革的辩论中,当时最负盛名的证据法学者——也就是经典教科书《克罗斯论证据》的作者——鲁伯特·克罗斯爵士说道:"我正在为我所在学科消亡的那一天而努力工作。"这样一句话深深地刺激了在场的特文宁:为什么这样一位权威学者会作出如此表态?为什么传统上吸引着众多一流学者的证据法学科在当时会如此萧条?当证据研究完全等同于证据法研究的时候,当证据规则逐渐萎缩的时候,证据法学者们该何去何从?这样一系列问题吸引着特文宁并使其开始迈入证据法理论研究的殿堂,从那之后的四十余年里,特文宁对证据法进行持续不懈的法理学追问。因此,特文宁像是证据法学界的一位忠实的守望者和参与者,他一方面以法理学者的身份去对证据法学界的研究进行不断的观察与追问,另一方面同证据法

① See Rogers C. Park & Michael J. Saks, *Evidence Scholarship Reconsidered: Results of the Interdisciplinary Turn*, Boston College Law Review, volume 47.

学界的其他同仁一同推动证据法学界的知识转型。那么,这种持久的智识努力的动力来源于何方?这种努力对证据法学研究又具有什么意义呢?要深刻理解这些问题,我们必须进入特文宁进行证据法研究时所处的时代。

当特文宁从法理学转向证据法研究时,英美证据法学研究正面临深刻时代变革所带来的挑战。从学术史的角度看,威格莫尔在20世纪初所出版的《普通法审判中的英美证据制度专论》代表着证据法阐释性研究的最高峰,在20世纪的英美证据法学界占据了主导性地位。① 这种主导性地位的突出表现是威格莫尔之后至20世纪中期的证据法学者们基本上放弃了创作一个新的证据法体系来取代威格莫尔之体系的努力。20世纪上半叶,埃德蒙·摩根(Edmund Morgan)、撒迦利亚·查菲(Zachariah Chafee)等人完全放弃了对专论的创作,转而将精力投入专门性问题的研究和证据法典化的工作。从1942年的《美国模范证据法典》到1953年的《美国统一证据规则》再到1967年的《美国加州证据法典》,这场法典化运动最终在1975年《美国联邦证据规则》的颁行中达到了顶峰。② 这场轰轰烈烈的证据法典化运动是传统阐释性证据法研究的辉煌产物,它的成功是证据法学者们多年以来对普通证据法判例进行不懈整理的一个结果,也是传统证据法学研究走向顶峰的一个标志。当证据法典化逐步走向胜利的同时也是传统证据法学研究陷入危机的开始。1986年,美国证据法学者理查德·伦伯特在一篇著名的文章中这样回忆:"十七年前,当我进入这一领域时,它正处于垂死挣扎状态……"③而在《美国联邦证据规则》颁布几年之后,当时的证据法领军人物魏因斯坦法官还在担心:"《美国联邦证据规则》颁布之后还需要证据法教师吗?"④的确,当时的证据法学研究似乎开始陷入萧条。一方面,像威格摩尔、马奎尔、摩根、麦考密克这样一些传

① 这种主导性地位对于美国如今的司法裁判依然有着重要的影响,由皮特·蒂勒斯等学者所编撰的《威格莫尔论证据》依然是美国司法实践常常引来的权威来源。

② 证据法典化简史,see Ronald L. Carlson et., *Evidence: Teaching Materials for an Age of Science and Statutes*, 6th edition, LexisNexis, 2007, p. 16-22。

③ Richard Lempert, *New Evidence Scholarship: Analyzing the Process of Proof*, 66 B. U. L. Rev. 439 (1986).

④ Jack B. Weinstein, *Is There Scholarship after Death or Are Evidence Teachers Needed after the Federal Rules?*, 41 Md. L. Rev. 209, p. 1981-1982.

统学者的作品已经乏人问津;另一方面,证据法传统的教义性研究越来越无法引起学术界的关注和兴趣。这种直观感受得到了引证率研究的印证,在主流法学期刊中,证据法教义性研究所占的比率在不断下降。[①] 20世纪初,威格摩尔在《司法证明原则》一书的开端这样写道:"司法的可采性规则的相对重要性在接下来的发展阶段中注定会下降。证明将占据着重要地位;而我们必须为此而对这种重点的转移未雨绸缪。"[②]威格摩尔的预言似乎正在成为现实。

传统的证据法研究遭遇这场危机并非偶然。传统的证据法研究是以对证据法的教义性研究为主体,这种教义性研究主要具有以下三个特征:第一,在研究对象上,传统证据法学研究的关注焦点主要是证据规则尤其是证据可采性规则,经过斯蒂芬、塞耶等传统证据法学家的努力,传统证据法研究逐渐将重心放在证据可采性规则上面,这种关注点的集中为证据法成为一门独立法学学科并成功法典化立下了汗马功劳。[③] 但随着时间的推移,这种视野的集中也使得证据法学界逐渐忽略与司法证明领域密切相关的其他研究,比如像修辞学、心理学、概率论甚至诉讼法学研究。而随着陪审团案件审理范围的缩小、法官素质的提高、法官在事实认定裁量权的扩大等一系列因素的影响,证据可采性规则尤其是以规制案件真相发现为核心的内部规则逐渐被不断简化和弱化,由此使得证据可采性规则开始出现萎缩现象。[④] 证据可采性规则的逐渐萎缩,使得以其为研究对象的教义学研究逐渐陷入困境。第二,从研究任务来看,传统证据法教义性研究主要是"对规则进行分析并系统化,从而促使这些规则进行再概念化(reconceptualizd)或者使之获得改进"。[⑤] 当证据可采

---

① See Rogers C. Park & Michael J. Saks, *Evidence Scholarship Reconsidered: Results of the Interdisciplinary Turn*, Boston College Law Review, volume 47.

② John Henry Wigmore, *The Principles of Judicial Proof*, Boston, Little Brown, 1913, p. 3 – 4.

③ 以排除规则为中心为证据法这一部门法提供了一个独立的研究对象,厘清了证据法与诉讼法之间的关系,同时也为证据法法典化提供重要的基础,《美国联邦证据规则》便是以证据排除规则为主要内容的。

④ 关于这一趋势的详细论述参见吴洪淇:《转型的逻辑:证据法的运行环境与内部结构》,中国政法大学出版社2013年版,第158 – 176页。

⑤ 有关教义性研究及其有用性之探讨的多个例子,See Roger C. Park, *Evidence Scholarship*, Old and New, 75 MINN. L. REV. 849, 859 – 71(1991)。

性规则被以法典的形式固化下来之后，对普通证据法的判例加以分类整理并进行系统化的工作宣告告一段落。而随着证据规则整体框架的确立，证据规则的变动开始趋于缓慢，证据法学界的研究者们便失去了研究的目标，魏因斯坦法官才有了证据法教师“下岗”的担忧。第三，从研究方法来看，传统的教义性研究对证据规则进行分析的时候主要依赖的是历史、个人经验以及炉边归纳（fireside inductions）。[①] 这种研究方法所依赖的知识来源过于单一，也相对个人化，同时也无法很好地吸收其他一些相关学科比如心理学、认识论、法庭科学等学科的研究成果。尤其随着法典化的完成，这种研究方法更是日益受到既有规范框架的束缚。证据法学者伦伯特就曾经这样嘲讽：彼时的文章遵循着这样一种模式——“传闻规则的第二十九个例外出什么毛病了，如何通过改动三个词来修正这一问题”。[②] 这样一种说法固然有所夸张，但也大致反映出当时的证据法学界在研究方法上的单一格局。因此，传统教义性证据法研究所遭遇的这种危机从学术史角度来看是学术研究范式演变的必然结果，也是当时整体立法和司法实践大环境综合作用的结果。[③] 正因为当时证据法研究面临这样的挑战，我们才能理解克罗斯爵士为何会发出“我正在为我所在学科消亡的那一天而努力工作”的感慨，恰如鲁迅当年希望自己的文字速朽一般，既昭示了一种危机感，也隐含着这样一种期望。正是在这种看似悖谬的背景下，特文宁开始走进证据法研究。

二、法理学视野下的证据法

对于传统证据法研究的这场困境，法理学能够做些什么？在回答这一问题之前，需要解决的一个前置性问题：何谓“法理学”？或者说何谓特文宁研

---

① “炉边归纳”一词是由心理学家鲍尔·米尔（Paul Meehl）所提出的，主要用来描述我们从日常经验、自我反思、逸闻证据以及文化上所传承的理念之中而不是从严格的、系统的研究中所获得的影响和推论。See Paul Meehl, *Law and the Fireside Inductions: Some Reflections of a Clinical Psychologist*, 27 J. SOC. ISSUES 65, 65 – 66 (1971).

② Richard Lempert, *The New Evidence Scholarship: Analyzing the Process of Proof*, Boston University Law Review, Vol. 66, 1986.

③ See Roger C. Park & Michael J. Saks, *Evidence Scholarship Reconsidered: Results of the Interdisciplinary Turn*, 47 B. C. L. Rev. 949 (2006).

究的法理学？在国内关于部门法哲学探讨如火如荼的背景下，这样一个问题的澄清显得尤为必要。[①] 秉承英美法理学的传统，特文宁将“法理学”（jurisprudence）视为法学这门学科的理论部分，它等同于“法学理论”（legal theory）但要广于“法哲学”（legal philosophy）。[②] 法理学至少可以分为两个层面：第一个层面是一般意义上的法理学，主要关注与作为整体意义上的法相关的一些根本性问题，比如像法律与国家的性质、法律与道德的关系、正义问题等。第二个层面则是作为部门法意义上的理论问题，比如就证据法这一部门法而言，裁判在多大程度上关心事实发现？哪些类型的制度和程序可以被更好地用于推进真相发现？等等。[③] 这样一种区分为从法理学立场审视部门法提供了一个起点，套用法理学的一般定义，部门法理学就是作为整体的部门法的理论部分。[④] 当然，这种区分更多的是相对的，因为两者间的界限并不明显，而且就部门法理学而言，也存在不同层次的区分。因此，从法理学的视角来加以审视的话，它更为看重的是证据法的法理维度。

（一）法理学可以为证据法研究提供什么

具体言之，从法理学立场审视证据法对证据法研究的影响主要体现在两个方面。

第一，法理学为证据法研究提供一种反思性机制。这种反思性机制主要落实在两个维度：（1）法理学为证据法研究提供最初的反思动力。反思是法

---

① 关于法理学、法哲学、法学理论等词的内涵，国内的理解存在诸多争议，参见舒国滢：《走出概念的泥淖——“法理学”与“法哲学”之辨》，载《学术界》2001 年第 1 期。就部门法理学而言，参见周永坤：《“部门法哲学”还是“部门法理学”？》，载《法律科学》2008 年第 1 期。为了避免陷入概念之泥沼，本文更多从特文宁自身的理论体系出发来界定对法理学等词的使用。

② 在英美传统的法理学中，尽管对法理学内部范围理解不一，但法理学通常被视为法学的组成部分，法理学被宽泛地理解为法学中“最基本的、最一般化的、最理论化层面的分析”，它的范围涵盖了法哲学但比其要宽泛。参见［美］理查德·A. 波斯纳：《法理学问题》，苏力译，中国政法大学出版社 2002 年版，第 Ⅰ－Ⅱ 页。相比之下，大陆法传统则将法理学和法哲学视为两个完全不同的范畴。参见［德］伯恩·魏德士：《法理学》，丁小春、吴越译，法律出版社 2003 年版，第 8 页。

③ See William Twining, *Evidence and Legal Theory*, Modern Law Review, 1984, Vol. 47.

④ 波斯纳在《法理学问题》中也作了类似的两分，他将不同层面的法理学问题区分为法理学的“批发”问题和“零售”问题。参见［美］理查德·A. 波斯纳：《法理学问题》，苏力译，中国政法大学出版社 2002 年版，第 Ⅰ－Ⅱ 页。

理学这门学科的固有机能,也是其得以不断发展的重要动力,这一点源于哲学的反思本能。[①] 这种反思的最重要表现便是对许多习焉不察的思维惯性进行持续的正当性追问,而正是这种基本的反思动力激发了特文宁开始对证据法进行长达数十年的追问。正是在这种正当性追问的推动下,特文宁着手对英美证据法的研究传统进行系统的整理。因此,正是法理学为证据法提供了一个最初的反思动力。(2)从研究立场上看,法理学为证据法提供了一般性的、整体性的研究立场,这种对整体性的关注同样源于哲学的立场——哲学的本质就是以形式客体的总体性为特征的。[②] 这种对整体的关注使证据法学研究能够摆脱在证据法内部审视自身的"明希豪森困境",而能够较为超脱于证据法规范研究之外对证据法所处的司法证明领域进行整体的审视。[③]

第二,法理学还可以为证据法提供了一种多视角的审视。德国哲学家雅斯贝尔斯曾言道:"作为科学,哲学关注的是整体,但哲学的实现却是在具体事物之中。"[④]证据法的法理学追问立足于司法证明过程的整体,但其关注点却是证据法的多个层面。既然部门法理学是作为整体的部门法的理论部分,而理论又是对客观实在的一种解释,那么不同层次的理论就意味着存在不同层次的解释。尽管理论层次可能是无限的,但具体就证据法而言,参照特文宁的分类,可以认为证据法的理论化大致包括以下四个维度:(1)思想史部分,也就是关于部门法之法律思想传统的系统研究与批判。(2)证据法的疏导功能部分,主要包括证据法及其相关学科之间的交叉研究,如像证据法的心理学研究、概率论研究等。(3)高等理论,可以被视为部门法哲学领域,这部分主

① 实用主义哲学代表人物威廉·詹姆斯曾谈道:"哲学,诚如柏拉图和亚里士多德所言,始于惊喜,它能将每一事物想象得与其本来不同。它视熟悉事物如同陌生,而陌生又似乎熟悉。它能将事物拿起来又放下。其观念充满了对每一物体反复思考。它将我们从天真教条的沉睡中唤醒,使我们冲出凝固的偏见。" William James, *Some Problems of Philosophy*: *A Beginning of an Introduction to Philosophy*, University of Nebraska Press, 1996, p. 7.

② 参见[德]阿图尔·考夫曼、[德]温弗里德·哈斯默尔主编:《当代法哲学和法律理论导论》,郑永流译,法律出版社 2002 年版,第 6 页。

③ 关于明希豪森困境的解说,参见舒国滢:《走出"明希豪森困境"》,载[德]罗伯特·阿列克西:《法律论证理论——作为法律证立理论的理性论辩理论》,舒国滢译,中国法制出版社 2003 年版,代译序。

④ [德]阿图尔·考夫曼、[德]温弗里德·哈斯默尔主编:《当代法哲学和法律理论导论》,郑永流译,法律出版社 2002 年版,第 6 页。

要探究作为整体的部门法的根本性问题,如像真相的探究是否可能等问题的研究便属于此类研究。(4)中等理论,这一部分包括除高等理论外的其他理论层面,尤其包括对具体部门法现象所潜含的基本假设的验证,如像传闻规则的潜在假设的实证研究,以及部门法中不同参与者的工作理论,如证据立法问题、法官的证据裁量问题等。① 这四个维度中,第一个维度从纵向系统梳理了证据法理论的发展脉络;第二个维度则从横向拓展了证据法及其相邻学科之间的关系;第三个维度、第四个维度则涵盖了证据法内部从上至下不同层次的理论部分。诚如特文宁所言,这种区分是不完全的,而且可能是相互重叠的,但它大致勾勒出从法理学立场审视证据法所显现出来的不同理论层面。

(二)法理学与证据法研究的转型

要使传统证据法学研究从困境中解脱出来,一方面要扩展证据法学研究的视野,将其研究焦点从证据排除规则扩展至整个司法证明过程。传统英美证据法研究主要关注证据的可采性问题,而对于证据的收集、评价等司法证明过程中的其他环节则并不关心,因为这些环节属于诉讼法研究的领域或者属于常识的范围。要摆脱这种狭窄的视野就必须摆脱"规则中心主义"的思维定式,将关注的范围从证据采纳这一点扩展到整个司法证明过程,也就是要更关注证明过程的规律总结。另一方面要改变单一的研究方法,借助其他相关学科的力量来增强对司法证明过程的研究。当关注点从证据排除规则转向司法证明过程的时候,传统阐释性研究所依赖的规范便受到了极大的限制,因为在自由证明原则的规制之下,司法证明过程的绝大部分领地是没有法律规范来加以规制的。这一背景下,要对司法证明过程这样一种认识活动进行研究就需要借助同样关注认识活动的其他学科力量,尤其像心理学、哲学认识论、法庭科学、概率论、叙事学等学科的研究方法。

在为证据法学研究解困的过程中,法理学的学科特性扮演了非常重要的角色。第一,法理学整体性的研究立场为证据法研究范围的扩展提供了重要的基点:(1)法理学对整体性的关注使得证据法学研究能够从司法裁判的高

---

① William Twining, *Evidence and Legal Theory*, Modern Law Review, 1984, Vol. 47.

度来审视证据法，在这一高度俯视之下，司法证明过程是构成司法裁判的一个重要组成部分，这样证据法学自然也就不能局限于仅仅作为司法证明过程之一部分的证据排除规则，而是要关注作为整体的司法证明过程。(2)法理学为证据法学研究范围的扩展提供了基础性框架。证据法学研究范围的扩展不仅仅是研究视野的扩展，这种扩展还需要有相应的基础性框架来支撑，正如传统的证据法学研究是由塞耶式的理论框架支撑起来的一样。法理学通过对传统证据法学研究多个维度的审视为这种基础性框架的铸就提供了可能，特文宁的“诉讼中的信息”框架便是其中的一个尝试。第二，法理学为证据法学与司法证明领域相关学科之间的沟通交流提供了一个平台。从整个法学学科角度来看，其他学科对证据法学研究的“入侵”固然有证据法学自身独特的原因——证据领域是跨学科天然的演练场，但这种学科交融与法学学科整体上的交叉学科趋势同样是密不可分的。像哲学认识论、心理学、叙事学、概率论等学科的研究往往是直接针对一般层面上的司法证明过程，其研究成果要能够为证据法学研究所用，往往还需要通过法理学在一般理论层面进行吸收借鉴和话语转化。从这一意义上说，法理学为证据法研究方法的多样化提供了媒介。

三、为什么是特文宁：学科背景与知识素养

当特文宁在20世纪70年代初开始进入证据法领域时，他已经处于人生的中年时期，彼时的他已经是英国华威大学的法理学教授，是研究法律现实主义的知名学者，从职业生涯来看，其正处于法理学研究的成熟期。这样一位正处于研究成熟期的法理学者选择进入一个自己之前不甚熟悉的新的学术领域，这本身就是一个耐人寻味的现象。为什么是特文宁而不是其他的法理学者作出这样一个选择？他身上法理学的底色对其选择进入证据法研究有着怎样的影响？又将怎么影响他的证据法学研究？如前所述，特文宁这样一种独特的经历为法学跨学科研究提供了难得的一个样本，而厘清这一系列问题将有助于我们更深刻去理解证据法学跨学科的意义与可能性。从某种意义上说，正是特文宁本人的学科背景和知识素养决定了其选择进入证据法学研究，而且这种学科背景和知识素养也深刻地影响了其证据法学研究的特色。

所谓学科背景，除了一般意义上的法理学，这里需要特别提及现实主义法

理学对特文宁在证据法研究上的深远影响。1958 年特文宁离开牛津大学前往美国芝加哥大学攻读法律博士(JD)学位。在现实主义法理学的重要代表人物之一卢埃林的指导下,特文宁开始对美国现实主义法理学进行系统的研究。现实主义法理学思想对特文宁的证据法研究的影响主要反映在以下两个方面:第一,对隐藏在法律实践中的法律的重视。书本上的法与行动中的法之间的两分是现实主义法理学着重强调的一个观点,无论是卢埃林对上诉审的研究还是杰罗姆·弗兰克对初审法院中司法实践的探索,他们所表现出来的倾向就是要从法律人的实际工作情境去理解法律,而不是仅仅停留在对书本上法律的研究。① 这种倾向实际上将法学所关注的范围扩大化了,它不再局限于实证主义法理学的实证法,也比德沃金意义上的法理学要来得广泛,而是将那些对司法裁判能够造成实质性影响的法律、惯例乃至工作方法等都纳入其关注的范围之中。对法学研究范围的泛化理解显然影响了特文宁对证据法的理解,特文宁进入证据法领域时,他感到诧异的一个问题是为何传统的证据法研究仅仅关注证据可采性规则,而对司法证明过程其他环节上的影响因素却视而不见。很显然,当他对这一问题感到诧异的时候,他实际上并未将证据法中的"法"局限在书本上可见的证据可采性规则,而是关注对司法证明过程产生影响的所有要素。正因如此,特文宁主张应该打破证据法学界的"规则中心主义"以及与之密切相关的"陪审团中心主义",进而去关注司法证明过程中的运行规律。②

第二,对裁判过程中事实认定环节的重视。除了卢埃林之外,现实主义法理学的另一位代表人物弗兰克显然也对特文宁产生了重要的影响。这种影响着重体现在两个方面:(1)在其后期代表作《初审法院》之中,弗兰克对法律确定性的司法神话提出了激烈的批判,这种司法神话最大的问题便是忽略了初

---

① 关于卢埃林的观点,参见[美]卡尔·N. 卢埃林:《普通法传统》,陈绪刚等译,中国政法大学出版社 2002 年版,第 142 – 151 页;关于弗兰克的观点,参见[美]杰罗姆·弗兰克:《初审法院——美国司法中的神话与现实》,赵承寿译,中国政法大学出版社 2007 年版,第 201 – 205 页。

② See William Twining, *Rethinking Evidence*: *Exploratory Essays*, second edition, Cambridge University Press, 2005, p. 168 – 172.

审法院事实认定环节的困难之处。[①] 弗兰克的这种事实怀疑主义常常被理解为怀疑主义传统的重要支流，但在特文宁看来，这种事实怀疑主义与其说是一种怀疑主义，毋宁说是提醒我们应该去关注事实认定问题，重视事实认定问题的复杂性。当特文宁以一位法理学者的身份选择一门部门法学科来进行反思的时候，弗兰克对事实认定环节的重视潜在地影响了特文宁的选择。(2)在一些具体问题上，弗兰克的观点对特文宁的研究也留下了很深的印迹。比如说，弗兰克从法学教育的角度对司法神话产生之根源进行了深入的检讨，在其代表作《反思证据》中，特文宁同样以"认真对待事实""再次认真对待事实"两章的篇幅对事实认定的法学教育进行反思和建构。另外，弗兰克对陪审团的批判、对初审法院审判的重视无疑也为特文宁批判"陪审团中心主义""上诉审中心主义"提供了重要的灵感。

除了学科背景之外，特文宁的工作经历和知识素养对于他对证据法的研究同样很重要。从工作经历上来说，20 世纪 70 年代初，特文宁在英国华威大学法学院任教时，法学院开启了一项题为"将法学研究从内部扩展开来"的倡议，每一位教师都选择一门传统部门法学科进行深入反思。正是在这种倡议之下，特文宁选择了证据法来作为反思的对象。因此，特文宁的工作经历可以说是促成其开始证据法反思的直接动因。而从知识素养来看，特文宁对历史的偏好无疑对其研究产生了重要的影响。在特文宁对证据法的研究当中，证据法的思想史研究是其最早、也是最重要的一项活动，这一研究贯穿特文宁对证据法的研究[②]。特文宁也不讳言自己对证据法思想史的偏好直接源自对著名历史学家科林伍德的阅读。在对历史文本方法的解读上，他非常赞赏科林伍德的三段式解读法：第一阶段是历史性阶段，主要将某一具体文本放置于作者所处的时代、处境与关注点上来加以解读。第二阶段是分析性阶段，主要由

---

① 参见[美]杰罗姆·弗兰克：《初审法院——美国司法中的神话与现实》，赵承寿译，中国政法大学出版社 2007 年版，第 15 – 38 页。

② 在特文宁的论文当中，《证据法研究的理性主义传统》无疑是最具代表性和建构性的一篇论文，而这篇论文就是一个典型的思想史研究。See William Twining, *Rethinking Evidence: Exploratory Essays*, second edition, Cambridge University Press, 2005, chapter 3. 而即使在讨论当代刑事证据法中的传闻证据改革问题这样细致的当代问题时，思想史研究依然是特文宁非常倚重的论证资源。See William Twining, *Freedom of Proof and the Reform of Criminal Evidence*, 31 Isr. L. Rev. 450 (1997).

读者对文本直接提出以下问题:这个文本提出了什么问题?它给出的答案是什么?给出这些答案的理由是什么?我同意这些问题吗?我同意这些答案吗?我同意这些理由吗?等等。第三阶段则是应用性阶段,主要对文本所提出的答案和思想的含义及具体应用进行考察。[①] 这种文本解读方法被特文宁直接应用于对证据法思想史上重要文本的解读,从而开启了其反思证据法这一宏大历程的第一步。

因此,特文宁对证据法持续不断的追问实际上是宏大时代背景与个人学科背景和知识素养相互结合下的一个产物。特文宁进入证据法学界之时,证据法学界正处在证据法研究范式转型的前夜,传统证据法研究范式已经是一片萧条,而新的研究范式还在酝酿当中。这种研究范式的转型为特文宁的反思提供了"战场",从某种意义上说,特文宁的反思本身是研究范式转型的一部分。正如蒂勒斯所说,没有哪一个个人能单独造就近 35 年来证据法研究的繁荣。杰克·魏因斯坦法官、乔纳森·科恩、埃格里斯顿勋爵、大卫·舒姆、理查德·伦伯特、大卫·凯耶、皮特·蒂勒斯、罗纳德·艾伦、皮特·墨菲、阿列克西·斯坦等许多证据法学者从不同角度、不同层面对三十多年来证据法研究的兴盛作出了属于自己的贡献。从这一意义上说,特文宁对证据法持续不断的追问仅仅是证据法研究转型之大潮中的一个支流而已。但特文宁的努力在这些众多努力中又有着不同寻常的符号意义。[②] 这不仅因为他将这场证据革命制度化所作出的努力,而且还由于法理学所特有的全局感和历史考察所生成的时代感使其能够自觉地站在一个历史的高度上去指引证据法研究的范式转型并及时对这一转型过程作出总结。因此,从这一意义上来说,特文宁多年来对证据法的追问与反思正是法理学对证据法研究可能产生之影响及贡献的一个缩影。

四、特文宁的证据理论

从 20 世纪 70 年代初开始,特文宁便投入了巨大的精力来对证据法领域进行反思性建构。作为一名法理学家,特文宁对自己所要从事的事业有着高

---

① 对特文宁的一个深入访谈,see Raymundo GAMA, *Interview with William Twining*, http://www.ucl.ac.uk/laws/academics/profiles/twining/ALICANTEINTERVIEW10Jan2010.pdf。

② See Peter Tillers, *Introduction of William Twining*, Steon Hall Law Review, Vol. 38:871.

度的自觉和整体的规划:这个规划的终极目标是为司法证明领域提供一个整体的、融贯的、更具解说力的理论框架来代替传统的、主要关注证据排除规则的相对狭隘的传统理论框架。[①] 证据理论发展的历史上曾经发生过多个整体理论框架的更替。第一次对证据法领域提出整体性理论框架的是英国的吉尔伯特,在其死后出版的《证据法》是第一部证据法专著,在这本书中他首次尝试将所有的证据规则都纳入最佳证据规则之下;[②]边沁则主张在自然程序系统的框架之内根本就不应该存在任何约束性规则,认为证据只要具有相关性就应该被采纳,除非对其的采纳将带来过度的耗费、烦扰与迟延;[③]斯蒂芬试图以相关性这样一条单一原则来为证据法整体寻求一个融贯的基本原理;[④]而塞耶则将证据规则视为自由证明这样一种一般性原则与诸多例外的混合组合。[⑤] 普通法世界中几乎所有当代的证据法作者都接受了塞耶理论的某一版本,而且该理论在一定程度上也明确为这一法律分支法典化的大多数现代努力——包括联邦证据规则——提供了基础。与这些框架相比,特文宁的理论框架更为宏大,以上这些理论框架都是以证据法为范围的,而特文宁希望能够涵盖的是整个司法证明过程,在这一过程中,证据法仅仅是其中一部分影响因素而已。为了完成这一宏大框架,特文宁通过以下三个方面来展开努力。

(一)证据法学理性主义传统的清理

当特文宁开始进入证据法学界的时候,他认为,要理解证据法为何会陷入这样一场危机,首先要厘清英美证据法思想的源流,只有厘清其思想源流才能厘清英美证据法当前框架的来龙去脉,从而也才能深层次地理解其病理。为

① See William Twining, *Rethinking Evidence: Expfloratory Essays*, second edition, Cambridge University Press, 2005, chapter 1.

② See Geoffery Gibert, *The Law of Evidence*, Dublin, S. Cotter 1754, reprinted by Garland Press, 1979.

③ See William Twining, *Theories of Evidence: Bentham and Wigmore*, Stanford University Press, 1985, p. 70.

④ See William Twining, *Rethinking Evidence: Exploratory Essays*, second edition, Cambridge University Press, 2005, p. 56 – 59.

⑤ 对这一框架的解说, see Philip McNamara, *The Canons of Evidence—Rules of Exclusion or Rules of Use?*, The Adelaide Law Review, 10, p. 341 – 364. William Twining, *Rethinking Evidence: Exploratory Essays*, second edition, Cambridge University Press, 2005, chapter 6。

此，特文宁前后用了十余年时间来对英美证据法的思想传统进行系统的清理。这种清理的第一个产物便是《反思证据》第三章、第四章中的证据法思想史研究，在这项研究中，特文宁对英美证据法历史上重要代表人物的思想进行了细致的考察。通过对这些英美证据法发展历史上重要代表人物的考察，他发现并整理出了传统英美证据法的理性主义研究传统框架：可以合理地断言大体上从吉尔伯特到威格摩尔以及迄今为止的大部分的英美证据理论家和学者们已经明确或隐含地接受裁判与证据法的理性主义传统。这样一个理性主义传统的核心是两种理念：第一，英美体系已经采纳了相对旧的“非理性”的证明模式而言的裁判事实问题的“理性”模式。第二，一种特殊的“理性观”被视为理所当然，这种理性观可以在培根、洛克和约翰·斯图亚特·密尔著述中的英国经验主义哲学中找到其经典表述。在这种理性主义传统之内，核心的假设包括两个模式：第一个模式是有关裁判的基本假设，第二个模式是有关证据与证明的基本假设，两种模式的具体内容如表1所示。证据相关论述的特有假设可以简洁地重述如下：认识论是一种可知论而非怀疑论；比起真理融贯论来，一般更偏爱于某种真相符合论；相比像决斗、免罚宣誓审判（compurgation）或者痛苦考验这样的“非理性”模式来说，现代裁判作出模式一般被视为是“理性的”；特有的推理模式是归纳，而演绎则起到次要作用；探求真相作为一种社会价值获得了一种崇高的但并不必然压倒一切的优先性。[①] 证据法研究之理性主义传统的提出既是对传统英美证据法研究的提炼与总结，同时也为当代英美证据法理论的推进奠定了重要的基础，这一框架的提出不仅为英美证据法学者们所广泛接受和认可，其影响甚至波及欧洲大陆法系法学界。[②]

① 关于这些命题的详细展开，see William Twining, *Theories of Evidence: Bentham and Wigmore*, Stanford University Press, 1985, p. 13 – 15。

② 这一框架提出后，被许多证据法学者作为自身进一步研究的前提和基础，在英美法系，比如 Paul Roberts, *Rethinking the Law of Evidence: A Twenty – First Century Agenda for Teaching and Research*, Current Legal Problems, (2002) 55 (1)。欧洲大陆法系的影响，比如 Johannes F. Nijboer, *Crrent Issues in Evidence and Procedure: Comparrative Comments from a Continental Perspective*, *International Commentary on Evidence*, Vol. 6, No. 2. 以及 Floris J. Bex, *Arguments, Stories and Criminal Evidence: A Formal Hybrid Theory*, *Springer*, 2010, p. 1 – 3。

表 1　理性主义传统：基本假设①

模式一：裁判的理性主义模式	模式二：证据与证明的理性主义理论：一些共同假设
(1)说明性的 程序法的直接目标是裁判的准确，这种准确是通过对法律的正确适用和待证事实的准确判断来实现的。 对法律的正确适用是指对那些被视为符合功利主义(或者其他善)的有效实体法的正确应用。 对待证事实的准确判断是指在对那些(以一种被设计来去伪存真之形式)提交给大致胜任的、公正无私的、具有防范腐败和错误之能力的决断者的证据进行小心翼翼的、理性的权衡基础上将待证事实证明至某一概率标准。 除此之外，还应该有适当的条款来规范对这些初步裁判的审查和上诉。 (2)描述性的 一般说来，前述直接目标很大程度上是以一种一以贯之的、公平且可以预测的方式来实现的	(1)有关过去发生事件的认知是可能的； (2)在一个具体案件中，对处于争议之中的、过去的具体事实(待证事实)的确定是在裁判中获得正义的一个必要条件：不正确的结果是非正义的一种形式； (3)裁判中的证据与证明观念主要关注确定事实问题的理性方法；在这一语境中，必须在事实问题与法律问题、事实问题与规范问题、事实问题与意见(opinion)问题之间保持有效的区分； (4)裁判中所主张事实之真相的建立是一个典型的概率问题，缺乏完全的确定性； (5)首先，有关过去具体事件之主张的概率的判断可以而且应该从那些提交给决断者的相关证据来推理获得；其次，与有关概率的推理相适应的典型推理模式是归纳(induction)； (6)一般说来，有关概率的判断必须建立在有关普通事件过程的可获得的知识库的基础上；这很大程度上是一个由具体的科学或专家知识加以补充的常识问题； (7)与其他价值——比如对国家安全、家庭关系的保护以及对强制性讯问方式的抑制——相比，对真相的追求(追求准确事实认定的最大化)被赋予了崇高的但不必然压倒一切的优先地位； (8)对“事实认定”制度、规则、程序和技术进行评价的一个重要基础是它们能在多大程度上对事实认定的准确性给予最大化，不过，其他标准——如效率、成本、程序公正、人道主义、公共信任以及对具体个人之讼累的避免等——同样会被考虑在内； (9)应用性法庭心理学和法庭科学的首要作用是提供有关不同种类证据的可靠性的指导并且发展出提升这种可靠性的方法和策略

对证据法知识传统进行清理的第二个产物则是 1985 年出版的《证据理论：边沁与威格摩尔》这本著作。该著作主要是对英美证据法传统上的两位标志性人物——边沁和威格摩尔——的两部专著的系统解读。选择这两位学

① 本表来自 William Twining, *Rethinking Evidence: Exploratory Essays*, second edition, Cambridge University Press, 2005, p. 76.

者的这两部作品来加以系统解读的原因在于，特文宁发现这两位作者都曾经试图通过其作品来超越传统证据法的狭隘理论框架。边沁的司法证据原理是从功利主义的哲学高度去审视司法裁判过程和证据法，而威格摩尔则侧重从心理学、逻辑学等维度去审视证据与证明领域。尽管理论进路和侧重点不同，但他们都力图从一个宏大视野来审视证据法，将证据法置于司法证明的过程中来加以审视，特文宁将他们的理论努力称为"证据与证明领域之一般进路"[①]。因此，从某种意义上来说，无论是边沁的司法证据原理还是威格摩尔的司法证明科学都可以被视为证据与证明领域之一般进路的早期尝试，他们共同的努力都是为了超越传统证据法的狭隘理论框架。尽管从历史发展的角度来看，他们的这种理论尝试都遭遇了挫折，不为当时的学界所接受，但随着时代的变迁，边沁与威格摩尔的这种理论努力已经被证明是富有远见的，他们这两本著作的重要性正受到重新的挖掘与评估。[②] 因此，对这两位学者的两本著作的细致解读和重新挖掘，无疑将为当代证据法学理论研究提供重要的智识资源。而对于特文宁本人来说，边沁与威格摩尔就是自己所努力之事业的先行者，他们的理论努力是证据法基础框架向外拓展的两次知识实验，从边沁和威格摩尔这两个试图建构替代性框架的失败经历中可以获得难得的教训和经验。

（二）证据理论研究的拓展

传统证据法学研究危机的根源在于其是以证据规则为中心的，当证据规则日渐萎缩的时候，证据法研究势必出现无可研究的尴尬局面。从 20 世纪 70 年代以来所发起的新证据学运动，核心要义便是研究对象的拓展，也就是从证据规则向证明过程的转向。[③] 但当研究对象转化之后，随之带来的问题

---

① 吴洪淇：《边沁、威格摩尔与英美证据法的知识传统——以证据与证明的一般理论进路为核心的一个叙述》，载《比较法研究》2009 年第 5 期。

② 尤其是威格摩尔的《司法证明科学》，目前至少有两本著作是以威格摩尔司法证明科学框架为基础的。一本就是《证据分析》，另一本是道格拉斯 · 沃尔顿的《法律论证与证据法》，参见［加拿大］道格拉斯 · 沃尔顿：《法律论证与证据法》，梁庆寅等译，中国政法大学出版社 2010 年版。

③ See Richard Lempert, *New Evidence Scholarship*: *Analyzing the Process of Proof*, 66 B. U. L. Rev. 439 (1986).

是如何研究证明过程？借助什么理论工具来研究证明过程？传统的证据法学研究所依赖的历史、个人经验以及炉边归纳等方法在缺乏规范指向的状态下难以承载起研究证明过程的责任，转而只能求助于对认知过程进行密切研究的心理学、法庭科学、修辞学等其他学科资源。正是在这样的背景下，证据与证明研究开始成了跨学科研究的乐土，对证明过程的研究催生了许多跨学科研究成果。①

作为这场运动的主要参与者，特文宁对证据理论的拓展性研究主要体现在以威格摩尔的司法证明科学为基础，对司法证明过程的基本问题进行全面的论述。威格摩尔的《司法证明科学》一书是最早致力于分析司法证明过程的专著，但由于这本书出版时，法学界人士还主要致力于证据规则的阐释性工作，这本著作出版之后便备受冷落。② 特文宁和其他学界同道重新发掘了这部著作的价值，尤其是威格摩尔所创建的图示法，剔除了旧的、不合时宜的材料，赋予这种方法新的时代意义。这一尝试的成果主要是由特文宁和特伦斯·安德森、大卫·舒姆所合作完成的《证据分析》。③ 传统证据法研究视野主要关注证据的可采性问题，对于证据可采性问题之外的其他问题则基本排除在证据法的理论视野之外。④ 比如，证据分量的评估问题，基于自由证明原则，往往将该问题交给事实认定的裁判者来进行自由裁量，从而将之放置于证据法研究的视野之外。在《证据分析》中，作者们对司法证明过程进行系统的分析，将传统证据法学研究所遮蔽的一系列理论问题进行了重新的思考。这样一个工作大致清理了司法证明过程的问题领域，如证据的组织与出示、证据证明力的评估、概括（generalization）在事实认定中的作用、证明原则与证据法之间的关系，等等。通过对这些问题域的探索，证据理论的研究将重点转移到了

① See Roger C. Park & Michael J. Saks, *Evidence Scholarship Reconsidered: Results of the Interdisciplinary Turn*, 47 B. C. L. Rev. 949 (2006).

② See William Twining, *Theories of Evidence: Bentham and Wigmore*, Stanford University Press, 1985, p. 164 – 166.

③ See Terence Anderson, David Schum & William Twining, *Analysis of Evidence*, second edition, Cambridge University Press, 2006.

④ 传统证据法的基本框架分析，see William Twining, *Rethinking Evidence: Exploratory Essays*, second edition, Cambridge University Press, 2005, chapter 6。

司法证明过程当中,证据法尤其是证据可采性规则成为司法证明过程的一个影响因素,而不再是证据研究的全部对象。

司法证明过程中,在证据规则无法覆盖到的领域,通过何种方式来加以控制?这是证据研究将重点转移至司法证明过程后必须回应的问题。大约在100年前,威格摩尔就创造性地总结和提炼出了证据分析的图示法,用于对复杂证据群进行分析。也许是威格摩尔在介绍图示法过程中所运用的过多符号令法律人望而却步,也可能是因为当时的案件处理还用不上这样一种证据分析方法,威格摩尔的图示法提出之后并未获得学界的共鸣,便被束之高阁。数十年之后,图示法又被特文宁等人重新挖掘出来,图示法对证据分析的严密性与有效性被获得了认可,在威格摩尔的基础上,他们对图示法加以改造,使其更能为法律人所接受。[①] 除了图示法之外,特文宁对用于组织和整理证据的叙事法也倾注了大量的精力,深入分析了叙事与论证之间的关系、法律人对叙事方法的应用、叙事方法潜在的危险、叙事方法在个案中的具体应用等。[②] 总之,正是对图示法、概要法这两种分析方法以及时序、叙事这两种分析手段的进一步锤炼,才使得法学学者和学生对司法证明过程的把握有了行之有效的训练手段。同时,这些证据分析方法也为其他学科领域对司法证明过程的探索提供了一种恰当的途径和可能性。

(三)一个全新理论框架的提出

在前面的基础上着手建构出一个整体的、融贯的、更具解说力的理论框架,这样一个理论框架的目的就是能够帮助当前新的证据学研究的多个研究路线进行有效的整合。在深谙美国法律现实主义学派的特文宁看来,未能建构出融贯的替代性进路来代替他们试图取代的"作为规则的法"之正统学说是美国现实主义运动历史的一个教训,而他则希望避免此类教训的重演。如前所述,在英美证据法历史上,吉尔伯特、边沁、斯蒂芬、塞耶、威格摩尔都曾对

① 关于图示法的具体应用,参见[美]特伦斯·安德森、[美]戴维·舒姆、[英]威廉·特文宁:《证据分析》(第2版),张保生等译,中国人民大学出版社2012年版,第五章。

② See William Twining, *Rethinking Evidence: Exploratory Essays*, second edition, Cambridge University Press,2005,chapter 9-13.

证据法研究提出过整体性框架，在这其中，吉尔伯特、斯蒂芬、塞耶的理论框架主要局限于证据法尤其是证据规则，无法容纳司法证明的其他领域。边沁的司法证据原理已经达到了足够的理论高度，但因为反对几乎所有的证据规则而显得过于刚性。威格摩尔的司法证明原理无论从理论高度还是从理论所能容纳的跨学科宽度来说都是最为合适的，但威格摩尔框架的主要缺陷就是对诉讼和法律程序的假设过于简单化，也就是主要将司法证明原理的适用范围建立在审判程序的基础之上，这样一个框架已经无法容纳最近数十年来新证据学的研究进展了。

在总结前人理论框架的基础上，边沁提出了一个全新的理论框架，也就是"诉讼中的信息"(information in litigation)框架。这样一个框架的核心目标就是对作为整体过程的诉讼背景下的重要决策(decisions)相关的信息进行收集、建构、使用与论证。这样一个框架的核心概念有三个：第一个核心概念是诉讼，这样一个概念一方面涵盖了所有的诉讼类型，另一方面涵盖了诉讼的所有阶段尤其是审前阶段，而不再像以往的框架那样，仅仅关注审判阶段。第二个核心概念是决策，在诉讼进程中，决策无处不在，无论是法官、律师、检察官在不同的诉讼阶段都面临不同的决策，法官的判决其实也不过是决策的一种特殊情形而已。当我们从决策的角度来审视诉讼进程的时候，现代许多研究决策过程的学科的研究成果便可以被引入进来，如决策理论、心理学、逻辑学、政治科学、经济分析、公共选择理论等。第三个核心概念就是信息，用"信息"一词来取代证据，一方面是因为"信息"一词更为中性，不像证据本身所带有的那样浓厚的感性色彩；另一方面是因为信息概念更具有学科兼容性，为控制论、信息处理、情报收集等学科所广泛采用。

"诉讼中的信息"这样一个框架的提出是理论上的一次尝试，它大大拓宽了证据研究的传统框架，将以往所不曾关注的领域都囊括进来。与此同时，它为诉讼法、证据法、心理学、修辞学、历史学、情报学、法庭科学等一系列关注诉讼过程的学科提供了一个全新的整合性框架，这些学科的相关研究只要涉及诉讼中的信息处理问题都可以被纳入这样一个整体框架来反思与评估。无论最后的结果如何，这样一种努力显然为跨学科研究的方向提供了一个指引，也有利于不同学科在同一个框架下进行有效的整合。通过这样一个框架，我们可以看出特文宁的理论雄心,也可以理解他数十年以来所孜孜以求的努力之所在。四十多年前,当特文宁以一名法理学者的身份走进证据法学时,他犹如一位外来的游客在证据法学领域开始了自己的知识探险之旅。四十多年过去了,特文宁的探险之旅在证据法理论传统的清理、证据理论扩展和证据整体研究框架的整合上都取得了辉煌的成就。而对于我们来说,无论其主导的这场证据法学知识转型最终会走向何方,其本身的探索历程已经在英美证据法学界留下了浓厚的痕迹,成为一种无法回避的历史存在,值得我们再三去回味。

五、证据法哲理化研究在中国

经过改革开放三十多年来的发展,我国部门法的研究范式也在经历着不断的发展演变。① 作为这种范式转化的一个表现,各个部门法都开始不同程度地进行所谓的“哲理化研究”。② 作为三大诉讼法的重要组成部分,证据法不可避免地卷入了这一场部门法哲理化研究运动当中。关于证据法研究范式的转化以及哲理化研究倾向,已经有学者作出精到的论述。③ 本部分主要将国内证据法的哲理化倾向与特文宁对证据法的法理学探索作比较,从而厘清特文宁的智识努力对我国当前的证据法哲理化活动可能具有的启示意义。

作为一种智识活动,特文宁的努力和我国当前证据法的哲理化倾向既有许多共同之处也存在诸多差异。就差异而言,主要包括以下两个方面:首先,努力的背景不同。如前所述,特文宁的出发点是当时正处于萧条状态的证据法学界,他希望通过自己的智识努力去探究证据法学研究缘何会陷入当时的困境并且如何从这种困境中解脱出来。而我国当下对证据法的哲理化努力则更多地基于证据法学研究本身正处于蓬勃发展的状态。随着司法改革的深入和庭审模式改革的推进,事实认定领域所出现的空缺状态催生了证据立法运动的兴起,在这一背景下,证据法学成为各个学科领域关注的一个焦点。正是

① 比如,苏力将三十多年来法学发展范式归结为“政法法学”、“诠释法学”和“社科法学”三种范式。参见苏力:《也许正在发生——转型中国的法学》,法律出版社2004年版,引论。

② 比如,参见樊崇义主编:《部门法学哲理化研究》,中国人民公安大学出版社2007年版。

③ 参见陈兴良、张保生等:《刑事诉讼法学哲理化笔谈》,载《国家检察官学院学报》2010年第5期。

在这背景下，证据法的哲理化研究被视为“成熟的标志”。[①] 因此，特文宁反思的对象是两百余年的证据法历史，而我国证据法的哲理化活动则主要是改革开放三十多年来的司法实践。其次，所承担的任务不同。特文宁为自己设定的任务是探索出一个新的、更为宏大的融贯性知识框架来取代已经岌岌可危的旧有知识框架。而国内对证据法哲理化的一个直接动因在于证据法的薄弱理论已经无法对司法实践中所出现的层出不穷的问题进行有效的回应。因此，特文宁所面临的任务更多的是知识结构的更新，而我国证据法哲理化所面临的则更多的是直接针对现实问题的回应。

除了上述差异之外，两种智识活动存在更多的共性：首先，两者均是一种反思性活动，其出发点均是希望对当前证据法学界主流研究进一步提升。因此，两者都突破了证据法规范的现行藩篱，站在理论法学的高度对证据法学科领域进行反思。这种相同的立场为两者之间相互比较提供了前提性基础。其次，两者都承担着对证据法体系进行塑造的任务。特文宁的目标在于突破证据法传统的知识框架，而以一个新的知识框架来加以取代，与此相应的是，证据法体系将面临重新建构的问题。相比之下，我国传统上缺乏像英美证据法那样一个成熟的证据法规范体系，因此，无法像特文宁那样针对一个完整的、成熟的证据法规范体系展开反思。但在证据立法运动的推动下，大量的国外证据立法以各种形式被引入我国，当我国在进行证据立法的时候，就需要对这些移植而来的证据法规范进行反思性重构。正是在这种意义上，两者都面临对证据法体系进行塑造的任务。

无论存在何种差异和共性，作为先行者，特文宁的研究对我国当下证据法哲理化活动都可以提供许多启示，这些启示大体上体现在以下三个方面。

第一，特文宁对英美证据法基础理论的探索可以直接为我国证据法哲理化研究提供智识资源。与制度建构的本土性相比，理论研究往往具有更强的普适性，这一点在特文宁身上得到很好的体现。特文宁对事实认定的认识论传统、叙事理论等问题的研究都可以直接为我国证据法哲理化活动所直接应用。比如说，在21世纪初期，我国诉讼法学界针对客观真实与法律真实等证

① 参见樊崇义主编：《部门法学哲理化研究》，中国人民公安大学出版社2007年版，第1页。

据法基础理论问题展开了广泛的讨论。而早在20世纪80年代，特文宁便对证据法的认识论传统作了系统而深入的探讨并在英美学术界产生很大的影响。正如罗纳德·艾伦所洞见，与诉讼制度的其他部分相比，证据法具有更大的普适性，因为它所规范的对象很大程度上是一种普适性的认识活动。[①] 从这一意义上说，特文宁对证据法基础理论研究可以为我国证据法研究提供更多的理论资源。

第二，特文宁对英美证据法思想传统的检视与总结可以为我国当前许多证据法规范的引入与确立提供重要的思想背景。如前所述，特文宁对英美证据法两百余年来的思想传统进行了系统的整理，厘清了当前英美证据法体系的知识来源并总结出了证据法的理性主义基础。证据法的理性主义传统框架已经成为英美法学界乃至大陆法系证据法学界公认的一个基础性知识框架，是理解英美证据法许多证据规则之制度原理的基本前提。而在我国证据立法运动当中，英美证据法规范成为非常重要的一个规范来源。[②] 对这些移植而来的证据法规范进行反思性重构从而使其适应我国当下的司法环境成为证据法学界非常重要的一项活动。特文宁对英美证据法传统的整理与总结可以为诸多移植入我国的英美证据法规范提供必要的思想背景，从而为我国证据法学界的反思性重构活动提供重要的知识前提。

第三，特文宁的智识努力为我国证据法哲理化活动提供了成功的示范。作为先行者，特文宁对证据法研究进行了三十余年持续不断的追问与反思并且取得了重要的知识成果，这样成功的探索理应成为我国证据法哲理化活动的典范。特文宁的努力展示了法理学在证据法与相邻学科的知识整合与方法输入方面所起到的渠道作用。这一点对我国当前证据法哲理化研究具有特别的启示，在我国证据法的哲理化研究中，部门法学者起到了主导作用，法理学

---

① 参见罗纳德·艾伦：《刑事诉讼的法理与政治基础》，张保生等译，载《证据科学》2007年第Z1期。

② 参见陈瑞华：《从“证据学”走向“证据法学”——兼论刑事证据法的体系和功能》，载《法商研究》2006年第3期。要理解这一点，还要看一看国内当前学者们所主持的证据法草案。比如陈光中主编：《中华人民共和国刑事证据法专家拟制稿（条文、释义与论证）》，中国法制出版社2004年版；张保生主编：《〈人民法院统一证据规定〉司法解释建议稿及论证》，中国政法大学出版社2008年版。

学者参与则相对较少。[①] 这种状况固然与我国证据法哲理化活动肇始于现有证据法学者深感证据法理论无法对司法实践加以有效回应密切相关。但从特文宁的经历来看，法理学对证据法哲理化活动具有特殊的整合作用，从法理学的角度来切入证据法研究应该成为未来证据法哲理化活动的一个努力方向。特文宁的努力细致展示了证据法的法理学追问如何展开、如何对反思的成果进行整合并将其应用到证据法的具体分析之中。如前所述，特文宁对证据法的反思有着长远的规划、明确的步骤与周密的安排，对他来说，证据法的反思不仅仅是一项个人智识活动，更是关系到证据法学界前进方向的重大事业。从这一角度来说，特文宁对证据法将近四十年坚持不懈的法理学追问无论在个人智识探索还是在证据法学界集体反思的组织化努力方面都将为我国证据法哲理化研究提供重要的借鉴作用。

① 张保生和张志铭是当前证据法哲理化研究中具有明显法理学背景的两位教授。前者参见张保生：《证据规则的价值基础和理论体系》，载《法学研究》2008 年第 2 期；后者参见张志铭：《裁判中的事实认知》，载王敏远编：《公法》第 4 卷，法律出版社 2003 年版。